케라스로 배우는 신경망 설계와 구현

케라스로 배우는 신경망 설계와 구현

CNN, RNN, GAN, LSTM 다양한 신경망 모델 설계와 구현

닐로이 푸르카이트 지음 김연수 옮김

에이콘

에이콘출판의 기틀을 마련하신 故 정완재 선생님 (1935-2004)

| 지은이 소개 |

닐로이 푸르카이트 Niloy Purkait

기술 및 전략 전문 컨설턴트다. 현재 네덜란드에 거주 중이며, 네덜란드 국내 및 국제 기업을 대상으로 컨설팅을 제공한다. 전문 분야는 인공지능을 포함한 통합 솔루션으로, 끊임없이 변하는 혼란스러운 비즈니스 환경에서 고객이 가야 할 길을 제시하는 데 자부심이 있다.

틸버그대학교Tilburg University에서 전략 경영 학사를 전공하고, 미시건대학교Michigan University에서 데이터 과학을 수료했다. 신호 처리, 클라우드 컴퓨팅, 머신러닝, 딥러닝과 같은 분야에서 IBM이 발급하는 고급 산업 레벨 자격 인증을 받았다. 관련 분야에서 지속적으로 학위를 취득하고 있으며, 스스로를 '인생 학습자'라고 부른다.

학계 연구자들, 소프트웨어 개발자들, 무엇보다 오픈소스 커뮤니티에게 감사를 전한다. 그들이 없었다면 이 책을 쓸 수 없었을 것이다. 수없이 많은 밤을 지새워야 했던 연구의 피로에도 불구하고, 날 지지해 준 친구들과 가족에게 감사를 전한다. 부모님(히르와 루파)께도 사랑과 격려, 그리고 다듬어지지 않은 초고를 기꺼이 읽어 주심에 감사드린다. 마지막으로 기술에 대한 열정으로 가득한 우스꽝스러운 나를 한결같은 사랑으로 지원해 준 클레오에게 감사를 전한다.

| 기술 감수자 소개 |

마유르 라빈드라 나크헤데 Mayur Ravindra Narkhede

데이터 과학 및 관련 사업 분야에서 풍부한 경험이 있다. B.Tech 컴퓨터 과학 및 M.Tech 컴퓨터 과학 & 엔지니어링의 연구자로, 인공지능에 깊은 조예가 있다.

자동화된 엔드투엔드end-to-end 솔루션을 구현하는 데 많은 경험이 있으며, 기술 적용, 인공지능, 머신러닝, 데이터 마이닝과 디자인 씽킹을 적용해 비즈니스 성장을 위한 목표를 식별하고 달성하는 데 도움을 제공한다.

기계 석유 화학 산업, 금융 서비스, 도로 교통 및 운송, 생명 과학, 자산 집약적 산업의 빅데이터 플랫폼에서의 머신러닝, 예측 모델과 관련된 것을 비롯한 다양한 고급 솔루션 분야에서 일하고 있다.

| 옮긴이 소개 |

김연수(yeonsoo.kim.wt@gmail.com)

대학 졸업 후 일본의 모 자동차 기업 산하의 한국 내 연구소에서 근무하게 되면서 소프트웨어 개발을 시작했다. 여러 기업에서의 다양한 포지션을 거쳐 지금은 글로벌 기업에서 업무 생산성 향상을 지원하기 위한 학습과 실험을 꾸준히 하고 있다. 최근의 관심사는 좋은 지식의 전달, 회사에 속하지 않고도 지속할 수 있는 삶, 그리고 'Why Not Change the World'라는 가치관을 실현하는 것이다.

| 옮긴이의 말 |

인공지능이라는 용어가 처음 등장한 때는 1950년대입니다. 다른 과학 기술과 달리 그 실체를 알기 어려웠기에 공상과학 소설이나 영화에서는 다양한 형태로 인공지능의 모습을 그립니다. 영화 <터미네이터>(1984)에서 등장한 인공지능 스카이넷Skynet은 자신이 세상을 지배하고자 인류를 말살시키려 하고, 영화 <매트릭스>(1998)에서 인공지능은 인류를 지배하고, 고치 안에 인간을 가둬 에너지원으로 착취하기도 합니다. 영화 <바이센테니얼 맨>(1999)에서는 인간의 감정을 닮고 싶어 하는 인공지능을 그렸으며, <에이 아이>(2001)에서도 인간이 되고 싶어 하는 아이 로봇의 모습을 그렸습니다. 그러나 대부분의 소설이나 영화에서는 인간과 인공지능의 대립, 인간의 지능을 훨씬 뛰어넘은 인공지능의 무서움을 그리며 인류에게 고민을 안겼습니다. 하지만 기술의 속도는 예상만큼 빠르지 않았습니다. <터미네이터>에서 1984년에 만들어진 스카이넷이 지구를 점령하게 되는 해는 2029년이지만, 지난 몇 년 동안 인공지능이나 로봇 기술은 그만큼 발전하지 않았습니다. 1980년대 이후 사람의 신경을 본 떠 만든 인공신경망, 즉 뉴럴 네트워크Neural Network의 연구가 활발히 이뤄졌지만, 그러한 연구 결과가 기술적인 형태로 나타나지는 않았습니다. 인공지능은 사람이 정교하게 만들어낸 수많은 데이터를 학습한 후에야 지능처럼 보이는 일부 결과물(체스 경기 등)을 만들어 냈습니다. 1990년대 중반 가전제품에 퍼지 이론Fuzzy theory, 카오스 이론Chaos theory, 유전자 알고리즘Generic algorithm 등이 적용되기는 했지만, 그 정도나 범위는 너무나 제한적입니다. 심지어 로봇은 2000년대 중후반이 되기까지도 사람의 몇 가지 움직임을 흉내내는 정도에 지나지 않았습니다.

2006년 토론토 대학의 죠프리 힌튼Geoffrey Hinton 교수는 딥러닝deep learning의 개념을 처음 제안합니다. 그의 이론과 기존의 한계를 뛰어넘은 컴퓨팅 능력(하드웨어와 클라우드 컴퓨팅), 막대한 양의 데이터에 힘입어 1990년대 혹한기를 맞았던 인공지능은 다시 싹을 틔우게 됩니다. 그리고 엄청난 속도로 발전합니다. 2012년, 사람이 사전 작업을 하지 않아도 컴퓨터가 이미지를 분석해 사물을 구별할 수 있게 되는 결과가 발표됩니다. 예를 들면 고양이가 어떤 특징을 갖는지 모르지만, 수많은 고양이의 사진을 보여줌으로써 컴퓨터가 고양이의 특징을 찾아내고 판단하게 된 것입니다. 그리고 인공지능은 이미지/영상 인식 분야에서 사람을 뛰어넘는 능력을 갖게 됩니다. 2016년, 구글 딥마인드DeepMind가 개발한 인공지능인 알파고AlphaGo는 인간에 앞서기까지 앞으로 10년은 족히 필요할 것이라던 모든 전문가의 예상을 거들떠보지도 않듯 이세돌 9단에게 5전 4승 1패로 승리를 거둡니다.

이 책은 인공지능 개발의 핵심이 되는 뉴럴 네트워크의 다양한 모델을 다룹니다. 수식과 알고리즘을 기반으로 뉴럴 네트워크의 특징을 설명하고, 케라스Keras를 활용해 직접 뉴럴 네트워크를 구축해봅니다. 컨볼루셔널 뉴럴 네트워크CNNs, Convolutional Neural Networks, 순환 뉴럴 네트워크RNNs, Recurrent Neural Networks, 장단기 기억Long Short-Term Memory 네트워크, 오토인코더autoencoder, 생성적 대립쌍 네트워크GANs, Generative Adversarial Networks를 학습하면서 머신러닝, 딥러닝, 인공지능에 관한 폭넓은 지식과 경험을 얻을 수 있을 것입니다. 실제 데이터를 뉴럴 네트워크로 처리하는 과정에서 미래 데이터 처리의 통찰력도 얻을 수 있을 것입니다. 인공지능이 종국에 만들어내는 세상은 어떠한 모습일지, 그 속에서 우리가 어떤 역할을 하고, 무슨 가치를 찾아내야 할 것인지 고민하고 기대할 수 있게 될 것입니다.

번역을 하는 동안 도움을 주신 많은 분이 계십니다. 사정상 모든 분의 성함을 적을 수는 없지만 마음속 깊이 감사드립니다. 특히 이 책을 번역할 수 있도록 허락해 주신 에이콘출판사 여러분, 예쁜 디자인으로 책을 만들어준 디자이너 분들, 베타 리딩에 참여해주신 모든 분께 감사드립니다. 여러분 덕분에 더 많은 분이 책을 쉽고 편안하게 읽을 수 있게 됐습니다. 마지막으로 번역을 하는 동안 한결 같은 사랑으로 곁을 지켜준 아내와 딸들에게 너무나도 감사합니다. 사랑합니다. 고맙습니다. 덕분에 삽니다.

| 차례 |

2부 고급 뉴럴 네트워크 구조

3부 하이브리드 모델 아키텍처

4부 앞으로의 길

| 들어가며 |

뉴럴 네트워크란 인공지능[AI, Artificial Intelligence], 딥러닝[Deep Learning]과 관련된 상이한 영역에 존재하는 다양한 문제를 해결하고자 사용하는 수학적 기능이다. 이 책에서는 뉴럴 네트워크의 핵심 개념을 소개한다. 다양한 뉴럴 네트워크 모델을 서로 결합하고, 실제 유스케이스를 다루면서 예측 모델링과 함수 근사화[function approximation]를 통해 얻을 수 있는 가치를 잘 이해하게 될 것이다. 실세계의 학습 데이터셋을 활용해서 컨볼루셔널 뉴럴 네트워크[CNN, Convolutional Neural Networks], 순환 뉴럴 네트워크[RNN, Recurrent Neural Networks], 장단기 기억[LSTM, Long short-Term Memory Networks] 네트워크, 오토인코더[Autoencoder]와 생성적 대립쌍 네트워크[GANs, Generative Adversarial Networks]를 학습한다.

최신 뉴럴 네트워크 아키텍처를 활용해 컴퓨터 비전, 자연어 처리[NLP, Natural Language Processing]와 같이 인식 태스크의 기반이 되는 기본 아이디어는 물론 세부적인 구현 방법도 학습한다. 이들 태스크를 조합해 강력한 추론 시스템을 설계한다면 모델의 생산성을 크게 개선할 수 있을 것이다. 이 책은 뉴럴 네트워크의 내부 동작을 직관적으로 좀 더 잘 이해하는 데 필요한 이론적 관점과 기술적 관점의 주제를 모두 다룬다. 다양한 공통 유스케이스(지도 학습, 비지도 학습, 자기 지도 학습 태스크를 포함)를 다루면서 많은 종류의 네트워크 아키텍처를 알아본다. CNN을 사용한 이미지 인식, LSTM을 활용한 자연어 처리, Q-네트워크를 사용한 강화학습이 이에 포함된다. 각각의 아키텍처를 자세히 다루고, 산업 표준 레벨의 프레임워크를 활용해 간단하게 각 아키텍처를 구현해본다.

이 책을 읽으면서 학습을 마치고 나면 대표적인 딥러닝 모델과 프레임워크는 물론이고 딥러닝을 실세계의 시나리오에 적용하는 것과 같은 성공적인 변화의 시작을 위해 여러분이 선택할 수 있는 모든 사항에 친숙해질 것이다.

이 책의 구성

1장, 뉴럴 네트워크 개요에서는 데이터의 근본적인 특성과 구조, 다양한 형태를 직관적으로 사고할 수 있는 방법을 알아본다. 기본 데이터 타입, 발전된 데이터 구조(이미지, 비디오, 오디오, 텍스트, 센서 및 멀티미디어 데이터)를 다루는 방법은 물론, 이와 같은 다양한 데이터 구조에서 정보를 추출하는 추상적인 기반을 다룬다.

2장, 뉴럴 네트워크 깊이 들여다보기에서는 뉴럴 네트워크의 기반이 되는 수식 배경을 깊이 있게 살펴본다. 그 후 케라스를 사용해 머신러닝 프로젝트의 산출물을 반복적으로 개선할 수 있는 빠른 개발 사이클을 활용해 여러분이 좀 더 생산적이며 경쟁 우위를 가질 수 있는지 알아본다.

3장, 신호 처리: 뉴럴 네트워크를 활용한 데이터 분석에서는 완전한 예제를 사용해 뉴럴 네트워크를 잘 동작하도록 하는 데 필수적인 변환^transformation 및 표준화^normalization를 알아본다.

4장, 컨볼루셔널 뉴럴 네트워크에서는 다양한 컨볼루셔널 레이어와 풀링 레이어를 다룬다. 뉴럴 네트워크는 이 레이어를 사용해 여러분의 PC에 저장된 이미지, 데이터베이스와 센서로 입력받는 정보를 처리한다. 그 후 CNN과 연계된 파이프라인 처리에 관한 정보를 알아보고, 최신 객체 인식 API와 모델을 활용해 실질적인 실험을 수행해본다.

5장, 순환 뉴럴 네트워크에서는 순환 네트워크의 다양한 기반 이론과 튜링 완료 알고리즘의 의미를 알아본다.

6장, 장단기 기억 네트워크에서는 LSTM 네트워크로 알려진 RNN의 특정한 형태에 관해 좀 더 자세히 알아보고, 생태계에서 영감을 받아 구현된 다양한 뉴럴 네트워크 아키텍처를 알아본다.

7장, DQN을 사용한 강화학습에서는 강화학습 네트워크의 기반 아키텍처를 자세히 설명하고, 케라스의 핵심 및 확장 레이어를 구현해 원하는 산출물을 얻는 방법을 알아본다.

8장, 오토인코더에서는 자동 인코더 뉴럴 네트워크의 기능을 활성화하는 데 필요한 지식과 아이디어를 자세히 알아본다.

9장, 생성적 네트워크에서는 일반적으로 가변 오토인코더Variational Autoencoders나 생성적 대립쌍 네트워크GAN, Generative Adversarial Network와 같은 모델을 사용한 합성 데이터 생성 및 조작에 관련된 유스케이스를 알아본다.

10장, 현재와 미래 개발에 관한 고찰에서는 뉴럴 네트워크를 활용한 표상representation 학습과 전달 방법을 알아본다. 또한 양자 컴퓨팅과 같은 AI 영역에서의 패러다임을 비롯해 미래의 잠재적인 개발 분야도 개괄적으로 다룬다.

준비 사항

파이썬에 관한 어느 정도의 사전 지식을 갖고 있다면 이 책의 내용을 이해하는 데 좀 더 도움이 된다.

이 책의 대상 독자

케라스Keras를 활용해 새로운 뉴럴 네트워크 아키텍처를 공부하고자 하는 머신러닝 개발자, 딥러닝 연구자 및 AI 학습자를 대상으로 한다.

편집 규약

이 책에서는 독자의 이해를 돕고자 다루는 정보에 따라 글꼴을 다르게 적용했다. 각 글꼴과 의미는 다음과 같다.

텍스트에서 코드 단어와 데이터베이스 테이블 이름, 사용자 입력은 다음과 같이 표시한다.

"이는 텐서에 저장된 데이터 타입을 의미하며, 확인하고자 하는 텐서를 대상으로 `type()`을 호출해서 확인할 수 있다."

코드 블록은 다음과 같이 표시한다.

```
import numpy as np
import keras
from keras.datasets import mnist
from keras.utils import np_utils
```

코드 중 일부가 중요할 경우 해당 부분은 굵게 표시한다.

```
keras.utils.print_summary(model, line_length=None, positions=None,
                          print_fn=None)
```

커맨드라인 입력 및 출력은 다음과 같이 표시한다.

```
! pip install keras-vis
```

새로운 용어와 중요한 단어는 고딕체로 표시한다.

경고나 중요한 내용은 이와 같이 나타낸다.

팁이나 요령은 이와 같이 나타낸다.

독자 의견

독자로부터의 피드백은 항상 환영한다. 이 책에 대해 무엇이 좋았는지 또는 좋지 않았는지 소감을 알려주길 바란다. 독자 피드백은 앞으로 더 좋은 책을 발행하는 데 매우 중요하다. 일반적인 피드백을 우리에게 보낼 때는 간단하게 feedback@packtpub.com으로 이메일을 보내면 되고, 메시지의 제목에 책 이름을 적으면 된다. 여러분이 전문 지식을 가진 주제가 있고, 책을 내거나 책을 만드는 데 기여하고 싶다면 www.packtpub.com/authors에서 저자 가이드를 참고하길 바란다.

고객 지원

독자에게 도움이 되는 몇 가지를 제공하고자 한다.

예제 코드 다운로드

이 책에서 사용된 예제 코드는 http://www.packtpub.com/support를 방문해 이메일을 등록하면 파일을 직접 받을 수 있으며, 이 링크를 통해 원서의 Errata도 확인할 수 있다. 또한 https://github.com/PacktPublishing/Hands-On-Neural-Networks-with-Keras에서 다운로드할 수 있으며, 에이콘출판사의 도서정보 페이지인 http://www.acornpub.co.kr/book/neural-networks-keras에서도 예제 코드를 다운로드할 수 있다.

컬러 이미지 다운로드

이 책에 사용된 스크린샷과 다이어그램의 컬러 이미지를 담은 PDF 파일은 https://static.packt-cdn.com/downloads/9781789536089_ColorImages.pdf 링크에서 별도로 제공된다. 동일한 파일은 에이콘출판사 도서정보페이지 http://www.acornpub.co.kr/book/neural-networks-keras에서도 제공한다.

정오표

내용을 정확하게 전달하기 위해 최선을 다했지만, 실수가 있을 수 있다. 팩트출판사의 도서에서 문장이든 코드든 간에 문제를 발견해서 알려준다면 매우 감사하게 생각할 것이다. 독자의 참여를 통해 다른 독자에게 도움을 주고, 다음 버전의 도서를 더 완성도 높게 만들 수 있다. 오탈자를 발견한다면 http://www.packtpub.com/submiterrata를 방문해 책을 선택하고, 구체적인 내용을 입력해주길 바란다. 보내준 오류 내용이 확인되면 웹사이트에 그 내용이 올라가거나 해당 서적의 정오표 부분에 그 내용이 추가될 것이다. http://www.packtpub.com/support에서 해당 도서명을 선택하면 기존 정오표를 확인할 수 있다.

한국어판의 정오표는 에이콘출판사의 도서정보 페이지 http://www.acornpub.co.kr/book/neural-networks-keras에서 찾아볼 수 있다.

저작권 침해

인터넷에서의 저작권 침해는 모든 매체에서 벌어지고 있는 심각한 문제다. 팩트출판사에서는 저작권과 사용권 문제를 매우 심각하게 인식한다. 어떤 형태로든 팩트출판사 서적의 불법 복제물을 인터넷에서 발견한다면 적절한 조치를 취할 수 있도록 해당 주소나 사이트명을 알려주길 부탁한다.

의심되는 불법 복제물의 링크는 copyright@packtpub.com으로 보내주길 바란다. 저자와 더 좋은 책을 위한 팩트출판사의 노력을 배려하는 마음에 깊은 감사의 뜻을 전한다.

질문

이 책과 관련해 질문이 있다면 questions@packtpub.com으로 문의하길 바란다. 최선을 다해 질문에 답하겠다. 한국어판에 관한 질문은 이 책의 옮긴이나 에이콘 출판사 편집 팀(editor@acornpub.co.kr)으로 문의해주길 바란다.

1부 뉴럴 네트워크 기본

1부에서는 뉴럴 네트워크 운영의 기본(즉, 적절한 데이터를 선택하고, 특성을 정규화하고, 바닥에서부터 데이터 처리 파이프라인을 실행하는 방법)을 간략하게 설명한다. 1부에서는 이상적인 하이퍼파라미터hyperparameter를 적절한 활성화 함수, 손실 함수, 최적화 함수와 조합하는 방법을 학습한다. 또한 실세계의 데이터와 가장 유명한 프레임워크를 활용해 딥러닝 모델을 구축하고 테스트할 수 있다.

1부에서 다루는 내용은 다음과 같다.

- 1장. 뉴럴 네트워크 개요
- 2장. 뉴럴 네트워크 깊이 들여다보기
- 3장. 신호 처리: 뉴럴 네트워크를 활용한 데이터 분석

01

뉴럴 네트워크 개요

멋진 여행을 함께 하게 된 여러분을 환영한다. 이 여행을 하면서 매우 강력한 컴퓨팅 패러다임인 인공 뉴럴 네트워크ANN, Artificial Neural Network의 기반 개념과 그 내부 동작을 이해하게 될 것이다. 인공 뉴럴 네트워크라는 용어가 세상에 처음 출현한 것은 50년도 더 지난 일이고, 인공 뉴럴 네트워크의 탄생에 관한 아이디어(에이전트agent가 무엇인지, 에이전트가 주변으로부터 어떻게 학습을 하는지 등)의 기원은 아리스토텔레스 시대, 혹은 문명이 시작됐던 시대까지 거슬러 올라간다. 유감스럽게도 아리스토텔레스 시대의 사람들은 빅데이터의 편재성ubiquity이나 그래픽 처리 유닛GPU, Graphical Processing Unit(오늘날 우리에게 매우 확실한 이익을 주고 있는 매우 빠르게 병렬화된 컴퓨터)이 주는 혜택을 누리지 못했다. 그러나 이제는 수많은 빌딩 블록과 도구를 사용해 인공적인 지능 시스템을 활용할 수 있다. 이 책에서는 오늘날과 같은 시대가 이뤄진 개발 과정 전부를 살펴보지는 못하겠지만, 현시점에서 만난 문제를 직관적으로 생각해보는 데 도움이 될 수 있는 주요 개념과 아이디어를 간략하게 정리해본다.

1장에서 다루는 내용은 다음과 같다.

- 목표 정의
- 도구 확인
- 뉴럴 네트워크 이해
- 뇌 관찰
- 정보 모델링과 기능적 표현
- 데이터 과학에서의 몇 가지 근본적인 요소

목표 정의

근본적으로 모든 형태의 데이터를 다룰 수 있는 단일 메커니즘을 만들어내고자 한다. 이 메커니즘으로 데이터에 포함된 모든 패턴을 발견하고, 이익이 되는 결과가 나오길 기대한다. 이 과정에서의 성공이란 어떠한 형태로도 가공되지 않은 데이터를 지식으로 바꿔서 실행할 수 있는 비즈니스 통찰력을 얻거나, 짐을 줄이는 서비스를 만들거나 혹은 생명을 살리는 약을 만들어낼 수 있게 되는 것을 뜻한다. 즉, 임의의 데이터(여러분이 표현하고 싶다면 지식의 영약이라고 부를 수도 있다)를 일반적인 근삿값으로 표현할 수 있는 단일 메커니즘을 만들어내는 것이다. 한 걸음 물러서서 머릿속에 이런 세계를 잠시 떠올려보자. 치명적인 질병이 순식간에 치료되는 세계, 어느 누구도 굶주리지 않고, 박해나 학대 혹은 가난을 두려워하지 않으면서 모든 원칙을 통틀어 인간이 달성할 수 있는 업적에서의 정점을 추구할 수 있는 세계 말이다. 너무 먼 미래의 이야기인가? 이런 유토피아를 달성하기는 효율적인 컴퓨터 시스템을 설계하기보다 훨씬 힘들다. 윤리적인 측면도 함께 발전시켜야 한다. 개인으로서, 인류로서, 모든 존재론적 측면에서 우리가 서 있는 위치를 다시 생각해봐야 한다. 하지만 컴퓨터가 이러한 부분에서 인간에게 줄 수 있는 큰 도움이 무엇인지 알게 된다면 크게 놀랄 것이다.

우리가 과거에 알고 있던 컴퓨터 시스템에 대한 이야기를 하는 것이 아니다. 컴퓨팅의 선조들(배비지Babbage나 튜링Turing)이 다루던 주제와는 사뭇 다른 이야기다. 단순한 튜링 머신Turing machine이나 다른 엔진(이 책과 함께하는 여정에서 그들의 뛰어난 정신과 그들이 발명한 것들을 조금은 다루겠지만)과도 다르다. 모든 인간에게 선천적으로 주어진 것임에도 여전히 극히 일부만 알려져 있는 지능 수집의 근본적인 개념에 관해 수세기에 걸쳐 만들어진 핵심적인 학문적 공헌, 실질적 실험 및 구현과 관련된 통찰력을 다루고자 한다.

다루는 도구

이 책에서는 현존하는 가장 유명한 두 가지 딥러닝 프레임워크를 사용한다. 이 두 프레임워크는 모두 공개돼 있으며, 무료로 사용할 수 있다. 책에서 구현하거나 실습하는 내용은 이 두 프레임워크에만 국한된 것은 아니며, 널리 알려진 다른 딥러닝 프레임워크는 물론 백엔드에서도 잘 동작할 것이다. 다만 이 책에서는 텐서플로TensorFlow와 케라스Keras를 사용한다. 텐서플로와 케라스는 매우 널리 알려져 있고, 대규모 커뮤니티의 지원을 받고 있으며, 다른 유명한 백엔드 및 프론트엔드 프레임워크(테아노Theano, 카페Caffe 혹은 노드제이에스Node.js 등)와의 호환성이 매우 높다. 케라스와 텐서플로를 간략하게 소개한다.

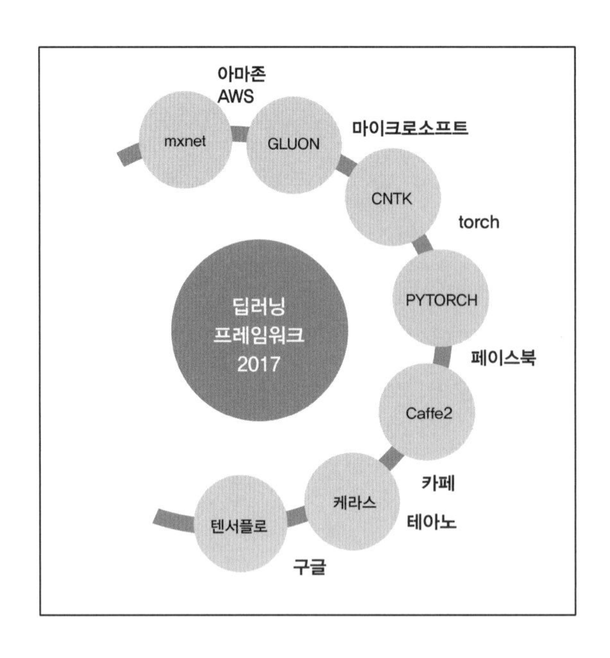

케라스

많은 사람이 케라스를 딥러닝의 공용어lingua franca[1]라고 부른다. 케라스는 사용자 친화적이고, 모듈화돼 있으며, 높은 확장성을 제공한다. 뉴럴 네트워크에서의 고차원적인 애플리케이션 프로그래밍 인터페이스로 빠른 실험의 실행에 주안점을 둔다. 파이썬으로 구현돼 있으며, 텐서플로나 케라스 같은 백엔드 위에서 수행된다. 케라스는 원래 ONEIROSOpen-ended Neuro-Electronic Intelligent Robot Operating System 프로젝트 연구의 일환으로 개발됐다. 그리스어 Κέρας에서 유래한 이름으로, 영어로는 뿔horn이라는 의미로 해석된다. 고대 그리스 문학에서 처음 등장한 케라스는 영원한 풍요의 상징인 아말테아(코루누코피아Cornucopia라고도 알려짐)의 뿔을 의미한다.

---

1. 모국어를 달리하는 사람들이 상호 이해를 위해 습관적으로 사용하는 언어. 이런 의미에서 그 언어는 어느 한쪽 사람의 모국어이거나 또는 제3의 언어이거나 상관없다. 좁은 뜻에서는 어느 한쪽의 모국어도 아니지만, 대개의 경우 양쪽 국어가 혼합되고, 문법이 간략한 언어를 말한다. 이 언어를 피진어(pidgin)라고도 하며, 피진 잉글리시가 그 대표적인 예다. 링구아 프랑카라는 명칭은 십자군 시대에 레반트 지방에서 사용되던 프로방스어를 중심으로 한 공통어에서 유래한다. 식민지 시대 이후 세계 각지에서 많이 생겼다(출처: 네이버 지식백과/두산백과). – 옮긴이

케라스에서 제공하는 주요 기능은 다음과 같다.

- 쉽고 빠른 프로토타이핑
- 사전 구현된 다양한 최신 뉴럴 네트워크 아키텍처(이미 학습이 완료된 모델과 실험 데이터셋data set 포함)
- 다양한 CPU와 GPU에서 실행

텐서플로

텐서플로TensorFlow는 고성능의 수치 계산용 오픈소스 소프트웨어 라이브러리로, 텐서tensor라 불리는 데이터 표현을 사용한다. 텐서플로를 사용하면 누구나 데이터플로우 그래프dataflow graphs를 구현할 수 있다. 기본적으로 데이터플로우 그래프는 네트워크나 프로세싱 뉴런에서 일어나는 일련의 데이터 흐름을 기술하는 구조다. 네트워크상의 모든 뉴런은 수학적 오퍼레이션이며, 뉴런 사이의 각 연결(혹은 에지edge)은 다차원의 데이터 배열이나 텐서다. 텐서플로에서 제공하는 유연한 단일 API를 활용하면 다양한 플랫폼(CPU, GPU 및 텐서플로에서 제공하는 텐서 프로세싱 유닛TPU, Tensor Processing Units 등), 데스크톱에서부터 서버 클러스터, 모바일 혹은 에지 장비에 이르기까지 쉽게 연산을 수행할 수 있다. 텐서플로는 구글 브레인Google Brain 팀의 연구자와 엔지니어가 개발했으며, 뉴럴 네트워크 설계와 딥러닝을 지원하는 멋지고 실용적인 인터페이스를 제공한다.

뉴럴 학습 기본

먼저 학습이라는 개념을 이해하면서 이 여행을 시작한다. 무엇보다 학습이라는 풍부하고 복잡한 단일 현상이 인류 역사상 가장 진보한 컴퓨터라고 불리는 형태로 구현됐다는 점이 매우 흥미롭다. 차차 확인하겠지만 과학자들은 인간의 생리학적 뉴럴 네트워크의 내부 동작에서 끊임없이 영감을 받아온 듯하다. 실제로 자연이 외부 세계에서 주어진 느슨하게 연결된 신호를 활용하고, 신호를 조합해서 반응하고 적응하는 지속적인 인지 흐름을 생성하는 방법을 발견했다면(대부분의 사람이 동의하는 그 어떤 것처럼) 그와 같은 일을 유발하는 트릭이나 장치가 무엇인지 정확하게 알고 싶을 것이다. 그러나 이와 같은 주제를 다루려면 먼저 뉴럴 네트워크의 개념과 최근의 머신러닝ML, Machine Learning 기술의 차이를 기본적으로 이해해야 한다.

뉴럴 네트워크

우리가 문제를 해결하기 위해 기존에 알고 있거나 수행해 오던 알고리즘 중심의 방법론과 뉴럴 네트워크의 유사점을 비교하기는 매우 어렵다. 예를 들어 선형 회귀linear regression는 단순히 플롯돼 있는 관찰된 지점들의 제곱 오차 평균에 대한 최적 적합선line of best fit 문제만을 다룬다. 유사하게 중심 군집화centroid clustering는 단순히 하나의 점근선 배치asymptotic configuration에 도달할 때까지 유사한 지점 사이의 이상적인 거리를 반복적으로 계산해서 재귀적으로 데이터를 분리할 뿐이다.

반면 뉴럴 네트워크는 여러 가지 이유로 그처럼 단순하게 설명하기는 어렵다. 뉴럴 네트워크는 그 자체로 데이터가 네트워크상으로 전달될 때 국지적인 소규모 연산을 수행하는 다양한 알고리즘의 조합으로 이뤄진다는 점이 그 이유 중 하나다. 물론 뉴럴 네트워크를 이렇게 정의하는 것이 완전하지는 않다. 이 책에서는 좀 더 복잡한 개념과 뉴럴 네트워크 아키텍처를 다룸으로써 이 정의를 반복해서 개선할 것이다. 다만 지금 단계에서는 한 비전문가의 정의를 빌려보겠다. 뉴럴 네트워크란 여러분이 네트워크에 입력한 값(예를 들면 이미지 등)과 여러분이 관심을 갖고 있는 대상(즉, 이미지에 개가 있는지, 고양이가 있는지, 혹은 공격형 헬리콥터가 있는지 등)의 관계를 스스로 학습하는 하나의 메커니즘이다.

이제 뉴럴 네트워크에 대한 간단한 아이디어(즉, 입력값을 받아 관계를 학습해서 특정한 출력값을 예측하는 메커니즘이다)를 얻었다. 당연하지만 이 다재다능한 메커니즘에 입력할 수 있는 값은 이미지에만 국한되지 않는다. 실제로 이러한 네트워크들은 텍스트나 음악 소리를 입력받아 텍스트가 셰익스피어의 햄릿Hemlet인지, 음악 소리가 빌리 진Billie Jean인지 예측할 수 있다. 하지만 이 메커니즘이 다양한 형태와 크기의 데이터를 받아들이고 각 입력에 해당하는 결과를 어떻게 생성할 수 있을까? 많은 과학자가 자연이 문제를 해결하는 방식을 활용하는 것이 이를 이해하는 데 유용함을 발견했다. 사실 우리가 살고 있는 행성에서 수백만 년 동안 이뤄진 진화의 과정은 유전자 돌연변이와 환경적인 조건을 통해 많은 비슷한 것을 만들어냈다. 그중에서도 두 귀 사이에 위치한 범용 함수 근사 장치universal function approximator인 두뇌는 자연이 우리에게 준 가장 뛰어난 선물이다.

두뇌 관찰

먼저 악명 높은 이 비교에 앞서 이는 단순한 비교일 뿐이지 뉴럴 네트워크와 뇌의 유사성을 논의하는 것이 아님을 분명히 하겠다. 뉴럴 네트워크와 사람의 두뇌가 동일하게 동작한다고 주장하는 것은 아니다. 이렇게 주장한다면 수많은 신경과학자는 물론 포유류 두뇌 해부학의 거장들이 눈에 불을 켜고 달려들 것이 뻔하다. 다만 비교를 함으로써 데이터에 담긴 연관된 패턴을 추출할 수 있는 시스템을 설계하는 데 필요한 워크플로우를 더 잘 이해할 수 있다. 음악성이 넘치는 오케스트라를 만들거나, 위대한 예술작품을 만들거나, 커다란 하돈 콜리더Large Hadron Collider[2]와 같은 과학적 기계를 개발하는 것처럼 두뇌라는 다재다능한 단일 아키텍처는 고도로 복잡하고 전문적인 지식을 학습하고 적용할 수 있다는 사실을 보여줬다. 자연은 매우 영리하므로, 자연이 이미 멋지게 구현해 둔 것을 관찰하는 것만으로도 학습하는 에이전트로서 수없이 많은 가치 있는 교훈을 얻을 수 있다.

---

2. 세계 최대의 입자 가속기(https://home.cern/science/accelerators/large-hadron-collider) – 옮긴이

생리적 두뇌 구현

핵[quark]이 모여 원자[atom]가 되고, 원자들이 모여 분자[molecule]가 되고, 분자들이 모여 화학적으로 흥미로운 생체 역학적 단위가 된다. 이를 세포[cell]라고 부른다. 세포는 모든 생리학적인 생명 형태를 구성하는 기본 단위다. 세포는 다양한 형태로 나타나지만, 그중 우리의 이목을 끄는 세포가 하나 있다. 매우 특별한 세포의 종류인 신경 세포[nerve cell]인, 즉 뉴런[neuron]이다. 어째서 뉴런인지 궁금한가? 10^{11}개의 뉴런을 특정한 형태로 완벽하게 연결할 수 있다면 불과 농업, 우주여행을 발견한 생리적 조직인 두뇌를 얻을 수 있기 때문이다. 이 뉴런 덩어리가 학습하는 방법을 알려면 먼저 하나의 뉴런이 어떻게 동작하는지 알아야 한다. 곧 알게 되겠지만, 사람의 뇌는 이런 뉴런들의 반복적인 구조로 이뤄져 우리가 소위 지능이라고 부르는 경이로운 현상을 만들어낸다.

뉴런의 생리학

하나의 뉴런은 전기와 화학적인 신호로 정보를 받아들이고 처리한 후 전달하는 전기적 흥분 세포에 지나지 않는다. 세포 조직은 세포체에서 확장돼 다른 뉴런으로부터 메시지를 받아들인다. 뉴런이 메시지를 받거나 보낸다고 표현하는 것은 실제로는 뉴런이 축색돌기를 통해 전기적인 임펄스를 전송하는 것이다. 마지막으로 뉴런은 흥분한다. 다시 말해 뉴런에 적절한 임펄스를 가하면 행동 잠재력[action potential]이라고 알려진 전기적 이벤트를 만들어낸다. 뉴런이 행동 잠재력(또는 스파이크[spike])에 다다르면 뉴런은 신경 전달 물질[neurotransmitter]을 방출한다. 신경 전달 물질은 화학 물질의 하나로, 다른 뉴런에 도달할 때까지 시냅스 사이의 매우 짧은 거리를 이동한다. 뉴런이 행동 잠재력에 이를 때마다 신경 전달 물질은 수백 개의 시냅스에서 방출돼 다른 뉴런의 축색돌기에 이른다. 축색돌기와 연결된 뉴런은 임펄스의 특성에 따라 다시 행동 잠재력을 유발한다. 이러한 과정이 반복돼 뉴런 네트워크가 소통하고, 계산하고, 협업하면서 우리 인간이 매일 직면하는 복잡한 문제를 해결한다.

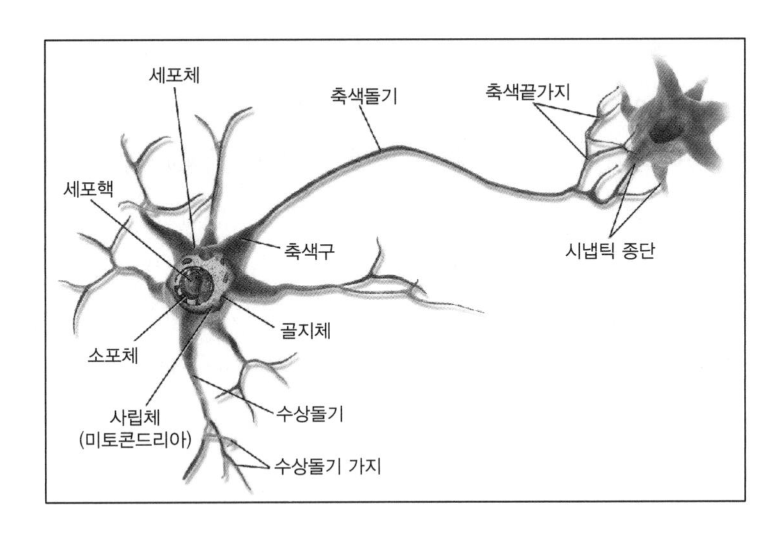

결국 뉴런은 전기적 입력을 받아 몇 가지 처리를 거쳐 그 값이 양positive이면 방출하고, 음negative이면 아무런 동작도 하지 않는다. 처리 값이 양이라는 것은 어떤 의미인가? 이를 이해하기 위해 뇌에서 정보나 지식을 표현하는 방법을 확인하면 이를 좀 더 명확하게 이해할 수 있을 것이다.

정보 표현

개, 고양이, 그리고 공격용 헬리콥터 이미지를 구분해야 한다고 생각해보자. 신경 학습 시스템을 고려하는 방법의 하나로, 여러 전담 뉴런을 할당해 세 동물이 가진 다양한 특징을 표현하게 할 수 있다. 즉, 3개의 전문가 뉴런을 고용해 이미지를 구분하는 태스크를 수행하는 것이다. 각 뉴런은 개, 고양이, 그리고 공격형 헬리콥터의 지식을 가진 전문가다.

어떻게 3개의 뉴런이 전문가인가? 어찌됐든 지금은 이 도메인 전문가 뉴런이 무언가의 도움을 받고 있다고 생각하자. 전문가 뉴런이 직원이나 지원 스태프를 데리고 있거나, 자신을 위해 헌신적으로 일하는 다른 전문가와 함께 일하고 있으며, 각자 다양한 종류의 개나 고양이 또는 공격형 헬리콥터의 정보를 수집하고 표현할 수 있다고 말이다.

하지만 우리는 뉴런을 돕는 지원 스태프에 관해서는 아무런 일도 하지 않고, 전문가에게 이미지를 보여주기만 할 것이다. 개의 이미지를 보여준다면 개 전문가 뉴런이 즉시 이 생물체를 알아보고 "이봐, 이건 개가 분명해. 날 믿어. 난 최고의 전문가니까"라고 말하듯 신경 전달 물질을 방출한다. 마찬가지로 고양이 이미지를 보여주면 고양이 전문가 뉴런은 자신이 고양이를 발견했다는 신경 전달 물질을 방출한다. 위와 같은 가정은 각 뉴런이 실세계의 물체(여기에서는 고양이와 개)를 표현하는 방식과 동일하지는 않지만, 뉴런에 기반을 둔 학습 시스템을 기능적으로 이해하는 데는 도움이 된다. 부디 이후에 소개할 (생리학적 뉴런보다 덜 정교한) 인공지능 뉴런의 충분한 정보를 얻었기를 바란다.

뉴럴 인코딩의 미스터리

많은 신경과학자가 앞 절에서 예로 든 고양이 전문가 뉴런과 같은 하나의 통일된 대표적인 뉴런이 뇌 속에 존재하지 않는다고 주장한다. 과학자는 그와 같은 단일 메커니즘이 어떤 방법으로 우리가 알고 있는 특정한 얼굴(할머니, 길모퉁이의 빵 가게 주인, 혹은 도널드 트럼프Donald Trump와 같은)에만 특화된 수천 개의 뉴런을 필요로 하는가에 주목하며, 좀 더 분산된 표상 아키텍처를 제안한다. 이들의 분산 이론에 따르면 뉴런을 활성화하는 고유한 형태를 가진 특정한 자극(예를 들면 고양이 이미지 같은)은 뇌 전체에 널리 퍼진다. 즉, 고양이 이미지는 (많게 잡아) 100개의 서로 다른 뉴런에 전달되는데, 각 뉴런은 이미지에서 고양이가 가진 형태(즉 귀, 꼬리, 눈, 및 몸의 모양)를 식별하는 데 특화돼 있다. 즉, 몇 개의 고양이 전문가 뉴런은 다른 뉴런과 조합돼 고양이의 요소를 가진 다른 이미지를 표현한다는 것이 분산 이론의 골자다. 표범 이미지나 만화 캐릭터인 가필드Garfield 이미지를 구성하는 데는 거의 동일한 고양이 전문가 뉴런의 일부, 그리고 표범의 크기에 특화된 속성을 학습한 뉴런이나 그 유명한 가필드의 오렌지/검정색 줄무늬에 특화된 속성을 학습한 뉴런이 조합된다.

분산된 표현과 학습

뇌에 물리적인 트라우마를 가진 환자들이 자신이 사랑했던 사람을 만났을 때 상대방을 인식하지 못하거나, 심지어 상대방이 자신이 그를 사랑하게 믿도록 했다고 속인다고 주장하는 일부 의료 사례는 꽤 흥미롭다. 이러한 현상은 매우 기괴하지만, 뉴럴 학습의 정확한 메커니즘을 알 수 있는 한 줄기 빛을 던져 주기도 한다. 환자는 상대방을 명확하게 인식했고, 상대방이 가진 특징(얼굴이나 의상)과 일치하는 시각적 패턴을 인지하는 일부 뉴런을 활성화시켰다. 그럼에도 불구하고 상대방이 자신과 관계없다고 대답한 것은 흥미로운 일이다. 사랑하는 상대를 마주쳤을 때 일반적으로 활성화되는 뉴런(환자가 상대방에 대해 가진 감정적인 표현을 인코딩하는 뉴런을 포함해)이 정작 자신에게 중요한 만남의 순간에는 활성화되지 않았음을 의미한다.

이러한 분산된 표상 덕분에 우리 두뇌는 (실제로 우리 스스로 할 수 있다는 것을 관찰했듯) 매우 적은 데이터만으로도 추론을 할 수 있다. 예를 들어 이미지가 버스인지 토스터인지 신뢰할 수 정도로 구분하려면 수백 장의 이미지를 사용해서 뉴럴 네트워크를 학습시켜야 한다. 하지만 세 살짜리 내 친척 아이는 버스 그림이나 토스터 그림을 각각 세 장에서 다섯 장 정도만 봐도 뉴럴 네트워크만큼의 정확도를 보여 준다. 뉴럴 네트워크는 컴퓨터를 사용해 계산을 하는 과정에서 때로 기가와트[gigawatt] 단위의 전력을 쓰지만, 놀랍게도 내 친척 아이는 단지 12와트[watt]밖에 사용하지 않는다. 내 친척 아이는 냉장고에서 슬쩍 해온 비스킷 몇 조각, 혹은 작은 케이크 한 조각만으로도 계산을 하기 위해 필요한 모든 에너지를 얻을 수 있다.

데이터 과학 기본

데이터 과학의 기본 용어와 개념들에 관해 살펴보자. 몇 가지 이론, 엔트로피[entropy]나 차원성[dimensionality]과 같은 다소 복잡한 용어를 알아본다.

정보 이론

여러 네트워크 구조와 몇 가지 실질적인 예를 자세히 들여다보기 전에 실세계에서의 정보 신호 처리와 관련된 중요한 개념을 확인한다. 신호 하나가 제공하는 정보의 양을 정량화하는 과학이 정보 이론information theory이다. 정보 이론의 수학적 배경은 깊이 다루지 않지만, 확률적 관점에서 학습과 관련된 몇 가지 배경을 알아두면 도움이 될 것이다.

예상치 않은 이벤트가 일어났을 때 학습에 필요한 정보량은 예상한 이벤트가 일어났을 때 학습에 필요한 정보량보다 더 많음은 직관적으로 예상할 수 있다. 내가 여러분에게 "여러분은 오늘 슈퍼마켓에서 원하는 것을 무엇이든 살 수 있다"고 말하면 여러분은 전혀 놀라지 않을 것이다. 그러나 반대로 "여러분은 오늘 슈퍼마켓에서 아무것도 살 수 없다"고 말한다면 꽤 놀랄 것이다. 예상하지 않았던 정보 조각(살 수 "없다"가 이에 해당한다)이 주어졌기 때문이다. 정보 이론 분야에서는 이와 같은 직관적 지식을 코드화하려고 한다. 여기에는 다음과 같은 관념이 포함된다.

- 발생 가능성이 낮은 이벤트는 적은 정보 콘텐트를 가진다.
- 발생 가능성이 높은 이벤트는 많은 정보 콘텐트를 가진다.
- 발생이 보장된 이벤트는 아무런 정보 콘텐트도 갖지 않는다.
- 독립적인 발생 가능성을 가진 이벤트는 추가적인 정보 콘텐트를 가진다.

수학적으로 위의 모든 조건은 이벤트(x)에 대해 자신에 관한 정보를 제공하는 다음의 간단한 방정식으로 만족시킬 수 있다.

$$l(x) = -\log_e P(x)$$

$l(x)$의 단위는 나트nat며, 이벤트가 발생할 확률 $1/e$를 관찰해서 얻어내는 정보의 정량적인 양을 의미한다. 위 방정식은 쉽고 간단하지만, 한 가지 입력값에 대해 한 가지 출력값만을 제공한다. 이는 실세계에 존재하는 의존적인 복잡성을 모델링하는 데 큰

도움이 되지 않는다. 대신 이벤트의 확률적인 분포 전체에 존재하는 불확실성의 양을 정량화하는 경우는 어떠하겠는가? 이 경우에는 쉐넌 엔트로피[Shannon entropy]라고 알려진 또 다른 측정 방법을 사용할 수 있다. 쉐넌 엔트로피를 나타내는 방정식은 다음과 같다.

$$H(p(x)) - E_{x \sim p}\left[\, I(x) \,\right] = \int_x p(x) I(x) dx = -\int_x p(x) \log(p(x)) dx$$

엔트로피

여러분이 군인이고, 현재 적의 전열 앞에서 매복을 하고 있다고 가정해보자. 어떤 종류의 적들이 다가오고 있는지 동맹군에게 알려야 한다. 적은 때때로 탱크를 보내거나 정찰병을 보낸다. 매우 간단한 이진[binary] 신호를 보낼 수 있는 라디오만을 사용해서 동맹군에게 신호를 보내야만 한다. 이 경우 동맹군과 가장 효과적으로 커뮤니케이션할 수 있는 방법은 무엇인가? 소중한 시간을 낭비해서는 안 되는 것은 물론 적에게 들켜서도 안 된다. 어떤 방법을 택하겠는가? 우선 여러분은 수많은 이진 비트의 순서와 특정한 종류의 적(예를 들면 정찰이나 탱크 등)을 매핑할 것이다. 주변 환경에서 얻은 약간의 정보를 통해 탱크보다는 정찰이 빈번하게 출현함을 안다. 즉, 확률적으로 정찰을 의미하는 이진 신호를 탱크를 의미하는 신호보다 더 많이 사용하게 될 것임을 의미한다. 그러므로 정찰병의 출현을 알릴 목적으로 보낼 신호를 짧게 만들 것이다. 그 신호를 다른 신호보다 더 많이 보내게 될 것임을 알기 때문이다. 즉, 여러분은 적의 종류 분포에 대한 지식을 활용해 평균적으로 전달할 신호의 비트 수를 줄이려는 작업을 한다. 실제로 정찰과 탱크의 출현 분포에 관한 완전한 정보를 갖고 있다면 이론적으로 최소한의 신호 비트를 사용해 외부의 동료와 가장 효율적으로 커뮤니케이션할 수 있다. 이는 각 전송에 필요한 최적의 신호수를 통해 달성할 수 있다. 신호 하나를 표현하는 데 필요한 비트의 수를 데이터의 엔트로피라 부르며, 다음 방정식으로 정의할 수 있다.

$$H(y) = \sum_i y_i \log \frac{1}{y_i} = -\sum_i y_i \log y_i$$

위 식에서 $H(y)$는 특정한 확률 분포 y를 따르는 이벤트 하나를 표현하기 위한 최적의 비트 수를 의미한다. y_i는 다른 이벤트 i가 발생할 확률을 의미한다. 예를 들어 정찰 중인 적을 발견하는 이벤트가 탱크를 발견하는 그것보다 256배 더 많이 발생한다면 적의 정찰 횟수를 부호화하기 위해 필요한 비트 수는 다음과 같이 모델링할 수 있다.

$$\begin{aligned} Patrol\ bits &= log(1/256pTank) \\ &= log(1/pTank) + log(1/(2^8)) \\ &= Tank\ bits - 8 \end{aligned}$$

교차 엔트로피

교차 엔트로피Cross entropy는 또 다른 수학적 표현으로, 교차 엔트로피를 활용해 분명한 두 개의 확률 (p, q) 분포를 비교할 수 있다. 앞으로 보겠지만, 뉴럴 네트워크를 사용해 기능 분류와 관련된 처리를 할 경우에는 엔트로피 기반의 손실 함수를 활용한다. 동일 이벤트에 대한 두 확률 분포(https://en.wikipedia.org/wiki/Probability_distribution) (p, q) 사이의 교차 엔트로피는 한 조건(사용된 코드 체계가 실제 분포가 아니라, 예측된 확률 분포를 위해 최적화됐다는 조건)에서 특정한 모수 중 무작위로 선택한 하나의 이벤트를 식별하는 데 필요한 정보 조각의 평균 숫자로 측정된다. 여기에서 이해한 바를 좀 더 명확하게 하고 구현할 수 있도록 이 수식에 관해서는 뒤에서 다시 다룬다.

$$H(p, q) = E_p[-\log(q)] = -\int_x p(x).\log(q(x))dx$$

데이터 처리 특성

앞서 뉴런이 어떻게 전기적으로 정보를 전파하고 화학적 반응을 사용해 다른 뉴런과 커뮤니케이션하는지를 알아봤다. 이 뉴런이 개나 고양이의 모습이 어떤지 판단하도록 돕는다. 하지만 실제로 이 뉴런은 고양이의 전체 이미지를 결코 보지 않는다. 뉴런은 단지 화학적이고 전기적인 임펄스만을 다룰 뿐이다. 뉴런으로 구성된 네트워크는 다른 감각 처리 기관(예를 들면 눈과 시신경처럼 신호를 뉴런이 해석할 수 있도록 적절한 형태로 준비해주는 기관)이 있기 때문에 비로소 자신의 일을 수행할 수 있다. 눈은 고양이의 이미지로 표현되는 전자기 방사선(혹은 빛)을 받아들이고, 이를 전기적인 임펄스로 바꿔서 효율적안 커뮤니케이션을 가능하게 한다. 중간 커뮤니케이션 매개체가 인공 뉴런과 생리학적 뉴런의 큰 차이점이다. 생리학적 뉴런은 화학 물질과 전기적인 임펄스를 커뮤니케이션 매개로 사용한다. 이와 유사하게 인공 뉴런은 수학을 사용해 데이터의 패턴을 표현한다. 지식을 추출하는 목적으로 실세계의 현상을 수학적으로 표현하는 개념을 둘러싼 하나의 원칙이 존재한다. 바로 많은 사람에게 친숙한 데이터 과학data science이다.

데이터 과학에서 머신러닝으로

데이터 과학에 관한 책을 손에 잡히는 대로 들어보라. 틀림없이 정교한 설명(물론 여기에는 통계학, 컴퓨터 과학, 혹은 일부 도메인 지식의 교차점이 포함될 것이다)을 마주하게 될 것이다. 빠르게 페이지를 넘겨보면 멋진 시각적인 표현, 그래프, 바 차트, 즉 산출물이 담겨 있을 것이다. 통계학적 모델, 중요성 테스트significance tests, 데이터 구조, 알고리즘을 만나게 될 것이며, 각 항목은 눈에 띄는 일부 유스케이스를 중심으로 하는 멋진 결과를 제공할 것이다. 하지만 이는 데이터 과학이 아니다. 이는 성공적인 데이터 과학자가 되고자 하는 경우 사용할 뛰어난 도구에 지나지 않는다. 데이터 과학의 본질은 이보다 훨씬 단순하게 요약할 수 있다.

데이터 과학은 가공되지 않은 데이터에서 활용 가능한 지식을 만들어내는 방법을 다루는 과학 영역이다. 실세계의 문제를 관찰하고, 다양한 측면이나 특성에서 전체적인 현상을 정량화하고, 원하는 목적을 달성하게 하는 미래의 산출물을 예측하는 과정을 반복함으로써 지식을 만들어낸다. 머신러닝이란 데이터 과학을 기계에게 가르치는 원리에 지나지 않는다.

일부 컴퓨터 과학자가 이런 재귀적 정의를 선호하는 반면 일부 다른 컴퓨터 과학자는 "현상을 정량화한다"는 의미에 대해 심사숙고할 수도 있다. 여러분도 알다시피 실세계에 관한 대부분의 관찰(우리가 먹는 음식의 양, 우리가 보는 예의 프로그램의 종류, 여러분이 선호하는 옷의 색상 등)은 특정한 특성에 어느 정도 의지하는 (대략적인) 함수로 정의할 수 있다. 예를 들면 특정한 날 먹게 될 음식의 양은 직전에 먹은 식사의 양, 음식의 선호도, 운동량 같은 여러 다른 요소에 의지하는 함수로 정의할 수 있다.

비슷한 방식으로 여러분이 보고자 하는 프로그램의 종류는 개인 취향, 흥미, 여유 시간과 같은 요소로 근사하도록 결정할 수 있다. 부연하면 다양한 관찰(예를 들어 사람 사이의 습관을 보는 등)에서 발견된 차이점을 정량화하고 표현해서 기계가 활용할 수 있는 기능적으로 예측 가능한 규칙을 추론하고자 하는 것이다.

우리가 예측하고자 하는 가능한 결과물(즉, 대상이 되는 사람이 코미디를 좋아할지 아니면 스릴러를 좋아할지)을 대규모의 현상(즉, 인구의 성격이나 시청 습관)을 관찰함으로써 수집한 입력 특성(즉, 해당 대상자가 빅 파이브Big Five 성격 테스트에서 어디에 위치하는지)의 함수로 정의함으로써 이와 같은 규칙을 유도한다.

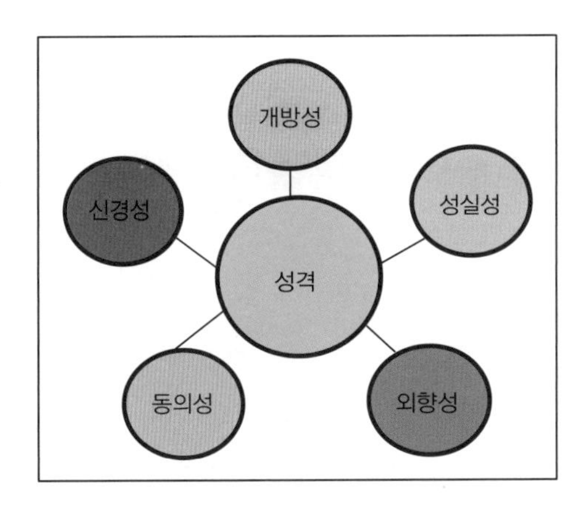

적합한 특성을 선택했다면 관심 있는 클래스(여기에서는 시청자 선호도)를 비교적 정확하게 예측할 수 있는 함수를 유도할 수 있을 것이다. 적합한 특성이란 무엇인가? 사람의 성격을 형성하는 데는 여행 습관보다 시청 습관이 더 많이 연관돼 있다고 생각하는 것이 이치에 맞다. 예를 들어 공포 영화에 관한 선호도를 예측하고자 사람 눈의 색상이나 실시간 GPS 좌표를 사용하는 것은 아무런 의미가 없다. 그런 특성은 예측에 필요한 정보를 제공하지 않기 때문이다. 그렇기 때문에 우리는 항상 연관된 특성(도메인 지식이나 중요성 테스트를 통해)을 선택해 실세계의 현상을 환원적으로 표현한다. 그 후 우리가 흥미를 가진 미래의 산출물을 예측하는 데 이 표현을 사용한다. 이 표현식을 예측 모델predictive model이라 한다.

고차원 공간의 데이터 모델링

앞서 봤듯이 실세계에서 관찰한 현상을 다양한 특징의 함수로 재정의해 표현할 수 있다. 예를 들어 물체의 속도는 주어진 시간 동안 대상이 이동한 거리의 함수로 표현할 수 있다. TV 화면의 픽셀 색상은 해당 픽셀을 구성하는 빨강, 초록, 파랑 강도 값의 함수로 표현할 수 있다. 데이터 과학자는 이와 같은 요소를 특징feature 혹은 차원dimension이라 부른다. 차원에 라벨이 붙어 있다면 우리가 사용하는 모델이 해당 케이스를 학습하는 것을 확인할 수 있으므로, 감독하에서 학습 태스크를 다룰 수 있다. 차원에 라벨이 붙어 있지 않다면 관찰한 포인트 사이의 거리를 계산해 우리가 가진 데이터 중 비슷한 그룹을 찾을 수 있다. 이를 비지도 머신러닝unsupervised ML이라고 부른다. 이러한 방법으로 우리가 가진 정보의 특징을 활용해 실세계의 현상을 표현하는 모델을 만들 수 있다.

차원의 저주

자연스럽게 다음과 같은 질문을 던질 수 있다. 얼마나 정확한 모델을 만들어야 하는가? 간단하게 대답하자면 결과를 관찰하면서 우리가 수집하고자 선택한 모든 특징을 하나의 고차원 공간에 플롯할 수 있다. 복잡하게 들릴 수도 있겠지만, 이 공간이란 고등학교 수학시간에 이미 배워서 친숙한 카테시안 좌표 시스템Cartesian coordinate system을 확장한 것에 지나지 않는다. 카테시안 좌표 시스템을 사용해서 그래프에 점 하나를 어떻게 표현하는지 떠올려 보자. 두 가지 값 *x*, *y*가 필요하다. 예제는 2차원 특징 공간에 관한 것이므로 *x*와 *y*는 각각 표현 공간에서의 차원을 의미한다. *z*축을 더하면 이제 3차원 특징 공간을 갖게 된다. 근본적으로 머신러닝 문제는 *n*차원 특징 공간으로 정의되는데, 여기에서 *n*은 우리가 예측하고자 하는 현상이 가진 특징의 수를 의미한다. 앞 절에서 시청 선호도를 예측하는 케이스에서 빅 파이브 성격 테스트 점수만을 입력 특징으로 정의한다면 5차원 특징 공간이 만들어질 것이며, 각 차원은 다섯 가지 성격의 점수에 대응한다. 사실 현대 머신러닝 문제에서의 차원 수는 100에서 100,000(때로는 그 이상)까지 다양하다. 서로 다른 특징 수가 증가함에 따라 특징을 조합할 수 있는 경우의 수가 기하급수적으로 증가하므로 컴퓨터라 할지라도 그러한 비율까지 고려해서 계산하기는 매우 어렵다. 머신러닝이 직면한 이와 같은 문제를 일반적으로 차원의 저주curse of dimensionality라고 부른다.

알고리즘에 따른 계산과 예측 모델

연관된 데이터를 고차원적으로 표현할 수 있다면 예측 함수를 유도할 수 있다. 이 과정에서 알고리즘을 사용하는데, 근본적으로 이 알고리즘이란 프로그램된 재귀적 명령어로 특정한 방법에 따라 고차원의 데이터를 구분하고 분류한다. 이 알고리즘(대부분 클러스터링, 분류, 및 회귀)은 특징 공간에서 재귀적으로 데이터 지점을 분리하고(즉, 사람에 따라 성격의 순위를 매기고) 비교적 비슷한 데이터 지점이 모이도록 작은 그룹으로 만든다. 알고리즘을 사용해 반복적으로 고차원의 특징 공간을 작은 영역으로 분리하고, 결과적으로 이 영역이 우리가 원하는 산출물의 클래스(이상적으로)에 대응된다. 즉, 데이터 종류에 관계없이 고차원적인 특징 공간에 데이터를 입력한 후 모델이 예측한 출력 클래스와 일치하는지 비교해서 데이터의 출력 클래스를 확실하게 예측할 수 있다. 축하한다! 예측 모델을 손에 넣었다.

모델과 유스케이스 매칭

하나의 관찰을 여러 특징에 따라 정의되는 함수 하나로 표현하기로 결정하는 것은, 절반 정도의 인과관계로 연결된 특징으로 가득 찬 판도라의 상자를 여는 것과 같다. 각 특징은 다른 특징의 함수로서 재정의(혹은 정량화)할 수 있다. 한 걸음 물러서서 우리가 표현하고자 하는 것이 정확하게 무엇인지 고려해보자. 연관된 패턴을 모델이 정확하게 반영하고 있는가? 충분히 의존할 수 있는 데이터를 확보했는가? 우리가 사용하는 리소스(알고리즘이든 연산 능력이든)가 확보한 데이터만으로 충분히 학습할 수 있는가?

사람이 하루에 섭취할 음식의 양을 예측하는 앞의 시나리오를 다시 생각해보자. 우리가 논의한 특징, 즉 신체적 운동은 신진대사와 호르몬 활동의 함수로 다시 정의할 수 있다. 마찬가지로 섭취 선호도는 내장 박테리아와 대변 구성물의 함수로 다시 정의할 수 있다. 이와 같은 재정의에 따라 모델에는 새로운 특징들이 추가되고, 모델의 복잡도는 높아진다.

얼마나 많은 테이크아웃 음식을 주문해야 할 것인지 좀 더 정확하게 예측할 수 있을지도 모른다. 그렇다고 해서 매일 위 조직 검사를 할 만한 가치가 있는가? 또는 최첨단 전자 현미경을 화장실에 설치할 만한 가치가 있는가? 여러분도 나도 그럴 만한 가치가 없다는 데 동의할 것이다. 이러한 공감대는 어떻게 형성되는가? 우리가 처한 상황에서 믿을 수 있는 방식으로 식이 예측에 관한 유스케이스를 평가하고, 예측하고자 하는 바를 비교적 충분히 가능하게 할 수 있는 특징을 선택함으로써 이러한 공감대가 형성된다. 고품질의 하드웨어(화장실 센서와 같은)를 필요로 하는 복잡한 모델은 식이 예측 유스케이스에서 필요하지 않을 뿐더러 현실적이지도 않다. 간단하게 얻을 수 있는 과거 구매 이력이나 선호도와 같은 특징을 사용해 좀 더 쉽게 기능적 예측 모델을 만들 수 있다.

관찰 가능한 현상은 재귀적인 방식으로 다른 현상의 함수로 정의 가능하지만, 현명한 데이터 과학자라면 유스케이스에 따라 합리적으로 적절한 관찰 가능하고 검증 가능한 모든 관련 사항을 적절하게 처리할 수 있는 특징을 선택함으로써 이러한 정의 과정을 어느 지점에서 중단해야 하는지 안다는 점이 이 절에서 말하고자 하는 요지다. 우리는 보유하고 있는 데이터 포인트의 출력 클래스를 신뢰할 수 있을 만큼 예측할 수 있는 함수의 근삿값을 얻어내야 한다. 현실 상황을 너무 복잡하거나 너무 단순하게 표현하면 머신러닝 프로젝트는 자연히 실패할 것이다.

함수적 표현

뉴럴 네트워크를 이해하고, 구현하고, 정복하기 위한 여행을 계속하기 전에 머신러닝과 관련된 몇 가지 근본적인 콘셉트의 인식을 새롭게 정리해야 한다. 예를 들면 현상을 완벽하게 모델링할 수 없다는 것을 이해해야 한다. 현상의 일부를 기능적인 관점에서 표현할 수 있을 뿐이다. 이를 이해한다면 직관적으로 데이터를 우리가 이해하고자 하는 일반적인 현상으로 표현된 큰 퍼즐을 구성하는 작은 조각으로 간주할 수 있다. 또한 시간이 변화한다는 것을 깨닫는 데도 도움이 된다. 특징과 그 특징들을 둘러싼 환경은 모두 이와 같은 변화의 영향을 받으며, 점차적으로 모델의 예측 능력을 감쇠시킨다. 연습과 도메인 관련 지식을 바탕으로 이러한 직관을 형성할 수 있다.

다음 절에서는 몇 가지 예제를 통해 머신러닝 유스케이스에서 나타나는 전통적인 함정에 관한 기억을 새롭게 정리할 것이다. 뉴럴 네트워크를 이해하고, 유스케이스에 적용하는 과정에서 동일한 문제가 나타난다는 점을 알게 될 것이므로, 이 과정은 매우 중요하다.

머신러닝의 함정

날씨를 예측하는 문제를 생각해보자. 몇 가지 특징을 선택한 후 예측 모델을 만들기 시작한다. 도메인 지식을 바탕으로 가장 먼저 기압을 주요 예측 특징으로 선택한다. 우리가 살고 있는 하와이Hawaii 섬에서 며칠에 걸쳐 다양한 Pa(파스칼Pascals, 기압 측정 단위) 값을 측정한다. 어떤 날은 맑고, 어떤 날은 비가 내린다.

비균형적 클래스 우선도

며칠 간 맑은 날이 이어진 후 여러분이 만든 예측 모델이 다음 날도 매우 맑을 것이라고 예측했지만, 실제로는 비가 내린다. 어째서냐고? 간단하게 말하자면 이 모델은 예측해야 할 두 클래스(맑은 날과 비가 오는 날)의 충분한 예시를 보지 못했기 때문에 비가 올 가능성을 정확하게 평가하지 못하기 때문이다. 이를 비균형적 클래스 우선도unbalanced class priors를 가졌다고 하며, 결과적으로 전체적인 날씨의 패턴을 잘못 표현하게 된다. 모델은 비가 내리는 날씨를 접하지 못했기 때문에 언제나 맑은 날씨만을 예측한다.

과소적합

두 달 동안 기압 데이터와 원하는 각 출력 케이스에 대한 균형 잡힌 관측 데이터를 수집했다. 모델의 예측 정확도는 꾸준히 증가했지만, 최적 수준 이하에서 상승을 멈춘다(61%라고 하자). 날씨가 추워지자 모델의 예측 정확도가 급격히 떨어지기 시작한다. 여기에서 과소적합underfitting 문제를 만났다. 모델은 너무나도 단순한 상태이기 때문에

겨울로 향하는 계절이 만들어낸 데이터에 포함돼 있는 패턴을 인식하지 못한다. 더 많은 예측 특징(예를 들면 실외 온도)을 추가함으로써 모델을 개선할 수 있다. 다시 며칠 정도의 데이터를 수집하고 나면 모델은 추가한 특징에서 더 많은 정보를 얻어 정확도와 예측 능력이 향상된다. 과소적합이 발생하는 비슷한 다른 상황에서는 모델에 더 많은 데이터를 추가하고 더 나은 특징을 조작하거나, 모델이 가진 수학적 제약사항(정규화[regularization]를 위한 람다 하이퍼파라미터[lambda hyperparameter] 등)을 줄임으로써 좀 더 계산 집약적인 예측 모델을 얻을 수 있다

과적합

수년 동안 데이터를 수집한 끝에 여러분은 농사를 짓는 친구에게 어떠한 상황에도 96%의 정확성을 가진 예측 모델을 만들었다고 자신 있게 말한다. 친구가 대답한다. "멋지군! 내가 그걸 쓸 수 있나?" 이타주의자이자 자선가인 여러분은 친구에게 코드를 즉시 보낸다. 며칠 후 그 친구가 중국 광동의 집에서 전화를 건다. 예측 모델은 전혀 동작하지 않았고, 덕분에 농작물 수확을 망쳤다며 머리끝까지 화가 오른 것 같다. 여러분이 만든 모델은 하와이의 열대 기후에 과적합[overfitting]돼 버린 케이스로, 모델은 샘플 데이터 이외의 데이터를 일반화하지 못했다. 이 모델은 기압과 온도, 맑음과 비라는 라벨을 사용해 나타낼 수 있는 다양한 조합을 충분히 학습하지 못했기 때문에 다른 대륙(중국)의 날씨를 충분히 예측하지 못했다. 사실 우리가 만든 모델은 하와이 지역의 온도와 기압만을 관찰했기 때문에 모델은 데이터의 사소한 패턴(예를 들어 연속해서 이틀 동안 비가 내리지 않는 등)을 기억하고, 더 많은 정보를 바탕으로 얻을 수 있는 경향성이 아니라, 적은 정보를 바탕으로 얻을 수 있는 패턴을 활용해 예측에 필요한 규칙을 생성한 것이다. 이 문제는 중국 날씨에 관한 정보를 더 수집하고, 지역의 날씨 변화에 맞춰 예측 모델을 다듬는 방법으로 보완할 수 있다. 이와 유사하게 과적합이 발생하는 상황에서는 간단한 모델을 선택하고, 특이값[outlier]이나 오차를 제거해서 데이터의 노이즈를 줄이고, 평균값을 기준으로 중심을 잡을 수 있다.

나쁜 데이터

여러분은 중국인 친구(이 친구를 첸Chan이라고 부르자)에게 모델에서 발생한 계산 오차와 모델에 센서를 붙이는 방법을 설명한 후 하와이에서와 마찬가지로 맑은 날과 비오는 날이라는 라벨을 붙인 데이터셋을 구성해 첸이 사는 지역의 기압과 온도 데이터를 수집하기 시작한다. 첸은 열심히 그가 사는 집의 지붕과 논에 센서를 설치한다. 유감스럽게도 집의 지붕은 열전도율이 매우 높은 강화 철 합금으로 만들어져 있었기에 지붕에 설치된 센서에서 수집된 기압과 온도 데이터는 일관성이 없고 신뢰성이 낮은 형태로 불규칙하게 부풀려진다. 이러한 오차 값이 예측 모델에 유입되면 결과는 자연히 덜 최적화될 것이고, 부정확한 데이터는 학습된 선을 망가뜨릴 것이다. 센서를 교체하거나 센서에서 전달된 오차 값을 무시하는 방법으로 이를 해결할 수 있다.

관련 없는 특징과 라벨

드디어 하와이, 중국, 다른 여러 지역에서 얻은 충분한 데이터를 사용해 날씨를 예측하는 데 사용할 수 있을 만큼 명확하고 일반화된 패턴을 찾아냈다. 여러분도 첸도 행복해졌다. 여러분이 만든 예측 모델은 맑고 화창한 날씨가 될 것이라 예측했지만, 실제로는 토네이도가 들이닥쳐 여러분이 사는 집의 문을 두들긴 그 날이 오기 전까지는 말이다. 무슨 일이 일어난 것인가? 무엇을 잘못한 것인가? 토네이도와 관련해서 밝혀진 바는 우리가 만든 두 가지 특징(기압과 온도)에 기반을 둔 이진 분류 모델은 우리가 가진 문제(토네이도와 관련된 역동)와 관련한 충분한 정보를 갖지 못했고, 결과적으로 이 파괴적인 결과물을 확실하게 예측할 수 있는 함수에 가까워지지 못했다. 우리는 맑은 날씨와 비가 오는 날씨에 관련된 데이터만 수집했기 때문에 이 모델은 토네이도를 예측하려는 시도조차 할 수 없었다.

이렇게 말하는 기후학자도 있을 것이다. "그렇다면 고도, 습도, 풍속과 풍향에 관련된 정보들을 모아서 토네이도와 관련된 라벨을 붙여 데이터에 추가하면 됩니다." 물론 그 말대로 하면 미래의 토네이도를 피하는 데 도움이 될 것이다. 하지만 이번엔 지진이 대륙붕을 때려서 쓰나미를 일으킨다면 어떻겠는가? 어떤 모델을 사용하기로 결정했든 충분히 만족스러운 예측 정확도를 얻으려면 끊임없이 관련된 특징을 추적해서 각 예측 대상 클래스(예를 들면 맑은, 비가 내리는, 토네이도가 올 것 같은 등)에 따른 충분한 정보를 수집해야만 한다. 좋은 예측 모델을 가졌다는 것은 현재까지 수집한 데이터를 활용할 수 있는 메커니즘을 발견했고, 필연적으로 발생하는 것처럼 보이는 예측의 규칙을 찾아낸 것에 지나지 않는다.

요약

1장에서는 생리학적 뉴럴 네트워크의 기능적 개요를 다뤘다. 또한 뉴럴 학습 및 분산 표상과 같은 개념들도 간단하게 다뤘다. 또한 다른 머신러닝 기법들은 물론 뉴럴 네트워크와도 연관된 데이터 과학의 몇 가지 전통적 인식을 새롭게 했다. 2장에서는 생리적 뉴럴 네트워크에서 느슨한 영감을 받아서 만들어진 학습 메커니즘인 ANN의 기본 구조를 살펴본다. ANN을 느슨하다고 표현하는 이유는 ANN이 생리적 뉴런 네트워크와 같은 효과적인 동작을 목표로 했음에도 불구하고, 아직 그 단계까지 이르지 못했기 때문이다. 2장에서는 ANN의 설계에 있어 주요한 구현 고려 사항들을 살펴보고, 그에 따르는 복잡성도 알아본다.

더 읽을거리

- **기호 학습과 연결 학습**Symbolic versus connectionist learning: http://www.cogsci.rpi.edu/~rsun/sun.encyc01.pdf
- **인공지능의 역사**History of artificial intelligence: http://sitn.hms.harvard.edu/flash/2017/history-artificial-intelligence/
- **인간 두뇌의 역사**History of the human brain: http://www.mybrain.co.uk/public/learn_history4.php

02

뉴럴 네트워크 깊이 들여다보기

2장에서는 뉴럴 네트워크를 좀 더 깊이 살펴본다. 가장 먼저 퍼셉트론perceptron을 구현한 후 활성화 함수activation function를 학습하고, 구현한 첫 번째 퍼셉트론을 학습시킨다.

2장에서 다루는 내용은 다음과 같다.

- 퍼셉트론: 생리학적 뉴런에서 인공 뉴런으로
- 퍼셉트론 구축
- 오차를 활용한 학습
- 퍼셉트론 학습
- 역전파
- 퍼셉트론 확장
- 단일 레이어 네트워크

퍼셉트론: 생리학적 뉴런에서 인공 뉴런으로

1장에서는 데이터 처리의 기본과 관련된 내용을 다뤘다. 2장에서는 생리학적 뉴런의 인공적인 친척이 어떻게 동작하는지에 관해 알아본다. 먼저 프랭크 로젠블라트Frank Rosenblatt가 1950년대에 만든 모델을 살펴보자. 프랭크는 그의 발명품을 퍼셉트론Perceptron (http://citeseerx.ist.psu.edu/viewdoc/download?doi=10.1.1.335.3398&rep=rep1&type=pdf)이라고 불렀다. 퍼셉트론은 근본적으로 인공 뉴럴 네트워크ANN, Artificial Neural Network 내의 한 뉴런이다. 하나의 퍼셉트론이 정보를 앞쪽으로 전파하는 방법을 이해함으로써 이후 함께 살펴볼 최첨단 네트워크를 좀 더 잘 이해할 수 있을 것이다.

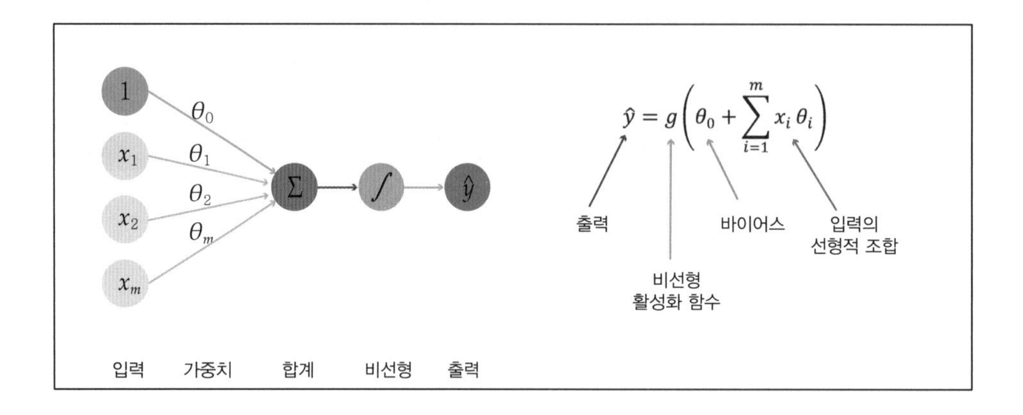

퍼셉트론 구축

다음으로 학습 메커니즘을 의미하는 여섯 개의 특정한 수학적 표현을 사용해 단일 퍼셉트론을 정의한다. 여섯 개의 표현은 입력, 가중치, 바이어스, 총화, 활성화 함수, 출력으로, 출력은 뒤에서 별도로 자세히 설명한다.

입력

생리학적 뉴런이 전기적인 임펄스를 축색돌기에서 받아들이는 방법을 기억하는가? 퍼셉트론은 전기적 임펄스가 아닌 숫자를 받아들인다는 차이가 있지만, 유사한 방식으로 동작한다. 실제로 퍼셉트론은 앞의 다이어그램에서 표시한 것과 같이 특징 입력값을 받아들인다. 다이어그램에 표시된 퍼셉트론은 3개의 특성 입력(x_1, x_2, x_3) 채널을 갖고 있다. 이 특성 입력(x_1, x_2, x_3)은 관찰한 것을 표현하고자 선택한 임의의 독립 변수다. 간단히 말하자면 어떤 날이 맑을지, 비가 내릴지 예측하고자 하는 경우 일별 기온, 기압과 같은 독립 변수와 해당 일자의 결과 클래스(실제로 그 날이 맑았는지, 비가 내렸는지 등)를 함께 독립 변수로 기록할 수 있다. 그 후 이 독립 변수를 한 번에 하루치씩, 퍼셉트론 모델에 입력 특징으로 넣어준다.

가중치

데이터를 뉴런에 입력하는 방법을 알았다. 그렇다면 이 데이터를 어떻게 행동 가능한 지식[actionable knowledge]으로 변환할 수 있는가? 모델로 하여금 어떻게 입력 특징을 받아들여 특정한 날짜의 날씨를 예측하는 데 도움을 주게 할 수 있는가?

'비가 내리는 날' 혹은 '맑은 날'을 결정하는 이진 분류 태스크를 수행하는 데 두 가지 입력 특징을 사용할 수 있다.

먼저 각 입력 특징을 그 특징의 가중치와 함께 비교한다. 가중치[weights]란 한 입력 특징이 예측하고자 하는 출력값에 대해 갖는 상대적인 중요성을 의미한다. 다시 말해 온도 입력 특징의 가중치는 온도 입력 특징이 출력 클래스(맑음 혹은 비가 내림)와 이상적으로 얼마나 관련돼 있는지를 반영해야 한다. 첫 번째 가중치는 무작위로 초기화하며, 모델에 데이터가 입력됨에 따라 학습된다. 모델이 충분한 양의 데이터를 사용해 반복적으로 학습을 마친 후에는 이 가중치가 올바른 방향으로 조정됨으로써 '비가 내리는 날'이나 '맑은 날'을 결정하는 온도와 기압의 이상적인 조합이 얻어지기를 기대한다.

우리는 이미 온도라는 입력 특징이 날씨와 더 밀접하다는 것을 경험적으로 알고 있기 때문에 데이터가 전파됨에 따라 모델도 온도 입력 특징의 가중치를 더 높게 가지리라 기대할 것이다. 이는 생물학적으로 뉴런의 축색돌기를 덮고 있는 미엘린 피복myelin sheath과도 비교할 수 있다. 특정한 뉴런이 빈번하게 활성화되면 해당 뉴런의 미엘린 피복이 두꺼워지면서 축색돌기에 절연 처리를 함으로써 다음번에는 해당 뉴런이 더 빠르게 커뮤니케이션을 할 수 있게 된다.

총화

무작위로 초기화된 가중치와 묶인 입력 특징은 퍼셉트론으로 흘러 들어간다. 다음 단계에서 일어나는 일은 매우 간단하다. 먼저 3개의 입력 특징과 그 가중치를 2개의 서로 다른 3 × 1 행렬로 표현한다. 이 두 행렬을 사용해 입력 특징과 그 가중치의 조합을 표시할 것이다. 고등학교 시절 배운 수학을 생각해보자. 실제로 2개의 3 × 1 행렬을 그대로 곱할 수 없다. 따라서 2개 행렬의 값을 하나로 표현하기 위해 약간의 수학적인 기교를 부려야 한다. 입력 특징 행렬을 다음과 같이 간단하게 변환할 수 있다.

$$x = \begin{bmatrix} x_1 \\ x_2 \\ x_3 \\ \cdot \\ \cdot \\ \cdot \\ x_n \end{bmatrix} \quad x^T = [x_1\ x_2\ x_3 \ldots\ x_n]$$

이 새롭게 변환된 입력 특징 행렬(3 × 1 차원)과 가중치 행렬(1 × 3 차원)을 곱한다. 행렬을 곱해서 얻는 결과를 두 행렬의 내적dot product이라 부른다. 여기에서는 변환된 입력 특징 행렬과 가중치 행렬의 내적을 구한다. 이 과정을 통해 2개의 행렬을 하나의 스칼라 값으로 변환할 수 있으며, 이 값은 모든 입력 특징과 각 입력 특징에 해당하는 가중치의 총체적 영향도를 의미한다. 다음으로 이 집합 표상collective representation을 사용해 특정한 임곗값과 비교 측정함으로써 이 표상의 품질을 평가한다. 다시 말하면 특정한 함수를 사용해서 기억해야 할 만한 유용한 패턴이 이 스칼라 값에 코드화됐는지를 평가한다. 유용한 패턴이란 모델이 데이터의 서로 다른 클래스를 구분하는 데 도움이 되는 패턴이며, 결과적으로 올바른 예측 결과를 얻게 한다.

비선형성

하나의 퍼셉트론 유닛에 데이터가 입력되고, 관련된 가중치가 각 입력 특징과 연결되는 방법을 학습했다. 또한 입력 특징과 그에 해당하는 가중치를 $n \times 1$ 행렬(여기에서 n은 입력 특징의 수)로 표현하는 방법도 알았다. 마지막으로 입력 특징 행렬을 변환해서 해당 특징의 가중치를 가진 행렬과의 내적을 계산했다. 이 과정이 완료되면 하나의 스칼라 값을 얻는다. 다음 단계는 무엇일까? 한 걸음 물러서서 애초에 달성하고자 했던 바가 무엇인지 생각해보자. 그러면 활성화 함수activation function와 같은 무엇인가를 도입해야 할 필요성을 깨달을 수 있을 것이다.

실세계의 데이터들은 비선형성non-linear인 경우가 많다. 다시 말해 한 현상을 다른 입력값에 의해 결정되는 단 하나의 함수로 모델링하고자 하는 경우에 해당 함수 자체를 선형적, 즉 직선으로 표현할 수 없음을 의미한다.

데이터에 존재하는 모든 패턴이 직선으로만 구성돼 있다면 뉴럴 네트워크를 고려할 필요가 없다. 서포트 벡터 머신SVM, Support Vector Machines과 같은 기법은 물론 심지어 선형 회귀를 활용해서 선형 태스크를 충분히 처리할 수 있기 때문이다.

온도를 사용해서 '맑은 날'과 '비가 내리는 날'을 모델링한 결과는 비선형적인 곡선이 된다. '맑은 날'과 '비가 내리는 날'을 하나의 직선으로 구분할 수 없다. 어떤 날은 온도가 높음에도 불구하고 비가 내릴 수 있으며, 어떤 날은 온도가 낮음에도 맑을 수 있다.

온도와 날씨의 관계가 선형적이지 않기 때문이다. 어떤 날의 날씨는 온도, 풍속, 기압과 같이 다양한 상호 변수에 의해 결정되는 복잡한 함수에 따라 바뀐다. '13도'라는 온도는 독일의 베를린에서는 맑은 날이지만, 영국의 런던에서는 비가 내리는 날일 수 있다.

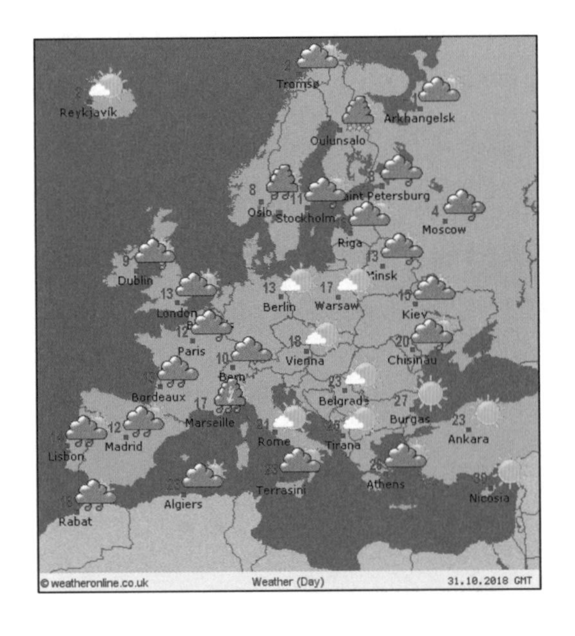

물론 하나의 현상을 선형적으로 표현할 수 있는 경우도 있다. 예를 들어 물리학에서는 다음 그래프와 같이 물체의 무게와 부피의 관계를 선형적으로 정의할 수 있다.

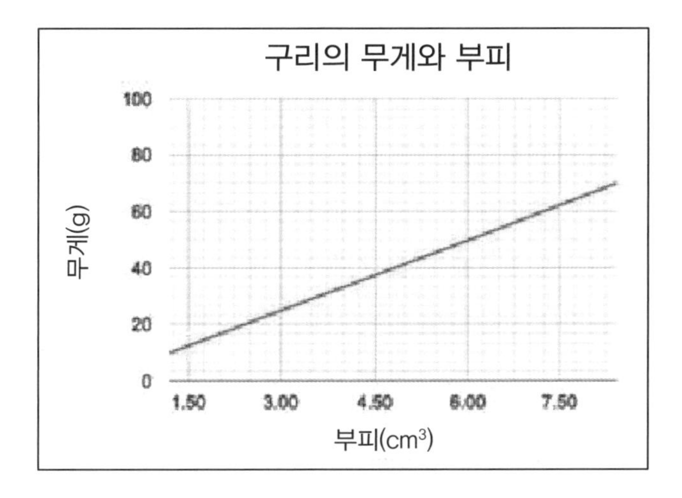

다음 그래프는 비선형적인 관계의 예다.

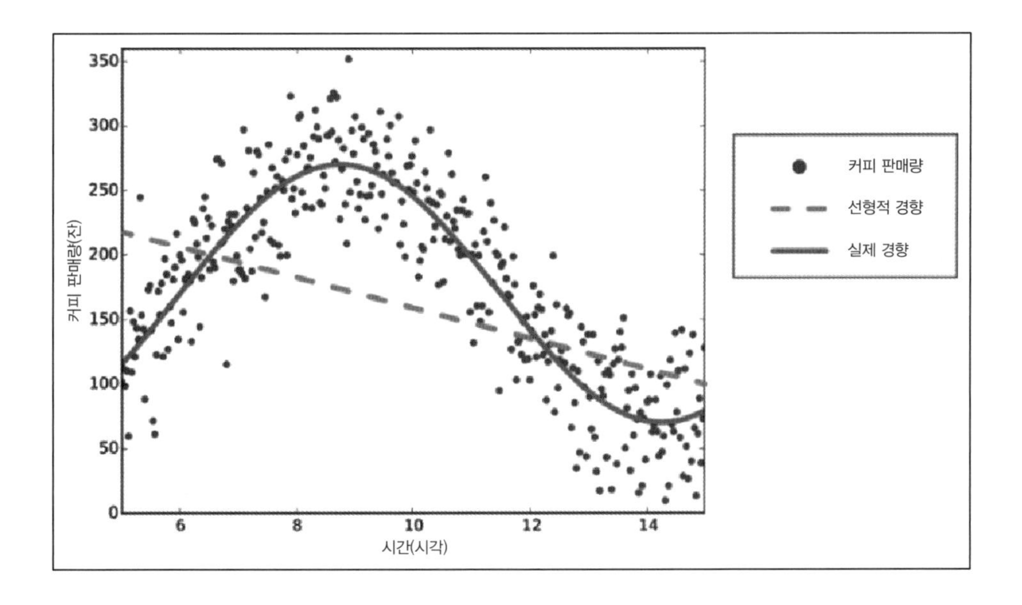

선형 함수	비선형 함수
$Y = mx + b$	$Y = mx^2 + b$

위의 식에서 m은 선의 기울기, x는 선 위에 있는 임의의 점(입력값 혹은 x 값), b는 y축과 선이 만나는 점이다.

유감스럽게도 다양한 입력 특징을 사용해서 관찰한 결과를 모델링하는 경우에 각 입력 특징은 결과 클래스에 불균형적으로 기여하기 때문에 실세계의 데이터로는 선형성을 보장할 수 없는 경우가 많다. 실제로 우리 주변의 세계는 극단적으로 불규칙하고, 단일 퍼셉트론 모델만으로는 비선형성을 잡아낼 수 없기 때문에 비선형 함수와 조합함으로써 이와 같은 현상을 표현해야 한다. 이를 통해 뉴런의 능력을 확장해 실세계의 복잡한 패턴을 모델링하고, 선형 함수만으로는 표현할 수 없는 결정 경계를 그릴 수 있다. 데이터의 비선형적인 관계를 모델링하는 데 사용하는 이러한 함수를 **활성화 함수** activation functions라고 한다.

활성화 함수

기본적으로 지금까지 서로 다른 입력 특징과 해당 특징의 가중치를 저차원의 스칼라 값으로 표현했다. 간소화된 특징 표현 값을 간단한 비선형 함수에 통과시켜 해당 값이 특정한 임곗값을 넘는지 판단할 수 있다. 앞서 가중치를 초기화한 것과 마찬가지로 임곗값 또한 퍼셉트론 모델이 학습할 파라미터로 간주할 수 있다.

다시 말해 퍼셉트론이 가중치들과 임곗값 사이에 존재하는 이상적인 하나의 조합을 찾아내고, 퍼셉트론에 입력된 값을 올바른 출력 클래스에 신뢰할 수 있을 만큼 매치시키기를 기대한다. 따라서 간소화된 특징 표현 값을 하나의 임곗값과 비교한 후 표현 값이 임곗값보다 크다면 퍼셉트론 유닛을 활성화하고, 그렇지 않으면 아무 일도 하지 않는다. 간소화된 특징 값을 하나의 임곗값과 비교하는 함수가 **활성화 함수**다.

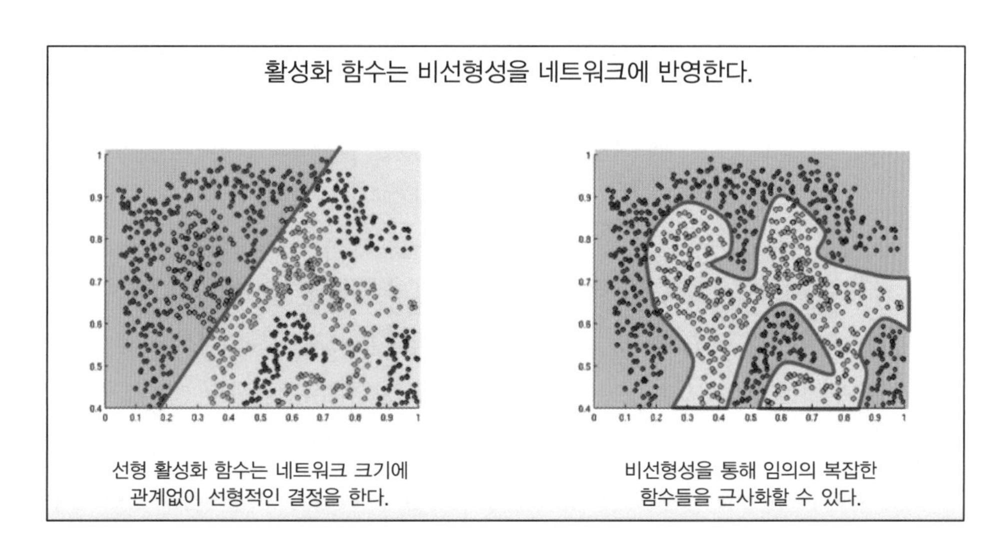

비선형 함수의 다양한 형태는 뒤에서 자세히 다룬다. 여기에서는 두 가지 다른 활성화 함수를 소개한다. 강 계단heavy set step 활성화 함수와 로지스틱 시그모이드logistic sigmoid 활성화 함수다. 앞서 소개한 퍼셉트론 유닛은 근본적으로 강 계단 함수와 비슷한 것으로 구현돼 있어 두 가지 출력값 1(활성화), 0(비활성화)을 만든다. 퍼셉트론 유닛에서 계단 함수를 사용했기 때문에 곡선을 넘는 값은 퍼셉트론 유닛을 활성화(1)하고, 곡선상에 위치하거나 곡선을 넘지 못하는 값은 퍼셉트론 유닛을 비활성화(0) 한다. 이를 대수학적으로 요약하면 다음과 같다.

다음은 강 계단 함수다.

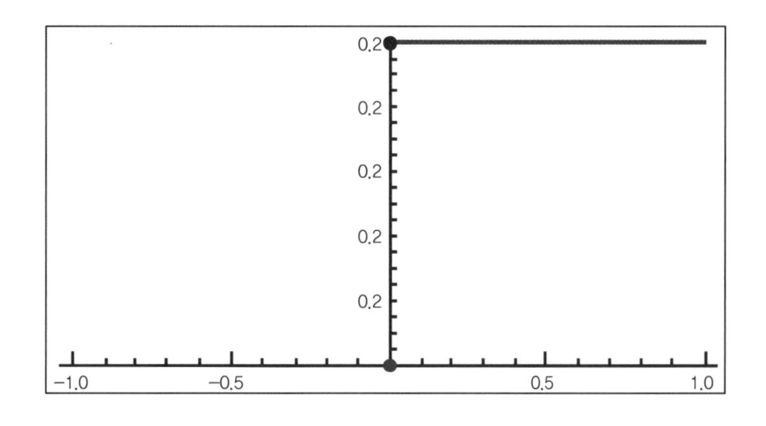

출력 임곗값 공식은 다음과 같다.

$$\text{출력} = \begin{cases} 0 & \text{if } \sum_j w_j x_j \leq \text{임곗값} \\ 1 & \sum_j w_j x_j > \text{임곗값} \end{cases}$$

사실 계단 함수는 비선형적 함수가 아니라 2개의 유한 선형 함수를 조합해서 만든 것이다. 이 단편적인 상수 함수는 이진적이 아닌 확률적 세계의 데이터를 모델링하기에는 그 유연성이 부족하다. 반면 로지스틱 시그모이드 함수는 실제 비선형 함수이기 때문에 데이터를 좀 더 유연하게 모델링할 수 있다. 로지스틱 시그모이드 함수는 입력값을 짓이겨서 0에서 1 사이의 출력값으로 만들어낸다. 확률을 표현하는 유명한 함수로 현대의 뉴럴 네트워크를 구성하는 뉴런의 공통적인 활성화 함수로 쓰인다.

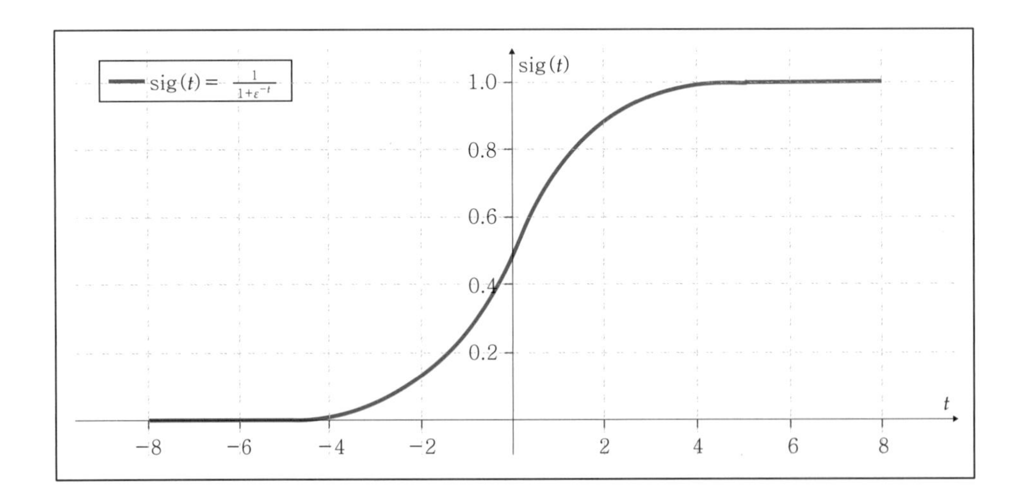

각 활성화 함수는 고유의 장단점을 가지며, 이후 장들에서 그 특성을 더욱 깊이 살펴본다. 지금은 데이터 타입에 따라 다른 활성화 함수를 선택할 수 있다는 정도만 유념해 둔다. 실험을 통해 데이터에 잠재된 경향을 가장 잘 잡아낼 수 있는 이상적인 하나의 함수를 찾아낼 것이다.

따라서 이러한 활성화 함수를 활용해 뉴런으로 입력되는 값을 걸러낼 것이다. 입력값을 차례로 변환한 후 활성화 함수의 임곗값과 비교해 뉴런을 활성화하거나, 혹은 아무런 동작도 하지 않게 할 것이다. 다음 그림은 모종의 활성화 함수를 사용해 만든 결정 경계를 보여준다.

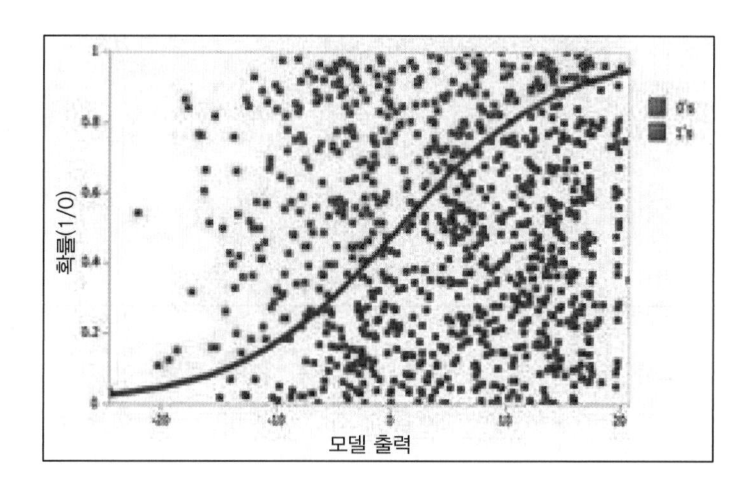

바이어스의 역할

퍼셉트론에 데이터가 어떻게 입력되는지 학습했다. 데이터는 가중치와 연결되고 행렬의 내적으로 간소화돼 활성화 함수와 비교된다. 이런 질문을 할 수도 있다. "임곗값을 데이터가 가진 다양한 패턴에 적응하게 하려면 어떻게 해야 하는가?" 다시 말해 활성화 함수를 사용해 만들어진 경계가 모델에게 학습시키려는 특정한 패턴을 명확하게 식별하는 데 이상적이지 않다면 어떻게 해야 하는가? 이런 경우에는 활성화 곡선의 형태를 조작해서 각 뉴런이 국지적으로 수집할 수 있는 패턴의 종류에 유연하게 대응하게 해야 한다.

활성화 함수의 모양을 정확하게 만들려고 바이어스^bias^를 모델에 도입한다. 다음 다이어그램에서 첫 번째 입력 노드(숫자 '1'이 표시된 노드)에서 시작되는 화살표가 바이어스에 해당한다.

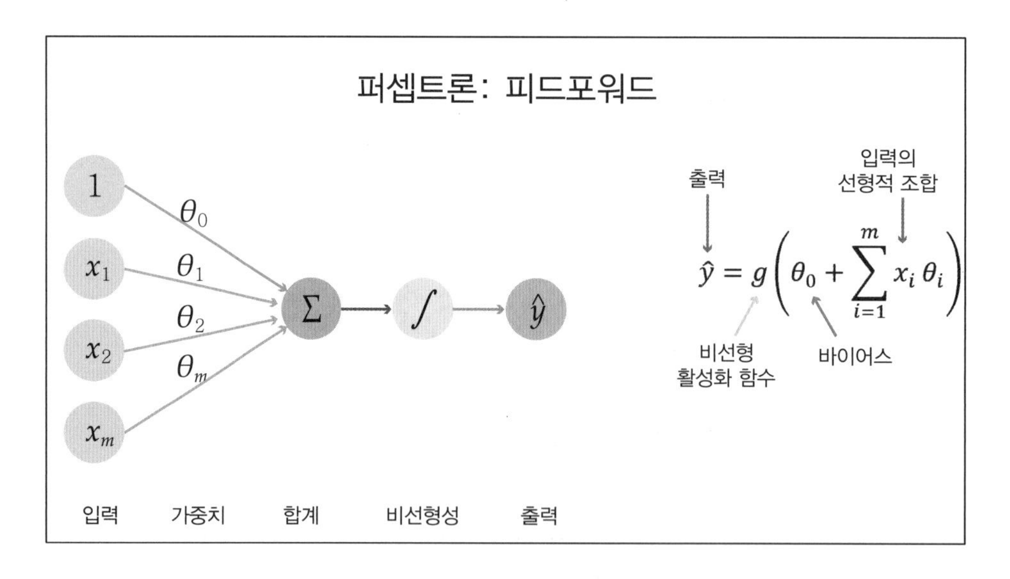

표현상 바이어스를 더미 입력에 대한 가중치라 생각할 수 있다. 이 더미 입력은 항상 존재하며, 입력 특징이 실제 명시적으로 존재하지 않더라도 임의로 활성화 유닛을 동작시킬 수 있다(앞의 그림에서 녹색 원으로 표시함). 바이어스는 활성화 함수의 모양을 조작하기 위한 것으로, 모델의 학습에도 영향을 미친다. 우리가 원하는 것은 다양한 데이터 패턴에 맞춰 경계의 모양을 유연하게 만드는 것이다. 바이어스의 가중치 또한 다른 가중치와 같은 방식으로 업데이트된다. 단, 바이어스는 입력 뉴런에 의한 방해를 받지 않고 항상 같은 값(위 그림에서 보듯)을 가진다.

바이어스를 사용해 활성화 함수에 어떤 영향을 줄 수 있는지 생각해보자. 스텝 활성화 함수를 통해 생성되는 출력값이 있다고 가정하면 출력값은 '0' 또는 '1' 중 하나다.

$$\text{출력} = \begin{cases} 0 \ if \sum_j w_j x_j \leq \text{ 임곗값} \\ 1 \ if \sum_j w_j x_j > \text{ 임곗값} \end{cases}$$

위 공식은 바이어스를 적용해서 다음과 같이 바꿀 수 있다.

$$출력 = \begin{cases} 0 \ if \sum_i w_i x_i + \text{바이어스} < 0 \\ 1 \ if \sum_i w_i x_i + \text{바이어스} \geq 0 \end{cases}$$

또 다른 수학적 트릭을 사용해 임곗값을 바이어스의 마이너스 값으로 다시 정의했다 (임곗값 = -(바이어스)). 바이어스는 훈련 세션 초기 단계에서 무작위로 초기화되고, 모델이 데이터를 처리하는 동안 업데이트되며, 입력되는 데이터를 사용해 학습한다. 따라서 가중치나 바이어스와 같은 모델 파라미터를 무작위로 초기화하더라도 모델에 충분한 입력이 주어지면 그에 대응한 출력 클래스를 기대할 수 있음을 이해하자. 모델은 이 과정에서 모델이 올바른 출력 클래스를 만들어내는 가중치와 바이어스의 이상적인 파라미터 조합을 찾아내면서 실패를 통해 학습하기를 기대한다. 서로 다른 가중치를 초기화하는 작업은 수학적으로 활성화 함수의 기울기를 조정하는 작업이다.

다음 그래프는 여러 가중치가 시그모이드 활성화 함수의 기울기에 영향을 미치는 모습을 나타낸다.

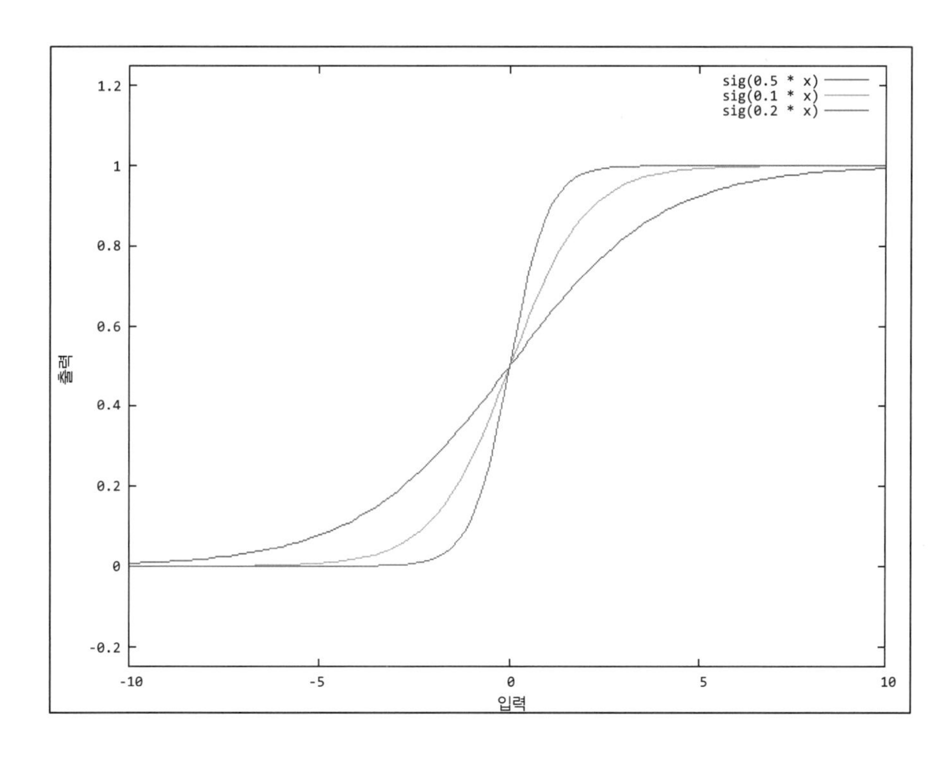

활성화 함수의 기울기를 조작함으로써 데이터에 내포된 특정한 패턴을 잡아내길 원한다. 유사하게 서로 다른 바이어스를 초기화함으로써 활성화 함수를 최적의 상태로 이동(좌 또는 우로)시켜 입력과 출력 특징의 특정한 조합에 따라 활성화되기를 원한다.

다음 그래프는 서로 다른 바이어스가 시그모이드 활성화 함수에 영향을 미치는 모습을 보여준다.

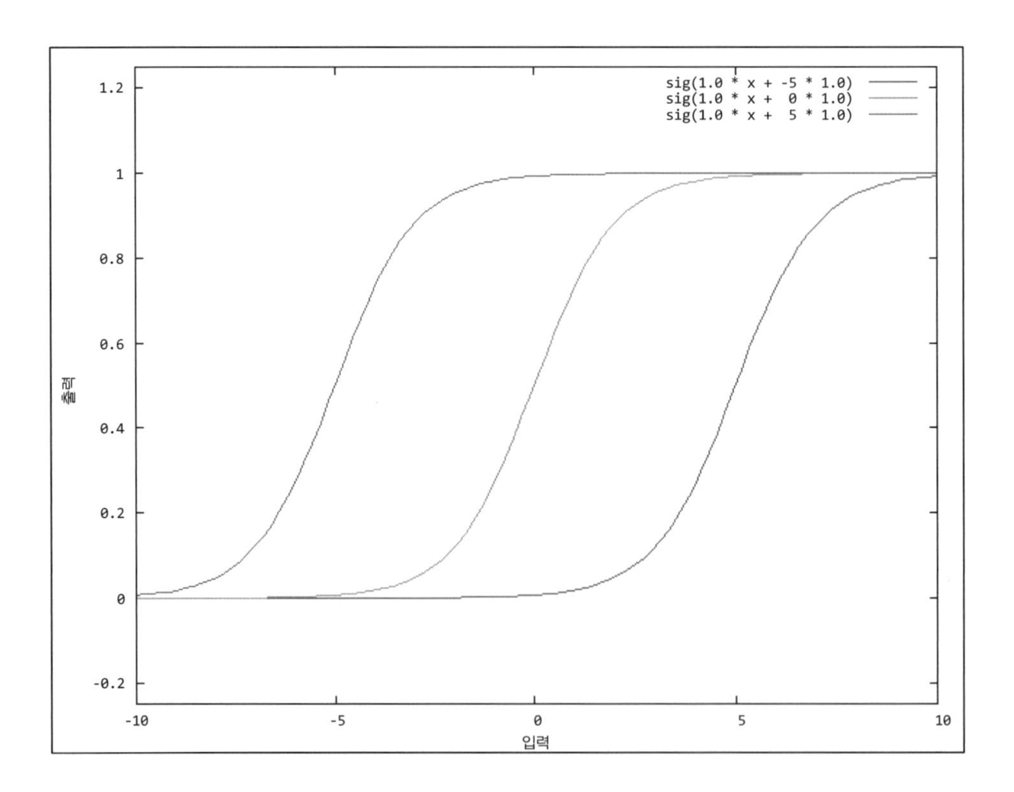

출력

간단한 퍼셉트론 모델에서 실제 출력 클래스는 y, 예측한 출력 클래스는 $\hat{y}$로 표시했다. 출력 클래스는 데이터 중에서 예측하고자 하는 다른 클래스다. 덧붙이면 특정한 날짜의 온도 x_1 혹은 기압 x_2와 같은 입력 특징 x_n을 사용해 맑은 날씨인지 혹은 비가 내리는 날씨인지 $\hat{y}$를 예측하는 것이다. 그 후 모델이 예측한 값을 해당 날짜의 실제 출력 클래스(실제 맑았는지 혹은 비가 내렸는지를 표시한)와 비교한다. $(\hat{y} - y)$라는 수식으로 예측값과 실제 출력 클래스를 비교할 수 있으며, 계산한 결과 퍼셉트론이 평균적으로 실제 출력에서 얼마나 벗어났는지를 확인할 수 있다. 비교에 관해서는 뒤에 더 자세히 설명하겠다. 지금까지 학습 내용을 활용하면 우리가 만든 예측 모델 전체를 수학적으로 표현할 수 있다.

$$\hat{y} = g\left(\theta_0 + \sum_{i=1}^{m} x_i \theta_i\right)$$

$$\hat{y} = g(\theta_0 + X^T\theta)$$

여기에서 $X = \begin{bmatrix} x_1 \\ \vdots \\ x_m \end{bmatrix}$이고, $\theta = \begin{bmatrix} \theta_1 \\ \vdots \\ \theta_m \end{bmatrix}$

앞의 공식을 다이어그램으로 표현하면 다음과 같다.

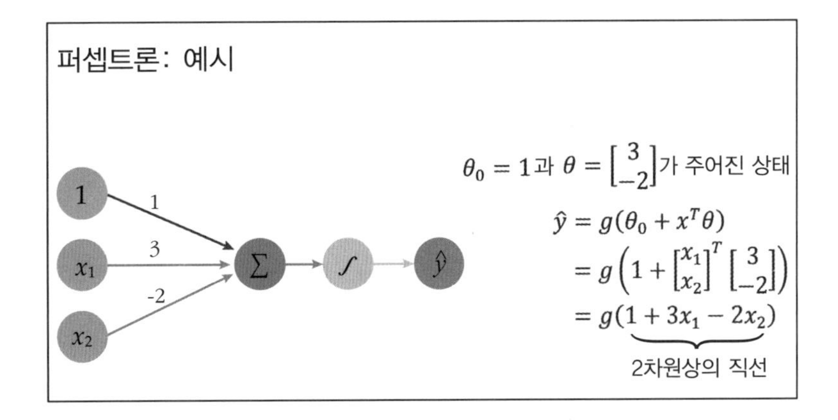

위 식에서 얻은 퍼셉트론의 예측선 $\hat{y}$를 그래프로 표시해보면 결정 경계가 전체 특징 공간을 2개의 하위 공간으로 나누는 것을 알 수 있다. 예측선을 그림으로써 모델이

무엇을 학습했는지, 혹은 모델이 우리가 가진 모든 데이터의 지점을 포함하는 초평면 hyperplane을 어떤 다양한 출력 클래스(우리의 흥미를 이끄는)로 구분하게 됐는지 알 수 있다. 실제로 이 선을 그림으로써 모델이 이 특징 공간에 대해 맑은지, 비가 내리는지에 대한 관찰을 얼마나 잘 수행했는지, 이 결정 경계가 출력 클래스를 이상적으로 분할했는지 확인할 수 있다.

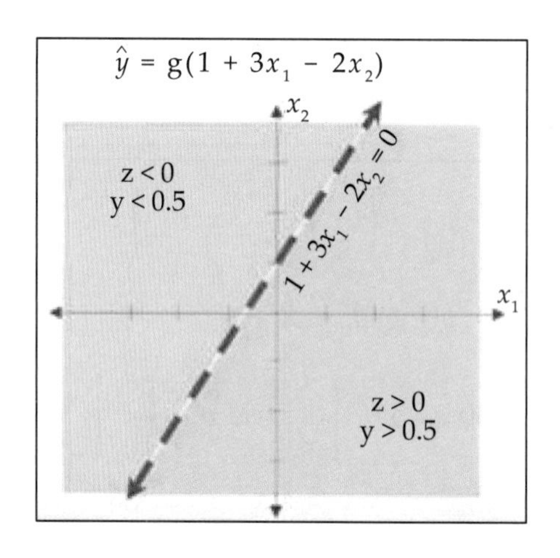

오차를 활용한 학습

입력 데이터의 내적을 계산하고, 바이어스를 추가하고, 비선형 방정식에 통과시킨 후 예측값과 실제 출력값을 비교하면서 출력값에 한 걸음 다가섰다. 이것이 인공지능 뉴런의 일반적 아키텍처다. 이 구조를 반복적으로 구성해서 더욱 복잡한 뉴럴 네트워크를 구성하는 방법을 알게 될 것이다.

이상적인 파라미터 값에 수렴하려고 올바른 방향으로 한 걸음씩 움직이는 방법이 바로 오차 백워드 프로파게이션 backward propagation of errors, 오차 역전파(줄여서 백프로파게이션 back-propagation)이다. 하지만 오차를 역전파시키려면 현재 목표를 얼마나 잘 달성하고 있는지 평가할 수 있는 지표가 필요한데, 이 지표를 손실 loss이라 부르며, 손실 함수를 사용해 계산한다. 손실 함수는 모델이 봤다고 판단한 결과와 실제 결과의 차이를 통합하며, 수학적으로는 $(y - \hat{y})$로 나타낸다. 손실값은 실제로 모델 파라미터의 함수로 정의되는 것을 이해한다. 이 파라미터를 조작해서 손실을 줄이고, 모델이 실제 값에 더 가깝게 예측하게 할 수 있다. 퍼셉트론을 훈련하는 전체 프로세스를 보면 이 말의 의미를 더 정확하게 이해할 수 있다.

평균 제곱 오차 손실 함수

손실 함수로 사용되는 대표적인 함수인 **평균 제곱 오차**MSE, Mean Squared Error 손실 함수는 다음 공식으로 표현한다. 이미 눈치 챘겠지만 모델의 실제 결과 y와 예측 결과 $\hat{y}$를 비교하는 것이 이 함수의 핵심이다. 손실 함수는 손실을 제곱식으로 모델링하기 때문에 모델의 예측 능력을 평가하는 데 매우 유용하다. 모델의 성능이 좋지 않으면 예측값과 실제 값의 차이가 제곱으로 증가하므로 오차에 좀 더 비중을 두고 처리할 수 있다.

$$\frac{1}{n}\sum(y_i - \hat{y}_i)^2$$

출력값 y_i와 예측값 $\hat{y}_i$의 평균 제곱 오차(MSE)의 평균

모델의 예측값과 실제 값의 차이를 줄이는 데 다양한 손실 함수를 사용하는 방법을 이해하고자 위 공식은 나중에 다시 살펴본다. 지금은 경사 하강gradient descent을 사용해서 모델의 손실을 최소화할 수 있다는 정도만 알아둔다. 경사 하강법은 간단한 미적분학에 기초하고 있으며, 역전파 알고리즘을 통해 구현된다. 네트워크의 파라미터를 조절해서 예측 결과와 실제 결과의 차이를 수학적으로 줄이면 네트워크는 학습을 수행한다. 모델을 학습시키는 동안 모델에게 새로운 입력 예와 그에 연관된 결과를 보여줌으로써 파라미터가 조절된다.

퍼셉트론 훈련

지금까지 데이터가 퍼셉트론을 통해 실제로 어떻게 전파되는지 살펴봤다. 또한 모델의 오차가 어떻게 역전파되는지도 살펴봤다. 손실 함수는 훈련의 각 이터레이션마다 발생하는 손실 가치를 계산한다. 손실 가치는 모델이 얼마나 빈번하게 실제와 다른 거짓말을 하는지 알려준다.

손실 정량화

예측값과 실제 출력값의 차이인 손실 가치가 높다는 것은 모델의 예측과 실제 출력 사이의 차이가 큼을 의미한다. 반대로 손실 가치가 작다면 모델의 예측과 실제 출력 사이의 거리가 가까움을 의미한다. 이상적으로는 손실 가치가 0으로 수렴하는 것, 즉 모델이 자신이 보고 있다고 생각한 대상과 실제 본 대상이 같기를 원한다. 미적분학에 기초한 또 다른 수학적 트릭을 사용하면 손실값을 간단히 0에 수렴하도록 할 수 있다. 궁금하지 않은가?

모델 가중치 함수로서의 손실

손실 가치를 모델 파라미터의 함수로 간주할 수 있다고 언급했다. 이렇게 생각해보자. 손실 가치는 모델이 실제 예측값과 얼마나 떨어져 있는지를 의미한다. 동일한 손실을 모델의 가중치 θ를 사용해 재정의할 수 있다. 이 가중치는 각 훈련 이터레이션마다 실제로 모델의 예측을 이끌어내는 요소임을 기억하자. 모델의 가중치를 손실에 맞춰 변화시킴으로써 모델의 예측 오차를 가능한 한 줄일 수 있다.

좀 더 수학적으로 설명하면 손실 함수를 최소화해서 모델의 가중치를 반복적으로 업데이트함으로써 이상적으로 최적의 가중치에 수렴하게 하기를 원한다. 이 가중치는 모델의 출력 클래스 예측에 관련된 특징을 가장 잘 표현할 수 있게 된다. 이 과정을 손실 최적화loss optimization라고 부르며, 다음 수식으로 나타낼 수 있다.

$$\theta^* = \underset{\theta}{\operatorname{argmin}} \frac{1}{n} \sum_{i=1}^{n} \mathcal{L}(f(x^{(i)};\theta), y^{(i)})$$

$$\theta^* = \underset{\theta}{\operatorname{argmin}}\, J(\theta)$$

경사 하강

이상적인 모델의 가중치 θ^*는 전체 훈련 데이터셋에 대한 최소 손실 함수로 정의된다. 달리 말하자면 모델에게 보이는 모든 특징 입력값과 라벨이 붙은 출력값에 대해 이상적인 모델의 가중치가 특징 공간(전체적으로 실제 값(y)와 예측값($\hat{y}$)의 차가 가장 적은)에서 한 지점에 수렴하게 되기를 원한다. 특징 공간이란 모델이 초기화할 수 있는 가중치의 서로 다른 모든 조합을 의미한다. 손실 함수를 단순하게 표현하기 위해 $J(\theta)$라고 표시한다. 이제 손실 함수 $J(\theta)$의 최솟값을 반복적으로 풀어쓰는 과정에서 초평면을 따라 내려가면 하나의 전체 최솟값에 수렴할 수 있는데, 이 과정을 경사 하강gradient descent이라고 부른다.

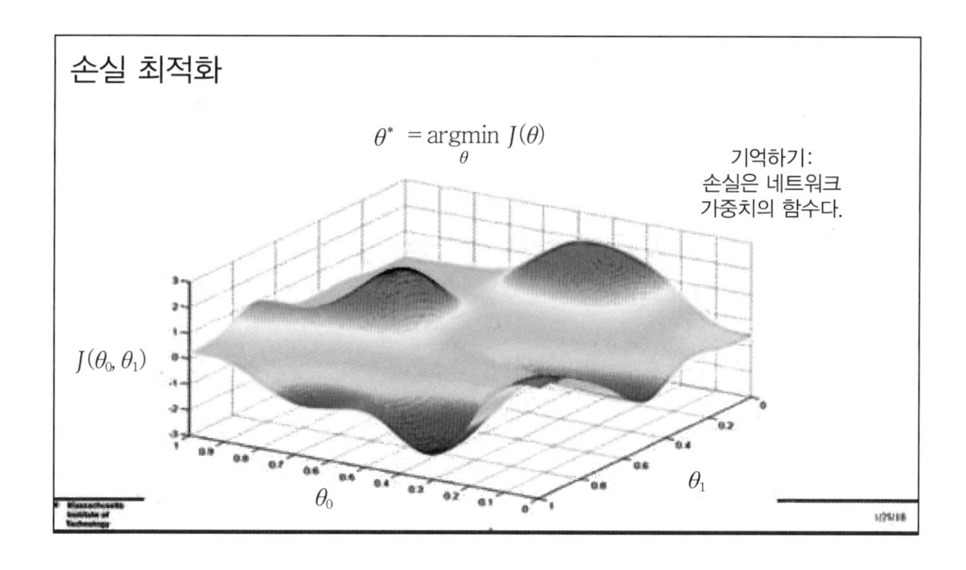

역전파

반복적으로 기울기를 따라 하강하는 방법이 수학적인 관점에서 궁금할 것이다. 이미 알고 있듯이 모델의 초기 가중치를 임의의 값으로 설정한 후 몇 가지 데이터를 입력하고, 내적을 계산하고, 바이어스와 함께 활성화 함수를 통과시켜 예측값을 얻는다. 손실 함수를 사용해 이 예측값과 실제 출력값을 비교해서 모델이 표현한 결과의 오차를 추정한다. 여기에서 미적분학이 등장한다. 손실 함수 $J(\theta)$를 모델의 가중치 θ에 대해 미분할 수 있다. 이 과정에서 모델의 가중치 변화가 모델의 손실에 얼마나 영향을 주는지 알 수 있다. 또한 현재 모델의 가중치 θ에서의 함수 $J(\theta)$의 기울기와 가장 높은 지점의 방향도 알 수 있다. 가장 높은 지점으로 이동할수록 모델의 예측값과 실제 결과 값의 차이는 점점 커진다. 예측값과 실제 결과 값의 차이를 줄이려면 간단하게 반대 방향으로 한 걸음 움직이면 된다. 즉, 모델의 가중치 θ에 대한 손실 함수 $J(\theta)$의 기울기를 따라 내려가는 것이다. 이 알고리즘을 의사 코드pseudo-code로 표현하면 다음과 같다.

역전파 알고리즘

1. 가중치를 랜덤으로 초기화한다. $\sim\mathcal{N}(0, \sigma^2)$

2. 원하는 값에 수렴할 때까지 다음을 반복한다.

3. 기울기를 계산한다. $\frac{\partial J(\theta)}{\partial \theta}$

4. 가중치를 업데이트한다. $\theta \leftarrow \theta - \eta \frac{\partial J(\theta)}{\partial \theta}$

5. 가중치를 반환한다.

경사 하강 알고리즘을 그래프로 표시하면 다음과 같다.

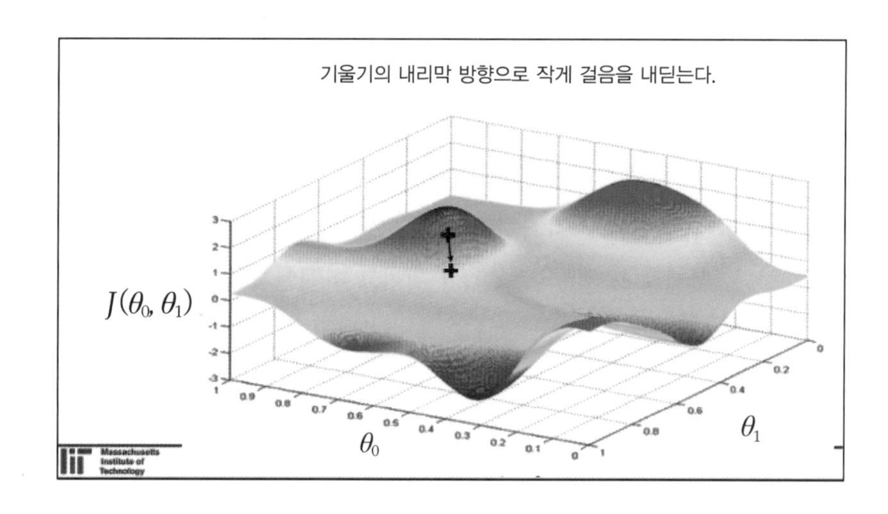

그래프에서 볼 수 있듯이 경사 하강 알고리즘을 사용해 모델이 일부 최적화된 파라미터들에 수렴할 때까지 손실 초평면을 따라 내려온다. 이 시점에서 모델의 예측값과 실제 값의 차이는 무시할 수 있을 정도로 작아지므로 모델이 학습을 완료했다고 판단할 수 있다.

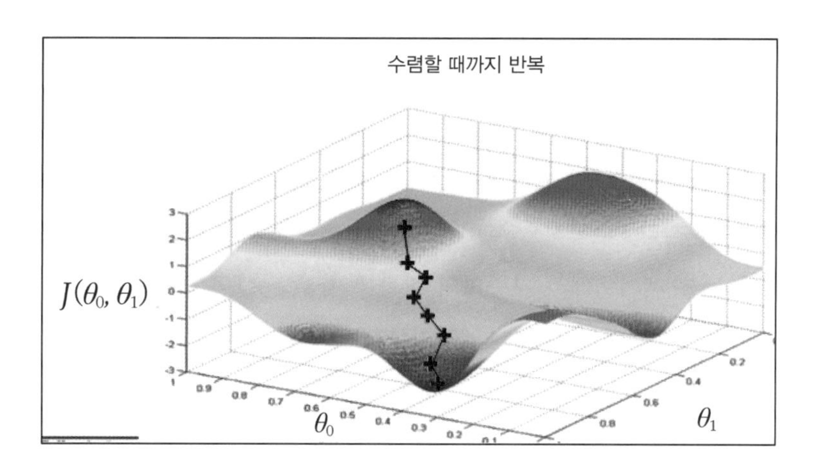

즉, 손실 함수(네트워크 가중치의 기울기)가 생성한 값의 변화에 따라 네트워크의 가중치 변화를 계산할 수 있다. 이후 계산한 기울기 방향의 반대 방향에 비례해 네트워크 가중치를 업데이트해서 오차를 조정할 수 있다.

기울기 계산

이제 역전파를 포함해 경사 하강에 대한 개념을 익혔으므로, 좀 더 기술적인 질문을 다뤄보자. 예를 들면 "실제로 기울기는 어떻게 계산하는가?"와 같은 질문이다. 모델은 자유롭게 손실 초평면을 시각화하거나 멋지게 기울기를 따라 내려가는 경로를 선택하지 못한다. 실제로 모델은 어느 쪽이 위이고 아래인지조차 알지 못한다. 모델이 알고 있는 것은 (미래에도 그렇겠지만) 오직 숫자뿐이다. 그러나 숫자는 많은 것을 알려준다.

간단한 퍼셉트론 모델을 사용해 손실 함수 $J(\theta)$의 기울기를 반복적으로 계산함으로써 그 오차를 역전파할 수 있는지 살펴본다.

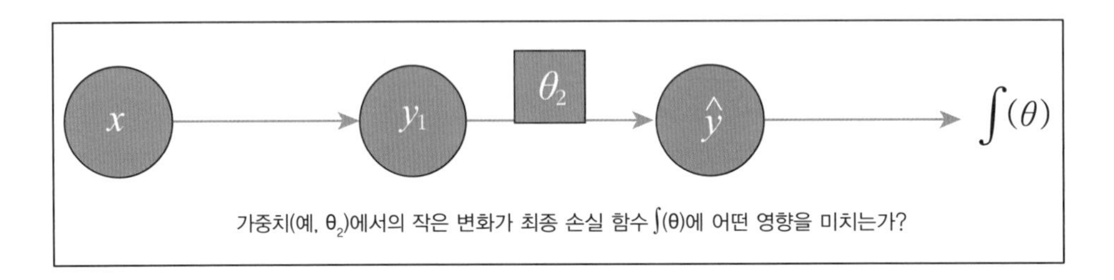

가중치(예. θ_2)에서의 작은 변화가 최종 손실 함수 ∫(θ)에 어떤 영향을 미치는가?

두 번째 레이어에서 일어나는 가중치 변경이 손실의 변화에 얼마만큼의 영향을 미치는지 알아보자. 미적분학의 규칙에 따라 두 번째 레이어의 가중치 θ_2에 대해 손실 함수 ∫(θ)를 미분한다. 수학적으로 이를 다르게 표현할 수도 있다. 체인룰[chain rule]을 사용하면 두 번째 레이어에서 가중치의 변화에 따른 손실의 변화는 실제 서로 다른 두 기울기의 곱으로 표시할 수 있다. 두 기울기 중 하나는 모델의 예측값에 대한 손실의 변화를 나타내며, 다른 하나는 두 번째 레이어의 가중치에 대한 모델 예측값의 변화를 나타낸다. 이를 다음과 같이 표현할 수 있다.

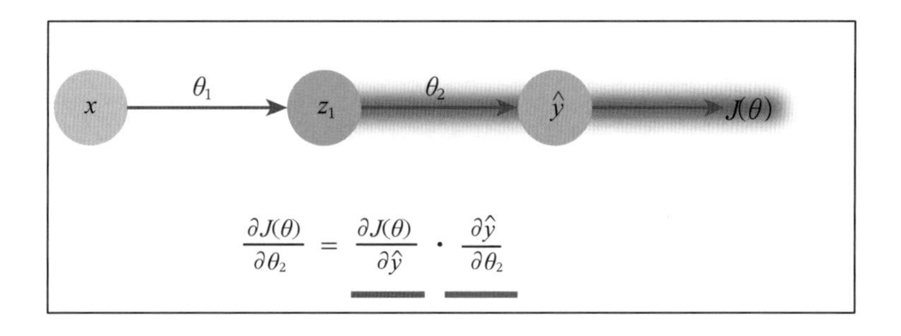

그리 복잡하지 않은 내용이며, 이를 재귀적으로 계속 사용할 수 있다. 두 번째 레이어의 가중치 θ_2에서 변화의 영향을 모델링하는 대신 레이어를 전부 거슬러 올라가서 첫 번째 레이어의 변화가 손실에 미치는 영향을 알고 싶다고 가정하자. 앞에서와 동일하게 체인룰을 사용해 공식을 재정의하자. 다시 말해 모델의 첫 번째 레이어의 가중치 θ_1에서 변화가 모델의 손실 변화에 미치는 영향을 알고 싶은 것이다. 서로 다른 세 가지 기울기(즉 출력에 대한 손실의 변화, 히든 레이어 값에 따른 출력값의 변화, 그리고 마지막으로 첫 번째 레이어 가중치에 따른 히든 레이어 값의 변화)의 곱으로 이 방정식을 정리할 수 있다. 이를 요약하면 다음 그림과 같다.

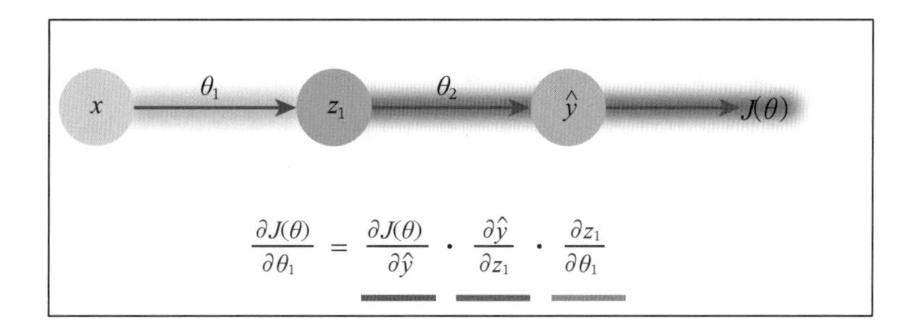

바로 이것이 손실 함수를 이용하고, 모델이 가진 모든 가중치에 대해 손실 함수의 기울기를 계산해서 오차를 역전파하는 방법이다. 이를 활용해 모델이 올바른 방향(즉, 가장 크게 기울어진 방향)으로 경로를 조정하게 할 수 있다. 이 작업을 전체 데이터셋에 적용하는데, 이를 1 에폭epoch이라고 한다. 그럼 이 작업은 몇 단계로 이뤄져야 하는가? 이 단계는 이후 설정할 학습률learning rate로 결정한다.

학습률

모델의 학습률은 모델이 얼마나 빨리 학습할 수 있는지를 결정한다. 학습률은 각 반복에서 몇 단계를 정확히 거치는지를 결정한다. 즉, 이상적인 가중치로 수렴하기 위해 손실 평면을 내려가는 데 몇 단계를 거치는지를 의미한다. 문제를 해결하는 데 적합한 학습률을 설정하기는 매우 어려운데, 특히 다음과 같이 손실 평면이 놀라울 정도로 복잡한 경우에는 더욱 그렇다.

"뉴럴 네트워크의 손실 평면 시각화(Visualizing the loss landscape of neural nets)", Dec 2017. 참조

이는 매우 중요한 부분이다. 학습률을 너무 낮게 설정하면 자연스럽게 수행해야 할 훈련 이터레이션에서 잠재적으로 학습할 수 있는 것보다 적게 학습한다. 또한 학습률이 낮을 경우 모델은 지역적인 최솟값에 갇혀서 스스로 그 값을 전체의 최솟값을 만났다고 판단한다. 반대로, 학습률을 높게 설정한 경우에는 예측값의 패턴을 찾아내지 못할 수 있다.

학습률이 너무 높으면 가중치의 특징 공간 전체의 최솟값보다 더 작은 값을 계속 찾아내려고 하게 되며, 그 결과 이상상적인 모델 가중치로 수렴하지 못한다.

이를 해결하기 위한 한 가지 방법으로 적응 학습률adaptive learning rate을 사용할 수 있다. 적응 학습률은 학습 과정에서 만나는 특정한 손실 평면에 따라 학습률을 바꾼다. 적응 학습률의 다양한 구현(예를 들면 모멘텀Momentum, 에이다델타Adadelta, 에이다그라드Adagrad, 알엠에스프롭RMSProp 등)은 이후의 장들에서 살펴본다.

$$\theta \leftarrow \theta - \eta \frac{\partial J(\theta)}{\partial \theta}$$

학습률을 어떻게
설정할 수 있는가?

퍼셉트론 확장

지금까지 단일 뉴런이 학습을 하고, 훈련받은 대로 하나의 패턴을 표현하는 방법을 확인했다. 이제 뉴런 하나를 더 추가해서 학습 메커니즘을 병렬로 이용하는 방법을 알아본다. 이번 모델은 두 개의 퍼셉트론 유닛을 갖고 있으며, 각 유닛은 데이터의 서로 다른 패턴을 표현한다. 다른 뉴런을 추가해서 이전의 퍼셉트론을 조금 확장하면 다음 그림과 같이 완벽하게 연결된 두 개의 뉴런 레이어를 얻을 수 있다.

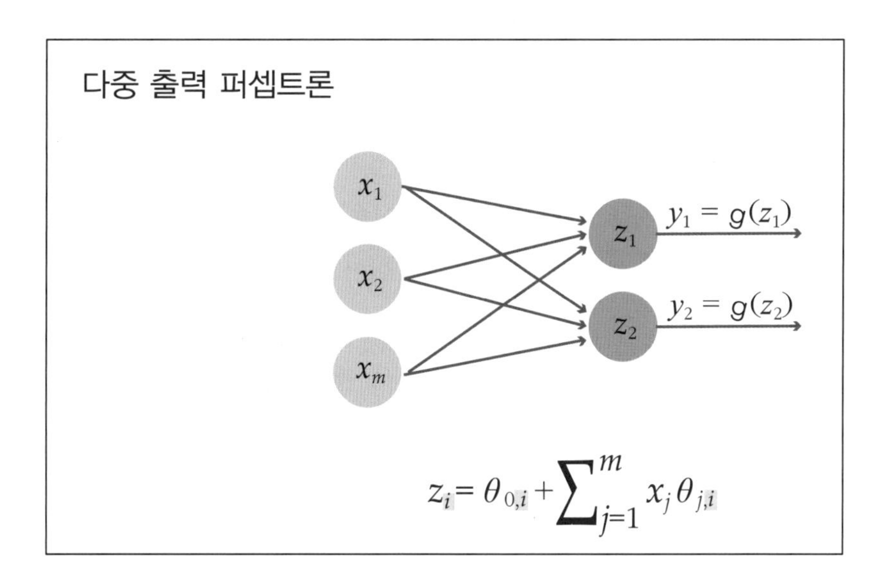

위 그림에서 특징의 가중치와 각 뉴런에 입력되는 바이어스를 표현하기 위해 사용했던 추가적인 더미 입력값은 사라졌다. 단순하게 표현하기 위해 두 스칼라의 내적, 바이어스를 하나의 심벌로 표현한다.

이 수학적인 함수는 z로 표현한다. z의 값은 이전의 그것과 동일하게 활성화 함수로 입력된다. 즉, $y = g(z)$다. 앞의 다이어그램에서 보듯이 입력 특징은 서로 다른 두 뉴런으로 연결되고 각 뉴런은 가중치와 바이어스를 조정하며, 입력받은 데이터를 사용해 구분된 특정 표현을 학습한다. 이 표현은 학습이 진행되는 동안 업데이트되고, 출력 클래스를 예측하는 데 사용된다.

단일 레이어 네트워크

두 가지 버전의 퍼셉트론 유닛을 병렬로 연결해서 각 유닛이 입력받는 데이터에 잠재적으로 존재할 수 있는 서로 다른 패턴을 학습하게 활용할 수 있음을 확인했다. 이 뉴런을 특정 출력 클래스의 존재 여부를 알리는 출력 뉴런에 연결하고 싶을 것이다. 앞서 설명했던 '맑은 날'과 '비 내리는 날'을 구분하는 예제에서는 두 개의 출력 클래스(맑음, 비가 내림)가 존재하므로, 이 문제를 해결하려면 예측 네트워크가 두 개의 출력 뉴런을 가져야 한다. 이 출력 레이어는 이전 레이어 내에서 뉴런의 학습 지원을 받아 '맑은 날' 혹은 '비 내리는 날'을 예측하는 데 필요한 정보를 제공하는 특징을 표현할 것이다. 수학적 관점에서 보자면 이는 변환된 입력 특징을 전방으로 전파하고, 예측 시 발생한 오차를 역전파하는 것이다. 다음 다이어그램에 표시된 각 노드가 특정한 숫자를 가진 어떤 것이라고 가정해보자. 또한 각 화살표는 각 노드에서 숫자를 뽑은 후 뽑은 숫자에 가중치 계산을 수행하고, 노드의 다음 레이어로 전달한다고 생각할 수 있다.

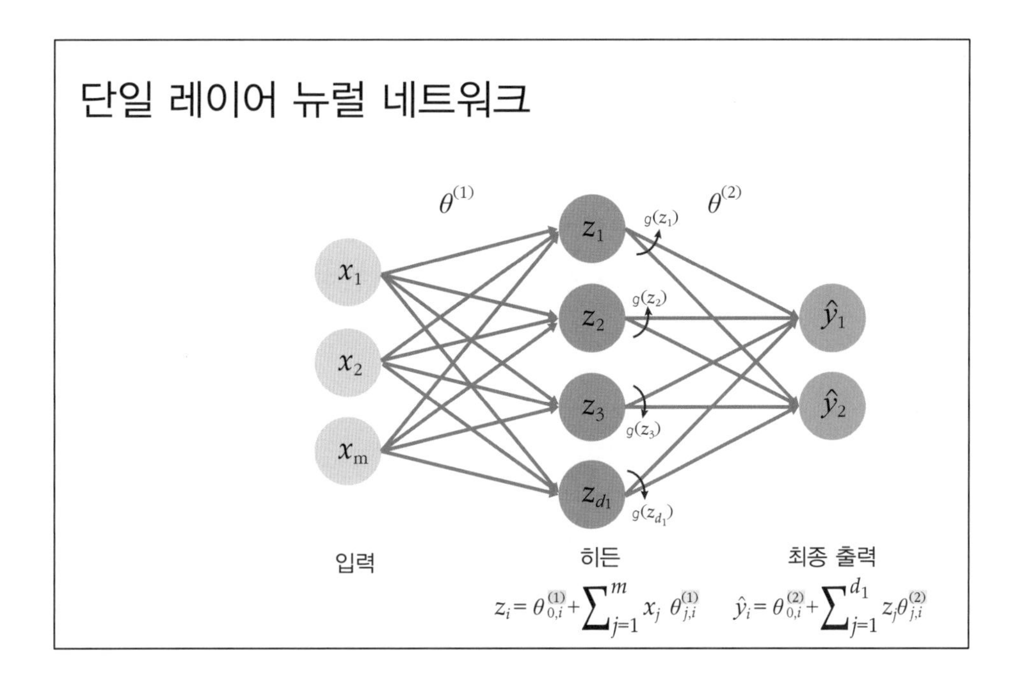

이제 히든 레이어 하나를 포함한 뉴럴 네트워크가 만들어졌다. 히든 레이어의 상태는 입력 레이어나 출력 레이어와 달리 직접 통제받지 않는다. 히든 레이어는 네트워크의 설계자가 직접 표현하지 않는다. 오히려 데이터가 레이어를 통해 전파되는 과정에서 네트워크의 추론을 통해 형성된다.

입력 레이어는 입력값을 가진다. 입력 레이어와 히든 레이어를 연결하는 화살표는 바이어스를 고려한 입력 특징 x와 각 입력 특징에 대한 가중치 θ_1의 내적 z를 계산한다. z 값은 비선형 함수 $g(x)$를 적용할 때까지 히든 레이어의 뉴런에 머무른다. 이후 히든 레이어에서 출발하는 일련의 화살표는 $g(z)$와 해당 히든 레이어의 가중치 θ_2의 내적을 계산하고, 계산한 결과를 출력 뉴런 $\hat{y}_1$, $\hat{y}_2$로 전파한다. 각 레이어는 각각의 가중치 행렬을 갖고 있으며, 이 행렬은 이전 훈련 이터레이션의 가중치 행렬에 따라 손실 함수를 미분함으로써 반복적으로 업데이트된다. 따라서 모델의 가중치에 대해 손실 함수의 기울기를 따라 내려가면서 손실 평면의 최소에 수렴하도록 뉴럴 네트워크를 훈련시킨다.

텐서플로 플레이그라운드

다음으로 서로 다른 뉴런들이 데이터에 존재하는 다른 패턴을 실제로 어떻게 찾아내는지 예와 함께 살펴본다. 데이터가 두 개의 출력 클래스를 갖고 있으며, 다음 그림과 같이 플롯돼 있다고 가정하자. 뉴럴 네트워크는 이 두 가지 출력 클래스를 분할하는 결정 경계를 학습해야 한다. 이 2차원 데이터셋을 플로팅하면 다음과 같은 다이어그램을 얻을 수 있으며, 다양한 결정 경계를 사용해 서로 다른 출력을 구분할 수 있음을 알 수 있다.

이번에는 텐서플로 플레이그라운드TensorFlow playground라 알려진, 모델의 학습을 시각화하는 멋진 오픈소스 도구를 사용한다. 텐서플로 플레이그라운드를 사용하면 손쉽게 일부 조합된 데이터를 사용해 뉴럴 네트워크를 시뮬레이션하면서 뉴런이 만들어내는 패턴을 확인할 수 있다. 다양한 타입과 형태의 입력 특징, 활성화 함수, 학습률을 비롯해 지금까지 학습한 모든 개념을 손으로 조작해보면서 확인할 수 있다. 텐서플로 그라운드에서 제공되는 다양한 데이터셋을 활용해 여러 가지 실험을 직접 해보길 권장한다. 입력 특징은 물론 점진적으로 뉴런을 추가해보거나, 히든 레이어를 추가하면서 뉴럴 네트워크의 학습에 미치는 영향을 확인할 수 있다. 다양한 활성화 함수를 사용해서 모델이 어떻게 데이터에 존재하는 여러 가지 복잡한 패턴을 잡아내는지 확인해보길 바란다. 백문이 불여일견이다! (좀 더 과학적으로 표현하자면 말로는 표현할 수 없다nullius in verba)[1] 다음 다이어그램에서 보듯

1. Nullius in verba는 로열 소사이어티의 모토로 "on the word of no one" 혹은 "take nobody's word for it" 또는 문자 그대로 "of not any in words"의 라틴어 표현이다. 로열 소사이어티는 1660년에 창립됐으며, 자연 지식의 발전을 도모하는 영국 총리, 의회 및 펠로우로 구성된 협의체다. – 옮긴이

이 히든 레이어의 두 뉴런은 실제로 특징 공간의 다른 곡률을 잡아내고, 데이터의 특정한 패턴을 학습한다. 레이어를 연결하는 선의 굵기를 관찰하면서 모델의 가중치 변화를 살펴볼 수 있다. 또한 각 뉴런의 출력(뉴런 내의 셰이딩 처리된 파란색 영역과 흰색 영역)을 시각화해서 특정한 뉴런이 데이터에 어떤 잠재적인 패턴을 잡아냈는지 알 수 있다. 플레이그라운드에서 실험을 하는 동안 관찰할 수 있는 이러한 표현은 주어진 데이터의 형태와 타입, 사용한 활성화 함수와 학습률에 따라 반복적으로 업데이트되고, 하나의 이상적인 값으로 수렴한다.

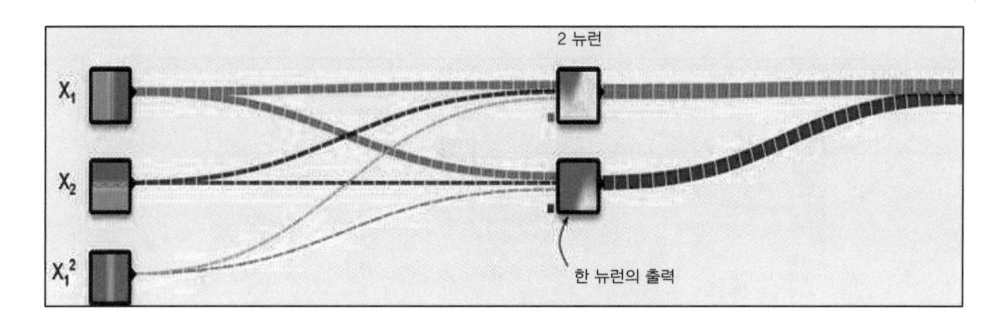

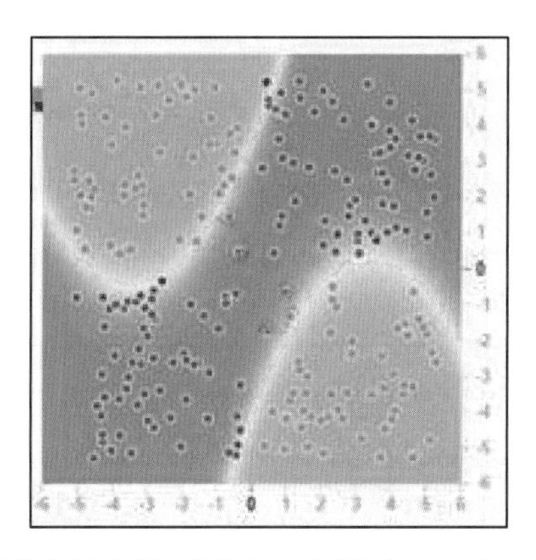

1,000개의 에폭에 대해 훈련된 히든 레이어 1개, 뉴런 2개과 시그모이드 활성화 기능이 있는 모델

패턴 계층 확인

앞에서 뉴런 2개로 구성된 모델의 한 형태를 봤다. 각 뉴런은 시그모이드 활성화 함수를 사용하며, 특징 공간의 서로 다른 두 개의 곡면을 잡아낸 후 결정 경계를 플롯해서 출력을 표시한다. 그러나 이는 만들어낼 수 있는 다양한 결정 경계 중 한 예일 뿐이다.

다음 다이어그램은 시그모이드 활성화 함수를 사용하는 2개의 히든 레이어를 가진 모델을 표시한 것이다. 1,000 에폭 동안 훈련을 수행했다.

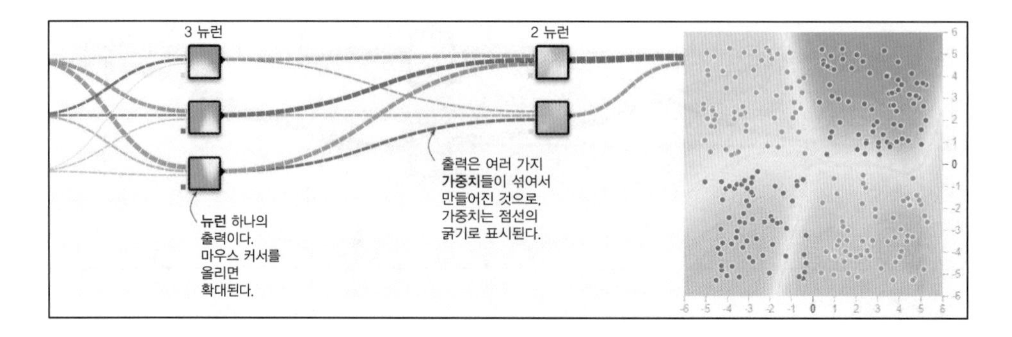

다음 다이어그램은 계단식 선형 유닛 활성화 함수rectifed linear unit activation function를 사용하는 2개 뉴런으로 구성된 1개의 히든 레이어를 갖는 모델을 표시한 것이다. 앞선 다이어그램의 모델과 동일한 데이터로 1,000 에폭 동안 훈련을 수행했다.

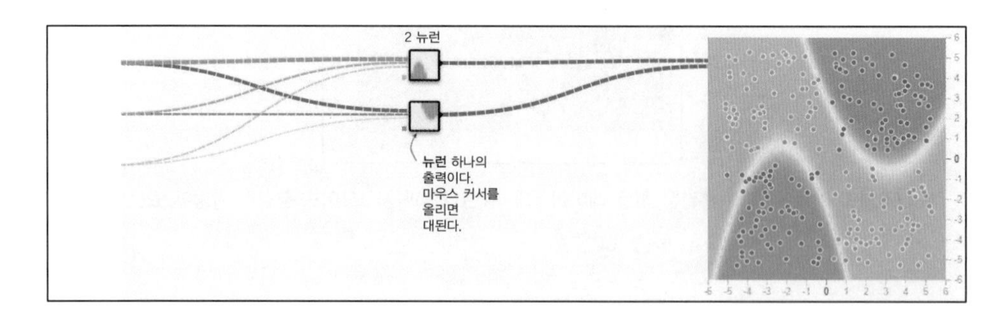

다음 다이어그램은 계단식 선형 유닛 활성화 함수를 사용하는 3개 뉴런으로 구성된 1개의 히든 레이어를 갖는 모델을 표시한 것이다. 훈련 데이터와 훈련 조건은 이전과 동일하다.

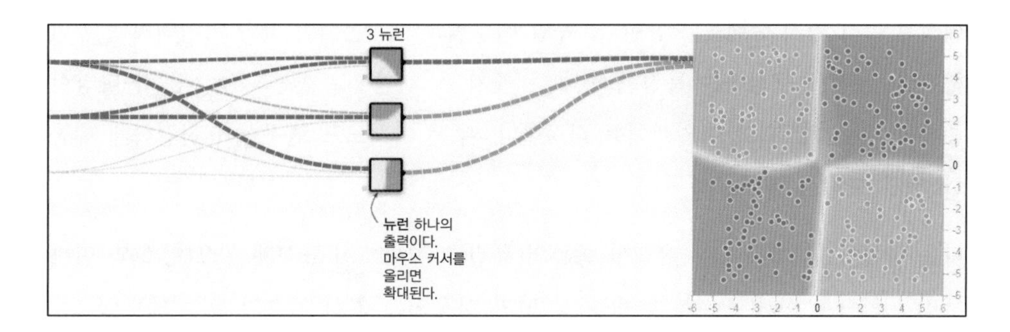

활성화 함수의 종류, 히든 레이어의 수, 히든 레이어를 구성하는 뉴런의 수를 조정해 전혀 다른 결정 경계를 만들어낼 수 있다. 어떤 결정 경계를 통해 이상적인 예측을 할 수 있는지, 해결해야 할 문제에 적합한지는 우리가 직접 평가해야 한다. 모델링하고자 하는 데이터에 관한 지식을 아주 많이 갖고 있더라도 판단은 실험 결과를 바탕으로 내려야 한다.

한 걸음 더

축하한다. 몇 페이지 만에 상당히 많은 길을 걸어왔다. 이제 뉴럴 네트워크의 학습 방법과 데이터에서 네트워크를 학습시키는 고차원적인 수학적 구조에 관한 아이디어를 갖게 됐다. 하나의 뉴런, 즉 퍼셉트론이 어떻게 구성돼 있는지도 알았다. 이 뉴런 유닛이 데이터를 전방으로 전파시키면서 입력 특징을 변환시키는 방법도 알았다. 활성화 함수를 사용해 비선형을 표현하는 방법은 물론 여러 뉴런으로 하나의 레이어를 구성하고, 레이어의 각 뉴런이 데이터의 서로 다른 패턴을 표현하게 하는 방법도 학습했다. 뉴런이 학습한 패턴은 훈련을 반복하는 과정에서 각각의 뉴런에 따라 업데이트된다. 업데이트는 이상적인 값을 찾을 때까지 예측값과 실제 출력값 사이의 손실을 계산하고, 모델에 존재하는 각 뉴런의 가중치를 조정하는 과정을 통해 이뤄진다는 것도 학습했다.

사실 현대 뉴럴 네트워크는 서로 다른 예측 태스크를 수행하고자 다양한 방법으로 설정된 여러 가지 뉴런을 사용한다. 뉴럴 네트워크의 기본적인 학습 아키텍처는 동일하지만, 뉴런을 구성하는 특정한 형태(즉, 숫자, 상호 연결성, 활성화 함수 등)가 다양한 종류의 뉴럴 네트워크 아키텍처를 결정한다. 우선 아시모프 연구소가 친절하게 제공한 전체 도감을 살펴보자.

다음 다이어그램에는 일부 유명한 종류의 뉴런(혹은 세포)이 표시돼 있으며, 그와 함께 우리가 앞으로 함께 살펴볼 현재 가장 널리 사용되는 최신 기술의 뉴럴 네트워크를 구성하는 방법도 설명돼 있다.

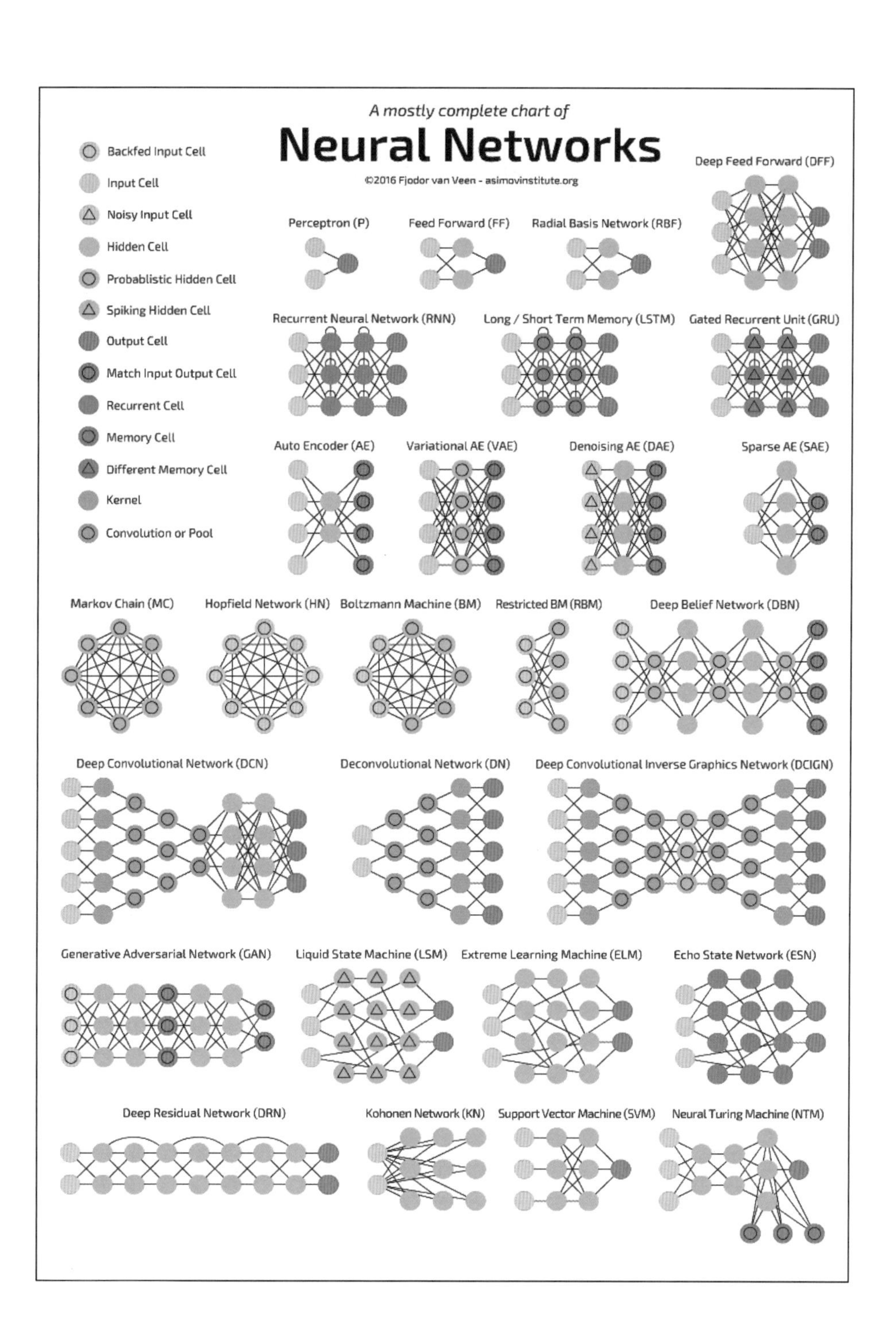
A mostly complete chart of
Neural Networks
©2016 Fjodor van Veen - asimovinstitute.org
Backfed Input Cell
Input Cell
Noisy Input Cell
Hidden Cell
Probablistic Hidden Cell
Spiking Hidden Cell
Output Cell
Match Input Output Cell
Recurrent Cell
Memory Cell
Different Memory Cell
Kernel
Convolution or Pool
Perceptron (P)
Feed Forward (FF)
Radial Basis Network (RBF)
Deep Feed Forward (DFF)
Recurrent Neural Network (RNN)
Long / Short Term Memory (LSTM)
Gated Recurrent Unit (GRU)
Auto Encoder (AE)
Variational AE (VAE)
Denoising AE (DAE)
Sparse AE (SAE)
Markov Chain (MC)
Hopfield Network (HN)
Boltzmann Machine (BM)
Restricted BM (RBM)
Deep Belief Network (DBN)
Deep Convolutional Network (DCN)
Deconvolutional Network (DN)
Deep Convolutional Inverse Graphics Network (DCIGN)
Generative Adversarial Network (GAN)
Liquid State Machine (LSM)
Extreme Learning Machine (ELM)
Echo State Network (ESN)
Deep Residual Network (DRN)
Kohonen Network (KN)
Support Vector Machine (SVM)
Neural Turing Machine (NTM)

요약

전체적인 뉴럴 학습 시스템을 바닥부터 차근차근 학습했다. 이제 곧 첫 번째 뉴럴 네트워크를 구현하고, 고전적인 분류 태스크로 네트워크를 테스트하고, 2장에서 언급했던 여러 가지 개념을 실질적으로 적용해본다. 이를 기반으로 손실 함수와 뉴럴 네트워크의 평가 지표의 정확한 특성을 좀 더 자세히 다룬다.

03

신호 처리: 뉴럴 네트워크를 활용한 데이터 분석

앞에서 뉴럴 네트워크에 관한 충분한 지식을 얻었으므로, 이제 뉴럴 네트워크를 활용한 첫 번째 작업을 수행할 준비가 됐다. 3장에서는 신호 처리 예제를 통해 뉴럴 네트워크에 데이터를 입력하는 방법을 살펴본다. 뉴런의 레벨과 복잡도를 높임으로써 문제를 간단하게 보이도록 만들 수 있음에 놀라게 될 것이다. 그 후 뉴럴 네트워크를 사용해 언어를 처리하는 방법도 확인한다. 또한 다양한 데이터셋을 사용해 여러 가지 예측을 수행한다.

3장에서 다루는 내용은 다음과 같다.

- 신호 처리
- 숫자로서의 이미지
- 뉴럴 네트워크에 데이터 입력

- 텐서 예제
- 모델 구축
- 퍼셉트론 확장
- 모델 컴파일
- 케라스를 활용한 가중치 정규화 구현
- 가중치 정규화 실습
- 케라스를 활용한 드롭아웃 정규화 구현
- 언어 처리
- 인터넷 영화 리뷰 데이터셋
- 단일 학습 인스턴스 플로팅
- 원핫one-hot 인코딩
- 특징 벡터화
- 라벨 벡터화
- 네트워크 구축
- 콜백callbacks
- 모델 예측 접근
- 특징별 표준화
- 사이킷-런scikit-learn API를 활용한 교차 검증

신호 처리

우주에 존재하는 네 가지 근본적인 힘은 모두 신호signal다. 신호를 사용해 실세계에서 마주칠 수 있는 모든 현상을 특징feature의 표상으로 나타낼 수 있다. 예를 들면 눈에 보이는 세계는 움직임, 색상, 형태를 의미하는 신호의 집합이다. 이들은 매우 역동적인 신호이며, 생리학이 이러한 자극을 매우 정확하게(우리 스스로 그렇게 한다고 말할

수도 있겠지만) 처리한다는 것 자체가 기적이다. 물론 좀 더 큰 관점에서 자연이 이토록 완벽한 처리를 하기 위해 수억 년 동안 진화해 왔다는 점은 우리를 겸손하게 만들기도 한다. 이제 사람의 시각 피질visual cortex에 경의를 표할 때가 된 것 같다. 사람의 시각 피질은 1억 4천만 개의 상호 연결된 매우 밀집도가 높은 뉴런으로 무장돼 있다. 복잡한 이미지를 점진적으로 처리하는 과정에서 정보는 일련의 레이어(V1~V5)를 통해 전파된다. 눈은 간상체와 추상체를 사용해 빛의 세기와 색상의 차이를 감지하고, 전자기 방사선을 조합해서 전기적인 임펄스로 변환한다.

이미지를 볼 때 눈의 시각 피질visual cortex은 특정한 형태의 전자기 신호를 해석하고, 눈은 이를 전자적인 신호로 변환해 입력한다. 음악을 들을 때 고막이 소리를 진동 신호의 연속적인 패턴으로 변환하고 증폭시키며, 청각 피질은 그 신호를 처리한다. 두뇌의 뉴럴 메커니즘은 실세계의 다양한 신호에 존재하는 패턴을 효율적으로 추상화한다. 신경 과학자들은 일부 포유류의 뇌가 원래 자신이 받아들일 수 없는 종류의 데이터를 처리하려고 서로 다른 피질을 다시 연결하는 능력을 가졌음을 알아냈다. 족제비의 청각 피질을 다시 연결하면 뇌의 청각 영역에서 시각 신호를 처리할 수 있게 되고, 연결하기 전에는 소리를 듣는 작업에 사용했던 뉴런을 다른 목적으로 사용할 수 있다는 점은 매우 주목할 만하다. 여러 과학자는 이러한 연구를 인용해서 뇌는 마스터 알고리즘master algorithm을 사용해 그 형태와 관계없이 데이터를 처리할 수 있으며, 뇌를 둘러싸고 있는 세계의 효율적인 표상을 만들어낸다고 주장한다.

이들의 주장은 뉴런의 학습에 관한 수천 가지의 흥미로운 질문과 연결할 수 있지만, 아쉽게도 이 책에서 그 내용을 모두 다루지는 못한다. 뇌로 하여금 세상을 효율적으로 표현하게 하는 알고리즘(혹은 알고리즘의 집합)이 무엇이 됐든 이는 신경 과학자나 딥러닝 엔지니어, 그와 비슷한 과학 커뮤니티에게는 매우 큰 관심사다.

표상적 학습

앞서 텐서플로 플레이그라운드를 사용해 퍼셉트론으로 구성한 일련의 인공 뉴런이 매우 간단한 패턴을 학습할 수 있음을 확인했다. 물론 이는 사람이 실제로 예측을 할 때 수행하는 복잡한 종류의 표상과는 전혀 비슷하지 않다. 하지만 그 단순함에도 불구하고, 이런 네트워크는 입력받은 데이터에 적응하고, 때로 다른 통계적인 모델보다 훨씬 더 뛰어난 예측 성능을 보이는 것을 확인했다. 과거에 기계를 학습시키던 방식과 어떤 차이가 있는가?

컴퓨터에게 인간이 가진 수많은 의학적 특징을 보여줌으로써 피부암이 어떤 형태를 갖는지 알려주는 것은 유용할 수 있다. 과거에는 이러한 방식으로 기계를 가르쳤다. 엔지니어는 기계가 받아들이기 쉽게 데이터를 입력해서 관련된 예측값을 생성했다. 한 걸음 더 나아갈 수는 없었는가? 컴퓨터에게 피부암이 실제로 어떻게 생겼는지 바로 보여주는 것은 어떠한가? 수백만 장의 사진을 보여준 후 기계가 판단을 하도록 할 수는 없는가? 바로 이것이 딥러닝[deep learning]이다. 학습해야 할 표상을 명시적으로 처리한 데이터를 기계에게 입력했던 과거의 전통적인 머신러닝[ML, Machine Learning] 알고리즘과 달리 뉴럴 네트워크를 사용하는 경우에는 접근 방식이 완전히 달라진다. 즉, 네트워크가 이러한 표상을 스스로 학습하게 하는 것이다.

다음 다이어그램에서 보듯 네트워크는 간단한 표상을 학습하고, 학습한 내용을 기반으로 연결된 레이어에서 좀 더 복잡한 표상을 정의해나간다. 이 과정은 가장 마지막 레이어가 출력 클래스를 정확하게 표현하는 방법을 학습할 때까지 반복된다.

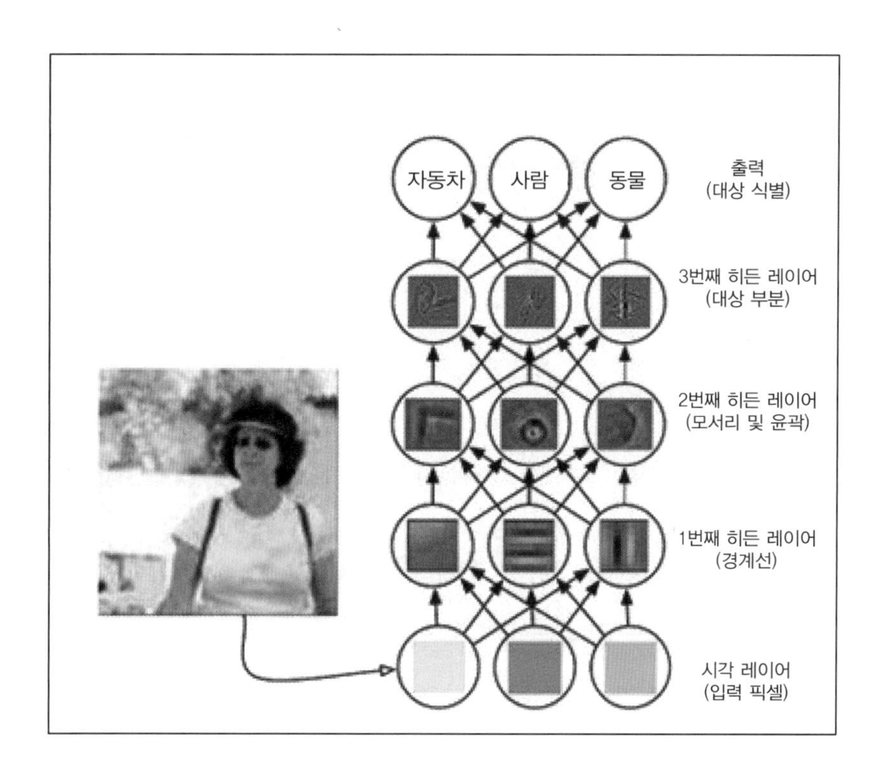

이 접근 방식은 기계가 복잡한 움직임이나 얼굴의 표정을 인식하게 하는 데(사람과 마찬가지로) 매우 유용한 것으로 밝혀졌다. 집에서 멀리 떠나 있는 상황에서 택배 물품을 수령하거나 집으로 침입하려고 하는 강도를 발견해야 한다고 가정해보자. 또는 비슷하게 컴퓨터로 하여금 우리 일정을 스케줄링하거나, 시장에서 잠재 수익성이 뛰어난 주식을 발견하게 하거나, 우리가 관심을 갖고 있는 대상의 최신 정보를 제공하게 하려면 어떻게 할 수 있겠는가? 이를 위해서는 복잡한 차원으로 표현되는 이미지, 비디오, 오디오, 문자, 시계열 데이터를 처리해야 하며, 몇 개의 뉴런만으로는 이러한 표상을 모델화할 수 없다. 그렇다면 어떻게 2장에서 본 것과 같은 뉴럴 학습 시스템을 다룰 것인가? 어떻게 뉴럴 네트워크가 눈, 얼굴, 그리고 다른 실세계의 대상이 가진 복잡하고 계층적인 패턴을 학습하게 할 수 있을까? 뉴럴 네트워크의 규모를 키우면 가장 확실한 결과를 얻을 수 있지만, 규모가 커지면 그 자체로 복잡성도 증가한다. 결론부터 말하자면 네트워크가 학습 가능한 파라미터를 많이 가질수록, 그리고 일부 무작위 패턴을 기억할 수 있는 기회를 많이 가질수록 네트워크는 덜 일반화generalization 된다. 학습해야 할 태스크를 완벽하게 수행하는 데 적합한 뉴런을 구성하려면 많은 실험을 수반해야 한다.

무작위 기억 회피

뉴런 전체 숫자를 조정하는 방법과 함께 뉴런의 상호 연결 정도도 조정할 수 있다. 드롭아웃 정규화dropout regularization나 가중치 파라미터weighted parameters를 사용할 수 있는데, 이후 예제를 통해 이 방법을 자세히 살펴본다. 지금까지 네트워크에서 데이터가 전파되는 과정에서 각 뉴런이 수행하는 다양한 계산 방법을 확인했다. 또한 두뇌가 일을 하고자 높은 밀집도로 상호 연결된 수억 개의 뉴런을 어떻게 활용하는지도 살펴봤다. 하지만 뉴런을 추가하는 것만으로 네트워크가 확장되지는 않는다. 결론부터 말하자면 뇌와 가깝게 위치한 하나의 뉴럴 구조를 자극하려면 수천 페타플롭petaplop(초당 1,000,000,000,000,000(10^{15})의 부동소수점 연산을 하는 컴퓨팅 속도 단위)에 달하는 컴퓨팅 파워가 필요하다. 멀지 않은 미래에 대규모 병렬 컴퓨터나 그에 필요한 소프트웨어와 하드웨어 기술이 발전한다면 가능할 수도 있을 것이다. 하지만 지금은 소중한 컴퓨팅 자원을 낭비하지 않고도 가장 효과적인 표상을 찾아낼 수 있도록 좀 더 현명하게 네트워크를 학습시킬 방법을 생각해야 한다.

숫자를 활용한 신호 표현

3장에서는 뉴런의 순차적인 레이어가 점진적으로 복잡한 패턴을 어떻게 표현하는지 학습한다. 또한 훈련 세션에서 최대한의 성과를 얻기 위해 정규화regularization와 배치에 기반을 두고 학습하는 방법도 확인한다. 이미지, 텍스트, 시계열 정보 등 다양한 형태로 주어지는 실세계의 데이터를 다루는 방법도 학습한다.

숫자를 활용한 이미지 표현

이러한 태스크를 처리하는 과정에서 원하는 출력 클래스의 표상 특징representative feature을 학습하려면 다양한 히든 레이어hidden layer를 포함한 네트워크가 필요하다. 또한 이해를 높이는 동시에 지식 시스템을 설계하는 데 사용할 도구에 익숙해지려면 잘 정제된 데이터셋이 필요하다. 따라서 먼저 뉴럴 네트워크를 사용해 실제로 태스크를 수행하면서 컴퓨터 비전, 이미지 처리나 계층 표상 학습과 같은 개념을 다룬다. 가장 먼저 처리할 태스크는 컴퓨터에게 숫자를 가르쳐서 컴퓨터가 이해하고 있는 0과 1이 아닌 사람이 이해하는 방식대로 숫자를 읽게 하는 것이다. 이 태스크에서는 손글씨 숫자라고 불리는 MNIST 데이터셋을 사용할 것이다. 이 데이터셋은 딥러닝에서 사용하는 데이터셋 세계에서의 "hello world"와 같은 것이다. 첫 번째 예제에서 이 데이터셋을 선택한 분명한 이유가 있다.

먼저 뉴런 레이어를 사용해 점진적으로 복잡한 패턴을 학습하도록(우리 두뇌가 하는 것과 같이) 하는 방법을 이론적인 관점에서 알아둘 필요가 있다. 사람의 두뇌는 2,000~2,500년 동안 쌓아온 학습 데이터가 있어서 손글씨 숫자와 같은 복잡한 심벌을 매우 잘 식별한다. 실제 사람은 거의 아무런 노력 없이도 숫자를 이해할 수 있다. 숫자와 같은 복잡한 심벌을 구분하는 방법은 이미 유치원 시절에 배운다. 하지만 이는 상당히 벅찬 태스크다. 다른 사람이 쓴 다양한 형태의 숫자를 상상해보라. 여전히 우리 두뇌는 거의 아무런 노력 없이 숫자를 구분할 수 있다.

프로그래머는 이러한 명백한 규칙을 철저하게 코딩하는 데 고역을 면치 못하겠지만, 우리 두뇌는 숫자 이미지를 보는 즉시 데이터에 존재하는 몇 가지 패턴을 알아차린다. 예를 들어 2와 3은 위쪽 절반에 반원 형태를 갖고, 1과 4, 7은 세로로 긴 직선을 갖고 있다. 두뇌는 실제로 숫자 4에는 긴 직선 하나, 절반 길이의 직선 하나, 그리고 그 두 직선 사이를 잇는 가로 방향의 선이 존재함을 인지한다. 이와 같이 뇌는 복잡한 하나의 패턴을 여러 개의 작은 패턴으로 분할할 수 있으며, 이러한 방법을 활용해 손글씨를 매우 간단하게 패턴화한다. 따라서 모종의 방법으로 딥 뉴럴 네트워크Deep Neural Network, 심층 신경망를 구축한 후 네트워크의 각 뉴런이 데이터에서 간단한 패턴(즉, 선의 조각 같은)을 발견하고, 좀 더 깊은 레이어에서는 앞 레이어에서 만든 간단한 패턴을 활용해 점진적으로 복잡한 패턴을 조직하게 해야 한다. 이 과정을 거쳐 출력 클래스에 해당하는 표상의 정확한 조합을 찾아낼 것이다.

MNIST 데이터셋은 약 20년간 딥러닝 분야의 많은 선구자가 연구해 왔다. MNIST 데이터셋을 활용해 훌륭한 지식을 얻었으며, 레이어 표상, 정규화, 과적합과 같은 개념을 탐색하는 데 이상적으로 구성했다. 하나의 뉴럴 네트워크를 훈련시키고 테스트하는 방법을 이해하고 나면 이를 활용해 좀 더 흥미로운 태스크를 수행할 수 있다.

뉴럴 네트워크에 데이터 입력

네트워크로 입력되는 모든 데이터는 근본적으로 텐서tensor라 불리는 수학적 구조로 표현된다. 오디오 데이터, 이미지, 비디오 등 우리가 생각할 수 있는 모든 형태의 데이터에 동일한 원리를 적용한다. 수학(https://en.wikipedia.org/wiki/Mathematics)에서는 텐서를 추상적인 임의의 기하학(https://en.wikipedia.org/wiki/Geometry) 요소로 정의하는데, 이 정의에 따르면 이 기하학 요소는 벡터 집합을 하나의 결과 텐서에 다선형적multi-linear (https://en.wikipedia.org/wiki/Linear_map)으로 매핑한다. 벡터와 스칼라 또한 실제로는 텐서의 간단한 형태로 간주한다. 파이썬의 텐서는 다음 세 가지 특징으로 정의된다.

- **랭크**Rank: 랭크는 축axis의 숫자를 의미한다. 행렬matrix 하나의 랭크 값은 2이며, 이는 행렬이 2차원 텐서임을 의미한다. 파이썬 라이브러리에서 랭크는 'ndim'으로 불린다.
- **셰이프**Shape: 텐서의 셰이프는 NumPy의 *n*차원 배열(파이썬에서 텐서를 표현하는 방법)의 'shape' 속성으로 확인할 수 있다. 'shape' 속성은 정수 튜플을 반환하며, 각 정수는 텐서가 각 축을 기준으로 가진 차원의 숫자를 의미한다.
- **콘텐트**Content: 텐서에 저장된 데이터 타입을 의미하며, 텐서의 'type()' 메소드를 사용해 확인할 수 있다. 32비트 부동소수점수(float32), 8비트 정수(uint8), 64비트 부동소수점수(float64)와 같은 데이터 타입을 반환한다. 단, 문자열 값은 벡터 표현으로 변환된 후 텐서로 표현한다.

다음은 텐서를 그래프로 표시했다. 아직은 복잡한 다이어그램을 이해하지 않아도 좋다. 이후 다이어그램의 의미를 함께 살펴볼 것이다.

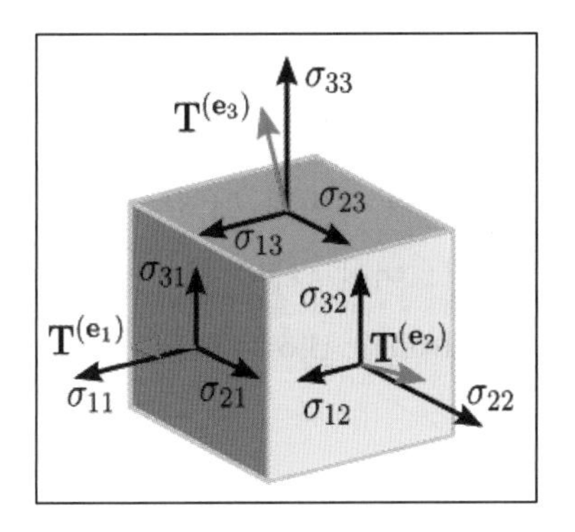

❙ 텐서 예제

앞의 다이어그램은 3차원 텐서 하나를 표현한 것으로, 텐서는 여러 형태로 표현할 수 있다. 다음 절에서 랭크 값 0부터 다양한 랭크 값을 가진 텐서를 살펴본다.

- **스칼라**Scalar: 한 개의 숫자 값numeric value만을 가지며, 0차원 텐서(랭크 0 텐서)라고도 불린다. 네트워크를 통해 전달되는 그레이스케일grayscale 픽셀 하나를 예로 들 수 있다.
- **벡터**Vector: 스칼라 집합 하나 혹은 숫자 값들의 배열 하나를 벡터라고 부르며, 1차원 텐서(랭크 1 텐서)라고도 부른다. 1차원 텐서 하나는 정확히 1개의 축axis을 가진다. 1차원 배열로 변환된 이미지flattened image 하나의 처리를 예로 들 수 있다.
- **행렬**Matrix: 백터의 배열 하나를 행렬 혹은 2차원 텐서(랭크 2 텐서)라고 부른다. 행렬은 하나는 두 개의 축(일반적으로 행row과 열column로 불림)을 가진다. 행렬은 숫자들의 사각 그리드로 나타낼 수 있다. 하나의 그레이스케일 이미지 처리를 예로 들 수 있다.
- **3차원 텐서**3-domensional tensor: 여러 행렬을 하나의 배열에 모아 3차원 텐서를 만들 수 있으며, 시각적으로는 숫자 값을 가진 육면체로 나타낼 수 있다. 그레이스케일 이미지의 데이터셋 처리를 예로 들 수 있다.
- **4차원 텐서**4-dimensional tensor: 여러 3차원 텐서를 하나의 배열에 모으면 4차원 텐서를 만들 수 있다. 컬러 이미지 데이터셋 처리를 예로 들 수 있다.
- **5차원 텐서**5-dimentional tensor: 여러 4차원 텐서들을 하나의 배열에 모으면 5차원 텐서를 만들 수 있다. 비디오 데이터셋 처리를 예로 들 수 있다.

데이터의 차원

(400, 600, 3)이라는 셰이프의 텐서를 생각해보자. 이는 400 × 600 픽셀의 컬러 이미지 하나를 표현하는 3차원 텐서가 가진 일반적인 입력 셰이프다. MINST는 이진 그레이스케일 픽셀 값을 사용하므로, 이미지 한 장을 표현할 때 28 × 28 행렬만을 사용했다. 각 이미지는 하나의 2차원 텐서이므로, 데이터셋 전체를 하나의 3차원 텐서로 표현할 수 있다. 컬러 이미지의 각 픽셀은 세 가지 값을 가지며, 각 픽셀이 표현하는 빨강,

초록, 파랑 빛의 세기를 의미한다. 그러므로 컬러 이미지를 표현하려면 (그레이스케일) 이미지 한 장을 표현하기 위해 사용했던 2차원 텐서를 3차원 텐서로 확장한다.

위와 같은 텐서는 (*x*, *y*, 3)이라는 튜플[tuple]로 표시하며, *x*와 *y*는 이미지의 픽셀 차원을 의미한다. 따라서 컬러 이미지의 데이터는 4차원 텐서 하나로 표시할 수 있으며, 나중의 예제에서 이를 확인한다. 지금 단계에서는 파이썬에서는 NumPy의 *n*차원 배열을 사용해 텐서를 표시하고, 셰이프를 변환하며, 조작하고 저장할 수 있다는 정도만 알아둔다.

패키지 임포트

그럼 시작할 준비가 됐는가? 몇 가지 간단한 실험을 함으로써 앞에서 배운 모든 개념을 활용한다. 이 과정에서 또 다른 새로운 것들을 만날 수도 있다. 케라스[Keras]와 텐서플로 API[TensorFlow API]를 사용해서 신속한 실행 패러다임[eager execution paradigm]을 탐험해본다. 먼저 간단한 버전의 다중 레이어 퍼셉트론을 만들어본다. 피드포워드 뉴럴 네트워크[feedforward neural network]라 불리는 이 기본 퍼셉트론 네트워크를 활용해서 간단한 이미지 분류를 수행할 수 있다. 딥러닝의 전통에 따라 손글씨 숫자(MNIST) 데이터셋을 사용해 분류 태스크를 실행해본다. MSNIST 데이터셋에는 0~9까지의 그레이스케일 이미지 70,000개가 포함돼 있다. 머신러닝을 수행하는 경우 클래스당 5,000장 가량의 이미지를 사용하면 사람과 비슷한 정도로 시각 인지 태스크를 수행할 수 있으므로 데이터의 크기는 충분하다. 다음 코드로 사용할 라이브러리를 임포트한다.

```
import numpy as np
import keras
from keras.datasets import mnist
from keras.utils import np_utils
```

케라스의 시퀀셜 API

각 파이썬 라이브러리는 해당 라이브러리가 계산 작업을 수행하는 데 필요한 데이터 구조가 정의돼 있는 핵심적인 데이터 추상화를 제공한다. NumPy는 자체 배열을 제공하고, 판다스Pandas 또한 데이터프레임DataFrame을 제공한다. 케라스의 핵심 데이터 구조는 모델model이며, 이는 근본적으로 상호 연결된 뉴런 레이어를 조직화하는 방법이다. 간단한 타입의 모델인 순차 모델sequential model(https://keras.io/getting-started/sequential-model-guide/)부터 살펴본다. 순차 모델은 시퀀셜 APIsequential API를 통해 레이어를 선형적으로 쌓아 올린stack 형태로 사용할 수 있다. 좀 더 복잡한 아키텍처를 활용하면 커스텀 레이어 구축에 사용하는 기능적 APIfunctional API를 리뷰할 수 있다. 이 API는 이후에 설명한다. 몇 가지 레이어를 임포트해서 순차 모델과 첫 번째 네트워크의 구축을 시작하자.

```
from keras.models import Sequential
from keras.layers import Flatten, Dense, Dropout
from keras.layers.core import Activation
from keras import backend as K
```

데이터 로드

다음으로 데이터를 로드하고 분할한다. MNIST는 케라스로 이미 구현된 핵심 데이터셋 중 하나이기 때문에 단 한 줄의 코드로 훈련 데이터셋을 로드하고, 테스트 데이터셋을 분리할 수 있다. 물론 실세계의 데이터를 이처럼 손쉽게 조작하기는 어렵다. `keras.utils`는 데이터 로드와 분할에 사용할 수 있는 유용한 도구를 제공한다. 예제와 함께 도구를 살펴보겠지만 스스로 살펴보길 권한다. 또한 사이킷-런scikit-learn과 같은 다른 머신러닝 라이브러리도 간단한 도구(`train_test_split`, `MinMaxScaler`, `normalizer` 등)를 제공하며, 이를 활용해 데이터를 분할하고, 스케일하고, 정규화해서 뉴럴 네트워크 훈련을 최적화할 수 있다. 데이터셋을 로드하는 코드는 다음과 같다.

```
from keras.datasets import mnist
(x_train, y_train), (x_test, y_test) = fashion_mnist.load_data()
```

차원 확인

다음으로 데이터가 어떤 모습인지 확인한다. 먼저 데이터 타입type, 다음으로 셰이프shape를 확인한 후 마지막으로 matplotlib.pyplot을 사용해 관찰한 내용을 플로팅한다. 코드는 다음과 같다.

```
type(x_train[0]), x_train.shape, y_train.shape
```

앞 코드를 실행한 결과는 다음과 같다.

```
(numpy.ndarray, (60000, 28, 28), (60000,))
```

점들을 플로팅한다.

```
import matplotlib.pyplot as plt
%matplotlib inline
plt.show(x_train[0], cmap=plt.cm.binary)
<matplotlib.image.AxesImage at 0x24b7f0fa3c8>
```

코드를 실행한 결과는 다음과 같다.

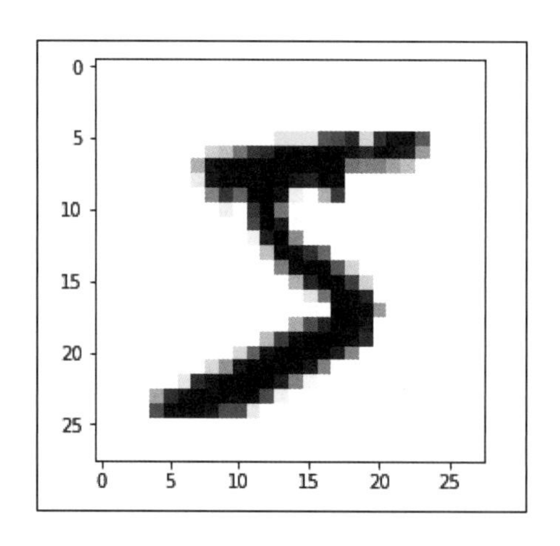

훈련 데이터셋에는 60,000개의 이미지가 포함돼 있으며, 각 이미지는 28 × 28 크기의 행렬이다. 데이터셋 전체를 표현하려면 (60,000 × 28 × 28) 크기의 3차원 텐서 하나가 필요하다. 다음으로 일반적인 이미지의 경우 0~255 사이의 값인 픽셀 값을 0~1 사이의 값으로 스케일링해서 네트워크가 연산과 특징 예측을 좀 더 쉽게 하도록 할 수 있다. 표준화한 경우와 그렇지 않은 경우를 직접 테스트해서 성능 차이를 확인해보길 바란다.

```
x_train = keras.utils.normalize(x_train, axis=1)
x_test = keras.utils.normalize(x_test, axis=1)
plt.imshow(x_train[0], cmap=plt.cm.binary)
```

코드를 실행한 결과는 다음과 같다.

```
<matplotlib.image.AxesImage at 0x24b00003e48>
```

플롯한 결과는 다음과 같다.

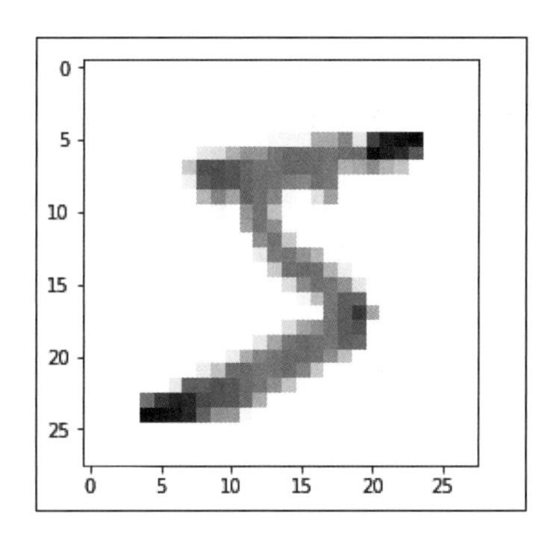

모델 구축

다음으로 예측 모델을 구현할 수 있다. 흥미로운 코드를 확인하기 전에 일부 중요한 사항과 관련된 기반 지식을 확인한다.

케라스 레이어

케라스에서 뉴럴 네트워크 모델을 구현하는 핵심 블록은 케라스 레이어keras layer다. 레이어는 기본적으로 데이터를 처리하는 필터로, 입력된 데이터를 좀 더 유용한 표상으로 분해한다. 앞으로 보게 되겠지만, 레이어를 설계한 방식에 따라 뉴럴 네트워크 구조, 레이어 내에서 뉴런의 상호 연결 상태가 크게 달라진다.

케라스 창시자 프랑소와 숄레Francois Chollet는 이 아키텍처가 점진적으로 데이터를 증류시킨다고 설명했다. 다음 코드로 아키텍처의 동작 방식을 확인할 수 있다.

```
# 단순한 피드포워드 뉴럴 네트워크
model = Sequential()
```

```
# 28 x 28 픽셀 크기의 이미지를 784개 엘리먼트의 단일 벡터로 변경해 입력
model.add(Flatten(input_shape=(28, 28)))
model.add(Dense(24, activation='relu'))
model.add(Dense(8, activation='relu'))
model.add(Dense(10, activation='softmax'))
```

먼저 모델을 정의하고 레이어를 갖지 않는 빈 모델 인스턴스로 초기화한다. 그 후 첫 번째 레이어를 추가한다. 첫 번째 레이어는 입력하고자 하는 데이터의 크기와 일치하는 입력 차원을 기대한다. 이번 예제에서는 28 × 28 픽셀 데이터를 모델에 입력한다. 추가로 입력한 콤마는 네트워크가 한 번에 얼마나 많은 데이터를 보는가를 의미하는데, 이는 곧 설명한다. 입력 행렬에 `Flatten()` 메소드를 호출했다. 이 과정을 마친 후에는 각 28 × 28 크기의 이미지 행렬이 입력 뉴런에 맞도록 784개 픽셀 값을 가진 단일 벡터로 변환된다.

출력 레이어에 도달할 때까지 계속 레이어를 추가한다. 출력 레이어는 결과 클래스(이 예제의 경우 0~9 사이의 10개 숫자)와 일치하는 수의 출력 뉴런을 가진다. 입력 레이어에는 반드시 입력 데이터의 차원을 명시해야 한다. 입력 레이어 이후의 히든 레이어는 셰이프를 자동으로 추론하기 때문에 데이터의 차원을 명시하지 않는다.

가중치 초기화

각 레이어의 뉴런을 특정한 가중치로 초기화할 수도 있다. 다만 필수 조건은 아니다. 가중치 초깃값을 명시하지 않으면 작은 크기의 난수를 사용해 자동으로 초기화하기 때문이다. 네트워크 가중치 작업은 그 자체로 뉴럴 네트워크 연구 분야 중 하나를 차지한다. 네트워크 초기화를 얼마나 잘 했는지에 따라 학습 프로세스 속도에 현저한 차이가 발생하는 것으로 알려져 있다.

`kernel_initializer`와 `bias_initializer` 파라미터를 사용해서 각 레이어의 가중치와 바이어스를 설정할 수 있다. 이 가중치는 네트워크가 습득한 지식을 나타내므로, 초기

화 결과에 따라 학습 속도를 급격히 증가시킬 수도 있다.

```
# 28 x 28 픽셀 크기의 이미지를 784개 엘리먼트의 단일 벡터로 변경해 입력
model.add(Flatten(input_shape=(28, 28)))
model.add(Dense(64, activation='relu',
        kernel_initializer='glorot_uniform',
        bias_initializer='zeros'))
model.add(Dense(18, activation='relu'))
model.add(Dense(10, activation='softmax'))
```

3장에서는 모든 파라미터를 자세하게 다루지는 않는다. 나중에 이들 파라미터를 조작해서 이득을 얻을 수 있는 몇 가지 유스케이스를 살펴본다. 파라미터 `kernel_initializer`에는 다음 값을 사용할 수 있다.

- **glorot_uniform:** 가중치를 '-한도' ~ '한도' 사이의 균일 분포 샘플에서 추출한다. 한도는 sqrt(6 / (fan_in + fan_out))으로 정의한다. fan_in은 가중치 텐서의 입력 유닛 수, fan_out은 가중치 텐서의 출력 유닛 수다.
- **random_uniform:** 가중치를 -0.05 ~ 0.05 사이의 작은 균일 값에서 무작위로 초기화한다.
- **random_normal:** 가중치를 표준 0, 표준편차 0.05를 따르는 가우시안 분포에 따라 초기화한다.
- **zero:** 레이어 가중치를 0으로 초기화한다.

케라스 활성화 함수

이제 네트워크는 하나의 평평한 입력 레이어, 그리고 그 뒤를 이은 두 개의 밀집된dense 레이어로 구성돼 있다. 이 레이어 내의 뉴런은 모두 완벽하게 연결돼 있다. 첫 두 개의 레이어에서는 ReLURectified Linear Unit 활성화 함수를 사용하는데, 이 함수는 2장에서 봤던 시그모이드 함수와 동작이 약간 다르다. 다음 다이어그램에 케라스에서 제공하는 몇 가지 활성화 함수를 표시했다. 활성화 함수를 올바르게 선택하려면 특성 공간을 분할하는 데 도움을 주거나 혹은 방해할 수 있는 결정 경계decision boundary를 이해하고 있어야 한다.

적절한 활성화 함수와 이상적으로 초기화한 바이어스를 조합해서 사용하는 것이 경우에 따라서는 매우 중요할 수 있지만, 경우에 따라서는 그렇지 않기도 하므로, 언제나 실험을 통해 결과를 찾아내는 것이 바람직하다.

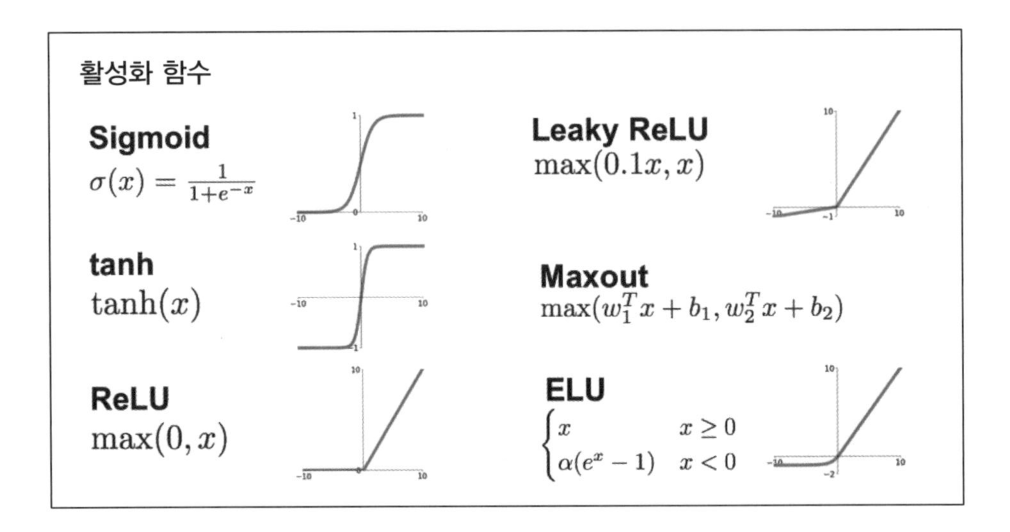

모델의 네 번째(마지막) 레이어는 10개의 출력을 가진 소프트맥스 레이어Softmax layer다. 예제에서 마지막 레이어는 10개 엘리먼트로 구성된 배열 하나를 반환한다.

배열의 각 엘리먼트는 확률 점수를 갖고 있으며, 확률 점수의 합은 1이 된다. 각 점수는 현재의 숫자 이미지가 각 출력 클래스에 해당할 확률을 의미한다. 즉, 소프트맥스 활성화 함수를 가진 레이어는 모든 입력값에서 해당 입력값이 각 출력 클래스에 일치할 확률을 계산해 반환한다.

모델 시각화

모델로 돌아가서 훈련시키고자 하는 결과를 요약해보자. 케라스가 제공하는 summary() 메소드를 모델에 적용하면 된다. 이 메소드는 실제로는 훨씬 긴 유틸리티 함수(다음에 표시한 코드며, 결과적으로 더 기억하기 어렵다)를 쉽게 사용하도록 만든 것이다.

```
keras.utils.print_summary(model, line_length=None, positions=None,
                          print_fn=None)
```

이 메소드를 사용해 뉴럴 네트워크의 각 레이어와 해당 레이어의 파라미터를 시각화할 수 있다.

```
model.summary()
```

앞 코드를 실행한 결과는 다음과 같다.

```
_________________________________________________________________
Layer (type)                 Output Shape              Param #
=================================================================
flatten_2 (Flatten)          (None, 784)               0
_________________________________________________________________
dense_4 (Dense)              (None, 1024)              803840
_________________________________________________________________
dense_5 (Dense)              (None, 28)                28700
_________________________________________________________________
dense_6 (Dense)              (None, 10)                290
=================================================================
Total params: 832,830
Trainable params: 832,830
Non-trainable params: 0
_________________________________________________________________
```

결과에서 보듯이 2장에서의 퍼셉트론과 달리 매우 간단한 네트워크는 이미 832,830개의 훈련 가능한 파라미터를 갖고 있으며, 이를 활용해 단일 퍼셉트론에 비해 학습을 극적으로 확장할 수 있다.

모델 컴파일

다음으로 케라스 모델을 컴파일한다. 컴파일은 뉴럴 네트워크가 학습하는 방법을 의미한다. 컴파일 과정에서 모델의 학습 프로세스를 통제할 수 있다. 컴파일을 할 때는 모델 객체의 `compile` 메소드를 사용하며, 이 메소드는 최소 3개의 인자를 받는다.

```
model.compile(optimizer='resprop', #'sgd'
              loss='sparse_categorical_crossentropy',
              metrics=['accuracy'])
```

3개 인자로 사용하는 함수는 다음과 같다.

- **손실 함수(loss)**: 손실 함수는 훈련 데이터에 대한 모델의 성능을 측정해서 출력 라벨과 비교한다. 따라서 손실 함수는 모델의 오차를 표시하고자 사용한다. 앞에서 봤듯 손실이란 모델의 예측값과 실제 클래스의 출력 라벨과의 차이를 결정한다. 2장에서는 변동이 큰 **평균 제곱 오차**MSE 손실 함수를 살펴봤다. 케라스에서는 다양한 머신러닝 태스크의 특성에 맞게 구현된 손실 함수를 제공한다. 예를 들어 이진 클래스 분류를 수행하는 경우(두 개의 출력 뉴런을 사용해서 두 개의 출력 클래스를 표현하는 경우)에는 이진 교차 엔트로피binary cross-entropy를 선택하는 것이 좋다. 두 개 이상의 기준에 따라 분류해야 하는 경우에는 분류형 교차 엔트로피categorical cross-entropy 혹은 희소 분류형 교차 엔트로피sparse categorical cross-entropy를 사용할 수도 있다. 분류형 교차 엔트로피는 출력

라벨이 원핫one-hot 방식으로 인코딩encoding된 경우 사용하며, 희소 분류형 교차 엔트로피는 출력 클래스가 숫자 값을 가질 때 사용한다. 회귀 문제인 경우에는 주로 MSE 손실 함수를 사용한다. 뒤에서 확인하겠지만, 순차 데이터를 다루는 경우에는 CTCConnectionist Temporal Classification라는 손실 함수가 좀 더 효과적이다. 손실(함수)의 다른 특성은 해당 함수가 모델의 예측값과 실제 출력 라벨의 차이를 측정하는 방식(예를 들면 cosine_proximity는 코사인cosine 측정 거리를 활용한다). 또는 예측값을 모델링하는 데 사용하는 확률 분포(예를 들면 계수 데이터count data를 다루는 경우에는 푸아송 손실 함수Poisson loss function가 나을 것이다)에 따라 달라질 수 있다.

- **최적화 함수(optimizer)**: 최적화 함수는 네트워크가 가장 작은 손실을 얻게 하는 요소다. 최적화 함수는 최적화하려는 목표와 그 목표의 방향으로 움직이는 데 필요한 스텝의 크기를 포함한다. 기술적 관점에서 보면 최적화 함수는 네트워크를 자가 업데이트하고자 사용하는 메커니즘으로, 외부 입력 데이터와 loss 함수를 사용한다. 최적화 알고리즘은 가중치와 바이어스를 업데이트하고자 사용한다. 가중치와 바이어스는 손실을 줄이는 프로세스에서 모델의 내부 파라미터로 사용된다. 최적화 함수는 두 가지로 분류한다. 첫 번째는 고정 학습률 함수(확률적 경사 하강SGD, Stochastic Gradient Decent)며, 두 번째는 적응 학습률 함수(에이다그라드Adagrad, 에이다델타Adadelt, 알엠에스프롭RMSProp, 아담Adam 등)다. 후자는 휴리스틱 기반heuristic-based과 사전에 파라미터를 정의한 학습률 메소드를 구현하는 것으로 알려져 있다. 결과적으로 적응 학습률을 사용하면 모델의 하이퍼파라미터를 튜닝하는 작업을 줄일 수 있다.
- **지표(metrics)**: 지표는 훈련과 테스트 진행 과정에서 관찰한 평가 벤치마크다. 정확성Accuracy을 가장 많이 사용하지만, 케라스를 통해 임의의 사용자 지표도 정의할 수 있다. 손실 점수와 정확성 점수는 기능면에서 주요한 차이점을 가진다. 정확성 점수는 훈련 프로세스에 전혀 관여하지 않는 반면, 손실은 훈련 프로세스에서 최적화 함수가 오차를 역전파하는 경우 직접 사용된다.

모델 피팅

fit 파라미터는 훈련 세션을 초기화한다. 다시 말해 fit 파라미터는 모델의 학습과 동일하다고 간주할 수 있다. 훈련 특징, 특징과 관련된 훈련 라벨, 모델이 데이터를 보는 횟수와 단위 훈련 반복 시 모델이 보는 학습 예제 수 등을 각각 입력한다.

```
model.fit(x_train,
          y_train,
          epochs=5,
          batch_size=100)
          # 기타 파라미터, validation split=0.33, batch size=10
```

또한 데이터를 뒤섞고, 검증용 데이터셋을 분할하고, 출력 클래스에 임의의 가중치를 설정할 수도 있다. 매 에폭 전에 훈련 데이터를 뒤섞음으로써 모델이 데이터에서 무작위의 예측 불가능한 순서를 학습하지 않음을 보증할 수 있다. 결과적으로 모델은 훈련 데이터셋에 과적합 상태가 아님을 나타낸다. 데이터를 뒤섞을 경우에는 셔플 인자 값을 True로 설정한다. 마지막으로 데이터셋에 잘 표현되지 않는 출력 클래스가 존재하는 경우 사용자 가중치를 설정하면 효과를 얻을 수 있다. 높은 가중치를 설정하는 것은 모델에게 "이봐, 이 예제에 조금 더 주의를 기울여!"와 같은 지시를 내리는 것이다. 사용자 가중치를 설정하는 경우에는 class_weight 인자를 사용해야 한다. class_weight 인자는 딕셔너리 타입으로, 클래스 인덱스를 그 순서대로 출력 클래스의 사용자 가중치와 연결한다.

모델을 컴파일하면서 고려해야 할 핵심적인 구조적 결정을 간략하게 설명하면 다음과 같다. 이 결정은 모델이 수행할 학습 프로세스와 직접적으로 관련된다.

- **에폭(epochs):** 이 인자는 정수 값으로, 모델이 데이터셋 전체를 반복하는 횟수를 의미한다. 기술적으로 모델은 지정한 에폭 수만큼 정확하게 반복해서 학습을 하지는 않지만, 거의 지정한 에폭 수에 다다르는 정도까지 학습을 수행한

다. 모델이 표현해야 할 복잡성의 특성에 따라 에폭 수를 적절하게 설정해야 한다. 에폭 값을 너무 낮게 설정하면 추론을 하기에는 너무 단순한 표상이 생성되며, 반대로 에폭 값을 너무 높게 설정하면 모델은 훈련 데이터에 과적합된다.

- **배치 크기(batch_size):** 이 인자는 매 훈련 이터레이션마다 네트워크를 통해 전파할 샘플 수를 정의한다. 즉, 모델이 학습을 하는 동안 한 순간에 볼 수 있는 예제의 수라고 생각할 수 있다. 수학적으로는 모델이 가중치를 업데이트 하기 전에 접근하는 훈련 인스턴스의 수가 된다. 지금까지는 훈련 예제별로 모델 가중치를 업데이트했지만(batch_size=1), 이는 연산과 메모리 관리에 큰 부하를 준다. 특히 데이터셋이 너무 커서 메모리에 로드할 수 없는 경우에는 더욱 성가신 문제로 이어진다. batch_size 설정을 통해 이 문제를 해결할 수 있다. 뉴럴 네트워크는 미니 배치(mini-batch)에서 빠르게 학습한다. 배치 크기는 오차 역전파 수행 시 실제로 기울기를 추정하는 정확도에도 영향을 미치는데, 다음 다이어그램에서 이를 확인할 수 있다. 이 다이어그램은 동일한 네트워크를 서로 다른 3가지 배치 크기로 훈련을 결과를 표시한 것이다. 확률(stochastic)은 랜덤이나 배치 크기 1을 의미한다. 다이어그램에서 볼 수 있듯이 확률과 미니 배치(초록)의 기울기는 큰 배치(파랑)의 기울기에 비해 상당히 출렁거린다.

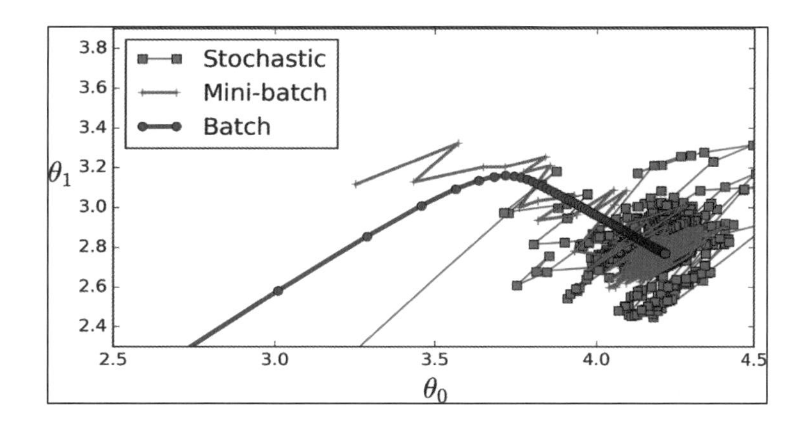

- **이터레이션 수(명시할 필요 없음):** 이 인자는 경로의 수를 나타내며, 각 경로는 batch_size로 정의한 훈련 예제의 수를 포함한다. 구체적으로 1 패스란 레이어를 통해 데이터를 전방으로 필터링하는 과정과 오차를 역전파하는 과정을 의미한다. 배치 크기를 32로 지정했다고 가정해보자. 1 이터레이션 동안 모델은 32개의 훈련 예제를 본 후 가중치를 업데이트한다. 64개의 데이터를 가진 데이터셋에서 배치 크기를 32로 지정했다면 모델이 전체 데이터를 확인하기 위해 2번의 이터레이션을 수행해야 한다.

fit 메소드를 사용해 학습 프로세스를 초기화했음을 기억하자. 코드를 실행하면 훈련 데이터에 대해 매 에폭당 예상 학습 시간, 손실과 정확도를 표시한다.

```
Epoch 1/5
60000/60000 [==========] - 12s 192us/step - loss: 0.3596 - acc: 0.9177
Epoch 2/5
60000/60000 [==========] - 10s 172us/step - loss: 0.1822 - acc: 0.9664
Epoch 3/5
60000/60000 [==========] - 10s 173us/step - loss: 0.1505 - acc: 0.9759
Epoch 4/5
60000/60000 [==========] - 11s 177us/step - loss: 0.1369 - acc:
                            0.97841s - loss:
Epoch 5/5
60000/60000 [==========] - 11s 175us/step - loss: 0.1245 - acc: 0.9822
```

데이터셋 전체를 5번 이용해서 학습을 한 후 정확도 0.96(96.01%)을 달성했다. 이제 모델이 학습 과정에서 입력하지 않았던 데이터셋을 사용해서 실제 모델이 우리가 의도한 대로 학습했는지 확인한다.

```
model.evaluation(x_test, y_test)

10000/10000 [==============================] - 1s 98us/step
[0.1425468367099762, 0.9759]
```

모델 성능 평가

네트워크를 평가할 때에는 테스트 데이터셋의 이미지를 분류하는 모델의 정확성이 중요하다. 모든 머신러닝 모델에서 이 관점은 동일하다. 훈련 데이터셋의 이미지를 분류하는 정확성이 높다고 해서 모델의 일반화 특성generalizability를 신뢰할 수 없기 때문이다.

앞서 구현한 모델은 테스트 데이터셋 기준으로 95.78%의 정확성을 갖는데, 이는 훈련 데이터를 기준으로 했을 때의 정확성 96%보다 조금 낮다. 이는 전형적인 과적합의 형태로, 모델이 데이터를 예측하는 데 훈련 이미지의 노이즈가 영향을 미친 것으로 보인다. 이런 노이즈는 무작위로 선택한 테스트 데이터셋마다 다르며, 네트워크는 훈련 데이터에서 얻어낸 불필요한 표상을 기반으로 판단하지 못하므로, 결과적으로 테스트 과정에서의 성능이 낮아진다. 뒤에서도 계속 확인하겠지만, 뉴럴 네트워크를 테스트할 때는 모델이 데이터에 대해 올바르고 효율적인 표상을 학습했는지 확인해야 한다. 즉, 모델이 훈련 데이터에 대해 과적합되지 않았음을 보장해야 한다.

또한 테스트 데이터셋에 대한 모델의 예측 결과를 항상 시각화할 수 있다. 입력된 테스트 객체에 대한 가장 높은 확률 값을 갖는 라벨을 표시하고, Matplotlib을 사용해 해당 객체를 플로팅할 수 있다. 다음 코드에서 테스트 객체 110번이 어떤 숫자인지 가장 높은 확률을 갖는 라벨을 출력한다. 모델은 테스트 대상이 8이라고 추론했다. 객체를 플로팅해 보면 모델이 올바르게 추정했음을 알 수 있다.

```
predictions = load_model.predict([x_test])

# 모델에서 생성된 추론 그래프를 사용해 테스트 데이터셋의 클래스 라벨을 추론한다.
# x_test 객체 110번에 대한 예측의 최곳값을 출력한다.
import numpy as np
print(np.argmax(predictions[110]))
-------------------------------------------
8
```

```
-----------------------------------------
plt.imshow(x_test[110]))
<matplotlib.image.AxesImage at 0x174dd374240>
```

코드를 실행한 결과는 다음과 같다.

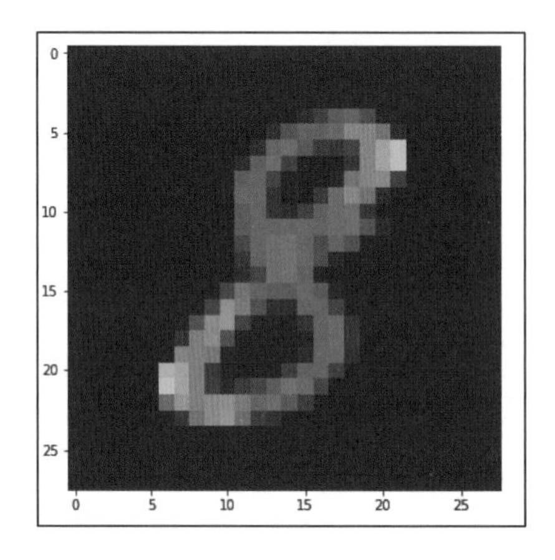

다음 명령어를 사용해 학습한 모델을 저장하고 로드할 수 있다.

```
model.save('<path/to>/mnist_nn.model')
load_model = kera.models.load_model('<path/to>/mnist_nn.model')
```

정규화

그렇다면 모델이 훈련 데이터에서 잘못됐거나 혹은 관계없는 패턴을 학습하지 않도록 하려면 어떻게 해야 하는가? 대부분의 경우에는 뉴럴 네트워크가 더 많은 훈련 데이터를 사용하게 함으로써 이 문제를 해결할 수 있다. 많은 데이터를 사용해서 훈련된 모델일수록 예측성이 향상된다. 물론 더 많은 데이터를 사용한다는 것은 간단하지 않을 뿐만 아니라, 심지어 불가능한 경우도 있다. 하지만 다른 기법을 사용해 그와 유사한 효과를 얻을 수 있다. 1장에서 언급한 전장 예시에서 봤던 것처럼 정보를 가장 효율적으로 표현하는 방법이나 엔트로피가 가장 낮은 방법을 찾아내는 방법도 유용하다. 유사하게 모델이 적은 수의 패턴만 기억할 수 있는 경우에는 모델이 미래에 처리할 데이터를 좀 더 잘 일반화할 수 있는 가장 효율적인 표상을 찾아내게 해야 한다. 모델이 과적합될 수 있는 상황을 줄여서 모델의 일반화 특성을 향상시키는 과정을 정규화regularization라고 한다. 실제로 정규화를 적용하기 전에 좀 더 자세히 살펴본다.

네트워크 크기 조정

네트워크 크기란 네트워크 내의 훈련 가능한 파라미터의 수를 의미하며, 네트워크의 레이어 수, 각 레이어에 포함된 뉴런 수로 정의된다. 네트워크의 크기는 근본적으로 해당 네트워크의 복잡도와 같다. 네트워크의 크기가 너무 크면 부작용이 생기거나 과적합으로 이어질 수 있다고 설명했다. 동일한 목적을 달성할 수 있다면 복잡한 구조보다 단순한 구조를 사용하는 것이 당연하다. 이러한 학습 시스템은 깊은 사고를 하는 엔지니어가 설계한 것이다. 네트워크의 깊이와 레이어에 포함된 뉴런의 수에 따라 데이터의 표상을 다양하게 만들 수 있지만, 간단한 구조를 좀 더 선호하므로 꼭 필요한 경우에만 네트워크를 조금씩 확장해서 모델이 무작위성을 기억하고자 불필요한 학습 역량을 사용하지 않게 할 것이다. 그러나 너무 작은 파라미터를 제공하면 모델은 우리가 데이터에서 잡아내고자 하는 경향을 무시하게 돼 결과적으로는 과소적합 상태가 될 수 있다. 실험을 바탕으로 상황에 맞는 적절한 네트워크 크기를 찾아야 한다. 네트워크가 훈련 데이터를 더 잘 일반화하도록 함으로써 데이터를 효율적으로 표현하도록 해야 한다. 다음 그래프에는 네트워크 크기에 따른 몇 가지 실험 결과를 표시했다. 에폭별로 검증 데이터에 대한 손실의 차이를 비교할 수 있다. 그래프에서 볼 수 있듯 모델의 크기가 클수록 최소 손실값에서 빠르게 멀어지면서 훈련 데이터에 대해 거의 즉시 과적합 상태에 진입한다.

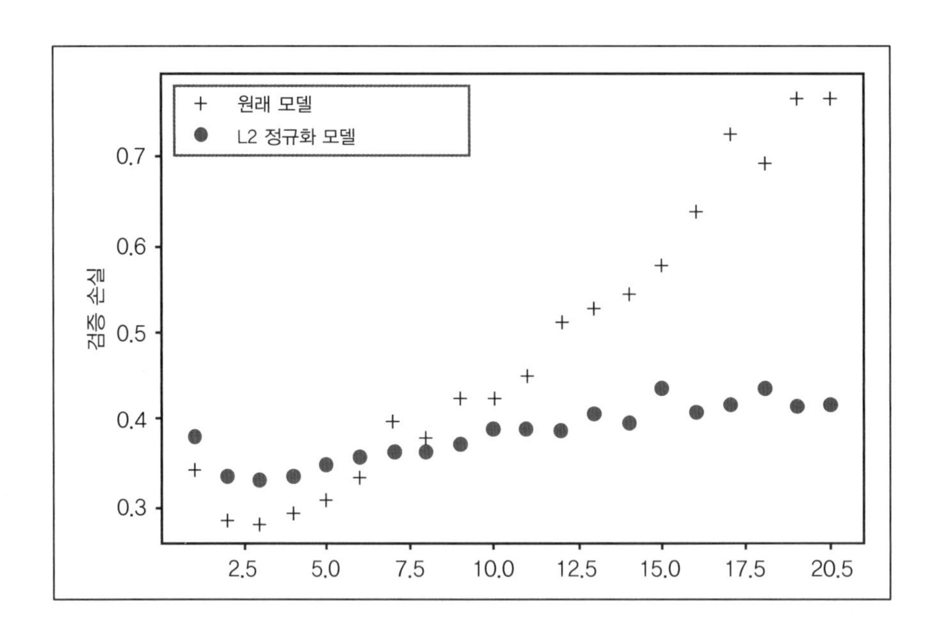

크기 변경 실험

다음으로 네트워크의 크기를 변경하면서 성능을 측정해본다. 케라스를 사용해 간단한 형태의 뉴럴 네트워크 6개를 훈련시킨 후 각 네트워크가 이전 네트워크보다 점점 커지면서 손글씨 숫자 분류 학습을 수행하는 모습을 관찰한다. 또한 실험에서 얻은 다른 결과도 함께 표시한다. 실험의 목적을 달성하기 위해 6개 모델은 모두 동일한 크기의 배치(batch_size=100), 최적화 함수(adam), 손실 함수(sparse_categorical_crossentropy)를 사용한다.

다음 그래프에서 뉴럴 네트워크의 복잡성이 훈련과 테스트 데이터셋에 어떤 영향을 미치는지 확인할 수 있다. 우리는 훈련 데이터와 테스트 데이터에 대한 정확성과 손실의 차이가 최소인 모델, 즉 과적합의 양이 가장 작은 모델을 얻고자 한다. 네트워크의 뉴런이 더 많을수록 학습을 잘함을 직관적으로 알 수 있다. 네트워크에 뉴런이 많이 추가될수록 테스트 데이터셋에 대한 정확성이 증가하며, 이전에 접하지 않았던 숫자를 좀 더 잘 분류한다. 훈련 값과 테스트 값이 가장 가까워지는 지점에 이를 때까지 이러한 현상은 계속된다. 그러나 복잡성이 일정 수준 이상으로 증가하면 오히려 모델에서 얻을 수 있는 가치가 줄어든다. 예제의 경우 드롭아웃률 0.5 이후에는 모델이 과적합 상태에 빠지는 것으로 보인다. 해당 지점부터 훈련 데이터셋과 테스트 데이터셋의 정확성 차이가 점점 커지기 시작한다.

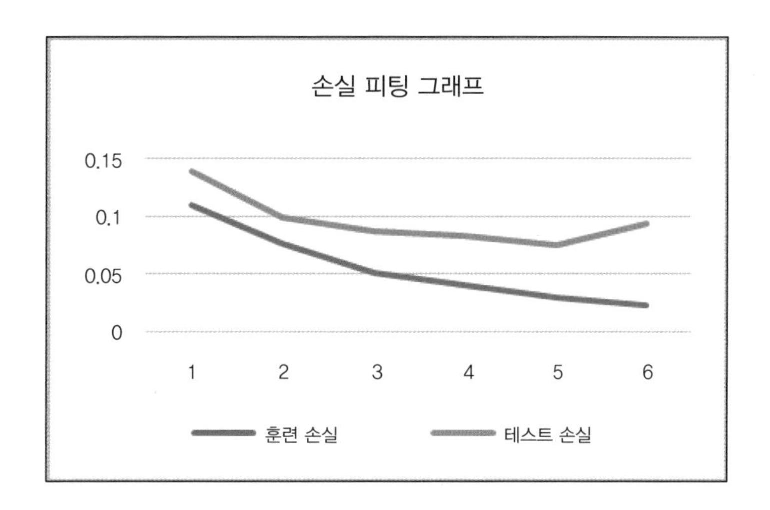

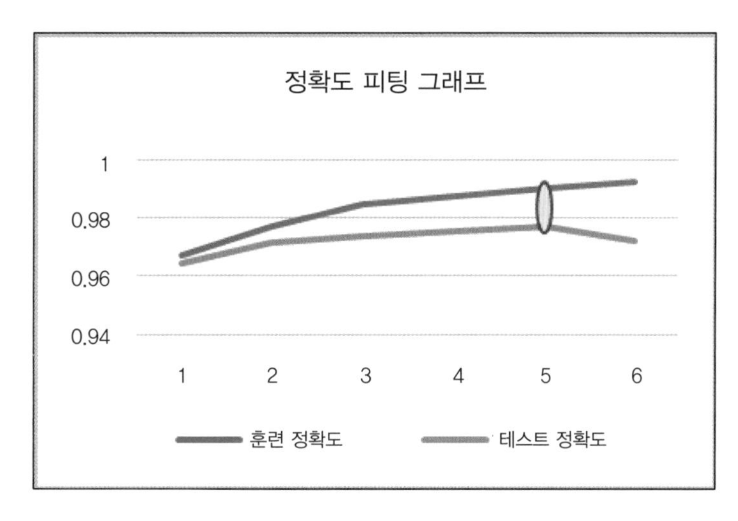

네트워크의 폭(레이어당 뉴런 수)이나 깊이(네트워크의 레이어 수)를 증가시켜 이 결과를 복제할 수 있다. 네트워크의 깊이를 추가하려면 `model.add()`를 사용해 네트워크를 초

기화한다. add 메소드는 레이어 타입(예, Dense())을 인자로 받는다. Dense 함수는 특정 레이어에 포함되는 뉴런의 수와 해당 레이어에 적용할 활성화 함수를 인자로 받는다. model.add() 메소드는 다음과 같이 사용할 수 있다.

```
model.add(Dense(512, activation='softmax'))
```

가중치 정규화

모델이 연관성이 없는 특징을 잡아내지 않게 하는 또 다른 방법으로 모델 가중치를 정규화시킬 수 있다. 레이어 가중치로 작은 값만을 사용하게 함으로써 네트워크의 복잡도를 제한할 수 있다. 결과적으로 레이어 가중치의 분산이 정규화된다. 네트워크의 loss 함수에 비용cost을 더하는데, 여기에서 비용이란 큰 가중치를 가진 뉴런에 대한 처벌penalization을 의미한다. 일반적으로 비용은 L1 정규화regularization, L2 정규화, 일래스틱 넷 정규화elastic net regularization의 세 가지로 구현한다.

- **L1 정규화**: 가중치 계수의 절댓값에 비례해서 비용을 더한다.
- **L2 정규화**: 가중치 계수의 제곱 값에 비례해서 비용을 더한다. 다른 업데이트가 예정되지 않으면 가중치가 기하급수적으로 0에 수렴하게 되므로, 이 값을 가중치 감쇠weight decay라고도 한다.
- **일래스틱 넷 정규화**: L1 정규화와 L2 정규화를 조합해 모델의 복잡도를 제한한다.

드롭아웃 레이어 사용

마지막으로 레이어에 드롭아웃 뉴런을 추가해서 뉴럴 네트워크를 정규화하고, 네트워크가 과적합되지 않게 하는 방법을 널리 사용한다. 즉, 모델을 구성하는 일부 뉴런의 출력을 무작위로 버리는 것이다. 이를 통해 두 가지 효과를 얻을 수 있다. 첫 번째,

드롭아웃된 뉴런은 네트워크의 하부(입력 레이어에 가까운) 뉴런이 활성화시킨 영향이 네트워크를 통해 전방으로 전파되는 것을 무작위로 무시한다. 또한 드롭아웃된 뉴런에는 역전파 과정에서 발생한 가중치 조정이 적용되지 않는다. 뉴런 가중치는 역방향의 경로마다 조정되면서 훈련 데이터에 존재하는 특정한 특징에 특화되고, 그로 인한 의존성을 가진다. 그 결과 특정한 뉴런과 가까이 위치한 뉴런은 스스로 표현을 하는 것이 아니라, 자신이 둘러싸고 있는 특정 뉴런의 전문성vicinity에 의존하게 된다. 인공지능 연구자들은 이와 같은 이러한 의존적 패턴을 복잡한 조화complex co-adaption라고 부른다. 역전파 논문의 원 공동 저자이자 딥러닝의 대부로 불리는 그 유명한 죠프리 힌튼Geoffrey Hinton도 이 연구자들에 포함된다. 힌튼은 복잡한 조화를 '뉴런 사이의 음모론conspiracies'이라고 장난스럽게 표현했는데, 힌튼은 자신이 거래하던 은행의 사기 방지 시스템에서 영감을 받았다고 입을 연다. 그 은행에서는 지속적으로 직원을 순환 근무시켰기 때문에 자신이 은행을 방문할 때마다 데스크에는 다른 직원이 있었다고 한다.

드롭아웃에 관한 직관적 고찰

레오나르도 디카프리오Leonardo Dicaprio가 주연한 영화 <캐치 미 이프 유 캔Catch me if you can>을 아는 독자라면 그가 은행 직원들에게 선물을 사주면서 직원들의 마음을 빼앗고, 가짜 항공사 급여 수표를 사용해서 사기를 친 내용을 기억할 것이다. 매력적인 성격을 가진 디카프리오는 직원들과 잦은 교제를 나누면서 은행 직원들이 디카프리오의 본질적인 특징이 아닌 매력과 같은 주변 요소에 관심을 쏟도록 만들었다. 은행 직원들이 신경 써야 했던 것은 디카프리오가 매 달 세 번 이상, 월급 수표를 현금으로 바꾼다는 점이었다. 비즈니스가 이토록 쉽게 진행되지 않는다는 점은 굳이 말할 필요도 없을 것이다. 뉴런의 일부를 드롭아웃한다는 것은 은행 직원들을 순환 근무시켜서 그들 중 어느 누구도 나태해지거나 추잡한 디카프리오가 은행에 사기를 치지 못하게 하는 것과 같다.

레이어에 드롭아웃을 적용하는 경우에는 간단하게 레이어의 일부 출력값을 버리면 된다. 주어진 입력값에 대해 [3. 5. 7. 8. 1]과 같은 벡터를 출력하는 레이어를 갖고 있다고 가정해보자. 레이어에 드롭아웃 비율 0.4를 적용하면 출력은 [0, 5, 7, 0, 1]과 같이 바뀐다. 다시 말해 벡터 내에 존재하는 스칼라 값의 40%가 0으로 바뀐다.

드롭아웃은 훈련 과정에서만 적용한다. 테스팅 과정에서는 드롭아웃을 가진 레이어는 출력값을 드롭아웃 비율만큼 스케일다운한다. 그 결과 테스팅 단계에서는 훈련 단계보다 더 많은 뉴런이 활성화된다.

케라스를 활용한 가중치 정규화 구현

지금까지 모델이 보지 않은 데이터에 대한 일반화 특성을 향상시킬 수 있는 3가지 방법의 기반 이론을 살펴봤다. 네트워크 크기를 조정해서 네트워크가 여분의 학습 역량을 보유하지 않음을 보증할 수 있다. 그리고 가중치 파라미터를 초기화해서 비효율적인 표상을 제한할 수 있다. 마지막으로 드롭아웃 레이어를 추가해서 네트워크가 나태해지는 것을 방지한다. 백문이 불여일견이니 직접 실험을 해보도록 한다.

이제 MNIST 데이터셋과 몇 가지 케라스 코드를 사용해 앞에서 이해한 내용을 구현해 본다. 네트워크의 크기는 레이어에 포함되는 뉴런의 수를 변경해서 조정할 수 있다. 케라스에서는 레이어를 추가할 때 이를 수행한다. 그 코드는 다음과 같다.

```
# 모델 구현, 피드포워드 네트워크(Feed-Forward Network)
import keras.regularizers
model = Sequential()
model.add(Flatten(input_shape=(28, 28,)))
model.add(Dense(1024,
                kernel_regularizer=regularizers.l2(0.0001),
                activation='relu'))
```

```
model.add(Dense(28,
                kernel_regularizer=regularizers.l2(0.0001),
                activation='relu'))
model.add(Dense(10,
                activation='softmax'))
```

가중치 정규화

최적화 과정에서 정규화 인자를 사용해 레이어 파라미터에 페널티를 부여할 수 있다. 이 페널티는 네트워크가 최적화하는 loss 함수와 관련돼 있다. 케라스에서는 레이어에 kernel_regularizer 인스턴스를 전달해 레이어 가중치를 정규화한다.

```
import keras.regularizers
model = Sequential()
model.add(Flatten(input_shape=(28, 28,)))
model.add(Dense(1024,
                kernel_regularizer=regularizers.l2(0.0001),
                activation='relu'))
model.add(Dense(10,
                activation='softmax'))
```

알파 값 (0.0001)을 가진 L2 정규화를 두 개의 레이어에 적용했다. 정규화에서 사용하는 알파 값은 해당 값이 네트워크의 전체 손실에 추가되기 전에 레이어의 가중치 행렬이 각 계수에 적용하는 변환을 의미한다. 알파 값은 가중치 행렬의 각 계수에 곱해진다(앞 예시의 경우 0.0001). 케라스에서 제공하는 정규화 값은 keras.regularizer에서 확인할 수 있다. 다음 다이어그램은 동일한 크기의 두 모델에 다른 정규화 값을 적용한 경우 각 에폭에서의 검증 손실에 어떤 영향을 주는지 설명한다. 정규화된 모델이 덜 과적합되는 모습을 발견할 수 있는데, 이는 시간이 지나도 손실이 극단적으로 커지지 않기 때문이다. 정규화를 수행하지 않은 모델에서는 과적합이 발생한다. 7번째 에폭이 경과한 시점부터 원래 모델은 과적합 상태에 진입하며, 검증 데이터셋에 대한 성능이 매우 저하되는 모습을 보인다.

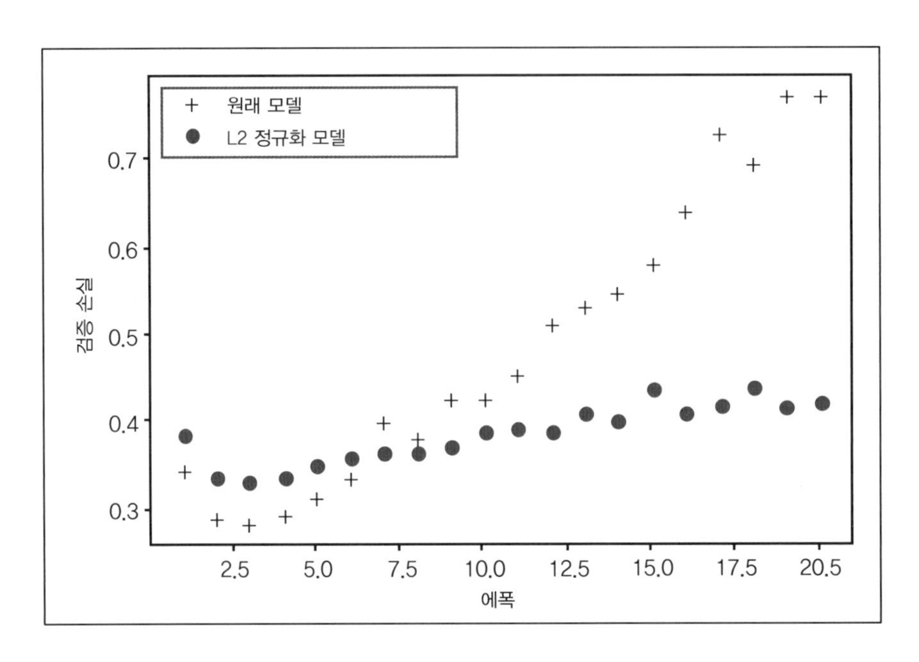

▌케라스를 활용한 드롭아웃 정규화 구현

케라스를 활용해 모델에 드롭아웃 레이어를 간단하게 추가할 수 있다. `model.add()` 파라미터를 사용해 추가하고자 하는 드롭아웃 레이어(이전에 이용했던 dense 레이어가 아닌)를 지정한다. 케라스가 제공하는 `Dropout` 파라미터는 부동소수점수를 인자로 받으며, 이는 드롭아웃할 뉴런의 비율을 의미한다. 드롭아웃을 너무 작게 설정하면 필요한 만큼의 강성(robustness)을 얻을 수 없으며, 반대로 너무 크게 설정하면 모델은 마치 기억상실증에 걸린 환자처럼 어떤 유용한 표상도 기억하지 못하는 상태가 된다. 반복해서 말하지만, 여러 실험을 통해 적절한 드롭아웃 값을 찾아내야 한다. 일반적으로 드롭아웃 비율은 0.2~0.4 사이의 값으로 설정한다.

```
# 간단한 피드포워드 뉴럴 네트워크
model = Sequential()

# 28 x 28 픽셀 행렬로 구성된 이미지를 784개 엘리먼트를 가진 단일 배열로 입력
model.add(Flatten(input_shape=(28, 28)))
model.add(Dense(1024, activation='relu'))
model.add(Dropout(0.3)
model.add(Dense(28, activation='relu'))
model.add(Dense(10, activation='softmax'))
```

드롭아웃 정규화 실험

다음 그래프는 동일한 크기의 네트워크를 사용해 실험을 수행한 결과를 표시했다. 실험마다 서로 다른 드롭아웃 비율을 사용해 성능 차이를 관찰했다. 드롭아웃 비율은 0.1에서 시작해 0.6까지 점진적으로 키우면서 손글씨 숫자를 인식하는 성능에 어떤 영향을 미치는지 확인했다. 그래프에서 드롭아웃 비율이 커질수록 과적합이 감소되는 것을 확인할 수 있다. 또한 드롭아웃 비율이 커질수록 훈련 데이터에 대한 정확성이 점차 감소한다. 또한 드롭아웃 비율 0.5 근처에서 훈련 데이터와 테스트 데이터에 대한 정확성이 같은 값에 수렴한다. 드롭아웃 비율 0.5 이후에서는 두 값이 다시 달라진다. 즉, 드롭아웃 비율이 0.5일 때 모델은 가장 과적합되지 않은 상태에 있다.

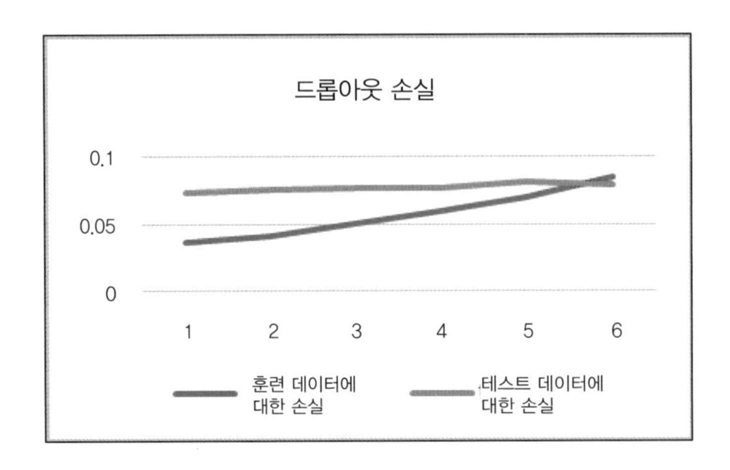

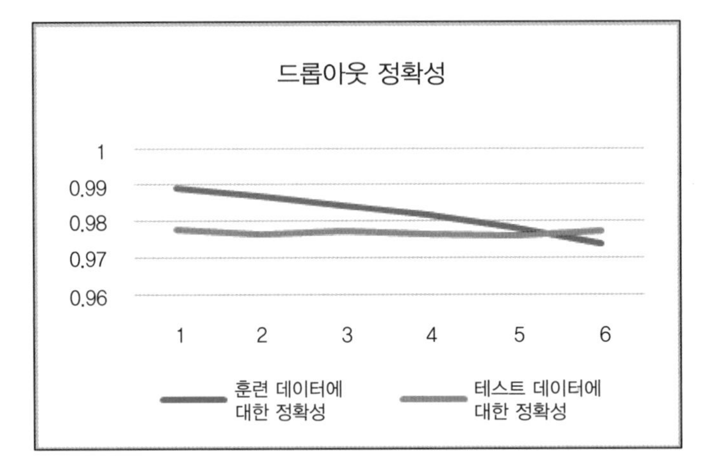

복잡성과 시간

정규화를 활용해서 과적합을 줄이는 가장 잘 알려진 기법들을 살펴봤다. 정규화란 근본적으로 네트워크의 복잡도를 통제하는 방법 중 하나다. 복잡도를 통제함으로써 네트워크가 무작위성을 기억하는 현상을 방지하는 이상의 이익을 얻을 수 있다. 본질적으로 네트워크가 복잡해질수록 연산 비용이 증가하고, 훈련에 많은 시간이 소요되며, 그로 인해 리소스는 더욱 많이 소모된다. 간단한 태스크를 처리하는 경우에는 차이가 그다지 중요하지 않을 수 있지만, 이 차이를 무시할 수는 없다. 다음 다이어그램은 시간-복잡성 차트로, 네트워크 복잡도와 훈련 시간의 관계를 효과적으로 보여준다. 네트워크의 복잡성이 증가하면서 훈련 이터레이션당 소요되는 평균 시간은 기하급수적으로 증가함을 볼 수 있다.

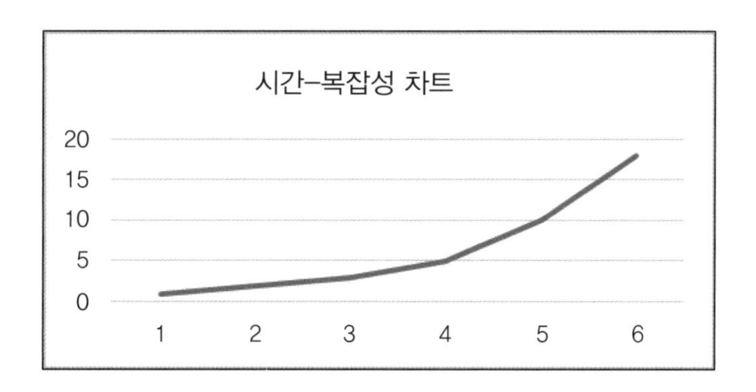

MNIST 요약

지금까지 뉴럴 네트워크의 기능을 통제하는 기본적인 학습 메커니즘과 프로세스를 학습했다. 뉴럴 네트워크에 텐서로 표현된 입력 데이터를 처리해서 유스케이스를 예측할 수 있다. 또한 실세계에서 접할 수 있는 다양한 타입의 데이터(예를 들면 이미지, 비디오, 텍스트 등)를 *n*차원 텐서로 표현할 수 있음을 학습했다. 그리고 케라스에서 순차 모델을 구현하는 방법을 학습했다. 상호 연결된 뉴런의 연속적인 레이어를 구축했고, 이 구조를 사용해 간단한 형태의 피드포워드 뉴럴 네트워크를 구축한 후 MNIST 데이터셋을 활용해 손글씨 숫자를 분류하는 작업을 수행했다. 또한 모델 개발의 각 단계에 필요한 핵심적인 구조적 결정도 학습했다.

모델 구현 과정에서 몇 가지 중요한 구조적 결정을 내려야 한다. 여기에는 올바른 데이터 입력 크기 정의, 각 레이어에서 사용할 활성화 함수 선택, 데이터 출력 클래스 수에 따른 최종 레이어에서의 출력 뉴런의 수 정의 등이 포함된다. 컴파일 단계에서는 최적화 기법, 손실 함수를 포함해 학습 진도를 확인할 수 있는 지표를 선택해야 한다.

다음으로 `.fit()` 파라미터를 사용해 새롭게 만든 모델의 학습 세션을 초기화하고, 학습 프로세스를 초기화하기 전에 `.fit()` 파라미터에 네트워크 구조를 결정하기 위한 두 가지 인자를 전달한다. 첫 번째 인자는 한 순간에 데이터를 처리할 배치 크기, 두 번째 인자는 모델을 학습시킬 총 에폭 수다.

이후 예측 결과를 테스트하는 방법과 매우 중요한 핵심적인 정규화의 개념을 학습했다. 분류 태스크는 정규화 기법에 관한 실험으로 마무리했다. 정규화 기법을 사용해 모델의 크기와 레이어의 가중치를 조정하고, 모델이 접하지 않았던 데이터에 대한 일반화 특성을 개선하는 데 도움을 주는 드롭아웃 레이어를 추가했다. 마지막으로 태스크 특성상 명시적으로 요구되지 않는 한 모델 복잡성을 증가시키는 것은 바람직하지 않다는 점도 학습했다.

- **실험 x**: 가중치를 서로 다르게 초기화하고, 모델 성능에 어떤 영향을 미치는지 확인한다.
- **실험 y**: 레이어별 가중치를 서로 다르게 초기화하고, 모델 성능에 어떤 영향을 미치는지 확인한다.

언어 처리

이미지 분류 태스크에서 케라스를 활용해 간단한 피드포워드 뉴럴 네트워크를 학습시켜봤다. 또한 이미지 데이터를 수학적인 고차원의 기하학적 형태인 텐서로 표현하는 방법도 살펴봤다. 저차원의 텐서를 조합해 고차원의 텐서를 만들 수 있다. 픽셀이 모여 이미지가 되고, 이미지가 모여 전체 데이터셋이 된다. 근본적으로 뉴럴 네트워크라는 학습 메커니즘을 사용할 때마다 훈련 데이터를 텐서로 표현하는 방법을 갖게 된다. 언어의 경우는 어떨까? 마치 사람이 하는 것처럼 복잡함으로 가득한 생각도 데이터로 표현할 수 있을까? 물론 여기에서도 숫자를 사용한다. 언어는 텍스트로 표현할 수 있다. 텍스트는 문장으로 구현되고, 이를 전 세계 공용어인 수학으로 변환한다. 벡터화vectorization라는 과정을 통해 이를 수행한다. 인터넷 영화 데이터베이스IMDB, Internet Movie DataBase 데이터셋을 사용해 영화 리뷰에 담긴 사람의 감정을 분류해본다.

감정 분석

수년간 개선된 컴퓨팅 파워 덕분에 과거에는 언어학자와 뛰어난 학자만 다룰 수 있었던 영역에 컴퓨터 연산 기술을 적용하기 시작했다. 초기에는 너무 많은 시간이 소요되기 때문에 처리할 수 없다고 여겨졌던 태스크조차 프로세서 성능이 발전함에 따라 컴퓨터를 사용해 최적화하는 데 이상적인 것으로 밝혀졌다. 학술 분야는 물론 산업 분야에서도 폭발적으로 컴퓨터를 사용해 텍스트를 분석하기 시작했다. 컴퓨터를 사용한 감정 분석 결과를 활용해 많은 이익을 얻을 수 있다. 온라인상에서의 고객 리뷰를 추적하거나, 소셜 미디어 플랫폼에서의 아이덴티티와 관련된 무언가의 태스크를 하고자 하는 경우 특히 유용하다. 실제로 정치 캠페인에서도 여론의 분위기를 모니터링하거나 다양한 정치 주체에 관한 의견을 수집하는 서비스를 사용하고 있다. 정치가는 이를 활용해 캠페인의 주제를 준비하고, 유권자가 지지하는 의견의 일반적 형태를 이해한다. 물론 기술의 사용 방식에 관한 논란은 있을 수 있지만, 이러한 기술은 조직 스스로가 자신이 제공하는 제품, 서비스, 마케팅 전략에 담긴 결함을 이해하는 데 큰 도움이 될 수 있으며, 동시에 좀 더 적합하게 고객에 대응할 수 있는 통찰력을 제공한다.

인터넷 영화 리뷰 데이터셋

이 절에서는 텍스트에 담긴 의견이 긍정적인지 부정적인지 구분하는 간단한 태스크를 수행해본다. 이를 극 감정 분류polar sentiment classification 혹은 이진 감정 분류binary sentiment classification라고 부르기도 한다. 0은 부정적인 감정, 1은 긍정적인 감정을 의미한다. 물론 더 복잡한 감정 모델(1장에서 봤던 빅 파이브 성격 지표 등)을 사용할 수도 있지만, 여기에서는 개념적인 이해를 하고자 이진 분류에 집중하도록 한다. 우리는 인터넷 영화 데이터베이스IMDB의 영화 리뷰를 분류해본다.

IMDB 데이터셋에는 50,000개의 이진 리뷰가 포함돼 있으며, 절반은 긍정적인 의견, 다른 절반은 부정적인 의견이다. 각 리뷰는 숫자 리스트로 구성돼 있는데, 각 정수는 리뷰에 포함된 단어 하나를 의미한다. 이 데이터셋은 케라스에서 기본 제공하며, `keras.datasets`를 통해 획득할 수 있다. 이후 예제에서는 IMDB 데이터를 사용하지 않으므로, 3장에서 IMDB 데이터를 충분히 즐기길 바란다(물론 실세계에서도 이 방법을 사용하지 않을 것이다).

```
import keras
from keras.datasets import imdb
(x_train, y_train), (x_test, y_test) = imdb.load_data(num_words=12000)
```

데이터셋 로딩

훈련 인스턴스와 라벨, 테스트 인스턴스와 라벨을 정의하고 데이터셋을 로드한다. `imdb`에 `load_data` 파라미터를 사용해 미리 처리된 데이터를 50/50 비율로 훈련 데이터와 테스트 데이터로 분할해서 로딩한다. 데이터셋에서 유지하고자 하는 가장 빈번하게 등장하는 단어의 숫자를 지정할 수도 있다. 이를 통해 합리적인 크기로 리뷰 벡터를 다룸으로써 태스크에 내재된 복잡성을 통제할 수 있다. 리뷰에 거의 등장하지 않는 단어는 특정한 영화와의 관련도가 높을 수 있으므로, 해당 단어는 리뷰 감정 분석 태스크 전체에 큰 영향을 미치지 않을 것이다. 이런 이유로 단어의 수는 12,000개로 제한한다.

셰이프와 타입 확인

분할한 데이터의 리뷰 수를 확인하는 경우에는 `x_train`의 `.shape` 파라미터를 확인한다. `x_train`은 NumPy의 *n*차원 배열이다.

```
x_train.shape, x_test.shape, type(x_train)
((25000,), (25000,), numpy.ndarray)
```

단일 학습 인스턴스 확인

앞에서 확인했듯이 훈련 샘플과 테스트 샘플은 각각 25,000개다. 개별 샘플 하나를 플롯해서 리뷰 하나가 어떻게 표현돼 있는지 확인할 수 있다. 각 리뷰는 정수 리스트며, 각 정수는 사전의 단어 하나와 일치한다.

```
x_train[1]

[1,
 194,
 1153,
 194,
 8255,
 78,
 228,
 5,
 6,
 1463,
```

```
4369,
5012,
134,
26,
4,
715,
8,
118,
1634,
14,
394,
20,
13,
119,
954,
```

리뷰 디코딩

리뷰 내용이 궁금하다면 이 숫자들과 일치하는 정확한 단어를 매핑해서 해당 리뷰가 실제 어떻게 기술돼 있는지 확인할 수 있다. 먼저 라벨을 백업한다. 반드시 백업을 해야 하는 것은 아니지만, 이후 네트워크의 예측을 시각적으로 검증하고자 할 때 유용하게 사용할 수 있다.

```
# 라벨을 백업해서 벡터화한 이후 네트워크의 예측을 확인할 수 있다.
xtrain = x_train
xtest = x_test
```

다음으로 리뷰에 포함된 정수와 일치하는 단어를 복원할 수 있다. 리뷰를 인코딩하고자 사용된 단어 사전은 IMDB 데이터셋에 포함돼 있다. `word_index` 변수를 사용해 단어를 복원하고 저장소의 순서를 역전시킨다. 각 정수 인덱스가 사전의 단어와 매핑된다.

```
word_index = imdb.get_word_index()
reverse_word_index = dict([(value, key) for (key, value) in
                          word_index.items()])
```

다음 함수는 2개의 인자를 받는다. 첫 번째 인자(n)는 데이터셋의 *n*번째 리뷰를 의미한다. 두 번째 인자는 *n*번째 리뷰가 훈련 데이터에서 온 것인지, 테스트 데이터에서 온 것인지를 의미한다. 이후 지정한 리뷰를 문자열로 반환한다.

반환된 문자열은 실제 리뷰를 그대로 표시한다. 함수에서 인덱스 위치를 3 오프셋만큼 조정하는데, 이는 IMDB 데이터셋 설계자가 정한 코딩 규약에 따른 것으로, 다른 태스크와는 직접적인 관계가 없다. 오프셋에서 위치 0, 1, 2는 각각 패딩, 시퀀스의 시작, 알려지지 않는 값을 의미한다.

```
def decode_review(n, split= 'train'):
    if split=='train':
        decoded_review=' '.join([reverse_word_index.get(i-3,'?')for i in ctrain[n]])
    elif split=='test':
        decoded_review=' '.join([reverse_word_index.get(i-3,'?')for i in xtest[n]])
    return decoded_review
```

이 함수를 사용해 훈련 데이터의 5번째 리뷰를 디코딩하는 코드는 다음과 같다. 이 리뷰는 훈련 라벨(`'0.0'`) 및 내용으로 추론한 바와 같이 부정적인 리뷰다. 물음표는 단순히 모르는 값을 의미한다. 모르는 값이란 실제로 리뷰에 포함된 내용이거나(예를 들면 이모지emoji 등의 사용 등), 사전에 설정한 제약의 영향일 수 있다(즉, 해당 단어가 앞서 설정한 기준인 가장 빈번하게 나타난 12,000개의 단어에 포함돼 있지 않는 경우).

```
print('Training label:', y_train[5])
decode_review(5, split='train')
Training label: 0.0
```

데이터 준비

자, 이제 무엇을 하면 되는가? 여러분의 손에는 각 영화의 리뷰를 의미하는 일련의 숫자와 리뷰에 해당하는 라벨(긍정인 경우에는 1, 부정인 경우에는 0)이 있다. 전통적인 구조의 데이터셋처럼 보이지 않는가? 그렇다면 뉴럴 네트워크에 곧바로 입력하면 되지 않겠는가? 하지만 문제가 그리 단순하지만은 않다. 앞서 이야기했듯 뉴럴 네트워크에는 특정한 형태의 데이터만을 입력할 수 있다. 뉴럴 네트워크는 텐서만 받아들이므로, 정수 데이터를 그대로 입력하면 소화불량을 일으킬 것이다. 데이터셋을 n차원의 텐서로 표현한 후에 네트워크에 입력해 학습을 진행해야 한다. 현재 각 영화 리뷰는 분리된 정수의 리스트로 표시된다. 리뷰의 길이가 다르기 때문에 리스트의 길이 또한 다르다. 하지만 네트워크는 동일한 크기의 입력 특징을 요구한다. 따라서 리뷰 데이터에 패딩pad을 해서 모든 리스트를 동일한 길이의 벡터로 표현해야 한다.

원핫 인코딩

전체 단어 덩어리에서 겹치지 않는 언어가 가장 많이 나오는 경우의 숫자가 12,000이라는 사실을 알고 있으므로, 가장 긴 리뷰는 12,000개의 단어를 포함하고 있다고 가정할 수 있다. 따라서 각 리뷰를 길이 12,000의 이진 값을 가진 벡터로 변환할 수 있다. 어떤 원리로 동작하는 것일까? 'bad'와 'movie'라는 두 단어로 쓰여진 리뷰 데이터를 포함한 리스트는 [6, 49]와 같이 표현될 수 있다. 대신 이를 6번째와 49번째 인덱스의 값만 1이고, 다른 모든 값은 0인 12,000차원의 벡터로 표현할 수도 있다. 실제로 수행하는 작업 또한 리뷰를 표현하는 12,000 길이의 더미 벡터를 만드는 것이다. 이 벡터는 12,000개의 단어 중 사용됐거나 사용되지 않은 단어를 의미하는데, 이 방식을 원핫 인코딩one-hot encoding이라 부른다. 여러 딥러닝 시나리오에서 다양한 특징과 분류 라벨을 인코딩할 때 원핫 인코딩을 많이 사용한다.

특징 벡터화

다음 함수는 학습 데이터인 25,000개의 정수 리스트를 입력받는다. 각 리스트는 리뷰 하나에 해당한다. 입력받은 각 정수 리스트를 원핫 인코딩된 벡터로 변환해서 반환한다. 이후 훈련 특징과 테스트 특징을 원핫 인코딩된 2차원 리뷰 벡터로 변환한다.

```
import numpy as np

def vectorize_features(features):

    # 단어 덩어리의 전체 단어 수를 정의한다.
    # 셰이프 (25000, 12000)의 빈 2차원 텐서를 생성한다.
    dimension = 12000
    review_vectors = np.zeros((len(features), dimension))

    # 각 리뷰에 대해 반복한다.
    # 빈 텐서의 인덱스는 1로 설정한다.
    for location, feature in enumerate(features):
        review_vectors[location, feature]=1

    return review_vectors

x_train = vectorize_features(x_train)
x_test = vectorize_features(x_test)
```

훈련 특징과 라벨의 변환 결과는 타입과 셰이프로 확인할 수 있다. 또한 다음 코드와 같이 각 벡터가 어떻게 보이는지 알 수 있다. 각 리뷰는 이제 길이 12,000의 벡터로 변환됐다.

```
type(x_train), x_train.shape, y_train.shape
(numpy.ndarray, (25000, 12000), (25000,))

x_train[0].shape, x_train[0]
((12000,), array([0., 1., 1., ..., 0., 0., 0.]), 12000)
```

라벨 벡터화

네트워크가 데이터를 더 잘 다룰 수 있도록 훈련 라벨도 벡터화할 수 있다. 벡터화는 컴퓨터에게 정보를 전달하는 효과적인 방법이다. 사람이 로마 숫자(I, II, III 등)를 사용해 계산을 잘 못하는 것과 마찬가지로 컴퓨터는 벡터화되지 않은 데이터를 다루는 데 매우 서툴다. 다음 코드를 사용해서 라벨을 0.0이나 1.0의 32비트 부동소수점수 연산 값을 포함한 NumPy 배열로 변환한다.

```
y_train = np.asarray(y_train).astype('float32')
y_test = np.asarray(y_test).astype('float32')
```

변환된 텐서는 뉴럴 네트워크에 입력할 수 있다. 이 2차원 텐서는 근본적으로 25,000의 벡터 스택이며, 각 벡터는 라벨을 포함하고 있다. 이제 네트워크를 구축한다.

네트워크 구축

덴스 레이어dense layer를 사용해 네트워크를 구축할 때는 네트워크의 깊이와 폭을 반드시 고려해야 한다. 그다음 적절한 셰이프의 입력 레이어를 정의하고, 레이어에서 사용할 활성화 함수를 선택해야 한다.

MNIST 예제와 마찬가지로 순차 모델과 덴스 레이어 구조를 사용한다. 빈 순차 모델을 초기화하고 출력 레이어에 이를 때까지 히든 레이어를 추가한다. 입력 레이어는 하나의 입력 셰이프를 요구한다(예제에서는 원핫 인코딩된 12,000차원 벡터)는 점을 잊지 않도록 한다. 이번 모델의 출력 레이어는 하나의 뉴런만을 포함하고 있으며, 긍정적인 리뷰인 경우에는 활성화되고, 그렇지 않은 경우에는 활성화되지 않는다. 히든 레이어에는 ReLU 활성화 함수를 사용하고, 출력 레이어에는 시그모이드 활성화 함수를 사용했다. 시그모이드 활성화 함수는 출력값을 0.0~1.0의 확률 값으로 반환하며, 이진 분류 태스크에 매우 이상적이다. ReLU 활성화 함수는 음수 출력 값을 만들지 않으므로, 여러 딥러닝 태스크를 시작하는 데 유용하다. 결론적으로 모델은 상호 연결된 덴스 히든 레이어로 구성되며, 각각 18, 12, 4개의 뉴런을 포함한다. 출력 레이어는 1개의 뉴런으로 구성된다.

```
from keras.models import sequential
from keras.layers import Dense
model = Sequential()
model.add(Dense(6, activation='relu', input_shape=(12000)))
model.add(Dense(6, activation='relu'))
model.add(Dense(1, activation='sigmoid'))
```

모델 컴파일

다음으로 구축한 세로운 모델을 컴파일한다. 컴파일을 할 때는 손실 함수와 최적화 함수를 반드시 전달해야 한다. 손실 함수는 각 이터레이션마다 모델이 예측한 값이 실제 라벨과 얼마나 떨어져 있는지를 측정하고, 최적화 함수는 모델이 이상적인 예측 가중치에 수렴하는 방법을 결정한다. 10장에서 좀 더 고도화된 최적화 함수, 그리고 다양한 데이터 처리 태스크에서 최적화 함수가 얼마나 타당한지 살펴본다. 여기에서는 최적화 함수의 학습률을 직접 조정하는 방법만 설명한다.

예시에서는 학습률을 **제곱 평균값**RMS, Root Mean Square 0.001로 매우 작게 설정했다. 학습률의 크기는 각 훈련 이터레이션마다 올바른 출력값의 방향으로 네트워크가 움직이는 크기를 나타낸다. 앞서 언급했듯 학습률이 너무 크면 네트워크가 손실 초평면에서 최솟값을 건너뛰게 될 수 있으며, 학습률이 너무 작으면 네트워크가 최소 손실값에 수렴하는 데 너무 많은 시간을 소요하게 된다.

```
from keras import optimizers

model.compile(optimizer=optimizers.RMSprop(1r=0.001),
              loss='binary_crossentropy',
              metrics=['accuracy'])
```

모델 피팅

앞선 MNIST 예제에서는 최소 규모의 구조를 사용했다. 이를 통해 딥러닝 워크플로우를 빠르게 이해할 수 있었지만, 효율적이지는 않았다. 모델에 `fit` 파라미터를 사용하고 해당 파라미터에 학습 특징과 라벨, 모델이 학습할 에폭의 수를 의미하는 정수와 훈련 이터레이션당 배치 크기를 의미하는 정수를 전달했다.

전자의 정수는 모델이 훈련 과정에서 전체 데이터를 얼마나 많이 사용하는지를 의미하며, 후자의 정수는 모델이 가중치를 업데이트하고자 한 번에 얼마나 많은 훈련 데이터를 봐야 하는지를 의미한다. 이번 예제에서도 이 두 가지 정수는 반드시 결정돼야만 한다. 그러나 `fit` 파라미터는 그 외에도 다른 유용한 인자를 사용할 수 있다.

검증 데이터

모델 훈련 과정에서 임의의 이터레이션 동안 모델을 훈련시킨 후 사용하지 않고 보류해둔 데이터(즉, 훈련 데이터가 아닌 테스트 데이터)를 사용해 모델을 테스트하는 이유가 궁금할 것이다. 오히려 각 에폭을 완료한 후에 전혀 접해보지 않은 데이터를 바로 입력해서 결과를 확인하는 것이 효과적이지 않을까? 테스트 데이터를 사용해 모델을 테스트하면 모델이 과적합 상태에 진입하는 시점을 정확하게 알 수 있기 때문에 훈련 세션을 마친 이후의 컴퓨팅 시간을 절약할 수 있다. 매 에폭이 종료된 후 모델에게 테스트 데이터를 보여준다. 이 과정에서는 가중치를 업데이트하지 않고 해당 에폭이 완료된 후 모델이 테스트 데이터에 대한 예측을 얼마나 잘 하는지만 확인한다. 테스트 수행 과정에서는 가중치를 업데이트하지 않으므로, 모델이 테스트 데이터에 과적합되지 않는다. 따라서 모델이 훈련 프로세스(그 이후가 아닌)에서 얼마나 잘 일반화됐는지 확인할 수 있다. 검증 데이터[validation data]를 사용해 모델을 테스트하고자 하는 경우에는 데이터와 라벨을 입력한 것처럼 검증 데이터와 라벨을 `fit` 파라미터의 인자로 전달한다.

예제에서는 테스트 데이터와 라벨을 검증 데이터로 사용했다. 엄격한 학습 시나리오라면 테스트 데이터셋과 검증 데이터셋을 잘 구분해야 한다. 테스트 데이터는 학습을 진행하는 과정의 검증에 사용하고, 검증 데이터는 모델을 실제로 사용하기 전에 마지막으로 모델을 검증하는 데 사용한다. 이 과정을 코드로 기술하면 다음과 같다.

```
network_metadata = model.fit(x_train, y_train,
                             validation_data=(x_test, y_test),
                             epochs=20,
                             batch_size=100)
```

코드를 실행하면 학습 세션이 시작되고, 각 훈련 에폭의 마지막 단계에서 모델이 잠시 동안 쉬면서 검증 데이터셋에 대한 정확도와 손실을 계산해서 표시하는 것을 볼 수 있다. 검증 프로세스가 종료되면 가중치를 업데이트하지 않고 다음 훈련 에폭을 시작한다. 훈련은 20 에폭 동안 진행되며, 각 에폭에서는 25,000개의 학습 예제를 100개 단위(batch_size=100)로 학습하면서 각 배치마다 모델 가중치를 업데이트한다. 즉, 매 에폭마다 250회씩 가중치를 업데이트하고, 20 에폭의 세션을 진행하는 동안 가중치를 총 5,000회 업데이트한다. 이제 모델이 어느 시점에서 무작위적인 특징을 기억하기 시작하는지 좀 더 잘 평가할 수 있다. 무작위적인 특징을 기억하기 시작하는 시점에 훈련을 방해할 수는 없을까? 앞의 코드에서 model.fit()을 직접 실행하지 않고 network_metadata라는 변수에 실행 결과를 정의한 것을 알아챘는가? 이 방식을 사용하면 fit() 파라미터가 반환하는 학습 통계 데이터를 히스토리history 객체에 저장한 후 이를 활용해서 모델을 복원할 수 있다. 히스토리 객체는 케라스의 콜백callback에 저장된다.

콜백

콜백은 케라스에서 제공하는 라이브러리의 하나로, 모델과 상호작용을 통해 학습 세션이 진행되는 동안 모델의 내부 상태를 살피고, 학습 결과 확인에 필요한 다양한 통계를 저장한다. keras.callbacks에서는 매우 다양한 콜백을 제공하는데, 3장에서는 몇 가지 핵심적인 콜백만 소개한다. 케라스를 사용해 임의의 콜백을 구현할 수도 있다. fit() 파라미터에 callback이라는 키워드 인자를 전달해서 콜백을 사용할 수 있다. 히스토리 콜백은 모든 케라스 모델에 자동으로 적용되므로 피팅 프로세스를 변수로 정의하는 경우에는 히스토리 콜백을 명시하지 않아도 된다. 이를 활용해 이후 관련된 히스토리 객체를 복원할 수 있다.

주피터 노트북Jupyter Notebook에서 훈련 세션을 시작하는 경우 모델의 `fit()` 파라미터를 호출하면 이전 세션에서 사용했던 모델을 다시 훈련시킨다는 점에 주의한다. 새로운 훈련 세션을 수행하기 전에 빈 모델로 초기화하는 경우에는 순차 모델을 정의하고 컴파일했던 셀을 다시 실행하면 된다. 이 후 `callbacks` 키워드 인자를 `fit()` 파라미터에 전달해서 콜백을 구현한다. 이를 수행하는 코드는 다음과 같다.

```
early_stopping = keras.callbacks.EarlyStopping(monitor='val_loss')
network_metadata = model.fit(x_train, y_train,
                             validation_data=(x_test, y_test),
                             epochs=20,
                             batch_size=100,
                             callbacks=[early_stopping])
```

조기 중단 콜백과 히스토리 콜백

앞의 셀에서 조기 중단early stopping 콜백을 사용했다. 이 콜백을 사용하면 특정한 훈련 지표를 모니터링할 수 있다. 예제에서는 학습 데이터셋(혹은 검증 데이터셋)에 대한 정확성이나 손실을 선택했으며, 이 두 값은 하나의 딕셔너리에 담겨 모델 히스토리에 저장된다.

```
history_dict = network_metadata.history
history_dict.keys()
dict_keys(['val_loss','val_acc','loss','acc'])
```

모니터링 지표 선택

가장 이상적인 지표는 검증 손실validation loss과 검증 정확성validation accuracy이다. 이런 지표는 모델의 전체 예측성을 가장 잘 표현한다. 모델의 가중치는 훈련 과정에서만 업데이트되고, 검증 과정에서는 업데이트되지 않는다. 따라서 학습 정확성이나 학습 손실을 지표로 선택하는(다음 코드에서와 같이) 것은 적합하지 않다. 벤치마크의 정의 자체에 따라 모델을 벤치마킹하는 것이기 때문이다. 다시 말해 모델은 점진적으로 손실을 줄이고 정확성을 높이지만 이는 암기에 의한 것이지, 일반화된 예측 규칙을 학습한 것이 아니기 때문이다. 다음 코드에서 보듯 학습 손실 지표를 모니터하게 되면 첫 번째 에폭이 종료된 직후 검증 데이터셋에 관한 손실이 실질적으로는 증가함에도 불구하고 훈련 데이터셋에 관한 손실은 계속 감소하는 현상이 나타난다.

```
import matplotlib.pyplot as plt

acc = history_dict['acc']
loss_values = history_dict['loss']
val_loss_values = history_dict['loss']
val_loss_values = history_dict['val_loss']
epochs = range(1, len(acc) + 1)

plt.plot(epochs, loss_values, 'r', label='Training loss')
plt.plot(epochs, val_loss_valuesm, 'rD', label - 'Validation loss')
plt.title('Training and validation loss')
plt.xlabel('Epochs')
plt.xlabel('Epochs')
plt.ylabel('Loss')
plt.legend()
plt.show()
```

코드를 실행한 결과는 다음과 같다.

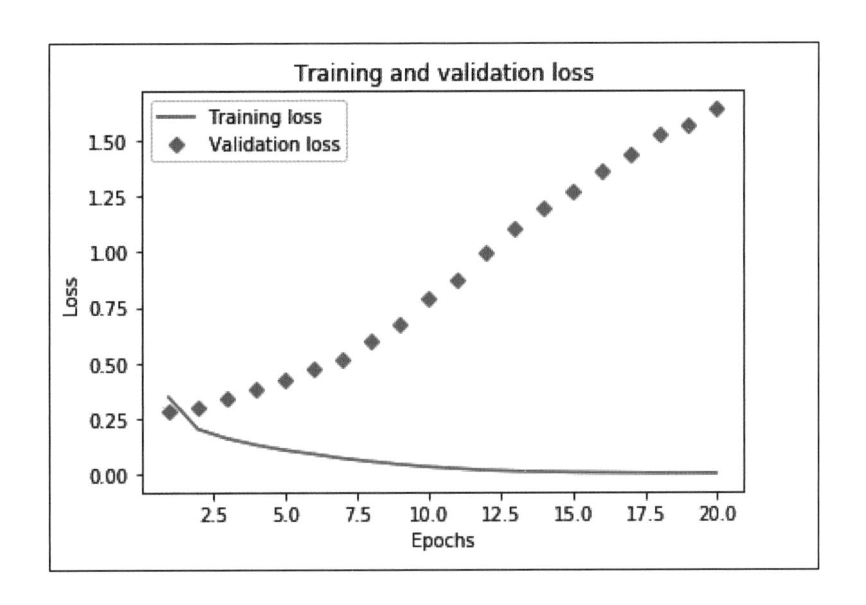

앞의 그래프는 Matplotlib을 사용해 플롯했다. 유사한 방법으로 과거의 앞의 손실 그래프를 초기화하고, 학습 세션에 대한 새로운 정확성 그래프를 그릴 수 있다. 검증 정확성을 조기 중단 콜백 추적의 지표로 정의했다면 학습 세션은 첫 번째 에폭 수행 후 즉시 종료됐을 것이다. 해당 시점에 모델에게 있어서는 과거 새롭게 접한 데이터에 관해 가장 일반화된 시점이기 때문이다.

```
plt.clf()

acc_values = history_dict['acc']
val_acc_values = history_dict['val_acc']

plt.plot(epochs, history_dict.get('acc'), 'g', label='Training acc')
plt.plot(epochs, history_dict.get('val_acc'), 'gD', label='Validation acc')
plt.title('Training and validation accuracy')
plt.xlabel('Epochs')
plt.ylabel('Loss')
plt.legend()
plt.show()
```

코드를 실행한 결과는 다음과 같다.

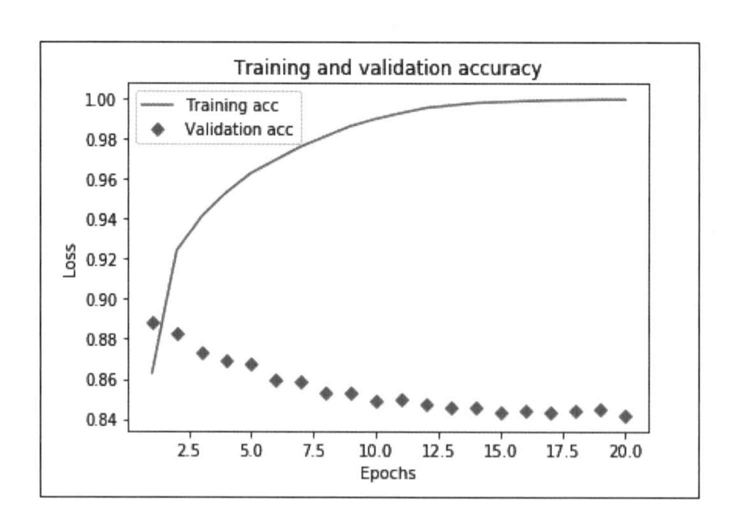

모델 예측 접근

MNIST 예제에서는 마지막 레이어에 소프트맥스 활성화 함수를 사용했다. 마지막 레이어는 10개의 확률 점수 배열을 생성했고, 배열 내 엘리먼트의 모든 값의 합은 1이 됐다. 10개의 점수는 모델이 입력받은 이미지를 10개의 출력 클래스 중 하나에 해당한다고 표시할 가능성을 의미한다(예를 들면 모델이 90%의 확률로 1을 봤고, 10%의 확률로 7을 봤다고 예측할 수 있다). 이는 10개 기준을 가진 분류 태스크에 적합한 방법이다. 감정 분석 예제에서는 이진 분류를 다루므로 시그모이드 활성화 함수를 선택한다. 주어진 데이터에 대해 모델이 0 또는 1의 예측값만을 출력하게 하면 되기 때문이다. 출력값이 1에 가까울수록 모델은 입력받은 정보를 긍정적인 리뷰라 판단하며, 반대로 출력값이 0에 가까울수록 모델이 부정적인 리뷰를 찾았다고 확신함을 의미한다. 모델이 예측한 값을 확인하려면 `prediction`이라는 변수를 정의한 후 해당 변수에 훈련된 모델의 `predict()` 파라미터를 사용한 값을 할당한다. `predict()` 파라미터는 테스트 데이터셋을 인자로 받는다. 다음 코드를 사용해서 네트워크가 입력받은 데이터셋을 예측한 결과를 확인할 수 있다.

```
predictions = model.predict([x_test])
predictions[5]
```

모델은 5번째 리뷰가 긍정적인 리뷰라 확신한 모습을 보인다. 해당 데이터의 라벨 y_test[5]를 확인해 실제 결과(긍정적 혹은 부정적)를 확인할 수 있으며, 앞에서 구현한 디코더 함수를 사용해 리뷰 내용을 디코딩해서 확인할 수 있다. 5번째 리뷰와 그 라벨을 디코딩해서 테스트 데이터에 대한 네트워크의 예측값을 확인해본다.

```
y_test[5], decode_review(5, split='test')
```

뉴럴 네트워크가 올바르게 예측했음을 확인할 수 있다. 이번 예제는 복잡한 언어 구문 linguistic syntax 패턴의 하나로, 실세계의 데이터, 관계 로직, 특정한 목적 없이 말을 하는 사람들의 경향에 관한 고차원적인 이해를 필요로 한다. 하지만 뉴럴 네트워크는 12개의 뉴런만으로 인코딩된 정보 조각에 내포된 감정을 이해한 듯 보인다. 부정적인 리뷰에서 빈번하게 등장하는 '역겨운 disgusting'이라는 단어가 리뷰에 포함돼 있음에도 불구하고, 모델은 매우 정확하게 예측을 수행한다(99.99%).

예측 조사

다른 리뷰를 확인해보자. 예측을 검증하고자 결과를 시각화하는 데 도움이 될 만한 몇 가지 함수를 구현한다. 이러한 측정 함수를 사용해 모델의 예측을 확실한 경우로 제한할 수도 있다.

```
def gauge_predictions(n):
    if (predictions[n] <= 0.4) and (y_test[n] == 0):
        print('Network correctly predicts that review %d is negative' % (n))
    elif (predictions[n] <= 0.4) and (y_test[n] == 1):
        print('Network falsely predicts that review %d is negative' % (n))
    elif (predictions[n] >= 0.7) and (y_test[n] == 1):
        print('Network correctly predicts that review %d is positive' % (n))
    elif (predictions[n] >= 0.7) and (y_test[n] == 0):
        print('Network falsely predicts that review %d is positive' % (n))
    else:
        print('Network is not so sure. Review no. %d has a probability score of' % (n),
                predictions[n])

def verify_predictions(n):
    return gauge_predictions(n), predictions[n], \
            decode_review(n, split='test')
```

예측 정확성의 상한선과 하한선은 그대로 유지하면서 네트워크의 오차를 시각화하는 데 도움을 얻을 수 있는 2개의 함수를 구현한다. 첫 번째 함수는 긍정적인 리뷰에 대해 임의로 확률 값이 0.7 이상이라면 좋은 예측, 0.4 이하라면 좋지 않은 예측으로 정의한다. 부정적인 리뷰에는 동일한 정책을 반대로 뒤집어서 적용한다(즉, 부정적인 리뷰에서 확률 값이 0.4 이하라면 좋은 예측이며, 0.7 이상이라면 좋지 않은 예측이다). 또한 40%와 70%의 중간 값에 불확실한 예측이라는 라벨을 붙임으로써 모델의 정확한 예측과 정확하지 않은 예측의 이유를 좀 더 잘 이해할 수 있다. 두 번째 함수는 작업을 단순하게 하려고 구현한 것으로, 조사하고 검증하고자 하는 *n*번째 리뷰를 참조하는 정수 값을 입력받고 네트워크가 생각한 평가 값, 실제 확률 값, 리뷰의 내용을 출력한다. 이 함수를 사용해 또 다른 리뷰를 검증해본다.

```
verify-predictions(22)
network falsely predicts that review 22 is negative
```

앞에서 보듯 네트워크는 테스트 데이터셋의 22번 리뷰가 부정적이라고 확신한다. 네트워크의 확률 점수는 0.169이며, 이는 네트워크가 16.9%의 확률로 리뷰가 긍정적이라고 생각한다는 의미로, 리뷰는 부정적이어야 한다(네트워크를 학습시키기 위해 2개의 클래스만 사용했기 때문이다). 하지만 네트워크는 실수를 했다. 리뷰의 내용을 실제로 읽어보면 리뷰어는 자신이 영화를 저평가한 것에 감사를 표현한다. 리뷰의 톤은 시작 부분에서 '어리석은silly', '완전히 실패한fall flat'과 같은 단어가 사용돼 매우 모호하다. 그러나 이후 문장의 맥락이 변화하면서 생리학적 뉴런 네트워크인 두뇌는 해당 리뷰가 실제 긍정적인 감정을 표현했다고 판단한다. 그러나 슬프게도 여기의 인공지능 네트워크는 이러한 패턴을 찾아내지 못한다. 다른 데이터도 계속 살펴보자.

```
verify_predictions(19999)
Network is not so sure. Review no. 19999 has a probability score of
[0.5916141]
```

이번에는 네트워크가 리뷰의 올바른 감정을 0.59의 확률, 즉 0(부정)이 아닌 1(긍정)에 가까운 확률로 실제 추론을 했음에도 불구하고 리뷰에 어떤 감정이 담겼는지 확신하지 못한다. 우리가 보기에 해당 리뷰는 명백하게 긍정적이다. 심지어 홍보성 리뷰에 가깝다. 네트워크가 이러한 감정을 알아채지 못한 이유는 명확하지 않다. 책의 뒷부분에서 네트워크 레이어를 사용해 리뷰에 포함된 단어들을 시각화하는 방법을 알아본다. 우선은 마지막 데이터의 조사를 계속 진행하자.

```
verify_predictions(4)
Network correctly predicts that review 4 is positive
```

이번에는 네트워크가 올바르게 추측했다. 네트워크는 이 리뷰가 긍정적인 리뷰라고 99.9% 확신한다. 리뷰를 읽어보면 네트워크가 올바르게 추론을 했음을 알 수 있다. 리뷰에는 '지루한boring', '평범한average'과 같은 단어와 함께 '입을 다물어야 하는mouth shut'과 같은 외설적인 단어가 포함돼 있다. 이러한 단어들은 부정적인 리뷰에서 자주 사용되며, 잠재적으로 네트워크가 오동작하게 할 수 있다. 이 절을 마무리하면서 여러분이 재미있게 갖고 놀 수 있는 함수를 소개하고자 한다. 이 함수는 입력한 개수만큼의 리뷰를 무작위로 선택해서 결과를 예측한다. 다음 코드는 테스트 데이터에서 무작위로 선택한 2개 리뷰의 예측 결과를 출력한다.

```
from random import randint

def random_predict(n_reviews):
    for i in range(n_reviews):
        print(verify_predictions(randint(0, 24000)))

random_predict(2)
Network correctly predicts that review 20092 is positive
```

IMDB 요약

간단한 피드포워드 뉴럴 네트워크를 사용해 자연어 텍스트와 다이얼로그를 처리하는 방법을 살펴봤다. 이 절에서는 피드포워드 뉴럴 네트워크를 사용해 이진 감정 분류 태스크를 수행하는 방법을 학습했다. 이 과정에서 뉴럴 네트워크에서 데이터를 처리할 수 있도록 자연어 데이터에 패딩을 추가하고 벡터화했다. 또한 이진 분류와 관련된 중요한 구조적 결정 사항, 즉 네트워크의 마지막 레이어에 하나의 출력 뉴런과 시그모이드 활성화 함수를 사용하는 방법을 배웠다. 또한 각 훈련 에폭이 완료된 후 모델이 처음 접하는 데이터를 처리하는 방법의 아이디어를 얻으려고 데이터에서 검증 데이터를 분할하는 방법도 학습했다. 그리고 케라스가 제공하는 콜백을 사용해 훈련 프로세스 과정에서 여러분의 모델과 간접적으로 상호작용하는 방법도 확인했다. 콜백은 다양한 유스케이스에서 매우 유용하다. 특정한 체크 포인트에서 모델을 구해내거나, 원하는 지표가 특정한 값이 됐을 때 훈련을 종료시킬 수도 있다. 히스토리 콜백을 사용해 훈련 통계를 시각화했고, 조기 중단 콜백을 사용해 현재 훈련 세션을 종료시킬 시점을 지정했다. 마지막으로 개별 리뷰에 대해 네트워크의 예측을 조사함으로써 모델이 어떤 실수를 하는지 찾아냈다.

- **과제:** MNIST 예제에서 했던 것처럼 정규화를 통해 네트워크의 성능을 향상시켜본다.

연속된 변수 예측

지금까지는 뉴럴 네트워크를 사용해 이진 분류 태스크를 수행했다. 가장 먼저 손글씨 숫자, 다음으로 영화 리뷰의 감정을 분류했다. 분류 값[categorical value] 대신 연속 값[continuous value]를 예측하고자 하는 경우에는 어떻게 해야 하는가? 한 이벤트가 일어날 가능성이나 주어진 대상의 미래 가격을 예측하고자 한다면 어떻게 해야 하는가? 관심 있는 대상의 시장 가격을 예측하는 예제가 머리에 떠오른다. 보스턴 주택 가격[Boston Housing Prices] 데이터셋을 사용해 또 다른 피드포워드 네트워크를 구현하면서 3장을 마무리한다.

보스턴 주택 가격 데이터셋을 데이터 과학자나 머신러닝 실천가가 현실적으로 만나게 될 실세계의 데이터와 매우 유사하다. 보스턴[Boston] 내의 특정한 지역적 위치를 의미하는 13개의 특징 값이 제공된다. 이런 특징을 활용해 주택의 중간 값[median price]을 예측해본다. 이 특징에는 해당 지역과 관련된 주거 및 산업 활동, 공기 중의 독성 화학 물질 농도, 재산세, 교육 접근성, 다른 사회 경제적 인자가 포함돼 있다. 데이터는 1970년대 중반에 수집됐으며, 당시의 편견이 섞여 있기도 하다. 어떤 특징은 매우 미묘하거나 심지어 부적절해보이기도 한다. 특징 번호 12와 같은 요소는 머신러닝 프로젝트에서 사용하기에 논란의 여지가 있다. 특정한 데이터 소스나 데이터 타입을 사용할 때는 상위 수준의 영향을 항상 고려해야 한다. 여러분이 제공하는 모델이 어떠한 사회적 편견도 만들거나 강화하지 않으며, 사람들에게 불평등과 불편함을 주지 않도록 해야 한다. 우리는 기술을 통해 사람들의 불편함과 어려움을 덜어내려는 것이지, 짐을 안기려는 것이 아님을 항상 기억하라.

보스턴 주택 가격 데이터셋

앞서 언급했듯이 보스턴 주택 가격 데이터셋은 지역별로 관찰한 13개의 훈련 특징을 포함한다.

데이터 로딩

우리가 예측하고자 하는 의존적 변수는 지역별 주택 가격이며, 주택 가격은 천 달러 단위의 가격을 의미하는 연속적인 값으로 표현된다.

즉, 하나의 관찰 내용은 13차원의 벡터 하나로 표시되고, 이와 관련된 하나의 스칼라 라벨이 포함된다. 다음 코드에서 훈련 데이터셋의 두 번째 관찰을 그 라벨과 함께 출력한다.

```
import keras
from keras.datasets import boston_housing.load_data()
(x_train, y_train), (x_test, y_test) = boston_housing.load_data()
x_train[1], y_train[1]
```

데이터 탐색

이 데이터셋은 지금까지 다뤘던 데이터셋 중 가장 작다. 404개의 훈련 데이터, 102개의 테스트 데이터로 구성돼 있다.

```
print(type(x_train),
    'training data:', x_train.shape,
    'test data:', x_test.shape)

<class 'numpy.ndarray'> training data:(403, 13) test data: (102, 13)
```

특징에 대한 설명을 포함하는 딕셔너리를 생성해서 각 칼럼이 어떤 값을 인코딩하는지 확인할 수 있다.

```
column_names = ['CRIM', 'ZN', 'INDUS', 'CHAS', 'NOX', 'RM', 'AGE',
                'DIS', 'RAD', 'TAX', 'PTRATIO', 'B', 'LSTAT', 'MDEV']
key = ['Per capita crime rate.',
        'The proportion of residential land zoned for lots over 25,000 square feet.',
        'The proportion of non-retail business acres per town.',
        'Charles River dummy variable (=1 if tract bounds river; 0 otherwise).',
        'Nitric oxides concentration (parts per 10 million).',
        'The average number of rooms per dwelling.',
        'The porportion of owner-occupied units built before 1940.',
        'Weighted distances to five Boston employment centers.',
        'Index of accessibility to radial highways.',
        'Full-value property tax rate per $10,000.',
        'Pupil-Teacher ratio by town.',
        '1000*(Bk-0.63)**2 where Bk is the proportion of Black people by town.',
        'Percentage lower status of the population.',
        'Median value of owner-occupied homes in $1000\'s'}
```

다음으로 판다스의 DataFrame을 만들어서 훈련 데이터셋의 첫 번째 5개 데이터를 확인해본다. 훈련 데이터와 앞에서 정의된 칼럼 이름을 판다스 DataFrame 생성자의 인자로 전달한다. 다음으로 .head() 파라미터를 새롭게 생성한 .DataFrame 객체에 적용하면 멋진 출력 결과를 얻을 수 있다.

```
import pandas as pd

df = pd.DataFrame(x_train, columns=column_names)
df.head()
```

위 코드를 실행한 결과는 다음과 같다.

	CRIM	ZN	INDUS	CHAS	NOX	RM	AGE	DIS	RAD	TAX	PTRATIO	B	LSTAT
0	1.23247	0.0	8.14	0.0	0.538	6.142	91.7	3.9769	4.0	307.0	21.0	396.90	18.72
1	0.02177	82.5	2.03	0.0	0.415	7.610	15.7	6.2700	2.0	348.0	14.7	395.38	3.11
2	4.89822	0.0	18.10	0.0	0.631	4.970	100.0	1.3325	24.0	666.0	20.2	375.52	3.26
3	0.03961	0.0	5.19	0.0	0.515	6.037	34.5	5.9853	5.0	224.0	20.2	396.90	8.01
4	3.69311	0.0	18.10	0.0	0.713	6.376	88.4	2.5671	24.0	666.0	20.2	391.43	14.65

특징별 표준화

앞에서 관찰한 각 특징은 그 단위가 각각 다르다. 어떤 특징의 값은 수백 단위인 반면 또 다른 특징의 값은 1~12 범위의 값이고, 심지어 어떤 특징은 이진 값이기도 하다. 뉴럴 네트워크는 스케일되지 않은 특징을 입력받아 처리할 수 있기는 하지만, 그보다는 동일한 스케일의 특징을 더 잘 다룬다. 네트워크는 이질적heterogeneous으로 스케일된 특징에서 학습을 할 수 있지만 학습 시간이 훨씬 많이 소요되며, 손실 평면에서 이상적인 최솟값을 발견할 수 있다는 보장도 하지 못한다. 보스톤 주택 가격 데이터셋에서 모델이 좀 더 나은 방법으로 학습을 하게 하고자 데이터를 특징별로 표준화해서 균질화homogenious해야 한다. 특징별로 원래 값에서 해당 특징의 평균값을 뺀 후 해당 특징의 표준편차로 그 값을 나눈다. 다만 주식 가격과 같이 실시간으로 배포되는 모델의 경우 새로운 데이터에 의해 평균과 표준편차가 계속 변화하기 때문에 이러한 균질화는 그 실용성이 떨어진다. 이와 같은 경우에는 균질화와 다른 정규화와 표준화 기법(로그 표준화log normalization 등)을 사용하는 것이 효과적이다.

```
mean = x_train.mean(axis=0)
std = x_train.std(axis=0)
x_train = (x_train - mean) / std
x_test = (x_test - mean) / std
print(x_train[0])     # 표준화된 첫 번째 훈련 샘플
```

모델 생성

앞서 구축한 분류 모델과 달리 회귀 모델의 마지막 레이어는 구현 방법에 중요한 차이가 있다. 연속적인 변수를 예측하는 것이 목적이므로, 마지막 레이어에서는 활성화 함수를 적용하지 않고 뉴런의 출력을 그대로 사용한다.

마지막 레이어에서 활성화 함수를 사용하지 않는 이유는 마지막 레이어에서 출력하는 값의 범위를 제한하지 않아야 하기 때문이다. 순수한 선형적 레이어로 구현하므로 네트워크는 연속적인 스칼라 값을 학습한다.

```
from keras.layers import Dense, Dropout
from keras.models import Sequential

model = Sequential()
model.add(Dense(26, activation='relu', input_shape=(13,)))
model.add(Dense(26, activation='relu'))
model.add(Dense(12, activation='relu'))
model.add(Dense(1))
```

모델 컴파일

컴파일 과정에서 보이는 손실 함수와 지표는 구조적 차이가 두드러진다. 예측 오차가 큰 경우에는 이를 제한하는 목적으로 평균 제곱 오차[MSE] 손실 함수를 사용하는 반면 모델 훈련 과정에서는 평균 절댓값 오차[MAE, Mean Absolute Error] 지표를 사용한다.

```
from keras import optimizers

model.compile(optimizer=opimizers.RMSprop(lr=0.001),
              loss='mse',
              metrics=['mae'])
model.summary()
```

```
_________________________________________________________________
Layer    (type)          Output Shape              Param #
=================================================================
dense_1 (Dense)          (None, 6)                 72006
_________________________________________________________________
dense_2 (Dense)          (None, 6)                 42
_________________________________________________________________
dense_3 (Dense)          (None, 1)                 7
=================================================================
Total params: 72,055
Trainable params: 72,055
Non-trainable params: 0
_________________________________________________________________
```

MSE 함수는 네트워크 예측 오차 값 제곱의 평균값을 측정한다. 간단히 말하자면 예측한 주택 가격과 실제 주택 가격 차의 제곱의 평균값을 측정한다. 제곱 값을 사용함으로써 평균에서 많이 떨어진 예측 오차에 페널티를 가함으로써 오차가 발산되지 않도록 한다. 이는 회귀 태스크에서 매우 효과적이다. 회귀 태스크에서는 작은 오차 값이 예측 정확성에 큰 영향을 미치기 때문이다.

이번 예제에서 주택 가격 라벨은 5~50 사이의 값으로, 단위는 천 달러다. 그러므로 절댓값 1의 오차는 실제로 예측값에서 1,000달러 차이를 의미한다. 따라서 절댓값 오차에 기반을 둔 손실 함수는 네트워크에 피드백을 전달하는 최적의 메커니즘이 아닐 수 있다.

한편 훈련 프로세스 자체를 측정하는 지표로 MAE를 선정하는 것은 매우 효과적이다. 제곱 오차를 시각화한 결과는 사람이 볼 때 그리 직관적이지 않기 때문이다. 오히려 모델의 예측값 오차의 절댓값을 표현하면 시각적으로 좀 더 많은 정보를 얻을 수 있다. 이 지표는 모델의 훈련 메커니즘에는 아무런 영향을 미치지 않는다. 훈련 세션이 진행되는 동안 모델이 잘 학습하고 있는지 아닌지에 대한 정보를 시각화해서 관찰자에게 피드백을 제공할 뿐이다. MAE 지표는 두 개의 연속된 값의 차이를 측정한 것이다.

훈련과 테스트 오차 플로팅

다음 그래프에서 평균 오차는 2.5(혹은 2,500 달러)임을 확인할 수 있다. 주택 가격이 50,000달러 정도인 주택의 가격을 예측할 때는 변동이 적지만, 주택 가격이 5,000달러 부근인 주택 가격을 예측하는 경우에는 문제가 된다.

```
network_metadata = model.fit(x_train, y_train,
                             validation_data=(x_test, y_test),
                             epochs=20, batch_size=10,
                             )

import matplotlib.pyplot as plt
import numpy as np

def plot_history(history):
    plt.figure()
    plt.xlabel('Epoch')
    plt.ylabel('Mean Abs Error [1000$]')
    plt.plot(history.epoch,
             np.array(history.history['mean_absolute_error']),
             label='Train Loss')
    plt.plot(history.epoch,
             np.array(history.history['val_mean_absolute_error']),
             label='Val loss')
    plt.legend()
    plt.ylim([0, 15])

plot_history(network_metadata)
```

코드를 실행한 결과는 다음과 같다.

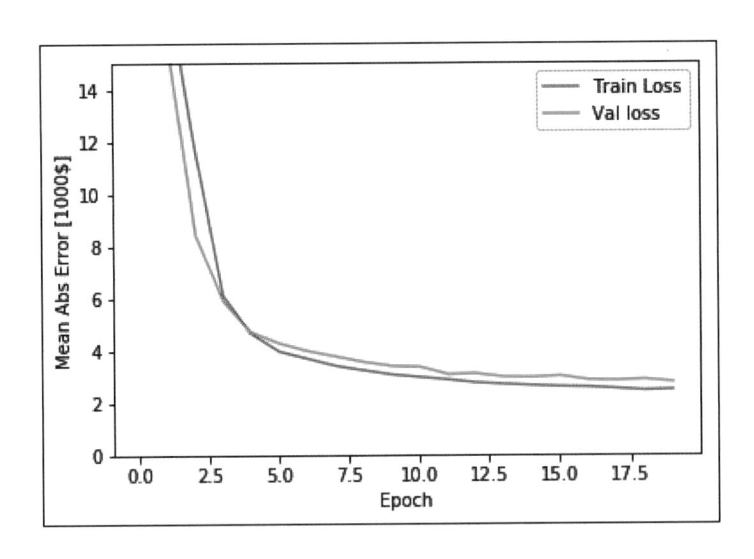

마지막으로 테스트 데이터셋의 데이터를 사용해 주택 가격을 예측해보자. 산포도scatter plot에 테스트 데이터셋에 대한 예측 라벨과 실제 라벨을 플롯한다. 다음 그래프에서 최적 적합best fit 직선과 예측값의 위치를 확인할 수 있다. 일부 지점에서 이상한 예측값들이 보이지만, 모델은 데이터의 일반적인 경향을 잘 잡아낸 것으로 보인다.

```
test_predictions = model.predict(x_test).flatten()

plt.scatter(y_test, test_predictions)
plt.xlabel('True Values [1000$]')
plt.ylabel('Predictions [1000$]')
plt.axis('equal')
plt.xlim(plt.xlim())
plt.ylim(plt.ylim())
_ = plt.plot([-100, 100], [-100, 100])
```

코드를 실행한 결과는 다음과 같다.

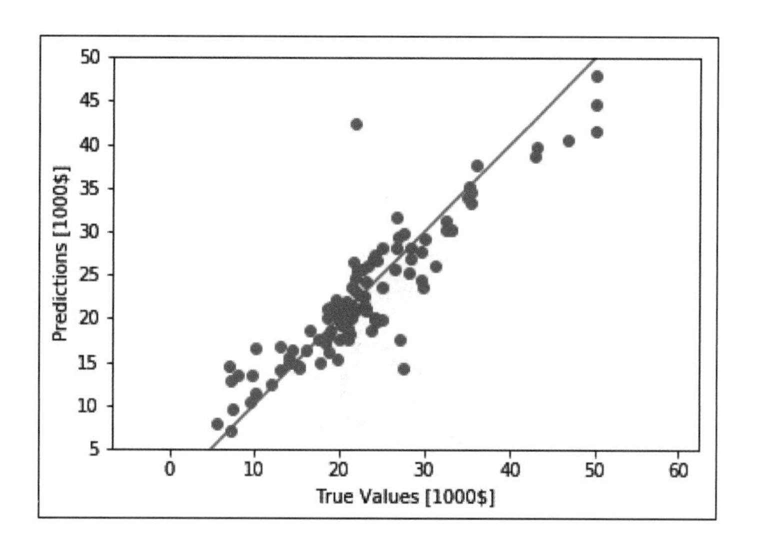

히스토그램을 통해서도 예측 오차 분포를 확인할 수 있다. 일부 특정한 값의 예측에서는 문제가 있지만, 대부분의 데이터에 대해 모델이 예측을 매우 잘 한 것으로 보인다. 다음 그래프에서 일부 주택 가격을 너무 낮거나 혹은 높게 평가한 모습을 확인할 수 있다.

```
error = test_predictions - y_test
plt.hist(error, bins=50)
plt.xlabel('Prediction Error [1000$]')
_ = plt.ylabel('Count')
```

코드를 실행한 결과는 다음과 같다.

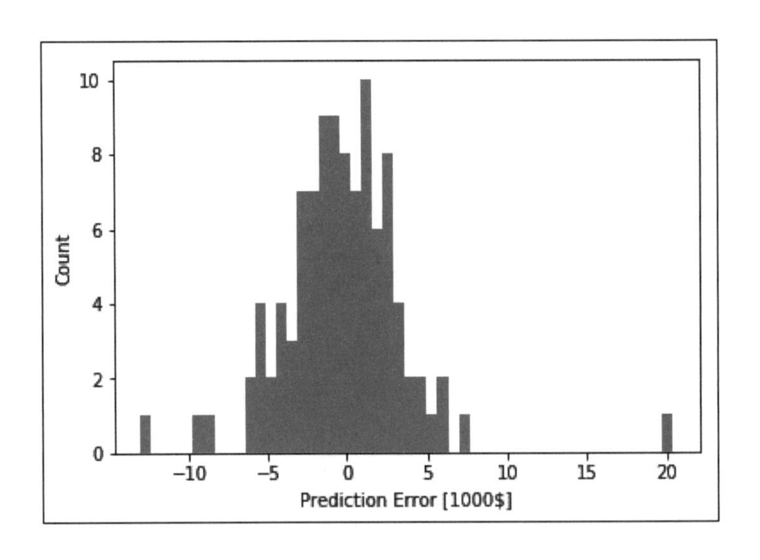

k-폴드 검증을 활용한 접근 방식 검증

보스턴 주택 가격 데이터는 이전에 다뤘던 데이터에 비해 크기가 훨씬 작다고 언급했다. 먼저 데이터셋을 훈련 샘플과 테스트 샘플로 분할하면 검증 샘플은 단지 100개밖에 남지 않는다. 확신을 갖고 모델을 배포하기에는 데이터 수가 턱없이 부족하다. 게다가 테스트 점수는 테스트 샘플의 세그먼트가 어떤 데이터로 끝나는지에 따라서도 달라질 수 있다. 따라서 모델을 테스트할 때 데이터의 특정 세그먼트에 대한 의존성을 줄이기 위해 k-폴드 교차 검증k-fold cross validation이라는 머신러닝 접근법을 활용한다. k-폴드 교차 검증이란 데이터를 *n*개의 작은 파티션으로 분할한 후 동일한 숫자의 뉴럴 네트워크를 각각의 파티션을 사용해 훈련시키는 방법이다. 따라서 5개의 폴드에서 수행되는 k-폴드 교차 검증을 사용하면 506개 샘플로 구성된 훈련 데이터를 101개 샘플을 가진 5개 덩이로 분할한다(마지막 한 덩이는 102개 샘플로 구성된다). 이후 5개의 다른 뉴럴 네트워크에 대해 분할된 4개 덩이로 훈련시킨 후 남은 1개 덩이로 테스트를 수행한다. 이후 5개 모델의 예측값을 평균해서 하나의 평가 값을 출력한다.

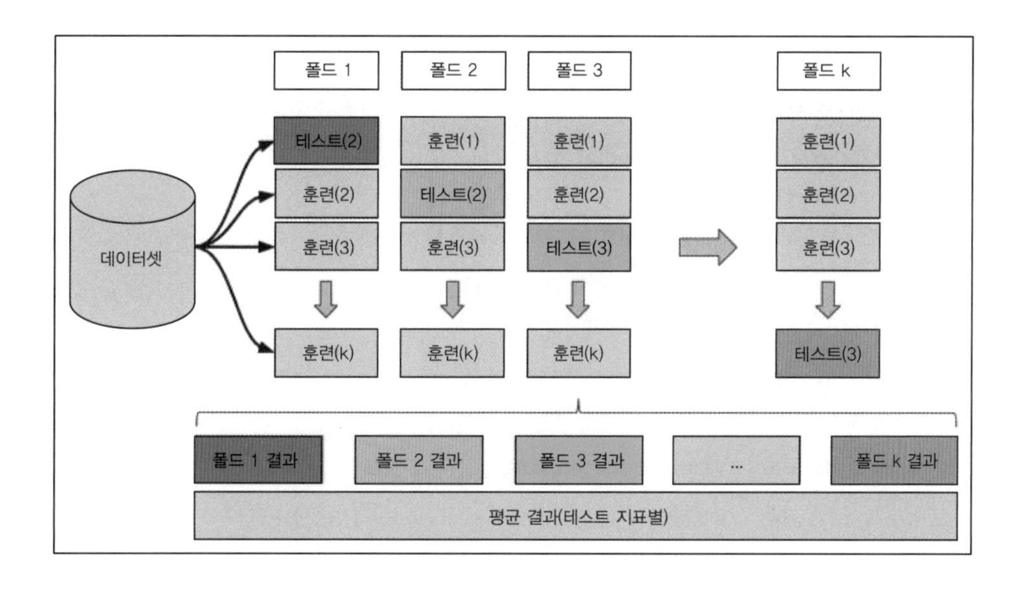

사이킷-런 API를 활용한 교차 검증

무작위 샘플링을 사용해 반복적인 교차 검증을 수행함으로써 모든 관찰 샘플을 훈련과 검증에 사용할 수 있고, 각 관찰 결과는 단 한 차례씩만 검증에 사용된다는 장점을 얻을 수 있다.

케라스를 활용해 5-폴드 교차 검증을 구현한 코드는 다음과 같다. 전체 데이터셋(훈련과 테스트)을 모두 사용하며, 각 교차 검증 수행 시마다 네트워크의 평균 예측값을 출력한다. 코드에서 확인할 수 있듯 교차 검증 수행 시마다 랜덤으로 선택한 4개의 덩이를 사용해 모델을 훈련시키고, 남은 1개 덩이로 테스팅을 수행한다. 케라스가 제공하는 사이킷-런scikit-learn API의 케라스 회귀자Keras regressor를 활용한다. 이와 함께 사이킷-런의 표준 스케일러, k-폴드 교차 검증 생성자cross-validator, 점수 평가자score evaluator를 사용한다.

```
import numpy as np
import pandas as pd

from keras.models import Sequential
from keras.layers import Dense
from keras.wrappers.scikit_learn import KerasRegressor

from sklearn.model_selection import cross_val_score
from sklearn.model_selection import KFold

from sklearn.preprocessing import StandardScaler
from sklearn.pipeline import Pipeline

from keras.datasets import boston_housing

(x_train, y_train), (x_test, y_test) = boston_housing.load_data()
x_train.shape, x_test.shape

------------------------------------------------------------------
((404, 13), (102, 13))
------------------------------------------------------------------

import numpy as np

x_train = np.concatenate((x_train, x_test), axis=0)
y_train = np.concatenate((y_train, y_test), axis=0)

x_train.shape, y_train.shape

------------------------------------------------------------------
((506, 13), (506,))
------------------------------------------------------------------
```

네트워크를 구축하고자 baseline_model()을 구현했다. 이는 다양한 시나리오에서 네트워크를 생성하는 효과적인 방법이다. 그러나 예제에서는 모델 객체를 사이킷-런 API 래퍼인 KerasRegressor 함수에 전달할 목적으로 사용했다. 사이킷-런은 머신러닝을 위해 만들어진 파이썬 라이브러리로, 모든 종류의 전처리, 스케일링, 표준화와 알고리즘 구현을 제공한다. 케라스 창시자들은 사이킷-런 래퍼를 통해 이 라이브러리들이

어느 정도 교차 기능을 할 수 있게 했다.

```
def baseline_model():
    model = Sequential()
    model.add(Dense(13, input_dim=13, kernel_initializer='normal',
                    activation='relu'))
    model.add(Dense(1, kernel_initializer='normal'))
    model.compile(loss='mean_squared_error', optimizer='adam')
    return model
```

이런 교차 기능을 활용해 앞에서와 마찬가지로 k-폴드 교차 검증을 수행할 수 있다. 먼저 고정된 난수 시드 하나를 사용해 난수 생성기random number generator를 초기화한다. 모델의 가중치를 균일하게 초기화함으로써 미래의 모델과 일관성을 갖고 비교할 수 있다.

```
# 훈련 재현용 난수 시드 설정
seed = 7
numpy.random.seed(seed)

# 데이터에 Scaler, KerasReprogressor를 추가해서
# 추정자(estimator) 목록에 모델 함수를 포함하는 스케일러(Scaler)와 케라스
# 회귀자(KerasRegressor)를 추가한다.

estimators = []
estimators.append(('standardize', StandardScaler()))
estimators.append(('mlp', KerasRegressor(build_fn=baseline_model,
                  epochs=100, batch_size=5, verbose=0)))

# 사이킷-런 파이프라인에 추정자(estimator)를 추가한다.
pipeline = Pipeline(estimators)

# 사이킷-런 API를 사용해 k-폴드 검증 인스턴스 초기화
kfold = KFold(n_splits=5, random_state=seed)

# 파이프라인 인스턴스, 훈련 데이터 및 훈련 라벨, k-폴드 교차 검증자(crossvalidator)
# 인스턴스를 전달해서 점수 계산
```

```
results = cross_val_score(pipeline, x_train, y_train, cv=kfold)

# 평가한 모델 이름 출력
print('Model Type:', i)

# 결과 변수는 5번의 교차 검증 수행별 평균 제곱 오차를 포함
print('MSE per fold:')
print(results)


# 5개의 폴드에 대해 모델별로 평균과 표준편차 출력
print("Average MSE of all 5 runs: %.2f, with standard dev: (%.2f)" % (-1 *
      (results.mean()), results.std()))

------------------------------
Model Type: <function larger_model at 0x000001454959CB70>
MSE per fold:
[-11.07775911 -12.70752338 -17.85225084 -14.55760158 -17.3656806 ]
Average MSE of all 5 runs: 14.71, with standard dev: (2.61)
```

평가자[estimators] 리스트를 만들어 사이킷-런 변환 파이프라인에 전달한다. 사이킷-런 변환 파이프라인은 순서대로 데이터를 스케링일해서 처리하는 데 유용하다. 데이터의 값을 스케일링하는 경우에는 사이킷-런의 StandardScaler() 전처리 함수를 사용하고, 그 결과를 리스트에 추가한다. 동일한 리스트에 케라스 래퍼 객체도 추가한다. 이 케라스 래퍼 객체는 KerasRegressor라고 불리는 회귀 평가자로, 우리가 생성한 모델 함수와 배치 크기, 그리고 훈련 에폭 수를 인자로 받는다. verbose는 훈련 프로세스가 진행되는 동안 얼마나 많은 피드백을 출력할지를 의미한다. verbose 값을 0으로 설정하면 모델은 학습 수행 시 아무런 내용도 출력하지 않는다.

앞에서 설명한 파라미터는 앞에서 학습 세션을 초기화할 때 .fit() 함수에 전달했던 파라미터와 동일하다.

앞의 코드를 실행하면 5-폴드 교차 검증을 수행해 네트워크의 평균 성능을 평가한 결과를 표시한다. `result` 변수는 교차 검증자가 수행을 할 때마다 네트워크의 MSE 점수를 저장한다. MSE의 평균과 표준편차(평균 분산)를 출력한다. 평균값에 `-1`을 곱한 사실에 주의한다. 이는 사이킷-런이 제공하는 통합 점수 API^unified scoring API^가 항상 입력된 점수를 최대화하는 것에 따른 구현적인 문제다. 다만 우리가 다루는 예제에서는 MSE를 최소화하려는 의도가 있으므로, 최소화할 점수를 음수로 바꿈으로써 통합 점수 API가 올바르게 동작하게 된다. 반환된 점수는 MSE를 음수로 바꾼 것이다.

요약

3장에서는 뉴럴 네트워크를 활용해 회귀 태스크를 수행하는 방법을 학습했다. 기존의 분류 모델 구조를 약간 변화시켜야 하는데, 여기에는 모델 생성(마지막 출력 레이어에 활성화 함수 미사용)과 손실 함수(MSE)가 해당한다. 또한 MSE는 직관적으로 시각화하는 데 어려움이 있으므로 MAE 지표를 추적했다. 마지막으로 산포도에 예측 라벨과 실제 라벨을 플롯해 비교했다. 이를 통해 네트워크가 학습을 얼마나 잘 했는지 눈으로 확인했다. 그리고 히스토그램을 사용해 모델의 예측 오차가 얼마나 분산돼 있는지 이해했다.

마지막으로 k-폴드 교차 검증을 학습했다. k-폴드 교차 검증은 전체 관찰 데이터 모수가 적은 경우, 또는 데이터셋에서 명시적으로 훈련/테스트 데이터를 하기 어려운 경우에 효과적이다. 즉, 전체 데이터를 테스트 훈련 데이터와 테스트 데이터로 나누는 것이 아니라 *k*개의 작은 데이터 파티션으로 분할한 후 데이터 파티션 수와 같은 *k*개의 단일 평가 모델을 생성한다. 각 모델을 *k*-1개의 데이터 파티션을 사용해 훈련시킨 후 나머지 1개 데이터 파티션으로 테스트를 수행하고, 그 예측값 점수의 평균을 낸다. 이를 통해 테스트 과정에서 일어날 수 있는 특정한 데이터에 대한 의존성을 제거함으로써 좀 더 일반적인 예측 성능을 얻을 수 있다.

4장에서는 컨볼루셔널 뉴럴 네트워크[CNNs, Convolutional Neural Networks]를 다룬다. CNN을 구현하고, 구현한 네트워크를 사용해 객체를 식별한다. 또한 몇 가지 이미지 인식 문제도 풀어본다.

연습 문제

- 3개의 서로 다른 함수를 구현해보라. 각 함수는 크기(깊이와 폭)가 다른 뉴럴 네트워크를 반환한다. 각 함수를 사용해 k-폴드 교차 검증을 수행해서 어떤 크기가 가장 적합한지 확인해보라.
- MAE, MSE 손실 함수를 바꿔 사용해보고, 훈련을 수행하는 동안 어떤 차이가 있는지 확인해보라.
- 다양한 손실 함수를 사용해보고, 훈련을 수행하는 동안 어떤 차이가 있는지 확인해보라.
- 다양한 정규화 함수를 사용해보고, 훈련을 수행하는 동안 어떤 차이가 있는지 확인해보라.

2부

고급 뉴럴 네트워크 구조

2부에서는 다양한 종류의 컨볼루셔널 레이어convolutional layer와 풀링 레이어pooling layer를 다룬다. 컨볼루셔널 레이어와 풀링 레이어는 다양한 감각 입력sensory input을 처리하는 뉴럴 네트워크에서 사용되며, PC에 저장된 이미지, 데이터베이스와 실시간 IoT 애플리케이션에 이르기까지 처리 대상도 다양하다. LeNet과 같은 학습 완료 모델pre-trained model이나 케라스를 활용해 이미지나 비디오를 재구성하는 부분적 컨볼루셔널 네트워크를 사용하는 방법을 학습하고, REST API를 통해 모델을 배포하는 아이디어를 살펴본다. 또한 배포한 모델을 라즈베리Raspberry 컴퓨팅 장비에 내장시켜 사진, 감시와 재고 관리 같은 임의의 태스크를 수행하는 방법도 학습한다.

강화학습Reinforcement learning 네트워크 기반 아키텍처를 자세히 살펴보고, 케라스에서 제공하는 핵심 레이어와 확장 레이어를 구축해 필요한 결과물을 얻는 방법을 확인한다.

다음으로 다양한 종류의 순환 네트워크recurrent network의 기반 이론을 학습한다. 튜링 완료 알고리즘Turing-complete algorithm, 경사gradient 소멸 문제를 포함한 시계열 데이터의 역전파 결과를 확인하면서 이 모델들이 일시적temporal 정보를 잡아내는 방법도 학습한 이후 장단기 기억(LSTM, Long Short-Term Memory) 네트워크라 불리는 순환 뉴럴 네트워크(RNN, Recurrent Neural Network)를 자세하게 살펴보고, 생리학을 기반으로 구축한 다른 뉴럴 네트워크 구조도 학습한다.

2부에서 다루는 내용은 다음과 같다.

- 4장. 컨볼루셔널 뉴럴 네트워크
- 5장. 순환 뉴럴 네트워크
- 6장. 장단기 기억 네트워크
- 7장. DQN을 사용한 강화학습

04

컨볼루셔널 뉴럴 네트워크

3장에서 다양한 신호 처리 태스크를 살펴봤다. 신호 처리 과정에서는 피드포워드 뉴럴 네트워크가 가진 예측 능력을 활용했다. 피드포워드 뉴럴 네트워크의 기본 아키텍처를 활용해 인공 뉴럴 네트워크[ANN, Artificial Neural Network]가 가진 학습 메커니즘의 기본 특성을 확인했다.

4장에서는 인공 뉴럴 네트워크 중 하나인 컨볼루셔널 뉴럴 네트워크[CNN, Convolutional Neural Network]를 자세히 살펴본다. CNN은 이미지 인식, 물체 식별, 의미 분할과 같은 시각적 태스크에 매우 뛰어나다. 실제로는 CNN의 아키텍처 또한 생리학의 영향을 받아 만들어졌다. 매우 성능이 뛰어난 이 복잡한 네트워크의 영감을 준 인류의 실험과 발전에 관해 살펴본다. CNN과 관련된 아이디어는 최근에 개최된 이미지 분류 콘테스트인 이미지넷[ImageNet]에서 선보였다. 알렉스넷[AlexNet]은 이 콘테스트에서 막대한 규모의 이미지 데이터셋을 분류하는 태스크를 수행하는 과정에서 당시의 모든 최신 컴퓨터 비전 시스템을 뛰어 넘는 성능을 보여줬다. 그러나 CNN의 기반 아이디어는 수백만 년 동안의 관찰을 바탕으로 하는 여러 분야의 과학적 연구에서 기인했음을 함께 확인하게 될 것이다.

4장에서 다루는 내용은 다음과 같다.

- CNN
- 시각의 탄생
- 생리학적 시각 이해
- 근대 CNN의 탄생
- CNN 설계
- 덴스 레이어와 컨볼루셔널 레이어
- 컨볼루션 오퍼레이션
- 이미지 공간 구조 보전
- 필터를 활용한 특징 추출

CNN

CNN은 일반적인 뉴럴 네트워크와 거의 유사하다. 3장에서 설명했듯 뉴럴 네트워크는 뉴런으로 구성되고, 이런 뉴런은 학습 가능한 가중치와 바이어스를 가진다. 각 뉴런은 내적을 사용해서 각 가중치를 적용한 입력값의 합을 계산하고, 바이어스를 추가한 후 비선형적 방정식에 통과시킨다. 네트워크는 입력 레이어에서의 원본 이미지로부터 출력 레이어의 클래스 점수에 이르는 미분 가능한 점수를 표시한다.

CNN도 마지막 레이어에 소프트맥스, 서포트 벡터 머신과 같은 손실 함수를 포함하며, 뉴럴 네트워크 구축 과정에서 학습한 모든 기법을 적용할 수 있다.

그렇다면 ConvNet^CNN^만의 독특한 특징은 무엇인가? ConvNet 구조는 모든 입력을 명시적으로 이미지라고 가정한다. 이 가정에 따라 아키텍처의 다양한 속성 값을 좀 더 편리하게 인코딩할 수 있다. 즉, 네트워크를 구현할 때 필요한 파라미터 개수를 급격하게 줄여 효율을 높일 수 있다. 네트워크 하나를 '컨볼루셔널^convolutional^'하다고 하는데, 이는 모델이 컨볼루셔널 레이어^convolutional layer^를 포함한 다른 레이어들로 구성되기 때문이다. 이 특별한 레이어들이 어떻게 컴퓨터로 하여금 우리 주위의 세계를 시각적으로 이해하도록 돕는지 수학에 기반을 둔 오퍼레이션과 함께 살펴본다.

결과적으로 CNN 아키텍처는 다양한 시각 처리 태스크(대상 식별, 안면 인식, 동영상 분류, 감정 분류, 의미 분할, 사람의 동작 추론 등)에서 뛰어난 성능을 보였다. CNN은 일련의 컴퓨터 시각 태스크를 효과적으로 수행했는데, 그중 일부는 사람에게 중요한 정보를 제공(의료 진단 등)했으며, 다른 일부는 엔터테인먼트의 지평을 넓혔다(이미지에 특정한 예술 스타일을 반영하는 등). 컨볼루셔널 네트워크의 개념과 근대적인 구현에 관해 좀 더 자세히 살펴보기 전에 네트워크가 복제하고자 하는 대상인 사람의 시각에 관해 좀 더 이해하는 편이 좋을 것이다.

시각의 탄생

다음 이야기는 지금으로부터 약 5억 4천만 년 전에 일어난 일을 서사한 것이다.[1]

당시 옅은 푸른빛을 띠는 우주의 한 점(지금은 지구라고 불리는)에서 생명체는 별일 없이 고요하게 살았다. 당시 우리 선조의 대부분은 물속에서 살았고, 고요한 바다를 부유하며 주변에 떠다니는 음식만을 섭취했다. 그렇다. 포식적이고 스트레스가 가득하며 자극이 넘치는 오늘날의 세계와는 전혀 달랐다.

1. 이 절의 이야기는 과학적 사실이 아니라 하나의 학설임에 유의한다. – 옮긴이

그런데 갑자기 흥미로운 일이 일어났다. 비교적 짧은 시간 동안 수많은 종의 동물이 폭발적으로 번식하기 시작했다. 이후 2천만 년 동안 물로 뒤덮였던 지구에서 찾아볼 수 있던 생명체들은 급격하게 변화했다. 우연히 생겨난 단일 세포 조직이 느슨하게 결합돼 집단이 되고, 그 집단이 좀 더 복잡한 다세포 세포로 변해 도처에서 튀어 나왔다.

생물학자들은 오랜 기간 동안 빅뱅big bang이라는 진화 가속화의 원인을 논하면서 당혹스러워 했다. 실제 생물학적인 시각 시스템이 생겨났음을 발견했다. 당시 생물체의 화석 기록 연구를 통해 동물학자들은 수광 세포photo-receptive cell의 출현이 동물 종의 폭발적인 증가와 관련 있음을 알아냈다. 수광 세포는 유기체가 빛을 감지하고 반응하게 함으로써 진화적 측면에서의 경쟁을 부추겼고, 그 결과 고도화된 포유류의 시각 피질visual cortex를 만들어냈다. 시각 피질이란 여러분이 지금 이 책의 글씨를 이해하는 데 사용하는 바로 그것이다. 유기체가 환경을 인지하고 응답하는 과정에서 시각은 그 삶을 더욱 역동적이고 진취적으로 만들었다.

시각은 지능적이든 그렇지 않든 오늘날 대부분의 유기체가 가진 감지 시스템 중 가장 중심이 되는 것 중 하나다. 사람의 경우 뉴런의 능력 중 거의 절반가량을 시각적 처리에 사용한다. 시각은 방향을 정하고, 사람이나 물체를 인식하고, 일상을 살아가는 데 사용하는 가장 큰 감지 시스템이다. 이미 알려진 바와 같이 생리학적이든 아니든 시각은 인지 시스템에서 매우 중요하다. 그러므로 자연이 만들어낸 시각 시스템의 모습을 확인하는 것은 매우 합리적이다. 하늘 아래 새로운 것은 없다.

생리학적 시각 이해

1950년대에 하버드대학교Harvard University의 과학자들은 일련의 실험을 수행한 결과 시각에 관한 생리학적인 통찰을 얻었다. 노벨상 수상자인 데이비드 휴벨David Hubel과 토르스텐 뷔셀Torstein Wiesel은 포유류가 가진 시각 피질의 내부 동작을 세상에 알렸다. 휴벨과 뷔셀은 수신 세포receptor cell의 움직임을 고양이의 망막에서 시각 피질에 이르는 시각 경로에 매핑했다. 그들은 전기 생리학electrophysiology을 사용해 감지 조직이 전자기 방사능을 수신, 처리, 해석해서 주변의 현실을 만들어내는 방법을 정확하게 이해했다. 이를 통해 개별 뉴런 레벨에서 일어나는 자극과 그에 따른 반응의 흐름을 이해할 수 있었다.

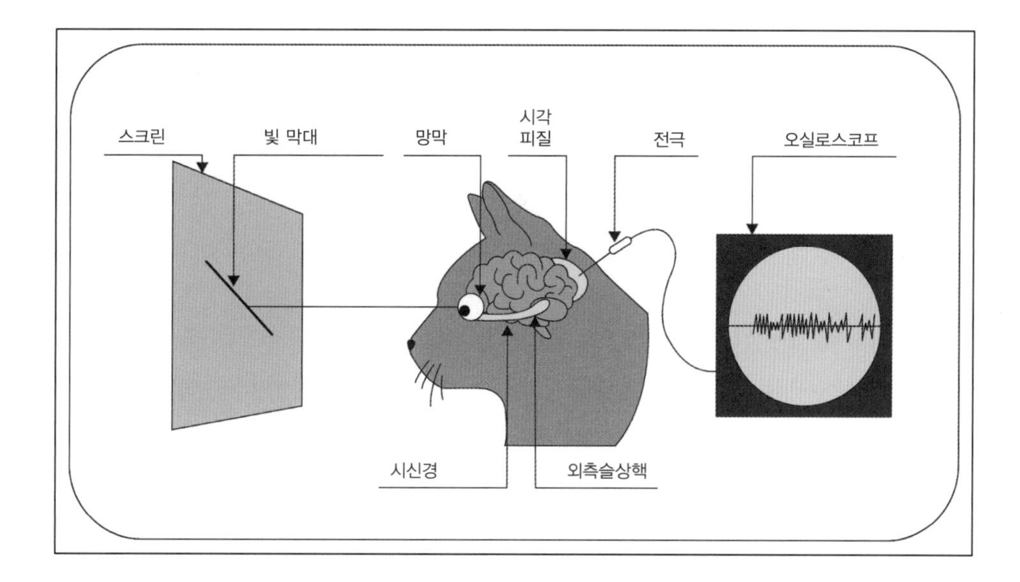

다음 그림은 세포가 빛에 반응하는 방법을 설명한다.

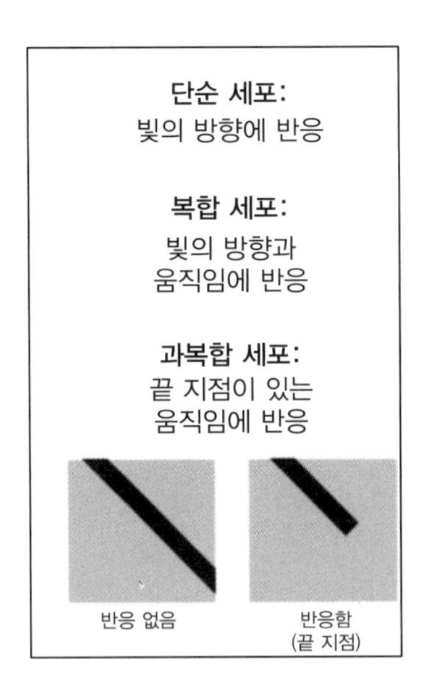

휴벨과 뷔셀의 실험 덕분에 이제 여러분께 연구의 핵심 요소를 공유할 수 있게 됐다. 이들의 연구는 시각 신호 처리를 과학적으로 이해하는 데 직접적인 영향을 미쳤으며, 우리를 오늘날에 이르게 한 수많은 학문적 공헌을 이끌어냈다. 이런 핵심 요소는 사람의 두뇌가 활용하는 시각 정보 처리 메커니즘을 밝혀냈고, 근대 시각 지능 시스템의 주춧돌인 CNN 설계에 큰 영향을 미쳤다.

공간 불변성

이 개념들 중 가장 먼저 설명할 것은 공간 불변성spatial invariance이다. 연구자들은 고양이의 뉴런은 스크린에서 패턴이 나타난 위치에 관계없이 특정한 패턴이 나타나기만 하면 활성화된다는 사실을 발견했다. 즉, 패턴이 스크린의 상부에 혹은 하부에 위치하든 관계없이 동일한 뉴런 데이터셋이 해당 패턴(즉, 막대의 부분)에 반응을 보였다. 결과적으로 뉴런의 활성화 여부가 공간에 따라 달라지지 않는다는 것, 즉 뉴런이 패턴의 공간적인 위치에 의존하지 않는다는 것이다.

뉴런의 수용 필드

다음으로 연구자들은 뉴런이 주어진 입력에서 특정한 영역을 관장한다는 사실을 발견했다. 이러한 뉴런의 속성을 뉴런의 수용 필드receptive field라고 부른다. 즉, 특정한 뉴런은 주어진 입력 내의 특정한 영역에만 반응한다. 마찬가지로 또 다른 뉴런은 주어진 입력 내의 다른 특정 영역에 반응한다. 뉴런의 수용 필드란 해당 뉴런이 빈번하게 반응하는 입력의 범위를 의미한다.

뉴런 계층 구현

결국 연구자들은 시각 피질에 존재하는 뉴런의 계층을 설명할 수 있게 됐다. 가장 먼저 선의 조각과 같이 간단한 시각 패턴을 발견하는 저수준의 세포를 소개했다. 이 뉴런의 출력값은 다음 레이어로 전달되면서 점점 복잡한 패턴을 조직해서 우리가 실제로 보는 대상을 만들어낸다. 실제로 현대 신경 과학에서는 시각 피질이 계층적으로 조직돼 있으며, 앞 레이어의 출력을 사용해 극도로 복잡한 추론을 하는 것으로 확인했다. 그림으로 나타내면 다음과 같다.

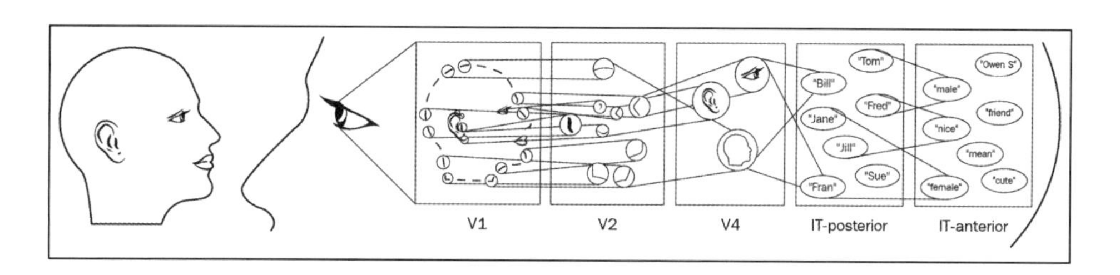

이 다이어그램은 우리가 친구의 얼굴을 인식하는 과정을 나타낸다. 가장 먼저 얼굴의 윤곽선 조각을 식별하고(V1) 그 조각을 사용해 모양과 모서리를 만든 후(V2) 만들어낸 모양과 모서리를 사용해 눈이나 코와 같은 복잡한 모양을 만들고(V3), 그 모양을 활용해 친구 중 누가 가장 비슷한 눈과 코를 가졌는지 추론한다(IT-posterior). 이 추론에 근거

해 좀 더 고수준의 활성화 작용을 통해 친구의 성격이나 매력까지 연결한다(IT-anterior).

근대 CNN의 탄생

1980년대에 들어오면서 휴벨과 뷔셀의 연구가 재조명받기 시작했다. <신경 인지Neurorecognition>(후쿠시마, 1980: https://www.rctn.org/bruno/public/papers/Fukushima1980.pdf) 논문에서는 레이어를 샌드위치처럼 쌓아서 단일 세포와 복합 세포의 개념을 활용했다. 근대 뉴럴 네트워크의 선조는 이 샌드위치된 레이어를 사용해 수정 가능한 파라미터(혹은 단일 세포)를 순차적으로 포함시켰다. 또한 네트워크가 단일 세포에서 발생한 충돌을 무시하도록 풀링 레이어(복합 세포)를 사용했다. 물론 이 구조는 시각적인 신호가 가진 복잡함을 잡아낼 수 있을 만큼 강력하지는 않았다.

1998년에 매우 획기적인 사건이 일어났다. 저명한 AI 연구자인 얀 리쿤Yan Lecun과 조슈아 벤지오Yoshua Bengio는 기울기에 기반을 둔 가중치 업데이트를 활용해 CNN을 훈련시켜 문서를 인식하게 했다. 이 네트워크는 우편번호에 쓰인 숫자를 매우 잘 인식했다. 유사한 네트워크가 미국 체신부the US postal service에 도입돼 우편물(이메일이 아니다)을 정리하는 지루한 일을 자동화했다. 일부 산업 분야에서는 상업적인 관심이나 흥미를 끌기 충분했지만, 이 네트워크들은 아직 좀 더 도전적이고 복잡한 데이터(예를 들면 얼굴, 자동차, 또는 다른 실세계의 대상들)를 다루지는 못했다. 하지만 연구자들을 포함한 여러 사람의 수고로 더욱 뛰어난 CNN이 탄생했으며, 드디어 ImageNet 분류 대회에서 첫 모습을 드러냈다. CNN은 이제 컴퓨터 비전 영역을 주도하며, 오늘날 가장 정교한 인공 시각 지능 시스템으로 자리 잡았다. 이런 네트워크는 의료 이미지 분석, 외계의 천체 관측, 고전 아타리Atari 게임을 스스로 플레이하는 컴퓨터 등을 만드는 데 활용되고 있다.

CNN 설계

생리학적 시각에 관한 지식을 활용해 간단한 패턴을 식별하고, 해당 패턴을 사용해 점진적으로 실세계의 대상에 해당하는 좀 더 복잡한 패턴을 만들어내려고 뉴런을 계층적으로 구조화하는 방법을 알았다. 또한 메커니즘이 공간적인 제약을 받지 않게 함으로써 뉴런이 입력을 받은 이미지가 위치한 장소에 관계없이 입력을 유사하게 다루도록 해야 하는 것을 배웠다. 마지막으로 뉴런을 실세계의 공간적 위치에 지형적으로 매핑하기 위해 각 뉴런에 수용 필드를 구현하는 것이 유용하다는 점도 배웠다. 이 단계를 통해 가까이 위치한 뉴런은 시야에서 가까이 위치하도록 영역을 표현할 수 있게 된다.

덴스 레이어와 컨볼루셔널 레이어

3장에서는 피드포워드 뉴럴 네트워크를 사용했다. 피드포워드 네트워크는 덴스 레이어로 구성돼 있으며, 손글씨 숫자를 인식하는 태스크를 수행했다. 피드포워드 뉴럴 네트워크를 구축하는 과정에서 28 × 28 픽셀 크기의 입력 이미지를 각각 784개 픽셀을 가진 벡터로 강제로 변환했다. 그 변환 과정에서 네트워크가 본 숫자를 분류하는 데 사용할 수 있는 공간 정보가 손실된다. 데이터셋의 이미지를 단순한 784차원의 벡터로 보여준 후 숫자를 예측하기를 기대했다. MNIST 데이트셋과 같이 깔끔하고 멋지게 정돈된 간단한 손글씨 숫자를 분류하는 경우에는 이와 같은 방법으로도 충분히 높은 정확성을 얻을 수 있지만, 여러 공간적 방향을 포함한 지역적 패턴을 가진 복잡한 이미지를 분류하려는 경우에는 효과를 거의 얻지 못한다.

공간적인 정보를 보존하고 뉴런을 재사용함으로써 다양한 공간 영역에 출현하는 유사한 패턴을 식별하는 것이 우리의 목표다. 이렇게 할 수 있다면 좀 더 효율적인 컨볼루셔널 네트워크를 만들 수 있을 것이다. 뉴런을 재사용해서 패턴의 위치에 관계없이 특정한 패턴을 발견함으로써 CNN은 시각 태스크에서의 우위를 확보할 수 있을 것이다. 반면 밀집 네트워크는 패턴이 위치한 이미지가 바뀐다면 그 패턴을 처음부터 다시 학습해야 한다. 시각 데이터에 존재하는 자연적인 공간 계층에 대해 세밀한 국지적 패턴을 식별하고, 식별한 패턴을 활용해 점진적으로 복잡한 패턴을 구축하는 데는 컨볼루셔널 레이어가 적합하다.

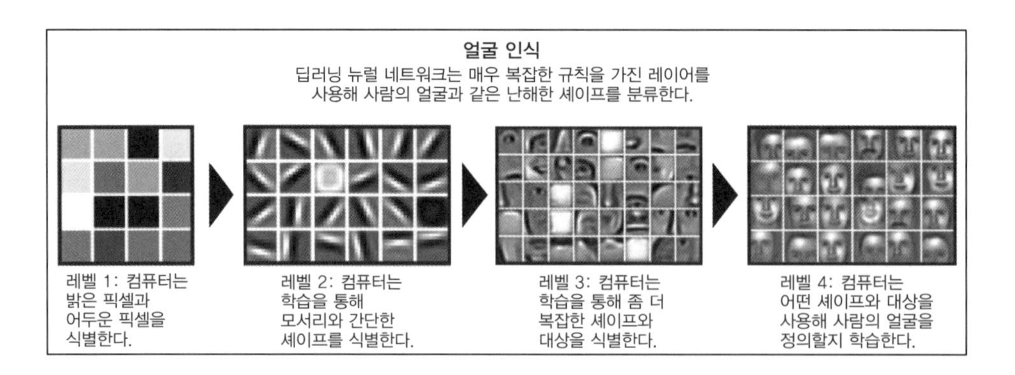

덴스 레이어의 다른 문제점 중 하나는 이 레이어가 국지적인 패턴을 잘 잡아내지 못한다는 점이다. 덴스 레이어는 이미지의 모든 픽셀을 포함하는 전체적인 패턴을 잘 잡아낸다. 하지만 휴벨과 뷔셀의 연구에서 제안된 바와 같이 뉴런의 수용 필드를 제한함으로써 데이터가 가진 국지적인 패턴을 발견하고, 이 패턴들을 활용해 좀 더 복잡한 패턴을 구축하는 것이 우리의 목적이다. 이를 통해 네트워크가 다양한 형태의 국지적 패턴을 가진 여러 시각 데이터를 다룰 수 있게 하는 것이다. 이런 문제를 해결하기 위해 개발된 CNN의 핵심 요소가 바로 컨볼루션 오퍼레이션^convolution operation^이다.

컨볼루션 오퍼레이션

라틴어 컨볼브^convolvere^는 "합성하다^convolve^" 또는 "함께 둘둘 말다^roll together^"로 번역한다. 수학적 관점에서 볼 때 컨볼루션은 2개 함수가 존재할 때 한 함수를 나머지 함수 위로 슬라이드시키면서 중첩되는 부분을 적분한 것으로 정의할 수 있다. 달리 말해 두 함수 (f, g)에 대해 컨볼루션 오퍼레이션^convolution operation^을 수행한 결과 제3의 함수가 생성되며, 이 새로운 함수는 한 함수의 형태가 다른 함수에 의해 어떻게 변하는지를 표현한다. '컨볼루션convolution'은 신호 처리singal processing 분야의 한 수학적인 하위 영역이며, 오퍼레이션 결과로 얻어진 함수는 물론 오퍼레이션 과정을 모두 의미한다. 컨볼루션을 다이어그램으로 표시하면 다음과 같다.

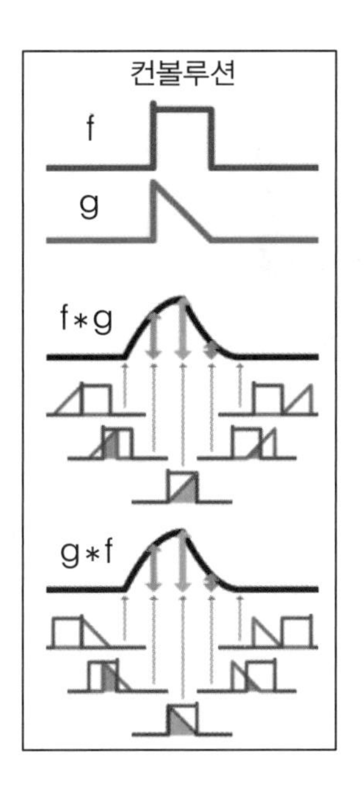

그렇다면 컨볼루션 오퍼레이션을 활용해서 얻을 수 있는 이점은 무엇인가?

이미지의 공간 구조 보존

먼저 한 장의 이미지를 네트워크에 *n*차원 텐서로 입력해서 이미지가 가진 공간 구조를 활용할 것이다. 즉, 네트워크는 각 픽셀을 하나의 벡터로 줄였을 때의 위치가 아니라 행렬상의 원래 위치 그대로를 입력받는다. 컨볼루셔널 네트워크를 사용해 MNIST 예제를 수행하는 경우에는 이미지를 표현하는 28 × 28 × 1 텐서를 입력한다. 여기에서 28 × 28은 2차원 행렬을 의미하고, 그 위에 픽셀들이 정렬돼 손으로 쓴 글씨를 형성한다. 마지막의 1은 이미지의 컬러 채널수를 의미한다(즉, 입력 이미지의 한 픽셀이 갖는 픽셀 값의 수를 의미한다). 즉, 컬러 이미지 데이터셋은 28 × 28 × 3의 형태이며, 마지막 3은 빨강, 초록, 파랑 각 채널의 세기 값이 된다. MNIST 데이터셋의 이미지는 그레이스케일만을 다루기 때문에 컬러 채널수는 1이다. 결론적으로 CNN에서는 하나의 이미지를 3차원 텐서 그대로 네트워크에 입력함으로써 이미지 데이터가 가진 공간 구조가 그대로 보존된다.

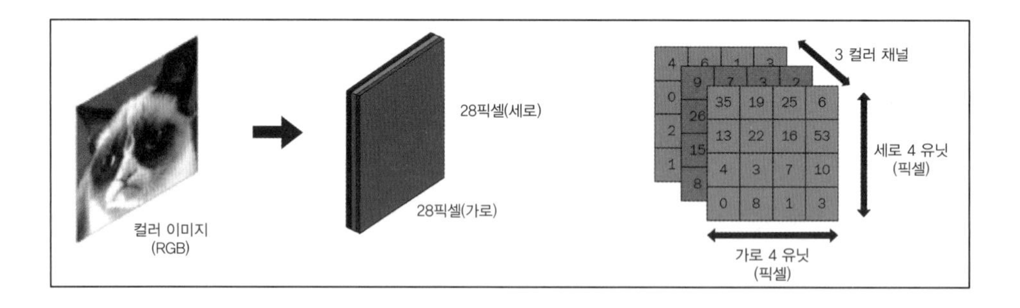

수용 필드

이제 네트워크 아키텍처에서 이미지가 가진 추가적인 공간 정보 속성을 활용할 수 있다. 이제 컨볼루션 오퍼레이션을 수행할 준비가 됐다. 다시 말해 작은 크기의 공간 조각을 사용해 입력 이미지 위로 슬라이드시키면서 국소적인 패턴을 필터링할 수 있다. 컨볼루션을 수행할 때 입력 데이터의 일부 영역은 히든 레이어의 특정한 뉴런과 연결해야 한다. 이를 통해 뉴런은 컨볼루션 오퍼레이션을 할 때마다 이미지의 국소 영역만을 처리하게 됨으로써 결과적으로 수용 필드가 제한된다. 뉴런의 수용 필드를 제한함으로써 두 가지 이점을 얻을 수 있다. 이미지에서 서로 이웃한 픽셀일수록 연관성이 높기 때문에 네트워크에서 뉴런의 수용 필드를 제한하면 뉴런은 입력 이미지의 픽셀 사이에 존재하는 국소적인 변화를 더 잘 감지하게 된다. 이와 함께 네트워크에 존재하는 수많은 학습 가능한 파라미터(혹은 가중치)를 현저하게 줄일 수 있다. 이 과정에서는 가중치 행렬인 필터filter를 이미지의 좌측 상단부터 시작해서 반복적으로 이미지에 겹치며 적용한다. 매 컨볼루션마다 이미지의 각 픽셀 위에 필터의 중심을 맞추고

오른쪽으로 한 스트라이드만큼씩 이동한다. 셀의 가장 위쪽 행 전체를 컨볼루션한 후에는 아래 행으로 내려와서 가장 왼쪽 픽셀부터 다시 동일한 작업을 반복한다. 이와 같은 방식으로 이미지 전체에 컨볼루션을 수행하고, 컨볼루션마다 입력 영역과 필터의 내적을 계산해 국소적인 영역에 담긴 특징을 추출한다.

다음 다이어그램에 컨볼루션 오퍼레이션의 첫 단계를 표시했다. 3차원의 사각형(파랑)이 전체 이미지의 부분(빨강)을 말 그대로 슬라이드하면서 이동한다. 파란색 사각형을 필터 혹은 컨볼루셔널 커널convolutional kernel이라고 부른다.

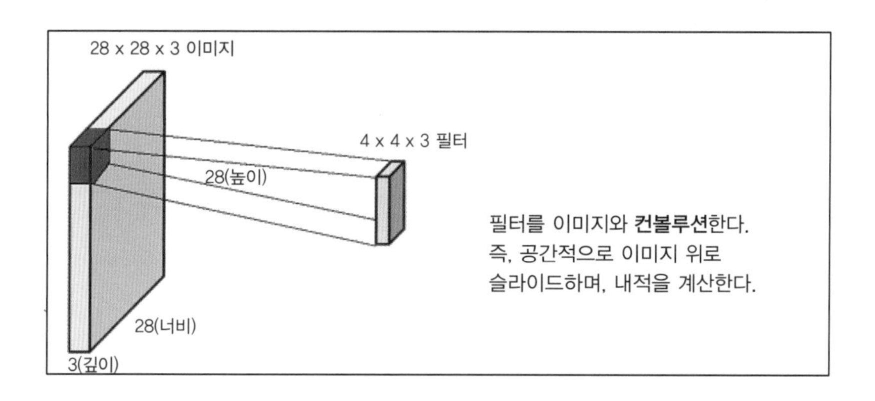

필터를 활용한 특징 추출

각 필터는 3장에서 살펴본 것과 같이 뉴런을 배치한 것 중 하나다. 필터를 구성하는 뉴런은 무작위로 초기화되고, 훈련을 하는 동안 역전파 알고리즘을 통해 가중치를 업데이트한다. 필터는 선 조각은 물론 곡선이나 더 복잡한 모양에 이르는 특정한 종류의 패턴을 찾아낸다. 필터가 입력 이미지의 한 영역을 지나면 필터의 가중치가 해당하는 픽셀 값에 곱해져(엘리먼트 단위) 하나의 출력 벡터를 생성한다. 그 후 피드포워드 뉴럴 네트워크에서처럼 출력값을 모두 합해 하나의 스칼라 값으로 변환한다. 계산된 값은 해당 필터의 활성화 맵activation map(특징 맵feature map 혹은 응답 맵response map이라고 불리기도 함)에 저장된다. 관례적으로 활성화 맵 자체의 크기는 입력 이미지에 비해 차원의 크기가 작으며, 입력 이미지를 새로운 형태로 표현(입력 이미지의 특정한 패턴을 강조하는)한다.

필터 가중치는 컨볼루셔널 레이어의 학습 가능한 파라미터로 간주할 수 있으며, 네트워크가 훈련을 수행하는 동안 업데이트되면서 수행하는 과제와 관계된 패턴을 잡아낸다.

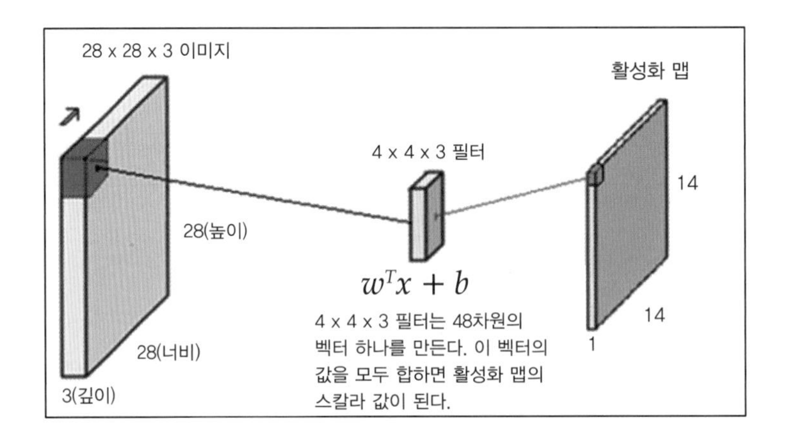

CNN에서의 오차 역전파

우리는 네트워크가 학습을 하면서 이상적인 필터 가중치를 찾아가면서 해당 필터의 활성화 맵이 입력 데이터에 존재하는 가장 유익한 시각적 패턴을 잡아내기를 원한다. 이런 활성화 맵은 행렬 사이의 곱셈(즉, 내적)을 통해 생성된다. 활성화 맵은 다음 레이어의 입력으로 사용되므로, 정보는 분류를 수행하는 마지막 레이어에 도달할 때까지 전방으로 전파된다. 이 지점에서 손실 함수는 네트워크의 예측값과 실제 출력값을 비교하고, 예측 오차를 역전파함으로써 레이어별로 네트워크 가중치를 업데이트한다.

매우 고차원적인 수준에서 볼 때 ConvNet은 이러한 방식으로 학습한다. 컨볼루션 오퍼레이션 과정에서는 전환된 필터 행렬(컨볼루셔널 필터의 가중치를 가진)과 입력 픽셀 공간의 내적을 반복적으로 계산해서 훈련 데이터에서 일반화할 수 있는 특징을 추출한다. 이 특징 맵(혹은 활성화 맵)은 풀링 레이어로 입력돼 차원을 줄이고, 다시 덴스 레이어에 입력돼 출력 클래스를 가장 잘 표현하는 것이 어떤 필터인지 결정한다. 역방향 경로에 따라 모델 가중치가 업데이트되면 다음 전방 경로에서는 새로운 활성화 맵을 생성해 데이터가 가진 좀 더 대표적인 특징을 인코딩한다. ConvNet 아키텍처를 간략하게 나타내면 다음과 같다.

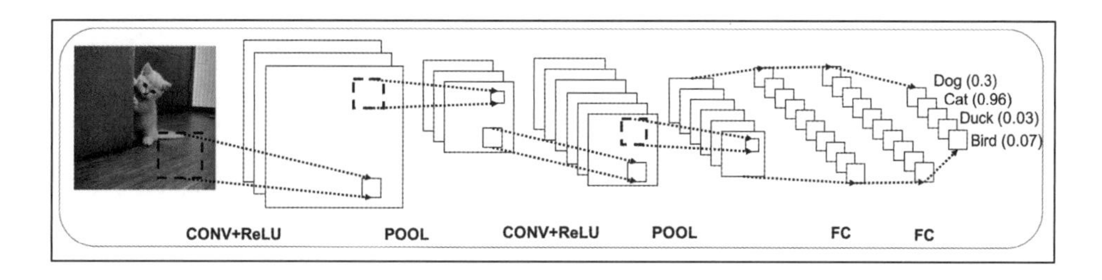

학습은 다음과 같은 단계로 수행된다.

1. 컨볼루션을 통해 입력 이미지의 특징을 학습한다.
2. 활성화 함수를 통해 비선형성을 적용한다(실세계의 데이터는 비선형적이다).
3. 풀링을 통해 차원을 줄이고, 공간 불변성을 보존한다.

여러 필터 사용

각 필터는 특정한 패턴에 특화돼 있으므로(즉, 각 필터는 특정한 종류의 패턴을 잡아내는 데 뛰어나므로) 이미지에 존재할 수 있는 다양한 종류의 패턴을 모두 잡아내려면 하나 이상의 필터가 필요하다. 다시 말해 컨볼루셔널 레이어에 여러 필터를 사용함으로써 입력 공간의 특정한 영역에 존재하는 국지적인 특징을 다양하게 추출할 수 있다. 이 국지적인 특징은 해당 필터의 활성화 맵에 저장되고, 다음 레이어로 전달돼 좀 더 복잡한 패턴을 형성한다. 컨볼루셔널 레이어는 점진적으로 다른 필터를 사용해 이전 레이어에서 입력된 활성화 맵과 컨볼루션을 수행하고, 입력된 맵을 다시 하나의 3차원 텐서로 출력한다. 이 3차원 텐서는 각 필터에서 사용한 활성화 맵에 대응한다.

새로운 활성화 맵은 다시 3차원 텐서로 변환돼 유서한 방식으로 다음 레이어에 전달된다. 이미지를 네트워크에 입력할 때에도 하나의 3차원 텐서(높이, 폭, 깊이를 가진)로 입력했다. 이 텐서는 입력 이미지의 차원(깊이는 픽셀 채널로 표시했다)과 일치한다. 반면 출력 텐서의 깊이 축은 앞선 컨볼루셔널 레이어에서 사용한 필터 수를 나타내며, 각 필터는 저마다 고유한 활성화 맵을 생성한다. CNN은 이러한 방식으로 데이터를 전방으로 전파하는 방법이다. 입력된 이미지는 하나의 3차원 활성화 맵으로 변환되고, 변환된 데이터가 깊숙이 위치한 레이어를 통해 전파됨에 따라 다양한 필터를 거쳐 점진적으로 전환된다. 전환된 데이터가 갖는 정확한 특성은 ConvNet을 구축해 보면서 자세히 확인할 것이다. ConvNet 구현에 앞서 기반이 되는 이론을 더 자세히 살펴본다.

스트라이드

다음 다이어그램에 (편의상) 2차원의 컨볼루션 오퍼레이션을 표시했다. 4 × 4 필터(빨간 상자) 하나가 큰 이미지(14 × 14) 위를 한 번에 2개 픽셀 단위씩 슬라이딩한다.

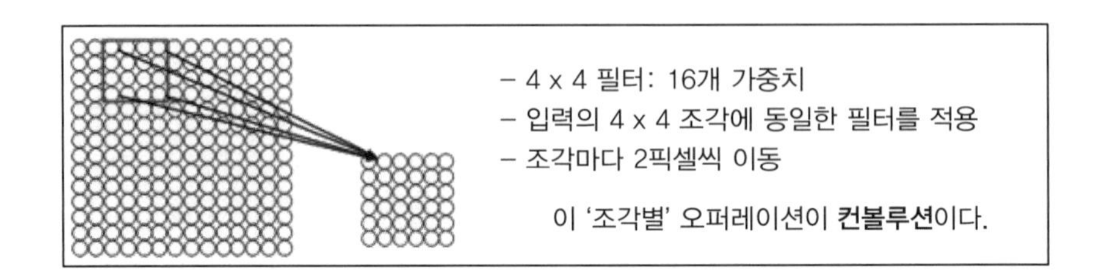

계산이 반복될 때마다 필터가 이동하는 픽셀 수를 스트라이드stride라고 부른다. 매 스트라이드마다 해당 입력 영역의 픽셀 행렬과 필터 가중치의 내적을 계산한다. 계산된 내적은 해당 필터의 활성화 맵에 하나의 스칼라 값으로 저장된다(작은 6 × 6 사각형). 즉, 활성화 맵은 입력 레이어를 축소해서 표현한 것으로, 입력 데이터에 필터를 컨볼루션해서 얻은 내적의 합으로 이뤄진 행렬이다. 상위 차원에서 볼 때 활성화 맵은 각 필터가 발견한 특정 패턴에 관한 뉴런의 활성화 여부를 나타낸다. 스트라이드가 클수록 입력 영역에 대해 덜 세밀한 샘플링을 하게 되며, 스트라이드가 작을수록 입력 영역의 픽셀에 대한 샘플링이 많아져 활성화 맵이 좀 더 세밀하게 만들어진다.

특징

다양한 필터를 사용해서 특징을 수집한다는 전체적인 메커니즘은 분명할지 모르지만, 특징이 실제로 어떤 형태며, 필터가 이들을 어떻게 추출하는지 궁금할 것이다.

이해를 돕기 위해 간단한 예를 하나 들겠다. 수많은 그레이스케일 문자 이미지 속에서 X라는 글자를 찾아내고 싶다. CNN은 어떻게 이 태스크를 수행하는가? 먼저 X라는 글자의 이미지를 생각해본다. 다음 그림과 같이 X를 구성하는 선은 양수(1), 여백인 부분은 음수(-1)라고 생각할 수 있다.

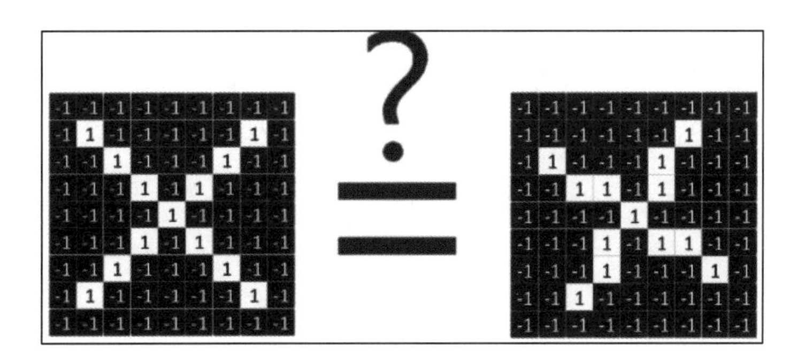

그러나 위치가 달라질 수도 있다. X가 약간 회전돼 있거나, 어찌됐든 형태가 다르다면 어떻게 해야 하는가? 실세계에서 X라는 글자는 크기나 형태가 모두 다를 수 있다. 이미지를 어떻게 분할해야 작은 필터를 이용해서 X가 가진 패턴을 잡아낼 수 있는가? 한 가지 방법은 다음과 같다.

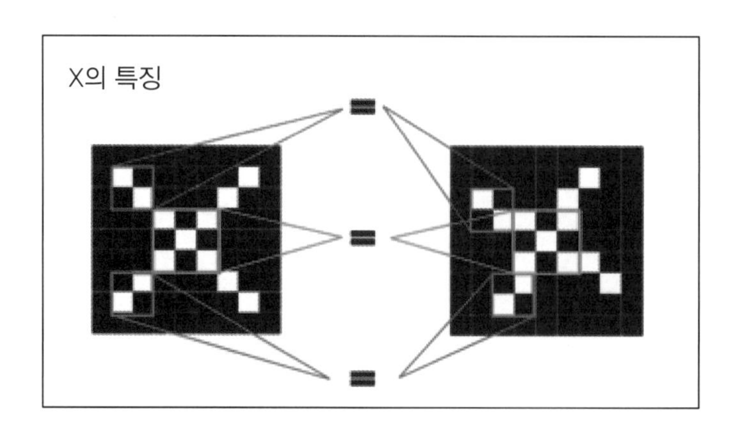

그림에서와 같이 이미지를 작은 조각(그림의 초록, 주황, 보라색 사각형)으로 나눌 수 있다. 각 조각은 이미지에서 반복적으로 나타나는 패턴을 의미한다. 그림의 경우 대각선 방향의 필터 2개와 대각선이 교차하는 필터 1개를 각 이미지에 겹쳐 슬라이딩시켜서 X를 형성하는 선의 조각을 잡아낼 수 있다. 각 필터를 패턴 식별자라고 생각해도 좋다. 입력 이미지에 여러 가지 필터를 컨볼루션해서 긴 수평선과 십자가를 닮기 시작하는 활성화 맵을 남긴다. 네트워크는 이 맵을 결합해서 글자 X를 학습한다.

필터를 활용한 특징 추출 시각화

필터를 사용해 패턴을 식별하는 과정을 살펴보자. 확실하게 이해하고자 다른 예제를 생각해보자. 이번에는 숫자 7을 생각해본다. 이 이미지는 MNIST 데이터셋에서 추출한 것이며, 28 × 28픽셀 이미지를 사용해 필터가 어떻게 실제로 다양한 패턴을 잡아내는지 확인한다.

앞의 이미지에 표시된 숫자 7은 수평선 두 개와 비스듬한 수직선 하나로 구성돼 있다. 이 두 종류의 선을 구분할 수 있도록 필터를 초기화해야 한다. 이제 ConvNet이 이 태스크에서 사용할 수 있는 전형적인 3 × 3 필터 행렬을 관찰한다.

-1	-1	-1
1	1	1
0	0	0

0	0	0
1	1	1
-1	-1	-1

-1	1	0
-1	1	0
-1	1	0

0	1	-1
0	1	-1
0	1	-1

한눈에 알아채기 어려울 수 있지만, 이 필터들은 실제로 매우 정교한 모서리 식별자다. 필터의 동작을 알기 위해 필터 값이 0인 부분은 회색, 1인 부분은 흰색, -1인 부분은 검은색으로 표시했다. 이 필터들을 입력 이미지와 컨볼루션하면 필터 값과 필터 아래 있는 픽셀 값이 픽셀 단위로 곱해진다. 연산을 수행한 결과가 활성화 맵(입력 이미지에 대해 각 필터가 잡아낸 특정한 특징을 의미한다)이라 불리는 행렬이다. 입력 이미지에 대해 4개의 필터를 사용해 컨볼루션 오퍼레이션을 수행하면 각 필터가 어떤 패턴들을 잡아냈는지 확인할 수 있다. 컨볼루셔널 레이어에서 각 필터의 활성화 맵을 표시하면 다음 그림과 같다.

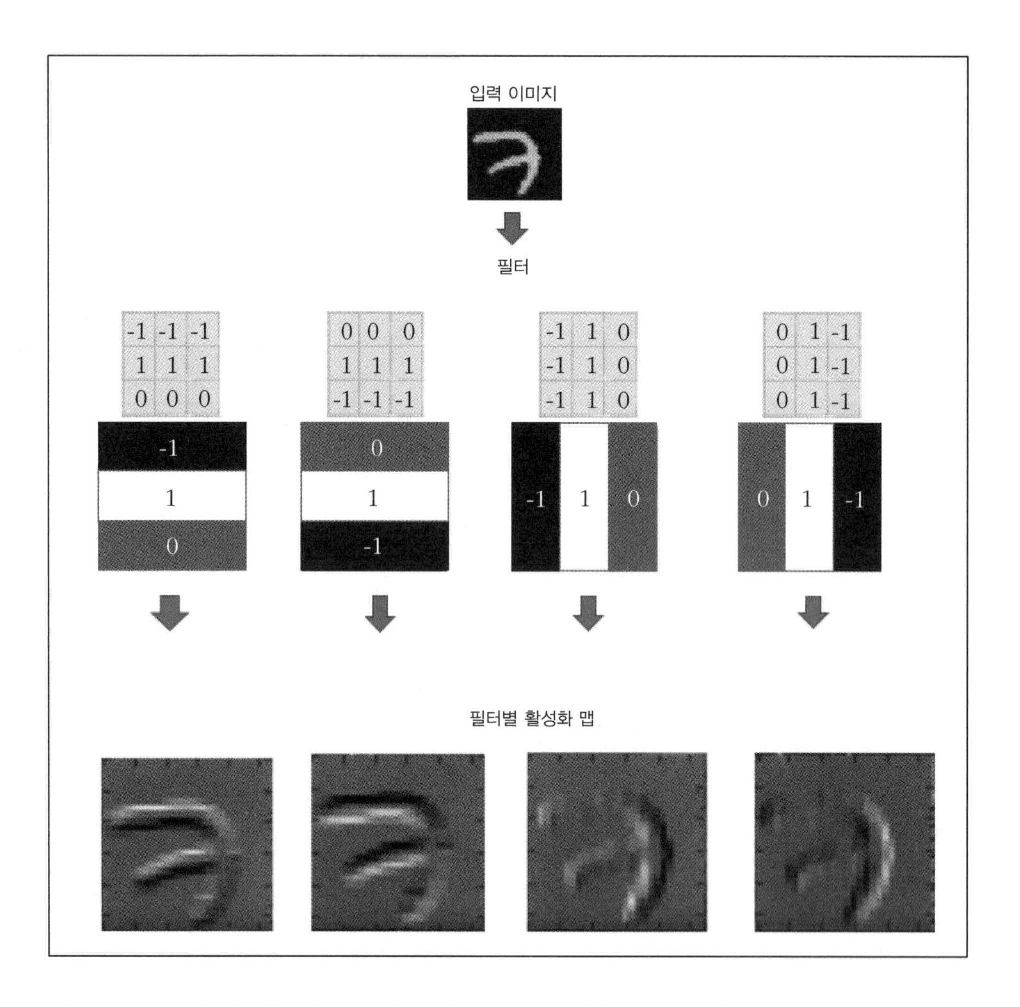

각 필터가 각 공간 위치에서 픽셀 값과 필터 가중치를 내적한 합을 계산하는 것만으로 특정한 패턴을 잡아낼 수 있음을 확인했다. 수집된 패턴은 앞서 언급한 활성화 맵의 흰 영역으로 나타낼 수 있다. 앞쪽의 2개 필터는 7에서 수평선의 위쪽과 아래쪽을 각각 잡아냈다. 뒤쪽의 2개 필터는 7에서 수직선의 왼쪽과 오른쪽을 각각 잡아냈다. 이는 매우 간단한 패턴 식별의 예지만, ConvNet의 레이어가 점진적으로 색상과 모양의 차이를 구분함으로써(근본적으로는 숫자의 패턴) 네트워크의 판단에 도움을 주는 좀 더 유용한 구조를 잡아냄을 알 수 있다.

▌복잡한 필터

다음 그림은 ConvNet의 두 번째 레이어에서 그리드별로 가장 뛰어난 활성화 맵 9개를 표시한 것으로, 각 활성화 맵은 특정한 입력과 연관돼 있다. 그림 왼쪽의 작은 그리드를 입력에 대한 각 뉴런의 활성화 값으로 간주할 수 있다. 그림 오른쪽의 컬러 이미지는 왼쪽의 각 그리드에 해당하는 입력(뉴런에게 보여준)으로, 이들 뉴런의 활성화를 최대화하는 입력의 종류를 표시한 것이다. 그리드 (2, 2)에서 이미 전구의 윗부분이나 동물의 눈과 같은 원형 입력을 매우 잘 구분해내는 활성화 값을 가진 뉴런을 확인할 수 있다.

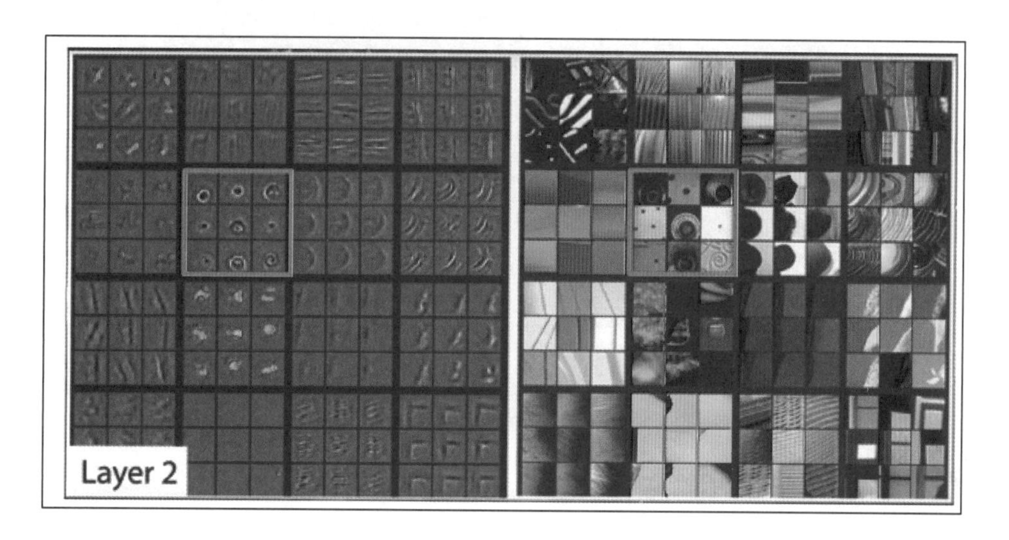

유사하게 그리드 (4, 4)에서는 문틀이나 창틀을 포함한 이미지에 대해 좀 더 활성화된 것처럼 보이는 사각형 모양의 패턴 검출자를 확인할 수 있다. CNN에서의 더 깊은 레이어의 활성화 맵을 계속 시각화하면 그리드 (1, 1)과 같은 개의 얼굴이나 그리드 (2, 4)와 같이 새의 발을 표현하는 좀 더 복잡한 기하학적 패턴을 확인할 수 있다.

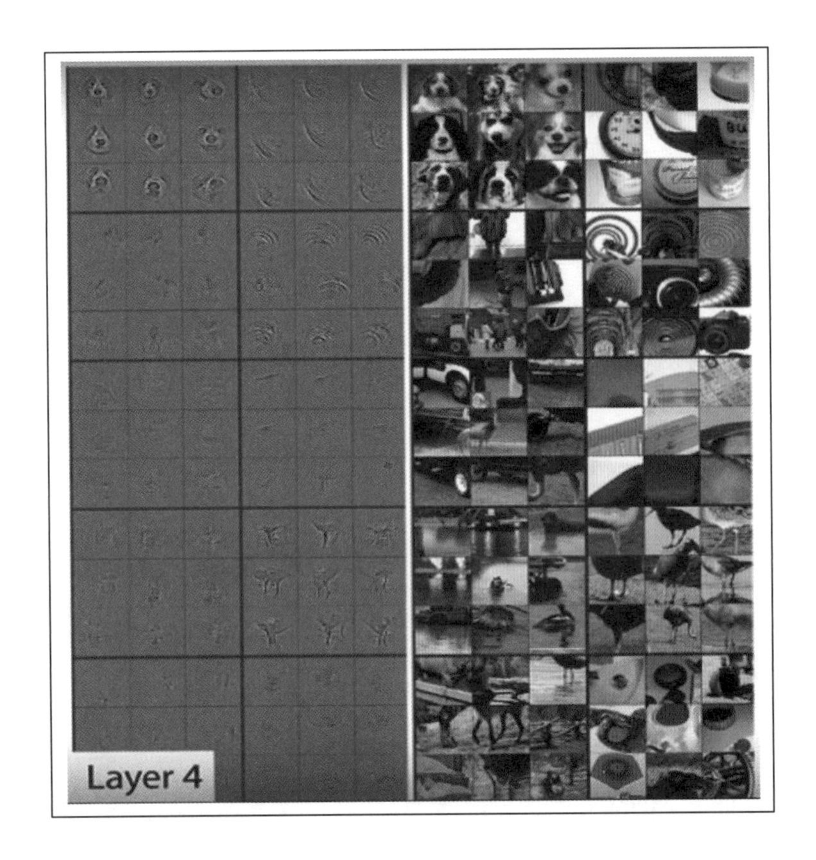

▌컨볼루션 오퍼레이션 요약

이 절에서는 특징을 추출하고자 입력 공간에 일련의 가중치(즉, 필터)를 적용하고, 필터를 입력 공간에 대해 스트라이드만큼 반복적으로 이동시켰다. 또한 다양한 필터를 적용해 입력에 존재하는 여러 패턴을 잡아냈다. 마지막으로 필터와 이미지 전체를 컨볼루션해서 특정한 필터에 공간적인 파라미터를 공유했다. 동일한 필터를 사용해서 이미지의 다른 영역에 존재하는 유사한 패턴도 식별했다(앞서 언급한 공간 불변성의 개념과 관련된다). 그러나 컨볼루셔널 레이어에서 출력한 활성화 맵은 근본적으로 매우 차원이 높은 추상적 표현이기 때문에 분류를 수행하려면 이 표상을 조작할 수 있는 차원으로 줄여야 한다. 다음에 설명할 풀링 레이어pooling layer에서 이 작업을 수행한다.

풀링 레이어 이해

컨볼루셔널 레이어를 사용할 때 마지막으로 고려해야 할 점은 앞의 고양이 뇌 실험에서 봤던 것처럼 단순 세포를 스택으로 쌓아 올려 국지적인 패턴을 발견하는 것, 복합 세포들을 스택을 쌓아 올려 표상을 다운샘플링하는 아이디어와 관련이 있다. 앞 절에서 설명한 컨볼루셔널 필터는 단순 세포와 같다. 즉, 입력 이미지의 국지적인 영역에 집중해서 해당 영역의 자극을 통해 뉴런이 활성화되도록 훈련시킨다. 반면 복합 세포는 자극이 발생하는 위치에 덜 특화(즉 일반화)되기 위해 필요한데, 이를 위한 목적으로 풀링 레이어를 사용한다. 풀링 기술은 CNN 레이어의 출력값을 줄여서 표상을 좀 더 다루기 쉽게 만든다. 풀링 레이어는 컨볼루셔널 레이어 사이에 반복적으로 추가돼 컨볼루셔널 레이어의 출력을 공간적으로 다운샘플링한다. 이를 통해 컨볼루셔널 레이어의 출력 크기를 점진적으로 줄임으로써 좀 더 효율적인 표상을 얻을 수 있다.

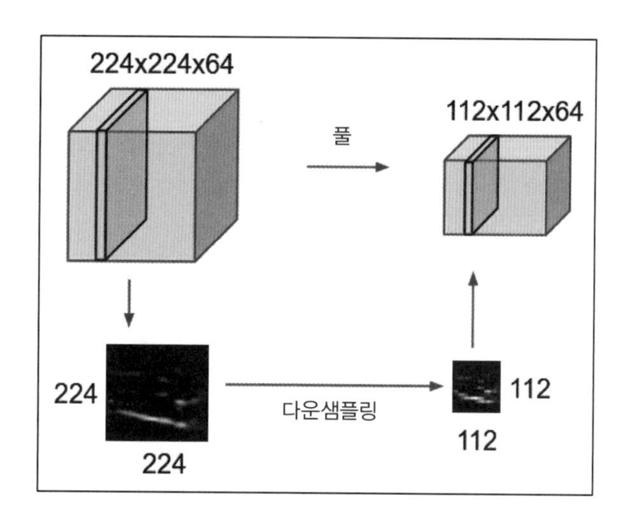

그림에서 보듯이 224 × 224 × 64의 입력을 크기 2인 필터를 사용해 2 스트라이드로 풀링했으므로 깊이 정보는 그대로 유지된다. 풀링 결과 출력은 112 × 112 × 64로 바뀐다.

풀링 오퍼레이션의 종류

풀링 오퍼레이션은 이처럼 동일한 태스크에 대해 네트워크에게 필요한 학습 가능한 파라미터 수를 줄임으로써 네트워크의 과적합을 방지한다. 네트워크에 주어진 레이어(즉, 입력 텐서의 모든 깊이 차원)가 생성한 모든 활성화 맵에 풀링을 적용해서 자체 필터를 통해 공간적으로 입력의 크기를 줄인다. 일반적으로 풀링 레이어는 2 × 2 크기, 2 스트라이드의 필터로 입력의 모든 깊이에 적용된다. 다운샘플링은 여러 가지 방법으로 수행할 수 있는데, 가장 일반적인 방법은 맥스 풀링max pooling이다. 맥스 풀링이란 풀링 레이어와 겹쳐진 입력 영역의 픽셀 값 중 가장 큰 값을 남기는 방법이다. 입력 텐서의 특정한 슬라이스에 맥스 풀링을 적용한 결과를 다이어그램으로 표시했다.

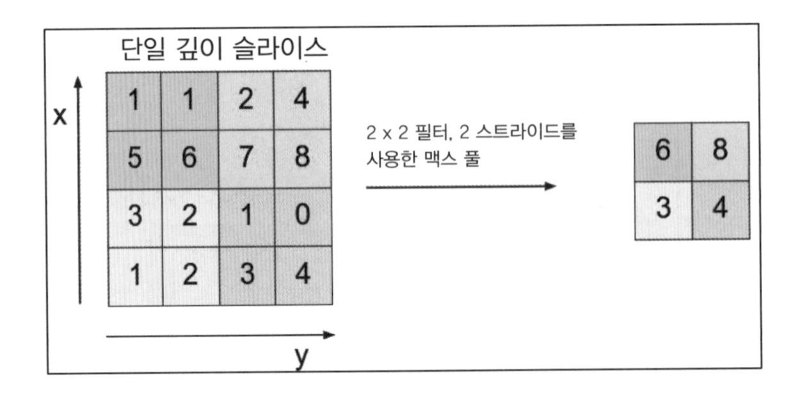

풀링 레이어는 입력의 각 슬라이스에 대해 독립적으로 활성화된 입력 공간을 다운샘플링한다. 최댓값을 보존하는 맥스 풀링을 가장 많이 사용하며, 여기에서는 스트라이드 값으로 2를 사용했다. 즉, 4개의 숫자 중(작은 2 × 2 사각형) 가장 큰 값이 선택된다. 2 × 2 영역의 평균값을 사용해서 다운샘플링을 하는 방법을 평균 풀링average pooling이라고 한다. 케라스는 다양한 풀링 레이어를 제공하며, 각 레이어는 직전 레이어의 출력을 여러 방법으로 다운샘플링한다. 이미지 분류 태스크에서는 하나의 2차원이나 3차원 맥스 풀링 레이어를 가장 많이 사용한다. 레이어의 차원은 레이어가 받아들이는 입력의 종류를 의미한다. 예를 들면 그레이스케일 이미지를 처리할 때는 2차원 레이어, 컬러 이미지를 처리할 때는 3차원 레이어로 다운샘플링한다. 이와 관련해 잘 설명된 문서가 많으므로 별도로 찾아보고 학습에 참고하는 것도 좋다.

케라스를 활용한 CNN 구현

CNN을 구현하는 핵심적인 컴포넌트를 대략적으로 이해했으므로, 실제로 CNN을 구현해본다. 현 과정에서 컨볼루셔널 네트워크를 구축하기 위한 핵심적인 구조적 고려사항에 친숙해질 수 있고, 네트워크의 성능을 개선할 수 있는 세부적인 아이디어도 얻을 수 있다. 케라스를 사용해 컨볼루셔널 레이어를 구현하고, 풀링 레이어와 같은 다운샘플링 기법을 살펴보면서 이미지 분류 태스크에서 컨볼루셔널 레이어, 풀링 레이어, 덴스 레이어를 조합해서 활용하는 방법을 학습한다.

이 예제에서는 간단한 유스케이스를 다룬다. CNN을 사용해 사람의 감정(미소를 짓거나 찡그리는)을 분류해 보고자 한다. 이는 실제로는 이진 분류 태스크다. 이 태스크는 어떻게 수행하는가? 우선 미소를 지은 표정인지 찡그린 표정인지에 대한 라벨 데이터셋을 준비한다. 이 데이터 셋은 다양한 방법으로 확보할 수 있지만, 예제에서는 해피하우스 데이터셋Happy House Dataset을 선택했다. 해피 하우스 데이터셋은 750명의 사람 얼굴 이미지로 구성돼 있다. 이미지 속의 사람은 미소를 짓거나 찡그리고 있으며, 'h5py'라는 파일 형식으로 저장돼 있다. 캐글Kaggle 웹 사이트(https://www.kaggle.com/iarunava/happy-house-dataset)에서 이 데이터셋을 다운로드할 수 있다.

데이터 확인

우선 데이터셋을 로드해서 처리할 데이터의 형태를 확인한다. '.h5py' 파일을 읽는 간단한 함수를 만들어 훈련 데이터와 테스트 데이터를 추출하고, 추출한 데이터를 표준 NumPy 배열에 입력한다.

```
import numpy as np
import h5py
import matplotlib.pyplot as plt

# 데이터셋 로드 함수
def load_dataset():
    # h5py 모듈 사용, 파일 경로와 파일 접속 모드(읽기, read)를 설정
    all_train_data = h5py.File('<path/to>/train_happy.h5', "r")
    all_test_data = h5py.File('<path/to>/test_happy.h5', "r")

    # 모든 훈련 데이터와 테스트 데이터를 파일에서 읽어 numpy 배열에 저장
    x_train = np.array(all_train_data["train_set_x"][:])
    y_train = np.array(all_train_data["train_set_y"][:])

    x_test = np.array(all_test_data["test_set_x"][:])
    y_test = np.array(all_test_data["test_set_y"][:])

    # 데이터 셰이프 변경
    y_train = y_train.reshape((1, y_train.shape[0]))
    y_test = y_test.reshape((1, y_test.shape[0]))

    return x_train, y_train, x_test, y_test
```

데이터 셰이프 확인

다음으로 훈련 데이터와 테스트 데이터의 셰이프를 출력한다. 데이터가 64 × 64픽셀 크기의 컬러 이미지라는 것을 알 수 있다. 동일한 셰이프의 이미지가 훈련 데이터에는 600개, 테스트 데이터에는 150개가 포함돼 있다. 또한 Matplotlib를 사용해 이미지가 실제로 어떻게 보이는지 확인할 수 있다.

```
print('Image dimension: ', X_train.shape[1:])
print('Training tensor dimension: ', X_train.shape)
print('Test tensor dimension: ', X_test.shape)
print()
print('Number of training tensor: ', X_train.shape[0])
print('Number of test tensor: ', X_test.shape[0])
print()
print('Training lable dimension: ', Y_train.shape)
print('Test label dimension: ', Y_test.shape)

------------------------------
Image dimension:  (64, 64, 3)
Training tensor dimension:  (600, 64, 64, 3)
Test tensor dimension:  (150, 64, 64, 3)

Number of training tensor:  600
Number of test tensor:  150

Training lable dimension:  (1, 600)
Test label dimension:  (1, 150)

# 이미지 플롯
plt.imshow(X_train[0])

# 이미지 라벨 출력(smiling = 1, frowning = 0)
print("y = " + str(np.squeeze(Y_train[:, 0])))
```

찡그린 표정의 사나이를 만나보자.

데이터 표준화

픽셀 값을 0에서 1 사이의 값으로 다시 스케일링한 이미지를 준비한다. 라벨 행렬도 (1, 600)에서 (600, 1)로 변환한다. 마지막으로 훈련 데이터셋과 테스트 데이터셋을 위한 특징의 셰이프와 라벨을 출력한다.

```
# 채널의 최댓값인 255를 사용해 각 픽셀 값을 표준화
X_train = X_train / 255.
X_test = X_test / 255.

# 라벨 변환
Y_train = Y_train.T
Y_test = Y_test.T

# 상태 출력
print("Number of training examples: " + str(X_train.shape[0]))
print("Number of test examples: " + str(X_test.shape[0]))
print("X_train shape: " + str(X_train.shape))
print("Y_train shape: " + str(Y_train.shape))
print("X_test shape: " + str(X_test.shape))
```

```
print("Y_test shape: " + str(Y_test.shape))
------------------------------
Number of training examples: 600
Number of test examples: 150
X_train shape: (600, 64, 64, 3)
Y_train shape: (600, 1)
X_test shape: (150, 64, 64, 3)
Y_test shape: (150, 1)
```

네트워크에서 데이터를 쉽게 처리할 수 있도록 NumPy 배열을 부동소수점 값으로 바꾼다.

```
# float32 ndarray로 변환
from keras.utils import to_categorical

X_train = X_train.astype('float32')
X_test = X_test.astype('float32')

Y_train = Y_train.astype('float32')
Y_test = Y_test.astype('float32')
```

임포트

마지막으로 감정 분류 태스크를 수행할 새로운 레이어를 임포트한다. 이전 코드의 마지막 블록에서 2차원 컨볼루셔널 레이어 하나를 임포트했다. 컨볼루셔널 레이어의 차원은 우리가 수행하고자 하는 태스크에 특화된 속성이다. 현재 이미지를 다루고 있으므로, 2차원 컨볼루셔널 레이어를 사용하는 것이 가장 적합하다. 시계열의 센서 데이터(예를 들면 뇌파와 같은 생물학적 데이터 또는 주식 시장의 금융 데이터 등)를 다루는 경우에는 1차원 컨볼루셔널 레이어, 비디오와 같은 입력 데이터를 다루는 경우에는 3차원 컨볼루셔널 레이어를 사용하는 것이 적합하다.

```
import keras
from keras.models import Sequential
from keras.layers import Flatten
from keras.layers import Dense
from keras.layers import Activation, Dropout
from keras.optimizers import Adam
from keras.layers import Conv2D
from keras.layers import MaxPooling2D
from keras.layers.normalization import BatchNormalization
```

2차원 맥스 풀링 레이어를 임포트하고, 배치별 표준화를 적용한다. 배치 표준화를 수행함으로써 데이터가 네트워크를 통해 전파되는 동안 레이어 출력값을 간단히 변경할 수 있다.

'내부 공변량 이동internal covariate shift' 문제는 CNN뿐만 아니라 ANN에서도 잘 알려진 현상이다. 이 현상은 몇 차례의 훈련 이터레이션이 수행된 이후 입력의 통계적 분산이 변화하는 현상인데, 이는 모델이 이상적인 가중치에 수렴하는 속도를 늦춘다. 이 문제는 평균과 분산을 사용해서 데이터를 미니 배치mini batch로 표준화함으로써 해결할 수 있다. 내부 공변량 이동 문제와 배치 표준화의 근간이 되는 수학적 이론을 더 살펴보면 좋겠지만, 지금 단계에서는 이 두 가지가 네트워크의 학습 속도를 빠르게 하고, 더 높은 학습률을 허용해서 네트워크 가중치를 쉽게 초기화할 수 있게 한다는 점만 알아둔다.

컨볼루셔널 레이어

케라스에서 컨볼루셔널 레이어를 사용할 때 고려할 두 가지 중요한 사항이 있다. 첫 번째는 레이어에 적용할 필터의 수이며, 두 번째는 필터 자체의 크기다. 빈 순차 모델을 만들고, 첫 번째 컨볼루셔널 레이어를 초기화하는 방법을 살펴보자.

```
# 컨볼루셔널 뉴럴 네트워크 생성
model = Sequential()

# 첫 번째 컨볼루셔널 레이어
model.add(Conv2D(16, (5, 5), padding='same', activation='relu',
                 input_shape=(64, 64, 3)))
model.add(BatchNormalization())
```

필터 수와 크기 정의

앞에서 5 × 5 크기의 필터 16개를 가진 레이어를 정의했다. 실제로 적합한 필터의 차원은 5 × 5 × 3이다. 하지만 필터의 깊이는 입력 텐서의 깊이에 따라 늘어나므로, 명확하게 기술하지 않아도 된다. 이 레이어는 첫 번째 레이어로 훈련 이미지의 텐서 표상을 입력받는다. 필터의 깊이는 3으로 확장되며, 각 픽셀의 빨강, 초록, 파랑 색상 값을 커버한다.

입력 텐서 패딩

컨볼루션 오퍼레이션의 모습을 다시 한 번 생각해보자. 입력 텐서를 따라 필터를 슬라이드시키는 동안 입력 텐서의 경계선이나 모서리는 다른 부분에 비해 덜 빈번하게 처리된다. 경계선이나 모서리가 아닌 부분에 위치한 픽셀은 필터가 이미지 위를 미끄러져 가는 동안 좀 더 여러 차례 샘플링된다. 그 결과 출력 표상에는 입력의 경계선이나 모서리 정보가 덜 샘플링된 데이터가 담기는데, 이를 경계 효과border effect라고 부른다.

다음 그림과 같이 입력 텐서에 0을 패딩padding해서 경계 효과 문제를 회피할 수 있다.

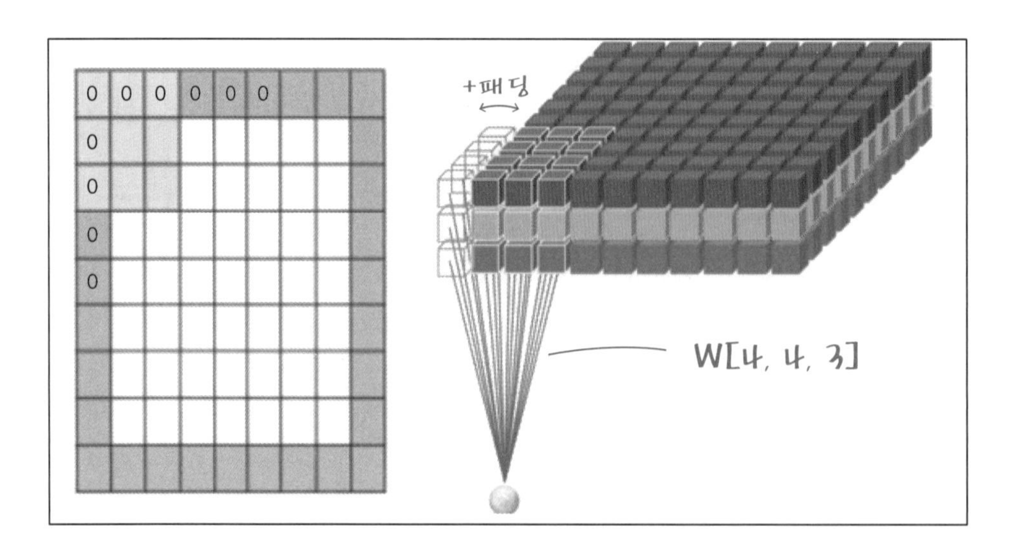

패딩을 하지 않았다면 입력 텐서의 모서리에 나타날 픽셀이 패딩을 함에 따라 나중에 나타나게 되므로 입력 텐서의 모든 픽셀을 공평하게 샘플링할 수 있다. 첫 번째 컨볼루셔널 레이어를 생성하는 과정에서 입력 텐서의 길이와 폭을 보존하고, 출력 텐서 역시 입력 텐서와 동일한 공간 차원을 갖도록 명시했다. 앞에서 설명했듯 컨볼루셔널 레이어에서 출력의 깊이는 우리가 사용한 필터의 수로 정의된다. 예제에서는 16을 사용했으며, 이는 16개의 필터가 입력 공간을 따라 컨볼루션함에 따라 16개의 활성화 맵이 생성됨을 의미한다. 마지막으로 입력 셰이프를 입력 이미지의 차원으로 정의했는데, 이는 데이터에 포함돼 있는 64 × 64 × 3 컬러 픽셀에 해당한다. 지금까지 설명한 내용을 코드로 표현하면 다음과 같다.

```
# 컨볼루셔널 뉴럴 네트워크 생성
model = Sequential()

# 첫 번째 컨볼루셔널 레이어
model.add(Conv2D(16, (5, 5), padding='same', activation='relu',
                input_shape=(64, 64, 3)))
model.add(BatchNormalization()).
```

맥스 풀링 레이어

첫 번째 컨볼루셔널 레이어에서 생성된 활성화 맵은 표준화를 거쳐 맥스 풀링 레이어로 입력된다. 컨볼루션 오퍼레이션과 마찬가지로 풀링 오퍼레이션도 입력 영역별로 적용된다. 맥스 풀링에서는 픽셀 그리드 중 최댓값을 선택한다. 최댓값은 각 특징에 가장 강력하게 연관된 값을 의미하며, 이 최댓값을 조합해 입력 이미지에 대한 낮은 차원의 표상을 형성한다. 이러한 방법으로 각 활성화 맵의 그리드에서 가장 중요한 값을 보존하고, 그 값을 제외한 값은 무시한다.

다운샘플링 오퍼레이션은 자연히 일정 수준의 정보 소실을 수반하지만, 네트워크에서 사용하는 저장 공간을 급격하게 줄임으로써 효율성을 크게 향상시킨다.

```
# 첫 번째 풀링 레이어
model.add(MaxPooling2D(pool_size=(2, 2)))
model.add(Dropout(0.1))
```

덴스 레이어를 활용한 분류

이후 컨볼루션, 배치 표준화, 드롭아웃을 추가해 점진적으로 네트워크를 구축한 후 마지막 레이어를 추가한다. MNIST 예제와 마찬가지로 덴스 레이어를 통해 네트워크의 분류 메커니즘을 구현하다. 덴스 레이어를 사용하기 전에 이전 레이어에서의 입력(16 × 16 × 32)을 하나의 1차원 벡터(8,192)로 평활화해야 한다. 덴스 레이어는 이전 레이어와 달리 1차원 벡터를 선호하기 때문이다. 두 개의 덴스 레이어를 추가하는데, 첫 번째 레이어는 128개(임의 선택)의 뉴런을 포함하고 있으며, 두 번째 레이어는 1개 뉴런만을 포함한다. 이 네트워크 모델은 이진 분류를 하기 때문이다. 네트워크가 의도대로 동작한다면 마지막 뉴런 하나는 이전 레이어에 있는 128개 뉴런의 도움을 받아 특정한 출력 클래스(예를 들면 미소 짓는 얼굴)를 봤을 때 활성화되고, 해당 출력 클래스가 아닌 클래스(예를 들면 찡그린 얼굴)를 봤을 때 아무런 반응도 하지 않는 방법을 학습할 것이다. 마지막 레이어에는 시그모이드 활성화 함수를 사용해서 입력 이미지가 클래스에 해당할 확률을 계산한다.

```
# 두 번째 컨볼루셔널 레이어
model.add(Conv2D(32, (5, 5), padding='same', activation='relu'))
model.add(BatchNormalization())
# 두 번째 풀링 레이어
model.add(MaxPooling2D(pool_size=(2, 2)))
# 드롭아웃 레이어
model.add(Dropout(0.1))
# 평탄화 레이어
model.add(Flatten())
# 첫번째 완전 연결 레이어
model.add(Dense(128, activation='relu'))
# 마지막 출력 레이어
model.add(Dense(1, activation='sigmoid'))
```

모델 요약

모델을 시각화해서 구축된 형태를 확인한다. 네트워크상에서 활성화 맵의 수(다음 레이어 출력의 깊이로 표시함)가 점진적으로 증가하는 것을 확인할 수 있다. 반면에 활성화 맵의 길이와 폭은 드롭아웃 레이어에 도달할 때까지 (64 × 64)에서 (16 × 16)으로 점진적으로 줄어든다. 이 두 가지 패턴이 CNN의 이터레이션에서 전통적으로 가장 두드러지는 현상이다.

레이어 사이에서 입력과 출력 차원의 변화는 앞서 언급한 경계 효과를 어떻게 처리하는지, 컨볼루셔널 레이어에서 필터의 스트라이드를 어떻게 결정했는지에 따라 달라진다. 스트라이드를 작게 설정하면 출력 차원이 높고, 반대로 스트라이드를 크게 설정하면 출력 차원이 낮다. 이는 필터와 입력 텐서의 내적을 계산하는 위치의 수와 관련이 있다(계산의 결과는 활성화 맵에 저장된다). 스트라이드를 크게 설정하면 이미지의 마지막 영역에 쉽게 도착하고, 스트라이드를 작게 설정했을 때보다 동일한 입력에 대해 더 적은 내적 값을 계산하게 된다. 컨볼루셔널 레이어의 스트라이드는 스트라이드 파라미터로 정의할 수 있으며, 레이어별로 정수 값이나 단일 정수의 튜플/리스트로 설정한다. 정수 값(들)은 각 컨볼루션 오퍼레이션에서의 스트라이드 길이를 의미한다.

모델을 요약해서 출력하는 코드는 다음과 같다.

```
model.summary()
```

코드를 실행한 결과는 다음과 같다.

```
1  model.summary()

_________________________________________________________________
Layer (type)                 Output Shape              Param #
=================================================================
conv2d_29 (Conv2D)           (None, 64, 64, 16)        1216
_________________________________________________________________
batch_normalization_29 (Batc (None, 64, 64, 16)        64
_________________________________________________________________
max_pooling2d_29 (MaxPooling (None, 32, 32, 16)        0
_________________________________________________________________
dropout_29 (Dropout)         (None, 32, 32, 16)        0
_________________________________________________________________
conv2d_30 (Conv2D)           (None, 32, 32, 32)        12832
_________________________________________________________________
batch_normalization_30 (Batc (None, 32, 32, 32)        128
_________________________________________________________________
max_pooling2d_30 (MaxPooling (None, 16, 16, 32)        0
_________________________________________________________________
dropout_30 (Dropout)         (None, 16, 16, 32)        0
_________________________________________________________________
flatten_15 (Flatten)         (None, 8192)              0
_________________________________________________________________
dense_29 (Dense)             (None, 128)               1048704
_________________________________________________________________
dense_30 (Dense)             (None, 1)                 129
=================================================================
Total params: 1,063,073
Trainable params: 1,062,977
Non-trainable params: 96
_________________________________________________________________
```

컨볼루셔널 레이어와 맥스 풀링 레이어는 3차원 텐서를 생성하며, 생성된 텐서의 차원은 각각 출력의 높이, 너비, 깊이와 일치한다. 레이어 출력의 깊이는 근본적으로 각 필터에 초기화된 활성화 맵이다. 우리가 구현한 첫 번째 컨볼루셔널 레이어는 16개 필터, 두 번째 레이어는 32개 필터이며, 각 레이어는 설정된 필터만큼의 활성화 맵을 생성한다.

모델 컴파일

지금까지 컨볼루셔널 뉴럴 네트워크 설계에서의 핵심적인 구조적 결정 사항을 다뤘다. 이제 구축한 네트워크를 컴파일한다. 3장에서 이진 감정 분류 태스크를 수행했을 때와 마찬가지로 최적화 함수로는 adam, 손실 함수로는 binary_crossentropy를 선택했다. 마찬가지로 EarlyStopping 콜백을 사용해 검증 데이터셋에 대한 손실을 계산하고, 매 에폭마다 모델이 완전히 새로운 데이터를 얼마나 잘 학습하는지 확인했다.

```
# 모델 컴파일
model.compile(optimizer='adam',
              loss='binary_crossentropy',
              metrics=['accuracy'])

# 조기 중단 콜백을 통해 검증 손실을 모니터하고, 필요한 경우 훈련을 중단한다.
from keras.callbacks import EarlyStopping
early_stopping = keras.callbacks.EarlyStopping(monitor='val_loss')

# 훈련 세션 초기화
model.fit(X_train, Y_train,
          validation_data=(X_test, Y_test),
          epochs=20,
          batch_size=50,
          callbacks=[early_stopping])
```

코드를 실행한 결과는 다음과 같다.

```
Train on 600 samples, validate on 150 samples
Epoch 1/20
600/600 [==============================] - 6s 10ms/step - loss: 2.1717 - acc: 0.5917 - val_loss: 0.6533 - val_acc: 0.6067
Epoch 2/20
600/600 [==============================] - 6s 10ms/step - loss: 0.4608 - acc: 0.7867 - val_loss: 0.3879 - val_acc: 0.7867
Epoch 3/20
600/600 [==============================] - 6s 10ms/step - loss: 0.2746 - acc: 0.8800 - val_loss: 0.2957 - val_acc: 0.8600
Epoch 4/20
600/600 [==============================] - 6s 10ms/step - loss: 0.1795 - acc: 0.9267 - val_loss: 0.2018 - val_acc: 0.9400
Epoch 5/20
600/600 [==============================] - 6s 10ms/step - loss: 0.1307 - acc: 0.9617 - val_loss: 0.2120 - val_acc: 0.9333
<keras.callbacks.History at 0x7f1ba7535a20>
```

모델 정확성 확인

앞의 결과에서 보듯 훈련 세션의 마지막 에폭에서 93%의 테스트 정확성을 달성했다. 우리가 만든 분류기의 정확성과 분류기의 점수를 통해 이것이 무엇을 의미하는지 살펴보자.

```
# 테스트 데이터셋 결과 예측
Y_pred = model.predict_classes(X_test)

from sklearn.metrics import accuracy_score, confusion_matrix, recall_score,
precision_score, f1_score

# 테스트 정확성, 정밀도 평가와 sklearn.metrics를 사용해 점수 확인
print("Test accuracy: %s" % accuracy_score(Y_test, Y_pred))
print("Precision: %s" % precision_score(Y_test, Y_pred))
print("Recall: %s" % recall_score(Y_test, Y_pred))
print("F1 score: %s" % f1_score(Y_test, Y_pred))

------------------------------
Test accuracy: 0.9333333333333333
Precision: 0.9868421052631579
Recall: 0.8928571428571429
F1 score: 0.9375
```

테스트 데이터셋의 긍정적인 관찰 수에 대한 실제 예측된 긍정적인 예측 수(다른 말로 정밀도 점수precision score)는 0.98로 매우 높다. 재현 점수recall score는 그보다 약간 낮은데,

이 값은 정확하게 예측한 결과의 수를 반환됐어야 할 결과의 수로 나눈 값이다. 마지막으로 F-지표F-measure는 정밀도 점수와 재현 점수를 산술 평균해서 얻은 값이다.

이해를 돕기 위해 테스트 데이터셋에 대한 분류기의 혼동 행렬confusion matrix을 플롯하면 다음과 같다. 이는 오차 행렬로 모델의 성능을 시각화한 것이다. *x*축은 분류기의 예측 클래스를 의미하고, *y*축은 테스트 예제를 실제로 분류한 결과를 의미한다. 다음에서 보듯 분류기는 9개의 찡그린 얼굴 이미지를 미소를 지은 얼굴로 잘못 분류했다(이를 거짓 양성false positive이라고도 부른다).

반면 미소 짓는 얼굴의 이미지는 단 하나만 잘못 분류했다(이를 거짓 음성false negative이라고도 부른다). 거짓 양성과 거짓 음성을 통해 분류기가 실세계에서 얼마나 효용이 있을지 평가하고, 해당 시스템을 배포했을 때의 효과 비용을 분석할 수 있게 해준다. 하지만 이번 예제와 같은 분류 태스크에서는 이런 과정까지 거칠 필요는 없다. 하지만 다른 상황(예를 들면 피부 암 식별 등)에서는 이러한 학습 시스템을 사용하기 전에 좀 더 주의 깊게 고려하고 평가해야 한다.

```
import seaborn as sns

cm = confusion_matrix(Y_test, Y_pred)
sns.heatmap(cm, annot=True)
```

코드를 실행한 결과는 다음과 같다.

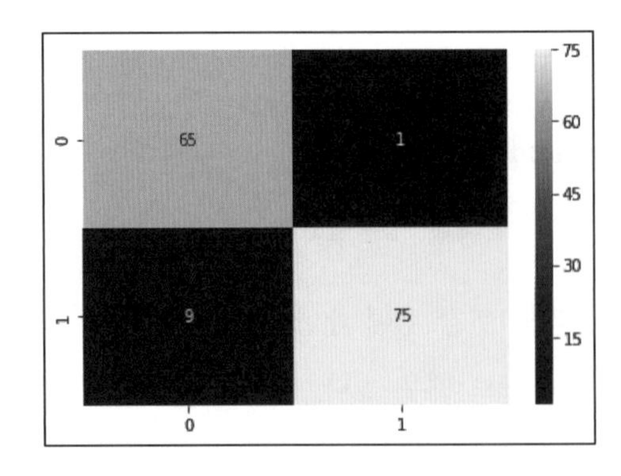

모델의 정확성에 만족한다면 다음 코드로 생성한 모델을 저장할 수 있다. 모델은 이전의 시도, 시도한 스텝, 달성한 결과를 잘 정리한 베스트 프랙티스인 동시에 모델을 더욱 깊이 조사할 때 매우 유용하다. 저장한 모델의 내부 레이어를 조사해서 실제로 어떤 학습을 했는지 확인할 수 있다. 곧 그 내용도 확인할 것이다.

```
model.save('<path/to>/smile_detector.h5py')
model = keras.models.load_model('<path/to>/smile_detector.h5py')
```

미소 식별 과정의 문제

미소 식별기와 같은 데이터셋에 존재하는 외적 타당성external validity의 문제(다시 말해 모델의 일반화 능력)를 짚어 볼 때가 됐다. 데이터를 수집하는 데 사용된 방법이 제한적이기 때문에 우리가 만든 CNN 모델이 다른 데이터의 경우에도 잘 일반화돼 있으리라 생각하는 것은 합리적이지 않다. 먼저 모델 훈련에 사용한 이미지의 해상도가 낮다. 또한 같은 장소에서 미소 짓는 한 사람이나 얼굴을 찡그리고 있는 한 사람만이 담긴 이미지로 학습을 했다. FIFA 경영 위원회의 단체 사진을 입력한다면 모델은 표정을 구분하지 못할 것이다. 접근 방식을 약간 변경해야 한다. 훈련 데이터를 처리했던 방식과 마찬가지로 이미지에 하나의 얼굴만 남기도록 이미지를 잘라 크기를 줄이는 방법이 있다. 그러나 이 방법보다는 더 많은 다양한 데이터를 수집하고 훈련 예제를 회전시키거나 조정해서 훈련 데이터셋을 늘리는 방법이 효과적인데, 이에 관해서는 앞으로 설명한다. 후자에서 설명된 방법의 핵심은 다양한 포즈와 방향, 조명 조건에서 미소 짓는 사람을 포함시킴으로써 미소 짓는 표정을 알 수 있는 유용한 시각적 표상을 모두 잡아내게 하는 것이다. 데이터를 수집하는 데 비용이 너무 많이 든다면 합성된 이미지(케라스의 이미지 생성기 사용)를 사용하는 것도 효과적일 것이다. 데이터 품질에 따라 네트워크이 성능이 극적으로 개선될 수 있다. 여기에선 CNN의 내부 동작에 관한 몇 가지 기법을 살펴본다.

블랙박스 내부

비슷한 이미지로 구성된 협소한 데이터셋으로 미소 식별자smile detector를 훈련시키는 것도 한 가지 방법이다. 예측한 결과를 직접적으로 예측할 수 있을 뿐더러 예측이 잘못되더라도 큰 손해가 되지 않는다. 유사한 시스템을 사용해 정신병 환자(단지 가정일 뿐이다)의 행동 응답을 모니터링하고자 한다면 모델이 훈련 데이터셋에서 관계없는 패턴을 고르지 않고, 미소가 어떤 것인지 정확하게 이해하게 함으로써 모델의 정확성을 보장하고자 할 것이다. 헬스케어나 에너지 분야 등의 고위험 산업군에서는 사소한 잘못 하나가 인명 손실이나 사원 손실과 같은 엄청난 결과를 야기할 수 있다. 따라서 우리는 배포한 모델이 실제로 데이터에서 예측할 수 있는 트렌드를 찾아내고, 예측성을 벗어나게 하는 무작위 특징을 기억하지 않게 해야 한다. 뉴럴 네트워크의 역사에서 이와 같은 일이 반복됐다. 다음 절에서 뉴럴 네트워크와 관련된 몇 가지 이야기를 예로 들어 이러한 딜레마를 소개한다.

뉴럴 네트워크의 실패

오래 전 미군은 뉴럴 네트워크를 사용해 위장한 적의 탱크를 자동으로 찾아내는 아이디어를 냈다. 과학자들은 뉴럴 네트워크를 설계하고, 위장한 탱크의 이미지(적의 위치를 항공사진으로 촬영한)를 사용해 네트워크를 훈련시켰다. 그들은 훈련 예제에 대해 올바른 출력 라벨을 반영해 세세하게 가중치를 튜닝하고, 훈련 과정에서 사용하지 않은 테스트 예제를 사용해 모델을 테스트했다. 운이 좋게도(적어도 그렇게 보였다) 네트워크는 모든 테스트 이미지를 적합하게 분류했으며, 과학자들은 업무를 완료했다. 하지만 머지않아 그들은 개발된 모델이 위장한 탱크를 무작위로 분리하는 그 이상의 어떤 결과도 내지 않는다는 펜타곤Pentagon의 공식적인 비난을 받았다. 네트워크를 훈련할 때 사용했던 위장 탱크 이미지는 모두 구름이 많은 흐린 날씨에 촬영된 것이었고, 위장하지 않은 탱크는 모두 맑은 날 촬영된 것이기 때문이다. 결과적으로 네트워크는 의도했던 분류 작업이 아닌 날씨를 구분하는(픽셀의 밝기를 통해) 규칙을 학습해 버렸다.

뉴런 네트워크가 훈련을 수없이 반복한 후 테스트 데이터셋에 대해서는 초인적인 정확성을 갖는 경우가 많았다. 한 연구자는 다양한 육상 포유류와 해상 포유류를 분류할 목적으로 네트워크를 훈련시키는 과정에서 이러한 현상을 관찰했다. 엄청난 성과를 달성한 후 연구자들은 혹여나 인간이 인지하지 못했을 수 있는 분류 규칙을 해석하고자 노력했다. 그 정밀한 네트워크는 주로 이미지에 존재하는 파란색 픽셀의 존재를 학습했는데, 이 픽셀은 육상 포유류의 사진에서는 거의 나타나지 않았다.

자율 주행 자동차가 다리를 벗어나는 사건[2] 또한 이와 비슷하다. 혼란에 빠진 자동화 엔지니어들은 무엇이 잘못됐는지 확인하기 위해 네트워크를 조사했다. 조사 결과 모델은 도로를 추적하는 대신 무언가의 이유로 길과 인도를 가르는 연속적인 잔디의 패턴에 의존했음을 알게 됐다. 차량이 다리에 진입하는 순간 잔디가 사라지면서 네트워크가 예측하지 않았던 방법으로 동작한 것이었다.

2. 우버(Uber)의 자율 주행 차량이 엘러게니 강(Allegheny River)을 건너는 다리에 진입하면서 운전사에게 핸들을 잡으라는 경고를 울렸다(https://www.businessinsider.com/autonomous-cars-bridges-2016-8). - 옮긴이

ConvNet 학습 시각화

앞선 실패 사례에서 얻을 수 있는 교훈은 모델을 만들 때 모델이 무작위 노이즈로 인한 과적합 상태에 빠지지 않으면서 표상적으로 예측 가능한 실질적 특징을 잡아내게 해야 한다는 것이다. 데이터에 관한 부주의, 태스크에 내재된 특성이나 모델링 과정에 포함된 무작위성 등에 의해 부정확한 예측이 발생할 수 있다. 뉴럴 네트워크에 관해 전통적으로 대중화된 이야기 속에서는 그 학습 메커니즘을 블랙박스[black box]라고 표현한다. 모든 뉴럴 네트워크에서 각 네트워크를 구성하는 개별 뉴런이 어떤 학습을 하는지 이해하는 것은 직관적이지 않을 수 있지만, 적어도 CNN의 경우는 그렇지 않다. 흥미롭게도 ConvNet은 네트워크가 학습한 특징을 문자 그대로 시각적으로 표현할 수 있다. 앞에서 봤듯 입력한 이미지에 대한 뉴런의 활성화 결과를 시각화할 수 있으며, 실제로는 그보다 더 많은 작업을 수행할 수 있다. 최근에는 CNN의 내부를 조사하기 위한 수많은 방법이 개발돼 네트워크가 무엇을 학습했는지 좀 더 잘 이해할 수 있다. 이 방법 중 가장 유용한 몇 가지를 살펴본다.

중간 레이어의 뉴럴 활성화 맵 시각화

중간 활성화 맵을 표시해서 중간 레이어가 입력을 변화시키는 형태를 확인할 수 있다. 활성화 맵은 입력을 줄여 표상화한 것으로 아키텍처는 이를 입력으로 받아 레이어를 통해 전파한다. 중간 레이어(컨볼루셔널 레이어 혹은 풀링 레이어)를 시각화함으로써 네트워크 뉴런의 활성화에 관한 아이디어를 얻을 수 있다. 네트워크의 각 단계마다 학습된 여러 필터가 입력을 쪼갠다. 2차원 활성화 맵은 특정한 필터가 추출한 특징을 저장하므로, 이 맵들은 2차원 이미지로 표현할 수 있고, 표현된 이미지는 학습된 특징과 일치한다. 이러한 방법을 중간 활성화 맵 시각화라고도 부른다.

네트워크가 학습한 특징을 추출하려면 모델을 구조적으로 약간 변경해야 한다. 여기에서 케라스의 기능적 API[functional API]를 사용한다. 앞서 케라스의 시퀀셜 API로 모델을 정의했고, 뉴런 레이어를 스택으로 쌓아 분류 태스크를 수행했다. 이 모델은 이미지나 단어를 표상화한 입력 텐서를 받아들이고, 각 입력에 해당하는 클래스의 확률을 출력했다. 기능적 API를 사용하면 여러 개의 출력을 내는 모델이나 방향을 가진 비순환 그래프, 공용 레이어를 가진 모델 등을 생성할 수 있다. 기능적 API를 활용해 컨볼루셔널 네트워크의 내부를 깊이 들여다보겠다.

입력 이미지 예측

가장 먼저 다중 출력 모델에 입력할 하나의 이미지(물론 여러 이미지를 사용할 것이지만)를 준비해서 이미지가 새로운 모델을 따라 전파되는 과정에서 중간 레이어가 어떻게 활성화되는지 확인한다. 테스트 데이터셋에서 이미지를 무작위로 선택해 하나의 4차원 텐서로 만든다(네트워크에 하나의 이미지를 입력하므로, 배치 크기는 1이다).

```
input_image = X_test[8]
input_image = np.expand_dims(input_image, axis=0)
print(input_image.shape)
------------------------------
(1, 64, 64, 3)
```

다음으로 다중 출력 모델을 초기화해서 입력 이미지를 예측하게 한다. 우리가 원하는 것은 네트워크에 존재하는 각 중간 레이어의 활성화 맵을 잡아내 서로 다른 필터가 생성한 활성화 맵을 시각적으로 나타내는 것이다. 이를 통해 모델이 실제로 어떤 특징을 학습하는지 이해할 수 있다.

케라스의 기능적 API

이를 어떻게 수행하는지 좀 더 정확하게 살펴보자. 가장 먼저 기능적 API에서 Model 클래스를 임포트한다. 이 클래스로 새로운 모델을 정의할 수 있는데, 이 모델은 중간 레이어의 출력을 포함해 다중 출력을 반환할 수 있다는 점에서 기존 모델과 핵심적인 차이가 있다. 훈련된 CNN(예를 들면 미소 식별자smile detector)의 레이어 출력을 새로운 다중 출력 모델에 입력해서 이를 수행할 수 있다. 다중 출력 모델은 하나의 입력 이미지를 받아들여 우리가 앞서 훈련시킨 미소 식별자 모델이 가진 8개의 레이어별로 필터 레벨의 활성화를 반환한다.

model.layers에 리스트 분할 구분자([:])를 사용해 시각화할 레이어의 숫자를 제한할 수 있다.

```
# 기능적 API에서 빈 다중 출력 모델 검색
from keras.models import Model

# 이전에 훈련시킨 순차 모델에서 레이어의 레이어 출력 횟수
layer_outputs_smile_detector = [layer.output for layer in model.layers[:]]

# 입력 이미지 텐서와 중간 레이어 활성화 출력을 입력받는 다중 출력 모델 정의
multioutput_model = Model(inputs=model.input,
    outputs=layer_outputs_smile_detector)

# 중간 레이어의 활성화 텐서 생성
activations = multioutput_model.predict(input_image)
```

코드의 마지막 라인에서 활성화 변수를 정의하고, 다중 출력 모델이 입력받은 이미지에 대한 추론을 하게 했다.

```
print('number of layers: ', len(activations))
print('Datatype: ', type((activations[0])))
print('1st layer output shape: ', activations[0].shape)
```

```
print('4nd layer output shape: ', activations[3].shape)
print('8th layer output shape: ', activations[7].shape)
-----------------------------
number of layers:  11
Datatype:  <class 'numpy.ndarray'>
1st layer output shape:  (1, 64, 64, 16)
4nd layer output shape:  (1, 32, 32, 16)
8th layer output shape:  (1, 16, 16, 32)
```

결과에서 보듯 활성화 변수는 11개의 NumPy *n*차원 배열을 가진다. 각 배열은 미소 식별자 CNN에 포함된 특정 레이어에서의 텐서 출력을 의미한다. 즉, 레이어별로 여러 활성화 맵을 확인할 수 있으며, 이 활성화 맵은 2차원 텐서로, 입력 이미지의 서로 다른 특징을 인코딩한 것이다.

레이어 채널수 확인

각 레이어는 활성화 맵의 수만큼 깊이를 가짐을 확인했다. 이 값을 채널이라고도 부르며, 각 채널은 하나의 활성화 맵($m \times n$ 크기)을 포함한다. 예를 들어 첫 번째 레이어는 64 × 64 크기의 서로 다른 활성화 맵 16개를 포함하고 있다. 마찬가지로 4번째 레이어는 32 × 32 크기의 활성화 맵 16개를 포함하고 있다. 이 활성화 맵은 각각 해당하는 레이어의 특정한 필터로 생성됐으며, 다음 레이어에 전달돼 상위 레벨의 특징을 인코딩한다. 앞서 생성한 미소 식별자 모델의 구조도 동일함을 확인할 수 있다.

```
Layer (type)                 Output Shape              Param #
=================================================================
conv2d_1 (Conv2D)            (None, 64, 64, 16)        1216
_________________________________________________________________
batch_normalization_1 (Batch (None, 64, 64, 16)        64
_________________________________________________________________
max_pooling2d_1 (MaxPooling2 (None, 32, 32, 16)        0
_________________________________________________________________
dropout_1 (Dropout)          (None, 32, 32, 16)        0
_________________________________________________________________
conv2d_2 (Conv2D)            (None, 32, 32, 32)        12832
_________________________________________________________________
batch_normalization_2 (Batch (None, 32, 32, 32)        128
_________________________________________________________________
max_pooling2d_2 (MaxPooling2 (None, 16, 16, 32)        0
_________________________________________________________________
dropout_2 (Dropout)          (None, 16, 16, 32)        0
_________________________________________________________________
flatten_1 (Flatten)          (None, 8192)              0
_________________________________________________________________
dense_1 (Dense)              (None, 128)               1048704
_________________________________________________________________
dense_2 (Dense)              (None, 1)                 129
=================================================================
Total params: 1,063,073
Trainable params: 1,062,977
Non-trainable params: 96
_________________________________________________________________
```

활성화 맵 시각화

이제부터 재미있는 부분이다. 한 레이어의 서로 다른 필터에 대한 활성화 맵을 플로팅해본다. 첫 번째 레이어부터 시작한다. 다음과 같이 16개의 활성화 맵을 표시할 수 있다.

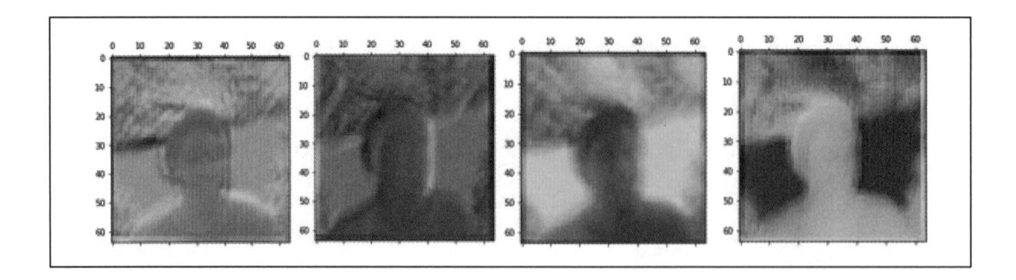

그림에서 볼 수 있듯이 각 필터는 입력 이미지에서 구분된 특징을 잡아냈다. 얼굴의 수평/수직 방향의 경계선, 배경 이미지의 수평/수직 경계선을 표시한다. 더 깊은 레이어의 활성화 맵을 표시해보면 활성화 레벨이 급격하게 추상적이 되면서 사람의 눈으로는 해석하기 어려워진다. 활성화 맵은 얼굴의 위치, 얼굴의 눈이나 귀를 포함하는 좀 더 높은 수준의 개념을 인코딩한다. 또한 네트워크가 깊어질수록 활성화 맵의 많은 부분이 빈 공간으로 남아 있는 것도 확인할 수 있다. 이는 레이어가 깊어질수록 활성화되는 필터가 적어진다는 의미인데, 입력 이미지가 필터에 의해 한 차례 인코딩된 패턴과 일치하는 부분을 갖고 있지 않기 때문이다. 이는 매우 일반적인 현상이다. 활성화 패턴은 해당 패턴이 네트워크의 더 깊은 계층을 통해 전파될 때 표시되는 이미지의 클래스와 좀 더 관련이 있을 것이라고 기대하기 때문이다.

돌출

ConvNet의 중간 레이어는 얼굴의 윤곽을 매우 잘 식별해서 인코딩하는 것을 봤다. 그러나 네트워크가 실제로 어떤 기준으로 미소를 식별하는지 알기는 대단히 어렵다. 우리가 가진 데이터의 이미지는 모두 같은 배경에 비슷한 각도로 찍힌 사진뿐이다. 게다가 미소를 짓고 있는 인물들은 하나 같이 하늘을 향해 고개를 명확히 들고 있으며, 찡그리고 있는 인물들은 고개를 땅으로 향하고 있다. 즉, 네트워크가 표정과는 관련이 없는 특징에 의해 과적합 상태에 빠질 가능성이 높다. 그렇다면 어떻게 네트워크가 머리가 기운 각도가 아니라 입의 움직임을 기준으로 미소와 찡그림을 이해했음을 알 수 있을까? '뉴럴 네트워크의 실패'에서 봤듯 네트워크가 관련 없는 패턴을 잡아내는 일은 매우 흔하다. 이 절에서는 **돌출 맵**saliency map을 출력하는 실험을 진행한다.

이 개념은 옥스퍼드대학교Oxford University의 시각 기하학 그룹에서 발표한 논문에서 최초로 소개됐다. 돌출 맵에 관한 기본 아이디어는 입력 이미지의 변화에 대해 올바른 출력의 기울기를 계산하는 것이다. 즉, 모델이 이미지를 판단하는 데 있어서 이미지를 구성하고 있는 픽셀의 작은 변화가 얼마나 큰 영향을 미치는지 정의하는 것이다.

$$\frac{\partial output}{\partial input}$$

다양한 동물(기린, 표범, 고개, 고양이 등 다양한)의 이미지로 훈련시킨 컨볼루셔널 네트워크가 있다고 가정해보자. 훈련 내용을 확인하고자 표범의 사진을 한 장 보여준 후 이렇게 질문한다. "이 사진의 어느 부분을 보고 표범이 있다고 생각하는가?" 기술적으로 말하자면 입력 이미지의 각 픽셀에 순위를 매기는데, 이 순위는 입력 이미지의 각 픽셀이 네트워크가 해당 이미지에 대해 출력하는 클래스 확률 점수class probability score에 미치는 영향을 기준으로 한다. 이후 해당 이미지를 분류하는 데 가장 많은 영향을 미치는 픽셀을 시각화할 수 있다. 이 픽셀들에 긍정적인 변화가 이을 때 특정한 등급에 관계되는 네트워크의 클래스 확률 점수 혹은 신뢰도confidence가 증가할 것이기 때문이다.

ResNet50을 사용한 돌출 맵 시각화

우리가 구축한 미소 식별자 대신 미리 훈련된 더 깊은 CNN을 사용해 표범 예제를 다룬다. 여기에서는 케라스 vis를 사용하는데, vis는 CNN을 시각화하고 디버깅할 수 있도록 도와주는 고수준의 툴킷이다. pip 패키지 관리자를 사용해 vis를 설치한다.

```
from keras.applications import ResNet50
from vis.utils import utils
from keras import activations

# Jupyter Notebook 경고 숨기기
```

```
import warnings
warnings.filterwarnings('ignore')

# ImageNet 가중치를 갖는 ResNet50 네트워크 임포트
model = ResNet50(weights='imagenet', include_top=True)

# 레이어의 이름으로 레이어 인덱스를 찾는 유틸리티
layer_idx = utils.find_layer_idx(model, 'fc1000') # 마지막 레이어에 해당하므로 '-1'으로
                                                  # 변경 가능

# 마지막 레이어의 소프트 맥스 활성화 함수를 선형 활성화 함수로 변경
model.layers[layer_idx].activation = activations.linear
model = utils.apply_modifications(model)
```

ResNet50 CNN 아키텍처를 임포트했다. 이 아키텍처는 ImageNet 데이터셋을 사용해 미리 학습된 가중치를 가진다. 케라스가 제공하는 다른 모델들도 확인해보길 권한다. `keras.applications`를 통해 다른 모델에도 접근할 수 있다. 마지막 레이어의 소프트 맥스 활성화 함수는 리니어 활성화 함수로 변경했다. 이 과정에서 `utils.apply_modification`을 사용했으며, 네트워크 그래프를 재구축함으로써 맵의 돌출 내용을 더 잘 이해할 수 있다.

ResNet50은 ILSVRS 컴피티션에서 처음 소개됐고, 2015년에 우승을 거뒀다. 깊이가 매우 깊은 뉴럴 네트워크에서 빈번하게 발생하는 정확성 저하 문제를 잘 해결했다. ImageNet 데이터셋을 활용해 약 1,000여 개의 출력 클래스에 대한 훈련을 했다. ResNet50은 성능이 매우 뛰어난 최첨단 CNN 아키텍처로 간주되며, 무료로 공개됐다. ResNet50에서 몇 가지 흥미로운 메커니즘을 사용하는데, 그중 하나가 레지듀얼 블록residual block이다. 레지듀얼 블록에 관해서는 이후에 좀 더 자세히 설명한다. 여기에서는 모델의 미리 학습된 가중치를 사용해 일부 표범 이미지에 대한 돌출 맵을 시각화해본다.

로컬 디렉터리에 저장된 이미지 로딩

먼저 구글에서 몇 가지 표범 이미지를 검색해 로컬 디렉터리에 저장한다. 케라스 vis에서 제공하는 utils 모듈의 이미지 로더를 사용해 저장된 이미지를 ResNet50 모델이 입력받을 수 있도록 크기를 줄일 수 있다(224 × 224 픽셀 크기).

```
from vis.utils import utils
from matplotlib import pyplot as plt
%matplotlib inline

plt.rcParams['figure.figsize'] = (14, 10)
img1 = utils.load_img('<path/to>/leo_1.jpg', target_size=(224, 224))
img2 = utils.load_img('<path/to>/leo_2.jpg', target_size=(224, 224))
img3 = utils.load_img('<path/to>/leo_3.jpg', target_size=(224, 224))
img4 = utils.load_img('<path/to>/leo_4.jpg', target_size=(224, 224))
img5 = utils.load_img('<path/to>/leo_5.jpg', target_size=(224, 224))
img6 = utils.load_img('<path/to>/leo_6.jpg', target_size=(224, 224))

f, ax = plt.subplots(nrows=2, ncols=3)
ax[0, 0].imshow(img1)
ax[0, 1].imshow(img2)
ax[0, 2].imshow(img3)
ax[1, 0].imshow(img4)
ax[1, 1].imshow(img5)
ax[1, 2].imshow(img6)
```

네트워크에 부담을 주고자 의도적으로 위장한 표범의 이미지를 선택했다. 이를 통해 네트워크가 먹잇감(즉, 우리들)의 시야에서 이 포식자를 감추려는 자연의 복잡한 시도를 잘 눈치 채는지 확인해보자.

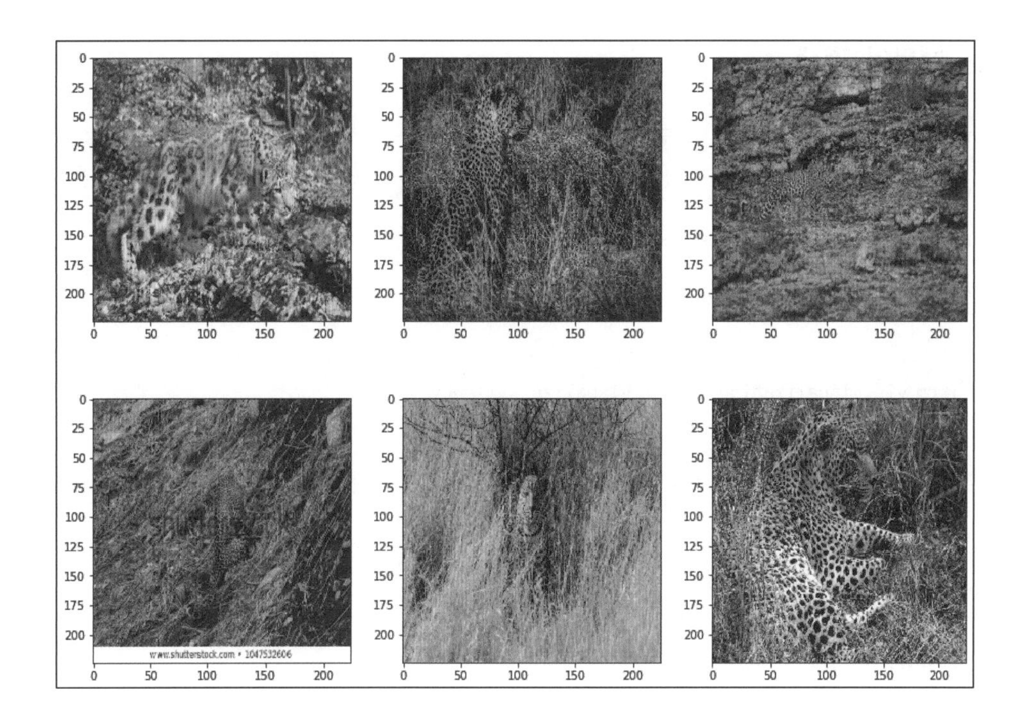

케라스의 시각화 모듈

시각 피질을 사용해서 만들어진 생리학적 뉴럴 네트워크(즉, 우리의 눈)로도 단숨에 이미지 속의 표범을 찾기는 쉽지 않을 수도 있다. 생리학적 뉴럴 네트워크의 경쟁자인 ResNet50이 이 태스크를 얼마나 잘 수행하는지 확인해보자. 다음 코드에서 keras-vis 모듈이 제공하는 돌출 시각화 객체, 이름으로 레이어를 검색할 수 있게 해주는 유틸리티 도구를 임포트한다. 이 모듈은 표준 케라스 패키지에서는 제공하지 않지만, 파이썬의 pip 패키지 관리자를 사용해 손쉽게 설치할 수 있다. 주피터 환경에서 다음 명령어를 실행해서 keras-vis를 설치할 수 있다.

```
!pip install keras-vis
```

레이어 검색

다음으로 유틸리티 검색을 통해 모델의 마지막 덴스 레이어를 정의한다. 이 마지막 레이어가 출력 분류별 클래스 확률 점수를 출력하게 하고, 이 점수를 활용해서 입력 이미지의 돌출을 시각화할 수 있다. 레이어 이름은 모델의 요약 정보(model.summary())에서 확인할 수 있다. 이후 visualize_saliency() 함수에 2개의 인자를 전달한다.

```
from vis.visualization import visualize_saliency
from vis.utils import utils

leopards = [img1, img2, img3, img4, img5, img6]

# 이름으로 레이어 인덱스를 검색하는 유틸리티
# 마지막 레이어에 해당하므로 '-1'으로 변경 가능
layer_idx = utils.find_layer_idx(model, 'fc1000')

gradients = []
for index, img in enumerate(leopards):
    # 출력 레벨에 가장 영향을 미치는 픽셀을 시각화
    # 표범에 해당하는 ImageNet 필터 인덱스 288
    grads = visualize_saliency(model,
                               layer_idx,
                               filter_indices=288,
                               seed_input=leopards[index])
    # 시각화를 위해 기울기 배열을 리스트 변수에 추가
    gradients.append(grads)
```

이 코드는 입력에 대한 출력의 기울기를 반환하는데, 이 반환 값을 통해 모델의 예측에 가장 영향을 많이 미치는 픽셀이 무엇인지 알 수 있다. 기울기 변수는 224 × 224 크기(ResNet50의 입력 크기와 일치)의 표범 이미지 6개를 저장하고 있다. 앞서 언급했듯이 이 이미지는 visualize_saliency 함수로 생성되는데, 이 함수는 다음과 같은 4개의 인자를 전달받는다.

- 예측을 수행할 입력 이미지 시드(seed_input)

- 케라스 CNN 모델(model)
- 모델의 출력 레이어 식별자(layer_idx)
- 시각화하고자 하는 출력 클래스 인덱스(filter_indices)

앞에서 사용한 인덱스(288)는 ImageNet 데이터셋에서 표범leopard에 해당하는 라벨이다. 미리 학습한 레이어 가중치를 임포트해서 현재 모델을 초기화했음을 기억하라. 이 가중치들은 ResNet50 모델을 ImageNet 데이터셋에 대해 훈련시켜 얻은 것이다. https://gist.github.com/yrevar/942d3a0ac09ec9e5eb3a에서 다른 출력 클래스 정보를 확인할 수 있다.

처음 3개 이미지의 돌출 맵을 시각화해보면 네트워크는 실제로 이미지에서 표범이 있는 위치를 정확히 찾아냈음을 알 수 있다! 이것이 실제로 우리가 보고자 했던 것인데, 이는 네트워크가 실제로(대체적으로) 이미지에서 표범이 있는 장소를 이해함을 의미한다. 심지어 덤불 속에서 위장하고 있는 표범 이미지를 사용했음에도 말이다.

```
# 처음 3개 이미지에 대한 기울기를 히트맵으로 표시
f, ax = plt.subplots(2, 3)

# 첫 번째 행, 원본 이미지
ax[0, 0].imshow(leopards[0])
ax[0, 1].imshow(leopards[1])
ax[0, 2].imshow(leopards[2])

# 두 번째 행, 돌출 맵
ax[1, 0].imshow(gradients[0], cmap='Spectral')
ax[1, 1].imshow(gradients[1], cmap='Spectral')
ax[1, 2].imshow(gradients[2], cmap='Spectral')
```

코드를 실행한 결과는 다음과 같다.

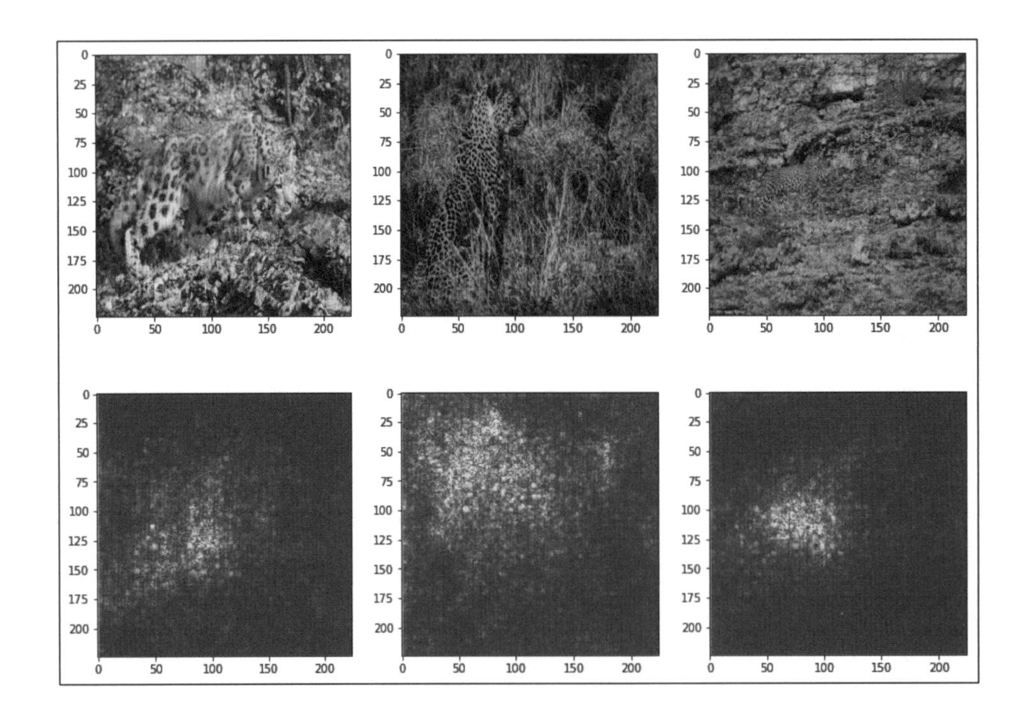

연습 문제

- 네트워크의 모든 레이어를 조사해보라. 무엇을 알 수 있는가?

경사 가중치 클래스 활성화 매핑

기울기 기반 기법 중 널리 사용되는 또 다른 방법으로 경사 가중치 클래스 활성화 맵Grad-CAM, Gradient weighted Class Activation Map이 있다. 경사 가중치 클래스 활성화 맵은 이미지들이 다양한 출력 클래스에 속해 있으며, 입력 이미지의 어떤 영역이 특정한 출력 클래스와 가장 관련 있는지 시각화하고 싶은 경우에 유용하게 사용할 수 있다. 이 기법은 CNN의 마지막 컨볼루셔널 레이어로 입력되는 특정한 클래스에 관한 기울기 정보를 활용해서 이미지의 중요한 영역을 기반으로 대략적인 지역화 맵coarse localization map을 생성한다. 다시 말해 네트워크에 입력 이미지를 전달하고 컨볼루셔널 레이어의 출력을 얻는다. 이때 각 채널별로 출력 클래스의 기울기를 구해서 출력(즉, 활성화 맵)의 모든 채널에 대한 가중치를 측정한다. 이 과정에서 네트워크가 가장 주의를 기울이는, 즉 네트워크의 마지막 레이어에서 표현되는 내용에 해당하는 공간 정보를 더 잘 활용할 수 있다. 경사 가중치 활성화 맵을 입력 이미지 위에 겹쳐서overlay 네트워크가 주어진 출력 클래스에 대해 입력 이미지의 어떤 부분을 깊이 연결시키는지(즉, 표범) 확인할 수 있다.

keras-vis를 활용한 클래스 활성화 시각화

이번에는 visualize_cam을 사용해서 Grad-CAM을 생성한다. Grad-CAM은 지정한 출력 클래스에 대해 입력 이미지의 레이어 활성화 함수를 최대화한다.

visualize_cam 함수는 앞서 사용했던 4개의 인자와 1개의 추가 인자를 사용한다. 케라스 모델, 시드 입력 이미지, 출력 클래스에 해당하는 필터 인덱스filter index(표범에 해당하는 ImageNet 인덱스)와 2개의 모델 레이어를 전달한다. 2개 레이어 중 하나는 덴스 출력 레이어고, 다른 레이어는 ResNet50 모델의 마지막 컨볼루셔널 레이어다. visualize_cam은 이 두 레이어를 활용해서 다음과 같이 경사 가중치 클래스 활성화 맵을 생성한다.

```
import matplotlib.cm as cm
from vis.visualization import visualize_cam, overlay
from keras import activations

# 덴스 레이어 탐색
layer_idx = utils.find_layer_idx(model, 'fc1000')

# 끝에서 두 번째 위치한 컨볼루셔널 레이어 탐색
```

```
final_conv_layer = utils.find_layer_idx(model, 'res5c_branch2c')

plt.figure()
f, ax = plt.subplots(1, 2)

# 이미지별 반복
for index, img in enumerate([img3, img6]):
    # 클래스 활성화 배열 수집
    grads = visualize_cam(model,                      # ImageNet 가중치의 ResNet50 모델
                          seed_input=img,             # 표범 이미지
                          filter_indices=288,         # ImageNet 데이터베이스에서의 필터
                                                      # 인덱스(표범)
                          layer_idx=layer_idx,        # 마지막 완전 결합 레이어
                          penultimate_layer_idx=final_conv_layer)  # 마지막에서
                                                      # 두 번째 위치한 컨볼루셔널 레이어

    # 히트 맵을 원본 이미지 위에 오버레이
    jet_heatmap = np.uint8(cm.jet(grads)[..., :3] * 255)
    ax[index].imshow(overlay(jet_heatmap, img))
```

코드를 실행한 결과는 다음과 같다.

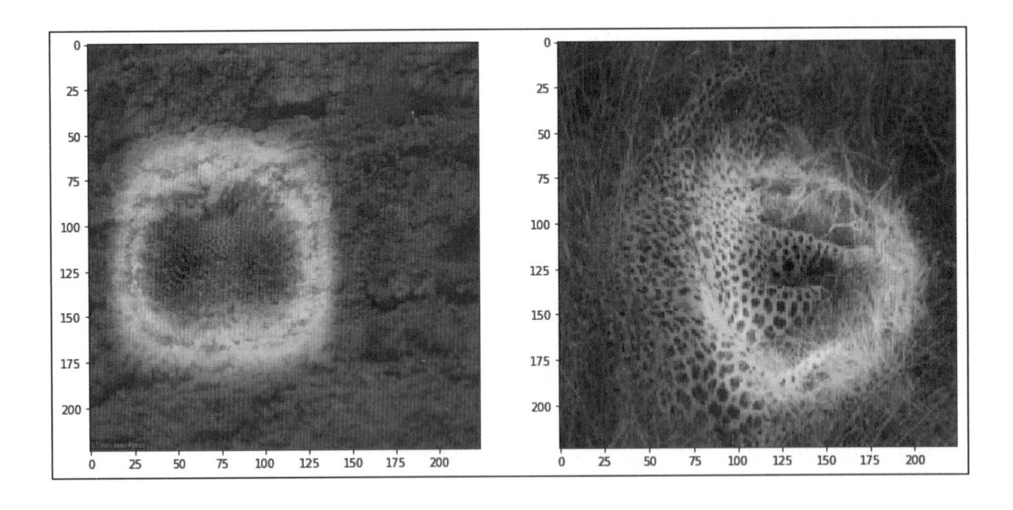

그림에서 보듯 네트워크는 두 이미지에서 표범을 올바르게 식별했다. 또한 네트워크

가 표범의 검은 점무늬를 활용해 클래스를 식별함을 알 수 있다. 이는 네트워크가 출력 클래스를 구분하는 특징적인 패턴(즉, 검은 점무늬)을 활용했음을 의미한다. 히트맵을 보면 네트워크 모델은 표범의 얼굴(우리가 표범을 마주친 경우에는 얼굴에 집중한다)보다 몸에 있는 확실한 점무늬에 집중함을 알 수 있다. 수백만 년 동안 이뤄진 생물학적 진화 과정에서 뇌의 방추형 회랑 영역fusiform gyrus region의 레이어 가중치를 얼굴에 붙이게 적응됐을 것이다. 생존에 따른 결과다.

- **Grad-CAM 관련 논문:** https://arxiv.org/pdf/1610.02391.pdf

미리 훈련된 모델 활용

미리 학습된 ImageNet 가중치를 가진 ResNet50 아키텍처를 사용해 입력한 이미지를 추론해봤다. 다음과 같이 추론하고자 하는 이미지를 4차원 텐서 형식으로 먼저 처리한 후 이를 수행할 수 있다. 적절한 형태로 이미지의 크기를 조정할 수만 있다면 여러분이 가진 어떤 이미지에든 동일한 방법을 적용할 수 있다.

```
from keras.preprocessing.image import img_to_array

# 이미지 픽셀을 numpy 배열로 변환
img_predict = img_to_array(img1)
img_predict = np.expand_dims(img_predict, axis=0)
img_predict.shape
------------------------------
(1, 224, 224, 3)

# 미리 학습된 ResNet50을 활용한 이미지 예측
yhat = model.predict(img_predict)

# ResNet50 모델 라벨 디코더 임포트
from keras.applications.resnet50 import decode_predictions
```

```
# 클래스 라벨을 활용해 예측 디코드
predictions = decode_predictions(yhat, top=1000)

# 가장 비슷한 결과(즉, 가장 확률이 높은) 획득
label = predictions[0][0]

# 가장 비슷한 n개의 결과(확률이 낮아지는 방향으로) 취득
labels = predictions[0][:]

# 분류 출력
print('%s (%.2f%%)' % (label[1], label[2] * 100))

------------------------------
snow_leopard (1156.28%)
```

코드에서 표범 이미지 하나에 0의 축을 추가해 4차원 텐서로 변환해서 ResNet 모델에 입력한 후 클래스 확률 예측값을 얻었다. 그다음 예측 클래스를 사람이 읽을 수 있는 출력으로 바꿨다. 재미를 위해 label 변수를 정의했는데, 이 변수는 네트워크가 예측한 가능한 모든 라벨을 확률 값의 내림차순으로 포함한다. 입력 이미지에 대한 다른 라벨도 살펴본다.

```
# 확률이 높은 예측값 5개 출력(내림차순)
labels[:5]

------------------------------
[('n02128757', 'snow_leopard', 11.562828),
 ('n02130308', 'cheetah', 10.980019),
 ('n02100735', 'English_setter', 8.928448),
 ('n02128385', 'leopard', 8.012998),
 ('n02110341', 'dalmatian', 7.7116423)]
```

출력 클래스별 최대 활성 값 시각화

마지막으로 모델에 명시적으로 입력 이미지를 전달하지 않고도 특정한 출력 클래스와 관계된 전체적인 활성화 내역을 시각화할 수 있다. 이 방법은 미적으로 매우 아름다우면서도 대단히 직관적이다. 마지막 실험에서는 다른 사전 학습 모델인 VGG16 네트워크를 임포트한다. VGG16은 2014년 ImageNet 컴피티션에서 우승한 모델을 기반으로 하는 심층 아키텍처다. 앞의 예제와 유사하게 마지막 레이어의 소프트맥스 활성화 함수를 리니어 활성화 함수로 바꿨다.

```
from keras import activations
from keras.applications import VGG16
from vis.utils import utils

# ImageNet 가중치를 사용해 VGG16 네트워크 생성
model = VGG16(weights='imagenet', include_top=True)

# 이름으로 레이어 인덱스를 검색하는 유틸리티
# 마지막 레이어이므로, 레이어 이름 대신 '-1'을 대신 사용할 수 있음
layer_idx = utils.find_layer_idx(model, 'predictions')

# 소프트맥스 활성화 함수를 리니어 활성화 함수로 변경
model.layers[layer_idx].activation = activations.linear
model = utils.apply_modifications(model)
```

다음으로 keras-vis를 사용해 구현된 시각화 모델에서 활성화 시각화 객체를 임포트한다. visualize_activation 함수에 모델, 출력 레이어, 출력 클래스에 관련된 인덱스(즉, leopard)를 전달해서 표범 클래스의 전체 활성화 상태를 플롯할 수 있다. 결과에서 확인할 수 있듯이 네트워크는 이미지의 다양한 방향과 위치에서 일반적인 표범의 모양을 잡아냈다. 일부는 확대된 듯 보이고, 다른 일부는 형태가 덜 분명해보이거나 흡사 고양이처럼 보이기도 한다. 그러나 검은 점무늬만큼은 이미지 전체에서 매우 또렷하게 드러난다.

```
from vis.visualization import visualize_activation

from matplotlib import pyplot as plt
%matplotlib inline

# 출력 크기 정의
plt.rcParams['figure.figsize'] = (18, 6)

# 'leopard'의 필터 인덱스 228
img = visualize_activation(model, layer_idx, filter_indices=288)
plt.imshow(img)
```

코드를 실행한 결과는 다음과 같다.

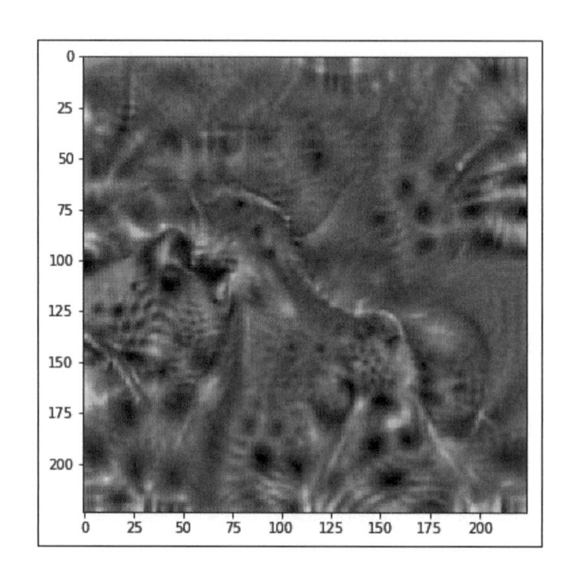

▌모델 수렴

다음으로 몇 차례의 이터레이션을 반복해 모델을 이 출력 클래스로 수렴시켜 모델이 표범(혹은 다른 출력 클래스)이라고 생각한 것을 시각화할 수 있다. 다음과 같이 max_iter 인자를 사용해 얼마나 오랫동안 수렴시킬지 정의할 수 있다.

```
img = visualize_activation(model,
                           layer_idx,
                           filter_indices=288,
                           max_iter=500,
                           verbose=True)
```

여러 필터 인덱스를 활용한 몽환적 분위기 연출

filter_indices 파라미터에 ImageNet 데이터셋의 다른 출력 클래스에 해당하는 파라미터를 전달해서 이미지를 조작할 수도 있다. 또한 두 개의 서로 다른 출력 클래스에 해당하는 두 개 정수를 배열로 전달할 수도 있다. 결과적으로 뉴럴 네트워크가 두 개의 출력 클래스에 대해 수행한 활성화 맵을 동시에 시각화해서 서로 다른 출력 클래스를 시각적으로 조합할 수 있다. 조합한 결과는 매우 흥미로우므로 상상력을 발휘해 보길 바란다. 구글의 DeepDream은 비슷한 개념을 활용해서 만든 것으로, 입력 이미지에 과도한 활성화 맵을 겹쳐서 예술적인 패턴과 이미지를 완성한다. 이 복잡한 패턴은 주목할 만하며 때로 놀라움을 안겨 주기도 한다.

파리 디즈니랜드에 있는 유령의 집 앞에서 찍은 필자의 사진이다. 오픈소스인 DeepDream 생성자로 이미지를 처리했다. DeepDream 생성자는 기술적으로 멋질 뿐만 아니라 재미있는 실험도 할 수 있다. 명절에 예술 감각이 있는 친척에게 줄 수 있는 간단한 선물을 만들어 보는 것도 재미있을 것이다.

CNN의 문제점

많은 사람이 CNN이 활용하는 계층적으로 중첩된 패턴 인식 기법이 사람의 시각 피질의 기능과 매우 비슷하다고 이야기한다. 어느 정도는 사실이지만, 시각 피질은 그보다 훨씬 복잡한 구조로 구현돼 있으며, 고작 10와트의 에너지만으로도 극히 효율적으로 동작한다. 사람의 시각 피질은 얼굴과 비슷한 형태가 보이는 이미지에도 쉽게 속지 않는다(이 현상은 현대 신경 과학에서 빈번하게 일어나기 때문에, 심지어 이를 의미하는 전문 용어까지 만들어졌다. '환각pareidolia'이라는 용어는 사람이 신호를 해석해서 실재하지 않는 고차원적인 개념을 생성해내는 마음 상태를 의미한다). 과학자들은 환각 현상이 시각 피질의 방추형 회랑 영역에 위치한 조기 활성화 뉴런과 관계있는 것으로 보고 있다. 이 영역은 시각적인 인지 및 분류 태스크를 담당하는데, 환각이 일어나면 이 뉴런이 평소와 다르게 행동함으로써 실제로는 존재하지 않는 얼굴을 발견하거나 소리를 듣는 것과 같은 현상을 일으킨다. 다음의 화성 표면을 촬영한 사진이 유명하다. 우리는 명확하게 얼굴의 형태와 특징을 잡아내지만, 실제로 사진에 있는 것은 빨간 먼지 덩어리뿐이다.

Image Courtesy, NASA/JPL-Caltech

뉴럴 네트워크의 환각

환각 현상은 생물학적인 두뇌에만 국한되지 않는다. 실제로 CNN이 다양한 시각적 태스크에서 뛰어난 성능을 보이지만 뉴럴 네트워크의 환각 문제는 컴퓨터 시각 연구자가 여전히 골머리를 앓고 있는 문제다. 앞서 언급했듯 CNN은 유용한 특징을 잡아내는 필터를 학습하고, 입력 이미지를 확률적으로 분해하는 능력을 사용해 이미지를 분류하는 방법을 학습한다. 그러나 이 필터를 통해 학습된 특징은 입력 이미지가 가진 모든 정보를 표현하지 않는다. 이런 특징의 각 요소에 대한 방향이 매우 중요하다! 두 개의 눈, 입술, 하나의 코가 있다고 해서 반드시 얼굴이 되는 것은 아니기 때문이다. 또한 이미지 내에서 이러한 요소 사이의 공간적인 위치가 얼굴을 구성하는 데 큰 영향을 미친다.

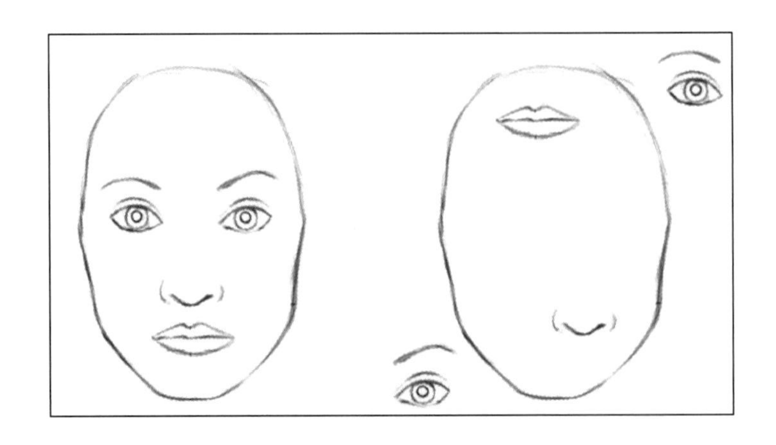

요약

4장에서는 가장 먼저 컨볼루셔널 레이어를 살펴봤다. 컨볼루셔널 레이어는 입력받은 시각적 입력 공간을 컨볼루션 필터가 계층적으로 중첩돼 있는 확률 활성화 함수로 재구성한다. 활성화 함수는 이후 밀집 뉴런에 연결돼 분류를 수행한다. 컨볼루셔널 레이어의 필터들은 확률적인 형태로 질의되는 유용한 표상에 해당하는 가중치를 학습해서 데이터셋에 존재하는 입력 특징을 그에 해당하는 출력 클래스에 매핑한다. 또한 컨볼루셔널 네트워크의 내부를 살펴보면서 학습 내용을 확인했다. 중간 활성화, 돌출, 경사 가중치 클래스 활성화, 활성화 최댓값 시각화와 같은 네 가지 방법을 사용했다. 각 방법을 통해 네트워크를 구성하는 다양한 레이어가 어떤 패턴을 잡아내는지에 대한 그 나름대로의 직관을 얻을 수 있다. 주어진 입력 이미지와 출력 클래스에 대해 이 패턴을 시각화함으로써 각 네트워크 요소가 추론을 수행할 때 어떤 요소에 집중하는지도 확인했다.

마지막으로 CNN 아키텍처 개발을 견인한 신경 과학에 기반을 둔 아이디어를 살펴봤지만, 근대 CNN은 여전히 포유류의 시각 피질이 가진 복잡한 메커니즘에는 비할 바가 못 된다. 사실 시각 피질을 구성하는 레이어의 구조적 디자인의 많은 부분은 우리가

4장에서 구축한 것들과 유사하지 않다. 예를 들어 시각 피질의 레이어는 그 자체가 다음 피질 기둥으로 구성돼 있으며 겹쳐지지 않은 수용 필드를 가진 뉴런을 포함하고 있는데, 그 목적이나 용도는 근대 신경 과학에 알려져 있지 않다. 게다가 망막은 간상 세포(약한 밝기의 빛에 반응), 시상세포(강한 밝기의 빛에 반응), ipRGC 세포(시계열 자극에 반응)를 사용해 막대한 양의 감각 전처리를 수행해서 시각적인 신호를 전기적인 임펄스의 형태로 시상 하부(또는 시각 신호의 전달 센터)의 측지질핵lateral geniculate nucleus에 전달한다. 여기에서 신호들의 여행이 시작된다. 신호들은 시각 피질을 구성하는 6개의 덴스(컨볼루션이 아닌) 레이어의 앞뒤로 전파된다. 근본적으로 사람의 시각은 매우 순차적이고 역동적이며 이를 인공적으로 구현한 것과는 매우 다르다. 요약하자면 우리는 생리학에서의 그것과는 거리가 먼 방식으로 기계에 시각적 기능을 부여했지만, CNN은 수많은 머신 비전 업무 영역에 적용 가능한 뛰어난 구조를 만들어냄으로써 컴퓨터 비전 분야에서의 근대적인 업적의 정점에 서있다.

CNN에 관한 학습은 여기에서 마무리한다. 이후 장에서는 더욱 복잡한 네트워크를 사용해 데이터 증강 기법data augmentation techniques과 고도화된 컴퓨터 비전 태스크를 다룬다. 5장에서는 RNN이라고 알려진 또 다른 네트워크 구조를 살펴본다. RNN은 산업 엔지니어링이나 자연어 다이얼로그 생성과 같은 다양한 분야에서의 시계열 데이터와 같은 순차적인 정보를 식별하고 모델링하는 데 적합한 모델이다.

05

순환 뉴럴 네트워크

4장에서는 시각 피질이 시각 신호를 처리하는 방식에서 얻은 몇 가지 통찰력을 활용해 컨볼루셔널 뉴럴 네트워크CNN, Convolutional Neural Networks 아키텍처를 만들었다. CNN은 다양한 최신 컴퓨터 비전 시스템의 근간을 형성했지만, 시각 정보만으로 이 세계를 전부 이해할 수는 없다. 감각 정보 중 하나인 소리 역시 매우 중요한 역할을 한다. 인간은 대화를 나누면서 복잡한 생각과 아이디어를 일련의 기호로 압축하고, 추상적으로 표현하기를 즐긴다. 인간이 가진 하드웨어(즉, 신경)는 발성은 물론 그 발성 사이에 존재하는 경계를 구분할 수 있다. 발성과 경계는 인간의 사고와 집단적 이해의 기초를 제공하고, 이를 기반으로 좀 더 복잡한 표상(예를 들면 사람의 언어)을 형성한다. 이와 같은 일련의 심벌은 일종의 렌즈 역할을 함으로써 우리를 둘러싼 세계의 표상을 줄이며, 우리는 이러한 표상을 활용해 환경을 탐험하고 자신을 효과적으로 표현할 수 있다. 때문에 기계에게 이와 같은 순차적 정보를 처리하게 하는 방법을 학습시키려는 시도는 매우 자연스럽다. 이를 통해 실세계에서 발생하는 순차적인 태스크 수행 과정에서 직면하는 문제를 해결하는 데 도움을 받을 수도 있기 때문이다. 그렇다면 이러한 문제에는 어떤 것이 있는가?

5장에서 다루는 내용은 다음과 같다.

- 시퀀스 모델링
- 다양한 종류의 순차 처리 태스크
- 단위 시간별 출력 예측
- 시간에 따른 역전파
- 경사 폭발과 소멸
- GRU
- 케라스를 활용한 문자 단위 언어 모델 구축
- 문자 모델링 관련 통계
- 확률적인 통제의 목적
- 다양한 RNN 모델 테스트
- SimpleRNN 구축
- GRU 구축
- 현실 세계에서의 순차적 처리
- 케라스의 양방향 레이어
- 출력값 시각화

시퀀스 모델링

외국의 한 식당에 방문했다면 주문한 내용이 올바르게 전달되기를 바랄 것이다. 어쩌면 여러분이 타고 있는 자동차가 일련의 정해진 움직임을 스스로 수행함으로써 자동으로 주차하기를 원할지도 모르겠다. 혹은 사람의 유전자를 구성하는 아데닌adenine, 구아닌guanin, 티민thymine, 시토신cytosine 분자의 서로 다른 순서가 사람의 몸에서 일어나는 생리학적 프로세스의 차이를 어떻게 일으키는지 궁금할 수도 있다. 앞의 두 예가 가진 공통점은 무엇인가? 이들은 모두 순서를 모델링한 것이다. 이러한 태스크에서의 훈련 예제(단어 벡터, 조종 장치를 통해 생성한 일련의 자동차의 움직임 혹은 A, G, T, C의 조합)는 시간에 의존적인 데이터로, 그 길이가 매우 다양하다.

예를 들면 문장은 입에서 이미 나온 단어는 물론 아직 나오지 않은 단어를 공간적으로 늘어놓아 구성된다.

"책을 ____ 만으로 판단하지 말라.(Don't Judge a book by its ____)"

밑줄에 들어갈 단어가 '표지cover'가 될 것을 어떻게 알고 있는가? 주어진 단어들을 보고, 이들의 관계를 확인하고, 베이지안 추론Bayesian inference과 같은 무엇인가를 수행하고, 이전에 봤던 문장들을 참고해 현재 문장과의 분명한 유사성을 확인한다. 그 결과 영어라는 언어가 갖고 있는 내부 모델을 활용해 그 확률이 가장 높은 단어를 예측한다. 언어 모델language model이란 주어진 문장 순서에서 함께 나타나는 단어 사이의 조합과 관련된 특정한 확률을 의미한다. 이와 같은 모델이 근대의 음성 인식speech recognition과 기계 번역machine translation 시스템의 근본 구성 요소며, 이 모델은 단어가 출현하는 순서의 빈도를 모델링하는 것에 의존한다.

RNN을 사용한 순차 모델링

자연어 이해는 순환 뉴럴 네트워크RNN, Recurrent Neural Networks가 그 성능을 발휘하는 공통 영역이다. 문장에 포함된 이름 개체를 식별하거나 문장에 담긴 주요한 감정을 분류하는 태스크를 떠올려 본 적이 있을 것이다. 앞서 언급했듯이 RNN은 데이터를 시간 순서에 따라 모델링하는 다양한 태스크에 적용할 수 있다. 음악을 생성하는 태스크 역시 순차적 모델링 태스크며, 정해진 박자로 연주되는 음표의 순서를 모델링함으로써 불협화음 속에서 음악을 구분한다.

RNN 아키텍처는 일부 시각 지능 태스크(비디오 활동 인식 등)에도 적용할 수 있다. 비디오 속에 촬영된 사람이 음식을 하는 중인지, 달리는 중인지, 혹은 은행을 털고 있는지를 인식하는 것은 근본적으로 그 사람이 움직이는 순서를 모델링하고, 그 순서를 특정한 클래스에 매칭하는 작업이다. 사실 RNN은 매우 흥미로운 유스케이스를 수행할 목적으로 배포됐는데, 여기에는 셰익스피어 스타일의 문장 쓰기, 현실적으로 그럴 듯한(하지만 정확하지는 않은) 대수학 논문 작성하기를 포함해 리눅스 운영체제에서 사용하는 소스코드를 적절한 포맷으로 작성하는 태스크 등이 포함돼 있다.

그렇다면 RNN이 이러한 태스크를 수행할 수 있는 다재다능한 능력을 가진 이유는 무엇일까? 질문에 답하기 전에 지금까지 뉴럴 네트워크를 사용하며 만났던 몇 가지 어려운 점을 되새겨보자.

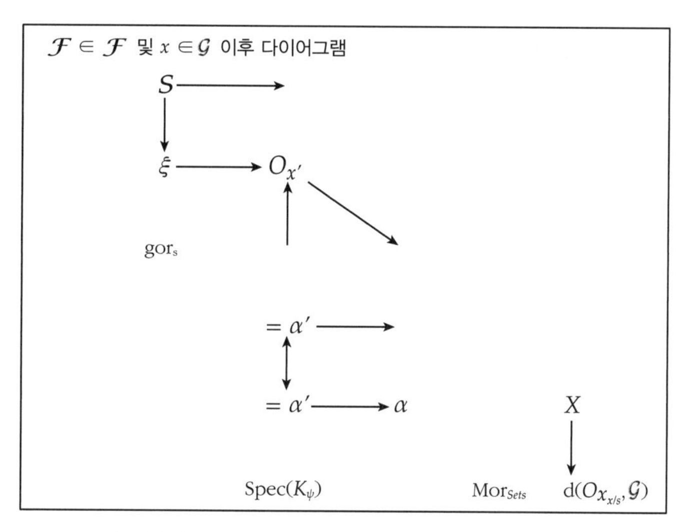

RNN이 작성한 가짜 대수 기하학. Courtesy of Andrej Karpathy

위 기하학 식은 다음을 의미한다.

...는 한계다. 그렇다면 $\mathcal{G}$는 유한 타입이고, S가 플랫(flat)이면 $\mathcal{F}$와 $\mathcal{G}$는 f_*의 유한 타입이다. 이는 유한 타입의 다이어그램이다. 그리고

- $\mathcal{G}$의 구성은 정규 수열(regular sequence)이고,
- O_x는 고리 한 무더기다.

전략 선택

지금까지 구현한 네트워크는 모두 정해진 훈련 데이터에 대한 고정된 크기의 입력을 받아들여 출력 값을 만들었다. 항상 입력 셰이프를 명시해서 네트워크로 입력하는 텐서의 차원을 정의했고, 이는 차례대로 클래스 확률 점수class probability score와 같은 고정된 크기의 출력값을 반환했다. 또한 네트워크의 히든 레이어는 각각의 가중치와 활성화 함수를 갖고 있으며, 레이어는 다소 독립적으로 동작했기 때문에 연속된 입력값 사이의 관계를 식별하지 않았다. 이와 같은 구조는 4장까지 설명한 피드포워드

feedforward 네트워크나 CNN에서는 아무런 문제가 되지 않는다. 4장에서 만들었던 네트워크는 모두 비순차적인 훈련 벡터를 사용했으며, 데이터는 정해진 숫자만큼의 레이어를 통해 전파돼 결과적으로 하나의 출력을 만들었기 때문이다.

CNN의 중간 레이어를 시각화하고자 다중 출력 모델을 다루는 과정에서도 순차적인 벡터를 처리하려고 네트워크 아키텍처를 수정하지는 않았다. 이 과정에서 예측 빈도에 영향을 미칠 수 있는 그 어떤 시간 의존적 정보도 공유하지 않았다. 이제까지 다뤘던 태스크에서는 시간 의존적 정보는 무시했다. 이미지 분류 예제에서는 뉴럴 네트워크가 직전 이터레이션에서 고양이 이미지를 봤다 하더라도 현재 이터레이션의 이미지를 분류하는 데 아무런 도움이 되지 않았다. 두 인스턴스의 클래스 확률이 아무 관련을 갖지 않기 때문이다. 하지만 이러한 접근 방식은 감정 분석에서 이미 몇 가지 문제를 나타냈다. 3장에서 각 리뷰를 방향성을 갖지 않는 단어들의 꾸러미(즉, 순서가 없는)로 분류했던 것을 떠올려보라. 각 리뷰를 단어 꾸러미의 크기(즉, 가장 많이 등장할 수 있는 고유한 단어의 수로 12,000 단어를 선택했다)로 정의한 고정 길이 벡터로 변경했다. 감정을 분류하기에 꽤 유용한 방법이었지만, 실제 이 방법은 가장 효과적이거나 확장 가능하도록 정보를 표시한 것이 아니다. 모든 리뷰를 12,000차원 벡터로 표현해야 하기 때문이다. 우리가 훈련시킨 단순한 피드포워드 네트워크는 (단지 88%를 상회하는 정확성을 얻었고) 리뷰 중 하나의 감정을 올바르지 못하게 분류했다. 그 내용은 다음과 같다.

```
verify_predictions(22)

-----------------------------
Network falsely predicts that review 22 is negative
(None,
 array([0.00108305], dtype=float32),
 "? how managed to avoid attention remains a mystery a potent mix of comedy and crime
this one takes chances where tarantino plays it safe with the hollywood formula the
risks don't always pay off one character in one sequence comes off ? silly and falls
```

flat in the lead role thomas jane gives a wonderful and complex performance and two brief appearances by mickey rourke hint at the high potential of this much under and mis used actor here's a director one should keep one's eye on")

네트워크는 여러 장기적 의존성을 포함하고 있는 (불필요하게) 복잡한 문장과 문맥적 불일치에 혼동한 것 같다. 리뷰의 내용을 보면 감독이나 배우, 혹은 영화 그 자체를 대상으로 불분명한 이중 부정을 사용했다. 그러나 리뷰에 담긴 감정은 전체적으로 긍정적임을 알 수 있다. 어떻게 그러한 판단이 가능한가? 우리는 단어를 순서대로 읽으면서 리뷰에 담긴 일반적 감정과 관계된 개념을 추적할 수 있기 때문이다. 리뷰를 읽으면서 각 리뷰에 새로이 등장하는 단어들이 지금까지 읽은 이전 내용이 가진 일반적인 의미에 어떤 영향을 미치는지 평가할 수 있다. 이처럼 사람은 글을 읽으면서 특정한 순간의 점수에 영향을 미칠 수 있는 새로운 정보(형용사나 부정사 등)를 접하면서 감정 점수를 조정한다.

CNN에서와 마찬가지로 네트워크가 특정한 입력의 조각으로부터 학습한 표상(이후에 다른 조각이나 예제에 재사용할 수 있는)을 사용할 수 있기를 기대한다. 즉, 과거의 타임 스텝에서 얻는 네트워크의 가중치를 공유함으로써 입력을 넘어서 정보의 일부를 순차적으로 연관시키기를 원한다. 이러한 태스크를 할 수 있는 것이 RNN이다. RNN의 레이어는 일련의 값을 순차적으로 순환시킴으로써 연속된 이벤트에서 인코딩된 정보를 활용한다. 아키텍처의 구현 방법에 따라 RNN은 관련 정보를 메모리(상태state라고도 불림)에 저장한 후 이 정보를 활용해 다음 타임 스텝의 예측을 수행하기도 한다.

이 메커니즘은 이제까지 봤던 네트워크와의 가장 큰 차이점이다. 지금까지의 네트워크에서는 각 훈련 이터레이션을 독립적으로 처리했으며, 예측 사이에 어떠한 상태도 유지하지 않았다. 순환 네트워크는 게이트 순환 유닛GRU, Gated Recurrent Unit, 스테이트풀stateful 및 스테이트리스stateless 장단기 기억 네트워크LSTM, Long Short-Term Memory, 양방향 유닛bi-directional units 등 다양하다. 각 네트워크는 특정한 타입의 문제 해결에 도움이 되며,

서로의 단점을 보완해가면서 만들어졌다.

장점	단점
• 입력 길이에 관계없이 처리할 수 있다. • 입력 크기에 따라 모델 크기가 변하지 않는다. • 과거 정보를 고려해 계산한다. • 시간에 따른 가중치를 공유한다.	• 계산이 오래 걸린다. • 오랜 시간 이전의 정보에 접속하기 어렵다. • 현재 상태에 미래 입력을 고려할 수 없다.

기본 RNN 아키텍처

이제 RNN 아키텍처가 지금까지의 네트워크와 어떻게 다른지, 시간의 흐름에 따라 풀어가며 살펴본다. 새로운 시계열 문제time series problem인 음성 인식speech recognition을 생각해보자. 컴퓨터는 사람이 말을 하는 동안 그 말의 조각을 활용해 단어의 흐름을 식별한다. 말을 받아 적거나, 번역을 하거나, 다른 작업의 입력으로 사용하거나, 비슷한 방법으로 사람들이 서로를 가르치기 위해 사용할 수 있다. 이러한 애플리케이션은 시리Siri나 알렉사Alexa와 같은 시스템, 어쩌면 미래의 복잡하며 인지력이 높은 가상 비서 시스템의 근간이 될 것이다. 그렇다면 RNN은 어떻게 컴퓨터의 마이크를 통해 녹음돼 분해된 진동의 순서를 해석해서 입력 음성에 맞는 문자열 변수로 변경시키는가?

매우 간단한 이론적 예를 하나 들어본다. 사람의 발성 순서를 사람이 읽을 수 있는 일련의 단어로 매핑한 훈련 데이터를 갖고 있다고 가정하자. 달리 말하면 네트워크에 오디오 클립을 들려주면 모델이 클립에 담긴 내용을 그대로 표시하는 것이다. 우리는 소리를 벡터 시퀀스(즉, 소리의 바이트를 표현하는)로 간주하고, RNN에게 입력된 음성 조각을 검토할 것을 요청한다. 네트워크는 매 타임 스텝마다 이 소리가 의미하는 영어 단어에 대한 예측을 시도한다.

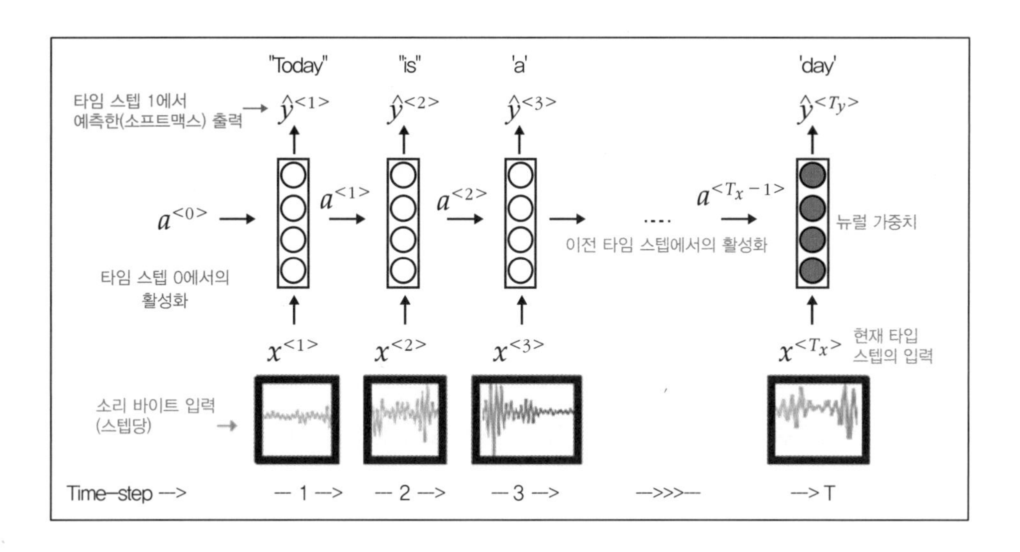

"Today is a nice day"라는 단어의 소리 바이트를 표현하는 벡터 집합을 생각해보자. 하나의 순환 레이어는 벡터 배열을 여러 타임 스텝으로 나눠 서서히 펼친다. 첫 번째 타임 스텝에서 입력 배열의 첫 번째 단어의 발음을 표시하는 벡터(즉, 'Today')를 획득한다. 다음으로 레이어 가중치와의 내적을 계산하고, 계산한 결과를 비선형 활성화 함수(RNN에서는 일반적으로 tanh를 사용)로 전달해 예측값을 출력한다. 이 예측값은 네트워크가 자신이 들었다고 생각한 값에 해당한다. 두 번째 타임 스텝에서 레이어는 배열의 다음 소리 바이트(즉, 'is')를 첫 번째 타임 스텝의 활성화 값과 함께 획득한다. 이 두 값은 활성화 함수에 의해 짓이겨져서 이번 타임 스텝의 예측값을 생성한다. 이러한 과정으로 레이어는 이전 타임 스텝에서의 정보를 현재 타임 스텝 예측에 활용할 수 있게 된다. 순환 레이어가 주어진 배열에 포함된 음성과 이전 음성의 활성화 값을 획득할 때마다 이 프로세스가 반복된다. 레이어는 입력받은 사전의 각 단어에 대해 소프트맥스 확률 점수를 계산하고, 가장 높은 값을 해당 레이어의 출력값으로 선택한다. 이 단어가 바로 해당 타임 스텝에 네트워크가 들었다고 생각한 단어와 일치하게 된다.

가중치 임시 공유

활성화 값들을 일시적으로 연결함으로써 어떤 이득을 얻을 수 있는가? 앞서 언급했듯이 각 단어는 다음에 이어질 단어의 확률 분포에 영향을 미친다. 예를 들어 문장이 어제('Yesterday')라는 단어로 시작한다면 그다음에 올 단어는 be 동사의 현재형('is')보다는 과거형('was')일 가능성이 높다. 이러한 구문 정보syntactic information를 순환 네트워크에 전달함으로써 극 스텝에서 이전 타임 스텝에서의 출력값을 사용하게 할 수 있다. 네트워크가 입력받은 음성 조각을 학습함에 따라 레이어의 가중치를 조정하고 레이어의 예측값과 각 출력의 실제 값 사이의 차이를 최소화한다. 이 과정에서 네트워크는 (바라기로는) 문법적이고 구문적인 규칙을 학습하게 된다. 순환 레이어의 가중치는 일시적으로 공유되며, 이로 인해 이전 타임 스텝의 활성화 값이 다음 타임 스텝에서의 예측에 영향을 미치게 된다는 점이 매우 중요하다. 따라서 더 이상 각각의 예측을 고립시켜서 수행할 필요가 없으며, 이전 타임 스텝에서의 네트워크 활성화 값과 현재 타임 스텝의 입력값 함수로 예측값을 얻을 수 있다.

음성 인식 모델이 실제 동작하는 데는 퓨리에 변환Fourier transformation과 같은 데이터 표준화 기술이 포함될 수 있기 때문에 위 설명보다는 훨씬 복잡할 수 있다. 퓨리에 변환은 해당 신호를 구성하는 주파수로 오디오 신호를 분해한다. 근본적으로 뉴럴 네트워크에 더 나은 표상의 데이터를 제공하고자 항상 입력 데이터를 표준화하려고 노력한다. 모델에 표준화된 입력 데이터를 사용했을 때 좀 더 유용한 예측을 할 수 있는 규칙에 빠르게 수렴할 수 있기 때문이다. 이번 예제의 핵심은 순환 레이어가 이전 단계에서 공유된 일시적인 정보를 활용해서 현재 타임 스텝에서의 예측을 한다는 점이다. 5장에서는 계속해서 이 아키텍처가 임의의 길이를 가진 순차적인 입력과 출력을 어떻게 모델링하는지 살펴본다.

RNN 순차 모델링 종류

음성 인식 예제는 동기화된 다대다many-to-many 시퀀스에 대한 모델링을 포함한다. 이 다대다 시퀀스에서 여러 음성을 그 음성에 해당하는 단어로 예측할 것이다. 비슷한 아키텍처를 사용해 비디오 캡셔닝video captioning 태스크, 즉 비디오의 각 프레임을 차지하는 프레임 내의 객체를 활용해 프레임에 순차적으로 라벨을 붙이는 작업을 수행할 수 있다. 이 또한 다대다 시퀀스의 하나며, 각 타임 스텝에 해당하는 비디오의 입력 프레임마다 예측을 출력한다.

다대다 표상 인코딩

기계 번역의 경우 반동기화된semi-synchronized 다대다 시퀀스를 사용할 수 있다. 타임 스텝마다 즉시 출력을 하지 않으므로 반동기화에 해당한다. 대신 RNN의 인코더 섹션을 활용해 전체 문구를 잡아내서 실제 번역을 하기 전에 번역 가능한 상태를 만든다. 이를 통해 입력 데이터를 한 번에 한 단어씩 번역하지 않고 번역 대상 언어로 더 잘 표현할 수 있다. 후자의 방법은 아주 견고한 방법은 아니며, 부정확한 번역이 자주 발생한다. 다음 예제에서 RNN은 `C'est pas mal!`이라는 프랑스 문장을 영어의 동일한 의미를 가진 `It's nice!`로 번역했다. 문자 그대로인 `It's not bad!`라고 번역하는 것보다 훨씬 정확하다. RNN을 사용하면 다른 사람을 칭찬할 때 프랑스어에 적용된 독특한 규칙을 해석하는 데 도움을 얻을 수 있으며, 많은 오해를 피할 수도 있다.

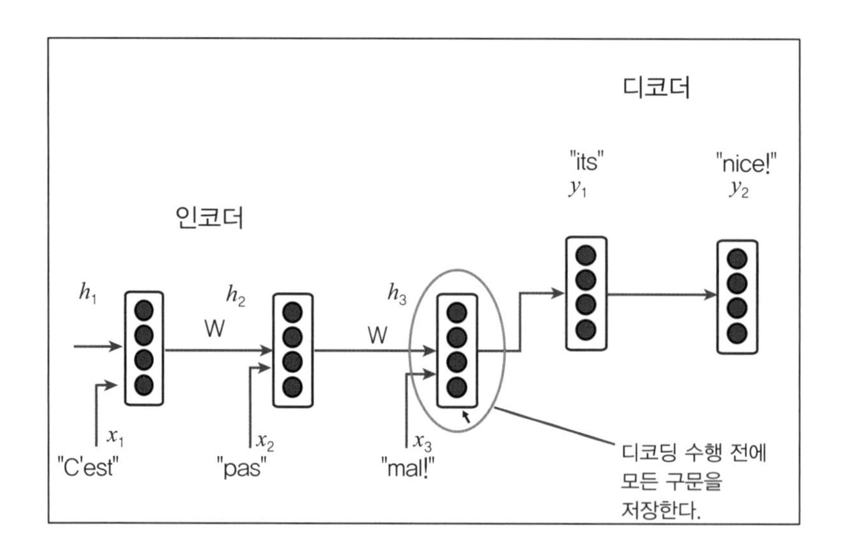

다대일 표상 인코딩

유사하게 다대일 구조를 사용해서 한 문장을 이루는 여러 시퀀스에 속성을 부여하고, 그에 상응하는 하나의 감정 점수에 대응시키는 작업을 할 수도 있다. 이는 앞서 IMDb 데이터셋을 사용해 분류 태스크를 수행했던 것과 거의 비슷하다. 앞의 예제에서는 각 리뷰를 방향이 없는 단어의 덩어리로 표현했다. RNN을 활용하면 리뷰를 방향이 있는 개별 단어의 시퀀스로 모델링해서 이 문제를 해결할 수 있다. 단어의 순서에 존재하는 공간 정보(앞 혹은 뒤)를 활용해 감정 점수에 정보를 제공할 수 있다. 다음은 다대일 RNN 아키텍처를 사용해 감정 분류를 수행하는 예제다.

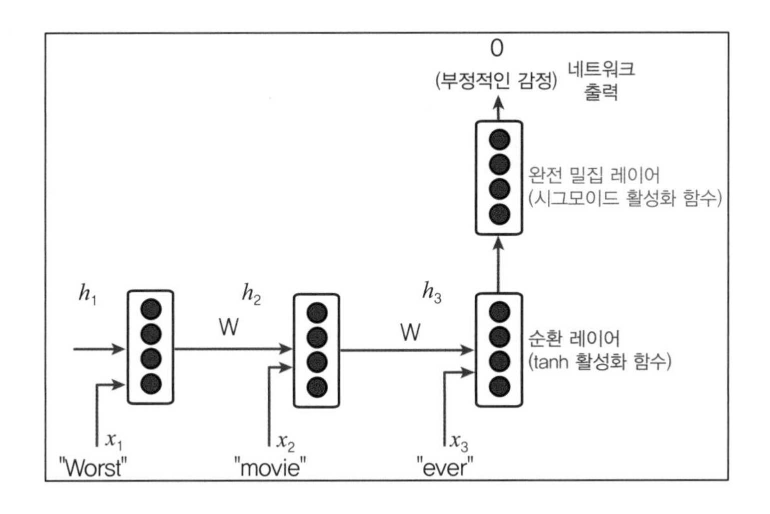

일대다 표상 인코딩

마지막으로 시퀀셜 태스크에 따라 적용해야 하는 아키텍처가 다르다. 널리 사용되는 또 다른 아키텍처 중 하나는 일대다^one-to-many^ RNN 모델이다. 일대다 모델은 음악을 만들거나^music generation^ 이미지 캡셔닝^image captioning^에 사용한다. 음악을 만들어내는 경우 실제로 네트워크에 하나의 음표를 입력한 후 모델이 이어질 음표를 순차적으로 예측하게 하고, 그 예측값을 타임 스텝의 입력으로 사용한다.

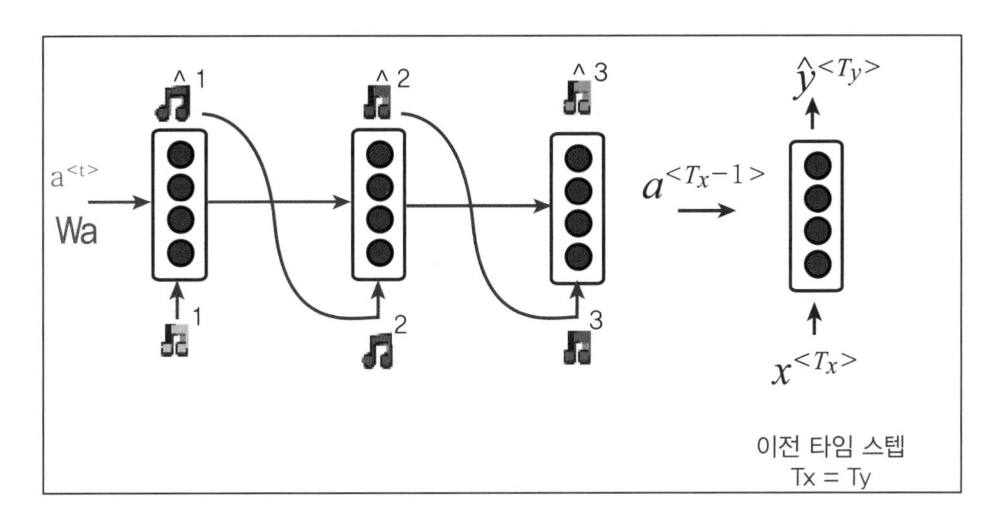

일대다 이미지 캡셔닝

일대다 아키텍처의 참신한 적용 예 중 다른 하나는 이미지 캡셔닝에서 널리 사용된다. 이미지 캡셔닝이란 네트워크에 이미지 하나를 보여주고, 이미지 안에서 벌어지고 있는 일을 작은 자막으로 표현하도록 하는 태스크다. 네트워크에 한 순간에 하나의 이미지를 입력하고, 이미지에서 벌어지는 일과 관련된 여러 단어를 출력한다. 이미 특정한 개체(물체, 동물, 사람 등)에 대한 학습을 마친 CNN의 가장 위의 레이어에 순환 레이어 하나를 스택으로 쌓아 올린다. 이렇게 함으로써 컨볼루셔널 네트워크의 모든 출력값을 순환 네트워크의 입력으로 받을 수 있고, 그 입력 이미지를 설명하는 의미 있는 단어를 출력할 수 있다. 이는 매우 복잡한 구조로 나중에 좀 더 자세히 다룬다. 우선 지금은 RNN의 한 종류인 LSTM 네트워크(나중에 설명한다)가 사람이 기억 구조가 가진 의미적semantic, 의사적episodic 분할에 영감을 받아 만들어졌으며, 6장에서 주제로 다룬다는 것만 알아둔다.

다양한 종류의 순차 프로세싱 태스크

이제 순환 레이어의 동작에 관한 기본적인 아이디어에 친숙해졌을 것이다. 또한 몇 가지 유스케이스(음성 인식, 기계 번역 및 이미지 캡셔닝)를 살펴보면서 다양한 영역에서 시간 의존적 모델이 사용됨을 확인했다. 앞서 다뤘던 몇 가지 순차 태스크를 다이어그램으로 표시하고, 각 태스크에 적합한 RNN의 종류를 함께 표기했다.

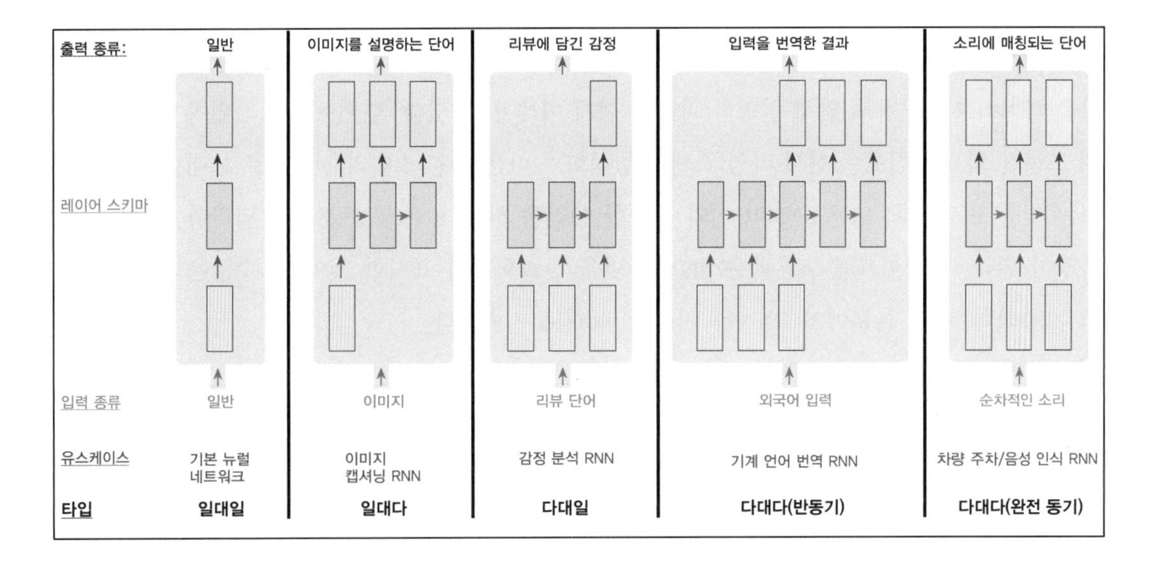

다음으로 방정식의 운용과 RNN의 학습 메커니즘을 더 자세히 살펴본다.

RNN의 학습

모든 학습 메커니즘은 실질적으로 두 부분으로 나눌 수 있다. 피드포워드 방정식은 뉴럴 네트워크에서 데이터가 전방으로 전파되는 규칙, 즉 네트워크가 예측을 수행하는 규칙을 관장한다. 오차 역전파 방정식(예를 들면 손실 함수 및 최적화 함수 등)은 레이어를 통해 모델의 예측 오차를 모델 앞쪽으로 보내 각 레이어의 가중치를 조정함으로써 정확한 예측값을 얻게 한다.

RNN 역시 근본적으로는 동일하지만 시간 의존적인 정보의 흐름을 처리하고자 몇 가지 구조적인 변경을 포함한다. 이를 기반으로 RNN은 내부 상태(혹은 기억memory)를 활용해서 유용한 시간 의존적 표상을 인코딩한다. 먼저 순환 레이어의 전방 경로를 보면 레이어로 들어오는 입력 벡터와 상태 벡터를 조합해서 매 타임 스텝마다 새로운 출력을 생성한다. 그 후 이와 같이 상태 벡터를 반복적으로 업데이트함으로써 주어진 시퀀스와 일시적으로 관련 있는 데이터를 보존하는 방법을 학습한다.

일반적인 RNN 레이어

다음 다이어그램을 통해 앞서 설명한 과정을 쉽게 이해할 수 있다. 다이어그램의 왼쪽에 그려진 회색 화살표는 현재 타임 스텝의 활성화가 다음 타임 스텝의 전방으로 보내지는 것을 표시한다. 모든 RNN이 이와 동일한 동작을 하며, RNN을 구분하는 명확한 특징이 된다. 다이어그램 오른쪽은 RNN 유닛을 간소화해서 표시한 것이다. 수많은 컴퓨터 과학 연구 논문에서 RNN을 이러한 형태로 기술한다.

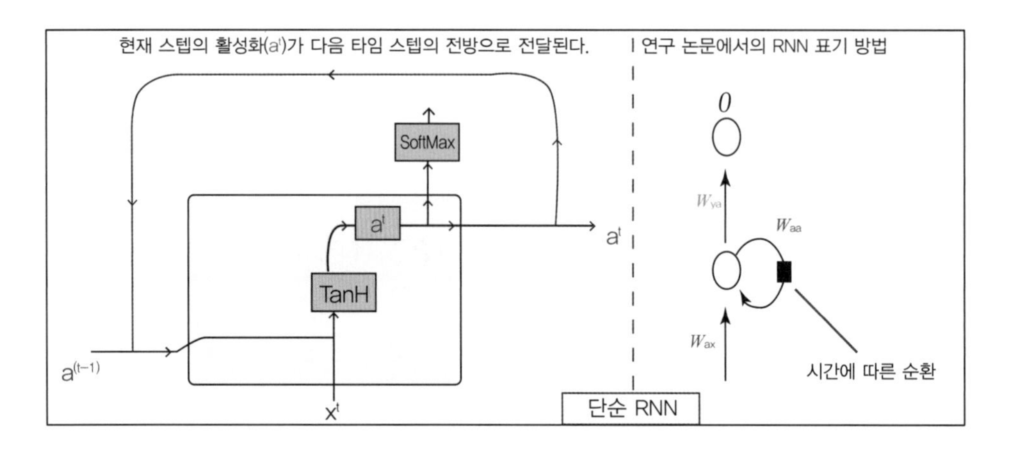

RNN 레이어는 시간에 의존적이며, 순차적으로 입력값을 처리한다. RNN 레이어는 상태(혹은 기억)를 가지며, 상태를 활용해 새로운 방법으로 순차 모델링 태스크를 처리한다. 비순차적인 데이터를 순차적인 방식으로 접근해 처리하는 많은 예제를 다루면서 표준적인 유스케이스를 좀 더 효과적으로 처리하는 아이디어를 얻을 수 있을 것이다. 이미지에 대한 네트워크의 주의를 조정하는 딥마인드의 연구를 예로 들어 살펴보자.

딥마인드의 연구자들은 이미지 분류 태스크에서 무거운 계산을 수반하는 CNN 대신 강화학습으로 훈련시킨 RNN이 동일한 기능을 수행함은 물론 좀 더 복잡한 문제 해결에서 더 정확성이 높음을 밝혔다. 연구자들은 어수선한 이미지 분류와 다양한 동적 시각 통제 문제를 다뤘다. 연구 과정에서 얻은 주요한 구조적 성과 중 하나는 그들이 구현한 RNN이 상황에 따라 시퀀스나 영역을 고해상도로 처리함으로써 이미지나 비디오에서 정보를 좀 더 효과적으로 추출한다는 것이었다. 이러한 방법으로 고해상도 이미지 전체를 한 번에 처리할 때 발생하는 중복 연산의 복잡성을 줄일 수 있었다. 분류를 수행하려고 이미지 전체를 처리할 필요가 없다는 점에서 이는 매우 근사한 방법이다. 이미지 분류에서는 대부분 관심 있는 국소적 영역에만 집중하면 되기 때문이다(https://deepmind.com/research/publications/recurrent-models-visual-attention).

피드포워드

RNN 아키텍처에서 정보는 실제로 어떻게 전파되는가? 예제를 통해 RNN에서의 전방 전파 오퍼레이션을 살펴본다. 구문[phrase]에서 다음에 올 단어를 예측하는 간단한 태스크를 생각해보자. "to be or not to be"라는 구문을 사용한다. 네트워크에 단어들이 입력되면 타임 스텝마다 개념적으로 2가지 계산이 수행된다. 다음 다이어그램에서 각 화살표는 입력되는 값에 대한 계산(내적 오퍼레이션)을 수행함을 의미한다.

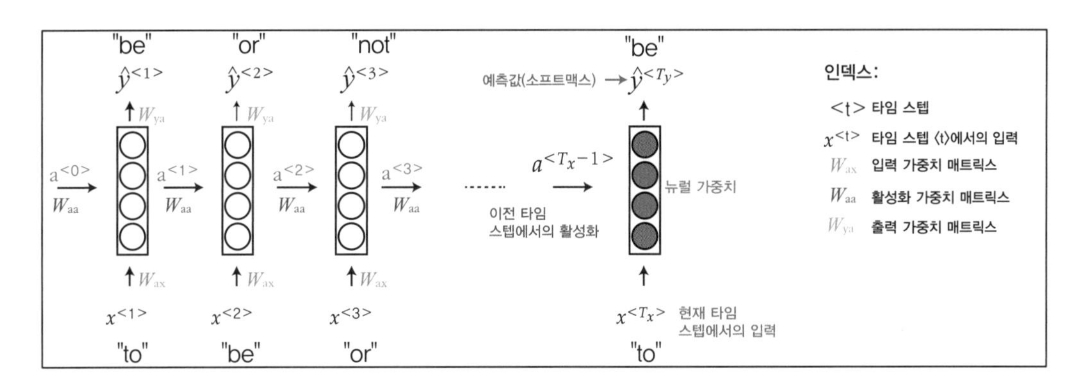

데이터가 전파되는 동안 순환 셀에서는 가로 방향과 세로 방향의 계산이 동시에 일어난다. 레이어의 모든 파라미터(혹은 가중치 행렬)가 일시적으로 공유된다는 점이 매우 중요한데, 이는 동일한 파라미터를 사용해서 매 스텝마다 계산을 수행함을 의미한다.

첫 번째 타임 스텝에서 이 파라미터를 사용해 두 개의 출력값을 계산한다. 그중 하나는 현재 타임 스텝에서 레이어의 활성화 값이며, 다른 하나는 현재 타임 스텝에서의 예측값이다. 레이어에서의 활성화 값을 먼저 살펴본다.

타입 스텝별 활성화 계산

다음 방정식은 시간 t에서 순환 레이어의 활성화 값을 표시한다. g는 해당 순환 레이어의 비선형 활성화 함수며, 일반적으로 *tanh* 함수를 사용한다. 중괄호 안에 있는 수식에서 두 행렬을 곱한 후(내적) 그 결과와 바이어스를 더한다.

$$a^{<t>} = g[(W_{ax} \times x^{t}) + (W_{aa} \times a^{(t-1)} + b_{a}]$$

W_{ax}는 시간 t에서의 입력 벡터 x가 순환 레이어에 입력될 때의 전환 과정을 통제하며, 이 가중치 행렬은 일시적으로 공유된다. 즉, 같은 가중치 행렬을 각 타임 스텝마다 사용하게 된다. W_{aa}는 임시로 공유된 가중치 행렬로, 이전 타임 스텝에서의 활성화 값을 관리한다. 첫 번째 타임 스텝에서 W_{aa}는 (0이 아닌) 매우 작은 임의의 값으로 초기화된다. 아직까지는 계산을 수행하기 위한 어떠한 활성화 가중치도 실질적으로 확보하지 못한 상태이기 때문이다. $a^{<0>}$ 또한 동일하게 0차원 벡터 값을 사용해 초기화한다. 따라서 타임 스텝 1(t = 1)에서 위 방정식은 다음과 같다.

$$a^{<1>} = tanh[(W_{ax} \times x^{1}) + (W_{aa} \times a^{(0)}) + b_{a}]$$

활성화 방정식 정리

두 가중치 행렬 W_{ax}과 W_{aa}을 수평 방향 스택으로 쌓아 올려 한 순환 레이어의 모든 가중치(혹은 상태)를 정의하는 하나의 행렬 W_{a}로 만들어서 앞의 방정식을 간단하게 정리할 수 있다. 또한 이전 타임 스텝 $a^{(t-1)}$에서의 활성화 값과 현재 시점에서의 입력값 x^{t}를 의미하는 2개의 벡터를 수직 방향의 스택으로 쌓아 올려 $[a^{(t-1)}, x^{t}]$라는 새로운 행렬을 생성할 수 있다. 이를 반영하면 앞의 방정식은 다음과 같이 기술할 수 있다.

$$a^{<t>} = tanh[(W_{ax} \times x^t) + (W_{aa} \times a^{(t-1)}) + b_a] \text{ 또는 } a^{<t>} = tanh(W_a[a^{(t-1)}, x^t] + b_a)$$

개념적으로 두 행렬의 높이 W_{ax}, W_{aa}는 고정되므로, 동일한 방식으로 두 행렬을 수평 방향 스택으로 쌓을 수 있다. 또한 동일한 방법을 입력 x^t과 활성화 벡터 $a^{(t-1)}$의 길이에도 적용할 수 있다. 이 두 값 또한 데이터가 RNN을 통해 전파되는 동안 상수로 유지되기 때문이다. 이제 행렬 W_a는 이전 타임 스텝의 활성화 값과 현재 타임 스텝의 입력값 모두를 곱한 것으로 표시할 수 있다. 다음으로 바이어스가 더해지고, 그 값이 비선형 활성화 함수를 통과한다. 새로운 가중치 행렬을 사용해 이 과정을 시간에 따라 풀어서 그리면 다음과 같다.

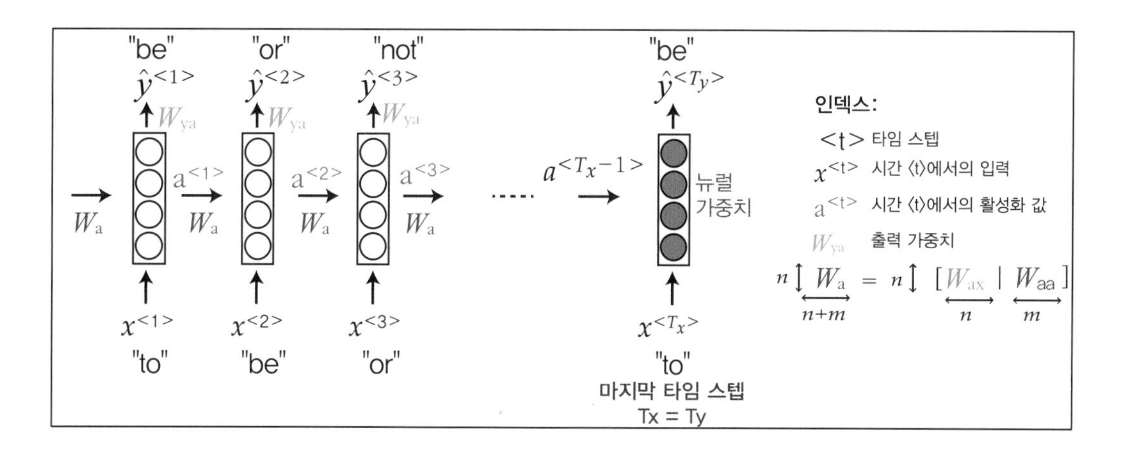

일시적으로 공유된 가중치 파라미터 W_a, W_{ya}를 사용해서 이전 시퀀스 정보를 활용해 미래 타임 스텝에서의 예측에 정보를 제공할 수 있다. 이제 순환 레이어를 통해 데이터가 전파될 때 각 타임 스텝에서 활성화 값을 반복적으로 계산하는 방법을 학습했다.

타임 스텝별 출력 예측

앞에서 계산한 활성화 값을 활용해서 타임 스텝 t에서의 예측값 $\hat{y}^t$을 생성하는 방정식을 살펴본다. 방정식은 다음과 같다.

$$\hat{y}^t = g\ [\ (W_{ay} * a^t) + b_y\ ]$$

한 타임 스텝에서 레이어의 예측값은 일시적으로 공유된 가중치 행렬의 출력과 앞 절에서 설명한 방정식에서 계산된 활성화 값 a^t의 내적으로 계산된다.

가중치 파라미터가 공유되므로 이전 타임 스텝으로부터의 보존된 정보가 순환 네트워크로 전달되고, 현재 예측값에 대한 정보를 제공한다. 예를 들어 타임 스텝 3에서의 예측은 이전 타입 스텝(스텝 1, 2)의 정보를 활용한다. 다음 다이어그램의 초록색 화살표가 이를 표시한다.

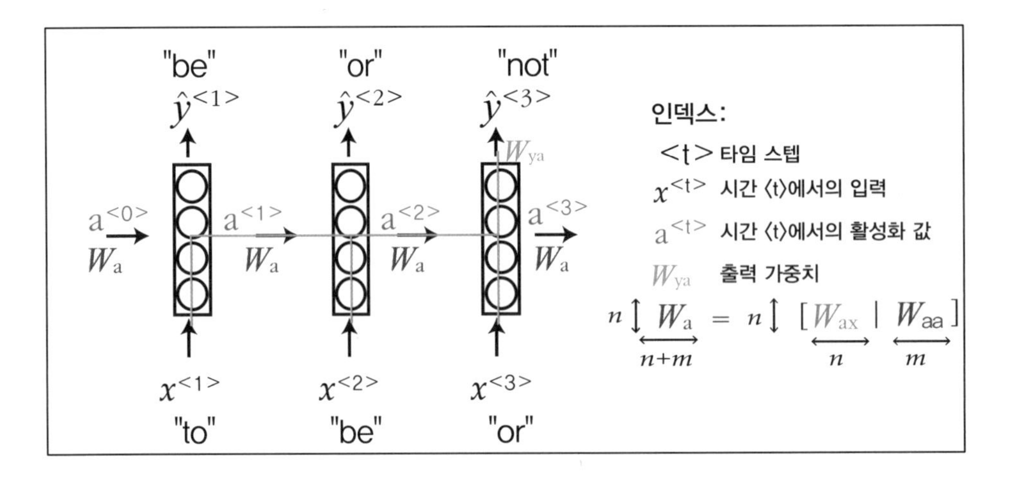

위 계산을 공식화하기 위해 타임 스텝 3에서의 예측값과 이전 단계에서의 활성화 값의 관계를 수학적으로 표현하면 다음과 같다.

$$\hat{y}^3 = sigmoid\ [\ (W_{ay} * a^{(3)}) + b_y]$$

앞 식에서 $a^{(3)}$은 다음과 같이 정의된다.

$$a^{(3)} = sigmoid\ (W_a\ [a^{(2)},\ x^3\ ] + b_a)$$

앞 식에서 $a^{(2)}$는 다음과 같이 정의된다.

$$a^{(2)} = sigmoid\ (W_a\ [a^{(1)},\ x^2\ ] + b_a)$$

앞 식에서 $a^{(1)}$은 다음과 같이 정의된다.

$$a^{(1)} = sigmoid\ (W_a\ [a^{(0)},\ x^1\ ] + b_a)$$

마지막으로 $a^{(0)}$는 일반적으로 0 벡터zero-vector로 초기화한다. 여기에서는 RNN 레이어가 반복적으로 활성화 값을 앞으로 전달하기 전에 많은 타임 스텝을 통해 하나의 시퀀스를 처리한다는 개념을 이해해야 한다. 이것으로 상위 레벨에서 RNN에서의 정보 피드포워드를 관할하는 모든 방정식을 다뤘다. 다양한 임시 시퀀스 모델링에서 강력한 성능을 발휘하지만, 그 자체로 제약점도 갖고 있다.

단방향 정보 흐름의 문제

앞서 설명한 방식의 가장 중요한 제약은 현재 타임 스텝의 예측에 영향을 주는 정보가 이전 타임 스텝의 활성화 값뿐이며, 미래 타임 스텝의 정보는 포함되지 않는다는 점이다. 미래 타임 스텝의 정보가 왜 필요한가? 개체 인식 태스크를 생각해보자. 우리는 아마도 동기화된 다대다 RNN을 사용해 문장 속의 각 단어가 이름 개체(예를 들면 사람, 장소, 제품 등의 이름)인지 예측하려고 할 것이다. 이때 몇 가지 문제를 맞닥뜨리게 된다.

- The Spartan marched forward, despite the obstacles thrown at him.
- The Spartan lifestyle that these people face is unimaginable to many.

위 두 문장에서 가장 처음의 두 개 단어(The Spartan)만 본다면 스파르탄(Startan)이

명사(즉 이름)인지 형용사인지 확신할 수 없다. 문장의 나머지 부분을 읽어야만 단어의 정확한 속성(품사)을 알 수 있다. 네트워크도 마찬가지로 첫 번째 문장의 스파르탄(Spartan)이 이름 개체인지 판단하려면 미래 타임 스텝의 활성화 값을 활용해야만 한다. RNN은 주석이 달린 데이터셋을 통해 순차적인 문법 규칙을 학습할 수 있기 때문에 이름 개체 뒤에는 일반적으로 명사(위 두 번째 문장의 lifestyle) 대신 동사(위 첫 번째 문장의 marched)가 온다는 것을 학습할 것이므로, 첫 번째 문장의 스파르탄만이 이름 개체라고 정확하게 예측할 수 있다. 이를 위해서는 양방향bi-directional RNN이라는 특별한 종류의 RNN을 사용해야만 한다. 양방향 RNN에 관해서는 이후 살펴본다. 부분적인 언어 태그speech tag(해당 단어가 명사인지, 형용사인지 등을 표시하는)를 포함하는 주석 처리된 데이터셋을 사용함으로써 네트워크가 유용한 순차적 표상을 학습할 수 있도록 하는 방법은 주목할 만하다. 부분적인 언어 태그를 사용해 위 두 문장의 첫 부분을 시각화하면 다음과 같다.

- The Spartan marched...a:

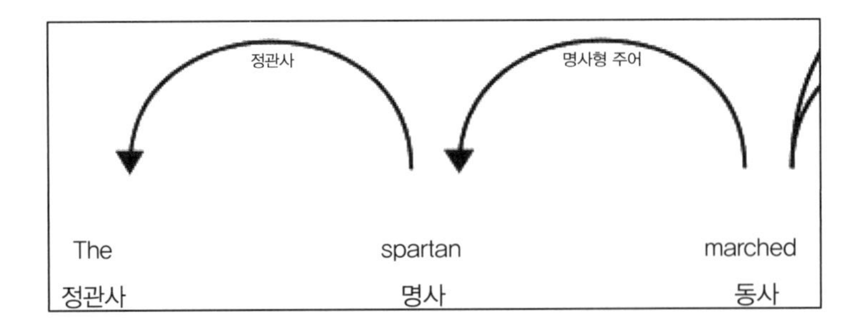

- The Spartan lifestyle...à:

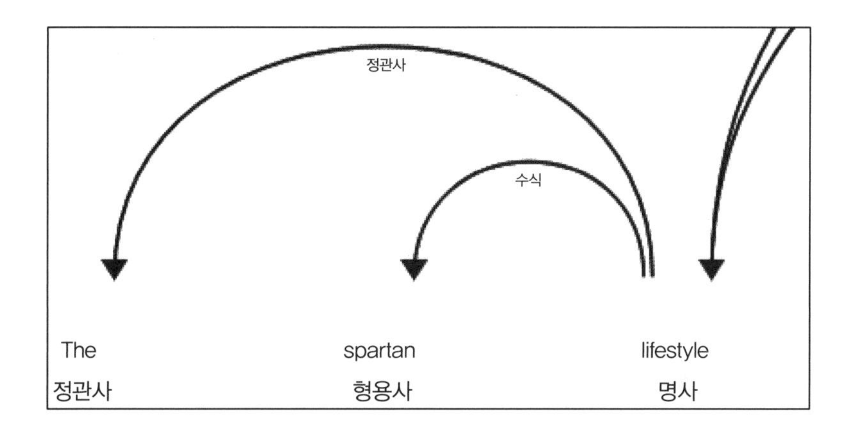

특정 단어 앞에 있는 단어들보다는 뒤에 오는 단어들에서 더 많은 정보를 얻을 수 있다.[1] 양방향 RNN이 미래 타임 스텝과 과거 타임 스텝의 정보를 활용해 현재 타임 스텝에서 어떻게 예측을 수행하는지 뒤에서 살펴본다.

장기 의존성 문제

간단한 순환 레이어는 장기간 의존성을 모델링하는 데 취약하다. 이 의미를 분명히 하기 위해 다음 예제를 살펴보자. RNN에 단어를 순서대로 입력시키고 다음에 올 단어를 예측하게 한다.

- The monkey had enjoyed eating bananas for a while and was eager to have more,
- The monkeys had enjoyed eating bananas for a while and were eager to have more.

1. 이는 영어적 문법에 해당한다. – 옮긴이

이 두 문장에서 11번째 단어(첫 번째 문장에서는 was, 두 번째 문장에서는 were)를 예측하려면 네트워크는 주어(두 번째 단어)가 단수(monkey)인지 복수(monkeys)인지 기억하고 있어야만 한다. 하지만 시간이 흐름에 따라 모델이 훈련을 수행하고, 오차가 역전파됨에 따라 현재 타임 스텝에 가까운 오차의 가중치가 과거 타임 스텝의 가중치보다 더 많은 영향을 미치게 된다. 수학적으로는 경사 소멸vanishing gradients의 문제라고 표현하는데, 이는 체인 룰에 기반을 둔 손실 함수의 미분 값이 극히 작아지는 것과 관련돼 있다. 순환 레이어의 가중치는 일반적으로 각 타임 스텝에서의 부분적인 미분 값에 비례해서 업데이트되는데, 여기에서는 올바른 방향으로 충분히 영향을 주지 않아 네트워크가 학습을 할 수 없게 만든다. 결과적으로 앞의 예제에서 설명한 것과 같이 초기 타임 스텝으로부터의 장기적인 문법적 의존성을 반영하도록 레이어의 가중치를 업데이트하지 못하게 된다. 이는 순환 레이어의 오차 역전파에도 큰 영향을 미치기 때문에 매우 성가신 문제다. 이후 GRU, LSTM 네트워크와 같은 더 복잡한 구조를 활용해서 이 문제를 어떻게 부분적으로 해결하는지 살펴볼 것이지만, 그에 앞서 이 문제의 원인이 되는 RNN에서의 오차 역전파를 살펴보자.

RNN이 어떠한 방법으로 입력은 순차적으로 받아들이는 동시에 그 오차를 역전파시킴으로써 레이어에 일시적으로 공유된 가중치를 조정하는지 궁금했을 것이다. 사실 이 프로세스에는 흥미로운 이름도 붙어있는데, 지금까지 우리가 봤던 다른 뉴럴 네트워크들과 달리 RNN은 시간에 따른 역전파BPTT, Backpropagation Through Time를 수행한다고 알려져 있다.

시간에 따른 역전파

시퀀스의 길이를 반영해서 여러 타임 스텝에 걸쳐 오차를 역전파한다. 오차 역전파를 위해서는 손실 함수가 가장 먼저 필요하다. 시퀀스에 대해 이진 태스크를 수행할지(즉, 단어가 객체인지(=이진 교차 엔트로피)) 혹은 분류 태스크를 수행할지(즉, 다음 단어가 사전에서 어떤 분류에 해당하는지(=분류 교차 엔트로피))에 따라 다양한 교차 엔트로피 손실 함수를 모두 사용할 수 있다. 여기에서 손실 함수는 타임 스텝 t에서의 예측 $\hat{y}^t$ 값과 실제 값 y^t의 교차 엔트로피 손실을 계산한다.

$$Loss^t(\hat{y}^t, y^t) = [-y^t \times log(\hat{y}^t)] - [(1 - \hat{y}^t) \times log(1 - \hat{y}^t)]$$

위 함수는 순환 레이어에서 각 타임 스텝별로 예측값과 실제 값의 엘리먼트별 손실을 계산한다. 따라서 네트워크가 본 단어(혹은 시퀀스)에 대해 네트워크가 생성한 예측별로 손실값을 생성한다. 이후 각 개별 손실값의 합을 구해 타임 스텝 수 ty 동안의 수행을 기준으로 순환 레이어 전체의 손실을 정의할 수 있다. 즉 네트워크 전체의 손실을 다음 수식으로 표시할 수 있다.

$$Loss(\hat{y}, y) = \sum_{t=1}^{ty} Loss^t(\hat{y}^t, y^t)$$

네트워크의 전체 손실을 활용해 각 타임 스텝에서의 레이어 가중치에 대해 미분함으로써 모델의 오차를 구할 수 있다. 앞에서 설명한 순환 레이어 다이어그램을 참조해 이 과정을 시각화할 수 있다. 화살표는 시간 경과에 따른 오차 역전파를 구분한다.

시간에 따른 역전파 시각화

모델이 훈련을 하는 동안 각 타임 스텝별 레이어 가중치에 따라 모델의 오차를 역전파하면서 가중치 행렬 W^{ay}, W^a를 조정한다. 근본적으로 모든 네트워크 파라미터에 따라 손실 함수의 기울기를 계산하고, 기울기에 비례해서 두 행렬 모두를 시퀀스상 각 타임 스텝에서 반대 방향으로 움직인다.

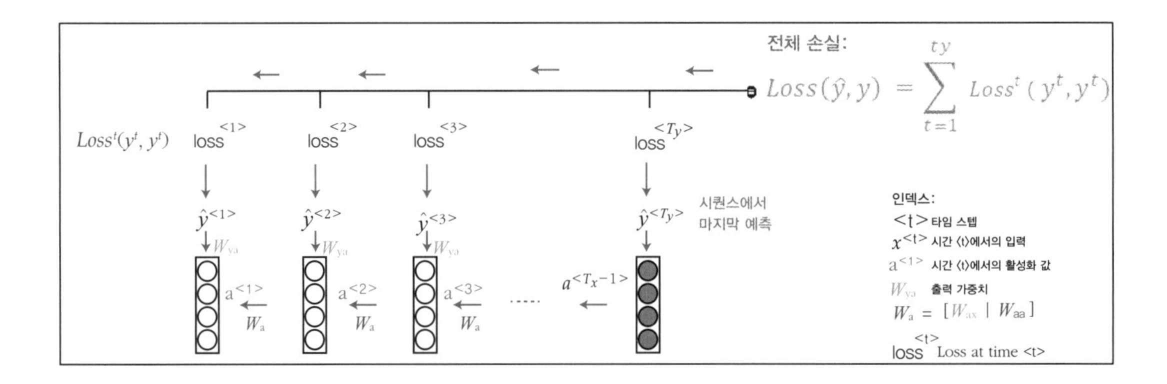

이제 RNN이 벡터 시퀀스를 처리하는 방법, 시간 의존적인 우발적 상황을 활용해 각 스텝의 예측에 정보를 제공하는 방법을 알았다.

경사 폭발과 소멸

깊은 뉴럴 네트워크에서 모델의 오차를 역전파시킴에 따라 그 복잡도는 증가한다. RNN 역시 고유한 경사 폭발exploding gradient 또는 소멸vanishing gradient 문제에 이를 수 있다. 앞서 언급했듯이 특정한 타임 스텝에서의 뉴런 활성화는 다음 방정식에 의존한다.

$$a^{(t)} = tanh\ [\ (W_{ax} \times x^t\ ) + (W_{aa} \times a^{(t-1)}) + b_a]$$

W_{ax}, W_{aa}는 시간에 따라 RNN 레이어들이 공유하는 분할된 2개의 행렬임을 확인했다. 이들 행렬은 각각 현재 시간의 입력 행렬과 이전 타임 스텝의 활성화 값에 곱해진다. 이후 내적 값을 바이어스와 합해 *tanh* 활성화 함수에 전달해 현재 시간 t에서의 뉴런 활성화 값을 계산한다. 그 후 이 활성화 행렬을 사용해 현재 시간 $\hat{y}^t$에서의 예측 출력 값을 계산한 후 이 활성화 값을 다음 스텝으로 전달한다.

$$\hat{y}^t = softmax\ [\ (W_{ay} \times a^t) + b_y\ ]$$

가중치 행렬 W_{ax}, W_{aa}, W_{ay}는 레이어의 훈련 가능한 파라미터를 의미한다. 시간에 따른 역전파가 진행되는 동안 먼저 기울기의 곱을 계산한다. 기울기는 타임 스텝별 예측값과 실제 출력값의 변화에 대한 레이어의 가중치 변화를 의미한다. 다음으로 기울기의 곱을 사용해 변화의 반대 방향으로 각 레이어 가중치를 업데이트한다. 그러나 여러 스텝을 걸쳐 역전파를 하는 경우 기울기를 곱한 값이 매우 적어지거나(결과적으로 레이어의 가중치를 의미 있는 정도로 옮기지 못한다) 매우 커질 수 있다(결과적으로 이상적인 가중치를 뛰어 넘는다). 특히 활성화 행렬 W_{aa}가 그렇다. W_{aa}는 RNN 레이어의 메모리를 의미한다. W_{aa}가 이전 타임 스텝의 시간 의존적 정보를 인코딩하기 때문이다. 시간이 지날수록 현재 시퀀스에서 초기 타임 스텝의 활성화 행렬을 업데이트하기 어려운 이유를 예와 함께 확인해보자. 타임 스텝 3에서 레이어 가중치에 따라 손실 기울기를 계산한다고 가정한다.

기울기 레벨에 관한 고려

특정한 타임 스텝에서의 활성화 행렬은 이전 타임 스텝에서의 활성화 행렬의 함수다. 따라서 타임 스텝 3에서의 손실은 이전 타임 스텝에서 레이어 가중치의 하위 기울기의 곱을 사용해 재귀적으로 정의할 수 있다.

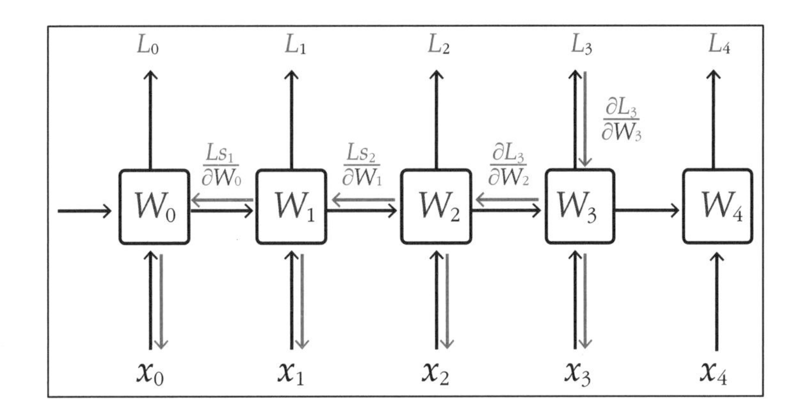

L은 손실, W는 특정 타임 스텝에서의 가중치 행렬, x 값은 해당 타임 스텝에서의 입력을 의미한다. 수학적으로 앞의 다이어그램은 다음 수식과 같이 표현할 수 있다.

$$\begin{aligned}\frac{\partial L_3}{\partial W} &= \frac{\partial L_3}{\partial y_3}\cdot\frac{\partial y_3}{\partial h_2}\cdot\frac{\partial h_2}{\partial W}\\ &= \sum_{t=0}^{2}\frac{\partial L_3}{\partial y_3}\cdot\frac{\partial y_3}{\partial h_2}\cdot\frac{\partial h_2}{\partial h_t}\cdot\frac{\partial h_t}{\partial W}\\ &= \sum_{t=0}^{2}\frac{\partial L_3}{\partial y_3}\cdot\frac{\partial y_3}{\partial h_2}\cdot\left(\prod_{j=t+1}^{2}\frac{\partial h_j}{\partial h_{j-1}}\right)\cdot\frac{\partial h_t}{\partial W}\end{aligned}$$

이 함수의 유도 값은 자코비언 행렬Jacobean matrix에 저장되며, 이는 가중치와 손실 벡터의 포인트별 미분을 의미한다. 수학적으로 그 유도 값은 절댓값 1에 구속된다. 그러나 0에 가까운 작은 유도 값은 여러 스텝을 지나면서 벡터 내적 계산을 수행하는 동안 급격하게 작아져 거의 소멸하게 돼, 결과적으로 모델이 수렴하지 못하게 된다. 이는 활성화 행렬의 큰 값(1에 가까운)에도 적용돼 NaNNot a Number(즉, 무한대)에 이를 때까지 기울기가 급격하게 증가되면서 갑자기 훈련 프로세스를 중단시킨다. 이 문제는 어떻게 해결할 수 있을 것인가?

경사 소멸과 관련된 더 많은 정보는 다음 링크를 참고한다.

http://www.wildml.com/2015/10/recurrent-neural-networks-tutorial-part-3-backpropagation-through-time-and-vanishing-gradients/

클리핑을 활용한 경사 폭발 방지

경사 폭발 시 문제점은 좀 더 명확하다. 모델의 훈련이 중단되고 경사 폭발을 의미하는 NaN 값을 반환한다. 임의의 상한 값 혹은 임곗값을 정의해서 기울기가 너무 커지지 않도록 함으로써 이 문제를 해결할 수 있다. 케라스에서는 최적화 함수를 초기화할 때 `clipvalue` 혹은 `clipnorm` 인자를 직접 전달해서 이를 쉽게 구현할 수 있다.

```
from keras import optimizers

# 모든 파라미터 기울기를 표준 최댓값 1로 자름
sgd = optimizers.SGD(lr=0.01, clipnorm=1)

from keras import optimizers

# 모든 파라미터 기울기를 -0.5 ~ 0.5 사이로 자름
sgd = optimizers.SGD(lr=0.01, clipvalue=0.5)
```

다음으로 모델을 컴파일할 때 `optimizers` 변수를 모델에 전달한다. 기울기를 클리핑하는 아이디어는 RNN의 학습과 관련된 다른 여러 문제와 함께 매우 심도 있게 논의됐다. 그 내용은 <On the difficulty of training recurrent neural networks[순환 뉴럴 네트워크 학습의 어려움]>이라는 논문(http://proceedings.mlr.press/v28/pascanu13.pdf)에서 찾아볼 수 있다.

메모리를 활용한 경사 소멸 방지

기울기가 소멸하면 네트워크는 새로운 학습을 멈추게 돼 의미 있는 값으로 가중치를 업데이트하지 못한다. 많은 타임 스텝으로 구성되는 긴 시퀀스를 모델링하려 하는 RNN에게 이는 매우 성가신 문제다. 결과적으로 모델은 초기 타임 스텝에서 레이어의 가중치를 조정하고자 오차를 역전파하는 데 큰 어려움을 겪는다. 이 현상이 언어 모델링 태스크에 어떤 영향을 미치는지에 대해서는 문법 규칙 학습 예제와 기반 의존성 예제(원숭이 예제)를 통해 확인했다. 다행히 이 문제를 해결할 수 있는 다양한 해결책이 고안됐다. 활성화 행렬 W_{aa}를 정교하게 초기화하고, ReLU 활성화 함수를 사용해 레이어 가중치를 감독할 수 없는 방법으로 미리 학습시킬 수 있다. 그러나 좀 더 일반적으로 다른 해결책은 좀 더 정교한 아키텍처를 설계함으로써 이 문제를 해결하는 방법도 있다. 이 아키텍처에서는 시퀀스 내의 현재 이벤트에 대한 통계적 타당성에 근거한 장기간의 정보를 저장했다. 이것이 게이트 순환 유닛GRU, Gated Recurrent Units과 장단기 기억LSTM, Long Short-Term Memory 네트워크의 근간이 된다. 그럼 GRU가 장기 의존성 문제를 어떻게 해결했는지 살펴본다.

GRU

GRU는 LSTM의 동생뻘로 생각할 수 있다. LSTM에 관해서는 6장에서 살펴본다. 두 네트워크 모두 근본적으로는 유사한 개념을 사용한다. 다음 시퀀스를 생성할 때 문장의 주어가 단수인지 복수인지를 기억해 둠으로써 장기간 의존성을 모델링한다. 곧 메모리 셀과 흐름 게이트를 사용해 시퀀스 데이터에서 장기적 의존성을 더 잘 모델링하면서 경사 소멸 문제를 해결하는 방법을 확인할 것이다. GRU와 LSTM은 네트워크가 표현하는 연산의 복잡성에 차이가 있다. 간단히 말하면 LSTM 네트워크가 훨씬 더 복잡하고, 학습하기 위한 연산 비용과 시간 소요가 크지만, 훈련 데이터를 더 의미 있고 일반화된 표상으로 잘 분리한다. GRU는 상대적으로 저렴한 반면 LSTM과 비교해 표현 능력이 제한돼 있다. 그러나 모든 태스크에 10여 개의 레이어로 구성된 LSTM(시리Siri, 코타나Cortana, 알렉사Alexia 등에서 사용됨)가 필요하지는 않다. 문자 레벨의 언어 모델링은 매우 간단한 아키텍처이므로, GRU와 같이 상대적으로 가벼운 모델을 사용하더라도 충분히 흥미로운 결과를 얻을 수 있다. 다음 다이어그램은 지금까지 설명한 SimpleRNN과 GRU의 차이점을 표시한 것이다.

메모리 셀

유닛에는 두 가지 입력값을 전달한다. 즉, 현재 시간에서의 순차적 입력과 이전 타임 스텝에서의 레이어 활성화 맵이다. GRU의 가장 큰 차이점은 메모리 셀memory cell(c)이 추가된 점이다. 메모리 셀은 특정한 타임 스텝과 관련된 정보를 저장해서 이후 예측에 필요한 정보를 제공한다. 실질적으로 메모리 셀은 GRU에서 특정한 타임 스텝(c^t, 현재 단계에서는 a^t과 동일함)의 활성화를 계산하는 방법을 변경한다.

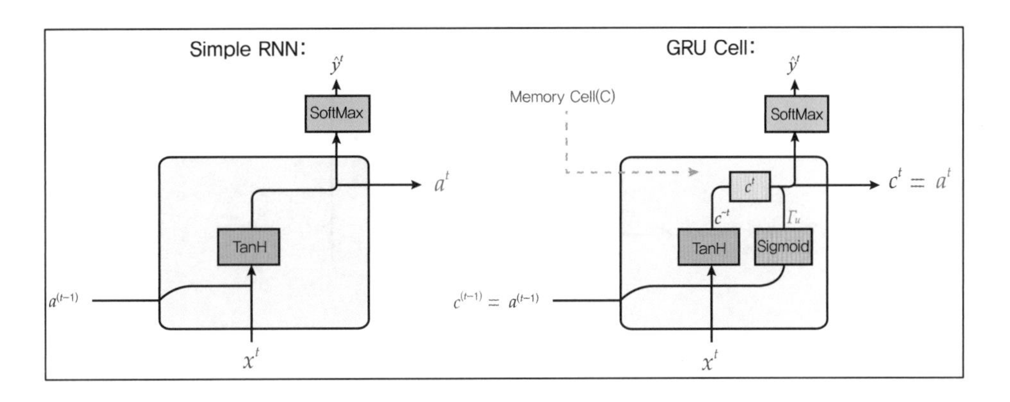

원숭이 예제로 다시 돌아가 보자. 단어 레벨의 GPU 모델은 주어진 두 번째 문장에 여러 가지 개체가 있다는 사실을 잠재적으로 더 잘 표현한다. 그러므로 GPU 모델은 문장을 완료하기 위해 **was** 대신 **were**를 사용해야 한다는 점을 기억할 것이다.

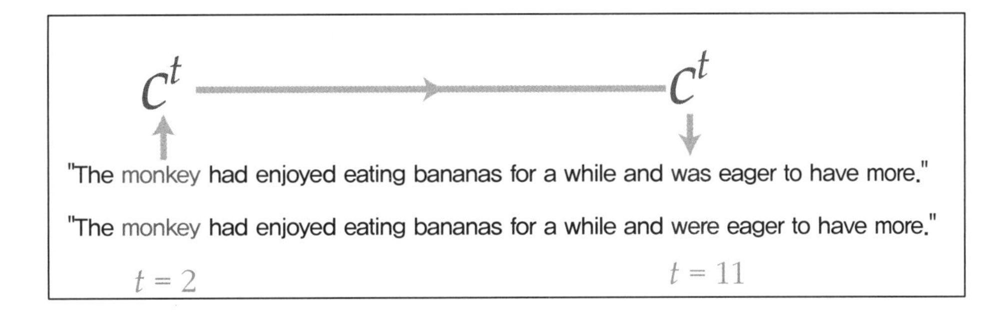

메모리 셀은 실제로 어떻게 동작하는가? c^t은 주어진 타임 스텝(타임 스텝 2)에서의 활성화 값 a^t을 저장해 뒀다가 해당 시퀀스와 관련이 있다고 판단하면 다음 스텝으로

전달한다. 활성화 값의 관계성이 사라지면(즉, 시퀀스에서 새로운 의존성이 식별되면) 메모리 셀은 새로운 값 c^t으로 업데이트되면서 관련성이 좀 더 높을 가능성을 가진 시간 의존성 정보를 반영한다.

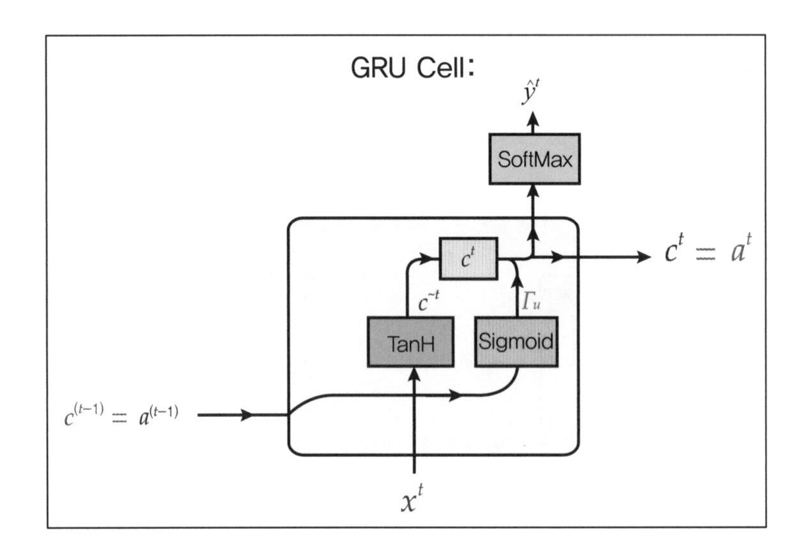

메모리 셀 표현

예제 문장을 처리할 때 단어 레벨의 RNN은 타임 스텝 2(monkey와 monkeys라는 단어)의 활성화 값을 저장하고, 타임 스텝 11(모델이 출력 단어가 was인지 were인지 예측해야 할 시점)까지 그 값을 각각 기억한다. 타임 스텝마다 경쟁값contender value $c^{\sim t}$이 생성돼 메모리 셀에 저장된 값 c^t을 대체하려고 시도한다. 그러나 c^t가 통계적으로 시퀀스와 관련이 있는 한 저장한 값을 유지하며, 더 관련성이 높은 표현이 발견되는 경우에만 저장된 값을 대체한다. 이를 수학적으로 어떻게 구현했는지 경쟁값 $c^{\sim t}$을 기준으로 살펴보자. 이 파라미터를 구현하고자 새로운 가중치 행렬 W^c을 초기화한다. 다음으로 이전 타임 스텝의 활성화 값 c^{t-1}과 현재 타임의 입력값 x^t의 내적 W^c을 구하고, 그 결과 벡터를 *tanh*와 같은 비선형 활성화 함수에 통과시킨다. 이 과정은 앞서 봤던 표준적인 피드포워드 과정과 거의 동일하다.

메모리 값 업데이트

수학적으로 이 연산은 다음과 같이 표시할 수 있다.

$$c^{\sim t} = tanh\ (\ W_c[\ c^{t-1},\ x^t\ ] + b_c)$$

GRU는 그리스 알파벳 감마(Γ_u)로 표시된 게이트를 구현하는 점이 중요하다. 이 게이트는 비선형 활성화 함수를 사용해 입력과 이전 활성화 값의 내적을 계산한다.

$$\Gamma_u = sigmoid\ (\ W_u\ [\ c^{t-1},\ x^t\ ] + b_u)$$

이 게이트는 메모리에 저장된 현재 값 c^t을 경쟁값 $c^{\sim t}$으로 업데이트할 것인지를 결정한다. 게이트(Γ_u)는 이진 값으로 간주될 수 있다. 시그모이드 활성화 함수는 입력값을 0에서 1 사이의 값으로 짓이기는 것으로 알려져 있다. 실제로 시그모이드 활성화 함수로 입력되는 대부분의 값은 0 또는 1로 출력된다. 따라서 c^t을 $c^{\sim t}$으로 대체할지 아닐지를 매 스텝마다 결정하는 이진 값으로 감마값을 간주할 수 있다.

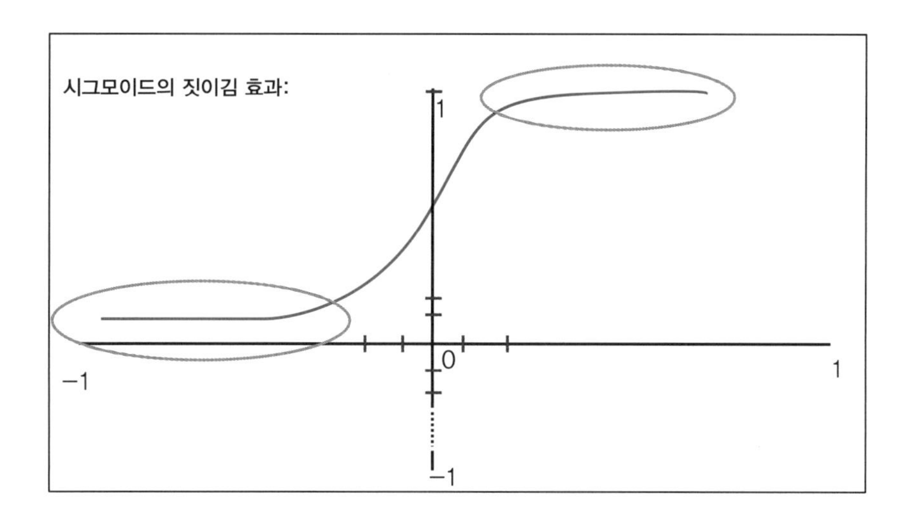

업데이트 방정식과 관련된 수학

앞서 설명한 내용이 실제 어떤 효과를 나타내는지 살펴보자. 앞에서 사용한 원숭이 예제를 다시 사용한다. 예제를 조금 확장하면 단어 레벨의 GRU 모델이 동작함을 이론적으로 확인할 수 있다.

The monkey had enjoyed eating bananas for a while and was eager to have more. The bananas themselves were the best one could find on this side of the island...

GRU 레이어가 이 문장을 지나가면서 타임 스텝 2에서 활성화 값 c^t을 저장할 것이다. 단수 개체(즉, monkey)를 발견했기 때문이다. 레이어는 문장의 새로운 개념(즉, The bananas)을 만나기 전까지 타임 스텝 2에서 저장한 활성화 값을 유지한다. bananas를 만난 시점에서 업데이트 게이트(Γu)는 새로운 활성화 값 후보 $c^{\sim t}$으로 메모리 셀 c에 저장된 이전 값을 교체하고, 새로운 복수 개체 bananas를 반영한다. 수학적으로 위에서 설명한 내용을 GRU가 계산하는 방법은 다음과 같이 정의할 수 있다.

$$c^t = (\Gamma_u \times c^{\sim t}) + [(1 - \Gamma_u) \times c^{t-1}]$$

주어진 타임 스텝에서의 활성화 값은 두 값의 합으로 정의된다. 첫 번째 값은 게이트 값과 후보 값의 곱이다. 두 번째 값은 게이트 값의 역 값과 이전 타임 스텝의 활성화 값의 곱이다. 직관적으로 첫 번째 값은 단순히 0 아니면 1이므로 업데이트 값이 방정식에 포함될지 아닐지를 결정한다. 두 번째 값은 이전 타임 스텝의 활성화 값 c^{t-1}을 잠재적으로 무시할지를 결정한다. 이 두 값이 어떻게 동작해서 특정한 타임 스텝의 업데이트 수행 여부를 결정하는지 살펴보자.

업데이트 미수행 시나리오

게이트(Γ_u)가 0인 경우 방정식의 첫 번째 값은 0이 돼 $c^{\sim t}$의 효과를 없앤다. 두 번째 값은 이전 타임 스텝에서의 활성화 값을 획득한다.

```
if Γu = 0:
    ct = (0 * c~t) + ((1 - 0) * ct-1)
       = 0 + ct-1
그러므로, ct = ct-1
```

이 시나리오에서는 업데이트를 수행하지 않으며, 이전 활성화 값 ct를 유지한다. 활성화 값은 다음 타임 스텝으로 전달된다.

업데이트 수행 시나리오

반면 게이트(Γu)가 1인 경우에는 $c^{\sim t}$이 새로운 c^t가 된다. 방정식의 두 번째 값이 0(=(1 - 1) × ct-1)이 되기 때문이다. 결과적으로 메모리 셀의 값이 업데이트되며, 유용한 시간 의존적 표상이 보존된다. 업데이트 시나리오는 다음과 같이 나타낼 수 있다.

```
if Γu = 1:
    ct = (1 * c~t) + ((1 - 1) * ct-1)
       = c~t + 0
그러므로, ct = c~t
```

타임 스텝 사이의 타당성 보존

메모리를 업데이트하기 위해 방정식에서 사용되는 두 값을 통해 여러 타임 스텝 동안 정보를 보존할 수 있다. 즉, 이 구현 방법은 메모리 셀을 사용해 장기적인 의존성을 모델링하는 과정에서 경사 소멸 문제를 잠재적으로 해결할 수 있는 수단을 제공한다. 하지만 GRU가 실제로 어떻게 활성화 값의 관계를 평가하는지 궁금할 것이다. 업데이트 게이트update gate는 활성화 벡터 c^t을 새로운 후보 $c^{\sim t}$으로 대체할 것인지를 결정한다. 하지만 이전 타임 스텝의 활성화 값 c^{t-1}이 현재 타임 스텝과 얼마나 관련이 있는지를 어떻게 알 수 있는가? 앞서 GRU 유닛을 관장하는 간단한 방정식을 소개했다. 여기에 마지막으로 관련성 게이트relevance gate(Γ_r)를 추가하면 원하는 바를 정확하게 달성할 수 있다. 즉, 관련성 게이트(Γ_r)를 사용해 후보 값 $c^{\sim t}$을 계산해서 이전 타임 스텝에서의 활성화 값 c^{t-1}과 현재 타임 스텝의 활성화 값 c^t의 관계를 포함시킨다. 이를 통해 이전 타임 스텝의 활성화 값이 현재 타임 스텝의 입력 시퀀스와 얼마나 관계있는지 평가할 수 있다. 이를 다이어그램으로 표현하면 다음과 같다.

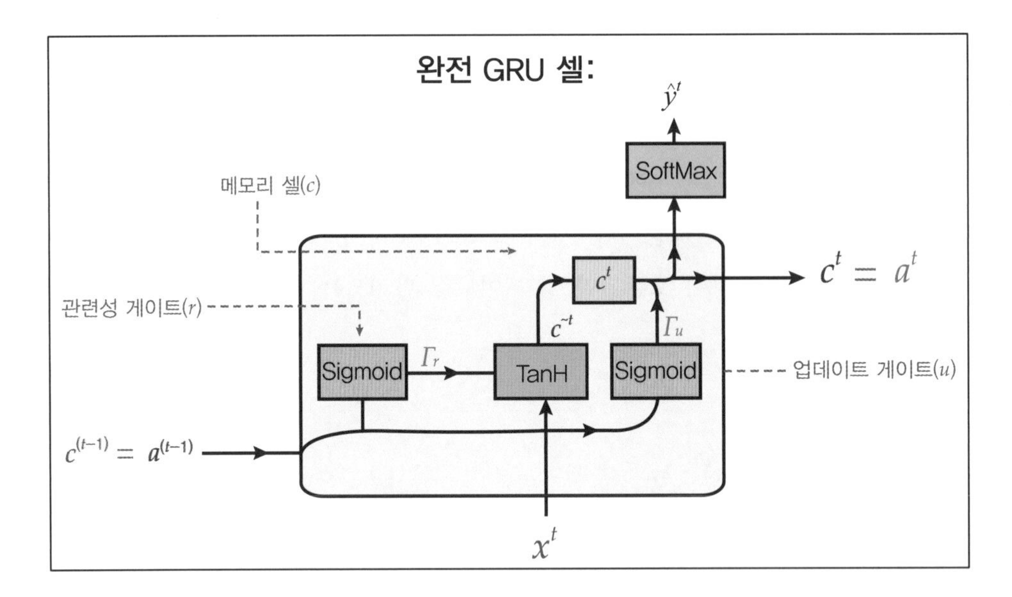

타당성 게이트 방정식

GRU 방정식을 전체적으로 표기하면 다음과 같다. 관련성 게이트 값도 포함돼 있다. 관련성 게이트 값은 후보 메모리 값 $c^{\sim t}$을 계산하기 위해 수행한 방정식에 포함된다.

- **과거 방정식:** $c^{\sim t} = tanh\ (\ W_c\ [c^{t-1},\ x^t\ ] + b_c\ )$
- **현재 방정식:** $c^{\sim t} = tanh\ (\ W_c\ [\Gamma_r\ ,\ c^{t-1},\ x^t\ ] + b_c\ )$

  현재 방정식에서 $\Gamma_r = sigmoid\ (\ W_r\ [\ c^{t-1},\ x^t\ ] + b_r\ )$

Γ_r 값은 다른 가중치 행렬 W_r을 초기화하고, 과거 활성화 값 c^{t-1}과 현재 입력값 x^t의 내적을 계산한 후 시그모이드 활성화 함수를 통해 합을 계산해서 얻는다. 현재 활성화 값 c^t을 계산하는 공식은 동일하다. 다만 $c^{\sim t}$를 포함하는 차이가 있으며, $c^{\sim t}$의 계산에 관련성 게이트(Γ_u) 값을 사용한다.

$$c^t = (\Gamma_u \times c^{\sim t}) + [(1 - \Gamma_u) \times c^{t-1}]$$

특정한 타임 스텝에서의 예측값은 SimpleRNN과 동일한 방법으로 계산한다. 한 가지 차이점이 있다면 a^t 값이 c^t으로 바뀌었다는 점이다. c^t은 타임 스텝 t에서 GRU 레이어의 뉴런의 활성화 값을 의미한다.

$$\hat{y}^t = softmax [(W_{cy} \times c^t) + b_y]$$

실질적으로 GRU의 경우 a^t과 c^t은 모두 동일하다고 간주할 수 있다. 이후 이 개념이 적용되지 않는 LSTM과 같은 구조를 보게 될 것이다. 우선 하나의 GRU 유닛에서 데이터의 전방 프로파게이션을 관장하는 기본 방정식을 다뤘다. 각 타임 스텝마다 활성화 값과 출력값을 어떻게 계산할 수 있는지, 다양한 게이트(관련성 게이트와 업데이트 게이트)를 활용해 정보 흐름을 어떻게 통제해서 장기 의존성을 평가하고 저장할 수 있는지 확인했다. 이 방법은 경사 소멸 문제를 해결하기 위한 매우 일반적인 구현 방법이다. 연구자들은 이 수학적 구현이 관련성을 판단하고 일련의 다양한 문제가 가진 순차적 의존성을 모델링하는 데 매우 훌륭한 방법임을 확인했다. 이는 2014년 조경현 씨의 논문에서 소개됐다.

케라스를 활용한 문자 레벨의 언어 모델 구축

이제 다양한 종류의 RNN 메커니즘(일부는 간단하고, 다른 일부는 복잡한)에 관한 기본적인 학습을 마쳤다. 또한 다양한 시퀀스 처리 유스케이스도 살펴봤으며, 서로 다른

RNN 아키텍처를 사용해 이 시퀀스를 모델링할 수 있다는 것도 알았다. 학습한 모든 지식을 조합해 실제로 모델을 만들어본다. 이제 이 다양한 모델로 여러 태스크를 테스트해보고, 모델이 어떻게 동작하는지 살펴본다.

먼저 간단하게 문자 레벨의 언어 모델을 구축한다. 이 모델은 이미 많은 사람이 익숙한 (대부분의 워드프로세서 애플리케이션이 갖고 있는) 자동 교정autocorrect 모델과 유사하다. 차이점이 있다면 이 모델은 셰익스피어의 햄릿Shakespeare's Hamlet을 기반으로 만들어졌다는 점이다. 즉, 이 네트워크 모델은 셰익스피어의 햄릿 문자열을 입력받아 문장의 다음에 올 문자의 확률을 반복적으로 계산한다. 필요한 몇 가지 모듈을 임포트하고 패키지를 로드한다.

```
from __future__ import print_function
import sys
import numpy as np
import re
import random
import pickle

from nltk.corpus import gutenberg

from keras.models import Sequential
from keras.layers import Dense, Bidirectional, Dropout
from keras.layers import SimpleRNN, GRU, BatchNormalization

from keras.callbacks import LambdaCallback
from keras.callbacks import ModelCheckpoint
from keras.utils.data_utils import get_file
```

셰익스피어의 햄릿 로딩

파이썬의 자연어 툴킷NLTK, Natural Language ToolKit 패키지를 사용해 gutenberg에 보존돼 있는 극본을 임포트해서 전처리한다.

```
import nltk
nltk.download('gutenberg')[KM2]
# 햄릿에 등장하는 단어들의 정렬된 리스트
hamlet = gutenberg.words('shakespeare-hamlet.txt')

text =''
for word in hamlet:   # 단어별 처리
    text+= ' '        # 문자열에 공백 추가

print('Corpus length, Hamlet only:', len(text))

------------------------------
Corpus length, Hamlet only: 166765
```

문자열 변수 text는 햄릿의 극본을 구성하는 모든 문자의 전체 순서를 포함한다. 이를 짧은 시퀀스로 분할해서 순환 네트워크에 순차적으로 입력할 것이다. 입력 시퀀스를 구성하고자 네트워크가 각 타임 스텝마다 볼 수 있는 문장의 길이를 임의로 정의한다. 문자열에서 이 문자들을 샘플링하는데, 반복적으로 문자열을 슬라이딩하면서 문자 시퀀스를 수집하고(훈련 특징에 해당), 주어진 시퀀스의 다음 문자(훈련 라벨에 해당)를 선택한다. 자연적으로 샘플 시퀀스의 길이가 길수록 네트워크는 좀 더 정확한 확률 분포를 계산하고, 따라서 다음에 이어질 문자에 대한 문맥 정보를 더 많이 갖게 된다. 그러나 결과적으로 모델을 훈련하고 테스팅을 수행하는 동안 예측을 생성하는 데 더 많은 부하가 걸린다.

문자 사전 구축

다음으로 어휘나 문자 사전을 작성해서 각 문자를 특정한 정수에 매핑한다. 이 정수들을 벡터로 표현하는 데 꼭 필요한 단계로, 벡터를 각 타임 스텝마다 네트워크에 순차적으로 입력할 수 있다. 사전은 두 가지 버전으로 작성하는데, 한 사전은 인덱스에 매핑된 문자열을 가지며, 다른 사전은 문자열에 매핑된 인덱스를 가진다.

사전은 실질적인 목적을 위해 만든 것으로, 두 리스트를 모두 참조할 것이다.

```
# 햄릿에 사용한 고유한 문자 리스트
characters = sorted(list(set(text)))
print('Total Characters:', len(characters))

# 각 고유 문자를 정수와 매핑해서 사전 구성
char_indices = dict((l, i) for i, l in enumerate(characters))
indices_char = dict((i, l) for i, l in enumerate(characters))

------------------------------
Total characters: 66
```

매핑된 사전의 길이를 확인해서 사전이 얼마나 큰지 확인할 수 있다. 이 예제에서 햄릿의 극본은 66개의 고유한 문자로 구성돼 있음을 알 수 있다.

훈련 시퀀스 준비

문자 사전을 구축한 후 햄릿 극본을 네트워크에 입력할 수 있도록 일련의 시퀀스와 각 시퀀스에 해당하는 출력 문자로 잘라낸다.

```
'''
텍스트를 다음과 같이 분할:

특징(Features) - 고정 길이의 문자 단위 시퀀스
라벨(Labels)   - 위 시퀀스 다음에 오는 문자
'''

training_sequences = []      # 각 시퀀스를 수집할 빈 리스트
next_chars = []              # 각 시퀀스 다음의 문자를 수집할 빈 리스트
seq_len, stride = 35, 1      # 각 입력 시퀀스, 다음 시퀀스 샘플링 전에 간격 정의

# 35 문자씩 반복, 스트라이드 값은 1
for i in range(0, len(text) - seq_len, stride):
```

```
    # training_sequences에 시퀀스 추가
    training_sequences.append(text[i: i + seq_len])
    # next_chars에 시퀀스 다음에 오는 문자 추가
    next_chars.append(text[i + seq_len])
```

두 개의 리스트를 생성하고 문자열 전체를 반복하면서 35개 문자로 구성된 시퀀스를 리스트에 추가한다. 두 개 리스트 중 하나에는 훈련 시퀀스를, 다른 하나에는 시퀀스 이후 나타날 문자를 저장한다. 책에서는 시퀀스 길이를 임의로 35개로 지정했지만, 이를 자유롭게 변경하며 실험해도 좋다. 하지만 이 숫자를 너무 작게 사용하면 네트워크가 예측하는 데 필요한 충분한 정보를 얻을 수 없으며, 반대로 이 숫자가 너무 크면 네트워크가 가장 효율적인 표상을 찾아내기 어려워 효율적인 표상에 잘 수렴하지 않게 된다. <골디락스와 세 곰 이야기[Godilocks and three bears]>처럼 실험과 도메인 지식을 사용해 '딱 맞는' 시퀀스의 길이를 찾아내는 것이 좋다.

예제 시퀀스 출력

유사하게 임의로 텍스트를 한 글자씩 이동하도록 스트라이드를 설정했다. 이는 잠재적으로 각 문자열을 여러 차례 샘플링할 수 있다는 것을 의미한다. 마치 컨볼루셔널 필터를 사용해 스트라이드만큼 이동하면서 점진적으로 전체 이미지를 샘플링한 것과 동일하다.

```
# 시퀀스와 라벨 확인
print('Number of sequences:', len(training_sequences))
print('1st sequence:', training_sequences[:1])
print('Next character in sequence:', next_chars[:1])
print('2nd sequence:', training_sequences[1:2])
print('Next character in sequence:', next_chars[1:2])

-----------------------------
```

```
Number of sequences: 166730
1st sequence: ['[ the tragedie of hamlet by william']
Next character in sequence: [' ']
2nd sequence: [' the tragedie of hamlet by william ']
```

훈련 과정에서 별도의 레이어가 스트라이딩 연산을 하는 것이 아니라 훈련 데이터 자체에 이를 적용했다는 차이가 있다. 텍스트 데이터인 경우에는 이 방법이 좀 더 쉽다(또한 논리적이다). 햄릿 전체 데이터를 손쉽게 조작해 문자열 시퀀스, 필요한 스트라이드를 만들 수 있기 때문이다. 앞에서 보듯 각 리스트는 1 문자 스트라이드 기준으로 샘플링한 문자열을 저장한다. 훈련 데이터의 첫 번째와 두 번째 시퀀스 및 라벨을 출력해보면 문자가 순차적으로 배열돼 있음을 알 수 있다.

훈련 데이터 벡터화

다음은 이미 익숙한 단계다. 훈련 시퀀스 리스트를 3차원 텐서로 벡터화한다. 이 3차원 텐서는 훈련 특징을 그에 해당한 라벨(즉, 시퀀스 다음에 올 문자)에 맞춰 원핫 인코딩으로 표현한 것이다. 특징 행렬의 차원은 '타임 스텝 수 × 시퀀스 길이 × 문자 수'로 표현된다. 이 예제에서 시퀀스 수는 167,730이며, 각 시퀀스의 길이는 35다. 따라서 텐서는 167,730 행렬로 구성되며, 각 행렬은 43차원의 35 벡터 스택으로 쌓인다. 각 벡터는 43개 문자로 구성된 시퀀스의 한 글자를 나타낸다. 각 고유 문자를 0 벡터로 원핫 인코딩했기 때문에 벡터는 행렬의 차원은 43이 된다. 원핫 인코딩에 따라 사전에서 나타나는 문자의 인덱스 값은 1이 된다.

```
# 0 행렬 생성
# 행렬 차원: (training sequences, length of each sequence, total unique characters)

x = np.zeros((len(training_sequences), seq_len, len(characters)),
             dtype=np.bool)
y = np.zeros((len(training_sequences), len(characters)),
```

```
                dtype=np.bool)

# 훈련 시퀀스별로 반복
for index, sequence in enumerate(training_sequences):
    # 시퀀스의 문자별로 반복
    for sub_index, chars in enumerate(sequence):
        # 특징 행렬에서 문자 위치를 1로 업데이트
        x[index, sub_index, char_indices[chars]] = 1

    # 라벨 메트릭스에서 문자 위치를 1로 업데이트
    y[index, char_indices[next_chars[index]]] = 1

print('Data vectorization completed.')
print('Feature vector shape:', x.shape)
print('Label vector shape:', y.shape)

------------------------------
Data vectorization completed.
Feature vector shape: (166730, 35, 43)
Label vector shape: (166730, 43)
```

문자 모델링 통계

일반적으로 단어와 숫자를 다른 영역으로 구분한다. 하지만 실제로는 단어와 숫자가 그만큼 동떨어진 것은 아니다. 단어와 숫자 모두 보편적인 언어인 수학을 사용해 재구성할 수 있다. 이는 문자 시퀀스에 대한 통계적인 분산을 모델링하는 경우뿐만 아니라 현실적으로 매우 다행스러운 속성이다. 하지만 문자 모델링을 다루고 있으므로, 주제에 맞게 언어 모델의 개념을 정의하고자 한다. 언어 모델은 베이지안Bayesian 로직을 따른다. 베이지안 로직은 미래에 발생할 이벤트(즉, 앞으로 만날 토큰)의 확률을 과거에 발생한 이벤트(즉, 이미 만난 토큰)의 함수로 나타내는 것과 관련이 있다. 이러한 가정에 따라 하나의 특징 공간을 구성할 수 있는데, 이 특성 공간은 시간에 따른 단어의 통계적인 분포를 따른다. 우리가 구현할 RNN은 각각 고유한 확률 분포를 따르는 특징 공간을 구성한다. 이후 해당 특징 공간에 문자 시퀀스를 입력하고, 확률 분포를 활용해 미래에 만나게 될 문자를 재귀적으로 생성한다.

문자별 확률 모델링

자연어 처리[NLP, Natural Language Processing]에서는 한 문자열의 단위를 토큰[token]이라고 표시한다. 문자열에 대한 사전 처리를 어떻게 하는가에 따라 단어 토큰이나 문자 토큰을 얻을 수 있다. 5장의 예제에서는 문자 토큰을 사용한다. 네트워크가 다음에 올 한 문자를 예측하도록 데이터를 사전 처리해뒀기 때문이다. 따라서 네트워크는 문자 시퀀스를 입력받고 문자 사전에 존재하는 각 문자에 대해 소프트맥스 확률 점수를 출력한다. 이 예제에서는 셰익스피어의 햄릿에서 사용하는 전체 66개의 문자를 확인했다. 여기에는 대소문자가 모두 포함돼 있어 태스크를 수행하는 데 있어서 중복이 늘어난다. 따라서 효율성을 높이고, 더 적은 수의 소프트맥스 확률 점수를 다루고자 햄릿에 사용된 문자를 모두 소문자로 바꾼다. 바꾼 결과 43개의 문자로 줄어든다. 즉, 네트워크가 예측을 할 때마다 43개의 소프트맥스 출력을 생성한다는 의미다. 그중에서 가장 점수가 높은 문자를 선택한 후(즉, greedy 샘플링) 이를 입력 시퀀스에 입력하고 해당 문자가 와야 한다고 생각하는지 네트워크에게 질문한다. RNN은 구두점을 포함해서 영어 단어의 일반적인 구조를 학습할 수 있으며, 여러분이 네트워크에 어떤 시퀀스를 입력하기로 결정했는지에 따라 멋지게 들리는 이름에서부터, 어쩌면 생명을 살리는 분자 화합물에 이르기까지 완전히 새로운 시퀀스를 발명할 수도 있다. 실제로 RNN은 분자 표현식 구문을 잡아내기도 하며, 특정한 문자 대상을 생성할 수 있도록 세밀하게 조정될 수도 있다. 연구자들은 새로운 약물의 발견 작업 등에 RNN을 활용하는데, 이는 과학적 연구에서의 새로운 영역이다. 더 많은 내용은 다음 링크를 참조할 수 있다(영문).

https://www.ncbi.nlm.nih.gov/pubmed/29095571

임곗값 샘플링

셰익스피어 스타일의 문장 시퀀스를 생성하고 싶다면 확률 분포 샘플링 과정에서 사용할 습관을 만들어야 한다. 이 확률 분포는 모델의 가중치로 표현되며, 훈련 프로세스가 진행되는 동안 타임 스텝마다 지속적으로 변화한다. 이 확률 분포를 샘플링하는 것은 훈련 에폭이 끝나는 시점마다 셰익스피어 스타일의 텍스트에 관한 네트워크의 아이디어를 훔쳐보는 것과 비슷하다. 즉, 모델이 학습한 확률 분포를 활용해 문자 시퀀스를 생성하는 것이다. 무엇보다 샘플링 전략에 따라 생성되는 문자에 잠재적으로 어느 정도 통제된 무작위성을 부여할 수 있으며, 결과적으로 새로운 시퀀스에 맞게 모델을 강제할 수 있다. 이를 통해 매우 흥미로운 표현을 만들어낼 수 있으며, 실질적으로도 대단히 재미있다.

확률 통제의 목적

샘플링이란 다음에 올 수 있는 문자들의 확률 분포를 활용해 다음 문자를 선택하고자 어떤 확률 통제(혹은 무작위성)를 적용할 것인지를 의미한다. 접근 방식에 따라 다양한 방법을 활용할 수 있다.

그리디 샘플링

RNN을 학습시켜 자동 텍스트 완성과 교정을 하고자 한다면 그리디 샘플링greedy sampling 전략을 사용하는 것이 좋다. 각 샘플링 스텝마다 소프트맥스 출력의 확률 분포 중에서 가장 높은 값에 해당하는 문자의 시퀀스를 바탕으로 다음 문자를 선택한다. 즉, 네트워크는 가장 일반적으로 사용하는 단어를 예측하게 된다. 반면 네트워크가 멋진 이름(특정한 사람의 손글씨 스타일을 따르는) 혹은 아직 발견되지 않은 분자 화합물의 이름을 발견하는 것과 같은 좀 더 계층화된 접근 방법을 사용하고 싶을 수도 있다.

이와 같은 목적을 갖고 있다면 가장 빈번하게 사용되는 문자를 선택하지 않고 싶을 것이다. 빈번하게 사용되는 문자를 선택했을 때의 결과가 그리 신선하지 않을 것이기 때문이다. 대신 약간의 통제된 무작위성(혹은 확률)을 도입해서 고정된 방식이 아니라 확률적인 방법으로 다음 글자를 선택하게 할 수 있다.

확률 표본 샘플링

소프트맥스 출력값에 근거해서 다음 문자를 선택하기보다 타임 스텝마다 출력값의 확률 분포에 가중치를 다시 부여하는 방법을 사용할 수도 있다. 즉, 다음으로 선택할 수 있는 사전의 각 문자에 비례적 확률 점수proportional probability score를 할당할 수 있다. 예를 들어 어떤 문자가 시퀀스의 다음 문자로 선택될 확률이 0.25로 할당됐다고 가정해보자. 그렇다면 네 번에 한 번꼴로 이 문자를 다음 문자로 선택한다. 이와 같이 약간의 체계적인 무작위성을 부여함으로써 인공적이기는 하지만 창의적이며 현실적인 단어와 시퀀스를 만들 수도 있다. 무작위성을 도입하는 것은 생성적 모델링generative modeling 영역에서 매우 유용한데, 이는 이후 장들에서 함께 확인할 것이다. 여기에서는 샘플링 임곗값을 통해 샘플링 전략에 통제된 무작위성을 도입할 것이다. 이를 통해 모델의 소프트맥스 예측 확률의 분포를 조정한다(https://arxiv.org/pdf/1308.0850.pdf).

```
# 확률 배열에서 문자 인덱스 샘플링
def sample(softmax_predictions, sample_threshold=1.0):
    # 예측 배열을 생성하고, float로 변환
    softmax_preds = np.asarray(softmax_predictions).astype('float64')
    # 로그 표준화 후 임곗값으로 나눔
    log_preds = np.log(softmax_preds) / sample_threshold
    # 로그 표준화 값을 지수 계산
    exp_preds = np.exp(log_preds)
    # 예측 표준화
    norm_preds = exp_preds / np.sum(exp_preds)
    # 다항 분포에서 샘플 취득
```

```
    prob = np.random.multinomial(1, norm_preds, 1)
    # 최댓값 반환
    return np.argmax(prob)
```

이 임곗값은 모델에서 생성한 값을 샘플링하고자 사용할 확률 분포의 엔트로피를 의미한다. 임곗값이 높을수록 엔트로피가 높아지며, 결과적으로 비현실적이고 덜 구조화된 것으로 보이는 시퀀스를 생성한다. 반면 임곗값이 낮을수록 엔트로피가 낮아지며, 결과적으로는 일반적인 영어 표현이나 형태를 인코딩함으로써 우리가 친숙한 단어나 용어를 생성한다.

다양한 RNN 모델 테스팅

훈련 데이터를 이미 텐서 포맷으로 처리해서 사용할 수 있게 해뒀으므로, 이전 장들과는 다른 방식으로 접근해보기로 한다. 이제까지는 하나의 모델을 만들고, 그 모델을 학습시켰다. 대신 이번에는 다양한 RNN 아키텍처를 따르는 여러 모델을 만들고, 차례대로 모델을 훈련시켜 각 모델이 문자 단위의 시퀀스를 생성하는 태스크를 어떻게 수행하는지 살펴본다. 각 모델은 다른 메커니즘을 활용하며, 입력받는 문자 시퀀스를 기반으로 적합한 언어 모델을 유도한다. 그다음 각 네트워크가 학습한 언어 모델을 샘플링한다. 훈련 에폭 사이에서도 네트워크를 샘플링해서 각 에폭 레벨에서 세익스피어 스타일의 구문이 생성되는 모습도 확인할 수도 있다. 네트워크를 구축하기 전에 언어 모델링과 샘플링에 관한 정보를 전달하기 위한 기본적인 전략을 확인한다. 이후 몇 가지 케라스 콜백을 사용해 훈련을 하는 동안 모델과 소통하고 모델을 샘플링한다.

커스텀 콜백을 사용한 텍스트 생성

다음으로 커스텀 케라스 콜백을 생성한다. 이 케라스 콜백을 활용해 방금 작성한 샘플 함수를 사용해서 각 훈련 에폭이 종료될 때마다 반복적으로 모델을 조사할 수 있다. 콜백은 훈련 프로세스가 진행되는 동안 모델에 오퍼레이션(저장 또는 테스팅 등)을 수행할 수 있게 하는 함수 클래스다. 훈련 프로세스에서 모델이 태스크를 수행하는 형태를 시각화하는 데 매우 유용하다. 이 함수는 햄릿 텍스트에서 무작위로 문자 시퀀스를 뽑아 해당 시퀀스로 시작되는 400개 문자를 생성한다. 동일한 과정을 선택한 샘플링 임곗값 5개에 대해 각각 수행하고, 에폭이 종료된 후 그 결과를 출력한다.

```
# 매 에폭이 종료될 때마다 실행되는 함수, print_callback 생성
def on_epoch_end(epoch, _):
    global model, model_name
    print('----- Generating text after Epoch: %d' % epoch)

    # 샘플 입력 시퀀스를 시작하기 위한 임의의 인덱스 위치
    start_index = random.randint(0, len(text) - seq_len - 1)
    # 시퀀스의 끝, 훈련 시퀀스 길이에 해당
    end_index = start_index + seq_len

    # 샘플링 엔트로피 임곗값
    sampling_range = [0.3, 0.5, 0.7, 1.0, 1.2]

    for threshold in sampling_range:
        print('----- *Sampling Threshold* :', threshold)
        # 시퀀스를 수집할 빈 문자열
        generated = ''

        # 햄릿에서 추출한 무작위 입력 시퀀스
        sentence = text[start_index: end_index]
        # 입력 시퀀스를 generated 문자열에 추가
        generated += sentence

        print('Input sequence to generate from : "' + sentence + '"')

        # 마지막까지 기다리지 않고 버퍼를 출력
```

```
        sys.stdout.write(generated)

        # 시퀀스에서 400 문자 생성
        for i in range(400):

        # 입력 시퀀스에 대한 0(zero) 행렬
        x_pred = np.zeros((1, seq_len, len(characters)))

        # 시퀀스 내의 문자별로 반복
        for n, char in enumerate(sentence):
        # 문자 인덱스 위치를 1로 변경
        x_pred[0, n, char_indices[char]] = 1.

        # 입력 벡터에 대한 예측 수행
        preds = model.predict(x_pred, verbose=0)[0]
        # sample 함수를 사용해 다음 문자 인덱스 취득
        next_index = sample(preds, threshold)
        # 생성된 문자를 시퀀스에 추가
        next_char = indices_char[next_index]

        # 시퀀스에 생성된 문자 추가
        generated += next_char
        sentence = sentence[1:] + next_char

        sys.stdout.write(next_char)
        sys.stdout.flush()

print_callback = LambdaCallback(on_epoch_end=on_epoch_end)
print('print_callback:', print_callback)

------------------------------
print_callback: <keras.callbacks.LambdaCallback object at 0x7f0a5ee0b518>
```

다양한 모델 테스팅

마지막으로 헬퍼 함수를 구현한다. 헬퍼 함수는 RNN 모델을 학습하고, 샘플링하고, 리스트를 저장한다. 또한 모델의 히스토리 객체도 저장한다. 히스토리 객체는 앞에서 사용한 것과 마찬가지로 매 에폭마다 손실과 정확성 값을 플롯한다. 이를 활용해 나중에 여러 모델을 확인하고, 그 상대적인 성능을 파악할 수 있다.

```
def test_models(list, epochs=10):
    global model, model_name

    for network in list:
        print('Initiating compilation...')

        # 모델 초기화
        model = network()
        # 모델 이름 취득
        model_name = re.split(' ', str(network))[1]

        # 모델 저장 경로(파일명: 모델 이름-epoch-{에폭 수}-loss-{손실값}.h5)
        filepath = path_to + "/all_models/versions/%s_epoch-{epoch:02d}-
                loss-{loss:.4f}.h5" % model_name
        print('filepath:', filepath)

        # 콜백 객체 체크포인트
        checkpoint = ModelCheckpoint(filepath, monitor='loss', verbose=0,
                save_best_only=True, mode='min')

        # 모델 컴파일
        model.compile(loss='categorical_crossentropy', optimizer='adam')
        print('Compiled:', str(model_name))

        # 훈련 초기화


        network = model.fit(x, y,
                           batch_size=100,
                           epochs=epochs,
                           callbacks=[print_callback, checkpoint])

        # 모델 설정 출력
        model.summary()

        # 향후 분석을 위해 모델 히스토리 객체 저장
        with open(path_to + '/all_models/history/%s.pkl' % model_name, 'wb') as
                file_pi:
            pickle.dump(network.history, file_pi)
```

이제 마지막으로 여러 종류의 RNN을 생성하고, 헬퍼 함수를 사용해 이들을 학습시켜서 다양한 RNN이 셰익스피어 스타일의 텍스트를 생성하는 모습을 확인할 수 있다.

```
test_models(all_models, epochs=5)
```

SimpleRNN 구현

케라스의 SimpleRNN은 기본 RNN 레이어며, 앞에서 설명한 것과 같다. SimpleRNN은 많은 파라미터를 설정할 수 있지만, 대부분의 파라미터는 다양한 유스케이스에 사용할 수 있도록 적절하게 기본 설정돼 있다. RNN 레이어를 모델의 첫 번째 레이어로 초기화하므로 입력 셰이프를 전달해야 한다. 입력 셰이프는 각 시퀀스의 길이(앞서 35로 선택)와 데이터셋에 포함된 고유 문자 수(43)다. 이 모델은 연산적인 측면에서 실행하기에 매우 간단하지만, 앞서 언급한 경사 소멸 문제를 심하게 겪는다. 결과적으로 장기적 의존성을 모델링할 때는 몇 가지 문제가 발생한다.

```
from keras.models import Sequential
from keras.layers import Dense, Bidirectional, Dropout
from keras.layers import SimpleRNN, GRU, BatchNormalization
from keras.callbacks import LambdaCallback
from keras.callbacks import ModelCheckpoint
from keras.optimizers import RMSprop

'''재미있는 부분: 다양한 종류의 RNN(단일 RNN에서부터 점점 복잡한 RNN으로)을 반환하는 함수
생성'''
# 단순한 단일 RNN 레이어, 레이어는 128 뉴런으로 구성
def SimpleRNN_model():
    model = Sequential()
    model.add(SimpleRNN(128, input_shape=(seq_len, len(characters))))
    model.add(Dense(len(characters), activation='softmax'))
```

```
    return model
```

2개 레이어로 구성된 이 모델의 마지막 덴스 레이어는 데이터셋의 43개 고유 문자에 해당하는 수의 뉴런을 포함한다. 마지막 레이어는 소프트맥스 활성화 함수를 사용하며, 각 타임 스텝마다 43개의 확률 점수를 출력한다. 이 점수는 각 문자가 다음에 나타날 가능성을 의미한다. 5장에서 실험을 위해 구현할 모든 모델은 동일한 덴스 레이어를 가장 마지막에 포함한다. 마지막으로 모든 RNN은 상태를 유지한다. 즉, 훈련 데이터에서 다음 시퀀스의 계산을 위해 레이어 가중치를 전달한다. 이 설정은 `stateful` 인자를 사용해 모든 RNN에 동일하게 적용한다. `stateful` 인자는 불리언boolean 값으로 레이어를 초기화할 때 제공한다.

RNN 레이어 스택

RNN 레이어를 반드시 하나만 사용해야 하는가? 2개를 사용하면 안 되는가? 케라스의 모든 순환 레이어는 목적에 따라 다른 종류의 텐서 2개를 반환할 수 있다. 또한 출력으로 3차원 텐서(batch_size, time_steps, output_features)를 받을 수 있으며, 2차원 텐서(time_steps, output_features)도 받을 수 있다. 3차원 텐서를 출력하게 함으로써 모델이 연속된 출력값 전체를 각 타임 스텝마다 반환하게 할 수 있다. 이는 다른 모델의 가장 위쪽에 RNN 레이어를 스택으로 쌓고 레이어의 모든 활성화 값을 스택의 두 번째 레이어에 전달하고자 할 때 매우 유용하다. 모든 활성화 값을 반환한다는 것은 근본적으로 모든 특정 타임 스텝의 활성화 값을 반환한다는 것이다. 이 값들을 순차적으로 다른 순환 레이어로 입력해서 동일한 입력 시퀀스에서 좀 더 상위 레벨의 추상적 표현을 인코딩할 수 있다. 해당 불리언 값을 `True`나 `False`로 설정했을 때의 수학적인 결과를 다이어그램으로 표시하면 다음과 같다.

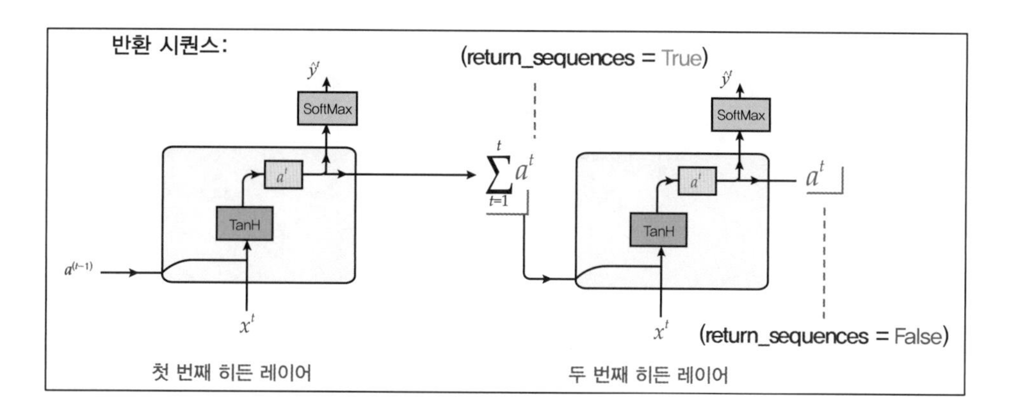

불리언 값(return_sequences)을 `True`로 설정하면 마지막 스텝에서의 예측값뿐만 아니라, 각 타임 스텝에서의 예측값을 텐서로 반환한다. 순환 레이어를 스택으로 쌓는 것은 매우 유용하다. RNN 레이어를 다른 모델의 최상층에 스택으로 쌓음으로써 네트워크의 시간 의존적인 표현 값을 잠재적으로 증가시킬 수 있고, 이를 통해 데이터에 존재할 수 있는 좀 더 추상적인 패턴을 기억하게 할 수 있다.

반면 각 입력 시퀀스별로 가장 마지막 스텝에서의 출력만 반환할 경우에는 2차원 텐서를 출력하게 하면 된다. 이 방법은 우리가 가진 사전에서 어떤 문자가 다음에 나타날지 예측하고자 할 때 사용한다. `return_sequences` 인자로 이를 구현할 수 있으며, 이 인자는 순환 레이어를 추가할 때 전달한다. 이 인자를 `False`로 설정하면 모델은 마지막 스텝에서의 활성화 값만 반환하며, 이 값은 전방으로 전파돼 분류를 수행한다.

```
# 2 스택 RNN 레이어, 각 레이어는 128 뉴런으로 구성
def SimpleRNN_stacked_model():
    model = Sequential()
    model.add(SimpleRNN(128,
                        input_shape=(seq_len, len(characters)),
                        return_sequences=True))
    model.add(SimpleRNN(128))
    model.add(Dense(len(characters), activation='softmax'))
    return model
```

return_sequences 인자는 끝에서 두 번째 히든 레이어에만 사용할 수 있다. 덴스 출력 레이어 직전의 히든 레이어에는 사용할 수 없다. 마지막 레이어는 다음 순서에 올 문자를 분류하는 태스크만 수행하기 때문이다.

GRU 구현

경사 소멸 문제 완화에 뛰어난 GRU는 문법, 구두점, 단어 변형과 같은 장기 의존성을 모델링하는 경우 매우 효과적이다.

```
# 2 스택 GRU 레이어, 각 레이어는 128개 뉴런으로 구성
def GRU_stacked_model():
    model = Sequential()
    model.add(GRU(128,
                  input_shape=(seq_len, len(characters)),
                  return_sequences=True))
    model.add(GRU(128))
    model.add(Dense(len(characters), activation='softmax'))
    return model
```

SimpleRNN과 마찬가지로 첫 번째 레이어의 입력 차원을 지정하고, 3차원 텐서 출력을 두 번째 GRU 레이어로 반환함으로써 훈련 데이터에 존재하는 좀 더 복잡한 시간 의존적 표상을 유지한다. 2개의 GRU 레이어를 스택으로 쌓아 모델이 생성하는 표현력이 얼마나 향상됐는지 확인한다.

이 아키텍처는 셰익스피어 전문가들도 구분하지 못할 만한 놀라운 텍스트 시퀀스를 만들어낸다. 생성한 모델을 다이어그램으로 표현하면 다음과 같다.

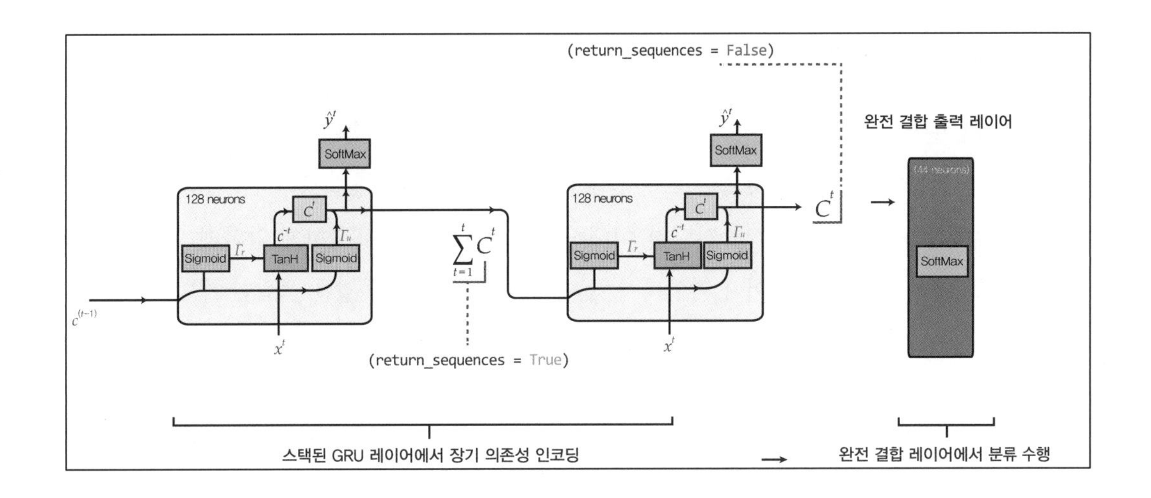

앞서 구현한 훈련 함수에는 `model.summary()`가 포함돼 있어 입력받은 모델의 구조를 표시한다.

양방향 GRU 구현

다음으로 테스트를 수행할 모델도 GRU 유닛이지만, 이번에는 약간의 조작을 가했다. GRU 유닛을 양방향 레이어 사이에 위치시킴으로써 모델에 각 시퀀스를 순방향 순서와 역방향 순서로 입력되도록 했다. 이러한 방식을 사용하면 모델은 앞으로 올 대상을 실제로 볼 수 있으며, 미래 시퀀스 데이터를 활용해 현재 타입 스텝에서의 예측에 대한 정보를 얻을 수 있다. 양방향으로 시퀀스를 처리함으로써 데이터에서 추출 가능한 표상을 크게 개선할 수 있다. 사실 시퀀스를 처리하는 순서는 이후 모델이 학습하는 표상의 종류에 중요한 영향을 미친다.

실제 데이터의 순차적 처리

시퀀스 처리 순서를 변경하는 방식은 매우 흥미롭다. 확실히 사람들은 특정한 학습 순서를 다른 것보다 선호하는 것으로 보인다. 다음 그림에서 두 번째 문장(재구성된)의 각 단어는 정확하게 알고 있지만, 간단히 이해하기는 쉽지 않다. 유사하게 알파벳의 각 문자에는 매우 친숙하며 단어나 아이디어, 심지어 케라스 코드와 같은 복잡한 개념을 만들어낼 수 있음에도 불구하고, 글자를 거꾸로 외워서 말하기는 매우 어렵다.

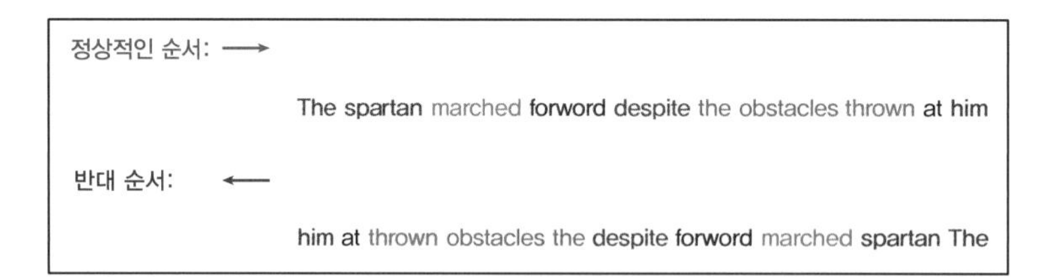

특정한 시퀀스를 선호하는 것은 현실적인 특성상 순차적이고, 앞으로 움직이는 것과 많은 관련이 있다. 결국 두뇌에 존재하는 1011개의 뉴런은 시간과 자연적인 힘에 의해 우리가 접하는 수많은 시간 의존적인 감각 신호를 인코딩하고 표현하는 데 최적화돼 있다. 사람의 뉴런 아키텍처가 특정한 순서로 신호를 처리하는 것을 선호하는 메커니즘을 효율적으로 구현한다는 것은 이성적이다. 다만 그렇다고 해서 그 특정한 학습 순서를 벗어날 수 없다는 말은 아니다. 실제로 취학 전 아이들은 알파벳을 거꾸로 매우 잘 암송한다. 하지만 자연어나 리드미컬한 음악을 듣는 것과 같은 다른 순차적 태스크는 뒤집힌 순서로 처리하기가 매우 어렵다. 하지만 내 말을 맹신하지는 말라. 좋아하는 음악을 거꾸로 들어보고, 여전히 평소처럼 좋은지 확인해보라.

순차적인 데이터 재정렬을 통한 장점

어떤 면에서는 양방향 네트워크가 잠재적으로 정보를 처리하는 우리의 고정 관념을 극복할 수 있을 것으로 보인다. 앞으로 보겠지만, 양방향 네트워크도 동일하게 유용한 표현을 학습할 수 있다. 어쩌면 그 표현들은 예측에 정보를 제공하고 향상시키고자 우리가 생각지도 못한 것일 수 있다. 결국 입력 신호를 순서대로 처리하는 것이 얼마나 중요한지에 달려 있다. 앞의 자연어 예제에서 스파르탄Spartan이라는 단어에 대한 말의 위치POS, Part-Of-Speech를 정의하는 것은 매우 중요하다.

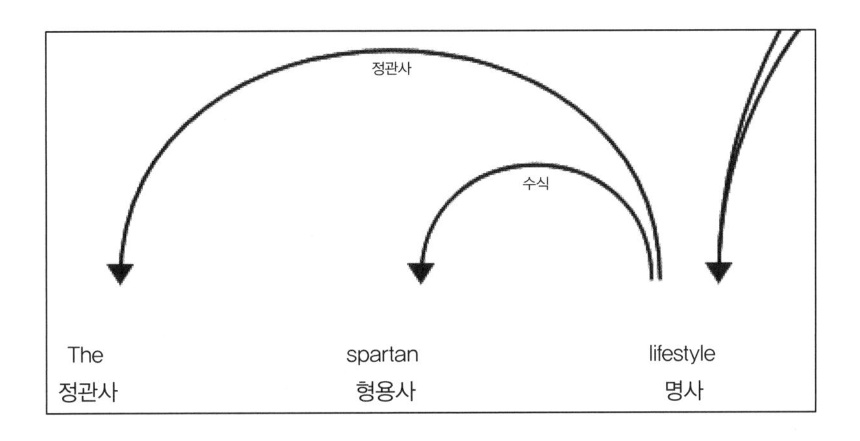

▌케라스의 양방향 레이어

케라스의 양방향 레이어는 데이터 시퀀스를 순방향 순서와 역방향 순서로 모두 처리함으로써 시퀀스에서 나중에 올 단어들을 직접 선택해서 현재 타임 스텝에서의 예측을 위한 정보를 제공한다.

양방향 레이어는 해당 레이어에 입력되는 모든 레이어를 복제한 후 하나는 데이터를 순방향으로 처리하고, 다른 하나는 데이터를 역방향으로 처리한다. 멋지지 않은가? 양방향 레이어가 수행하는 일을 직관적으로 시각화하는 간단한 예제를 함께 살펴보자. What's up이라는 문장을 양방향 GRU로 모델링한다고 가정해보자.

타임 스텝->	1	2
순방향 시퀀스->	Whats	up
역방향 시퀀스->	up	Whats

이 작업을 수행하고자 양방향 레이어에 GRU를 넣는다. 케라스는 두 종류의 양방향 레이어를 생성한다. 그림에서 보듯 이전과 같이 두 개의 양방향 레이어를 각 레이어에 스택으로 쌓고, 그 출력을 덴스 출력 레이어에 연결했다.

```
# 2 스택 양방향 레이어, 각 레이어는 128개 뉴런으로 구성
def Bi_directional_GRU():
    model = Sequential()
    model.add(Bidirectional(GRU(128, return_sequences=True),
                            input_shape=(seq_len, len(characters))))
    model.add(Bidirectional(GRU(128)))
    model.add(Dense(len(characters), activation='softmax'))
    return model
```

빨간색 모델은 데이터를 순방향 시퀀스로 처리한다. 파란색 모델은 동일한 시퀀스를 역방향으로 처리한다. 이 두 모델은 협업을 통해 타임 스텝마다 예측값 하나를 출력한다. 이 두 모델이 어떻게 입력값을 받고, 예측값 $\hat{y}^t$을 출력하기 위해 협업하는지 입력에 따른 두 번의 타임 스텝을 통해 확인할 수 있다.

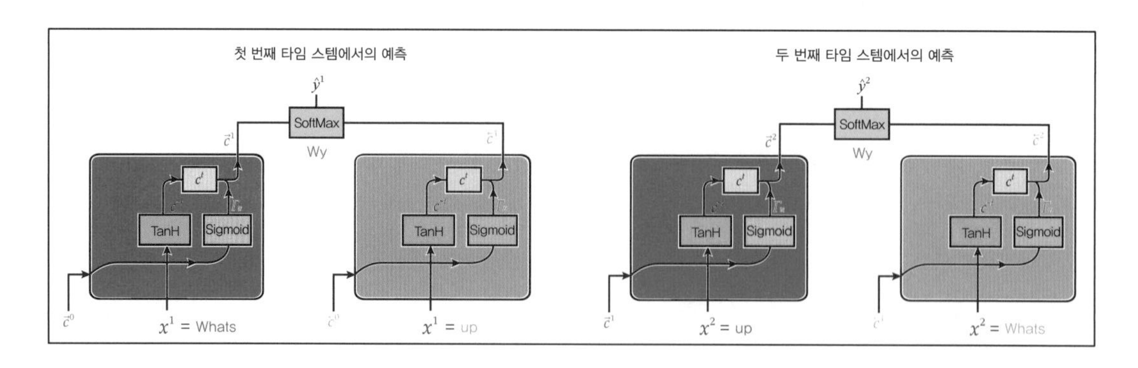

정보의 피드포워드를 담당하는 방정식은 RNN에 각 타임 스텝마다 순방향 시퀀스 레이어와 역방향 시퀀스 레이어에서 유입되는 입력으로 나타낼 수 있다. 시간에 따른 오차 역전파도 여전히 동일한 방법으로 GRU 레이어(빨강과 파랑)의 각 방향에서 수행된다. 다음 공식에서 특정한 타임 스텝 t에서의 예측 출력값 $\hat{y}^t$을 계산하는 데 순방향 시퀀스 레이어와 역방향 시퀀스 레이어의 활성화 값을 어떻게 활용하는지 알 수 있다.

$$\hat{y}^t = g\left(W_y \left[\overrightarrow{a}^t, \overleftarrow{a}^t \right] + b_y \right)$$

이 방정식에서 활성화 값과 가중치 행렬은 양방향 레이어 내에 위치한 모델로 정의된다. 활성화 값과 가중치 행렬은 첫 번째 타임 스텝에서 초기화되고, 시간에 따라 오차를 역전파하면서 업데이트된다. 즉, 이 프로세스를 통해 양방향 네트워크가 생성된다. 이 양방향 네트워크는 중화적 네트워크로, 입력 시퀀스의 순서에 따라 전후방으로 흐르는 정보를 활용해서 예측값을 생성할 수 있다. 양방향 네트워크의 가장 중요한 단점은 예측을 하기 전에 데이터 시퀀스 전체를 봐야 한다는 점이다. 음성 인식과 같은 분야에서는 이러한 점이 문제가 될 수 있다. 네트워크가 예측을 해서 모든 소리 바이트를 단어로 분류하려면 화자가 말을 멈춰야 하기 때문이다. 이 문제를 해결하는 방법의 하나로 입력 시퀀스에 대한 예측을 반복적으로 수행하되 새로운 정보가 유입됨에 따라 반복적으로 이전의 예측값을 업데이트할 수도 있다.

순환 드롭아웃 구현

이전 장들에서 일부 뉴런의 예측을 무작위로 드롭아웃해서 네트워크의 표현을 낮게 분산시켜 과적합 문제를 회피했다. 5장에서 다루는 태스크 중에는 과적합과 관련된 부정적 결과를 나타내는 것이 많지 않지만, RNN에서 과적합을 완화하는 데 사용하는 특정한 케이스를 간단하게 설명한다. 이를 활용해 모델은 단지 훈련 데이터 조각을 복사해서 붙이는 대신, 좀 더 신선한 시퀀스를 생성할 수 있을 것이다.

다만 일반적인 드롭아웃 레이어를 추가하면 무작위성이 너무 많이 추가되므로, 그다지 효과가 없다. 이는 모델이 자주 이상적인 손실값에 수렴하지 못하게 함으로써 유용한 표상을 인코딩하지 못하게 한다. 결과적으로 관련성이 있는 시간 의존적 데이터의 추적에 실패하고 혼란에 빠진 모델을 얻게 될 수 있다. 반면 매 타임 스텝마다 동일한 드롭아웃 스킴(혹은 마스크mask)을 적용하면 효과를 볼 수 있다. 이는 매 타임 스텝마다 무작위로 뉴런들을 드롭아웃시키는 전통적인 오퍼레이션과는 다르다. 이는 순환 레이어에서의 과적합을 방지하는 가장 중요한 기법으로 알려져 있으며, 순환 드롭아웃 정책recurrent dropout strategy이라고 불린다. 이를 활용하면 무작위 드롭아웃 처리에 의해 중요한 정보를 잃지 않으면서 시퀀셜 데이터를 잘 나타내도록 인코딩할 수 있다.

```
# 3개의 GRU 레이어와 1개의 덴스 히든 레이어를 가진 무거운 GRU 모델, 이중 드롭아웃 정책 사용
def larger_GRU():
    model = Sequential()
    model.add(GRU(128, input_shape=(seq_len, len(characters)),
                  dropout=0.2,
                  recurrent_dropout=0.2,
                  return_sequences=True))
    model.add(GRU(128, dropout=0.2,
                  recurrent_dropout=0.2,
                  return_sequences=True))
    model.add(GRU(128, dropout=0.2,
                  recurrent_dropout=0.2))
    model.add(Dense(128, activation='relu'))
    model.add(Dense(len(characters), activation='softmax'))

    return model

# 정의된 모든 모델 사용
all_models = [SimpleRNN_model,
              SimpleRNN_stacked_model,
```

```
                GRU_stacked_model,
                Bi_directional_GRU,
                larger_GRU]
```

케라스 설계자들은 친절하게도 2개의 드롭아웃 관련 인자를 구현해 뒀는데, 이 인자들은 순환 레이어를 생성할 때 전달할 수 있다. recurrent_dropout 인자는 float 값을 받아들이며, 동일한 드롭아웃 마스크를 적용할 뉴런의 비율을 의미한다. 또한 순환 레이어로 입력되는 데이터의 비율을 지정해서 데이터의 무작위적인 노이즈를 통제하고자 해당 비율만큼 입력값을 무작위로 드롭아웃할 수 있다. 이 비율은 RNN 레이어를 정의할 때 dropout(recurrent_dropout과 다름) 인자에 float 값으로 전달할 수 있다.

더 많은 정보는 다음 논문에서 확인할 수 있다.

- A Theoretically Grounded Application of Dropout in Recurrent Neural Networks 순환 뉴럴 네트워크에서의 드롭아웃에 통합적 적용에 관한 연구: https://arxiv.org/pdf/1512.05287.pdf
- Uncertainty in Deep Learning딥러닝에서의 불확실성: http://mlg.eng.cam.ac.uk/yarin/blog_2248.html

출력값 시각화

이번 훈련 예제에서 볼 수 있는 흥미로운 결과를 설명하면서 5장을 마무리하고자 한다. 다음 코드는 SimpleRNN 모델의 첫 번째 에폭을 마친 후 생성된 결과다(첫 번째 에폭을 0으로 출력한 것에 주의한다. 이는 단지 구현상의 이슈며, n개의 에폭 중 첫 번째 에폭임을 의미한다). 결과에서 볼 수 있듯 첫 번째 에폭임에도 불구하고 SimpleRNN은 낮은 샘플링 임곗값에서도 언어 형태학에 관한 지식을 습득해서 실제 영어 단어를 생성했다.

바로 우리가 기대했던 바다. 마찬가지로 높은 엔트로피의 샘플(예를 들면 임곗값 1.2)은 좀 더 확률 의존적인 결과와 (주관적인 관점에서) 흥미롭게 보이는 단어들(예를 들면 'eresdoin', 'hererеus', 'nimhte'와 같은)을 생성한다.

```
test_models(all_models, epochs=1)

------------------------------
Initiating compilation...
Compiled: SimpleRNN_model
Epoch 1/1
166730/166730 [==============================] - 36s 214us/step - loss: 2.2350
----- Generating text after Epoch : 0
----- *Sampling Threshold* : 0.3
Input sequence to generate from : " & thunders in the index ham . look"
 & thunders in the index ham . looke ard the mand to hame the that io hame the peane ,
and the what ham . whe the mane the mand the the made the the me the the thoure the the
beand the mather . bue the chame the beathe , and in the mathe seall the more the mare
the what ous ati he mere the beand so the lour sore , and the the pare the beathe , and
the whith arde be the maste the the pore the fore the the the shime to the beast in t
----- *Sampling Threshold* : 0.5
Input sequence to generate from : " & thunders in the index ham . look"
 & thunders in the index ham . looke ? camestoro har . no mo hor vnowe in the buthee home
harres of thot ham . are the stich to of at him . beaue thond ting to ther hame tho lyour
and the the the ke the the ? and that in the mat hame ith . and the hour the that at heare
by sore the the myor athease ou thing oo sithe shame the be mathe with will the mand
to , thine on the the fare , withe same thet ow you hather and ee the vere no s
----- *Sampling Threshold* : 0.7
Input sequence to generate from : " & thunders in the index ham . look"
 & thunders in the index ham . looke . soy the wien more io hat in haule ourt , and hous
tod allere ham . my tholleres i he shith yourc . andathe , and the batnele . peretin
, whe hat ham . what his burats my more hof hur ke the hithes sadstore comy soed eaghis
, wnat in whing the mant on oum you daer . ter and io buthete laway soue mo thiw ?oke
, tin the peact , ean phathe se chore tes death th muat youll ather . nower , amd goker
----- *Sampling Threshold* : 1.0
Input sequence to generate from : " & thunders in the index ham . look"
 & thunders in the index ham . looke in hpuucayoue tom zellig of thistore withe tueree
```

```
, to haueile whinh a nte pllosde of remirinclly minnmand , masteecofor therres myot
mtstey , buty thoit itnr rous ofleab . dyee hasthoutessimextuwh wey dand by das no that
ar will t sclabe , tor kanclly , hoiu theme . amuet of tor butitence the , hea him .aigurs
tit oo ou , ohe peetiethe mi more , youse , and bfeseime . rpent viter s of s vssall
----- *Sampling Threshold* : 1.2
Input sequence to generate from : " & thunders in the index ham . look"
 & thunders in the index ham . looke you n:at iace thiy goor . it if iny carcoke mea
douland tios ae mesueos oid thite to ketherrsneae ha . be ofeetot ii kingewyor hy
thamclrod inie . era iake , cale tame aane this moctercasteestoncere. i tret har monc.
tua d ie heruenbtke , art at you wath alg nemen thdofis wanl wor matththowill mint ,
inky itkoe doy s: bet ntildobumy fey fo that pillmulk nstkilae ? nastrue yo ' a
hethvkndaly , , Epoch 2/5
166730/166730 [==============================] - 35s 211us/step - loss: 1.9606

_________________________________________________________________
Layer (type)                 Output Shape              Param #
=================================================================
simple_rnn_2 (SimpleRNN)     (None, 128)               22016
_________________________________________________________________
dense_2 (Dense)              (None, 43)                5547
=================================================================
Total params: 27,563
Trainable params: 27,563
Non-trainable params: 0
```

무거운 GRU 모델의 출력값 시각화

다음에 무거운 GRU 모델의 출력을 표시했다. 두 번째 에폭이 종료된 후 셰익스피어 스타일의 문장들을 생성해낸다. 심지어 'Hamlet'이라는 이름을 여기저기에 출력한다. 이 예제의 목적을 설명하는 데 있어 네트워크의 손실값은 최고의 지표가 아님을 알아 둔다. 이 모델의 손실값은 1.3으로, 일반적으로 요구하는 손실값보다는 훨씬 크다. 물론 더 많은 학습을 통해 좀 더 셰익스피어다운 문장을 만들어낼 수도 있다. 그러나 각 모델의 손실 지표로 성능을 비교하는 것은 마치 사과와 오렌지를 판단하는 것과 다르지 않다. 손실이 0에 가까워질수록 구현한 모델은 셰익스피어의 햄릿을 잘 기억했으며, 우리가 기대했던 신선한 시퀀스를 만들지 못했음을 의미한다. 결국 이러한 생성적 태스크에 대한 성능 판단은 여러분이 직접 해야 한다.

```
Initiating compilation...
Compiled: larger_GRU
Epoch 1/1
166730/166730 [==============================] - 397s 2ms/step - loss: 2.2413
----- ----- Generating text after Epoch : 0
----- *Sampling Threshold* : 0.3
Input sequence to generate from : " i heard thee speak me a speech onc"
 i heard thee speak me a speech once , and the deade , the will the souen , and my lord
, and with the sonser , and the count the with , and my lord , and my lord , and the be
the wath , i deart the conce the could , and in the lord , ender . and my lord , and with
the wall that the buther in the mune , and the count , and the the lord with of the some
berter , and the lord the solie , and the dath indell , and the soue the dome ,
----- *Sampling Threshold* : 0.5
Input sequence to generate from : " i heard thee speak me a speech onc"
 i heard thee speak me a speech once ham . his in that thee ham . in call the that wath
bith of the ham . and musid the wath the euster . heath and ham . but the my the son this
me thas ham . helle of my pol . and for me theere to my lote heart ' d thas is the meade
, and and and douell to that wout inder ham ham . the indee the son the more , and ther
heew . and munt the heare , and thy lord ham . and my gord bread of theeee your
----- *Sampling Threshold* : 0.7
Input sequence to generate from : " i heard thee speak me a speech onc"
 i heard thee speak me a speech oncy further in achlenthe soed is of your meetee dontion
, the to now not woud mikne of how he poliing haue that head this this that , as adrond
, indert gration craing how ene that the burde the can the wham . but thy shelien our
, and and lorke queater bor . and sut spoue inder far , that porele , ene shay the was
in the ' no heare , foare that ham . ham . what pauem ' d eugings douer the courd dya
----- *Sampling Threshold* : 1.0
Input sequence to generate from : " i heard thee speak me a speech onc"
 i heard thee speak me a speech oncell my to earing wuth is t my a had may . not my like
. a enounher heare thinksuth to duem durtem lyedd , i dige soleeh a hanathoned shenes
```

```
? theer vercon amemt worl is or the the steytuld . in ham . eeesing coled i ' w sfeuneere
insoules sonde mencing magh plroweis ragoe ? home bunt ingeyer my pall and and heou
nrwwat heeee giiefo your , ley hew thuld , andseron , haf . mor . qu and dowel . wo to
----- *Sampling Threshold* : 1.2
Input sequence to generate from : " i heard thee speak me a speech onc"
 i heard thee speak me a speech oncell ' thoualt that homis to that creandemsh heast
of vas rockcome hauetee is igher crascoles ' dwaose twy will hell , tognowfe a fraetes
samenten , wheaen ho , i kamd ' t theeene onrcays , oshulg eeyuso , bllow and to )ash
ofcmedft , wist : pcandingsin , the ingam bueries mindtlos cauns on ye kco (o prarcon
guunt fuyttheemes dow to ' d to paspor to the by soelun iud vpolod dam , ind mouesiint
worr

_________________________________________________________________
Layer (type)                 Output Shape              Param #
=================================================================
gru_4 (GRU)                  (None, 35, 128)           66048
_________________________________________________________________
gru_5 (GRU)                  (None, 35, 128)           98688
_________________________________________________________________
gru_6 (GRU)                  (None, 128)               98688
_________________________________________________________________
dense_3 (Dense)              (None, 128)               16512
_________________________________________________________________
dense_4 (Dense)              (None, 43)                5547
=================================================================
Total params: 285,483
Trainable params: 285,483
Non-trainable params: 0
```

요약

5장에서는 순환 뉴럴 네트워크와 순차적인 시간 의존적 데이터를 다루는 방법을 학습했다. 5장에서 배운 개념은 모든 시계열time-series 데이터에 적용할 수 있다. 주식 시장 데이터나 자연의 시계열 데이터 모두를 다룰 수 있지만, 실시간 가격의 변화만을 네트워크에 입력하는 것만으로는 멋진 결과를 기대할 수 없을 것이다. 주식의 시장 가격에 영향을 미치는 요소들(예를 들면 투자자의 인식, 정보 네트워크, 가용한 자원들)이 적절한 통계적 모델링을 허용하는 수준까지 반영이 되지 않기 때문이다. 모든 관련 정보를 가장 '학습 가능한learnable' 형태로 네트워크에 전달함으로써 가치 있는 표상을 성공적으로 인코딩하도록 하는 것이 핵심이다.

다양한 RNN 학습 메커니즘을 알아보고, 케라스를 활용해 생성적 모델링에 관한 유스케이스를 구현하고, 커스텀 콜백을 구현해 매 에폭 종료 시점에 데이터 시퀀스를 생성했다. 페이지의 제약으로 RNN과 관련된 일부 개념을 설명하지 못했지만, 그 개념들은 6장에서 자세하게 설명한다.

6장에서는 좀 더 유명한 RNN 아키텍처인 LSTM 네트워크를 학습하고, 좀 더 흥미로운 유스케이스를 구현한다. 이 네트워크는 RNN과 같이 다재다능하며, 음성/개체 인식, 번역, 기계 질의 응답과 같은 유스케이스에 대해 매우 디테일한 언어 통계 모델을 생성한다. 자연어와 관련해 LSTM(및 다른 RNN)은 단어 내장word embedding과 같은 개념을 활용해 구현된다. 단어 내장은 밀집된 단어 벡터로 그 의미론적인 의미를 인코딩한다. LSTM은 음악 조각과 같은 새로운 시퀀스를 좀 더 잘 생성하므로, 직접 꼭 들어보길 바란다. 또한 주의 모델attention model의 기반이 되는 개념을 간략하게 살펴보고, 7장에서 주의 모델의 개념을 좀 더 자세히 살펴본다.

5장을 마무리하기 전에 RNN과 이전 장들에서 소개한 CNN 사이의 유사성을 언급하고자 한다. RNN은 시계열 데이터를 모델링하는 경우 매우 잘 사용된다. 하지만 **1차원 컨볼루셔널 레이어**Conv1D를 사용해도 비슷한 일을 할 수 있다. 다만 Conv1D를 사용하는 경우에는 입력 데이터를 순차적이 아니라 독립적으로 사용한다는 단점이 있다. 컨볼루셔널 레이어와 순환 레이어를 조합해서 이 단점을 극복할 수 있다. Conv1D는 입력 시퀀스에 일종의 전처리를 가해 축소된 표상을 RNN 레이어에 입력해 순차 프로세싱을 수행한다. 뒤에서 이에 관해 더 자세히 살펴본다.

더 읽을거리

- **GRU**: https://arxiv.org/abs/1412.3555
- **뉴럴 기계 번역**Neural machine translation: https://arxiv.org/abs/1409.1259

연습 문제

- 각 모델을 햄릿 텍스트로 훈련시키고, 히스토리 객체를 사용해 손실을 비교해 보라. 어떤 모델이 빠르게 수렴하는가? 각 모델은 무엇을 학습했는가?
- 다양한 엔트로피 분포에 따라 각 에폭마다 생성된 샘플을 통해 시간이 지남에 따라 각 RNN이 어떻게 해당 언어 모델을 개선하는지 확인하라.

06

장단기 기억 네트워크

> 나는 어렸을 때 인생에서 무엇을 할 것인지 자주 곰곰이 생각했다. 우주의 수수께끼를 푸는 일이 가장 흥미로웠다. 그래서 물리학자가 됐다. 하지만 이내 그보다 더 큰 것이 있음을 깨달았다. 내가 기계를 만들고, 그 기계가 내 한계를 뛰어넘는 물리학자가 된다면 어떻겠는가? 어쩌면 내 자그마한 창의력을 영원으로 만들 수 있는 유일한 방법일 것이다.
>
> – 유르겐 슈미트후버Jeurgen Schmidthuber, 장단기 기억Long Short-Term Memory 네트워크 공동 발명자

슈미트후버는 1987년 졸업 논문에서 메타학습 메커니즘에 관한 이론을 정립했다. 그의 이론에 따르면 이 메커니즘은 스스로 학습 알고리즘을 조사할 수 있고, 지속적으로 자신이 사용하는 학습 메커니즘을 효과적인 방법으로 최적화할 수 있었다. 슈미트후버의 아이디어는 시스템 자체에 학습 공간을 열어줬으며, 시스템은 반복적으로

새로운 데이터를 접하면서 자신의 학습을 개선했다. 즉, 이 메커니즘은 학습하는 방법을 학습하는 시스템인 것이다. 슈미트후버는 이 메커니즘을 괴델Gödel이라 불렀으며, 이후 재귀적 자가 학습 알고리즘에 관한 수학적인 개념을 창시했다. 불행히도 여전히 우리는 슈미트후버가 기술한 내용을 따라 자가 학습 문제 해결 메커니즘을 만들고 있다. 하지만 그렇게 크게 실망하지 않아도 좋을지 모른다. 어떤 사람은 지금의 인류가 그러한 것처럼 자연 또한 아직 그러한 시스템을 만들어내지 못했다고 주장한다.

반면에 슈미트후버와 동료들은 대단히 새로운 무엇인가를 개발하는 데 성공했다. 바로 장단기 메모리LSTM, Long Short-Term Memory 네트워크다. 여러 측면에서 LSTM이 5장에서 다룬 GRUGated Recurrent Unit의 형님뻘이 된다는 점은 대단히 흥미롭다. LSTM 네트워크(Hochreiter와 Schmidthuber, 1997)는 GRU(Cho et al, 2014)보다 먼저 고안됐지만, 연산 부문에 있어서는 GRU보다 훨씬 강력하다. 이러한 연산 부하로 인해 우리가 이제까지 살펴본 다른 순환 뉴럴 네트워크RNN, Recurrent Neural Network에 비해 장기적인 의존성을 가진 모델링 영역에서 훨씬 강력한 표현력을 제공한다.

LSTM 네트워크는 앞서 봤던 경사 폭발과 소멸 문제점에 관해 좀 더 복잡한 해결책을 제공한다. GRU는 LSTM을 단순화시킨 버전 중 하나라고 봐도 좋을 것이다.

6장에서 다루는 내용은 다음과 같다.

- LSTM 네트워크
- LSTM 해부
- LSTM 메모리 블록
- 정보 흐름 가시화
- 경쟁 메모리 계산
- LSTM의 변종 모델과 그 성능
- 핍홀peephole 연결 이해

- 타이밍과 카운팅의 중요성
- 습득한 지식 활용
- 주식 시장 데이터 모델링
- 데이터 노이즈 제거
- 지수 평활법 구현
- 한 걸음 앞선 예측 수행의 문제
- 관찰 시퀀스 생성
- LSTM 구현
- 마무리

복잡한 시퀀스 처리

5장에서 사람들은 순차적인 방법으로 이벤트를 처리하는 경향이 있다고 이야기했다. 우리는 일상에서 큰 노력을 들이지 않고, 매일 매일의 태스크들을 작은 행동의 시퀀스로 분할한다. 아침에 일어나서 아침을 먹기 전에 먼저 화장실에 가기로 선택할 수 있다. 화장실에서는 이를 닦기 전에 샤워를 먼저 하기로 선택할 수 있다. 물론 어떤 사람은 이를 닦으며 샤워할 수도 있을 것이다. 이와 같은 선택은 개인적인 성향이나 시간의 제약과 많은 관련이 있다. 다른 관점에서 보면 우리가 일하는 방식의 많은 부분은 두뇌가 각 태스크의 중요성을 표현하는 방식과 관련이 있는데, 그 중요성은 가까운 과거나 먼 과거에 습득한 정보에 따라 결정된다. 예를 들어 공용 수도를 사용하는 아파트에 산다면 일어나는 즉시 샤워를 할 것이다.

반면 이웃이 휴가 중이라는 사실을 알고 있다면 샤워를 조금 뒤로 미룰 것이다. 우리 두뇌는 주변 환경을 예측하는 데 가장 큰 영향을 미치는 정보를 선택, 분류, 활용하는 데 매우 뛰어나다.

메모리 분해

두뇌의 특정한 부분에 모여 있는 뉴런 레이어들은 우리가 인지한 서로 다른 중요한 이벤트의 세부적인 사항을 유지하고, 그 표상을 구분한다. 측두엽temporal lobe을 예로 들어보자. 측두엽은 선언적declarative 혹은 장기적 기억을 책임진다. 측두엽은 의식적인 기억의 범위를 형성한다고 알려져 있다. 측두엽은 세계의 멘탈 모델에서 일어나는 모든 일반적인 사건을 떠올리게 하고, 그에 관한 의미적 사실semantic memory과 그 안에서 일어나는 삽화적 사실episodic memory에 관한 두 가지 개념을 형성한다. 의미적 사실이란 물 분자가 수소 원자 2개와 산소 원자 1개로 구성돼 있다는 것과 같다. 삽화적 사실이란 특정한 물웅덩이가 화학 물질로 오염돼 있어 마실 수 없다는 것과 같다. 기억에서 이러한 사실을 구분함으로써 우리는 정보가 넘쳐나는 환경에서 효과적으로 가야 할 길을 찾을 수 있다. 목표를 최적화하는(그것이 무엇이 됐든) 결정을 내릴 수 있다. 더욱이 어떤 사람은 정보를 분할하고자 이러한 구분을 하는 것이 복잡한 시간 의존적 데이터 시퀀스를 처리하는 데 가장 중요하다고 말한다.

궁극적으로 대화형 챗봇chatbot을 구현하든, 주식 시장 가격의 움직임을 예측하든 예측 모델이 오랜 시간에 대한 관련성을 유지하도록 해야 한다. 관련성이 있다는 것은 최근에 일어난 사항은 물론 알려지지 않은 과거에 일어난 사항도 알고 있다는 의미다. 속담에도 있듯 역사는 반복되는 경향을 보이기 때문이다. 그러므로 소위 기억 속의 역사라고 불리는 표상을 유지하는 것은 유용하다. LSTM을 활용해 달성하고자 하는 목표가 바로 이것이다.

LSTM 네트워크

LSTM 네트워크는 매우 복잡한 정보 경로와 게이트를 사용해 입력값에서 유용한 시간 의존적 표상을 학습한다. 다음 다이어그램에 표시된 선들은 한 노드에서 다른 노드로 전파되는 벡터 전체를 의미하며, 흐름의 방향은 선 위의 화살표로 표시했다. 선이 나눠지는 부분에서는 각 경로를 따라 값 전체가 복사돼 전달된다. 이전 타임 스텝에서의 기억은 유닛의 왼쪽 상단으로 입력되고, 이전 타임 스텝에서의 활성화 값은 유닛의 왼쪽 하단으로 입력된다.

사각형은 학습된 가중치 행렬과 활성화 함수를 통해 입력되는 입력값들의 내적을 의미한다. 원은 엘리먼트별 벡터 곱 연산(*) 혹은 벡터 합(+)과 같은 포인트별 오퍼레이션을 의미한다.

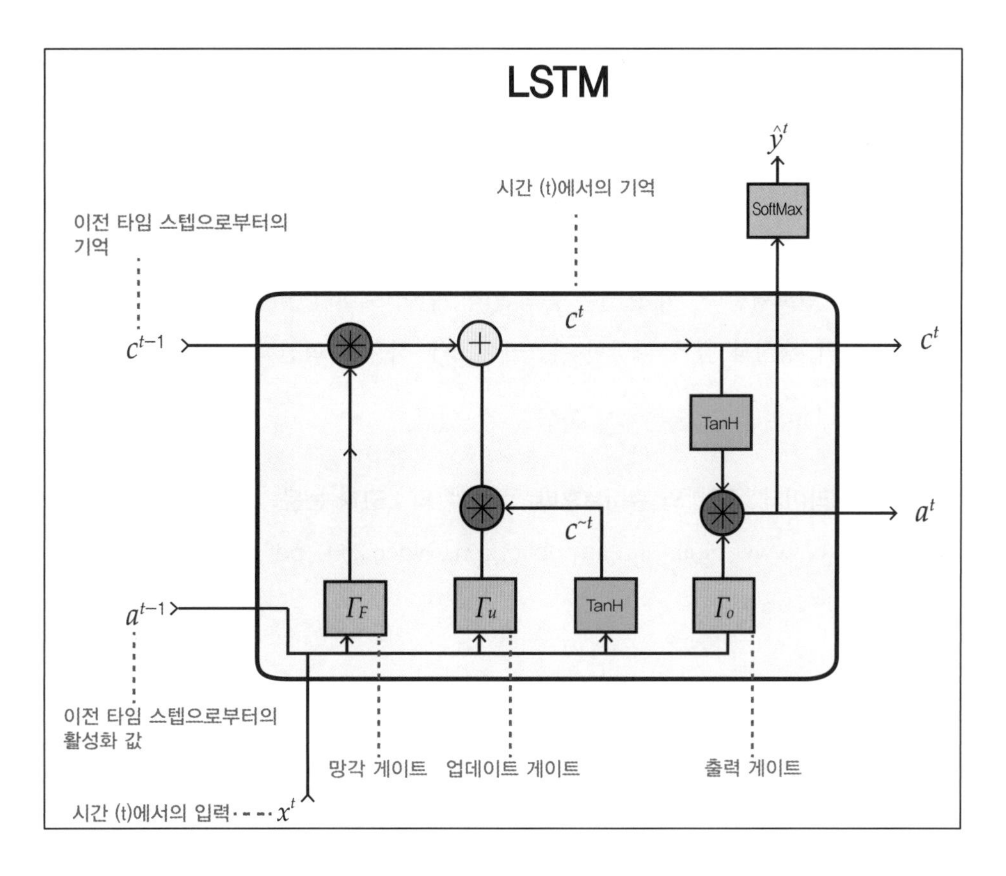

5장에서 순환 네트워크가 피드백 연결을 통해 시간에 따라 활성화 값을 활용해서 최근 입력된 표상을 저장하는 방법을 알아봤다. 이 활성화 함수들은 일종의 단기 기억 유닛으로 간주할 수 있으며, 직전 타임 스텝으로부터의 활성화에 가장 많은 영향을 받는

다. 유감스럽게도 경사 소멸 문제로 인해 아주 초기의 타임 스텝에서 발생한 정보(즉, 장기 기억)를 활용해서 미래 예측에 필요한 정보를 제공하지는 못한다. 오차가 수많은 타임 스텝을 지나 역전파되면서 숨겨진 상태를 구성하는 가중치들이 소멸하거나 폭발하는 모습이 나타남을 확인했다. 이 문제를 어떻게 해결할 수 있는가? 어떻게 타임 스텝을 통해 정보를 흐르게 해서 시퀀스의 후반에 이뤄질 예측에 그 정보를 제공할 수 있는가? 그 대답으로 호흐라이터와 슈미트후버는 RNN에서 장기 메모리$c^{(t-1)}$와 단기 메모리 $a^{(t-1)}$을 함께 사용하는 방법을 제시했다.

그들은 이러한 접근 방식으로 멀리 떨어진 이벤트와 관련된 기억을 보존하는 데 적합한 RNN을 설계함으로써 매우 긴 시간 동안에 걸친 관련성 예측의 문제를 효과적으로 극복했다. 이 모델에서는 일련의 정보 게이트를 사용하는데, 이 게이트들은 셀의 상태를 기억해서 전방으로 전달하는 데 뛰어나며, 결과적으로 먼 과거로부터의 관련성이 있는 표상을 인코딩한다. 이 모델은 음성 인식, 언어 모델링, 비마르코비안non-Markovian 제어 및 음악 생성과 같은 다양한 유스케이스에 적용돼 혁신적인 성능을 보였다.

더 자세한 내용은 다음 논문에서 확인할 수 있다.

- **호흐라이터Hochreiter와 슈미트후버schmidthuber의 LSTM 논문:**
  https://www.bioinf.jku.at/publications/older/2604.pdf

LSTM 해부

앞서 언급한 것처럼 LSTM 네트워크 구조는 일련의 게이트에 의존하며, 각 게이트는 이전 타임 스텝에서 LSTM 유닛을 통해 정보가 흘러 들어오는 과정에서 각각 활성화 값 $a^{(t-1)}$과 메모리 $c^{(t-1)}$에 독립적인 영향을 미친다. 이 값들은 LSTM 유닛이 이터레이션을 통해 현재 타임 스텝에 대한 활성화 값 a^t와 메모리 c^t 벡터를 출력할 때 변환된다. 각 입력값은 유닛으로 나뉘어 입력되지만, 크게 두 가지 방법으로 유닛 내에서 상호 동작한다. 다음 다이어그램에서 게이트(그리스 대문자 감마gamma 혹은 Γ로 표기)는 시그모이드 활성화 함수며, 각각 개별적으로 초기화된 가중치 행렬, 과거 타임 스텝의 활성화 값과 현재 입력값의 내적 값에 적용된다.

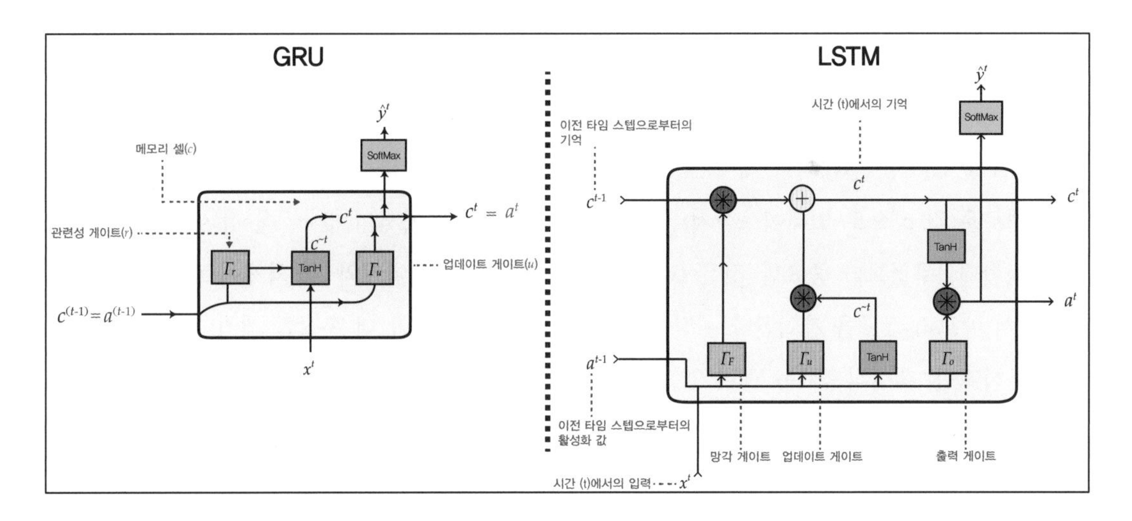

가장 유사한 모델과의 비교

이미 알고 있는 GRU에 관한 내용을 활용해 LSTM이 어떻게 동작하는지 살펴본다. LSTM은 GRU를 복잡하게 만든 모델이며, 작동 방식도 유사하다.

GRU 메모리

GRU 아키텍처는 업데이트 게이트 하나를 사용하고, 두 개의 벡터를 활용해서 그 셀 상태(혹은 메모리)를 계산했다. 이 두 벡터는 이전 타임 스텝에서의 활성화 값 c^{t-1}과 경쟁값 벡터 $c^{\sim t}$이다. 경쟁값 벡터는 매 타임 스텝마다 현재 셀 상태 값의 후보가 된다. 반면 활성화 값은 이전 타임 스텝에서 GRU의 숨겨진 상태를 표현한다. 이 두 벡터가 현재 셀 상태에 얼마나 많은 영향을 미칠지는 업데이트 게이트에 의해 결정된다. 업데이트 게이트는 정보의 흐름을 제어하고, 메모리 셀이 그 상태를 새로운 표상으로 업데이트함으로써 이어지는 예측에 정보를 전달하게 한다. 업데이트 게이트를 사용해 특정 타임 스텝에서의 셀 상태 c^t을 다음과 같이 계산할 수 있다.

업데이트 게이트

$$c^t = (\Gamma_u \times c^{\sim t}) + [(1 - \Gamma_u) \times c^{t-1}]$$

식에서 보듯 GRU는 업데이트 게이트(Γ_u)와 그 역게이트($1 - \Gamma_u$)를 사용해 메모리 셀의 값을 새로운 값 $c^{\sim t}$으로 업데이트할지, 아니면 이전 타임 스텝에서의 값 c^{t-1}을 유지할지 결정한다. 무엇보다 중요한 것은 GRU가 단일 업데이트 게이트와 그 역게이트를 활용해서 메모리 값 c^t을 제어한다는 점이다. LSTM 아키텍처는 좀 더 복잡한 메커니즘을 사용하지만, 핵심적으로는 관련 있는 상태를 유지하고자 GRU 아키텍처와 비슷한 계산식을 사용한다. 그렇다면 정확히 이를 어떻게 활용할까?

LSTM 메모리 셀

다음 다이어그램에서는 LSTM 유닛의 상부를 지나는 직선을 볼 수 있다. 이 직선은 LSTM 유닛의 메모리나 셀 상태 c^t을 의미한다. 좀 더 기술적으로 이야기하면 여기에서 셀 상태는 고정 오차 캐러셀CEC, Constant Error Carousel로 표현하는데, 이는 순환적으로 자기 연결self-connected된 선형 유닛이다. CEC 유닛은 LSTM 레이어의 핵심 유닛으로 역전파 과정에서 오차가 고정돼 흐르도록 한다. 이를 통해 다른 RNN 모델에서 발생하는 경사 소멸 문제를 완화한다.

CEC는 역전파 과정에서 오차 신호가 너무 빠르게 소멸하지 않게 함으로써 초기 표상이 미래 타임 스텝에 이르기까지 잘 보존돼 전달되도록 한다. 이는 마치 정보의 고속도로와 같으며, 연관 정보를 1,000 스텝 이상 오랜 시간 동안 전달할 수 있다. 이 아키텍처는 수많은 시계열 예측 태스크에서 큰 효과를 발휘했으며, 이전 아키텍처들이 갖고 있던 문제를 효과적으로 해결했고, 노이즈가 섞인 입력 데이터도 잘 처리해냈다.

경사 클리핑을 통해 경사 폭발의 문제를 해결하고(5장에서 봤듯), CEC를 구현해 경사 소멸 문제를 해결했다.

CEC를 활성화시켜서 셀 상태를 표현하는 방법을 고차원적인 레벨에서 이해했다. 이 활성화 값(즉, c^t)은 다양한 정보 게이트에서의 입력을 받아 계산한다. LSTM 아키텍처에서는 여러 게이트를 사용해 개별적인 유닛을 통해 오차 흐름을 제어함으로써 관련된 셀 상태(즉, c)를 유지한다.

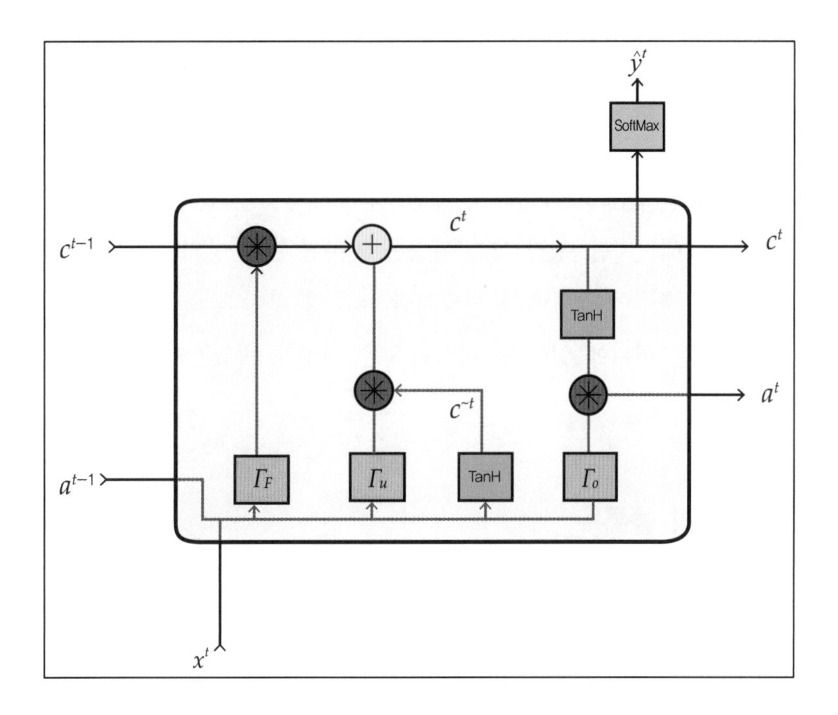

활성화 함수와 메모리 별도 처리

단기 메모리 a^{t-1}과 장기 메모리 c^{t-1}이 LSTM 아키텍처로 어떻게 별도로 입력되는지 확인한다. 이전 타입 스텝으로부터의 기억은 왼쪽 상단 모서리로 입력되고, 이전 타임 스텝으로부터의 활성화 값은 왼쪽 하단 모서리로 입력된다. 앞에서 학습했던 GRU 유닛과의 첫 번째 핵심적인 차이다. 이러한 구조를 통해 LSTM은 단기 메모리와 장기 메모리(셀 상태)를 모두 활용해 현재 메모리 c^t과 현재 활성화 값 a^t을 계산할 수 있다. 이분화된 아키텍처는 시간에 걸쳐 지속적인 오차를 유지한 상태로 머무르면서 관련된 표상을 전방으로 전달함으로써 미래 예측에 필요한 정보를 제공할 수 있다. 이러한 예측의 좋은 예로는 자연 연어 처리에서 입력된 시퀀스에 다른 성별이나 복수의 개체가 존재함을 식별하는 태스크를 들 수 있다. 그렇다면 하나의 입력된 단어 시퀀스에서 여러 가지 사항을 기억하고 싶은 경우에는 어떻게 하는가? 또는 좀 더 긴 여러 시퀀스 이후에 입력된 한 시퀀스로부터 하나의 주제에 대해 여러 사실을 기억하고 싶은 경우에는 어떻게 해야 하는가? 다음 두 문장에 관한 기계 질의 응답을 생각해보자.

- 나폴레옹이 세인트헬레나로 유배된 지 수개월이 지났다. 그의 정신은 물론 몸도 쇠약해졌지만, 정작 그의 목숨을 앗아간 것은 방의 옅은 녹색 벽지에서 만들어진 축축한 곰팡이에서 생겨난 비소일 것이다.
- 나폴레옹은 어디에 있는가? 나폴레옹은 어떻게 죽었는가?

LSTM 메모리 블록

앞의 두 가지 질문에 답하려면 네트워크는 여러 메모리 셀을 갖고 있어야 한다. 각 메모리 셀은 우리가 조사하고자 하는 주제, 즉 프랑스 황제 보나파르트 나폴레옹 Napoleon Bonaparte에 관한 준의존적quasi-dependent 정보 조각들을 저장해야 한다. 실제로 하나의 LSTM 유닛은 다수의 메모리 셀을 가질 수 있고, 각 메모리 셀은 입력 시퀀스로부터 서로 다른 표상을 저장한다. 어떤 유닛은 주제의 성별gender을 저장하고, 또 어떤 유닛은 다양한 주제가 존재한다는 사실을 저장할 수 있다. 명확한 설명을 위해 6장에서는 다이어그램당 하나의 셀만 기술한다. 하나의 셀이 어떤 동작을 하는지 정확하게 이해하면 여러 메모리 셀을 가진 메모리 블록의 기능도 충분히 추론 가능하기 때문이다. 메모리 셀(들)을 포함하는 LSTM의 부분을 메모리 블록memory block이라고 부른다.

아키텍처의 적응 정보 게이트adaptive information gate들은 메모리 블록 내의 모든 메모리 셀이 공유하며, LSTM의 단기 활성화 값 a^{t-1}과 현재 입력값 x^t 및 해당 LSTM의 장기 상태 c^t 사이의 정보 흐름을 제어한다.

망각 게이트의 중요성

앞서 언급했듯 LSTM에서 메모리 셀의 상태 c^t를 정의하는 방정식은 GRU의 그것과 유사하다. 다만 LSTM에서는 새로운 망각 게이트forget gate(Γ_F)와 업데이트 게이트(Γ_u)를 함께 사용해 이전 타임 스텝에서 저장된 상태 값 c^{t-1}을 무시할 것인지, 아니면 그 값을 새로운 셀 메모리 계산에 포함시킬지 결정한다는 차이가 있다. 다음 공식은 LSTM에서 셀 상태 보존 여부를 결정하는 CEC를 기술한 것이다. 앞서 설명했듯 CEC는 LSTM의 각 메모리 셀에 특화된 뉴런으로 특정한 타임 스텝에서의 셀 상태를 정의한다. 먼저 LSTM 유닛이 시간 t에서 해당 메모리 셀 c에 저장된 값을 의미하는 값 c^t을 어떻게 계산하는지 살펴본다.

망각 게이트

$$c^t = (\Gamma_u \times c^{\sim t}) + (\Gamma_f \times c^{t-1})$$

업데이트 게이트

이 식을 통해 현재 메모리 값을 결정하고자 경쟁값 $c^{\sim t}$과 이전 타임 스텝에서의 메모리 값 c^{t-1}의 정보를 모두 포함하는 것을 알 수 있다. 곧 보겠지만 이 망각 게이트는 벡터 내적과 바이어스에 적용되는 시그모이드 활성화 함수로, 이전 타임 스텝에서의 정보 흐름을 제어하는 데 도움을 준다.

차이 개념화

이와 유사한 목적을 달성하기 위해 GRU 아키텍처에서 채용한 메커니즘과 비교해볼 때 LSTM에서 망각 게이트를 사용했다는 것에는 중요한 개념적 차이가 있다. 망각 게이트는 이전 타입 스텝에서의 셀 상태(혹은 메모리)가 현재 타임 스텝에서의 셀 상태에 얼마나 영향을 미칠지를 제어한다. GRU 아키텍처에서는 단순히 이전 타임 스텝에서의 메모리 전체를 노출시키거나 새로운 경쟁값을 노출시켰기 때문에 두 값 사이의 타협점을 찾지 못했다.

GRU의 셀 상태를 계산하는 방정식은 다음과 같다.

업데이트 게이트

$$c^t = (\Gamma_u \times c^{\sim t}) + [(1 - \Gamma_u) \times c^{t-1}]$$

LSTM 아키텍처를 사용하면 GRU에서의 이진법적 트레이드오프, 즉 메모리 전체를 노출시키거나 아니면 새로운 경쟁값을 노출시키는 상황을 피할 수 있다. 각각 학습 가능한 가중치 행렬을 사용하는 별도의 게이트 두 개를 함께 사용함으로써 LSTM의 셀 상태를 제어할 수 있다. LSTM의 셀 상태를 계산하는 방정식은 다음과 같다.

망각 게이트

$$c^t = (\Gamma_u \times c^{\sim t}) + (\Gamma_f \times c^{t-1})$$

업데이트 게이트

LSTM 살펴보기

LSTM 아키텍처를 기술하는 방정식 전체를 자세히 살펴보자. 가장 먼저 망각 게이트와 업데이트 게이트를 살펴본다. GRU와 달리 LSTM은 두 가지 게이트 모두를 사용해 각 타임 스텝에서의 메모리 값 c^t을 결정한다.

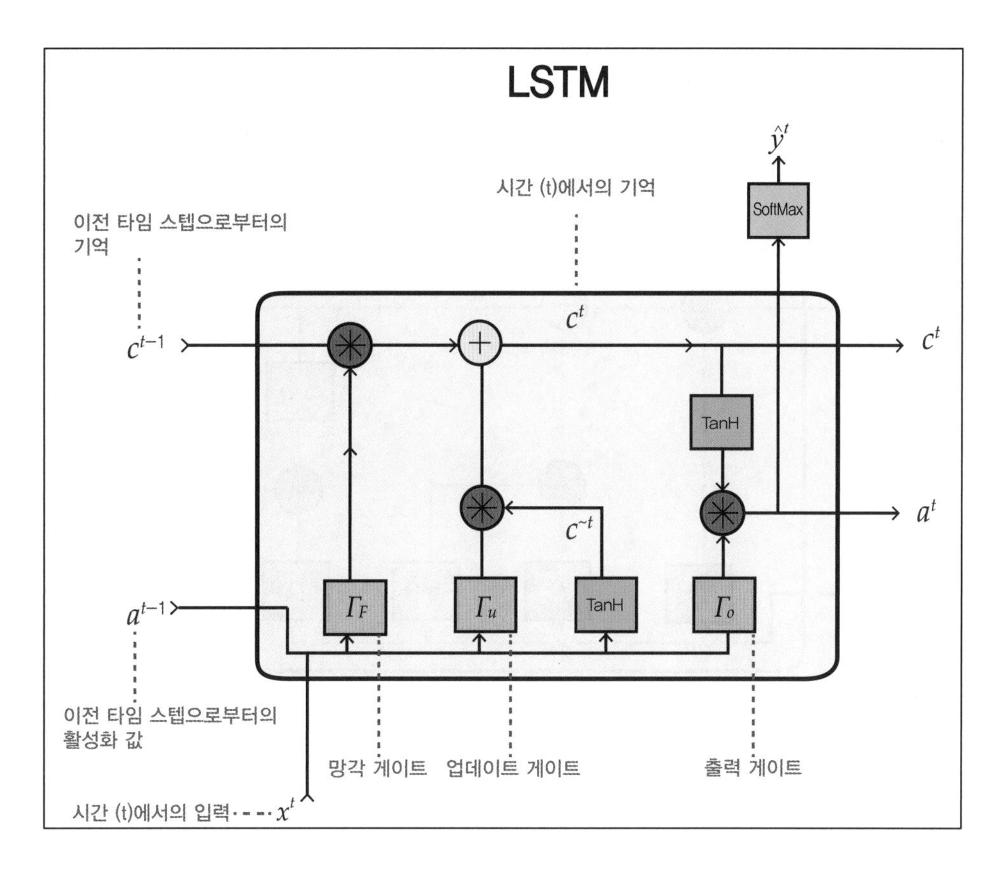

먼저 각 게이트 자체를 어떻게 계산하는지 살펴보자. 다음 공식을 통해 이 게이트들은 시그모이드 활성화 함수임을 알 수 있다. 각 활성화 함수는 이전 타임 스텝에서의 활성화 값, 현재 타임 스텝에서 입력값의 내적에 적용됐으며, 각각의 가중치 행렬(망각 게이트의 경우 Γ_F, 업데이트 게이트의 경우 Γ_u)을 가진다.

- 망각 게이트(Γ_F) = $sigmoid\ (\ W_f\ [\ a^{t-1},\ x^t\ ] + b_F)$
- 업데이트 게이트(Γ_u) = $sigmoid\ (\ W_u\ [\ a^{t-1},\ x^t\ ] + b_u)$

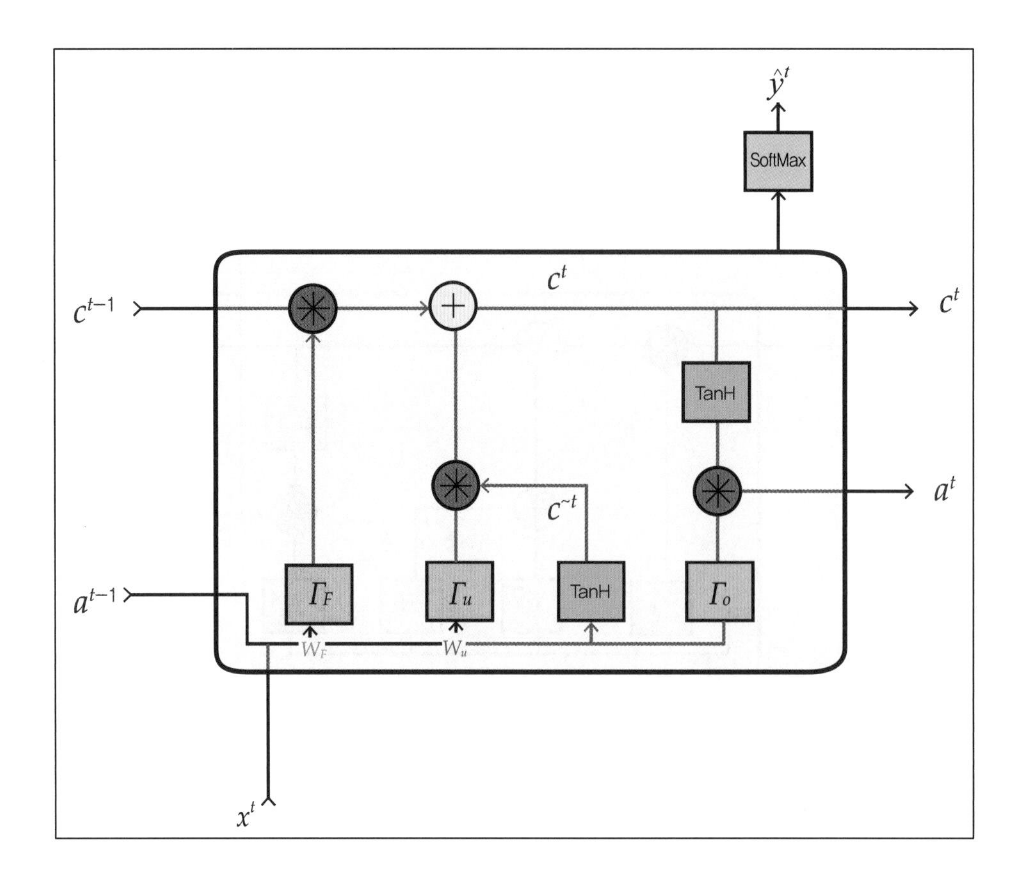

▌정보 흐름 시각화

두 벡터(a^{t-1}, x^t)는 왼쪽 하단 모서리로부터 LSTM 유닛에 각각 입력되고, 각 게이트(Γ_F 및 Γ_u)로 복사된다. 이후 각 게이트의 가중치 행렬을 곱하고, 그 내적 값과 바이어스에 시그모이드 활성화 함수를 적용한다. 시그모이드 활성화 함수는 입력값을 0과 1 사이의 값으로 짓이기므로, 각 게이트의 출력은 0에서 1 사이의 값을 가진다. 게이트마다 각각 고유한 가중치 행렬(망각 게이트의 경우 W_f, 업데이트 게이트의 경우 W_u)을 갖는다는 점을 기억하라. 이 가중치 행렬(W_f와 W_u)은 LSTM 유닛 내에 존재하는 학습 가능한 파라미터로, 이제까지와 같이 역전파 과정을 통해 반복적으로 업데이트된다.

셀 상태 계산

업데이트 게이트와 망각 게이트가 무엇을 의미하는지, 또한 어떻게 계산되는지 알았으므로 이 게이트들이 특정한 타임 스텝에서 LSTM 메모리(즉, 상태)에 어떤 영향을 주는지 알아본다. 게이트를 향해 흘러 들어오는 정보, 혹은 게이트로부터 흘러 나가는 정보들의 경로를 눈여겨본다. 셀의 왼쪽에서 들어오는 입력은 전환되고 전방으로 전파되면서 LSTM 유닛의 끝(즉, 다이어그램의 오른쪽 끝)에 이른다.

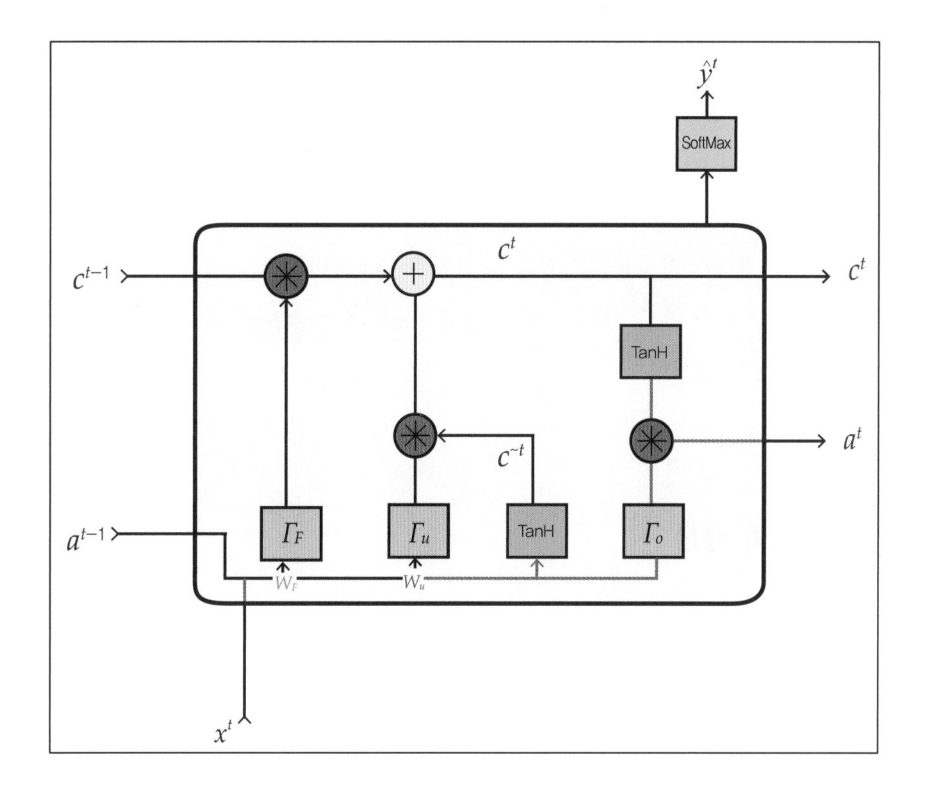

다이어그램을 통해 알 수 있듯 망각 게이트(Γ_F)는 이전 타임 스텝에서의 메모리 값을 글자 그대로 잊어버리기 위해 사용되며, 업데이트 게이트(Γ_u)는 해당 타임 스텝에서 잠재적인 경쟁값 $c^{\sim t}$을 반영할지 결정한다. 두 게이트는 함께 해당 타임 스텝에서의 LSTM 메모리 상태 c^t의 보존 여부를 결정한다. 수학적으로는 다음과 같이 표시할 수 있다.

- 현재 메모리 값(c^t) = (Γ_u × $c^{\sim t}$) + (Γ_F × c^{t-1})

이미 설명한 대로 각 게이트는 입력값을 비선형 시그모이드 함수에 통과시키기 때문에 그 값은 근본적으로 0에서 1 사이의 값이 된다. 시그모이드 함수를 통과한 대부분의 값은 0이나 1에 매우 가깝다는 것을 알고 있으므로, 각 게이트의 출력값을 이진값으로 간주할 수 있다. 따라서 각 게이트는 정보가 흐를 수 있게 열려 있거나(출력값 1), 정보가 흐르지 못하게 닫혀 있다(출력값 0)라고 표시할 수 있다. 그 사이의 값들은 어느 정도만큼의 정보는 갖지만, 정보 전체를 갖고 있지는 않게 된다.

이제 이 게이트의 값들이 어떻게 계산되는지, 이 게이트들을 활용해서 현재의 메모리 상태 c^t을 계산하기 위해 경쟁값 $c^{\sim t}$ 혹은 이전 타임 스텝에서의 메모리 상태 c^{t-1}에 대한 영향도를 어떻게 제어하는지 이해했다. LSTM의 메모리 상태 c^t은 앞서 설명한 LSTM 다이어그램에서의 위쪽에 있는 직선으로 정의된다. 실제 이 직선(즉, CEC)은 예측을 보조하고자 관련성 있는 정보를 보존하고, 해당 정보를 미래 타임 스텝으로 전달하는 데 매우 뛰어나다.

경쟁 메모리 계산

앞에서 특정한 시간 t에서의 메모리 계산 방법을 알아봤다. 그렇지만 경쟁값 $c^{\sim t}$은 어떻게 계산하는가? 경쟁값이란 결국 각 타임 스텝에서 발생한 유용한 표상을 통해 얻어진 값으로, 관련성을 가진 메모리 상태를 유지하는 데 부분적으로 기여한다.

GRU 유닛에서 확인했던 개념과 동일한 개념이다. GRU에서도 또한 각 타임 스텝마다 경쟁값을 사용해 메모리 값을 업데이트했다. GRU에서는 관련성 게이트[relevance gate]를 사용해 경쟁값을 계산했다. 하지만 LSTM의 경우는 관련성 게이트를 사용하지 않고, 다음과 같이 좀 더 우아하고 단순하게 경쟁값을 계산할 수 있다.

- 경쟁값($c^{\sim t}$) = $tanh\ (\ W_c\ [\ a^{t-1},\ x^t\ ]\ +\ b_c\ )$

앞의 식에서 W_c는 훈련 세션 시작 시점에 초기화한 가중치 행렬로, 훈련 과정에서 반복적으로 업데이트된다. 이 행렬의 내적(이전 타임 스텝에서의 활성화 값 a^{t-1}과 현재 입력값 x^t의 곱)은 바이어스 b_c와 함께 *tanh* 활성화 함수를 통과해 경쟁값 $c^{\sim t}$을 생성한다. 경쟁 벡터는 업데이트 게이트의 값과 곱해져서(엘리먼트별) 현재 타임 스텝에서의 메모리 상태 c^t의 일부분이 된다. 다음 다이어그램에 경쟁 메모리 벡터 계산을 표시했다. 이를 통해 메모리 셀의 마지막 상태 c^t에 영향을 미치는 정보가 어떻게 전방으로 전파되는지 확인할 수 있다.

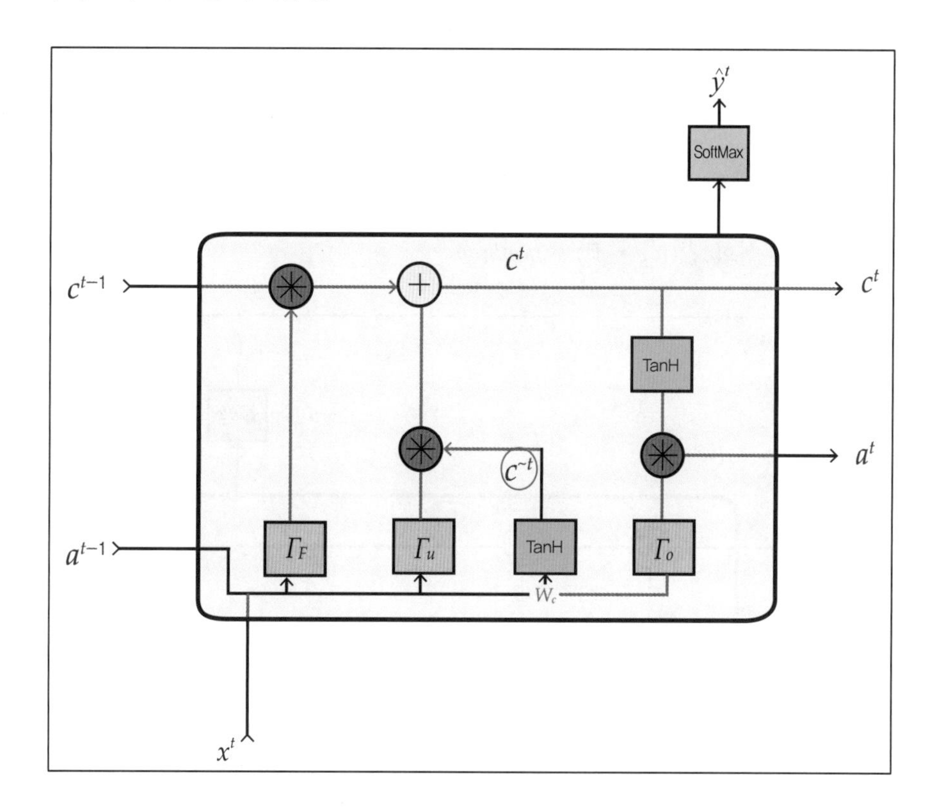

tanh 활성화 함수는 출력값을 -1에서 1 사이의 값으로 압축하므로, 경쟁 벡터 $c^{\sim t}$의 값은 항상 이 사이의 값이 된다. 특정 타임 스텝에서 LSTM의 셀 상태(혹은 메모리)를 계산하는지 학습했다. 경쟁값을 계산하는 방법과 업데이트 게이트를 통해 경쟁값을 조정하고 전방으로 전파해서 현재 메모리 값 c^t을 계산하는 방법을 확인했다.

▌타임 스텝별 활성화 값 계산

앞서 언급한 바와 같이 LSTM 아키텍처는 이전 타임 스텝에서 메모리 값과 활성화 값을 각각 입력받는다. 이는 GRU 유닛에서의 $a^t = c^t$이라는 가정과는 완전히 구분된다. 데이터를 둘로 나눠 처리함으로써 매우 긴 시퀀스(잠재적으로 1,000 타임 스텝!)에 걸쳐서 메모리의 관련성 있는 표상을 보존할 수 있다. 그러나 활성화 값들은 언제나 각 타임 스텝 메모리 c^t와 기능적으로 연관성을 가진다. 그러므로 특정 타임 스텝에서의 활성화 값은 먼저 메모리 값 c^t에 *tanh* 활성화 함수를 적용한 후 그 결과에 출력 게이트 값(Γ_o)을 엘리먼트별로 계산해서 구할 수 있다. 이 단계에서는 가중치 행렬을 초기화하지 않고, 메모리 값 c^t 벡터에 단순히 *tanh* 활성화 함수를 적용했음에 주의한다. 이를 계산식으로 나타내면 다음과 같다.

- 현재 활성화 값(a^t) = $\Gamma_o \times tanh(c^t)$

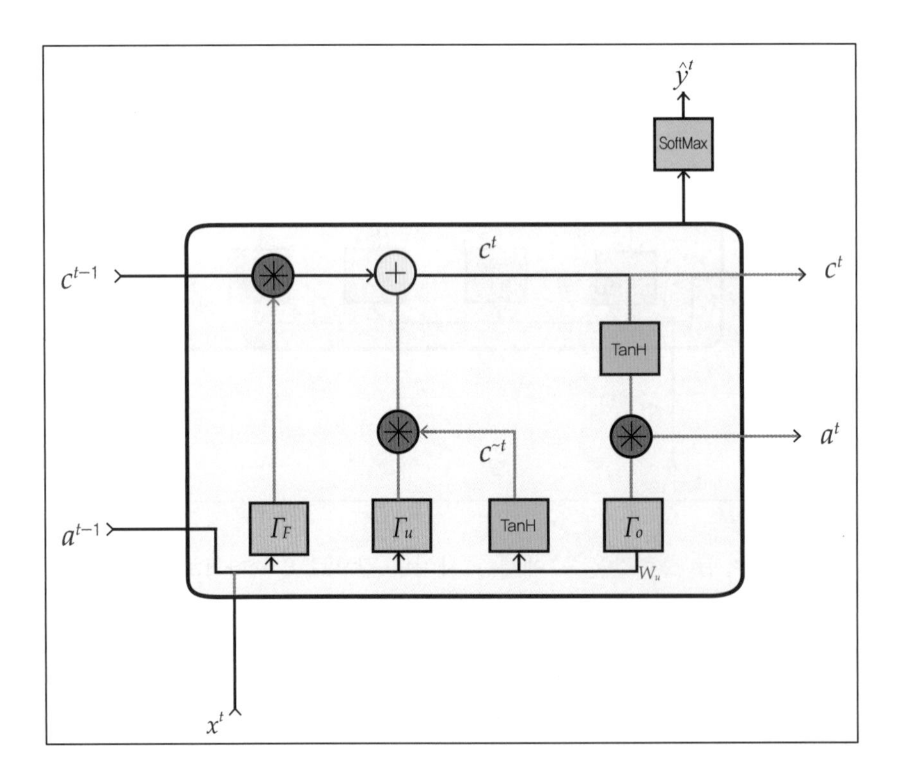

출력 게이트 또한 시그모이드 활성화 함수다. 이전 타임 스텝에서의 활성화 값과 현재 타임 스텝에서의 입력값의 내적에 적용됐으며, 학습 가능한 가중치 행렬을 가진다.

- 출력 게이트(Γ_o) = $sigmoid\ (\ W_o\ [\ a^{t-1},\ x^t\ ]\ +\ b_o)$

각 게이트(망각 게이트, 업데이트 게이트, 경쟁 게이트, 출력 게이트)는 고유의 가중치 행렬(W_f, W_u, W_c, W_o)을 가지며, 이 가중치 행렬들은 LSTM 유닛의 학습 가능한 파라미터로 훈련 과정을 통해 반복적으로 업데이트된다. 다음 다이어그램에서 각 가중치 행렬이 해당 게이트로 흘러 들어오는 입력을 조작해서 LSTM 아키텍처의 다른 영역으로 전달함을 확인할 수 있다.

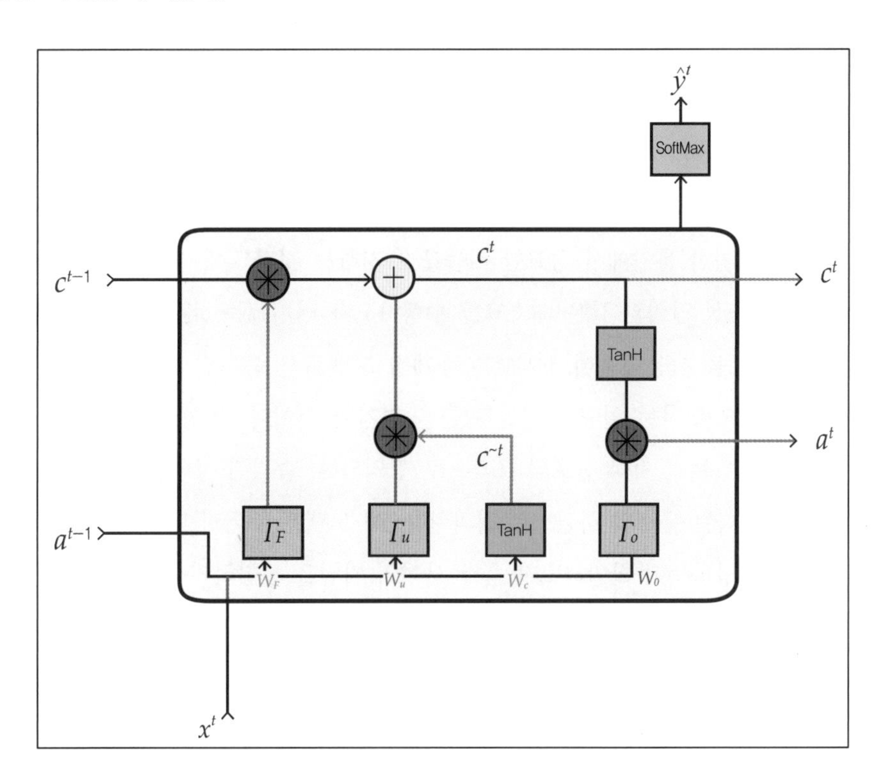

LSTM의 변종 모델과 그 성능

이미 5장에서 LSTM의 변종 모델 중 하나인 GRU를 확인했다. 그리고 이 두 아키텍처가 어떻게 다른지 심도 있게 살펴봤다. GRU 이외에도 다양한 LSTM의 변종이 있으며, 주목할 만한 것들이 있다. 그중 하나인 핍홀 연결peephole connections은 모든 정보 게이트(망각 게이트, 업데이트 게이트 및 출력 게이트)로 셀 상태 정보를 거꾸로 돌려보낼 수 있다. 이를 활용하면 LSTM 게이트가 현재 시간에 현재 게이트 값을 계산하면서 이전 타임스텝에서의 메모리 값을 엿볼 수 있다.

핍홀 연결 이해

핍홀 연결은 시간 부족time lags 정보를 잡아내기 위한 목적으로 고안됐다. 즉, 모델링 작업 시 시퀀스의 하위 패턴 사이에서 시간 간격에 따라 전달되는 정보를 포함시키려는 목적이다. 이는 특정한 언어 처리 태스크(음성 인식 등)뿐만 아니라 기계 모터 제어나 컴퓨터가 생성한 음악에서 정교한 리듬을 유지하는 것과 같은 다양한 태스크와도 관련이 있다. 음성 인식과 같은 태스크를 수행하고자 과거에는 히든 마르코프 모델HMMs, Hidden Markov Models을 사용했는데, HMM은 통계적 모델로서 숨겨진 상태 전이hidden state transitions를 기반으로 하는 일련의 관찰 확률을 평가한 것이다. 음성 인식의 경우 관찰은 음성에 해당하는 디지털 신호의 조각으로 정의되며, 숨겨진 상태는 우리가 단어로서 인식하고자 하는 음소의 시퀀스로 정의된다. 이 모델은 주어진 디지털 신호 하나가 특정 단어에 해당하는지 확인하고자 음소 사이의 지연을 통합하지 못한다. HMM에서는 일반적으로 이 정보를 무시한다. 예를 들면 "나는 먼저 창고 유닛을 열고나서...(I want to open my storage unit before ...)"라는 문장과 "나는 창고 유닛 B-4를 열고 싶다(I want to open my storage unit, B-4)"라는 문장을 구분해야 하는 경우 음소 사이의 지연이 매우 중요한 정보임에도 불구하고 이 정보를 무시해 버린다. 앞의 두 문장에서 음소 사이의 지연은 두 단어('B-4'와 'before')를 구분하는 데 매우 중요한 역할을 한다. HMM에 대한 설명은 6장의 주제를 넘어서지만 어쨌든 LSTM이 시간적인 순서의 지연을 활용해 이전 모델링의 한계를 극복했다는 점을 이해하는 데는 도움이 될 것이다.

핍홀 연결과 관련된 논문은 ftp://ftp.idsia.ch/pub/juergen/TimeCount-IJCNN2000.pdf에서 확인할 수 있다.

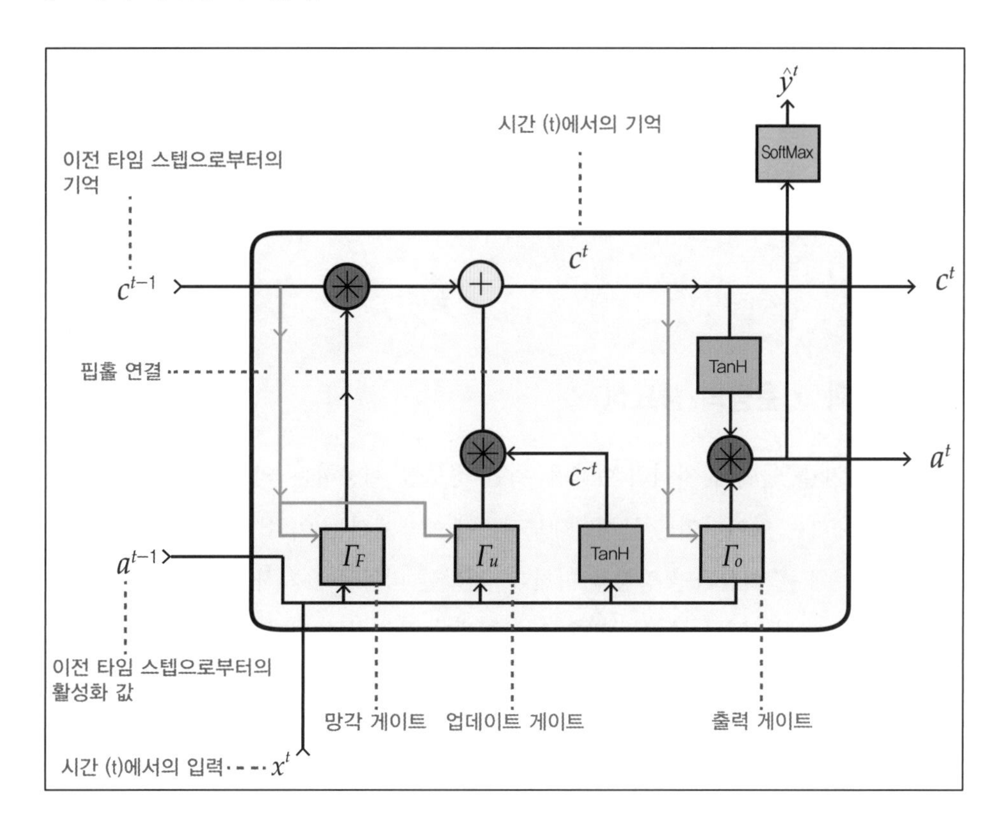

핍홀 조정은 개별 게이트별로 생성할 수 있다. 즉, 모든 게이트에 설정하거나 일부 게이트에만 설정할 수 있다.

다음 방정식은 이전 셀 상태에 핍홀 연결이 추가됐을 때 각 게이트 값을 계산하는 것이다.

- 망각 게이트(Γ_F) = $sigmoid\ (\ W_f\ [\ c^{t-1},\ a^{t-1},\ x^t\ ] + b_F)$
- 업데이트 게이트(Γ_u) = $sigmoid\ (\ W_u\ [\ c^{t-1},\ a^{t-1},\ x^t\ ] + b_u)$
- 출력 게이트(Γ_o) = $sigmoid\ (\ W_o\ [c^{t-1},\ a^{t-1},\ x^t\ ] + b_o)$

결국 핍홀 조정은 수학적으로는 각 게이트별로 행렬 레벨의 추가적인 곱셈을 수행하는 것이다. 다시 말해 게이트의 값은 주어진 게이트의 가중치 행렬을 사용해 내적을 계산함으로써 이전의 셀 상태를 수용할 수 있다. 이후 내적의 결과 값을 처음 두 개의 내적 값, 그리고 바이어스와 더해 시그모이드 함수로 짓이긴다.

타이밍과 카운팅의 중요성

또 다른 예제를 들어 순차적인 예측을 위한 정보를 제공하는 의존적 정보, 즉 시간 간격을 사용하는 아이디어를 구체화해보자. 이 예제에서는 이와 같은 의존적 정보가 정확한 예측에 큰 핵심적인 영향을 미친다. 정확한 리듬을 유지하고자 드러머가 얼마나 세밀하게 모터 명령어를 순차적으로 실행해야 하는지를 생각해보자. 드러머는 행동을 결정하고, 순차적으로 의존적인 순서에 따라 진행 정도를 센다. 여기에서 생성된 시퀀스의 패턴을 의미하는 정보는 적어도 부분적으로 각 이벤트 사이의 시간 지연을 통해 전달된다. 이와 같은 상호작용에 따라 발생하는 정교한 시퀀스 모델링 작업을 인위적으로 복제하는 것에 자연히 관심을 가질 것이다. 이론적으로는 이러한 접근 방식을 사용해 컴퓨터가 생성한 시poetry에서 신선한 리듬 스킴을 샘플링하거나, 미래의 올림픽에서 사람과 경쟁할 수 있는 로봇 운동선수를 만들 수 있다(그 이유가 무엇이든 모두가 이러한 것을 좋은 아이디어라고 합의한다면). 복잡한 지연 시퀀스에 대한 예측을 증가시키고자 핍홀 연결을 어떻게 사용할 수 있는지 더 깊이 연구하고 싶다면 다음 링크의 논문을 참조하길 바란다.

http://www.jmlr.org/papers/volume3/gers02a/gers02a.pdf

다른 구조적 차이 탐구

이 책에서 언급한 모델들 이외에도 RNN의 변종 모델은 다양하다(계층 게이트 순환 네트워크Depth Gated RNNs(Yao et al. 2015), 또는 태엽 장치 순환 네트워크Clockwork RNNs(Koutnik et al. 2014 참조). 각 모델은 특정한 태스크에 적합하지만, 일반적인 경우 LSTM이 대부분의 시계열 태스크에서 훌륭한 성능을 나타내며, 모델을 약간 수정하면 거의 모든 복잡한 유스케이스에 적합하게 적용할 수 있다. 추가로 읽어볼 만한 논문(LSTM: A Search Space Odyssey, 2017, https://arxiv.org/abs/1503.04069)을 소개한다. 이 논문에서는 음성 인식, 언어 모델링과 같은 다양한 태스크에 대해 LSTM의 변종 모델들의 성능을 비교했다. 성능 비교를 위한 실험을 수행하는 데 GPU 시간 기준으로 약 15년이 걸린다는 사실만으로도 이 연구는 LSTM 구조에 관한 다양한 고려 사항, 순차적 데이터를 모델링하는 경우 이들의 영향을 좀 더 깊이 이해하고자 하는 사람에게 둘도 없는 귀중한 자료다.

지식 활용

이제 LSTM이 어떻게 동작하고, 어떤 종류의 태스크에서 뛰어난 성능을 발휘하는지 알았으므로 실제로 모델을 구현해보자. 물론 시계열 데이터는 산업 기기의 센서 데이터는 물론 머나먼 별에서 도착하는 빛을 의미하는 스펙트럼 데이터까지 매우 광범위하다. 여기에서는 그보다는 일반적이지만 악명 높은 유스케이스를 시뮬레이션할 것이다. 또한 LSTM을 구현해 주식 가격의 움직임을 예측할 것이다. 이를 위해 스탠더드앤푸어S&P, Standard & Poor 500 데이터셋에서 무작위로 하나의 주식을 선택해서 시퀀셜 모델링을 수행한다. 이 데이터셋은 캐글에서 제공되며, 미국 주식 시장에서 거래되는 모든 현재 S&P 자본 기업들에 대한 주식 가격(시작가, 상한가, 하한가 및 종가) 정보를 포함하고 있다.

주식 시장 데이터 모델링

모델 구현에 앞서 먼저 시장 트렌드에 포함된 확률을 고려해야 한다. 어쩌면 여러분은 비합리적인 시장을 바라보는 타입의 사람이 아니라 효율적인 시장 가설을 세우는 타입의 사람일 수 있다. 주가의 움직임을 조장하는 모종의 내부 로직에 관해 갖고 있는 개인적 확신이 어떻든지 현실적으로 가장 예측을 잘한다는 모델들조차 놓치는 무작위성이 존재함을 인식해야 한다. 투자자들은 다양한 동기에 따라 자본을 투자하기 때문의 그들의 행동을 예견하기는 어렵다. 2017년 말, 비트코인Bitcoin 자산의 거품이 증명했던 것처럼, 심지어 일반적인 경향조차 기만적일 수 있다. 이 밖에도 2008년 글로벌 위기, 짐바브웨Zimbabwe의 살인적인 인플레이션, 1970년대 오일 쇼크, 세계 1차 대전 후 독일 경제, 네덜란드 황금시대의 튤립 마니아 등 역사를 거슬러 올라가면 수없이 많은 예를 찾아볼 수 있다.

많은 경제학자가 주식 시장의 움직임과 관련돼 내재된 것으로 보이는 임의성을 언급해 왔다. 약 반세기 전, 프린스턴대학교Princeton University의 경제학자인 버튼 말키엘Burton Malkiel은 그의 저서 『A Random Walk Down Wall Street』에서 이 점을 강조했다. 그렇지만 정확한 점수를 완벽하게 예측할 수 없다고 해서 추측을 유도할 수조차 없다는 말은 아니다. 즉, 순차적 모델링을 위한 이와 같은 노력은 가까운 미래 시장의 움직임에서 일반적인 경향을 예측하는 데 사용될 수 있다. 이제 데이터를 임포트해서 어떤 데이터를 다룰 것인지 확인하자. 이미 갖고 있는 데이터를 사용하든, 우리가 책에서 사용한 데이터를 활용하든 문제가 되지 않는다. 이 책에서 사용한 데이터는 다음 링크에서 다운로드할 수 있다.

https://www.kaggle.com/camnugent/sandp500

데이터 임포트

데이터는 CSV[Comma Separated Value] 파일에 저장돼 있으며, 판다스[pandas]에서 제공하는 CSV 리더[reader]를 사용해 임포트할 수 있다. 표준 NumPy와 Matplotlib 라이브러리, 사이킷-런에서 제공하는 MinMaxScaler를 임포트해서 적절한 타이밍에 데이터 셰이프를 변환하거나, 데이터를 플롯하거나 표준화할 수 있다. 다음 코드로 필요한 것들을 임포트한다.

```
import numpy as np
import pandas as pd
import matplotlib.pyplot as plt

from sklearn.preprocessing import MinMaxScaler

df = pd.read_csv('<path/to>/all_stocks_5yr.csv')
df.head()
```

코드를 실행한 결과는 다음과 같다.

	date	open	high	low	close	volume	Name
0	2013-02-08	15.07	15.12	14.63	14.75	8407500	AAL
1	2013-02-11	14.89	15.01	14.26	14.46	8882000	AAL
2	2013-02-12	14.45	14.51	14.10	14.27	8126000	AAL
3	2013-02-13	14.30	14.94	14.25	14.66	10259500	AAL
4	2013-02-14	14.94	14.96	13.16	13.99	31879900	AAL

정렬과 트렌드 시각화

먼저 데이터셋에 포함된 505개 주식 중 하나를 무작위로 선택한다. 원하는 데이터를 아무것이나 선택해도 좋다. 또한 데이터프레임을 날짜별로 정렬한다. 시계열을 예측하는 문제에서 시퀀스의 순서는 예측에 매우 중요한 영향을 미친다. 다음으로 순차적으로 정렬된 데이터에서 (특정한 날짜의) 상한가와 하한가를 플로팅해서 시각적으로 표시한다. 앞의 코드를 통해 2013년부터 2017년까지 5년 동안 아메리칸 에어라인즈 그룹 American airlines group(티커명: AAL) 주가의 일반적인 트렌드를 시각화할 수 있다.

```
aal = df[df['Name'] == 'AAL']
aal = aal.sort_values("date")
plt.figure(figsize=(18, 9))
plt.plot(range(aal.shape[0]), (aal['low']), color='r')
plt.plot(range(aal.shape[0]), (aal['high']), color='b')
plt.xticks(range(0, aal.shape[0], 60), aal['date'].loc[::60], rotation=60)
plt.xlabel('Date', fontsize=18)
plt.ylabel('Price', fontsize=18)
plt.show()
```

코드를 실행한 결과는 다음과 같다.

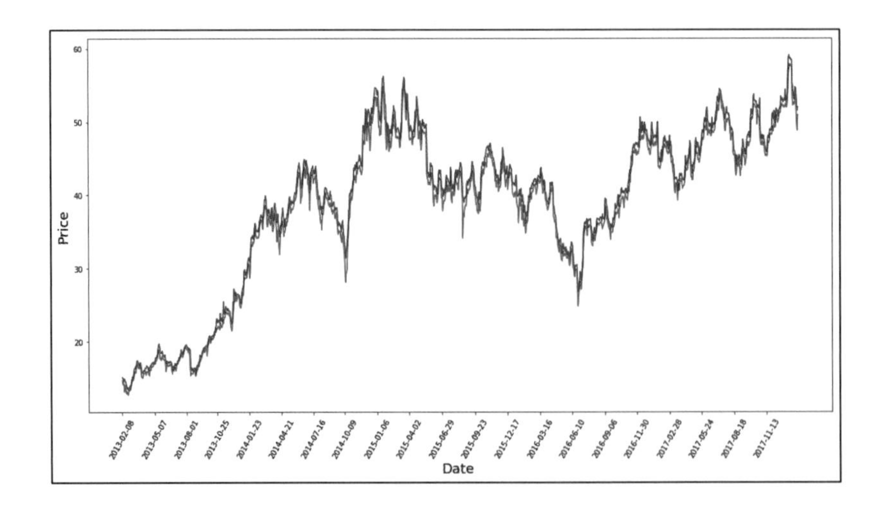

데이터프레임을 텐서로 변환

조금의 차이가 있기는 하지만 상한가와 하한가 두 값 모두 동일한 패턴을 따르는 것을 알 수 있다. 두 변수의 연관성이 높으므로 두 변수를 모두 추적하지 않아도 예측 모델링을 하는 데 큰 어려움은 없을 것이다. 둘 중 한 변수를 선택하도 관계없지만, 예제에서는 두 변수의 평균값을 사용한다. 먼저 상한가와 하한가를 가진 칼럼들을 NumPy 배열로 변환한다. 각 칼럼의 값을 호출해서 칼럼별로 NumPy 표상을 반환한다. 다음으로 새롭게 생성된 칼럼을 사용해 세 번째 NumPy 배열을 계산한다((상한가 + 하한가) / 2로 계산).

```
high_prices = aal.loc[:, 'high'].values
low_prices = aal.loc[:, 'low'].values
mid_prices = (high_prices + low_prices) / 2.0

mid_prices.shape

------------------------------
(1259,)

mid_prices

------------------------------
array([14.875, 14.635, 14.305, ..., 51.07 , 50.145, 51.435])
```

총 1,259개의 관찰 결과가 존재하며, 각 결과는 해당 날짜의 AAL 주식의 중간 값에 해당한다. 이 배열을 사용해 훈련 데이터와 테스트 데이터를 정의한 후 시퀀스 배치에 저장해서 LSTM에 입력한다.

데이터 분할

인스턴스 전체(mid_prices)를 훈련 인스턴스와 테스트 인스턴스로 분할한다. 이후 이 데이터셋을 사용해 훈련 시퀀스를 각각 생성한다.

```
train_data = mid_prices[:1000]
test_data = mid_prices[1000:1251]

train_data = train_data.reshape(-1, 1)      # scaler.fit_transform
test_data = test_data.reshape(-1, 1)        # scaler.fit_transform

print('%d training and %d total testing instances'
   % (len(train_data), len(test_data)))
-----------------------------
1000 training and 251 total testing instances
```

훈련과 테스팅 인스턴스 플롯

다음 스크린샷은 AAL 주식 데이터의 훈련 인스턴스와 테스트 인스턴스를 표준화하지 않은 상태로 플롯한 것이다. 플롯된 그래프는 스케일링돼 있지 않으며, 훈련 데이터는 1,000개, 테스트 데이터는 그 1/4 정도임을 알 수 있다. 테스트 데이터는 관찰 수행 기간 동안 40달러에서 57달러 사이의 가격을 나타내며, 훈련 데이터는 그보다 긴 기간 동안 0달러에서 50달러 사이의 가격을 나타낸다. 테스트 데이터는 전처리된 AAL 중간 주식 가격 데이터에서 1,000번째 이후의 데이터로 정의했다.

```
# 훈련 데이터 하위 플롯
plt.subplot(1, 2, 1)
plt.plot(range(train_data.shape[0]), train_data, color='r', label='Training
       split')
plt.title('Train Data')
plt.xlabel('time')
plt.ylabel('Price')
plt.legend()

# 테스트 데이터 하위 플롯
plt.subplot(1, 2, 2)
plt.plot(range(test_data.shape[0]), test_data, color='b', label='Test Split')
```

```
plt.title('Test Data')
plt.xlabel('time')
plt.ylabel('Price')
plt.legend()

# 레이아웃 조정과 플롯
plt.tight_layout()
plt.show()
```

코드를 실행한 결과는 다음과 같다.

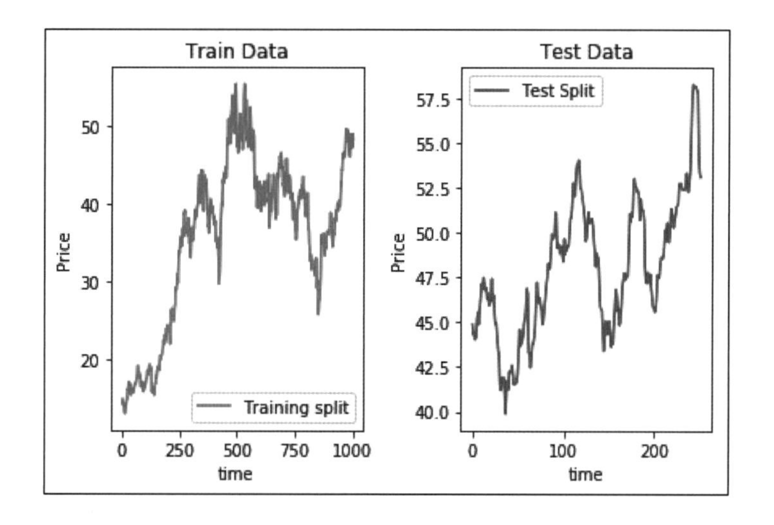

윈도우 방식 표준화

모델 훈련을 위해 작은 시퀀스로 데이터를 분리하기 전에 이제까지와 마찬가지로 모든 데이터 포인트를 0에서 1 사이의 값으로 스케일해야 한다. 표준화는 다양한 머신러닝 태스크에서 딥러닝 커뮤니티 안팎에서 일반적으로 사용하는 방법이며, 네트워크는 표준화된 값을 사용해 관련된 표현을 더 잘 잡아낸다는 것을 기억한다.

그러나 이전의 접근 방법과 달리 이 특별한 시계열 문제에서는 조금 다른 표준화 전략을 적용해야 한다. 여기에서는 윈도우 표준화windowed normalization 방식을 사용한다. 윈도우 표준화 방식을 사용하면 데이터 전체를 한 번에 표준화하는 대신 작은 배치 단위로 표준화할 수 있다. 앞서 주식 데이터 전체를 시각화했을 때 특별한 형태를 봤을 것이다. 연도가 다른 날짜의 데이터들은 다양한 범위의 값(심지어 수 배 차이가 나는)을 가진다. 때문에 전체적으로 표준화를 수행하면 시계열의 초반 데이터는 0에 매우 가까워질 것이다. 따라서 모델은 우리가 원하는 수준의 관계가 있는 트렌드를 구분하지 못할 것이며, 결과적으로 네트워크를 훈련시키는 과정에서 잡아내야 할 표현들이 감소될 것이다. 물론 특징 범위를 0에서 1 사이보다 더 넓게 설정할 수도 있다. 하지만 인공 뉴럴 네트워크ANN, Artificial Neural Networks가 가장 효과적으로 다루는 값의 범위가 0에서 1 사이의 값이기 때문에 이 역시 학습 프로세스에 좋지 않은 영향을 미친다.

윈도우 표준화를 구현하는 코드는 다음과 같다.

```
# 데이터 덩어리를 표준화하기 위한 윈도우 크기
normalization_window = 250

# 특징의 표준화 범위
scaler = MinMaxScaler(feature_range=(0, 1))

# 한 번에 250개 인스턴스 훈련 데이터별로 다음을 반복
for i in range(0, 1000, normalization_window):
    # 현재 윈도우에 대해 스케일러 객체를 데이터에 적용
    scaler.fit(train_data[i:i + normalization_window, :])
    # 현재 윈도우의 데이터를 선택한 특징 범위(0~1)의 데이터로 변환
    train_data[i:i + normalization_window, :] = scaler.transform(train_data[i:i +
            normalization_window, :])

# 테스트 데이터 표준화
test_data = scaler.fit_transform(test_data)
```

앞서 수행한 윈도우 표준화 접근 방식의 문제점 한 가지는 알아두는 것이 좋다. 배치 단위로 표준화를 수행하면 배치별로 독립적인 표준화가 수행되므로 각 배치의 끝에서 지속성이 단절된다. 때문에 훈련 데이터에 너무 많은 단절이 발생하지 않도록 윈도우 크기를 적절하게 선택해야 한다. 예제에서는 윈도우 크기를 250으로 선택했다. 훈련 데이터와 테스트 데이터 모두가 선택한 윈도우 크기로 깔끔하게 나눠떨어지지는 않지만, 전체 데이터셋을 표준화하는 동안 네 차례의 단절만이 발생한다(1,000 / 250 = 4). 설명을 목적으로 한 윈도우 크기로서는 적절한 값이다.

데이터 노이즈 제거

다음으로 주식 가격 데이터의 노이즈를 줄여서 현재 데이터에 존재하는 다소 관련성이 적은 시가 변동을 제거한다. 기하급수적으로 감소하는 방식으로 데이터 포인트에 가중치를 부여(지수 평활법exponential smoothing이라고도 부름)함으로써 이를 수행할 수 있다. 즉, 최근의 이벤트가 먼 과거의 이벤트보다 현재 데이터 포인트에 더 많은 영향을 주도록 각 데이터 포인트를 현재 값과 시계열에서 이전 값들의 재귀적 가중치 함수로 표현할 수 있다. 수식으로 표현하면 다음과 같다.

$$s_t = \alpha x_t + (1 - \alpha)s_{t-1},\ t > 0$$

이 방정식은 가중치(감마)의 함수로 데이터 포인트 x_t를 평활화했음을 의미한다. 결과 값 s_t는 특정 데이터 포인트의 평활화 값이며, 감마(α)는 0에서 1 사이의 평활화 계수다. 소멸decay 계수를 사용해 특정한 시간 간격(계절성seasonality)에 따라 데이터에 발생하는 변동을 예측 모델링 작업에 인코딩할 수 있다. 결과적으로 기간을 기준으로 플롯된 중간 가격 주식의 곡률을 평활화할 수 있다. 이는 시계열 모델링에 사용되는 흔한 신호 처리 기법으로, 데이터에 포함된 고주파 노이즈를 효과적으로 제거한다.

지수 평활법 구현

다음으로 훈련 데이터를 변환한다. 중간 값 데이터 전체를 대상으로 루프를 돌면서 평활화 계수를 업데이트해서 현재 가격 값에 적용한다. 평활화 계수는 앞에서 소개한 공식에 따라 업데이트한다. 이는 현재와 과거의 관측 값에 가중치를 부여하는 함수로서 시계열의 각 관측 값에 가중치를 부여할 수 있다.

```
Smoothing = 0.0        # 평활화 값을 0으로 초기화
gamma = 0.1            # 소멸 계수 정의

for i in range(1000):
    # 평활화 값 업데이트
    Smoothing = gamma * train_data[i] + (1 - gamma) * Smoothing
    # 평활화 값으로 데이터 포인트 값을 대체
    train_data[i] = Smoothing
```

곡선 시각화

다음 다이어그램을 사용해 데이터 포인트 평활화 전후의 곡률 차이를 시각화할 수 있다. 다이어그램에서 볼 수 있듯 보라색 그래프는 시간에 따른 주가의 일반적인 움직임을 유지하면서 훨씬 부드러운 곡선을 그린다.

평활화하지 않은 데이터 포인트를 사용하면 어떤 머신러닝 기술을 사용하든 예측 모델을 훈련하는 작업은 매우 고될 것이다.

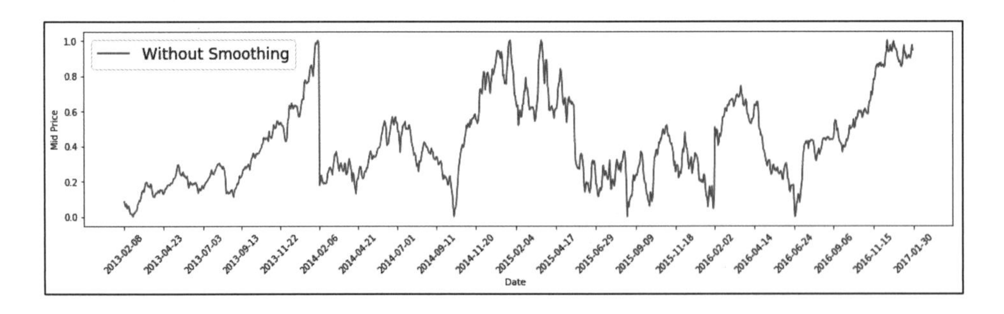

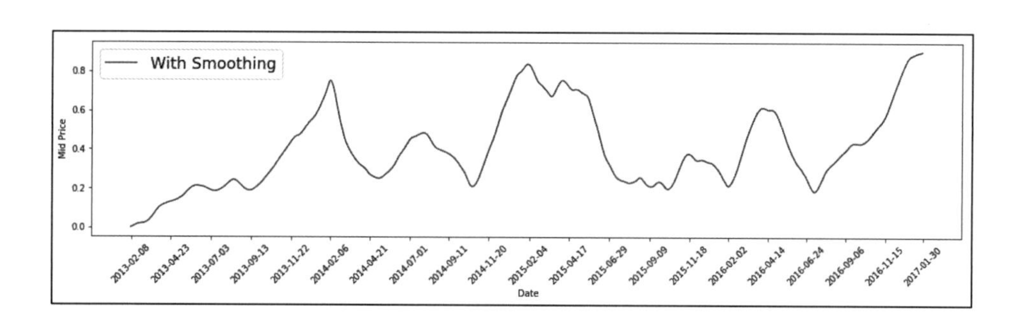

그래프의 핵심은 표상이며, 정확성과 효율성 사이에는 언제나 트레이드오프가 존재한다. 축소된 표현을 사용하면 머신은 데이터를 좀 더 빠르게 학습할 수 있다. 하지만 다루기 쉬운 표현으로 다운샘플링을 할수록 가치 있는 정보가 사라져서 우리가 만드는 통계적 모델이 이를 잡아낼 수 없게 된다. 그러나 정보가 가진 스펙트럼 전체를 다루게 되면 모델링을 하고자 필요한 자원을 확보할 수 없는 것은 물론, 문제 해결을 위해 직접적으로 고려할 필요도 없는 복잡성도 극도로 커지게 된다.

한 걸음 앞선 예측 수행

이제 몇 가지 베이스라인 모델을 해석해본다. 베이스라인 모델을 해석해봄으로써 LSTM 네트워크의 효과를 좀 더 잘 평가할 수 있다. 앞서 수행한 평활화 프로세스를 사용해 이 베이스라인 모델들을 구축하고, 이 모델들을 사용해 우리가 만들 LSTM 모델의 성능을 벤치마킹한다. 여기서는 비교적 간단한 알고리즘인 **단순 이동 평균**simple moving average과 **지수 이동 평균**exponential moving average으로 알려진 두 가지 기법을 활용한다. 두 기법 모두 한 걸음 앞선one-step-ahead 예측을 수행하는데, 이는 이전 시퀀스의 값들을 평균한 값으로 훈련 데이터의 다음 시계열 값을 예측하는 것이다. 각 방법의 효과를 평가할 때는 **평균 제곱 오차**MSE, Mean Squared Error 함수를 사용해 예측값과 실제 값의 차이를 평가한다. MSE는 글자 그대로 특정한 타임 스텝에서 예측값과 실제 출력값 사이의 오차를 제곱한다. 또한 주가의 실제 시계열 진행에 예측 시계열 진행을 중첩시켜 예측 결과를 시각적으로 검증한다.

단순 이동 평균 예측

단순 평균 이동을 사용하는 경우 시계열 시퀀스의 다음 값을 예측할 때 주어진 윈도우에 포함된 이전 관찰 값에는 모두 동일 가중치를 적용한다. 즉, 주어진 시간 간격 동안의 주가에 대해 산술적 평균을 계산하는 것이다. 이 간단한 알고리즘은 수학적으로 다음과 같이 기술할 수 있다.

$$x_{t+1} = 1/N \sum_{i=t-N}^{t} x_i$$

단기간(수개월)의 평균을 구함으로써 모델이 주가 변동에 빠르게 반응할 수 있다. 반면 장기간(수년)의 평균을 구하면 모델은 주가 변동에 느리게 반응한다. 파이썬으로 위 공식을 구현하면 다음과 같다.

```
from sklearn.metrics import mean_squared_error

window_size = 26              # 윈도우 크기 정의
N = train_data.size           # 관찰 값 길이 정의

std_avg_predictions = []      # 표준 평균을 저장하기 위한 빈 리스트
mse_errors = []               # 평균 제곱 오차를 저장하기 위한 빈 리스트

for i in range(window_size, N):
    # 윈도우별 표준 평균 추가
    std_avg_predictions.append(np.mean(train_data[i - window_size:i]))
    # 배치별 평균 제곱 오차 계산
    mse_errors.append((std_avg_predictions[-1] - train_data[i]) ** 2)

print('MSE error for standard averaging: %.5f' % (0.5 * np.mean(mse_errors)))

-----------------------------
MSE error for standard averaging: 0.00444
```

단순 이동 평균 예측simple moving average prediction 값은 미리 지정한 윈도우 크기를 사용해 훈련 데이터에 대해 루프를 돌면서 훈련 데이터에 대해 배치별 평균과 각 데이터 포인

트의 MSE를 수집해서 얻어냈다. MSE 값을 통해 알 수 있듯 간단한 평균 예측 모델의 성능이 그렇게 나쁘지만은 않다. 이제 이 예측값을 플롯하고, 플롯된 그래프를 주가의 실제 시계열 데이터와 중첩시킨다. 이제 모델의 성능을 시각적으로 확인할 수 있다.

```
# 표준 이동 평균 예측 결과 플롯
plt.figure(figsize=(19, 6))
plt.plot(range(train_data.shape[0]), train_data,
         color='darkblue', label='Actual')
plt.plot(range(window_size, N), std_avg_predictions,
         color='orange', label='Predicted')
plt.xticks(range(0, aal.shape[0] - len(test_data), 50),
           aal['date'].loc[::50], rotation=45)

plt.xlabel('Date')
plt.ylabel('Mid Price')
plt.legend(fontsize=18)
plt.show()
```

코드를 수행한 결과는 다음과 같다.

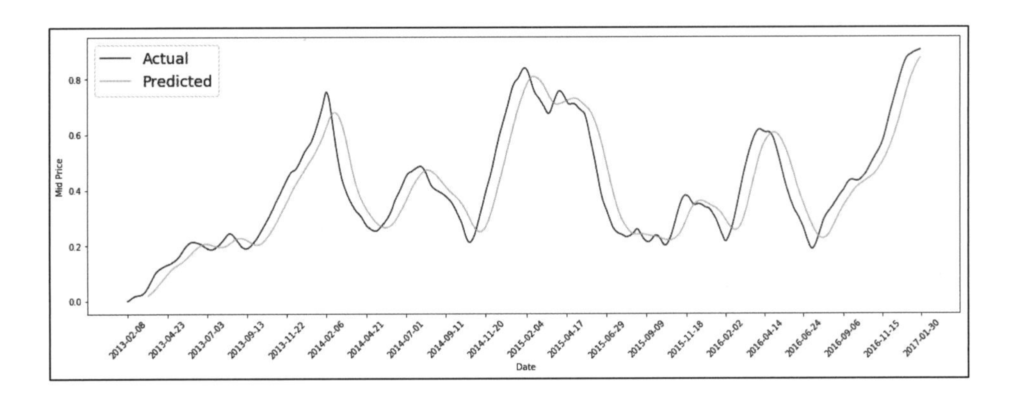

단순 이동 평균 예측 그래프를 통해 예측값이 주가의 일반적인 트렌드를 잡아내기는 했지만, 시계열의 모든 포인트에 대해 정확하고 신뢰할 만한 예측을 하지는 못했음을 알 수 있다. 예측값의 일부는 정확한 듯 보이지만 예측값의 대부분은 그 범위를 벗어

났으며, 실제 주가와 비교해볼 때 예측이 너무 느려 수익성을 얻을 수 있을 만큼 예측하지는 못한다. 또한 예측값 배열의 값을 출력해서 훈련 데이터의 실제 값과 비교해보면 예측이 실제를 얼마나 벗어났는지 좀 더 수치적인 측면에서 확인할 수 있다. 이제 두 번째 베이스라인으로 넘어가보자.

지수 이동 평균 예측

지수 이동 평균 예측exponential moving average prediction은 단순 이동 평균 예측보다 교묘하지만, 이미 여기에서 사용할 공식에 익숙하니 그리 어렵지 않을 것이다. 기본적으로 데이터 평활화 공식을 그대로 사용한다. 다만 이번에는 지수적 평균을 현재 데이터의 스케일링이 아닌 시계열에서의 다음 데이터 포인트 예측에 활용한다.

```
# 지수적 이동 평균(Exponential Moving Average, EMA) 계산
ema_avg_predictions = []
mse_errors = []

EMA = 0.0
ema_avg_predictions.append(EMA)

gamma = 0.5
window_size = 100
N = len(train_data)

for i in range(1, N):
    EMA = EMA * gamma + (1.0 - gamma) * train_data[i - 1]
    ema_avg_predictions.append(EMA)
    mse_errors.append((ema_avg_predictions[-1] - train_data[i]) ** 2)

print('MSE error for EMA averaging: %.5f' % (0.5 * np.mean(mse_errors)))

------------------------------
MSE error for EMA averaging: 0.00018
```

결과에서 보듯 단순 이동 평균(https://en.wikipedia.org/wiki/Moving_average-Simple_moving_average)은 과거의 관찰 값들에 동일한 가중치를 적용한다. 반대로 지수 이동 평균 함수를 사용하면 미래 데이터 포인트를 예측할 때 과거 데이터 포인트가 영향을 주는 정도를 제어할 수 있다. 바꿔 말하면 시간적으로 이른 데이터 포인트에 지수적으로 감소하는 가중치를 할당할 수 있다. 즉, 모델러는 감쇠 비율[gamma]을 조정해서 사전 가설(계절적 수요[seasonal demand])을 예측 모델에 적용할 수 있다. 한 걸음 앞선 지수 평균 예측값과 실제 값 사이의 평균 제곱 오차 값은 단순 지수 평균 예측값의 그것과 비교할 때 매우 작다. 그래프를 그려 결과를 시각적으로 확인해본다.

```
# 지수 이동 평균(EMA) 예측값 플롯
plt.figure(figsize=(19, 6))
plt.plot(range(train_data.shape[0]), train_data,
         color='darkblue', label='True')
plt.plot(range(0, N), ema_avg_predictions,
         color='orange', label='Prediction')
plt.xticks(range(0, aal.shape[0] - len(test_data), 50),
           aal['date'].loc[::50], rotation=45)

plt.xlabel('Date')
plt.ylabel('Mid Price')
plt.legend(fontsize=18)
plt.show()
```

코드를 실행한 결과는 다음과 같다.

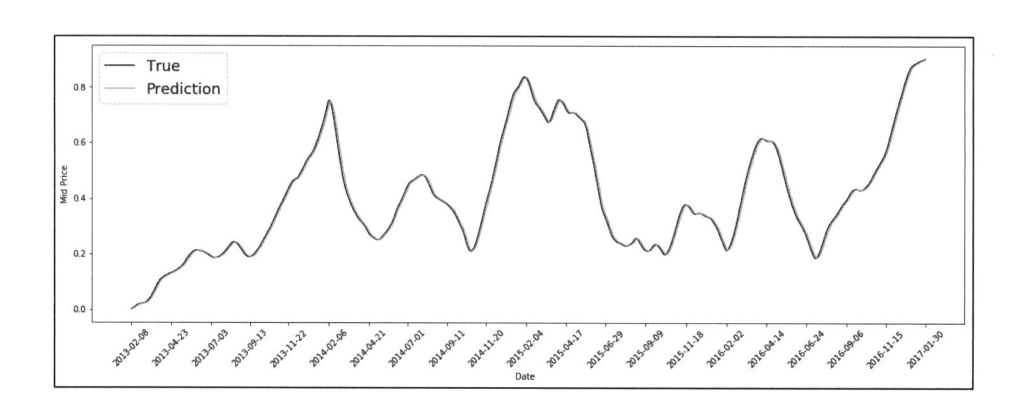

한 걸음 앞선 예측 수행의 문제

멋지다! 주어진 과거 날짜의 데이터를 사용해 다음 날의 실제 주가를 거의 완벽하게 예측할 수 있을 것 같다. 심지어 이 멋진 뉴럴 네트워크를 훈련조차 시키지 않았다! 왜 굳이 계속해야 하는가? 음, 사실 하루 미리 주가를 예측한다고 해서 백만장자가 될 수 있는 것은 아니다. 이동 평균은 그 자체가 후행 지표lagging indicator다. 즉, 주가가 특정한 트렌드를 따르기 시작한 후 마켓의 중요한 변화를 반영하는 지표일 뿐이다. 예측과 이벤트의 실제 발생 사이의 시간 간격이 매우 짧기 때문에 모델이 의미 있는 트렌드를 반영한 시점엔 이미 시장에 진입할 수 있는 최적의 시점이 지났을 것이다.

또한 이 방법을 사용하더라도 미래의 여러 타임 스텝을 예측할 수는 없다. 수학적으로도 이 개념을 설명할 수 있다. 한 데이터 포인트를 중심으로 지수 이동 평균 기법을 사용해 두 단계 미래의 값을 예측하고 싶다고 가정해보자. 실제 값 X_{t+1}을 사용하지 않고, 예측값을 사용해 그 다음 날의 주가를 계산하는 것이다. 한 걸음 앞선 예측을 정의하는 방정식은 다음과 같다.

$$X_{t+1} = ENA_t = \gamma \times EMA_{t-1} + (1 - \gamma)X_t$$

X_t의 값이 0.6, X_{t-1}에서 EMA의 값이 0.2이고 감쇠 비율로 0.3을 선택했다고 가정하자. 그렇다면 X_{t-1}에 대한 예측값 X_{t+1}은 다음과 같이 계산할 수 있다.

- = 0.3 × 0.2 + (1 - 0.3) × 0.6
- = 0.06 + (0.7 × 0.6)
- = 0.06 + 0.42 = 0.48

즉, X_{t-1}과 현재 타임 스텝의 EMA의 예측값이 0.48이다. 동일한 공식을 사용해서 다음 타임 스텝의 주가 X_{t+2}를 예측할 경우 문제가 발생한다. 다음 방정식은 이 어려움을 표현한다. 다음 공식에서 $EMA_t = X_{t+1} = 0.48$이다.

$$X_{t+1} = \gamma \times EMA_t + (1 - \gamma)X_{t+1}$$

즉, 감쇠 비율[gamma]이 어떤 값으로 설정되더라도 EMA_t와 X_{t+1}이 같으므로 예측값 X로는 예측값 X_{t+1}과 같아지며, 이는 X_t 이후의 모든 값에 동일하게 적용된다. 실제로 지수 이동 평균은 정상 상태 검사[sanity check]를 목적으로 일 단위 거래를 하는 트레이더가 잠재적으로 매우 빠르게 움직이는 시장에서 당일의 의미 있는 움직임을 평가하는 데 사용한다. 한 걸음 앞선 이동 평균 예측을 사용해 간단한 베이스라인을 만들었으므로, 더 먼 미래를 예측할 수 있는 좀 더 복잡한 모델을 구축해보자.

몇 가지 뉴런 네트워크를 구축하고 그 네트워크들의 성능을 평가하면서 LSTM이 주가의 움직임을 예측하는 태스크에서 얼마나 성능을 발휘하는지 확인할 것이다. 간단한 피드포워드 뉴럴 네트워크로 베이스라인을 다시 구축하고, 좀 더 복잡한 LSTM 네트워크를 구현하면서 각 네트워크의 성능을 비교한다. 이 작업을 수행하기 전에 먼저 데이터를 준비해야 한다. 네트워크가 다음 시퀀스 값을 예측하기 전에 일련의 훈련 데이터(스케일된 중간 주가)를 수집할 수 있는지 확인해야 한다.

▎관찰 값 시퀀스 생성

훈련 시퀀스와 테스트 시퀀스를 생성한다. 생성된 시퀀스를 활용해 네트워크를 훈련하고 테스트한다. 이 함수는 시계열 주가를 입력받아 해당 데이터를 주어진 시퀀스에서 *n*개의 연속된 값을 갖는 세그먼트로 만든다. 핵심적인 차이점은 각 훈련 시퀀스에 대한 라벨이 4 타임 스텝 이후의 주가에 해당한다는 점이다. 이는 이동 평균 방식에서 했던 것, 즉 1 타임 스텝 미래의 주가를 예측할 수 있었던 것과 매우 다르다. 따라서 모델인 4 타임 스텝 앞까지 예측 가능하게 훈련할 수 있도록 데이터 시퀀스를 생성한다.

look_back은 관측 값에서 유지해야 할 주가의 수를 의미한다. 이번 예제에서는 4 타임 스텝 앞의 주가가 어떻게 될 것인지 예측하기 전에 네트워크가 실제로 지난 7개의 주가를 돌아보도록(look_back) 설정했다.

```
# 데이터셋 생성 함수
def create_dataset(dataset, look_back=7, foresight=3):
    X, Y = [], []

    for i in range(len(dataset) - look_back - foresight):
        # 관찰 값을 형성하는 특징으로 과거 7개의 주가 시퀀스를 지정
        obs = dataset[i:(i + look_back), 0]
        # 시퀀스 추가
        X.append(obs)
        # 미래의 4 타임 스텝 앞의 값에 주가를 추가
        Y.append(dataset[i + (look_back + foresight), 0])

    return np.array(X), np.array(Y)
```

create_dateset 함수를 사용해 데이터셋 시퀀스와 그에 해당하는 라벨을 생성한다. 이 함수를 호출할 때는 시계열 데이터(즉, train_data 변수)와 함께 2개의 추가 인자를 전달한다. 첫 번째 인자 look_back은 관찰된 시퀀스당 데이터 포인트 수를 의미한다. 이 예제에서는 각 데이터 포인트에 대해 7개 데이터 포인트의 시퀀스를 생성하는데,

이는 시계열의 주어진 포인트에서의 과거 7개 중간 값을 의미한다. 두 번째 인자 foresight는 관찰한 시퀀스의 가장 마지막 데이터 포인트와 우리가 예측하고자 하는 데이터 포인트 사이의 스텝 수를 의미한다. 따라서 라벨 데이터는 각 훈련과 테스트 시퀀스에 대해 4 타임 스텝 지연을 반영할 것이다. 이 방법을 반복해서 원래 훈련 데이터에 대해 스트라이드 1을 적용해 훈련 시퀀스와 그에 해당하는 라벨을 생성한다. 결과적으로 990개의 관찰 값 시퀀스의 훈련 데이터를 갖게 되고, 각 시퀀스는 4 타임 스텝 이후의 주가에 해당하는 라벨을 갖는다. look_back과 foresight의 값은 다소 인위적이므로, 해당 값들이 커지면서 예측에 어떤 결과가 나오는지 직접 확인해 보길 권한다. 실제로 양쪽의 값에 대해 양쪽의 반환 값이 점점 작아지는 것을 경험할 것이다.

데이터 셰이프 정리

다음으로 훈련 시퀀스와 테스트 시퀀스의 셰이프를 정리한다. 3차원 텐서(타임 스텝, 1, 특징)를 사용하는데, 이는 3차원 텐서가 이후 구축할 다양한 뉴럴 네트워크 모델을 테스팅하는 데 기능적으로 유용하기 때문이다.

```
# 데이터 셰이프 변경
x_train = np.reshape(x_train, (x_train.shape[0], 1, x_train.shape[1]))
x_test = np.reshape(x_test, (x_test.shape[0], 1, x_test.shape[1]))
# 셰이프 확인
x_train.shape

-----------------------------
(990, 1, 7)
```

임포트

이제 몇 가지 뉴럴 네트워크 아키텍처를 구축하고 테스트할 준비가 됐다. 각 모델이 주식 트렌드 예측 태스크를 어떻게 수행하는지 확인한다. 먼저 필요한 케라스 레이어, 그리고 우리가 적절하다고 판단한 시점에서 모델과 상호작용을 하거나 훈련을 중단할 수 있는 콜백을 임포트한다.

```
from keras.models import Sequential
from keras.layers import LSTM, GRU, Dense
from keras.layers import Dropout, Flatten

from keras.callbacks import ModelCheckpoint, EarlyStopping
```

뉴럴 네트워크 베이스라인

앞서 언급했듯 복잡한 모델을 사용하기 전에 간단한 모델을 사용해 정상 상태를 확인하는 것이 좋다. 데이터 모델러들은 소위 강력한 모델powerful model이라 불리는 것들에 현혹되지만, 일반적인 경우 해당 모델들은 실제 문제를 해결하는 데 큰 영향을 주지 않는다. 이러한 시나리오에서는 덜 강력한(또한 연산의 입장에서 부하가 덜한) 모델을 사용해서 적절한 베이스라인을 만들고, 이를 활용해 좀 더 복잡한 모델을 사용했을 때의 장점을 벤치마킹하는 것이 좋다. 이러한 관점에서 2개의 베이스라인을 구현한다. 각 베이스라인은 주어진 태스크에 대한 특정한 종류의 네트워크 성능을 나타낸다. 간단한 피드포워드 네트워크를 사용해 모든 뉴럴 네트워크의 성능을 측정할 기초 베이스라인을 구축한다. 이후 기본 GRU 네트워크를 활용해 순환 네트워크 베이스라인을 구축한다.

피드포워드 네트워크 구축

이미 피드포워드 네트워크에는 익숙하겠지만, 6장에서는 태스크를 해결하고자 몇 가지 요소를 수정했다. 예를 들어 가장 마지막 레이어는 퇴행 레이어regressor layer로, 하나의 뉴런으로 구성돼 있으며 선형 활성화 함수를 사용한다. 손실 함수는 평균 절댓값 오차MAE, Mean Absolute Error를 사용한다. 최적화 함수는 adam을 선택했다. 6장에[서 이후에 만들 모든 네트워크는 이 네트워크와 동일한 최종 레이어, 손실 함수와 최적화 함수를 사용한다. 또한 이제까지 그래왔듯 모델 구축과 컴파일을 한 함수에 넣어 다양한 네트워크를 손쉽게 테스트할 수 있다. 다음 코드에서 이를 어떻게 구현했는지 확인할 수 있다.

```
# 단순한 피드포워드 베이스 라인
def feed_forward():
    model = Sequential()
    model.add(Flatten())
    model.add(Dense(128, activation='relu'))
    model.add(Dense(1, activation='linear'))
    model.compile(loss='mae', optimizer='adam')
    return model
```

순환 베이스라인

다음으로 순환 네트워크 베이스라인을 구축하고자 간단한 GRU 네트워크를 구현한다. 적절한 입력 셰이프를 명시하고 작은 순환 드롭아웃 비율을 추가한다. 이어지는 타임 스텝에도 동일한 드롭아웃 스킴이 적용되고, 결과적으로 단순한 드롭아웃보다 이어지는 타임 스텝들에 대해 일시적인 정보를 좀 더 잘 보존함을 기억하자. 또한 아주 낮은 비율이지만 무작위로 뉴런들을 드롭아웃시켰다. 실험을 통해 다양한 드롭아웃 전략에 따른 RNN의 성능 차이를 이해해보자.

```
# 드롭아웃을 적용하지 않은 단순한 GRU
def simple_gru():
    model = Sequential()
    model.add(GRU(32,
                  input_shape=(1, 7),
                  dropout=0.1,
                  recurrent_dropout=0.1))
    model.add(Dense(1, activation='linear'))
    model.compile(loss='mae',
                  optimizer='adam',
                  metrics=['mean_absolute_error'])
    return model
```

LSTM 구현

몇 가지 베이스라인 모델을 구현했으므로, 6장에서 계속 설명했던 LSTM을 구현해보자. 우선 드롭아웃 정책을 적용하지 않은 단일 레이어 LSTM 모델을 생성한다. 이 모델은 32개의 뉴런으로 구성된다.

```
# 단순한 LSTM
def simple_lstm():
    model = Sequential()
    model.add(LSTM(32, input_shape=(1, 7)))
    model.add(Dense(1, activation='linear'))
    model.compile(loss='mae', optimizer='adam')
    return model
```

LSTM 레이어를 덴스 퇴행 레이어에 연결했다. 앞서 사용했던 동일한 손실 함수와 최적화 함수를 사용한다.

LSTM 스택

다음으로 5장의 GRU와 마찬가지로 2개의 LSTM을 스택으로 쌓는다. LSTM을 스택으로 구성함으로써 네트워크가 좀 더 복잡한 시간 의존적 신호를 잘 기억하는지 확인할 것이다. 두 LSTM 레이어에 드롭아웃과 순환 드롭아웃 스킴을 적용한다.

```
# LSTM 스택
def lstm_stacked():
    model = Sequential()
    model.add(LSTM(16,
                   input_shape=(1, 7),
                   dropout=0.1,
                   recurrent_dropout=0.2,
                   return_sequences=True))
    model.add(LSTM(16,
                   dropout=0.1,
                   recurrent_dropout=0.2))
    model.add(Dense(1, activation='linear'))
    model.compile(loss='mae', optimizer='adam')
    return model
```

이제 실험을 수행하고 실험 결과를 평가할 수 있다. 평균 제곱 오차MSE 지표를 사용해서 각 모델을 평가하고, 모델의 예측값을 실제 예측값에 중첩시켜 시각적으로도 결과를 해석할 것이다. 훈련 세션이 종료될 때마다 결과를 시각화해줄 몇 가지 함수를 구현한다.

헬퍼 함수 활용

네트워크를 훈련시키기 전에 훈련된 모델의 성능에 관한 정보를 제공할 헬퍼 함수 몇 가지를 구현한다. 앞서 설명했던 plot_loss 함수는 모델의 history 객체를 활용해서 훈련 손실과 검증 손실을 플롯했다. 이 함수는 기본 콜백으로, 이를 사용해 훈련 세션에서 계산되는 훈련 손실과 검증 손실을 포함하고 있는 딕셔너리에 접근할 수 있다.

```
# 손실값을 플롯하는 헬퍼 함수
def plot_losses(network):
    plt.plot(network.history['loss'], label='loss')
    plt.plot(network.history['val_loss'], label='val loss')
    plt.legend()
    plt.show()
    plt.clf()
```

다음으로 plat_predictions 함수를 사용해 따로 구분해둔 테스트 데이터셋에 대한 모델의 예측값을 플롯하고, 그 결과를 테스트 데이터셋의 실제 라벨과 중첩시킨다. 이는 앞서 우리가 한 걸음 앞선 예측에서 했던 것과 동일하다. 차이점이 있다면 이번에는 네트워크가 3 타임 스텝의 값을 예측한 트렌드를 시각화한다는 점이다.

```
# 예측값을 플롯하는 헬퍼 함수
def plot_predictions(model, y_test=y_test):
    preds = model.predict(x_test)
    plt.figure(figsize=(12, 6))
    plt.plot(scaler.inverse_transform(preds.reshape(-1, 1)),
             label='generated',
             color='orange')
    plt.plot(scaler.inverse_transform(y_test.reshape(-1, 1)),
             label='Actual')
    plt.legend()
    plt.show()
```

모델 훈련

각 네트워크의 훈련 세션을 초기화하는 훈련 함수를 구현한다. 이 함수는 각 에폭에서의 모델 가중치를 저장하고 훈련 세션이 중단되면 해당 모델의 성능을 시각화한다.

```
def train_network(list, x_train, y_train, epochs=5):
    for net in list:
        network_name = str(net).split(' ')[1]
        filepath = network_name + "_epoch-{epoch:02d}-loss-{loss:.4f}-.hdf5"
        print('Training:', network_name)

    checkpoint = ModelCheckpoint(filepath,
                                 monitor='loss',
                                 verbose=0,
                                 save_best_only=True,
                                 mode='min')
        callbacks_list = [checkpoint]
        model = net()

        network = model.fit(x_train, y_train,
                            validation_data=(x_test, y_test),
                            epochs=epochs,
                            batch_size=64,
                            callbacks=callbacks_list)
        model.summary()
        plot_predictions(model, y_test)

    return network, model

all_networks = [feed_forward,
                simple_gru,
                simple_lstm,
                lstm_stacked]
train_network(all_networks, x_train, y_train, epochs=50)
```

결과 시각화

마지막으로 다음 다이어그램처럼 실제 가격에 대해 모델 예측 가격을 표시한다. 간단한 LSTM 네트워크 성능이 가장 좋은 것으로 보이지만(MAE 0.0809), 설계상 LSTM 네트워크보다 훈련 가능한 파라미터가 적은 간단한 피드포워드 뉴럴 네트워크가 좀 더 가깝게 보인다는 점에도 주목해본다.

그 이유가 궁금할 것이다. 물론 LSTM이 복잡한 시간 의존적 신호를 처리하는 데 뛰어나긴 하지만, 데이터에서 그 신호들이 먼저 나타나야만 한다.

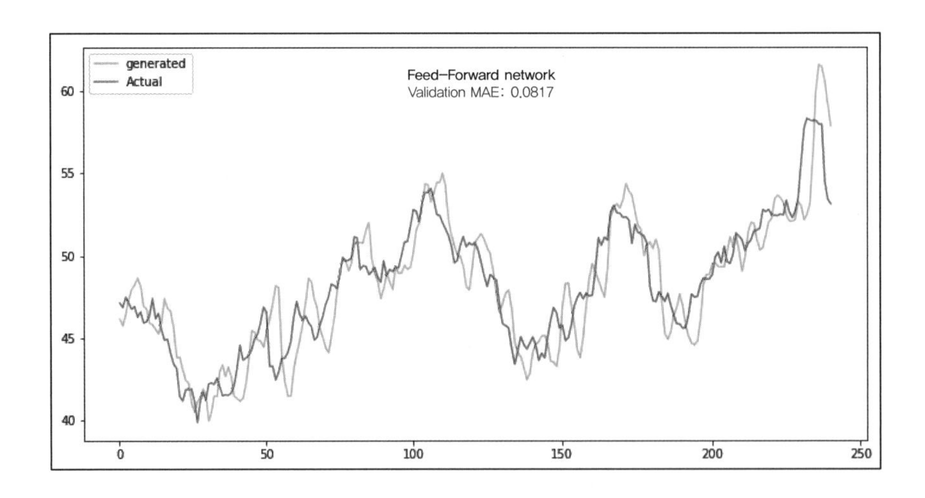

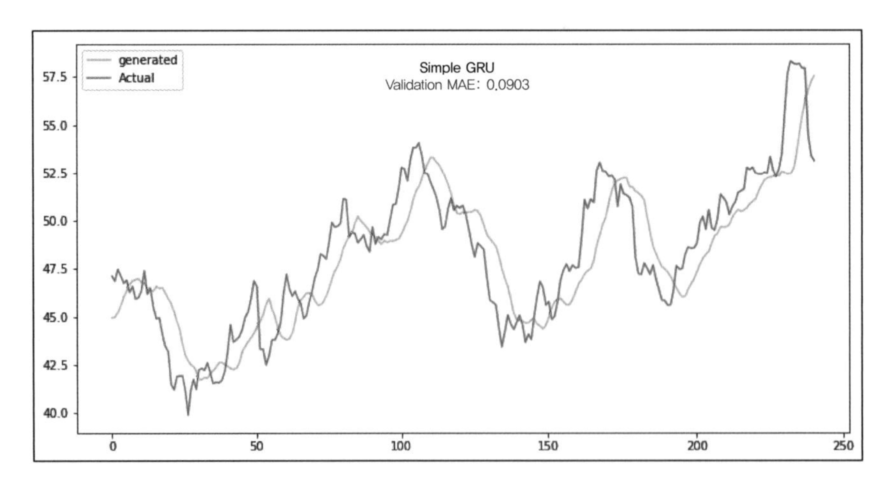

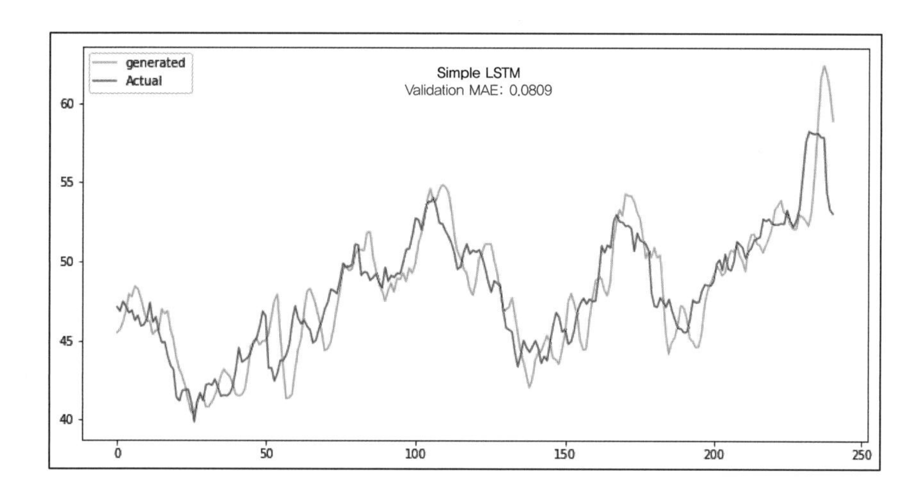

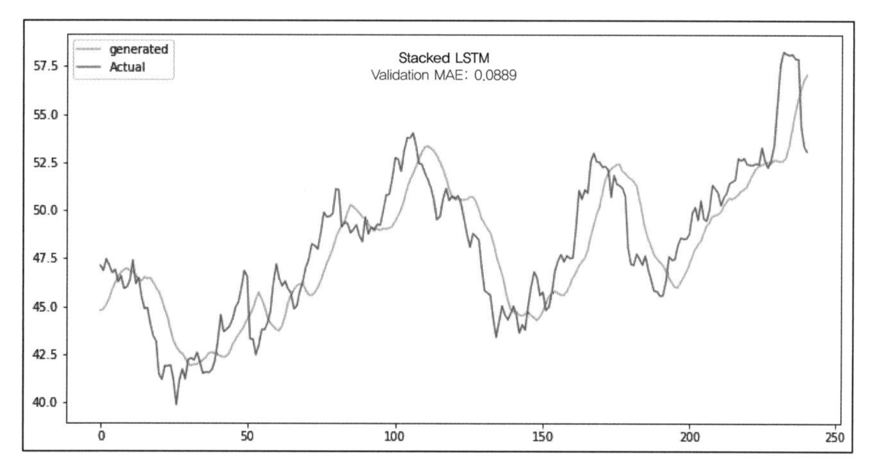

과거 7개의 중간 주가를 참조함으로써 미래의 주가 예측을 위한 수많은 정보를 얻을 수 있다. 이 예제의 경우 예측값에 대해 우리가 구축한 LSTM이 제시할 수 있는 표현 유형은 피드포워드 네트워크의 표현 유형과 거의 일치한 것으로 보인다. LSTM이 모델링할 수 있는 복잡한 신호는 많지만, 우리가 사용한 데이터셋에는 그러한 요소들이 없었을 수 있다. 예를 들면 x_{t+3}의 라벨을 예측하는 경우 $t+1$, 혹은 $t+2$ 지점에 시장에서 발생한 정보들을 구조적으로 통합하지 않았다. 또한 과거의 중간 주가 이외에 향수 증시 움직임과 잘 연관되는 변수가 존재할 가능성도 있다. 소셜 미디어의 감정

(https://arxiv.org/pdf/1010.3003.pdf 참조)이 최대 7일 전부터 주가의 움직임과 상관관계가 있는 것으로 나타났다. 즉, 승리의 감정은 행복이나 신경증neuroticism보다 안정돼 있지 않으며, 1주일 전의 시장 움직임과 더 많은 관계를 가진 것으로 나타났다. 따라서 다른 종류의 정보나 그 정보의 원천을 표현하는 특징들을 포함함으로써 베이스라인 모델과 비교해 LSTM의 성능을 크게 향상시키는 데 도움이 될 수 있다.

마무리

소셜 미디어 데이터를 포함함으로써 모든 산업에서 주식의 움직임을 더 잘 예측할 수 있음을 의미하지는 않는다. 다만 이는 휴리스틱 기반의 표상을 생성함으로써 좀 더 나은 예측 결과를 얻을 수 있다는 것을 보여준다. 6장을 마치면서 간단한 GRU와 스택으로 쌓은 LSTM 둘 모두가 부드러운 예측 곡선을 갖고 있으며, 노이즈가 섞인 입력 시퀀스의 영향을 덜 받을 수 있다는 점을 언급하고자 한다. 두 네트워크 모두 주가의 일반적인 트렌드를 보존하는 데 매우 뛰어났다. 이 모델들의 초기 정확성(예측 값과 실제 값의 MAE로 평가한)을 통해 이 모델들이 피드포워드 네트워크와 단순한 LSTM 네트워크보다 약간 성능이 떨어짐을 알 수 있다. 다만 특정한 유스케이스의 경우 좀 더 노이즈가 많은 예측 변수에 비해 의사 결정 곡선이 더 부드러운 모델을 선호할 수도 있다.

요약

6장에서는 LSTM의 내부 동작을 심도 있게 살펴봤다. 이 네트워크를 개념적인 관점은 물론 수학적인 구현 관점에서 확인했고, LSTM 셀에서 단기 메모리 이벤트와 장기 메모리 이벤트를 사용해 어떻게 정보를 처리하는지 학습했다. 또한 장시간에 걸쳐 관련성 있는 셀 상태를 보존하는 데 뛰어난 특성에서 그 이름이 유래된 것도 알았다.

일반적인 LSTM 구조에서는 잘 사용되지 않는 핍홀 연결과 같은 LSTM 아키텍처의 변형도 알아봤다. 책의 본문에서는 간단한 시계열 데이터셋을 사용해 데모를 보였지만, 부디 이미 친숙한 다른 예제들(IMDB의 감정 분류 데이터셋과 같은)을 다뤄보면서 앞에서 구현한 네트워크와 그 결과를 비교해보길 권한다.

LSTM은 자연어 처리 태스크에서 이미 각광을 받고 있다. 위키피디아Wikipedia의 영화 데이터셋을 사용해 영화 스크립트를 생성하거나, `music21` 라이브러리와 훈련 곡을 담은 MIDI 파일들을 활용해 음악을 만들 수도 있다.

다음 링크에서 좀 더 많은 구현 내용을 확인할 수 있다.

- **핍홀 의사 코드:** https://gist.github.com/EderSantana/f07fa7a0371d0e1c4ef1

LSTM의 기반이 되는 이론적 개념은 매우 설득력이 있다. 다양한 순차적 혹은 비순차적 태스크에서 뛰어난 성능을 보면 그 설득력은 더욱 높아진다. 그렇다면 RNN 중에서 LSTM을 궁극적인 챔피언으로 간주할 수 있을까? 실제로는 그렇지 않다. RNN과 맞닿아 있는 다음 큰 아이디어 중 하나는 관심 모델attention models 영역에서 나왔다. 관심 모델이란 글자 그대로 네트워크가 일련의 정보를 처리할 때 뉴럴 네트워크의 관심을 조정하는 것을 말한다. 이 접근 방법은 이미지 캡셔닝 영역에서 매우 효과적이다. 이미지 캡셔닝에서는 이미지의 주요한 부분을 그에 해당하는 출력 시퀀스가 반드시 가져야 할 단어와 연결시켜야 하기 때문이다. 이후 관심 모델을 좀 더 깊이 살펴볼 것이다. 이 주제에 흥미가 있다면 이미지 캡셔닝과 관련한 훌륭한 논문(Image captioning with semantic attention, by Fang et al. 2016)을 참조해보길 바란다.

7장에서는 먼저 뉴럴 네트워크와 딥러닝의 다른 영역인 강화학습reinforcement learning을 살펴볼 것이다. 강화학습은 머신러닝에서 대단히 흥미로운 영역으로, 인공 에이전트agent가 주어진 환경에서 특정한 보상을 최대로 적립하기 위한 행동을 어떻게 선택하는지를 다룬다. 이 접근 방식은 기계에게 수술을 하거나, 농담을 만들거나, 비디오 게임을 플레이하도록 가르치는 수많은 유스케이스에 적용할 수 있다. 인간과 동등한(혹은 인간을 뛰어 넘는) 수준의 신체적 심리적 재주를 활용할 수 있는 기계를 갖게 되면 이를 활용해 좀 더 복잡하고 지능적인 시스템을 만들 수 있을 것이다. 이러한 시스템은 시스템이 작동하는 환경과 관련된 내부 상태를 유지하면 특정한 목표에 자신을 최적화하면서 환경에 대해 행동한 결과를 연구함으로써 그 내부 상태를 업데이트한다. 행동의 각 조합은 서로 다른 보상 신호를 촉발하고, 학습 시스템은 이 보상 신호를 활용해 자기 발전을 수행한다.

보상 신호를 사용해 강화되는 시스템을 디자인하는 것은 매우 복잡한 행동을 유발하며, 사람이 지배하기 쉬운 영역에서조차 기계가 매우 지능적으로 행동을 하게 할 수 있다. 알파고AlphaGo와 이세돌(중국의 전통 보드 게임인 바둑 전 세계 챔피언)의 대국이 떠오른다. 2016년 알파고는 이세돌과의 대국에서 5대1로 승리했으며, 이 경기의 양상은 1997년 IBM이 개발한 딥 블루Deep Blue가 개리 카스파로프Gary Kasparov에게 승리를 거뒀던 때와는 완전하게 달랐다. 알파고와 이세돌의 대국을 본 많은 사람은 알파고가 움직이는 특별한 방식을 봤고, 어떤 사람은 이를 직관intuition이라 불렀다.

7장에서 환경과 선택 가능한 행동이라는 매우 직선적인 통계적 특성에 따라 운용되는 그러한 시스템이 때로는 우리의 예상을 초월해 아름답고 복잡한 결과를 어떻게 만들어낼 수 있는지 보게 될 것이다.

연습 문제

- 각 모델이 수렴하는 데 걸리는 시간을 측정해본다. 모델에 따라 수렴하는 시간에 차이가 있는가?
- 각 모델의 훈련 손실값과 검증 손실값을 비교해보자. 어떤 특징이 있는가?
- 아키텍처를 다운스케일 혹은 업스케일하면서 실험해보자. 이 방식이 학습에 어떤 영향을 미치는가?

- 최적화 메트릭과 손실 메트릭을 바꿔가면서 실험해보자. 이 값들이 학습에 어떤 영향을 미치는가?
- IMBD 데이터셋에 대해 감정 분류를 수행하는 LSTM을 구현해보라.
- 위키 영화 데이터셋을 사용해 문자/단어 레벨의 모델링을 수행하고, 인공적인 영화 플롯을 생성하는 LSTM을 구현해보라.

07

DQN을 사용한 강화학습

6장에서는 재귀적 루프, 정보 게이트, 메모리 셀을 활용해서 뉴럴 네트워크로 복잡한 시간 의존적 신호를 모델링했다. 구체적으로는 장단기 기억LSTM, Long Short-Term Memory 아키텍처 메커니즘을 활용해서 예측 오차를 보존하고, 장시간에 걸쳐 역전파시킨다. 이를 통해 구현한 시스템은 단기적인 정보(즉, 당면한 환경에 관련된 정보)와 장기적인 정보(즉, 오래 전 관찰된 환경에 포함된 정보)를 모두 예측에 활용할 수 있다.

LSTM의 아름다움은 이 네트워크가 대단히 오랜 시간 동안(1,000 타임 스텝까지) 유용한 표상을 학습하고 보존할 수 있다는 점에 있다. 아키텍처 전체에서 지속적으로 오차 흐름을 유지시킴으로써 현실에 포함된 복잡한 인과 관계를 학습할 수 있다. 인과 관계의 중요성을 기계에게 학습시키는 문제는 인공지능AI, Artificial Intelligence 분야에서 매우 어려운 도전 과제였다. 현실의 환경은 희소하면서도 시간적으로 지연된 보상으로 가득하기 때문에 이 보상을 얻기 위한 행동도 복잡해졌다. 이러한 환경에서 최적의 행동을 모델링하려면 주어진 환경, 선택 가능한 행동과 그 행동에 따른 보상에 관한 정보를 충분히 수집해야 한다. 이러한 복잡한 인과 관계를 인코딩하는 것은 사람에게도 어려운 일이며, 때로는 명백한 이득을 주는 인과 관계가 아니라 비합리적인 욕망에 굴복하기도 한다. 즉, 실질적인 인과 관계와 그 상황에 관한 평가는 직접적으로 일치하지 않을 수도 있다. 우리는 긴 시간에 걸쳐 있는 다양한 보상 신호(각 보상 신호는 우리의 종합적인 결정에 영향을 미친다)에 따라 행동한다.

특정한 어떤 보상 신호에 대해 행동하는 정도는 매우 다양하다. 개인마다의 유전적 구성이나 환경적 요인이 복잡하게 조합돼 결정되며, 때로는 본성을 따라 결정되기도 한다. 우리 중 일부는 본질적으로 단기적 보상(즉, 맛있는 과자를 먹거나 영화를 보는 것)을 장기적 보상(즉, 건강한 몸을 만들거나 시간을 효율적으로 사용하는 것)보다 우선하기도 한다. 단기적 보상을 장기적 보상보다 우선하는 것이 꼭 나쁘지만도 않다. 환경에 따라 성공하고자 고려할 단기적, 장기적 요소의 균형이 다른 것뿐이다. 사람이 주어진 환경(개인적인 관점은 물론 종의 관점에서)에서 보상 신호를 다양하게 해석하는 것은 그리 놀랄 일이 아니다. 거시적 관점에서 볼 때 진화란 현실에서 만날 수 있는 다양한 환경에서 살아남을 수 있는 기회를 극대화하는 것에 지나지 않기 때문이다. 그러나 이는 특정 개인(그리고 아마도 일부 탐욕스러운 기계)에게는 시시각각으로 중요한 영향을 미칠 수도 있다.

보상과 만족

스탠포드대학교의 한 연구 그룹은 단기적인 만족을 참을 수 있는 사람이 장기적으로는 더 큰 성공을 거둔다는 연구 결과를 발표했다(1970년대 물리학자인 월터 미쉘Walter Mischel이 주도했던 마시멜로우 실험Marshmallow experiment). 연구 그룹은 어린이들을 모은 후 행동 지침을 주고 그들의 행동을 관찰했다. 실험에 참가한 어린이들은 두 가지 선택지 중 하나를 고를 수 있었고, 그 선택에 따라 한 차례의 실험에서 서로 다른 수의 마시멜로우를 받을 수 있었다. 어린이들은 일정한 현금을 하나의 마시멜로우로 즉시 교환하거나, 15분을 기다린 후 같은 현금을 두 개의 마시멜로우로 교환할 수 있었다. 이 연구는 주어진 환경에서 보상 신호를 어떻게 해석하는지에 따라 유익하거나 해로울 수 있음에 대한 날카로운 통찰력을 줬다. 실험에서 15분을 기다린 후에 현금을 두 개의 마시멜로우로 교환한 어린이들이 그렇지 않았던 어린이들보다 인생에서 장기적으로 더 큰 성공을 거뒀기 때문이다. 즉, 만족감을 얻는 시점을 지연시킴으로써 장기적으로는 좀 더 큰 이익을 거둘 수 있음을 설명했다. 심지어 많은 사람은 종교와 같은 개념들이 좀 더 나은 장기적인 결과(예를 들면 궁극적으로 천국에 가는 것)를 위해 단기적인 만족을 지연시키는(예를 들면 도둑질하지 않는 것) 집단적 행동의 원인이라고 설명하기도 했다.

새로운 학습 평가 방법

결과적으로 우리는 어떤 행동을 선택해야 하는지, 선택한 행동이 미래의 결과에 어떤 영향을 미치는지 의식할 수 있는 감각을 발달시켜야 할 것으로 보인다. 우리는 환경과의 상호작용, 즉 대단히 오랜 시간에 걸쳐 다양한 행동을 선택함에 따라 얻는 보상을 관찰함으로써 이와 같은 감각을 조정할 수 있는 메커니즘을 갖고 있다. 사람은 물론이고 동식물을 포함해, 이 행성에 존재하는 모든 생물체에게도 그렇다. 심지어 식물들조차 내부에 가진 일종의 에너지 점수를 최적화해서 그 잎과 가지를 움직여 생명 유지에 필요한 햇빛을 받는다. 이러한 조직들이 최적의 결과를 모델링하게 만드는 메커니즘이란 과연 무엇인가? 이 생태계는 어떻게 환경을 추적하고, 시의 적절한 행동을 하고, 자신에게 유리한 방향으로 정밀하게 동작하는가? 강화 이론[reinforcement theory]으로 알려진 행동 심리학의 한 분야에서 이 주제에 관한 힌트를 얻을 수 있다.

하버드대학교의 심리학자인 스키너B. F. Skinner가 주창한 강화 이론에서는 에이전트(사람, 동물, 여기에서는 물론 컴퓨터 프로그램)와 에이전트를 둘러싼 환경 사이에서 관찰된 상호작용의 결과를 강화라는 개념으로 정의한다. 이 상호작용에서의 정보를 인코딩함으로써 에이전트는 미래에 발생할 유사한 상황에서 동일한 방식으로 행동할 가능성을 강화하거나 약화한다. 즉, 뜨거운 아스팔트 위를 걸었을 때 느낀 고통은 부정적인 강화negative reinforcement로 작용함으로써 미래에 뜨거운 아스팔트 위를 걷는 행동을 선택할 가능성을 감소시킨다. 반대로 여러분이 은행을 털고 (성공적으로) 도망쳤다면 스릴과 흥분감이 이 행동을 강화시켜 미래에도 동일한 행동을 저지르게 될 수도 있다. 실제로 스키너는 간단한 강화 메커니즘을 통해 비둘기를 훈련시켜 영어 단어의 차이를 구분하고, 핑퐁ping-pong 게임을 플레이하게 만들었다. 비둘기를 일정 시간 동안 충분한 보상 신호에 노출시킴으로써 단어의 미묘한 변화를 구분하게 하거나, 특정한 행동을 수행하게 만들 수 있음을 보였다. 비둘기의 입장에서 변화를 구분한 결과는 배가 부르거나, 혹은 배가 텅텅 빈 상태 중 하나에 해당했으므로, 스키너는 비둘기에게 점진적인 보상을 함으로써 자신이 원하는 행동을 이끌어냈다. 이 실험에서 스키너는 조작적 조건 형성operant conditioning이라는 용어를 사용했는데, 이는 전체 작업을 작은 단위로 분할한 후 원하는 행동을 함으로써 반복적으로 보상을 주는 것을 의미한다.

스키너의 연구 발표로부터 약 반 세기가 지난 지금, 우린 이 개념을 머신러닝에 적용해 시뮬레이션 대상인 에이전트가 주어진 환경에서 우리가 원하는 행동을 하도록 한다. 이를 강화학습reinforcement learning이라 부르고, 태스크 수행에 있어 사람과 비슷한(어쩌면 능가하는) 복잡한 시스템을 만들 수 있게 됐다.

강화학습을 활용한 머신의 조건 형성

지금까지는 간단한 회귀 태스크나 분류 태스크를 다뤘다. 연속적인 가치에 대한 관측값을 회귀시키고(주식 시장을 예측할 때), 특징들을 분류 라벨로 나눴다(감정 분석을 수행할 때). 이는 지도 머신러닝supervised machine learning에 포함된 두 가지 주요 활동이다. 모델이 훈련을 하는 동안 모델에게 각 관찰 값에 해당하는 특정한 목표 라벨을 보여줬다. 이 책의 후반부에서는 생성적 적대 네트워크GANs. Generative Adversarial Networks와 오토인코더autoencoders를 활용한 비지도 머신러닝unsupervised machine learning 기법을 다룬다. 7장에서는 뉴럴 네트워크를 사용해 이 두 가지 학습 방법과는 매우 다른 학습 방법인 강화학습을 살펴본다.

강화학습은 앞서 언급한 머신러닝 기법들과는 확연하게 구분된다. 먼저 에이전트agent가 처한 환경environment에서 얻을 수 있는 모든 결과에 연결되는 행동의 순서에 (지도 분류 학습처럼) 명시적으로 라벨을 붙이지 않는다. 또한 세그먼트에 최적화된 행동을 유도하고자 (비지도 클러스터링처럼) 비슷한 거리를 기반으로 데이터를 나누지도 않는다. 오히려 기계가 스스로 선택한 행동의 응답을 모니터링하게 하고, 시간에 따른 행동 함수를 사용해 획득 가능한 보상을 최대화할 수 있도록 모델링하게 한다. 강화학습에서는 주어진 타임 스텝time step에 대해 복잡한 목표를 달성하는 방법을 학습하는 목표 지향 알고리즘goal-oriented algorithm을 다룬다. 강화학습의 목표는 스크린 위에서 아래로 점점 내려오는 우주 침입자들을 물리치는 것일 수 있고, 강아지 모양의 로봇을 A 지점에서 B 지점으로 움직이는 것일 수도 있다.

신용도 할당 문제

부모가 자녀를 교육할 때 때로는 상을 주고 때로는 벌을 주는 것처럼 주어진 환경에서 특정한 상태(혹은 설정)에 있는 머신의 올바른 행동을 강화할 수 있다. 학습에 시행착오trail-and-error 접근 방식을 더 도입했고, 최근 이러한 접근 방식이 매우 강력한 학습 시스템을 구현한다는 결과를 얻었으며, 이를 활용해 매우 흥미로운 유스케이스들이 만들어졌다. 분명하고 강력한 이 학습 패러다임은 그 자체로 복잡한 그림을 그리게 한다. 과거의 어떤 행동이 보상을 만들어내는 데 기여하고, 기여도는 어느 정도인가? 희소하며 시간적으로 지연된 보상이 존재하는 환경에서는 많은 행동이 동시에 일어나기 때문에 미래의 보상을 만드는 데 관련이 있는 행동이 무엇인지 판단하기 어렵다. 즉, 각 행동에 적절한 신용도를 할당하기가 어렵다. 그 결과 에이전트가 목표를 달성하려고 하는 경우 다양한 전략을 평가하는 방법에 관한 어떠한 단서도 갖지 못하게 된다.

탐색 착취 딜레마

심지어 에이전트가 보상을 얻는 일관된 전략마저 스스로 고안해야 한다고 가정해보자. 이 상황에서는 어떻게 해야 하는가? 에이전트는 항상 동일한 전략을 따르면서 영원히 동일한 보상을 받아야 하는가? 혹은 항상 새로운 전략을 구사해야 하는가? 알려진 전략을 사용하지 않는다고 해서 에이전트가 미래에 더 큰 보상을 얻을 수 있다고 확신할 수 있는가? 에이전트가 얼마만큼 새로운 전략을 탐험하고 혹은 알려진 전략을 착취해야 할지 결정하는 문제를 **탐색 착취 딜레마**explore-exploit dilemma라고 부른다.

장기적인 관점에서 즉각적인 보상을 보장하는 전략에만 의존하는 것이 얼마만큼 해로울 수 있는지 이해함으로써 탐색 착취 딜레마를 더 잘 이해할 수 있다. 쥐를 대상으로 하는 실험에서 쥐들은 도파민(보상 시스템을 규정하는 신경 전달 물질) 방출을 촉발하는 메커니즘만 주어진다면 굶어 죽는 것도 불사한다는 것을 보여줬다. 아무리 황홀했다 한들 장기적으로 볼 때 굶어 죽는 것은 결국 올바른 행동이 아니었다. 그러나 실험에서 쥐들은 보상 신호를 지속적으로 촉발하는 간단한 전략을 착취했기 때문에 장기적인 관점에서의 올바른 보상(즉, 살아남는 것)을 탐색하지 못했다. 하지만 시간이 지나면 환경으로부터 좀 더 나은 기회를 얻을 수 있음은 어떻게 보장할 수 있는가? 에이전트가 복잡한 환경에서의 문제를 적절히 해결하고자 한다면 에이전트에게 지연된 만족의 개념을 이해시켜야 한다. 이제 강화학습reinforcement learning이 이러한 문제 해결을 위해 얼마나 많은 노력을 하는지, 그리고 어떤 사람은 악마와 같이 날카롭다고 말할지도 모를 만큼 복잡하고 강력한 시스템을 만들어내는지 보게 될 것이다.

일반적 인공지능

알파고 시스템을 예로 들어보자. 알파고는 영국의 스타트업인 딥마인드DeepMind가 개발했으며, 심층 강화학습을 활용해 정확한 예측을 수행했다. 많은 사람이 딥마인드가 소위 일반적 인공지능AGI, Artificial General Intelligence(원한다면 인공지능의 성배Holy Grail라고 불러도 좋다)으로 향하는 첫발을 내딛었다고 평가했으며, 구글Google은 딥마인드를 5억 달러에 인수했다. 일반적 인공지능이란 다양한 태스크(지금까지의 좁은 범위의 애플리케이션이 수행했던 것과는 다른)를 수행할 수 있는 인공지능 시스템을 의미하며, 이 시스템은 사람과 같이(잠재적으로는 좀 더 빠르게) 주어진 환경에서 스스로의 행동을 관찰함으로써 학습한다.

6장에서 구현한 네트워크들은 특정한 분류나 회귀 태스크에서는 뛰어난 성능을 보였지만, 그 외의 다른 태스크를 수행하려면 많은 설계를 변경한 후 다시 훈련시켜야 한다. 하지만 딥마인드는 자신이 만든 단일 네트워크가 고전 게임인 아타리 2600Atari 2600 게임들을 플레이하는 것을 포함해서 여러 가지 다양한 태스크(물론 좁은 범위이기는 하나)를 수행할 수 있도록 훈련시킬 수 있는지를 보였다. 오래된 게임들이기는 하지만, 최초에는 사람이 도전하도록 설계된 이 게임들은 이후 인공지능이 괄목할 만한 성과를 보인 영역이 됐다. 딥마인드는 자신이 만든 심층 Q-학습DQN, Deep Q-Networks을 사용해 인공 에이전트가 게임에 대한 사전 지식 없이 화면의 픽셀만을 관찰함으로써 다양한 게임을 플레이할 수 있음을 보였다(https://deepmind.com/research/publications/human-level-control-through-deep-reinforcement-learning). 딥마인드의 연구 결과를 활용해서 연구자들은 강화학습 기반 알고리즘을 사용해 딥러닝 네트워크를 훈련시킴으로써 심층 강화학습deep reinforcement learning을 만들어냈다. 이후 연구자들과 기업가들은 다양한 유스케이스에 그 기술을 활용해서 동물이나 사람과 유사하게 움직이는 기계를 만들거나, 분자 합성물을 생성해 약품을 만들거나, 심지어 주식 시장에서 거래를 하는 봇bot을 만들기도 했다.

이러한 시스템들은 실세계의 이벤트를 더욱 유연하게 모델링했고, 다양한 태스크에 적용될 수 있었으며, 단편적인 학습을 수행하는 데 소모되는 시간을 줄였음은 두말할 필요도 없다. 언젠가는 이 시스템들이 복잡하고 고차원적인 인과 관계를 정복하고, 다양한 도메인의 훈련 예제를 활용해 시너지를 높이는 표상synergistic representations을 인코딩함으로써 우리가 좀 더 복잡한 문제를 해결하는 데 도움을 줄지도 모른다. 우리는 종종 다양한 과학 분야의 정보를 통해 영감을 받아 무언가를 발견한다. 그 과정에서 다양한 상황과 그 상황을 제어하는 복잡한 역학에 관한 이해를 높일 수 있다. 주어진 상황에서의 선택 가능한 행동에 대해 올바른 보상 신호를 제공하면 시스템은 사람의 직관마저 뛰어 넘는다! 여러분도 언젠가는 에이전트를 도울 수 있을 것이지만, 우선 가상의 에이전트를 시뮬레이션하고, 그 에이전트가 환경과 상호작용하게 함으로써 간단한 문제를 해결해보자.

환경 시뮬레이션

가장 먼저 환경environment을 시뮬레이션한다. 환경은 학습 에이전트가 상호작용하는 공간이다. 사람의 경우 하루 동안 이동할 수 있는 모든 곳이 환경이 된다. 인공 에이전트의 경우에는 우리가 만든 시뮬레이션된 공간이 환경이 된다. 왜 환경을 시뮬레이션해야 하는가? 물론 에이전트가 사람처럼 실시간으로 학습을 하도록 만들 수 있지만, 이 방법은 실제 매우 비효율적인 것으로 밝혀졌다. 에이전트에게 몸을 만들어줘야 하고, 에이전트의 행동과 그 에이전트가 상호작용할 환경을 정교하게 엔지니어링해야 한다. 무엇보다 에이전트는 시뮬레이션된 환경에서 좀 더 빠르게 학습할 수 있다. 기계에게 굳이 사람과 동일한 시간 프레임을 강요할 필요는 없다. 현실 세계에서라면 태스크를 한 번 수행할 시간 동안 시뮬레이션된 환경에서는 같은 태스크를 훨씬 더 많이 수행할 수 있고, 실패를 하면서 좀 더 잘 학습할 기회를 얻을 수 있다.

다음으로 게임에서 사용할 몇 가지 용어를 살펴본다. 에이전트는 게임 안에서 보상을 받고, 환경을 해결하고자 특정 태스크를 수행해야 한다.

상태, 행동, 보상

환경은 다양한 상태의 집합으로 나타낼 수 있다. 상태State란 에이전트가 처할 수 있는 다양한 상황을 의미한다. 에이전트는 선택 가능하게 주어진 행동을 조합해 봄으로써 이 상태들을 돌아다닌다(예를 들면 2차원 아케이드 게임에서 왼쪽으로 움직이거나, 오른쪽으로 움직이거나, 점프를 하는 것과 같다). 에이전트의 행동Action에 따라 환경의 상태가 변하면서 유용한 도구를 만들거나, 새로운 길을 발견하거나, 적과 만나거나, 게임 제작자가 흥미를 끌고자 감춰뒀던 아이템을 얻을 수 있다. 이 모든 객체 혹은 이벤트들은 에이전트가 환경을 돌아다님으로써 학습 환경이 가질 수 있는 다양한 상태를 의미한다. 에이전트가 이전 상태에서 어떤 상호작용을 했는지, 혹은 환경에서 발생하는 무작위 이벤트의 발생 결과로 새로운 상태가 생성된다. 그리고 게임이 마지막 상태, 즉 더 이상 진행될 수 없는 상태(승리하거나 죽거나)에 이를 때까지 게임이 계속된다.

우리는 에이전트가 시의 적절하게 행동함으로써 그 환경을 해결하기를 원한다. 에이전트의 행동은 환경의 상태를 바꾸고, 에이전트는 주어진 목표 달성에 가까워진다(예를 들면 A 지점에서 B 지점으로 이동한다든가, 또는 점수를 최대화한다든가). 에이전트가 이러한 행동을 하게 하려면 다양한 환경 상태에서 에이전트가 작용한 결과에 따라 발생하는 보상 신호를 설계해야 한다. 보상Reward이란 에이전트에게 주는 피드백의 일종으로, 에이전트는 주어진 목표에 스스로를 최적화하는 과정에서 이 피드백을 활용해 행동의 결과로 얻어지는 성공의 정도를 평가한다.

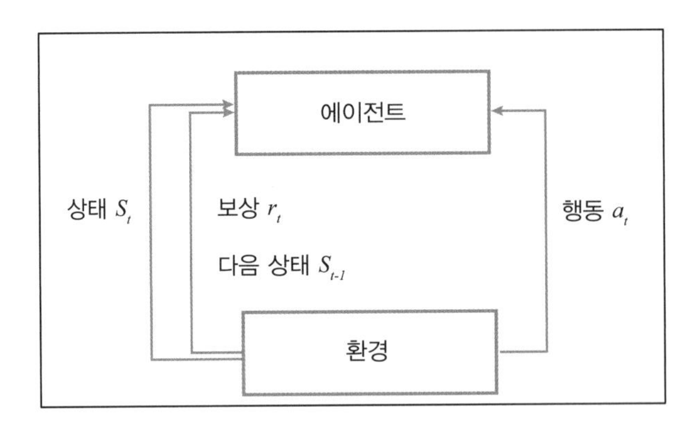

고전적인 아케이드 게임에 익숙한 독자라면 슈퍼마리오Super Mario를 떠올려 봐도 좋을 것이다. 게임 캐릭터인 마리오Mario가 에이전트이며, 여러분은 마리오를 조종한다. 환경은 마리오가 움직인 지도를 의미한다. 동전과 버섯 같은 아이템들은 게임 속의 다양한 상태를 나타낸다. 마리오가 이 상태들과 상호작용을 하면 보상이 점수로 주어지고, 그 결과 새로운 상태가 생성되며, 차례로 마리오를 둘러싼 환경이 바뀐다. 마리오의 목표는 A 지점에서 B 지점으로 이동하는 것(목표가 게임을 빠르게 클리어하는 것이라면)이거나 최고 점수를 얻는 것(목표가 최고 점수를 얻는 것이라면)일 수 있다.

자율 주행 택시

이론적인 이해를 명확하게 하고자 인공 에이전트가 환경을 해결하는 방법을 관찰해보자. 에이전트가 행동할 수 있는 공간(즉, 에이전트가 수행할 수 있는 행동)에서 그 행동을 무작위로 샘플링하더라도 환경을 해결하는지 살펴볼 것이다. 아무리 환경이 단순하더라도 이를 해결하는 데 필요한 복잡성을 이해할 수 있고, 심층 강화학습을 사용해 이 목적을 달성하고자 하는 이유를 알게 될 것이다. 여기서는 제한된 시뮬레이션 환경에서 움직이는 자율 주행 택시를 만드는 것이 목적이다. 이 태스크에서 다루는 환경은 실제 도로 환경에 비해서는 극히 단순하지만, 강화학습 시스템 아키텍처를 설계하는 시점에서는 훌륭한 디딤돌이 될 것이다.

OpenAI에서 제공하는 gym을 사용해 이를 수행한다. gym은 기계 훈련에 필요한 인공 환경을 시뮬레이션하는 모듈로, 그 이름 또한 매우 잘 지어졌다.[1] pip 패키지 관리자를 사용해 OpenAI에서 제공하는 gym 모듈을 설치할 수 있다. 주피터 노트북에서 다음 명령어를 실행한다.

```
!pip install gym
```

gym 모듈은 미리 설치된 환경(혹은 테스트 문제들)과 함께 제공되며, 간단한 시뮬레이션부터 복잡한 시뮬레이션을 포함한다. 예제에서 사용할 테스트 문제는 'TaxiCab- 0v2' 환경과 함께 제공된다. 이는 택시 기사 시뮬레이션taxicab simulation으로 알려져 있다. 택시 기사 시뮬레이션에서는 택시가 움직이면서 손님을 태우거나 내릴 수 있는 길을 격자로 시뮬레이션한다.

```
import numpy as np
import gym
from gym import envs

# 다음 명령어는 사용 가능한 환경을 모두 출력한다.
# print(evns.registry.all())
```

1. gym은 gymnasium, 즉, 체육관을 의미한다. – 옮긴이

태스크 이해

택시 기사 시뮬레이션은 계층적 방법hierarchical manner을 사용해 강화학습을 적용할 때의 문제점을 설명하기 위한 목적으로 디테리히 2000Dietterich 2000에서 소개됐다. 그러나 이 책에서는 더 복잡한 문제를 시뮬레이션하고 해결하기 전에 에이전트, 환경, 보상과 목표를 더 잘 이해할 목적으로 사용한다. 우리가 해결할 문제는 대단히 간단하다. 승객을 태우고 지정된 장소에 그 승객을 내려주면 된다. 지정된 장소(총 네 군데)는 문자로 표시한다. 에이전트는 승객이 있는 장소로 이동해서 승객을 태우고 승객이 요청한 목적지까지 이동한다. 목적지에 잘 도착하면 에이전트는 20 포인트를 얻는다(가상의 택시 기사가 얻는 돈이라고 하자). 목적지에 도달하기 전까지 각 타임 스텝마다 가상의 택시 기사는 1 포인트씩 잃는다(직관적으로 이를 택시 기사가 사용하는 비용에 대한 페널티라고 생각할 수 있다). 마지막으로 잘못된 장소에서 승객을 태우거나 내려주면 10 포인트를 잃게 된다. 택시 회사는 도시 영역 전체를 커버할 수 있도록 배차를 최적화, 다시 말해 택시 기사가 할당된 승객만을 태우도록 요구하므로 승객을 잘못 태우는 것에 페널티를 주는 것은 합리적이다.[2] 반면 잘못된 목적지에서 승객을 내려주는 것은 승객의 불만을 반영한 것이다. 택시 기사가 어떤 환경에 있는지 살펴보자.

환경 렌더링

앞서 로딩한 환경을 시각화하려면 가장 먼저 reset() 함수를 호출해 환경 객체를 초기화해야 한다. 그다음 시작 프레임을 렌더링한다. 시작 프레임은 택시의 위치(노란 글씨)와 4개의 서로 다른 탑승 위치(색깔 문자)를 표시한다.

---

2. 일반적인 택시가 아닌 콜택시 시스템을 생각하면 이해하기 쉽다. – 옮긴이

```
# env.reset()은 환경 초기 상태를 반환한다.
print('initial state of environment:', env.reset())
env.render()
```

코드를 실행한 결과는 다음과 같다.

```
Initial state of environment: 204
+---------+
|R: | : :G|
| : : : : |
| : : : : |
| | : | : |
|Y| : |B: |
+---------+
```

열린 길은 :으로 표시하고 택시가 지나갈 수 없는 곳은 |으로 표시한다. 또한 이동할 수 있는 길과 지나갈 수 없는 벽의 위치는 변하지 않지만, 탑승 위치를 의미하는 글자와 노란 택시의 위치는 환경을 초기화할 때마다 변한다. 그리고 환경을 재설정할 때마다 정수 값을 생성한다. 이 정수 값은 초기화 과정에서 사용한 환경의 특정한 상태(즉, 택시와 승차 위치의 배치)를 의미한다.

Taxi-v2 문자열을 레지스트리의 다른 환경(CartPole-v0 혹은 MountainCar-v0)으로 바꾸고 일부 프레임을 렌더링해보면 우리가 다루는 대상에 관한 아이디어를 얻을 수 있다. 또 다른 몇 가지 명령어를 사용해 여러분이 다룰 환경을 좀 더 잘 이해할 수도 있다. 택시 드라이버 환경은 매우 간단하기 때문에 색상을 가진 기호만으로도 충분히 시뮬레이션할 수 있지만, 좀 더 복잡한 환경은 별도의 윈도우(실행 시 열리는)에서 렌더링될 수도 있다.

관찰 공간 참조

다음으로 환경과 행동 공간을 좀 더 이해해보자. 택시 드라이버의 환경은 0에서 499까지의 정수로 표시된다. 환경에서 선택 가능한 모든 상태의 수를 출력해서 확인해볼 수 있다. 현재 사용 중인 환경에서 선택할 수 있는 상태의 수를 모두 출력해본다.

```
env.observation_space.n
------------------------------
500
```

행동 공간 참조

택시 드라이버 시뮬레이션에서 에이전트는 각 타임 스텝별로 6가지의 구분된 행동을 할 수 있다. 다음과 같이 환경의 액션 공간을 참조해서 선택 가능한 모든 행동의 수를 확인할 수 있다.

```
env.action_space.n
------------------------------
6
```

드라이버 에이전트는 주어진 타임 스텝에서 6가지 행동(위로 움직이기, 아래로 움직이기, 왼쪽으로 움직이기, 오른쪽으로 움직이기, 승객 태우기, 승객 내리기) 중 하나를 수행한다.

환경과의 상호작용

에이전트가 행동을 하게 만들려면 환경 객체에 `step()` 메소드를 수행한다. `step(i)` 메소드는 6가지 행동 중 하나를 나타내는 정수 값을 인자로 받는다. 이 예제에서의 행동은 다음 라벨로 표현된다.

- (0) 아래로 이동
- (1) 위로 이동
- (2) 우회전
- (3) 좌회전
- (4) 승객 태우기
- (5) 승객 내리기

코드로 표현하면 다음과 같다.

```
# 현재 위치 렌더링
env.render()

# 아래로 이동
env.step(0)

# 새 위치 렌더링
env.render()
```

코드를 실행한 결과는 다음과 같다.

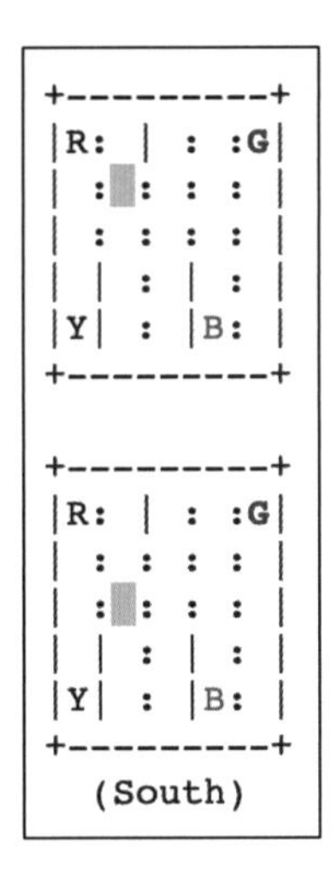

그림에서 보듯 드라이버 에이전트는 한 단계 아래로 이동했다. 이제 에이전트를 행동시키는 데 필요한 모든 내용을 학습했다. 실제로 환경 객체에서 step(i)를 호출하면서 4개의 특정한 변수를 반환하는데, 이는 에이전트의 관점에서 행동 i가 환경에 어떤 작용을 했는지를 의미한다. 반환되는 변수는 다음과 같다.

1. **observation:** 환경을 관찰한 상태를 의미한다. 게임 화면의 픽셀 데이터 혹은 다른 형태의 값일 수 있으며, 학습 중인 에이전트에 대한 환경의 상태를 의미한다.
2. **reward:** 주어진 타임 스텝에서 선택한 행동의 결과로 에이전트가 얻은 보상을 의미한다. 보상을 사용해 에이전트가 주어진 환경에서 획득하는 보상을 최대화하게 함으로써 학습 중인 에이전트가 목표를 달성하게 한다. 실험 설정에 따라 보상의 스케일(float)은 다를 수 있다.
3. **done:** 불리언boolean 변수로 하나의 시행 에피소드trial episode의 종료 여부를 의미한다. 택시 드라이버 시뮬레이션의 경우 하나의 에피소드는 지정된 장소에서 승객을 태우고 내려주면서 완료된다. 아타리 게임이라면 에이전트의 생명이 하나의 에피소드일 수 있으며, 우주 침입자와 충돌하면서 에피소드가 종료된다(생명이 하나 줄어든다).
4. **info:** 이 딕셔너리 아이템은 에이전트의 행동을 디버깅하기 위한 정보를 저장하며, 학습 과정 자체에서는 사용되지 않는다. 이 변수에는 특정 상태의 과거 상태 변경에 영향을 미칠 수 있는 확률과 같은 중요한 정보가 저장된다.

```
# env.step(i)는 4개의 변수를 반환한다.
# 4개 변수는 각각 순서대로 state(observation), reward, done, info다.
env.step(1)

-----------------------------
(127, -1, False, {'prob': 1.0})
```

무작위로 환경 해결

OpenAI gym 환경을 관장하는 로직, 인공 에이전트와 환경이 상호작용하는 방법을 활용해서 무작위 알고리즘을 만들고, 택시 드라이버 에이전트가 이 환경을 해결하게 할 수 있다. 먼저 시뮬레이션을 시작할 고정된 상태 하나를 정의한다. 이렇게 함으로써(즉, 환경을 항상 동일한 상태로 초기화함으로써) 에이전트가 각 에피소드마다 환경을 해결하기 위해 무작위로 얼마나 많은 스텝을 선택하는지 좀 더 쉽게 확인할 수 있다. 또한 counter 변수를 사용해 각 에피소드별로 수행하는 스텝 수를 추적한다. 보상 변수는 None으로 초기화하고, 에이전트가 첫 스텝을 선택할 때 업데이트한다. 다음으로 while 루프에서는 행동 공간에서 무작위로 선택 가능한 행동을 반복적으로 선택하면서 state, reward, done 변수를 데이트한다. 환경 내의 행동 공간에서 무작위로 행동을 샘플링하거나 env.action_space()에서 .sample() 메소드를 사용한다. 마지막으로 counter 변수를 증가시키고 환경을 렌더링해서 표시한다.

```
# 동일 상태 재현을 위해 현재 상태를 덮어씀
state = env.env.s = 114

# 움직임 수를 확인하기 위한 counter 변수
counter = 0

# 보상 초깃값 None
reward = None

dropoffs = 0

# 정확한 장소에 승객을 내려줄 때까지 무작위 행동을 반복(20 points)
while reward != 20:
    state, reward, done, info = env.step(env.action_space.sample())
    counter += 1
    print(counter)
    env.render()

print(counter, dropoffs)
```

코드를 실행한 결과는 다음과 같다.

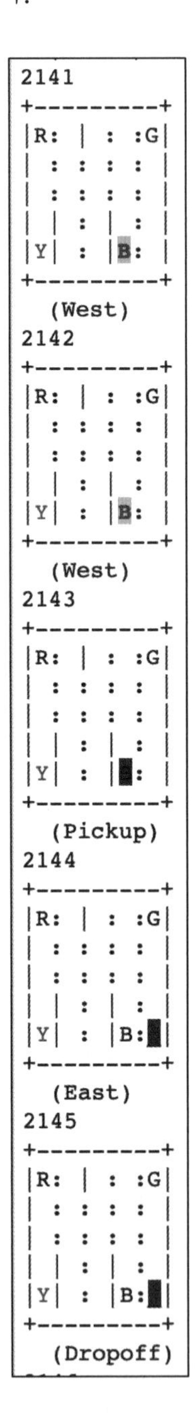

```
2141
+---------+
|R: | : :G|
| : : : : |
| : : : : |
| | : | : |
|Y| : |B: |
+---------+
  (West)
2142
+---------+
|R: | : :G|
| : : : : |
| : : : : |
| | : | : |
|Y| : |B: |
+---------+
  (West)
2143
+---------+
|R: | : :G|
| : : : : |
| : : : : |
| | : | : |
|Y| : |B: |
+---------+
  (Pickup)
2144
+---------+
|R: | : :G|
| : : : : |
| : : : : |
| | : | : |
|Y| : |B: |
+---------+
  (East)
2145
+---------+
|R: | : :G|
| : : : : |
| : : : : |
| | : | : |
|Y| : |B: |
+---------+
  (Dropoff)
```

결과를 보면 2,145번째 이후에야 에이전트는 올바른 승객을 태운다(택시 색상이 녹색으로 바뀜). 그리 많은 시간이 걸리지 않았다고 느낄 수도 있지만, 실제로 이는 매우 긴 시간이다. 좀 더 복잡한 모델을 구현할 때 모델의 성능을 벤치마킹하는 경우 랜덤 알고리즘은 도움이 된다. 하지만 이 비교적 간단한 문제는 실제로 6,011 스텝(에이전트가 랜덤 알고리즘을 사용해 완료한 스텝)보다 빠르게 해결할 수 있다. 올바른 행동에 보상을 해주면 된다. 먼저 수학적으로 보상을 정의하자.

즉시 보상과 미래 보상 사이의 트레이드오프

이는 매우 단순하다. 앞서 드라이버 에이전트는 정확한 장소에 승객을 내렸을 경우 +20 포인트, 잘못된 장소에 승객을 내렸을 경우 -10 포인트, 에피소드를 완료할 때까지 한 번의 스텝을 선택할 때마다 -1 포인트를 얻었다. 그렇다면 논리적으로 에이전트가 한 에피소드에 얻는 보상은 해당 에피소드에서 각 스텝마다 에이전트가 얻은 개별 포인트의 합이다. 따라서 한 에피소드의 총 보상은 다음과 같이 계산할 수 있다.

$$R = r_1 + r_2 + r_3 + \ldots + r_n$$

n은 해당 에피소드에서의 스텝 수를 의미한다. 다음으로 에이전트가 해당 에피소드에서 얻을 수 있는 총 보상을 최대화하도록 해야 한다. 하지만 한 가지 문제가 있다. 우리가 처한 현실과 마찬가지로 에이전트가 처해있는 환경도 무작위 이벤트로 인한 큰 영향을 받는다. 따라서 미래의 상태가 비슷하다고 할지라도 해당 상태에 이르는 과정에서 동일한 보상을 얻는 같은 행동을 수행했다고 보장할 수 없다. 이와 같은 무작위성 때문에 각 상태에서의 행동을 통해 얻어지는 보상의 범위는 점점 확산diverge될 수 있다.

▌미래 보상 할인

이러한 확산은 어떻게 보상할 수 있을까? 한 가지 방법으로 미래의 보상을 할인, 다시 말해 미래 스텝에서 얻는 보상보다 현재 스텝에서 얻는 보상의 관련성을 늘릴 수 있다. 각 스텝에서 얻은 보상에 할인 계수를 더해 주어진 에피소드의 총 보상을 계산한다. 할인 계수는 미래 보상을 줄이고, 현재 보상을 증폭시킨다. 단기적으로는 이에 해당하는 행동-상태 쌍을 사용해 더 많은 보상을 획득할 수 있다. 그러나 장기적으로는 환경에 무작위 이벤트가 축적되기 때문에 반드시 그렇다고 할 수만은 없다. 따라서 에이전트가 상대적으로 확실한 이벤트에 집중하는 것을 장려하고자 총 보상을 계산한 앞의 공식에 할인 계수를 추가해 다음과 같이 정의할 수 있다.

$$R_t = r_t + \gamma r_{t+1} + \gamma^2 r_{t+2} + \ldots + \gamma^{n-t} r_{t+n}$$

새로운 총 보상 공식에서 γ는 0에서 1 사이의 할인 계수이며, t는 현재 타임 스텝을 의미한다. 식을 통해 알 수 있듯 타임 스텝이 증가함에 따라 γ는 기하급수적으로 감소하면서 미래 보상을 현재 보상보다 크게 줄인다. 따라서 에이전트가 다음 행동을 결정함에 있어 가까운 보상을 미래의 보상보다 훨씬 많이 고려하게 만든다. 하지만 얼마만큼 더 많이 고려해야 하는가? 그것은 우리에게 달려있다. 할인 계수가 0에 가까울수록 근시안적으로 당장의 이익을 우선하는 행동을 선택할 것이다. 반대로 할인 계수가 1에 가까울수록 계수를 사용하는 목적 자체를 저버리게 될 것이다. 실제 상황에서 할인 계수는 환경의 확률 정도에 따라 0.75 ~ 0.9 사이의 값을 주로 사용한다. 결정된 정도가 높은 환경에서는 높은 할인 계수를 사용하고, 확률에 의존하는 환경에서는 낮은 할인 계수를 사용하는 것이 좋다. 앞의 계산식은 다시 다음과 같이 간단하게 정리할 수 있다.

$$R_t = r_t + \gamma (r_{t+1} + \gamma (r_{t+2} + \ldots)) = r_t + \gamma R_{t+1}$$

그러므로 한 에피소드에서의 총 보상은 해당 에피소드에서 각 스텝의 할인 보상의 누적 값으로 계산할 수 있다. 할인된 미래 보상의 개념을 사용해 에이전트가 행동을 선택하는 전략을 수립할 수 있다. 이익 전략을 수행하는 에이전트는 해당 에피소드에서 할인된 미래 보상을 최대화할 수 있는 행동을 선택하고자 노력할 것이다. 에이전트에게 전달해야 할 보상 신호를 만드는 방법을 알았으므로, 이제 전체적인 학습 프로세스를 살펴본다.

마르코프 결정 프로세스

강화학습에서는 즉각적인 행동과 그에 따른 지연 보상을 연관 짓는 문제를 해결하는 것이 목적이다. 보상은 희소하며, 시간 지연된 라벨로 에이전트의 행동을 제어한다. 지금까지 에이전트가 환경에서의 다양한 상태에 따라 어떻게 행동하는지 다뤘다. 그리고 그 상호작용에 따라 에이전트가 다양한 보상을 받으며, 환경에 새로운 상태가 나타나는 것을 봤다. 에이전트는 에피소드가 끝날 때까지 새로운 상태의 환경과 상호작용을 다시 반복한다. 이제 목표 최적화라는 목적을 달성하기 위한 에이전트와 환경 사이의 관계를 수학적으로 공식화할 때가 됐다. 이를 위해 러시아 수학자인 안드레이 마르코프Andrey Markov가 주창한 마르코프 결정 프로세스MDP, Markov Decision Process 프레임워크를 사용한다.

마르코프 결정 프로세스 프레임워크를 사용하면 특정한 환경(부분적으로 확률적이고, 부분적으로 통제 가능한)에서 에이전트의 의사 결정 프로세스를 모델링할 수 있다. 이 프로세스는 미래 상태 s_{t+1}이 발생할 확률은 오로지 현재 상태 s_t에 의해서만 결정된다는 마르코프 가정Markov assumption을 기반으로 한다. 즉, 마르코프 가정에 따르면 현재 상태까지의 모든 상태와 행동은 미래 상태의 확률에 아무런 영향도 미치지 않는다. MDP는 다음과 같은 5개의 변수로 정의한다.

($\mathcal{S}$, $\mathcal{A}$, $\mathcal{R}$, $\mathbb{P}$, γ)로 정의한다.

$\mathcal{S}$: 가능한 상태의 집합

$\mathcal{A}$: 가능한 행동의 집합

$\mathcal{R}$: 주어진 (상태, 행동) 쌍에 대한 보상의 분포

$\mathbb{P}$: 전환 확률, 즉 주어진 (상태, 행동) 쌍의 다음 상태 분포

γ: 할인 계수

첫 번째와 두 번째 변수는 그 자체로 설명이 된다. 세 번째 변수 $\mathcal{R}$은 주어진 한 상태-행동 쌍에 대한 보상의 확률 분포를 의미한다. 여기에서 한 상태-행동 쌍이란 환경에서의 주어진 상태에서 선택할 수 있는 행동을 의미한다. 네 번째 변수인 전환 확률 $\mathbb{P}$는 한 타임 스텝에서 선택한 상태-행동 쌍에 따른 새로운 상태의 확률을 의미한다. 마지막으로 할인 계수는 현재 보상에 비해 미래 보상을 얼마나 할인할 것인지를 의미하며, 다음 다이어그램에 자세하게 표시했다.

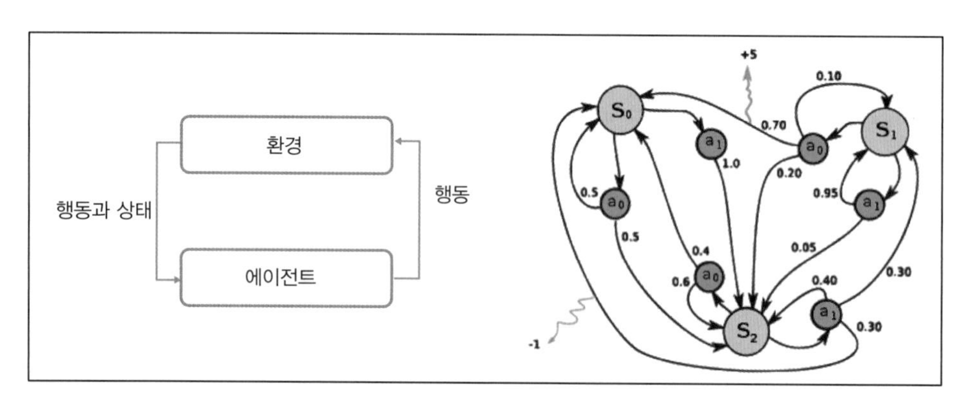

(좌): 강화학습 문제, (우) 마르코프 결정 프로세스

따라서 마르코프 결정 프로세스를 사용해 에이전트와 환경 사이의 상호작용을 기술할 수 있다. 하나의 MDP는 상태와 행동, 그리고 한 상태에서 다른 상태로 전환되는 규칙의 모음으로 구성된다. 이제 수학적으로 하나의 에피소드를 상태, 행동과 보상의 유한한 순서로 표현할 수 있다.

$$s_0, a_0, r_1, s_1, a_1, r_2, s_2, \ldots, s_{n-1}, a_{n-1}, r_n, s_n$$

여기에서 s_t와 a_t는 시간 t에서의 상태와 행동을 나타낸다. 이 상태-행동 쌍에 해당하는 보상은 r_{t+1}로 표시할 수 있다. 그러므로 하나의 에피소드는 해당 환경에서의 초기 상태 s_0에서부터 기술할 수 있다. 이후 목표를 완료할 때까지 에이전트에게 에이전트가 위치한 상태에서 행동을 선택하도록 할 수 있다. 에이전트가 행동을 실행하면 환경은 에이전트가 선택한 행동에 따른 보상과 다음 상태 s_{t+1}을 계산한다. 에이전트는 환경에서 보상과 다음 상태를 받고, 환경을 해결할 때까지 이 과정을 반복한다. 마지막으로 에피소드의 마지막(즉, 목표가 달성됐거나, 게임에서 목숨을 잃었거나)인 최종 상태 s_n에 도달한다. 각 상태에서 에이전트의 행동을 결정하는 규칙을 정책policy이라고 부르며, 그리스 기호 π(파이)로 표기한다.

정책 함수 이해

앞서 봤듯 환경을 해결하는 에이전트의 효율성은 각 타임 스텝에서 에이전트가 어떤 정책을 사용해 상태-행동 쌍을 매칭하는가에 달려 있다. 따라서 정책 함수 π는 각 타임 스텝에서 에이전트가 만나는 상태-행동 쌍의 조합을 기술한다. 시뮬레이션을 실행하면 정책에 따라 궤적trajectory이 생성된다. 궤적은 게임 상태, 상태에 대한 응답으로 에이전트가 선택한 행동, 행동에 따라 에이전트가 받은 보상, 그리고 게임의 다음 상태로 구성된다. 정책을 환경에서 만들어진 상태에 대응하는 행동을 생성하는 휴리스틱이라고 생각할 수 있다. 정책 함수 자체가 좋거나 나쁠 수도 있다. "먼저 총을 쏘고, 나중에 질문한다"는 정책을 취한다면 인질이 죽게 될 수도 있다. 따라서 주어진 시점에서 다양한 정책(즉, 정책이 생성하는 궤적들과 그 궤적에 포함된 상태, 행동, 보상 및 다음 상태의 시퀀스)을 평가하고 누적 할인 보상을 최대화하는 최적의 정책 π^*를 선택해야 한다. 이는 수학적으로 다음과 같이 표시할 수 있다.

$$\pi^* = \sum_{t>0} \gamma^t r_t$$

A 지점에서 B 지점으로 이동하고자 하는 경우에 최적의 정책은 매 타임 스텝마다 B 지점으로 가장 가까워지는 행동을 선택하는 것이 될 것이다. 유감스럽게도 환경에 존재하는 무작위성으로 인해 선택한 정책이 할인 보상의 누적 값을 최대화할 것이라고 확실하게 단정할 수 없다. 다시 말해 A 지점에서 B 지점으로 이동하는 동안 지진과 같은 확실한 무작위 이벤트가 벌어지지 않을 것이라고 장담할 수 없다(여러분도 나도 지질학 전문가가 아니라고 가정한다). 마찬가지로 환경의 무작위성 때문에 에이전트가 수행한 행동의 결과에 따라 발생할 보상이 얼마나 될지 완벽하게 설명할 수 없다. 대신 최적 정책 π^*를 할인 보상 누적 기댓값을 최대화하는 정책으로 정의할 수 있다. 앞의 방정식을 조금 수정해서 다음과 같이 최적 정책을 계산할 수 있다.

$$\pi^* = \arg\max_{\pi} \mathbb{E}\left[\sum_{t\geq 0} \gamma^t r_t | \pi\right]$$

MDP 프레임워크를 사용해서 상태 확률 분포 p(s_0)에서 초기 상태 s_0을 샘플링한다. 그리고 주어진 상태에서의 정책을 통해 에이전트의 행동 a_0을 샘플링한다. 다음으로 주어진 상태에서 수행한 에이전트의 행동을 평가하고 그에 맞는 보상을 샘플링한다. 마지막으로 환경은 현재 상태-행동 쌍의 전환 확률 분포에서 다음 상태 s_1을 샘플링한다. 그러므로 매 타임 스텝마다 할인 보상 누적 기댓값을 최대화할 수 있도록 최적의 정책으로 업데이트하고자 한다. 주어진 상태에서 수행한 에이전트의 행동을 어떻게 평가하는지 궁금할 것이다. 여기에서 가치 함수value function와 Q-가치 함수Q-value function가 등장한다. 서로 다른 정책 함수를 평가하려면 주어진 정책을 기반으로 서로 다른 상태와 각 상태에 따른 행동의 품질을 평가할 수 있어야 한다. 이를 위해 추가로 가치 함수와 Q-가치 함수를 정의한다.

상태 가치 평가

우선 주어진 정책 π를 따르면서 상태 s의 가치 V를 측정한다. 이를 통해 상태 s에서 시작해 정책 π를 따르면서 게임의 완료 상태에 이르렀을 때의 보상 누적 기댓값을 얻을 수 있다. 이 방법이 왜 유용한가? 처한 환경 속에 에이전트를 계속 추적하는 적이 가득하다고 상상해보자. 게임이 진행되는 동안 에이전트는 계속해서 움직이도록 정책을 개발했을 가능성이 있다. 이 경우 에이전트는 게임의 상태 가치를 유연하게 평가해야 한다(예를 들면 절벽의 가장자리로 달리고 있을 때 절벽에서 떨어져 죽지 않기 위해서). 주어진 상태에서의 가치 함수 $V^{\pi}(s)$를 정의해서 이를 수행할 수 있다. 가치 함수는 현재 상태를 시작점으로 정책을 따르면서 에이전트가 받는 (할인) 보상 누적 기댓값으로 정의된다.

$$V^{\pi}(s) = \mathbb{E}\left[\sum_{t \geq 0} \gamma^{t} r_{t} | s_{0} = s, \pi\right]$$

이 함수를 사용하면 특정한 정책을 따르는 동안 하나의 상태가 얼마나 좋은지 평가할 수 있다. 하지만 이는 주어진 정책에서 상태 자체가 갖는 가치일 뿐이다. 주어진 상태에 대한 에이전트의 행동 가치도 평가해야 한다. 그래야만 에이전트는 어떠한 환경을 만나든(적이든 혹은 절벽의 끝이든) 그에 맞춰 동적으로 행동할 수 있다. Q-가치 함수를 사용해 주어진 정책에서의 주어진 상태-행동 쌍에 대한 좋음goodness의 개념을 운용할 수 있다.

행동 품질 평가

벽을 향해 걸어가고 있다면 할 수 있는 행동은 많지 않다. 우선 벽을 등지고 돌아서서 가장 먼저 벽까지 걸어온 이유가 무엇인지 스스로 물어볼 것이다. 비슷하게 에이전트들이 정책을 따르는 동안 에이전트 스스로가 특정한 상태에서 취할 수 있는 여러 행동에 대한 좋음goodness의 감각을 활용하길 바란다. Q-가치 함수를 사용해 이를 달성할 수 있다. Q-가치 함수는 정책을 따르면서 특정한 상태에서 특정한 행동을 선택함에 따라 얻는 보상 누적 기댓값을 의미한다. 즉, 주어진 정책의 특정한 상태-행동 쌍의 품질을 의미한다. 수학적으로 $Q^{\pi}(s, a)$는 다음과 같이 기술한다.

$$Q^{\pi}(s,a) = \mathbb{E}\left[\sum_{t\geq 0}\gamma^{t}r_{t} \mid s_{0}=s, a_{0}=a, \pi\right]$$

$Q^{\pi}(s, a)$는 정책 π를 따르면서 얻는 보상 누적 기댓값을 의미한다. 이 함수를 사용하면 정책을 지키면서(점프하면서 앞으로 이동하는) 주어진 환경(예를 들면 슈퍼마리오 게임)에서 매 상태(여러분이 보는 게임 화면)에서의 행동(다양한 조이스틱 조작)에 의해 게임이 종료됐을 때 전체 점수의 품질을 정량화할 수 있다. 주어진 정책을 지키면서 게임 종료 상태에서 얻을 수 있는 최고의 보상 누적 기댓값을 정의할 수 있다. 이 값은 Q-가치 함수를 사용해 얻을 수 있는 최고의 기댓값이며, 최적 Q-가치 함수라고 불린다. 최적 Q-가치 함수는 수학적으로 다음과 같이 기술할 수 있다.

$$Q^{*}(s,a) = \max_{\pi}\mathbb{E}\left[\sum_{t\geq 0}\gamma^{t}r_{t} \mid s_{0}=s, a_{0}=a, \pi\right]$$

이제 주어진 정책에서 상태-행동 쌍의 최적 기댓값을 정량화할 수 있는 함수를 얻었다. 이 함수를 사용해 주어진 상태에서 선택해야 할 최적의 행동을 예측할 수 있다. 하지만 그 예측에 대한 실제 라벨을 어떻게 평가할 수 있는가? 우리는 네트워크가 얼마나 정답에서 멀리 떨어져 있는지 평가하고자 그에 상응하는 대상의 행동에 해당하는 라벨이 표시된 게임 화면을 갖고 있지 않다. 여기에서 벨만 방정식Bellman equation이 등장한다. 벨만 방정식을 사용하면 현재 생성된 보상과 다음 게임 상태의 값을 통해 주어진 상태-행동 쌍의 가치를 평가할 수 있다. 이 함수를 사용해 네트워크의 예측과 오차를 역전파시켜서 모델의 가중치를 업데이트할 것이다.

벨만 방정식 활용

벨만 방정식은 미국 수학자인 리차드 벨만Richard Bellman이 제창했다. 벨만 방정식은 심층 Q-학습deep Q-learning이라는 전차를 움직이는 근간이다. 벨만 방정식을 활용해 앞서 공식화한 마르코프 결정 프로세스 문제를 해결할 수 있다. 벨만 방정식이 가정하는 것은 단순하다. 한 상태에서 수행한 행동에 따라 주어지는 미래 보상의 최댓값은 즉각적인 보상과 다음 상태의 미래 보상에서 최댓값의 합이라는 것이다. 마시멜로우 실험의 연장선에서 생각해보면 마시멜로우 2개라는 최대 보상 값은 에이전트가 첫 번째 타임 스텝에서 기권을 하고(마시멜로우 0개 획득), 두 번째 타임 스텝에서 보상을 획득하는 것(마시멜로우 2개 획득)의 합이다.

다시 말해 주어진 상태-행동 쌍에서 특정한 상태 s에서 수행한 행동 a의 품질 Q는 해당 행동을 통해 받은 보상 r과 에이전트가 위치한 환경의 다음 상태 s'의 가치를 합한 것이 된다. 그러므로 다음 스텝에서의 상태-행동 쌍의 최적화 값인 $Q^*(s', a')$를 계산할 수 있다면 현재 상태의 최적화된 행동을 계산할 수 있다. 앞의 마시멜로우 실험에서 봤듯 에이전트는 미래 시점에 받을 수 있는 최대 보상(마시멜로우 2개)을 기대할 수 있으므로 현재 시점에서는 마시멜로우 1개를 보상받지 않도록 기권을 해야 한다. 벨만 방정식을 사용해 에이전트가 즉각적인 보상 r은 물론 할인 계수 γ에 의해 감소한 다음 상태-활동 쌍에서의 최적 Q*-가치 값 $Q^*(s', a')$ 또한 최대화하게 해야 한다. 더 단순하게 말하면 결국 에이전트가 현재 상태에서의 행동에 의한 미래 보상 최댓값을 계산할 수 있게 해야 한다. 이는 다음 수식으로 기술할 수 있다.

$$Q^*(s,a) = \mathbb{E}_{s' \sim \varepsilon}\left[r + \gamma \max_{a'} Q^*(s',a') \mid s, a \right]$$

이제 주어진 상태에서의 행동에 대한 기대 품질을 추정하는 방법을 수학적으로 알았다. 또한 주어진 정책을 따를 때의 상태-행동 쌍으로 얻을 수 있는 최대 보상 기댓값을 계산하는 방법도 알았다. 이제 최적화된 주어진 상태 s에서 해당 상태의 행동에 대한 최대 Q-가치 기댓값을 얻는 최적 정책 π^*를 다음과 같이 다시 정의할 수 있다.

$$\pi^*(s) = \max_a Q^*(s, a)$$

이제 에이전트의 행동을 유도할 수 있는 최적 정책 π^*를 찾아낼 수 있다. 에이전트는 이 정책을 따라 환경의 각 상태에서 이상적인 행동을 선택함으로써 할인된 보상(환경의 확률과 관계된)의 기댓값을 최대화할 수 있다. 이 작업을 실제로 어떻게 할 수 있는가? 딥러닝을 사용하지 않는 간단한 해결책은 가치 이터레이션 알고리즘을 사용해 현재 보상 기댓값 r과 게임의 다음 상태에서의 최대 할인 보상 값의 함수 $\gamma\ max\ a$ $Q_t(s', a')$로 미래 타임 스텝에서의 행동의 품질 $Q_{t+1}(s, a)$를 구하는 것이다. 수학적으로는 다음 공식으로 기술할 수 있다.

$$Q_{t+1}(s, a) = \mathbb{E}\left[r + \gamma \max_{a'} Q_t(s', a') | s, a\right]$$

이 식에서는 시간이 흐름에 따라(즉, 무한대까지) Q_t가 Q^*로 수렴할 때까지 벨만 방정식을 반복적으로 업데이트한다. 간단한 벨만 방정식을 구현하고, 택시 시뮬레이션 문제를 해결해봄으로써 벨만 방정식의 효과를 추정할 수 있다.

반복적인 벨만 방정식 업데이트

무작위 방식으로 택시 드라이버 문제를 시뮬레이션한 경우 에이전트는 6,000 스텝 이상을 사용했음을 기억할 것이다. 운이 정말 좋다면 가끔 2,000 스텝 이내에서 문제가 해결되는 경우도 있다. 하지만 벨만 방정식을 구현함으로써 훨씬 유리하게 문제를 해결할 수 있다. 기본적으로 에이전트에게 Q-테이블을 활용해 상태별로 자신의 행동과 그에 해당하는 보상을 기억시킨다. Q-테이블은 파이썬의 NumPy 배열을 사용해 구현할 수 있다. 테이블의 차원은 택시가 놓인 환경의 관찰 공간(서로 다른 가능한 상태 수)과 행동 공간(에이전트가 수행할 수 있는 서로 다른 행동 수)으로 표현된다. 택시 시뮬레이션의 환경 공간은 500, 행동 공간은 6이었으므로 Q-테이블은 500행 * 6열의 행렬이 된다. 또한 보상 변수 `R`과 할인 계수 `gamma` 값을 정의한다.

```
# Q-테이블, 상태-행동 쌍에 대한 에이전트의 기억 함수
Q = np.zeros([env.observation_space.n, env.action_space.n])

# 보상 추적
R = 0

# 할인 계수 정의
gamma = 0.85

# 성공적인 하차 추적
dropoffs_done = 0

# 1,000 에피소드 반복
for episode in range(1, 1001):
    done = False
    # 보상 초기화
    R, reward = 0, 0
    # 상태 초기화
    state = env.reset()
    counter = 0

    while done != True:
        counter += 1
        # 가장 높은 Q-가치를 가진 행동 선택
        action = np.argmax(Q[state])
        # 비교를 위해 미래 상태 저장
        new_state, reward, done, info = env.step(action)
        # 보상과 새로운 상태에 대한 최대 Q-가치를 사용해 상태-행동 쌍 업데이트
        Q[state, action] += gamma * (reward + np.max(Q[new_state]) - Q[state, action])
```

```
        # 보상 업데이트
        R += reward
        # 상태 업데이트
        state = new_state
        # 에이전트가 태스크를 완수한 횟수 확인
        if reward == 20:
            dropoffs_done += 1

    # 50 에피소드마다 보상 출력
    if episode % 50 == 0:
        print('Episode {} Total Rewards: {} Dropoffs done: {} Time-Stepts taken {}'
              .format(episode, R, dropoffs_done, counter))
```

```
------------------------------
Episode 50 Total Reward: -30 Dropoffs done: 19 Time-Steps taken 51
Episode 100 Total Reward: 14 Dropoffs done: 66 Time-Steps taken 7
Episode 150 Total Reward: -5 Dropoffs done: 116 Time-Steps taken 26
Episode 200 Total Reward: 14 Dropoffs done: 166 Time-Steps taken 7
Episode 250 Total Reward: 12 Dropoffs done: 216 Time-Steps taken 9
Episode 300 Total Reward: 5 Dropoffs done: 266 Time-Steps taken 16
```

다음으로 1,000 에피소드를 반복한다. 에피소드마다 환경 상태, 승객을 내려준 행동 수를 추적하기 위한 counter 변수, 보상 변수(총 보상: R, 에피소드별 보상 r)를 초기화한다. 첫 번째 루프에는 다른 루프가 포함돼 있는데, 이 루프에서 에이전트는 Q-가치의 최댓값을 얻는 행동을 선택하고, 선택한 행동을 수행하고, 환경에서 반환된 미래 상태와 함께 행동의 결과로 얻은 보상을 저장한다. 이 루프는 에피소드가 종료됐다고 판단될 때까지 반복되며, 에피소드 종료는 불리언 변수 done으로 판단한다.

다음으로 Q-테이블의 상태-행동 쌍, 전역 보상 변수(전체적으로 에이전트의 성능이 얼마나 되는지를 의미하는)를 업데이트한다. 알고리즘의 알파(α)는 학습률을 의미하며, Q-테이블의 업데이트를 수행하는 동안 이전의 Q-가치와 새롭게 생성된 Q-가치의 변화량을 제어하는 데 도움이 된다. 그러므로 알고리즘은 각 타임 스텝마다 최적의 Q-가치를 찾아가면서 반복적으로 상태-행동 쌍(Q[상태, 액션])을 업데이트한다. 이 프로세스를 반복하면서 결과적으로 에이전트는 Q*라 표시된 최적 상태-행동 쌍에 수렴하게 된다.

마지막으로 현재 상태를 새로운 상태 변수로 재정의하면서 상태 변수를 업데이트한다. 그리고 루프가 새롭게 시작되면서 반복적으로 Q-가치를 업데이트하고, 이상적으로 Q-테이블에 저장된 최적 상태-행동 쌍으로 수렴해간다. 50 에피소드마다 에이전트가 행동한 결과인 환경에서 샘플링한 전체 보상을 프린트한다. 결론적으로 에이전트는 가능한 최적 보상 값(즉, 각 타임 스텝에서의 길을 찾는 비용에 따른 최적 보상과 올바른 승객 하차에 대한 보상)인 9~13 사이의 값에 수렴한다. 또한 50번째 에피소드까지 수행했을 때 에이전트는 51 타입 스텝에서 19번이나 성공적으로 승객을 내려준다. 벨만 방정식을 사용할 때의 성능이 무작위 접근 방법을 사용할 때의 성능보다 훨씬 좋음을 확인할 수 있다.

뉴럴 네트워크를 사용하는 이유

앞서 봤듯 가치 반복 접근법을 사용해 벨만 방정식을 업데이트하고, 반복적으로 이상적인 상태-행동 쌍을 찾아가면서 주어진 환경에서 최적의 길을 따라갈 수 있다. 이 접근 방식에서는 실제로 매 타임 스텝마다 새로운 정보를 저장하면서 반복적으로 알고리즘을 좀 더 '지능적으로' 만들어준다. 그러나 이 방법 또한 확장이 불가능하다는 문제를 갖고 있다. 택시 드라이버 환경은 500개 상태와 6개 행동으로 구성된 매우 간단한 환경으로, 반복적으로 Q-가치를 업데이트하면서 다시 말해 각 개별 상태-행동 쌍의 값을 평가하면서 해결할 수 있다. 그러나 더욱 복잡한 환경, 예를 들면 비디오 게임은 수백만 가지 상태와 수백 가지 행동을 갖고 있기 때문에 모든 상태-행동 쌍의 품질을 계산하는 것은 연산적으로 불가능할 뿐만 아니라 논리적으로 효율적이지 않다. 이러한 경우에는 가중치 파라미터 네트워크를 사용해 함수 Q(*s*, *a*)의 근삿값을 만든다.

따라서 이미 우리가 잘 알고 있는 함수의 근삿값을 만들어내는 뉴럴 네트워크의 영역으로 들어갈 것이다. 이 특정한 심층 강화학습은 심층 Q-학습deep Q-learning이라고 알려져 있으며, 그 이름에서도 알 수 있듯 이는 특정한 환경에서 주어진 상태-행동 쌍들에 대한 최적 Q-가치를 학습하는 태스크를 수행하기 위한 것이다. 다시 말해 뉴럴 네트워크를 사용해 일련의 에이전트의 상태, 행동, 보상을 시뮬레이션해서 최적 $Q^*(s, a)$ 함수를 근삿값으로 바꿀 것이다. 이를 활용해 주어진 환경에서 최적 상태-행동 쌍에 가장 잘 매치되는 방향으로 모델의 가중치(theta, θ)를 업데이트할 수 있다.

$$Q(s, a;\theta) \approx Q^*(s, a)$$

함수 파라미터(가중치)

Q-학습에서의 정방향 경로 수행

이제 뉴럴 네트워크를 사용해 최적 함수 $Q^*(s, a)$를 근삿값으로 바꿔서 주어진 상태에서 선택할 수 있는 최고의 가능한 행동을 찾아내는 아이디어를 이해했다. 일련의 상태 시퀀스를 기준으로 행동의 순서를 최적화하면 이는 보상의 순서를 최적화하게 될 것이다. 따라서 뉴럴 네트워크는 선택 가능한 행동과 상태를 매핑할 수 있는 함수를 만들 것이며, 이 함수는 에피소드 전체에 대해 하나의 최적 보상을 생성할 것이다. 또한 우리가 추정할 최적 품질 함수 $Q^*(s, a)$는 벨만 방정식을 반드시 만족시켜야 한다. 벨만 방정식은 현재 시간에서의 보상과 바로 다음 타임 스텝에서 얻을 수 있는 최대 보상의 합으로 획득 가능한 미래 보상의 최댓값을 모델링한다.

현재 보상 　 미래에 가능한 최대 보상

$$Q^*(s, a) = \mathbb{E}_{s' \sim \varepsilon}\left[r + \gamma \max_{a'} Q^*(s', a') | s, a\right]$$

최적 품질 함수 　 할인 계수

그러므로 주어진 시간에서의 최적의 Q-가치를 예측하는 것을 목표로 하는 동안 벨만 방정식에서 설정한 조건이 유지되는지 확인해야 한다. 이를 위해 이 모델의 전체 손실 함수를 벨만 방정식과 인플레이in-play 예측을 최소화하도록 정의할 수 있다. 다시 말해 각 정방향 경로마다 현재의 상태-행동 쌍의 품질 값 $Q(s, a; \theta)$가 주어진 시간 Y_t에서 계산된 벨만 방정식의 이상적인 품질 값과 얼마나 멀리 떨어져 있는지 계산한다. 벨만 방정식에서의 이상적인 품질 값은 반복적으로 업데이트되기 때문에 움직이는 대상 값 Y_t를 사용해서 모델의 손실을 계산할 수 있다. 이를 수학적으로 기술하면 다음과 같다.

손실(주어진 시간 θ_t에서의 가중치 함수 모델) 　 대상 　 예측

$$L_t(\theta_t) = \mathbb{E}_{s, a \sim \rho(\cdot)}\left[(y_t - Q(s, a; \theta_t))^2\right]$$

위 식에서 $y_t = \mathbb{E}_{s' \sim \varepsilon}\left[r + \gamma \max_{a'} Q(s', a'; \theta_{t-1}) | s, a\right]$

주어진 시간 t에서의 대상 값 　 현재 보상 　 다음 상태에서의 최대 보상 　 $t-1$에서의 모델 가중치

네트워크는 각 타임 스텝마다 일련의 손실 함수 $L_t(\theta_t)$를 최소화하면서 훈련한다. 여기에서 y_t는 주어진 시간 t에서의 예측 대상 라벨로 타임 스텝마다 업데이트된다. 또한 $\rho(s, a)$는 **행동 확률 분포**behavior distribution라 불리는 값으로 모델이 선택하는 상태와 행동의 순서에 대한 내부 확률 분포를 나타낸다. 위에서 알 수 있듯 주어진 시간 t에서의 손실 함수가 최적화되면 이전 타임 스텝 $t-1$에서의 모델 가중치는 변하지 않고 유지된다. 여기에서는 두 개의 분리된 정방향 경로에 동일한 네트워크를 사용해 구현했지만,

다음에 설명할 Q-학습의 변형(Minh et al. 2015)에서는 두 개의 분리된 네트워크를 사용한다. 한 네트워크는 벨만 방정식(대상 네트워크라고 부름)을 만족시키는 이동 대상 변수를 예측하고, 다른 한 네트워크는 주어진 시간에서의 모델 예측값을 계산한다. 이제 심층 Q-학습에서 역방향 경로가 모델 가중치를 어떻게 업데이트하는지 살펴보자.

Q-학습에서의 역방향 경로 수행

앞서 주어진 시간에 대해 최적 Q-함수(벨만 방정식에서 도출된)와 현재 Q-함수의 오차를 계산하는 손실 지표를 정의했다. 이제 모델이 환경을 탐험하는 동안 모델 레이어를 통해서 이 Q-가치의 예측 오차를 역방향으로 전파할 수 있다. 즉, 모델 가중치에 대해 손실 함수의 기울기를 구한 후 각 학습 배치마다 기울기의 반대 방향으로 가중치를 업데이트함으로써 달성할 수 있다. 그러므로 최적 Q-가치 함수의 방향으로 반복적으로 모델 가중치를 업데이트할 수 있다. 모델의 역전파 프로세스를 공식으로 표현해서 모델 가중치(theta, θ)의 변화를 다음과 같이 나타낼 수 있다.

$$\nabla_{\theta_i} L_i(\theta_i) = \mathbb{E}_{s,a\sim p(\cdot);s'\sim\varepsilon}\left[r + \gamma \max_{a'} Q(s',a';\theta_{i-1}) - Q(s,a;\theta_i)\nabla_{\theta_i} Q(s,a;\theta_i)\right]$$

모델이 충분히 많은 상태-행동 쌍을 보게 되면 모델은 그 오차를 충분히 역전파시킴으로써 에이전트가 처한 환경을 좀 더 잘 다룰 수 있는 최적화된 표현을 학습한다. 다시 말해 훈련된 모델은 주어진 환경에서의 상태에 에이전트의 행동을 최적화 Q-가치 함수에 해당하도록 매핑하는 이상적인 레이어 가중치 구성을 갖는다.

요약하면 이 방정식은 주어진 환경을 해결하기 위한 최적 정책 π^*를 추정하는 프로세스를 기술한다. 뉴럴 네트워크를 사용해 주어진 환경에서 행동-상태 쌍의 최댓값을 학습시키고, 이 네트워크를 활용해 에이전트가 최적 보상을 받을 수 있는 궤적

(즉, 최적 정책)을 계산한다. 이와 같이 강화학습을 사용해 희박한 시간 지연 보상이 있는 준무작위quasi-random 시뮬레이션에서 동작하는 예상과 반응적 에이전트를 훈련시킬 수 있다. 필요한 기반 지식을 모두 다뤘으므로, 이제 심층 강화학습 에이전트를 구현해본다.

반복적 업데이트를 딥러닝으로 대체

본격적인 구현에 앞서 심층 Q-학습에 관해 학습한 내용을 다시 한 번 정리해본다. 반복적 업데이트 접근 방식에서 봤던 것과 같이 우리는 전환(초기 상태, 수행한 행동, 생성된 보상과 새로운 상태 <s, a, r, s'>)을 사용해 각 타임 스텝마다 이 값들을 갖는 Q-테이블을 업데이트한다. 하지만 앞서 언급했듯 이 방법은 연산적으로 확장할 수 없다. 대신 Q-테이블에 수행되는 반복적 업데이트를 대체하고, 뉴럴 네트워크를 사용해서 최적 Q-가치 함수 $Q^*(s, a)$의 근삿값을 구하려고 했다. 근삿값을 구하는 순서는 다음과 같다.

1. 현재 상태 s를 입력으로 사용해 피드포워드 경로를 실행하고, 이 상태에서 선택 가능한 모든 행동에 대한 Q-가치를 예측한다.
2. 새로운 상태 s'를 사용해 피드포워드 경로를 실행하고 다음 상태에서 네트워크의 전체적인 최대 출력값, 즉 $\max a'Q(s', a')$를 계산한다.
3. 2단계에서 계산한 전체적인 최대 출력값을 사용해 각 행동에 대한 타겟 Q-가치 $r + \gamma \max a'Q(s', a')$를 설정한다. 또한 선택되지 않은 모든 행동에 대해 1단계에서 반환된 값과 동일한 값으로 모든 행동에 대한 타겟 Q-가치를 설정했다. 이는 선택한 행동의 예측 오차를 계산하기 위한 것이다. 이는 효과적으로 각 타임 스텝마다 에이전트가 선택하지 않은 행동으로 인한 예측 오차를 중화시킨다(0으로 설정).
4. 오차를 역전파시켜서 모델 가중치를 업데이트한다.

이 과정을 따라 네트워크가 움직이는 대상에 대해 예측을 할 수 있도록 구현했다. 모델이 게임을 플레이하면서 환경의 물리적인 변화에 대한 더 많은 정보를 반복적으로 접하게 되므로 이는 매우 유용한 방법이다. 이는 라벨이라고 부르던 고정된 출력이 존재하는 지도 학습과는 달리 대상 출력(주어진 상태에서 어떤 행동을 수행하는지)이 변경된다는 사실도 반영한다. 그러므로 실질적으로 지속적으로 변하는 입력(게임 상태)과 출력(그에 따른 행동)을 매핑하는 함수 $Q^*(s, a)$를 학습하려고 시도하는 것이다.

이 프로세스를 따라 모델은 환경을 더 많이 볼수록 어떤 행동을 수행해야 하는지에 대한 더 나은 직관을 얻고 상태-행동 쌍에 대한 올바른 Q-가치에 관한 더 나은 아이디어를 얻게 된다. 이론적으로 Q-학습을 통해 이전 게임 상태에서 수행된 행동에 따른 보상을 연관시킴으로써 신용 할당 문제를 해결할 수 있다. 오차는 지속적으로 역전파되며, 모델은 보상 발생에 결정적인 역할을 하는 상태-행동 쌍을 식별할 수 있게 된다. 하지만 심층 Q-학습 시스템을 잘 동작하게 하고자 많은 연산적, 수학적 트릭이 사용되는 것을 보게 될 것이다. 이러한 고려 사항을 깊이 다루기 전에 심층 Q-네트워크에서 일어나는 피드포워드와 역전파 경로에 관해 좀 더 탐험해보면 도움이 될 것이다.

케라스를 활용한 심층 Q-학습

에이전트가 최적의 상태-행동 쌍을 선택하게 훈련하는 방법을 학습했으므로, 택시 드라이버 시뮬레이션에서 다뤘던 것보다 복잡한 환경을 해결해보자. 사람이 해결해야 할 문제를 해결하려고 학습하는 에이전트가 있다면 이런 복잡한 환경에서 에이전트가 해결하도록 하지 않을 이유가 있는가? 오픈소스 운동이 낳은 놀라운 결과 덕분에 이러한 일을 할 수 있다. 이제 Q-학습 기반 에이전트를 구현한 딥마인드의 원본 논문을 참조해 Mnih et al.(2013, 2015)의 방법론을 구현할 것이다. 연구자들은 동일한 방법론과 뉴럴 아키텍처를 사용해 7개의 아타리 게임을 플레이했다. 테스트한 7개의 게임 중 6개의 게임에서 주목할 만한 결과를 얻었다. 그리고 그 6개의 게임 중 3개의 게임에서 에이전트는 사람의 실력을 뛰어 넘었다. 그렇기 때문에 이 결과를 복제해서 네트워크를 훈련시켜 스페이스 인베이더Space Invaders나 미스 팩맨Ms. Pac-man과 같은 오래된 게임을 플레이하도록 하는 이유다.

컨볼루셔널 뉴럴 네트워크CNN, Convolutional Neural Network를 사용해서 비디오 게임 스크린샷 이미지를 입력으로 받아 주어진 게임의 상태에 대한 행동의 최적 Q-가치를 추정한다. 이를 위해 준비할 것은 케라스를 기반으로 구현된 강화학습 패키지인 keras-rl을 설치하는 것뿐이다. 그리고 앞서 이용했던 OpenAI의 gym 모듈로 아타리 의존성을 사용할 것이다. 아타리 의존성은 아타리 콘솔 에뮬레이터로 훈련 환경을 생성한다. 아타리 의존성은 우분투Ubuntu 운영체제에서 동작하도록 설계됐지만, 윈도우나 맥Mac 운영체제에서도 동작되도록 포팅됐다. 이 2개 모듈은 pip 패키지 관리자를 사용해 설치할 수 있다.

- 다음 명령어로 케라스 강화학습 패키지를 설치할 수 있다.

```
!pip install kers-rl
```

- 다음 명령어로 윈도우용 아타리 의존성을 설치할 수 있다.

```
!pip install --no-index- f https://github.com/Kojoley/atari-py/release
atary_py
```

- Minh et al.(2015): https://arxiv.org/pdf/1312.5602v1.pdf

임포트

기계 지능 분야에서 게임 플레이와 같은 태스크를 사람과 같은 수준으로 수행하게 하는 것은 오랜 꿈이었다. 고차원의 감각 입력(오디오, 이미지 등)에만 의지해 움직이는 에이전트 자동화를 둘러싼 복잡성은 강화학습 달성에 있어서 큰 도전이었다. 지금까지는 좋은 성능을 내기 위해 손으로 다듬은 특징과 함께 사전에 다듬은 특징의 품질에 대한 의존도가 대단히 높은 선형적인 정책들에 의존해왔다. 이전의 방식들과는 달리 심층 Q-학습 방법에서는 에이전트가 사람이 다듬은 게임 지식에 의존하지 않는다. 에이전트는 오직 입력 받은 픽셀 데이터에만 의존해서 표상을 인코딩하고, 처한 환경의 각 상태에서 선택 가능한 행동에 대해 최적의 Q-가치를 예측한다. 멋지지 않은가? 다음 라이브러리들을 임포트해서 이 태스크를 어떻게 처리하는지 확인할 수 있다.

```
from PIL import Image

import numpy as np
import gym

from keras.models import Sequential
from keras.layers import Dense, Activation, Flatten, Convolution2D, Permute
from keras.optimizers import Adam

import keras.backend as K

from rl.agents.dqn import DQNAgent
from rl.policy import LinearAnnealedPolicy, BoltzmannQPolicy, EpsGreedyQPolicy
from rl.memory import SequentialMemory
from rl.core import Processor
from rl.callbacks import FileLogger, ModelIntervalCheckpoint
```

전처리 기법

앞서 이야기했던 것처럼 CNN을 사용해서 에이전트가 보는 시각적 특징 표상을 인코딩한다. CNN은 최적의 Q-가치에 대한 고차원적 표상을 재귀적으로 처리할 것이다. 최적의 Q-가치란, 주어진 상태에서 취할 수 있는 최적의 행동을 의미한다. 그러므로 게임을 플레이하는 동안 보게 되는 화면을 네트워크에 차례로 보여줘야 한다.

우리가 플레이한 게임인 스페이스 인베이더(아타리 2600)의 화면은 다음과 같다.

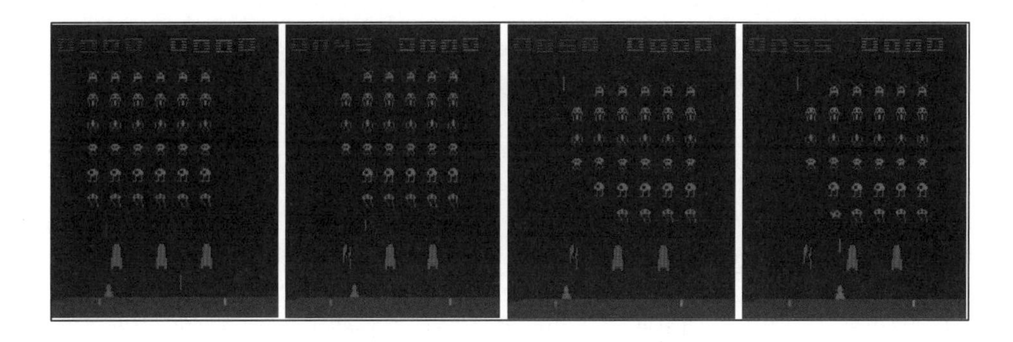

아타리 2600 스크린 프레임은 210 × 160 크기의 128 색상 스킴으로 구현됐다. 이는 70년대 사람을 만족시키기 위한 디자인이다. 이 크기의 원본 프레임을 순차적으로 처리하기는 어려울 수 있지만, 이들 프레임에서 훈련 이미지를 좀 더 쉬운 표상으로 다운샘플링할 수 있다. 입력 차원을 좀 더 관리하기 쉬운 크기로 줄이기 위해 Minh 등이 주창한 접근 방식을 따른다. 원본 RGB 이미지를 110 × 84 크기의 그레이스케일로 바꾼 후 변경이 일어나지 않는 사각 지대를 잘라낸다. 결과적으로 84 × 84 크기 이미지를 얻는다. 이와 같이 입력 이미지의 차원을 줄여서 CNN이 시각적 특징 표상을 좀 더 잘 인코딩하게 할 수 있다.

입력 파라미터 정의

이제 잘려진 이미지들을 한 번에 네 장씩 컨볼루셔널 네트워크에 입력할 수 있다. 이 네 장의 프레임을 사용해서 뉴럴 네트워크는 주어진 입력 프레임의 최적 Q-가치를 추정한다. 입력 셰이프는 전처리된 84 × 84 크기의 게임 스크린 프레임에 맞춘다. 윈도우 길이는 4로 정의하며, 이는 한 번에 네트워크가 보는 이미지의 수를 의미한다. 각 이미지에 대해 네트워크는 최적 Q-가치로 하나의 스칼라 예측값을 생성한다. 이 값은 에이전트가 얻을 수 있는 미래 보상 기댓값을 최대화한다.

```
INPUT_SHAPE = (84, 84)
WINDOW_LENGTH = 4
```

아타리 게임 상태 프로세서 구현

이 네트워크는 입력된 이미지를 통해서만 게임 상태를 관찰할 수 있으므로, 가장 먼저 심층 Q-학습 네트워크[deep Q-learning network] 에이전트가 아타리 에뮬레이터에서 생성한 상태와 보상을 처리할 수 있게 하는 파이썬 클래스를 만들어야 한다. 이 클래스는 하나의 프로세서 객체를 입력받는다. 이 프로세서 객체는 에이전트와 에이전트를 포함한 환경 관련 메커니즘이며, `keras-rl` 라이브러리로 구현돼 있다.

`AtariProcessor` 클래스를 구현하고, 같은 네트워크를 다른 여러 환경(즉, 다양한 타입의 상태, 행동 및 보상을 갖는)에 적용할 것이다. 같은 네트워크를 여러 환경에 적용할 수 있는 이유는 무엇인가? 스페이스 인베이더와 미스 팩맨 게임의 스크린샷, 그리고 움직임의 차이를 한 번 생각해보자. 스페이스 인베이더의 방위군 캐릭터(즉, 에이전트)는 좌측이나 우측으로만 움직이며 무기를 쏜다. 팩맨은 환경의 상태에 따라 위, 아래, 좌, 우로 움직인다. 사용자 프로세스 클래스는 학습 에이전트나 관찰된 환경에 대해 너무 많은 변경을 가하지 않고도 다양한 게임에서의 학습 프로세스를 간단하게 수행할 수 있게 한다. `AtariProcessor` 클래스는 다양한 게임 상태와 환경에서 에이전트의

행동에 따라 생성되는 보상의 처리를 단순화한다.

```
class AtariProcessor(Processor):
    def process_observation(self, observation):
        # 차원 확인(높이(height), 폭(width), 채널(channel))
        assert observation.ndim == 3
        # 배열에서 이미지 추출
        img = Image.fromarray(observation)
        # 이미지 크기 조절, 그레이스케일 이미지로 변환
        img = img.resize(INPUT_SHAPE).convert('L')
        # 배열로 변환
        processed_observation = np.array(img)
        # 입력 셰이프 확인
        assert processed_observation.shape == INPUT_SHAPE
        # 경험 메모리(8bit)에 processed_observation 저장
        return processed_observation.astype('uint8')

    def process_state_batch(self, batch):
        # 이미지 배치를 float32 데이터 타입으로 변환
        processed_batch = batch.astype('float32') / 255.
        return processed_batch

    def process_reward(self, reward):
        # 보상 클립
        return np.clip(reward, -1., 1.)
```

개별 상태 처리

앞서 구현한 프로세서 클래스는 3가지의 간단한 함수를 포함하고 있다. 첫 번째 함수 process_observation은 시뮬레이션된 게임 상태를 표현하는 배열을 입력받아 이를 이미지로 변환한다. 변환된 이미지는 크기 조절된 후 다시 배열로 변환되고, 이후 관리 가능한 데이터 타입으로 경험 메모리(곧 자세히 설명한다)로 반환된다.

배치 내 상태 처리

두 번째 함수 process_state_batch는 배치의 이미지를 처리한 후 flaot32 배열을 반환한다. 이 과정은 첫 번째 함수 process_observation에서 처리해도 큰 문제가 없지만, 연산 효율성을 좀 더 높이고자 별도로 처리한다. float32 배열 하나를 저장하는 것은 8비트 배열을 저장하는 것보다 집약도가 4배다. 관찰 내용을 경험 메모리에 저장할 것이므로, 정보들은 좀 더 관리 가능한 상태로 저장하는 것이 좋다. 주어진 환경에서 수백만 가지의 상태를 처리하는 경우 이렇게 처리하는 것이 대단히 중요하다.

보상 처리

마지막 함수 process_reward에서는 환경에서 생성된 보상을 클리핑한다. 보상을 클리핑해야 하는 이유를 잠깐 생각해보자. 에이전트는 실제 수정되지 않은 게임을 통해 훈련하지만, 보상 구조에 대한 변경은 훈련에서만 수행한다. 에이전트가 게임 스크린에 표시되는 실제 점수를 그대로 사용하지 않고 + 보상 점수는 +1, - 보상 점수는 -1을 사용하도록 고정할 수 있다. 보상 점수 0점은 클리핑의 영향을 받지 않는다. 네트워크 오차를 역전파하는 과정에서 유도 값의 범위를 제한할 수 있으므로, 이는 대단히 유용한 방법이다. 또한 다른 게임을 플레이하더라도 에이전트는 새로운 점수 체계를 학습하지 않아도 되므로, 다양한 학습 환경에서 에이전트를 쉽게 구현할 수 있다.

보상 클리핑의 한계

딥마인드의 논문(Minh et al. 2015)에도 언급돼 있지만, 보상 클리핑을 하는 경우 에이전트가 다양한 보상의 차이를 구별하지 못하게 되는 단점이 발생한다. 좀 더 복잡한 상황과 관련이 있을 수 있다. 자율 주행 자동차를 예로 들어보자. 에이전트는 자신이 딜레마적 상황애서 내린 행동에 대한 보상과 페널티의 크기를 평가해야 할 상황에 놓일 수 있다. 어쩌면 도로에서의 더 큰 사고를 피하고자 행인을 그대로 치어야 할 수도 있다. 하지만 이러한 한계점이 아타리 2600 게임에서 제공하는 단순한 학습 환경에서는 에이전트의 능력이 그리 심각한 영향을 미치지는 않는 듯하다.

환경 초기화

다음으로 gym 환경에 추가한 아타리 의존성(별도로 임포트할 필요 없음)을 사용해서 스페이스 인베이더의 환경을 초기화한다.

```
# OpenAI gym(Atari 의존성 필요)에서 스페이스 인베이더 환경 초기화
env = gym.make('SpaceInvaders-v0')
np.random.seed(123)
env.seed(123)
nb_actions = env.action_space.n
```

또한 난수 시드를 사용해서 일관성 있게 환경을 초기화함으로써 실험의 재현성을 확보한다. 마지막으로 주어진 시간에 에이전트가 수행할 수 있는 행동의 수를 포함한 변수를 정의한다.

네트워크 구현

우리가 구현하고자 하는 뉴럴 네트워크는 샘플링한 일련의 게임 상태를 환경에서 입력받는다. 시퀀스 내의 각 상태에 대해 네트워크는 가장 높은 Q-가치를 갖는 행동을 예측한다. 따라서 네트워크의 출력은 게임 상태별로 각 행동의 Q-가치를 의미한다. 먼저 몇 개의 컨볼루셔널 레이어를 정의한다. 레이어가 깊어짐에 따라 필터 수는 증가하고 스트라이드 길이는 감소한다. 모든 컨볼루셔널 레이어는 ReLU[Rectified Linear Unit] 활성화 함수로 구현한다. 컨볼루셔널 레이어 다음에는 평활화 레이어 하나를 추가해서 컨볼루셔널 레이어 출력값의 차원을 벡터 표상으로 줄인다.

이 표상들은 2개의 덴스 레이어로 입력되고, 덴스 레이어는 선택 가능한 행동에 관한 Q-가치에 따른 게임 상태 회귀 분석을 수행한다.

```
# 입력 셰이프 정의
input_shape = (WINDOW_LENGTH,) + INPUT_SHAPE

# Conv2D 모델 구현
model = Sequential()
model.add(Permute((2, 3, 1), input_shape=input_shape))

model.add(Convolution2D(32, (8, 8), strides=(4, 4), activation='relu'))
model.add(Convolution2D(64, (4, 4), strides=(2, 2), activation='relu'))
model.add(Convolution2D(64, (3, 3), strides=(1, 1), activation='relu'))

model.add(Flatten())
model.add(Dense(512, activation='relu'))
# 마지막 레이어: 활동 공간에 맞춰 뉴런 수 정의, 선형 활성화 함수
model.add(Dense(nb_actions, activation='linear'))

print(model.summary())
```

코드를 실행한 결과는 다음과 같다.

```
_________________________________________________________________
Layer (type)                 Output Shape              Param #
=================================================================
permute_3 (Permute)          (None, 84, 84, 4)         0
_________________________________________________________________
conv2d_7 (Conv2D)            (None, 20, 20, 32)        8224
_________________________________________________________________
conv2d_8 (Conv2D)            (None, 9, 9, 64)          32832
_________________________________________________________________
conv2d_9 (Conv2D)            (None, 7, 7, 64)          36928
_________________________________________________________________
flatten_3 (Flatten)          (None, 3136)              0
_________________________________________________________________
dense_4 (Dense)              (None, 512)               1606144
_________________________________________________________________
dense_5 (Dense)              (None, 6)                 3078
=================================================================
Total params: 1,687,206
Trainable params: 1,687,206
Non-trainable params: 0
_________________________________________________________________
None
```

가장 마지막 덴스 레이어는 에이전트의 행동 공간 수(즉, 에이전트가 수행할 수 있는 행동 수)와 일치하는 수의 뉴런을 가진다. 이 레이어는 회귀 예제와 마찬가지로 선형 활성화 함수를 사용한다. 이 네트워크는 일종의 다변량 회귀multi-variable regression를 수행하기 때문이다. 다변량 회귀에서는 모델의 특징 표상들을 사용해 주어진 입력 상태에서 에이전트가 선택할 수 있는 각 행동에 대해 가장 높은 Q-가치를 예측한다.

풀링 레이어 미사용

앞서 CNN 예제와 달리 여기에서는 풀링 레이어를 사용하지 않았음을 알 수 있다. 앞선 예제들에서는 풀링 레이어를 사용해 각 컨볼루셔널 레이어에서의 출력된 활성화 맵을 다운샘플링했다. 이 풀링 레이어를 사용해 CNN 네트워크에서 다양한 종류의 입력 공간 불변성을 구현한다. 하지만 표상의 공간적 위치 정보를 무시해서는 안 되는 유스케이스도 있다. 해당 정보들이 에이전트의 올바른 움직임을 식별하는 데 실제로 중요한 경우가 그렇다.

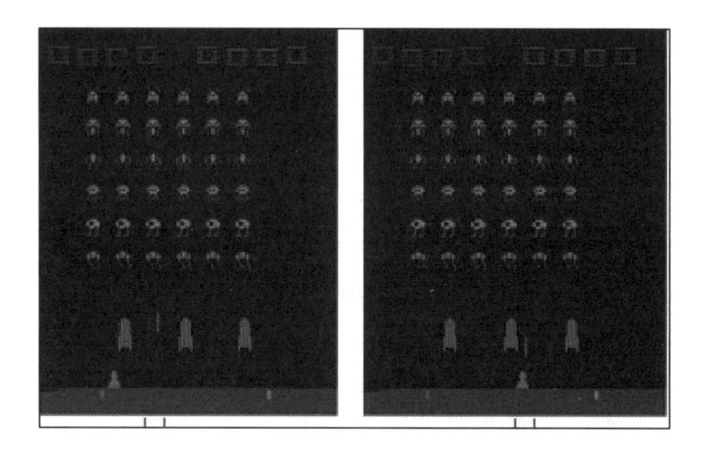

앞의 두 이미지가 거의 비슷해 보이지만, 우주 침입자들이 발사하는 발사체의 위치에 따라 에이전트가 처한 게임 상태는 크게 바뀐다. 첫 번째 이미지에서 에이전트는 발사체를 피할 수 있을 만큼 충분히 멀리 떨어져있지만, 한 번의 잘못된 움직임(오른쪽으로 이동)으로 두 번째 이미지와 같이 위험에 처하게 될 수도 있다. 에이전트는 이 두 상태의 차이를 명확하게 구분해야 하므로, 이 예제에서는 풀링 레이어를 사용하지 않는다.

실시간 학습의 문제

앞서 언급했듯 뉴럴 네트워크는 한 번에 4개의 이미지 프레임 시퀀스를 처리하고, 아타리 에뮬레이터에서 샘플링한 각 개별 상태(즉, 이미지)에서의 Q-가치에 대해 회귀 분석을 수행한다. 하지만 네트워크에 입력되는 네 장의 이미지 배치의 순서를 뒤섞지 않는다면 네트워크는 학습 과정에서 꽤나 성가신 문제에 부딪힌다.

연속된 샘플을 통해 네트워크를 학습시키지 않고자 하는 이유는 이 시퀀스들이 위치적으로 연결돼 있기 때문이다. 네트워크의 파라미터들은 에뮬레이터에 의해 생성될 다음 훈련 예제를 결정하기 때문에 이는 문제가 된다. 마르코프 가정에 따르면 게임에서 다음 상태의 확률은 현재 상태에 의존한다. 즉, 현재 상태에서 최대의 가치를 얻는 행동이 에이전트를 오른쪽 방향으로 움직이도록 한다면 에이전트가 오른쪽으로 움직임에 따라 배치 내의 이어지는 샘플들이 생성되면서 결과적으로 바람직하지 않은 불필요한 피드백 루프를 만든다. 또한 연속된 훈련 샘플들의 유사성이 매우 높기 때문에 네트워크의 효과적인 학습을 방해한다. 결과적으로 훈련 과정에서 네트워크의 손실값은 (전역적이 아닌) 국소적인 최솟값에 수렴하게 된다. 그렇다면 이 문제를 어떻게 해결할 수 있는가?

재생 메모리에 경험 저장

네트워크에 재생 메모리replay memory를 만들어 이런 문제를 해결할 수 있다. 재생 메모리는 고정된 길이의 경험 큐experience queue처럼 동작하는데, 이를 사용해 플레이한 게임 상태, 해당 상태에서의 행동, 얻은 보상, 에이전트에게 반환된 환경의 순서를 저장할 수 있다. 경험 큐는 지속적으로 업데이트되며, 가장 최근의 *n*개 게임 상태를 저장한다. 그 후 네트워크는 재생 메모리에 저장된 무작위 경험 튜플(state, action, reward, next state)을 사용해 경사 하강을 수행한다.

`keras-rl` 모듈의 `rl.memory`에서 다양한 형태의 재생 메모리를 사용할 수 있다. 이번 예제에서는 `SequentialMemory` 객체를 사용한다. `SequentialMemory` 객체는 2개의 파라미터를 받는다.

```
# 경험 지연을 위한 시퀀스 메모리 초기화
memory = SequentialMemory(limit=1000000, window_length=WINDOW_LENGTH)
```

`limit` 파라미터는 메모리에서 유지할 개체 수를 의미한다. `limit`을 초과하면 새로운 개체가 오래된 개체를 대체한다. `window_length` 파라미터는 배치당 훈련 샘플 수를 의미한다.

경험 튜플이 무작위 순서로 배치되기 때문에 네트워크는 국소적인 최솟값에 고정될 가능성이 적으며, 결국 주어진 환경에서의 최적 정책 값을 의미하는 최적 가중치에 수렴하게 될 것이다. 또한 순차적이지 않은 매치를 사용해 가중치를 업데이트하면 같은 이미지를 다양한 배치에 뒤섞어서 여러 가중치 업데이트에 사용할 수 있으므로 데이터 효율성을 더욱 높일 수 있다. 마지막으로 이 경험 튜플을 네트워크가 게임의 과거 움직임이 아닌 사람의 게임 플레이 데이터에서 수집할 수도 있다.

경험 재생 메모리에 부가적인 데이터 구조를 추가해서 구현한 접근 방식(Schaul el al., 2016, https://arxiv.org/abs/1511.05952)도 있다. 이 데이터 구조는 각 전환(상태 → 행동 → 보상 → 다음 상태)의 우선순위를 추적해서 중요한 전환을 더 빈번하게 재생한다. 네트워크는 잘 발생하지 않는 인스턴스 대신 가장 좋은, 혹은 가장 형편없는 인스턴스를 통해 더 자주 학습하게 된다. 이러한 방식을 사용해 모델이 관련 있는 표상들에 더욱 쉽게 수렴하도록 할 수 있지만, 동시에 우리는 모델이 완전히 새로운 기회도 탐험하길 원한다. 결국 다시 앞에서 언급했던 탐색 착취 딜레마[explore-exploit dilemma]가 고개를 든다.

탐색과 착취의 균형

에이전트가 적절하게 균형을 맞춰 오래된 전략과 새로운 전략을 따르는 것을 어떻게 보장할 수 있는가? Q-네트워크의 가중치를 무작위로 초기화하면 이 문제는 더욱 심각해진다. 무작위로 초기화된 가중치에 따라 Q-가치를 예측하므로, 모델은 초기 훈련 에폭에서 최적화되지 않는 예측값을 출력할 것이고, 계속해서 Q-가치 학습의 성능이 저하된다. 네트워크가 첫 번째로 주어진 상태-행동 쌍을 기반으로 생성한 전략에 너무 의존하지 않아야 한다. 그러나 네트워크가 알려진 정책을 착취하는 대신 그 영역을 확장하지 않는다면 장기적으로 에이전트는 마치 도파민에 중독된 쥐와 같이 효과적인 성능을 발휘하지 못하게 될 것이다. 이 문제를 해결하려면 네트워크로 하여금 학습한

Q-가치를 무시하고 새로운 행동을 시도하게 장려하는 메커니즘을 구현해야 한다. 즉, 에이전트가 장기적인 관점에서 이득을 얻을 가능성이 있는 새로운 전략을 시도하게 하는 것이다.

입실론-그리디 탐색 정책

앞서 학습 에이전트가 환경을 해결하는 데 사용했던 정책을 조금 수정해서 이 목표를 달성할 수 있다. 널리 사용되는 방법 중 하나가 **입실론-그리디 탐색 정책**epsilon-greedy exploration policy이다. 우선 확률 입실론(ε)을 정의한 후 에이전트는 학습된 Q-가치를 무시하고 (1 - ε)의 확률로 무작위로 행동을 선택한다. 즉, ε가 0.5라면 네트워크는 1/2의 확률로 학습한 Q-테이블에서 제시된 행동을 무시하고, 무작위로 다른 행동을 선택한다. 이 에이전트는 새로운 행동을 탐색하기를 즐긴다. 반대로 ε를 0.001로 설명하면 네트워크는 학습한 Q-가치에 좀 더 많이 의존하며, 평균적으로 100번 중 1번만 무작위 행동을 선택하게 된다.

고정 값 ε를 사용해서 탐색과 착취의 정도를 조정하는 경우는 거의 없다. 다양한 내부 요인(예를 들면 에이전트의 학습률 등)과 외부 요인(예를 들면 주어진 환경에서의 무작위성과 결정성의 정도 등)에 따라 상황이 달라지기 때문이다. 딥마인드 논문에서 연구자들은 시간에 따라 ε 값을 1(즉, 무작위 예측에 전혀 의존하지 않음)에서 0.1(즉, 10번 중 9번은 예측한 Q-가치에 의존함)로 줄어들도록 구현했다.

```
# 입실론-그리디(epsilon-greedy) 탐험 정책 초기화(Mihn et al., 2015)
# 볼츠만 Q 정책(Boltzmann Q policy) 시도
policy = LinearAnnealedPolicy(EpsGreedyQPolicy(),
                              attr='eps',
                              value_max=1.,
                              value_min=.1,
                              value_test=.05,
                              nb_steps=1000000)
```

즉, 입실론 값을 점차 줄임으로써 에이전트가 최초 훈련 에폭에서의 예측값에 의존하지 않고, Q-함수가 좀 더 일관적인 예측을 하게 된 이후에야 자신이 예측한 결과를 좀 더 적극적으로 활용하게 한다.

심층 Q-학습 에이전트 초기화

심층 Q-학습 에이전트를 초기화하기 위한 개별 컴포넌트를 모두 정의했다. 이제 rl.agents.dqn에서 제공하는 DQNAgent를 임포트하고 적절한 파라미터들을 정의한다.

```
# AtariProcessor 클래스 초기화
processor = AtariProcessor()

# DQN 에이전트 초기화
dqn = DQNAgent(model=model,                # 컴파일한 뉴럴 네트워크 모델
               nb_actions=nb_actions,      # 행동 공간
               policy=policy,              # 선택한 정책(볼츠만 Q 정책 시도)
               memory=memory,              # 재생 메모리
               processor=processor,        # AtariProcessor 클래스
               nb_steps_warmup=50000,      # 초깃값 무시를 위한 웜업 단계
                                           # (무작위 초기 가중치 고려)
               gamma=.99,                  # 할인 계수
               train_interval=4,           # 훈련 간격
               delta_clip=1.,              # 보상 클리핑
               )
```

앞의 파라미터들은 딥마인드 논문과 동일하게 초기화했다. 이제 모델을 컴파일해서 훈련 프로세스를 시작할 수 있다. dqn 모델의 compile 메소드를 호출해서 모델을 컴파일할 수 있다.

```
# dqn 에이전트 컴파일
dqn.compile(optimizer=Adam(lr=.00025), metrics=['mae'])
```

compile 메소드는 하나의 최적화 함수, 그리고 우리가 추적하고자 하는 메트릭을 인자로 받는다. 이 예제에서는 Adam 최적화 함수를 낮은 학습률(0.00025)과 함께 사용하고, 평균 절댓값 오차MAE, Mean Absolute Error를 추적한다.

모델 훈련

이제 심층 Q-학습 네트워크의 훈련 세션을 시작할 수 있다. 컴파일된 DQN 네트워크 객체에서 fit 메소드를 실행하면 훈련 세션이 시작된다. fit 파라미터는 훈련을 수행할 환경(이 예제에서는 SapceInvator-v0)과 훈련 세션 동안의 전체 게임 스텝(에폭과 유사하며, 환경을 샘플링하는 게임 상태의 전체 수를 의미)을 인자로 받는다. visualize 인자를 True로 설정하면 에이전트가 얼마나 잘 훈련하는지 확인할 수 있다. 확인 결과를 보는 것은 재미있지만(보고 있으면 넋을 잃을 정도로), 훈련 속도에 영향을 미치므로 기본값을 그대로 사용하는 것은 그다지 실용적이지 않다.

```
# 훈련 초기화
dqn.fit(env, nb_steps=1750000)  # visualize=True

------------------------------
Training for 1750000 steps ...
Interval 1 (0 steps performed)
 5538/10000 [===============>..............] - ETA: 19s - reward: 0.0150
```

모델 테스트

다음 코드를 수행하면 에이전트를 테스트한다.

```
# 에이전트 테스트
dqn.test(env, nb_episodes=10, visualize=True)

-----------------------------
Testing for 10 episodes ...
Episode 1: reward: 3.000, steps: 654
Episode 2: reward: 11.000, steps: 807
Episode 3: reward: 8.000, steps: 812
Episode 4: reward: 3.000, steps: 475
Episode 5: reward: 4.000, steps: 625
Episode 6: reward: 9.000, steps: 688
Episode 7: reward: 5.000, steps: 652
Episode 8: reward: 12.000, steps: 826
Episode 9: reward: 2.000, steps: 632
Episode 10: reward: 3.000, steps: 643

<keras.callbacks.History at 0x24280aadc50>
```

Q-학습 알고리즘 요약

축하한다! 이제 심층 Q-학습의 기반을 자세히 이해했으며, 이 개념을 사용해 환경을 해결하는 방법을 점진적으로 학습하는 시뮬레이션된 에이전트를 만들었다. 다음 코드는 우리가 구현한 심층 Q-학습 프로세스 전체를 간략하게 의사 코드로 나타낸 것이다.

```
재생 메모리 초기화
무작위 가중치로 Q-가치 함수 초기화
환경에서 초기 상태 샘플링

종료 시까지 다음을 반복:
    수행할 행동 선택::
        확률(ε)로 무작위 행동 선택
        그렇지 않은 경우 argmax a Q(s, a')에 따라 행동 선택
```

```
선택한 행동 수행
보상과 다음 상태 수집
경험<s, a, r, s'>을 재생 메모리에 저장

경험 메모리에서 무작위로 전이<s, a, r, s'>를 선택
각 미니-배치 전이마다 대상 값을 계산:
    s'가 종료 상태인 경우 대상 값(target) = r
    그렇지 않은 경우 대상 값(target) = r + γ max a'Q(s', a')

손실값(target - Q(s,a)`^2)을 사용해 네트워크 훈련

s = s'
```

이중 Q-학습

표준 Q-학습 모델을 약간 개선한 다른 모델로 하도 반 하셀Hado van Hasselt이 2010년과 2015년에 발표한 이중 Q-학습double Q-learning 모델이 있다. 이 모델의 아이디어는 매우 간단하다. 지금까지 우리는 주어진 상태에서의 각 상태-행동 쌍에 대한 대상 값을 벨만 방정식으로 평가하고, 예측값이 얼마나 떨어져 있는지를 확인했다.

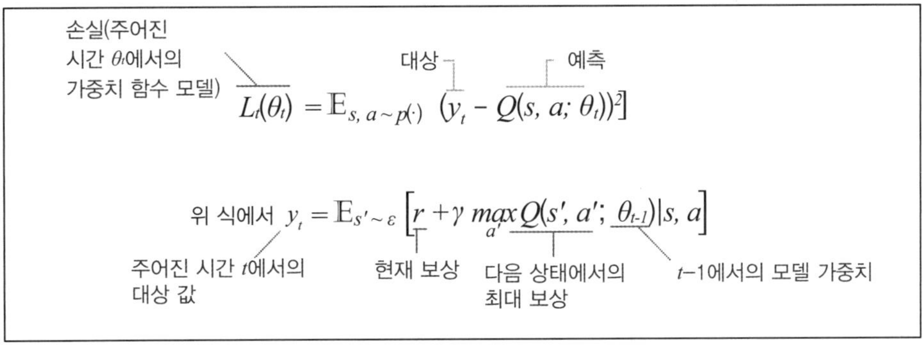

손실(주어진 시간 θ_t에서의 가중치 함수 모델) 대상 예측

$$L_t(\theta_t) = \mathbb{E}_{s,\, a \sim p(\cdot)}\left[(y_t - Q(s, a; \theta_t))^2\right]$$

위 식에서 $y_t = \mathbb{E}_{s' \sim \varepsilon}\left[r + \gamma \max_{a'} Q(s', a'; \theta_{t-1}) | s, a\right]$

주어진 시간 t에서의 대상 값 현재 보상 다음 상태에서의 최대 보상 t−1에서의 모델 가중치

그러나 이 방식에서는 최대 미래 기대 보상 값을 추정할 때 문제가 생긴다. 앞의 방정식에서 y_t를 계산하는 데 사용되는 max 연산자는 샘플링한 상태에 대해 주어진 행동

예측에 사용한 것과 동일한 Q-가치를 사용해 주어진 행동을 평가한다. 이는 Q-가치를 과대평가하는 경향을 띠게 되고, 결과적으로 통제 불가능한 상태를 유발한다. 이를 보완하고자 반 하셀과 연구자들은 해당 방정식에서 행동 선택을 분리한 모델을 만들었다(2016). 두 개의 분리된 뉴럴 네트워크를 사용했으며, 각 네트워크는 파라미터를 통해 전체 방정식의 일부를 평가한다. 첫 번째 네트워크는 주어진 상태에서 수행할 수 있는 행동을 예측하고, 두 번째 네트워크는 손실이 반복적으로 계산될 때 첫 번째 네트워크의 예측값을 평가할 대상을 생성한다. 각 이터레이션에서의 손실 계산 공식은 바뀌지 않지만, 주어진 상태에서의 대상 라벨은 이중 DQN 방정식을 사용해 다음과 같이 기술할 수 있다.

$$L_i(\theta_i) = \mathbb{E}_{s,\, a\sim p(\cdot)}\left[\left(y_i - Q(s, a; \theta_i)\right)^2\right]$$

$$y_i^{DDQN} = r + \gamma Q(s', \arg\max_{a'} Q(s', a'; \theta_i); \theta^-).$$

대상 네트워크가 상태-행동 쌍에 대한 Q-가치를 계산

대상 값

DQN 네트워크가 다음 상태의 행동 선택

식에서 볼 수 있듯 대상 네트워크는 그 자신의 최적화 파라미터 θ^-를 포함한다. 평가에서 행동 선택을 분리한 결과, 개선 전의 DQN이 학습한 낙관적인 표상을 보상하는 것으로 나타났다. 좀 더 안정적인 학습을 하면서 손실 함수에 빠르게 수렴하게 된다.

실제로 대상 네트워크의 가중치를 고정하거나, 서서히 주기적으로 업데이트되도록 함으로써 나쁜 피드백 루프에 의해 모델이 불안정해지는 것(대상 값과 예측값 사이에서)을 방지할 수 있다. 딥마인드의 또 다른 논문(Hunt, Pritzel, Heess et al., 2016)이 발표되면서 이 방법이 눈에 띄게 대중화됐다. 논문에서는 이중 Q-학습 기법이 학습 프로세스를 매우 안정화시켰음을 제시한다.

헌트, 프릿젤, 헤이스 등(Hunt, Pritzel, Heess et al.)이 작성한 딥마인드의 논문인 심층 강화학습을 활용한 지속적인 제어(Continuous Control with Deep Reinforcement Learning)(2016)는 https://arxiv.org/pdf/1509.02971.pdf에서 확인할 수 있다.

앞에서 스페이스 인베이더 에이전트 훈련에서 사용했던 keras-rl 모듈의 코드를 사용해 이중 DQN을 구현할 수 있다. DQN을 정의하는 부분을 다음과 같이 약간 수정한다.

```
# 이중(Double) DQN
double_dqn = DQNAgent(model=model,
                      nb_actions=nb_actions,
                      policy=policy,
                      memory=memory,
                      processor=processor,
                      nb_steps_warmup=50000,
                      gamma=.99,
                      target_model_update=1e-2,
                      train_interval=4,
                      delta_clip=1.,
                      enable_double_dqn=True,
                      )
```

enable_double_dqn 불리언 인자를 True로 설정하면 모든 작업이 끝난다. 선택적으로 웜업 스텝 수(nb_steps_warmup, 모델이 학습을 시작하기 전의 스텝 수)와 대상 모델이 업데이트되는 빈도(target_model_update)를 바꿔가면서 실험을 해볼 수 있다. 더 많은 내용은 다음 논문을 참조한다.

- **이중 Q-학습을 활용한 심층 강화학습**Deep Reinforcement Learning with Double Q-learning: https://arxiv.org/pdf/1509.06461.pdf

경쟁 네트워크 아키텍처

마지막으로 경쟁 네트워크 아키텍처dueling network architecture(https://arxiv.org/abs/1511.06581)를 구현해본다. 이름에서 짐작할 수 있듯 하나의 네트워크에 상태 가치와 상태-행동 쌍의 가치를 평가하는 두 개의 구별된 평가자를 만들어 경쟁하게 한다. 7장의 초반에서 하나의 컨볼루셔널 레이어와 덴스 레이어 연결을 사용해 상태-행동 쌍의 품질을 추정했던 것을 기억할 것이다. 하지만 Q-함수는 두 개의 구별된 값의 합으로 실제 분할할 수 있다. 모델이 각 상태에서 수행된 각 행동의 영향과 관계없이 가치가 있을 수도 있고 없을 수도 있는 상태들을 별도로 학습하게 할 수 있다.

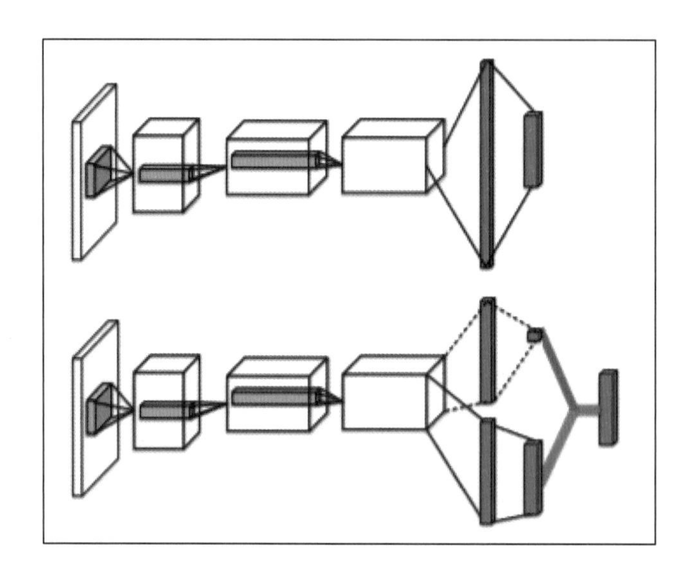

다이어그램에서 위쪽에 표준 DQN 아키텍처를 표시했다. 다이어그램에서 아래쪽의 경쟁 DQN 아키텍처가 어떻게 두 개의 흐름으로 분기되는지 확인할 수 있다. 추가적인 조작 없이 상태 가치와 상태-행동 쌍의 가치를 별도로 평가한다. 경쟁 DQN은 별도의 평가자(즉, 덴스 레이어)를 사용해 특정 상태 가치 $V(s)$와 주어진 상태에서의 특정한 행동을 수행했을 때의 이득 $A(s, a)$를 평가한다. 이 두 값을 조합해 주어진 상태-행동 쌍에 대한 Q-가치들을 예측함으로써 장기적으로 에이전트가 최적의 행동을 선택함을 보장한다. 표준 Q 함수 Q(*s*, *a*)를 사용했을 경우에는 주어진 상태에서 선택한 행동의 결과 값만 평가할 수 있었던 반면, 경쟁 네트워크를 사용하면 상태의 가치는 물론 해당 상태에서 선택한 행동으로 얻을 수 있는 이득을 별도로 측정할 수 있다. 한 가지 행동을 선택하는 것이 연관된 환경을 충분하게 변경시키지 않는 경우 이 방법은 매우 효과적이다.

상태 값과 행동 이득 함수는 다음 방정식으로 계산한다.

$$V^*(s) = \max_a Q^*(s, a)$$

$$A^\pi(s, a) = Q^\pi(s, a) - V^\pi(s)$$

딥마인드의 연구자들(Wang et al., 2016)은 초기 자동차 레이싱 게임(아타리 엔듀로[Atari Enduro])을 대상으로 이 아키텍처를 테스트했다. 이 게임에서 에이전트는 도로 위를 달리는데, 때때로 도로 위에 장애물이 출현한다. 연구자들은 상태 값 흐름이 도로와 스크린에 나타난 점수에 집중하는 반면, 행동 이득 흐름은 게임 스크린에 장애물이 나타난 경우에만 집중하는 사실을 발견했다. 당연하지만 에이전트의 입장에서는 도로에 장애물이 출현했을 때 행동하는 것(왼쪽 혹은 오른쪽으로 이동)이 중요하다. 장애물이 나타나지 않는 경우에는 왼쪽이나 오른쪽으로 이동하는 행동이 에이전트에게 아무런 영향도 주지 않았다. 또한 에이전트는 도로와 스크린에 표시된 점수를 항상 주시해야 하는데, 이는 네트워크의 상태 가치 흐름에 의해 수행된다. 연구자들은 실험을 통해 이 아키텍처는 에이전트의 대부분 행동이 유사한 결과를 낳는 환경에 있어서의 정책 평가에 좀 더 나은 효과를 발휘함을 확인했다.

앞에서 스페이스 인베이더 에이전트를 훈련시킬 때 사용했던 동일한 `keras-rl` 모듈의 코드를 사용해 경쟁 DQN을 구현할 수 있다. 에이전트를 정의하는 부분만을 다음과 같이 수정한다.

```
# 경쟁(Dueling) DQN
dueling_dqn = DQNAgent(model=model,
                       nb_actions=nb_actions,
                       policy=policy,
                       memory=memory,
                       processor=processor,
                       nb_steps_warmup=50000,
                       gamma=.99,
                       target_model_update=10000,
                       train_interval=4,
                       delta_clip=1.,
                       enable_dueling_network=True,
                       dueling_type='avg'
                      )
```

불리언 인자인 enable_dueling_network 파라미터를 True로 변경하고 dueling_type을 선택해서 정의할 수 있다.

경쟁 네트워크의 아키텍처와 활용에 따른 잠재적인 이익에 관한 좀 더 자세한 정보는 심층 강화학습을 위한 경쟁 네트워크 아키텍처(Dueling Network Architecture for Deep Reinforcement Learning) 논문(https://arxiv.org/pdf/1511.06581.pdf)에서 확인할 수 있다.

연습 문제

- 아타리 환경에서 다른 정책(볼츠만)을 사용한 표준 Q-학습 네트워크를 구현하고 성능 지표의 차이를 확인하라.
- 위와 동일한 문제에 대해 이중 DQN을 구현하고, 성능 차이를 비교하라.
- 위와 동일한 문제에 대해 경쟁 DQN을 구현하고, 성능 차이를 비교하라.

Q-학습의 한계

앞서 설명한 상대적으로 간단한 알고리즘이 충분한 시간만 주어지면 에이전트가 사용할 수 있는 복잡한 전략을 만들어낸다는 사실은 놀랍다. 특히 연구자들은 에이전트를 환경과 충분히 상호작용하게 함으로써 전문적인 전략도 학습할 수 있음을 보였다. 예를 들면 고전 게임인 벽돌 깨기breakout(이 환경도 아타리 의존성에 포함돼 있다)에서는 화면 아래쪽의 판을 움직여서 공을 튕겨내 화면 위쪽의 벽돌을 깨야 한다. 몇 시간 정도 훈련을 충분히 거친 후에는 DQN 에이전트가 화면 위쪽 틈새로 공을 집어넣어 최고 점수를 얻어내는 복잡한 전략마저 구사한다.

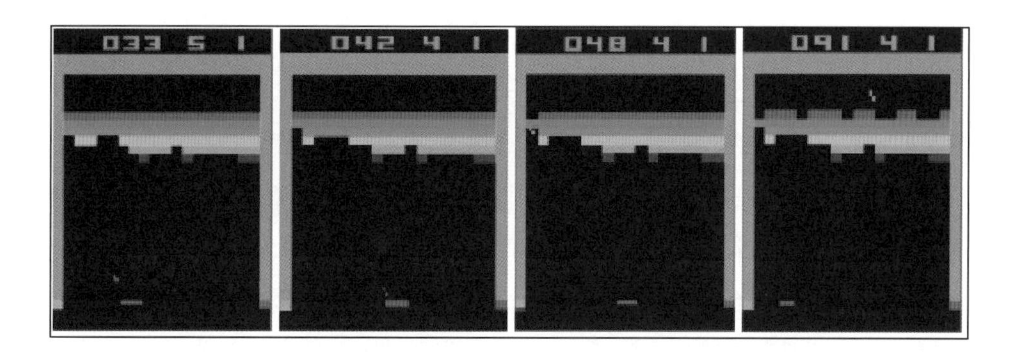

이러한 직관적인 행동에 여러분은 이 방법론을 어디까지 사용할 수 있을지, 이 방법론으로 어떤 환경을 정복할 수 있고 어떤 한계가 있는지 궁금할 것이다.

Q-학습 알고리즘의 힘은 고차원의 관찰 공간(게임 스크린 이미지 등)의 문제를 해결할 수 있다는 데 있다. 컨볼루셔널 아키텍처를 활용해 상태-행동 쌍과 최적 보상을 연관지어서 이를 달성했다. 그러나 지금까지 사용한 대부분의 행동 공간은 이산적이고 그 차원 또한 낮았다. 오른쪽이나 왼쪽으로 회전하는 것은 이산적인 행동으로 특정한 각도로 회전하는 연속적인 행동과는 전혀 다르다. 후자의 행동 공간은 연속적이다. 에이전트가 특정한 각도에 따라 회전하는 경우 이 변화가 연속적인 값을 갖기 때문이다. 또한 처음 실행 가능한 행동의 수도 그리 많지 않다(Atari 2600 게임의 경우 4~18개 행동에 지나지 않는다). 로봇 모션 제어나 함대 배치fleet deployment 최적화와 같은 다른

심층 강화학습 문제들은 매우 고차원적이고 연속적인 행동 공간의 모델링을 필요로 한다. 이 영역에서는 표준 DQN이 그 성능을 발휘하지 못한다. DQN은 Q-가치 함수의 최댓값을 반환하는 행동을 찾는 데 집중하는데, 이 행동을 찾으려면 연속적인 행동 공간에서 모든 스텝마다 반복적으로 최적의 값을 계산해야 하기 때문이다. 다행히 다른 접근 방식으로 이 문제를 해결할 수 있다.

정책 경사를 활용한 Q-학습 개선

이제까지의 접근 방식에서는 상태-행동 쌍에 대해 Q-가치의 추정 값을 반복적으로 업데이트함으로써 최적의 정책을 추론했다. 그러나 연속적인 행동 공간을 다루는 경우에는 학습 과정에 많은 부담이 된다. 로봇 모션 컨트롤을 예로 들면 행동 공간에서 로봇은 관절 위치나 각도와 같은 연속적인 변수로 정의된다. 이러한 경우에는 행동을 결정하는 함수가 매우 복잡할 것이기 때문에 Q-가치 함수를 추정하는 시도 자체가 비현실적이다. 여기에서는 상태별 관절의 위치와 각도의 최적 Q-가치를 학습하지 않고 다른 방식으로 접근한다. 상태-행동 쌍에 대해 반복적으로 Q-가치를 업데이트 하지 않고도 정책을 직접 학습할 수 있다면 어떻겠는가? 정책이란 현재 상태, 수행한 행동, 획득한 보상, 에이전트에게 반환된 상태의 궤적이라는 점을 기억하라. 따라서 일련의 파라미터화된 정책(뉴럴 네트워크의 가중치(θ)로 파라미터화된)을 정의할 수 있다. 각 정책의 값은 다음과 같은 함수로 정의할 수 있다.

$$J(\theta) = \mathbb{E}\left[\sum_{t \geq 0} \gamma^t r_t \mid \pi_\theta\right]$$

정책의 값을 $J(\theta)$로 정의하며, θ는 모델 가중치를 의미한다. 방정식의 좌변은 앞서 다뤘던 익숙한 값들을 사용해 정의할 수 있으며, 누적 미래 보상의 기댓값이 된다. 이 식을 사용해 에이전트로 하여금 정책 값 함수 $J(\theta)$의 최댓값을 반환하는 모델 가중치, 즉 에이전트가 미래에 기대할 수 있는 최대 보상을 찾아낸다.

앞서 함수의 전역 최솟값을 찾고자 해당 함수의 1차 미분 함수들을 반복적으로 최적화하면서 기울기의 음수에 비례해서 모델 가중치를 업데이트했다. 이를 경사 하강gradient descent이라고 부른다. 그러나 이번에는 정책 가치 함수 $J(\theta)$의 최댓값을 찾아야 하므로, 경사 상승gradient ascent을 수행한다. 경사 상승은 기울기의 양수에 비례해서 반복적으로 모델 가중치를 업데이트한다. 즉, 심층 뉴럴 네트워크를 사용해서 상태-행동 쌍의 품질을 개별적으로 추정하는 것이 아니라, 주어진 정책에 따라 생성된 궤적을 평가함으로써 최적 정책에 수렴하게 할 수 있다. 그 결과 에이전트는 주어진 상황에서 선호하는 정책의 행동을 좀 더 높은 확률로 선택하고, 선호하지 않는 정책의 행동은 낮은 확률로 선택하게 된다. 이것이 정책 경사policy gradient법의 기본 아이디어다. 정책 경사법을 구현할 때는 자연히 새로운 트릭들을 사용하게 되는데, 그 트릭들은 직접 확인해 보길 바란다. 이러한 예들 중 하나인 <Continuous Control with Deep Reinforcement Learning심층 강화학습을 활용한 연속 제어> 논문을 https://arxiv.org/pdf/1509.02971.pdf에서 확인할 수 있다.

정책 경사를 구현하는 방법 중 연기자 비평Actor Critic 모델은 매우 흥미롭다. 연기자 비평 모델 역시 고차원적 행동 공간을 포함하고 있는 복잡한 문제를 해결하고자 지속적인 행동 공간에 구현할 수 있다. 연기자 비평 모델에 관한 더 많은 정보는 https://arxiv.org/pdf/1509.02971.pdf에서 확인할 수 있다.

연기자 비평 모델은 자연어 생성, 다이얼로그 모델링, 스타크래프트 IIStarCraft II와 같은 복잡한 실시간 전략 게임 플레이와 같은 여러 태스크에서 다양한 형태로 사용돼 왔다. 관심이 있는 독자는 다음 논문도 읽어보길 바란다.

- **자연어 생성과 다이얼로그 모델링**Natural Language Generation and dialogue modeling: https://arxiv.org/pdf/1607.07086.pdf
- **스타크래프트 II: 강화학습의 새로운 도전**StarCraft II: a new challenge for reinforcement learning: https://arxiv.org/pdf/1708.04782.pdf

요약

7장에서는 매우 많은 내용을 다뤘다. 머신러닝에서 완전히 새로운 분야인 강화학습을 탐험했을 뿐 아니라 복잡한 자율적 에이전트를 만들어내는 몇 가지 최신 알고리즘도 구현해봤다. 마르코프 결정 프로세스를 사용해 환경을 모델링하는 방법과 벨만 방정식을 사용해 최적 보상을 평가하는 방법도 학습했다. 또한 심층 뉴럴 네트워크를 사용해 품질 함수의 근삿값을 구해 신용도 할당 문제를 해결할 수 있음을 알았다. 이 과정에서 게임 스크린 이미지와 같은 고차원 입력을 효과적으로 표상하는 보상 할인, 클리핑, 경험 재생 메모리(및 기타)와 같은 기법을 활용해 목표를 최적화하면서 시뮬레이션된 환경을 탐험했다.

마지막으로 심층 Q-학습 영역에서의 한층 진보된 기술인 이중 DQN과 경쟁 DQN 같은 아키텍처를 살펴봤다. 그리고 고차원 행동 공간에서 에이전트가 성공적인 탐험을 하는 데 어렵게 하는 내용을 살펴보고, 정책 경사와 같은 방법을 통해 이러한 고려 사항을 해결하는 데 도움을 얻을 수 있음도 학습했다.

3부 하이브리드 모델 아키텍처

3부에서는 현시점에서 딥러닝이 가진 잠재력과 한계점을 이해해보고, 어떻게 학계와 산업계에서 아이디어를 얻어 엔드투엔드end-to-end 딥러닝 워크플로우를 구현하는 데 필요한 리소스를 확보하는지 설명한다.

3부에서 다루는 내용은 다음과 같다.

- 8장. 오토인코더
- 9장. 생성적 네트워크

08

오토인코더

7장에서는 머신러닝의 새로운 영역인 강화학습을 알아봤다. 뉴럴 네트워크를 사용해 어떻게 강화학습을 증강할 수 있는지, 어떻게 게임 상태와 에이전트가 선택 가능한 행동을 매핑하는 근사 함수approximation function를 학습하는지 확인했다. 이런 행동은 이후 이동하는 타겟 변수와 비교하는 벨만 방정식으로 정의했다. 엄밀히 말하면 이 방식은 자기 지도self-supervised 머신러닝 기법이다. 지도 방식 학습 접근에서와 같이 라벨이 붙은 일련의 타겟 변수(예를 들면 각 상태에서 선택할 수 있는 최적 행동으로 라벨을 붙인 게임 스크린)가 아니라 벨만 방정식을 사용해서 얻은 예측값을 비교하기 때문이다. 벨만 방정식을 사용하는 경우가 동일한 유스케이스의 경우 연산적인 면에서 좀 더 가혹하다. 8장에서는 또 다른 자기 지도 머신러닝 기술을 학습한다. 뉴럴 오토인코더neural autoencoders의 세계에 온 것을 환영한다.

8장에서는 주어진 데이터셋에서 가장 대표적인 특징을 인코딩하는 방법을 학습하는 뉴럴 네트워크를 구현하는 효용과 이점을 알아본다. 이를 통해 관찰할 클래스를 정의하는 핵심 요소를 보존하고, 이후에 재생성할 수 있다. 관찰 대상은 이미지, 자연어 데이터, 심지어 시계열 데이터일 수 있으며, 이 데이터들의 차원을 줄이고 적은 양의 정보를 가진 특징에 대한 표상을 제거해서 이익을 얻을 수 있다.

8장에서 다루는 내용은 다음과 같다.

- 왜 오토인코더인가?
- 자동적인 정보 인코딩
- 오토인코더의 한계
- 오토인코더 해부
- 오토인코더 훈련
- 오토인코더 아키텍처 종류
- 네트워크 크기와 표현력
- 희소 오토인코더를 활용한 정규화
- 데이터 확인
- 검증 모델 구현
- 심층 컨볼루셔널 오토인코더
- 모델 컴파일과 훈련
- 결과 테스트와 시각화
- 노이즈 제거 오토인코더
- 노이즈 제거 네트워크 훈련

왜 오토인코더인가?

과거(circa 2012) 오토인코더autoencoder는 심층 컨볼루셔널 뉴럴 네트워크CNNs, Convolutional Neural Networks의 레이어 가중치 초기화에 사용되면서 잠시 유명했지만, 좀 더 뛰어난 무작위 가중치 초기화 기법들이 등장하면서 연구자들은 오토인코더에 대해 점차 흥미를 잃었고, 이후 네트워크를 좀 더 잘 훈련시킬 수 있는 배치 정규화(2014), 레지듀얼 학습(2015) 등의 방법이 일반적으로 널리 사용됐다.

그러나 최근 들어 고차원적 데이터에서 내재된 핵심 속성을 그대로 보존하면서 저차원의 표상을 발견하는 오토인코더의 효용이 다시금 집중을 받게 됐다. 이를 활용해 손상된 이미지 복원(혹은 이미지 노이즈 줄이기) 등을 수행할 수 있기 때문이다. 오토인코더는 데이터의 전환과 같이 주성분 분석에서 그 효용을 드러내며, 이를 활용해 데이터에 존재하는 주요 요소의 분산에 관한 정보를 시각화할 수 있다. 실제로 선형 활성화 함수를 사용한 단일 레이어 오토인코더는 데이터셋에 대해 수행하는 표준 주성분 분석PCA, Principal Component Analysis과 매우 유사하다. 오토인코더는 t-SNE 알고리즘(https://en.wikipedia.org/wiki/T-distributed_stochastic_neighbor_embedding)과 조합해서 활용할 수 있다. t-SNE 알고리즘은 정보를 3차원 평면에 표현하는 것으로 유명하며, 우선 고차원 데이터셋을 다운샘플링한 후 관찰한 주요 변동 요소를 시각화한다.

또한 차원 감소 수행 시 PCA 알고리즘은 그 영역이 선형 맵에 제한되지만, 오토인코더는 비선형 인코더와 디코더를 갖는다는 것이 장점이다. 이를 활용해 오토인코더는 동일한 데이터에 대해 PCA보다 특징 공간의 비선형 특징을 더 잘 학습할 수 있다. 실제로 오토인코더는 매우 희소한 고차원적 데이터를 다뤄야 할 때 여러분이 사용할 수 있는 데이터 과학 도구가 될 것이다.

실용적인 적용 측면 이외에도 좀 더 창의적이고 예술적인 오토인코더가 존재한다. 예를 들면 인코더가 생성한 축소된 표현을 샘플링해서 예술 이미지들을 생성했는데,

한 뉴욕 경매장에서는 이 이미지들이 약 50만 달러에 판매되기도 했다(https://www.bloomberg.com/news/articles/2018-10-25/ai-generated-portrait-is-sold-for-432-500-in-an-auction-first). 이제 다양한 오토인코더 아키텍처와 생성적 적대 네트워크GANs, Generative Adversarial Networks를 다루면서 이와 같은 이미지 생성 기술의 근간을 살펴본다. 먼저 오토인코더 뉴럴 네트워크의 핵심 내용을 이해해보자.

자동적인 정보 인코딩

오토인코더가 일반적인 인코더와 특별히 다른 점은 무엇인가? 우리 주위에는 오디오 파일을 저장하는 MP3 압축이나 이미지 파일을 저장하는 JPEG 압축 등 셀 수 없이 많은 인코딩 알고리즘이 있다. 그러나 오토인코딩 뉴럴 네트워크는 이러한 인코딩 알고리즘과 전혀 다른 방식으로 정보를 표현한다. 길고 길었던 앞 7개 장의 내용을 통해 이제 여러분도 전문가가 됐을 접근 방식이다.

입력값의 형태로 소리나 이미지라는 가정을 이미 가진 MP3나 JPEG 알고리즘과 달리 뉴럴 오토인코더는 훈련 세션에서 받은 입력의 종류에 관계없이 자동으로 표상 특징을 학습한다. 그리고 훈련 과정에서 잡아낸 학습한 표상을 활용해 주어진 입력을 재생성한다. 오토인코더의 출력은 입력을 그대로 복사해서 만드는 것이 아님을 이해하는 것이 중요하다. 오토인코더를 훈련시키는 동안에는 오토인코더가 생성한 디코딩된 출력에는 관심을 갖지 않으며, 네트워크가 입력의 차원을 전환하는 방식을 중시한다. 네트워크에게 인센티브와 제약을 가함으로써 원본 입력을 가능한 한 가깝게 재구성하는 표상적 인코딩 스킴을 찾아낸다. 이렇게 함으로써 동일한 데이터셋에 인코더 함수를 사용해 특징을 추출함으로써 주어진 입력에 대해 의미 있는 풍부한 표상을 얻을 수 있다.

이후 이 표상들을 사용해 대상에 따라 다양한 분류를 수행할 수 있다. 오토인코더에 적용된 인코딩의 구조적 메커니즘에 따라 다른 표준 인코딩 알고리즘과 비교해 독특한 접근 방식을 갖게 한다.

오토인코더의 한계

앞서 설명했듯 오토인코더는 사람이 입력값을 조작했다는 가정에 의존하지 않고, 데이터에서 자동으로 표상 특징을 학습한다. 이를 활용하면 다양한 데이터 타입에 적합한 이상적인 인코딩 스킴을 발견할 수도 있지만, 한편으로는 명확한 한계도 존재한다. 무엇보다도 오토인코더는 데이터 종속적data-specific인데, 오토인코더의 효과는 훈련 데이터와 유사한 데이터에만 국한되기 때문이다. 예를 들어 고양이 이미지만 생성하도록 훈련시킨 오토인코더는 별도로 명시적인 훈련을 받지 않는 한 강아지 이미지를 생성하지 못한다. 이러한 특성은 자연히 오토인코딩 알고리즘의 확장성을 떨어뜨린다. 또한 오토인코더의 이미지 인코딩 성능은 아직 JPEG 알고리즘에 미치지 못한다. 또한 오토인코더는 손실을 포함한 출력값lossy output을 생산하는 경향이 있다. 즉, 입력 데이터를 압축하고 해제하는 과정에서 네트워크의 출력값이 손상된다는 것으로, 결과적으로 출력값의 표상은 입력값에 비해 정확성이 떨어진다. 이 문제는 대부분의 인코딩 유스케이스에서도 반복적으로 발생한다(MP3와 JPEG 같이 휴리스틱에 기반을 둔 인코딩 기법을 모두 포함).

오토인코더는 라벨이 붙어 있지 않은 실세계의 데이터를 다루는 데 대단히 효과적인 몇 가지 프랙티스를 보여줬다. 오늘날 디지털 세계에서 사용할 수 있는 대부분의 데이터는 구조화돼 있지 않음은 물론이고 라벨도 붙어 있지 않다. 오토인코더가 비지도 학습 영역에 포함된다고 생각하는 대중적인 오해도 주목할 만하다. 그러나 사실 오토인코더는 자기 지도 학습의 한 변종이다. 이에 관해서는 곧 살펴볼 것이다. 오토인코더는 과연 어떻게 동작하는가?

오토인코더 해부

크게 보면 오토인코더는 피드포워드 네트워크의 일종으로 간주할 수 있다. 이 네트워크는 입력을 조작에서 입력과 유사한 출력을 재구성하는 방법을 학습한다. 앞서 언급한 것처럼 오토인코더는 크게 인코더 함수와 디코더 함수의 두 부분으로 구성된다. 오토인코더 전체는 상호 연결된 뉴런의 레이어들로 생각할 수 있다. 이 레이어들은 먼저 입력을 인코딩하고 생성된 코드를 사용해 출력을 재구성하면서 데이터를 전파한다.

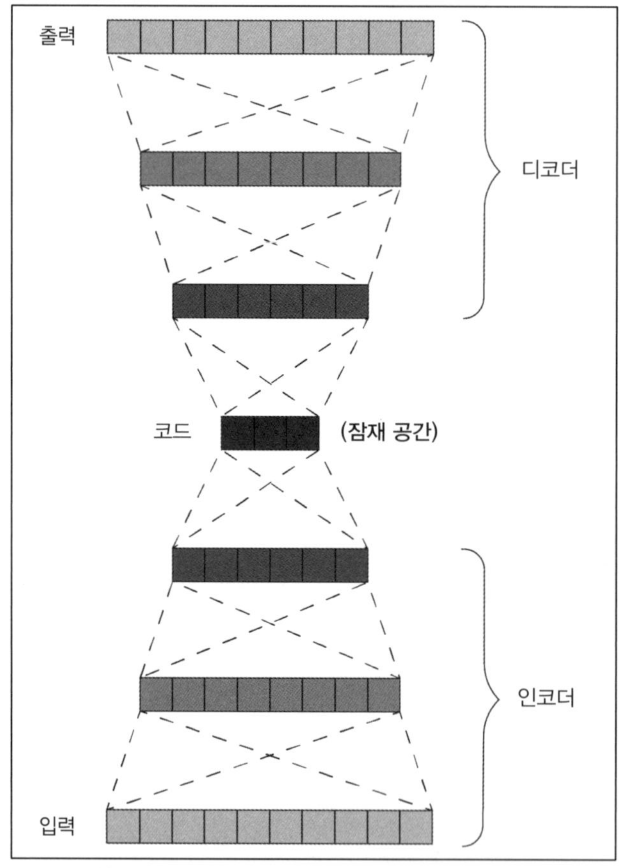

불완전 오토인코더(undercomplete autoencoder)의 예

앞의 다이어그램은 오토인코더 네트워크의 한 형태를 표현한 것이다. 개념적으로 오토인코더의 입력 레이어는 뉴런의 레이어에 연결돼 있으며, 인코더 함수encoder function라고 알려진 지연 공간latent space으로 데이터를 퍼널funnel한다. 이 함수는 일반적으로 $h = f(x)$로 정의되며, x는 네트워크의 입력, h는 인코더 함수에 의해 생성된 잠재 공간을 의미한다. 잠재 공간은 네트워크에 대한 입력을 압축해서 표현하는 것을 의미할 수 있으며, 이어서 디코더 함수는 잠재 공간(즉, 이어지는 뉴런 레이어)을 사용해 줄어든 표현을 고차원 특징 공간에 매핑시키면서 풀어낸다. 따라서 디코더 함수($r = g(h)$로 기술)는 인코더(h)가 생성한 잠재 공간을 네트워크의 재구성된 출력(r)으로 변환시킨다.

오토인코더 훈련

인코더 함수와 디코더 함수의 상호작용은 인코더의 입력과 출력 사이의 거리를 조정하는 또 다른 함수가 관장한다. 뉴럴 네트워크에서 손실(loss) 함수라고 부르는 것과 동일하다. 따라서 오토인코더를 훈련시키려면 인코더 함수와 디코더 함수를 각각 손실 함수(일반적으로 평균 제곱 오차 함수 사용)에 대해 미분하고, 기울기를 사용해 모델의 오차를 역전파하고, 전체 네트워크의 레이어 가중치를 업데이트한다.

결과적으로 오토인코더의 학습 메커니즘은 손실 함수를 최소화하는 형태로 다음과 같이 기술할 수 있다.

$$min\ L(x,\ g(f(x)))$$

이 방정식에서 L은 디코더 함수 $g(f(x))$의 출력이 네트워크의 입력 x에서 발산하는 경우 페널티를 제공하는 손실 함수(MSE와 같은)다. 이러한 방식으로 재구성된 손실을 반복적으로 최소화함으로써 모델은 결과적으로 입력 데이터에 특정한 이상적인 특징을 인코딩하게 된다. 인코딩된 값은 이후 최소한의 정보 손실량을 포함한 유사한 데이터로 디코딩된다. 따라서 오토인코더를 훈련시킬 때는 다른 피드포워드 뉴럴 네트워크에서 공통적으로 사용하는 미니 배치 경사 하강을 사용한다.

재순환recirculation(힌튼Hinton과 맥클랜드McClelland가 제창(1998)) 기법을 사용해 오토인코더를 훈련시킬 수도 있지만, 오토인코더를 포함한 대부분의 머신러닝 유스케이스에서 이를 거의 사용하지 않기 때문에 8장에서는 재순환과 관련된 설명은 하지 않는다. 재순환은 네트워크 가중치에 대해 손실 함수를 미분해서 얻은 기울기 기반 오차를 역전파하는 대신, 주어진 입력에 대한 네트워크 활성 값을 재구성된 데이터에 대한 네트워크의 활성 값과 비교한다는 정도만 언급해도 충분할 것이다. 역전파와 재순환은 전혀 다른 개념이므로 이론적인 관점에서 흥미를 갖고 접근해보는 것도 좋다. 재순환은 생물학적인 측면에서 역전파의 적절한 대안으로 여겨지기 때문이다. 재순환의 개념에서 사람이 새로운 정보를 접할 때 멘탈 모델을 업데이트하는 방법의 힌트를 얻을 수 있다.

오토인코더 종류

앞에서 기술한 것은 불완전 오토인코더undercomplete autoencoder의 한 예다. 불완전 오토인코더는 근본적으로 잠재 공간 차원에 제약을 가한다. 예제에서 설명한 오토인코더는 불완전하게 설계됐으며, 인코딩 차원(즉, 잠재 공간의 차원)이 입력 차원보다 작기 때문에 데이터 샘플에 존재하는 가장 두드러진 특징을 학습하게 된다.

반대로 과도한 오토인코더overcomplete autoencoder는 입력 차원보다 큰 인코딩 차원을 가진다. 따라서 과도한 오토인코더가 사용하는 인코딩 용량은 입력 용량보다 크다. 다음 다이어그램을 참조한다.

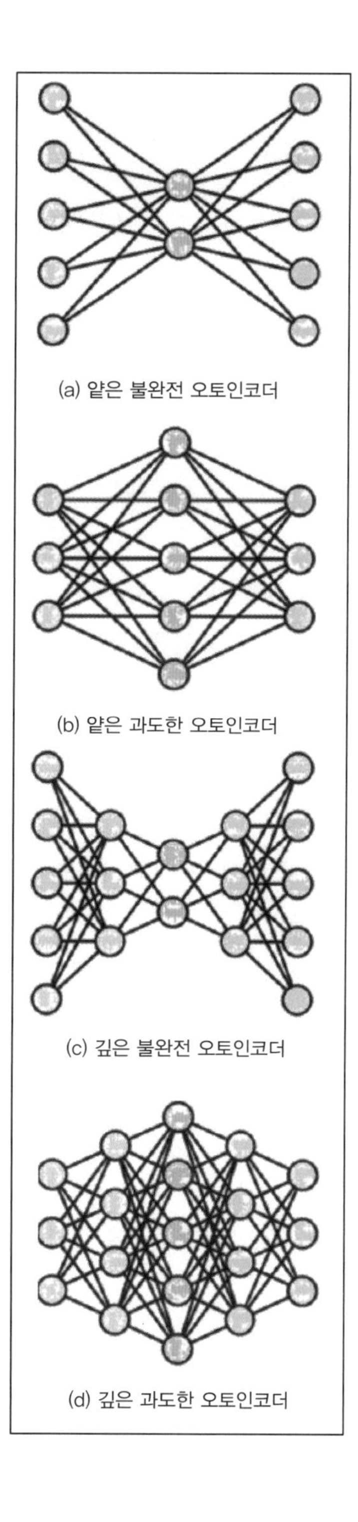
(a) 얕은 불완전 오토인코더
(b) 얕은 과도한 오토인코더
(c) 깊은 불완전 오토인코더
(d) 깊은 과도한 오토인코더

네트워크 크기와 표현력

앞의 다이어그램에서 네 가지 기본 오토인코딩 아키텍처를 봤다. 얕은 오토인코더shallow autoencoder(얕은 뉴럴 네트워크를 확장)는 히든 레이어를 하나만 가진다. 반면 깊은 오토인코더deep autoencoder는 인코딩과 디코딩 오퍼레이션을 수행하는 레이어를 두 개 이상 가진다. 이전 장들에서 깊은 뉴럴 네트워크가 얕은 뉴럴 네트워크에 비해 추가적인 표현력을 통한 이득을 가졌음을 기억하자. 오토인코더는 특정한 피드포워드 네트워크의 조건을 만족하기 때문에 동일한 원칙을 적용할 수 있다. 또한 오토인코더의 깊이가 깊을수록 네트워크가 입력을 표현하고자 학습하는 데 필요한 연산 자원이 기하급수적으로 감소한다. 또한 오토인코더 네트워크는 훈련 샘플의 수가 적더라도 입력을 풍부하게 압축해서 학습할 수 있다. 그렇다면 "수백 개의 레이어로 구성된 오토인코더를 사용해 학습을 시작하자"고 생각할 수도 있겠지만, 조금 기다려 달라. 인코더와 디코더 함수에 너무 많은 능력을 부여했을 때의 단점도 있다.

과도하게 많은 능력을 가진 오토인코더는 피카소의 화풍과 관련된 표상을 단 하나도 배우지 않은 상태에서도 피카소의 그림을 입력하면 그 이미지를 완벽하게 재생성할 것이다. 이 경우 여러분은 뛰어난 복제 알고리즘을 손에 넣을 것이고, 이는 마이크로소프트Microsoft의 그림판에서 제공하는 복사 기능과 다를 바 없다. 반면 모델링할 데이터의 복잡성과 분포에 맞게 오토인코더를 설계하면 오토인코더는 피카소의 특별한 작업 방식에 해당하는 스타일 특징의 표상(열망을 가진 예술가들이나 역사가들이 배우고 싶어 하는)을 잡아낼 것이다. 실제적으로 올바른 네트워크의 깊이와 크기를 선택하는 데는 이론적인 친숙함과 함께 학습 프로세스, 실험, 그리고 유스케이스와 관련된 도메인 지식을 함께 고려해야 한다. 이 모든 것을 고려하는 데 너무 많은 시간이 필요한 것처럼 들리는가? 다행히 정규화된 오토인코더를 사용해 이러한 목표를 달성할 수 있다.

오토인코더에서의 정규화

반대로 항상 얕은 레이어와 매우 작은 잠재 공간 차원을 고집함으로써 네트워크의 학습 역량을 제한하려고 할 수도 있다. 이러한 접근 방식을 선택한다면 복잡한 접근 방식들을 벤치마킹하기 위한 훌륭한 베이스라인을 얻을 수도 있다. 그러나 어느 정도까지는 과도한 초과 용량으로 인한 문제를 겪지 않으면서 깊은 레이어가 주는 표현력의 이득을 얻을 수 있는 다른 방법이 있다. 이와 같은 방식에서는 오토인코더가 사용하는 손실 함수를 수정해서 네트워크가 학습한 잠재 공간에 대한 일부 표현 기준을 유도한다.

예를 들어 입력을 단순히 복사하지 않고 손실 함수를 활용해 다른 모델보다 풍부한 표현을 하도록 공간 희소성을 늘릴 수 있다. 앞으로 보겠지만 잠재 공간에 대한 미분의 크기magnitude of the derivatives, 손실 입력에 대한 강성과 같은 속성을 사용해 입력의 표상 특징을 실제로 잡아내게 하는 방법도 고려할 수 있다.

희소 오토인코더를 활용한 정규화

앞에서 언급했듯 잠재 공간(h)을 의미하는 히든 레이어에 희소성 제약sparsity constraint을 추가해서 모델이 입력의 표상적 특징을 인코딩하게 할 수 있다. 희소성 제약은 그리스 문자 오메가(Ω)로 표현하며, 이를 사용해 희소 오토인코더의 손실 함수를 재정의할 수 있다.

- **일반 오토인코더 손실:** $L(x, g(f(x)))$
- **희소 오토인코더 손실:** $L(x, g(f(x))) + \Omega(h)$

이 희소성 제약 함수는 이전 장들에서 살펴봤던 피드포워드 네트워크에 추가되는 정규화 함수로 간주할 수 있다.

> 오토인코더에서의 희소성 제약 방법의 다양한 형태에 관한 전체적인 리뷰는 다음 연구 논문에서 확인할 수 있다. 흥미가 있다면 다음 논문을 읽어보길 바란다.
>
> 깊은 희소 오토인코더 학습을 통한 표정 인식(Facial expression recognition via learning deep sparse autoencoders): https://www.sciencedirect.com/science/article/pii/S0925231217314649

논문을 소개함으로써 우리가 다룰 주제에 대해 조금의 공간을 확보했으므로 오토인코더에서 사용되는 다른 정규화 방법들도 간략하게 소개하겠다. 그 후 실제로 오토인코더 모델을 구축해본다.

노이즈 제거 오토인코더를 활용한 정규화

희소 오토인코더와 달리 노이즈 제거denoising 오토인코더는 다른 접근 방식을 사용해 모델이 그 수용력 안에서 유용한 표상을 잡아내게 한다. 여기에서는 손실 함수에 제약을 추가하는 대신 실제로 손실 함수 내의 오차를 재구성한다. 다시 말하자면 노이즈가 섞인 입력을 사용해 네트워크가 그 입력을 재구성하게 한다.

여기에서 노이즈란 그림의 경우 손실된 픽셀, 문장의 경우 누락된 단어 혹은 잘려진 음성 조각을 의미한다. 따라서 노이즈 제거 오토인코더의 손실 함수를 다음과 같이 재정의할 수 있다.

- **일반 오토인코더 손실:** $L(x, g(f(x)))$
- **노이즈 제거 오토인코더 손실:** $L(x, g(f(\sim x)))$

위 식에서 $(\sim x)$는 특정한 형태의 노이즈에 의해 손상된 입력 x의 한 버전을 의미한다. 노이즈 제거 인코더는 입력을 그대로 복사하려고 시도하는 대신 노이즈가 포함된 입력의 손상을 복구하는 과정을 수행한다.

훈련 데이터에 노이즈를 추가함으로써 오토인코더는 훈련 인스턴스의 손상된 버전을 복구하는 데 가장 관련이 높은 속성에 관한 표현 특징들을 잡아낸다.

노이즈 제거 오토인코더와 관련된 흥미로운 속성들과 유스케이스(음성 복원(speech enhancement) 등)를 다음 논문에서 확인할 수 있다.

심층 노이즈 제거 오토인코더에 기반한 음성 복원(Speech Enhancement Based on Deep Denoising Autoencoder): https://pdfs.semanticscholar.org/3674/37d5ee2ffbfee1076cf21c3852b2ec50d734.pdf

실질적인 구현에 들어가기 전에 이 책에서 다룰 마지막 정규화 전략인 수축적contractive 오토인코더를 살펴보자.

수축적 오토인코더를 활용한 정규화

오토인코더 네트워크의 변종인 이 인코더에 관해 수학적으로 깊이 다루지는 않을 것이다. 수축적 오토인코더CAE, Contractive AutoEncoder는 노이즈 제거 오토인코더와 개념적으로 유사하다.

CAE는 국지적으로 입력 공간을 뛰어 넘으며, 희소성 제약 Ω를 손실 함수에 다른 방법으로 추가한다.

- **일반 오토인코더 손실:** $L(x,\ g(f(x)))$
- **수축적 오토인코더 손실:** $L(x,\ g(f(x))) + \Omega(h,\ x)$

여기에서 $\Omega(h, x)$는 다음과 같이 표현할 수 있다.

$$\Omega(h, x) = \lambda \sum_{i} \|\nabla \times h_i\|^2$$

여기에서 CAE는 손실 함수에 제약을 추가해 인코더의 미분 값을 가능한 한 작아지도록 한다. 수학적 관점에서 좀 더 흥미가 있는 독자를 위해 설명을 하자면 $\Omega(h, x)$는 인코더 함수의 부분 미분 값으로 만들어진 자코비언 행렬의 제곱 프로베니우스 놈(squared Frobenius norm)[1]이다.

CAE의 내부 동작과 이를 활용한 특징 추출에 관한 훌륭한 개요를 다음 논문에서 확인할 수 있다.

수축적 오토인코더: 특징 추출에서의 명시적 불변성(Contractive Auto-Encoders: Explicit Invariance During Feature Extraction): http://www.iro.umontreal.ca/~lisa/pointeurs/ICML2011_explicit_invariance.pdf

오메가와 같은 함수를 정의함으로써 CAE는 입력이 조금씩 변하는 상황에서도 입력값과 출력값을 매핑하는 함수의 근삿값을 구하는 방법을 학습할 수 있다. 이 페널티는 훈련 과정에서만 적용되므로, 네트워크는 입력에서 표현 특징을 잡아내는 방법을 학습하고, 훈련을 할 때와 조금 다른 입력을 받더라도 테스트를 잘 수행할 수 있다.

이제 오토인코더 네트워크의 기본적인 개념과 몇 가지 아키텍처의 변종을 다뤘으므로 실제 구현으로 들어간다. 케라스를 사용해 기본 오토인코더를 구현하고, 아키텍처를 점차 업데이트하면서 실제적인 고려 사항과 유스케이스를 다뤄볼 것이다.

케라스를 활용한 얕은 오토인코더 구현

이제 케라스를 활용해 얕은 오토인코더를 구현한다. 이 모델을 사용해서 다루는 태스크는 매우 간단하다. 케라스가 제공하는 표준 패션 MNIST 데이터셋을 사용해 다양한 패션 의류를 생성한다. 네트워크 출력의 품질은 입력 데이터의 품질과 밀접하게 관련돼 있다는 점을 알고 있으므로, 모델이 만들어내는 의류 제품의 품질에 너무 많은 기대는 하지 말자. 데이터셋으로 제공되는 28 × 28픽셀 크기 이미지를 사용해 케라스

1. 벡터 공간의 각 요소 x에 하나의 실수(實數) $\|x\|$가 대응하고, 세 조건 $\|x\| \geq 0$, $\|ax\| = |a| \cdot \|x\|$, $\|x+y\| \leq \|x\| + \|y\|$를 만족할 때의 x다(두산 대백과 사전). – 옮긴이

로 오토인코더를 설계하기 위한 프로그래밍 개념, 구현 단계를 명확하게 하는 데 집중한다.

임포트

케라스의 keras.models에서 제공하는 API를 사용해서 4장에서 만들었던 비순환 그래프와 다중 출력 모델을 구현하고, 컨볼루셔널 네트워크의 중간 레이어를 자세히 살펴본다. 시퀀셜 API(오토인코더는 결국 순차적 모델이다)를 사용해 오토인코더들을 복제하지만, 오토인코더들은 일반적으로 기능적 API를 사용해 구현되므로 두 가지 케라스 API를 경험할 수 있다.

```
import numpy as np
import matplotlib.pyplot as plt

from keras import regularizers
from keras.layers import Input, Dense
from keras.models import Model
from keras.datasets import fashion_mnist
```

데이터 확인

다음으로 케라스에 포함된 fashion_mnist 데이터셋을 로드한다. 데이터셋을 로드하는 과정에서 라벨도 함께 로드하지만, 실제 수행하는 태스크에서는 라벨을 사용하지 않는다. 얕은 오토인코더가 재생성할 입력 이미지만 사용한다.

```
(x_train, y_train), (x_test, y_test) = fashion_mnist.load_data()
x_train.shape, x_test.shape, type(x_train)
------------------------------
```

```
((60000, 28, 28), (10000, 28, 28), numpy.ndarray)
-----------------------------
plt.imshow(x_train[1], cmap='binary')
```

코드를 실행한 결과는 다음과 같다.

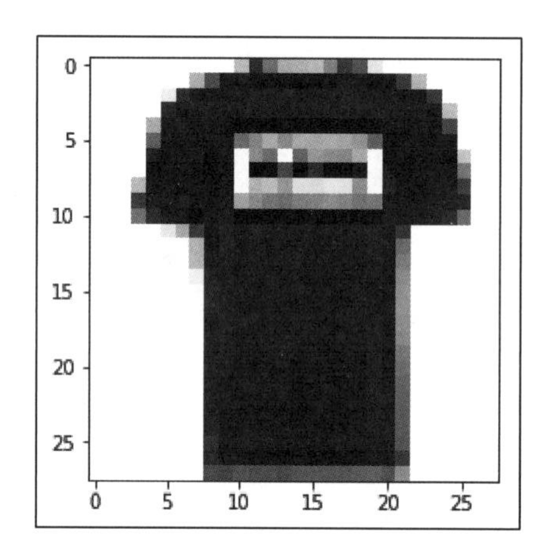

입력 이미지의 차원과 타입을 확인하고, 훈련 데이터 중 하나를 출력해서 눈으로 데이터를 확인했다. 선택한 데이터는 캐주얼한 티셔츠로, 앞면에는 해석할 수 없는 무언가가 쓰여 있다. 좋다. 이제 오토인코더 모델을 정의하자.

데이터 전처리

앞서 여러 차례 했던 것처럼 픽셀 데이터를 0에서 1 사이의 값으로 표준화한다. 데이터를 표준화함으로써 네트워크의 학습 능력을 개선한다.

```
# 픽셀 값 표준화
x_train = x_train.astype('float32') / 255.
x_test = x_test.astype('float32') / 255.
```

```
# 이미지를 2차원 배열로 평활화
x_train = x_train.reshape((len(x_train), np.prod(x_train.shape[1:])))
x_test = x_test.reshape((len(x_test), np.prod(x_test.shape[1:])))

# 셰이프 출력
print(x_train.shape)
print(x_test.shape)

------------------------------
(60000, 784)
(10000, 784)
```

또한 이전에 MNIST 예제에서 피드포워드 네트워크를 훈련시켰을 때와 마찬가지로 28 × 28픽셀을 평활화해서 784픽셀의 벡터 하나로 만들었다. 마지막으로 훈련 배열과 테스트 배열의 셰이프를 출력해서 필요한 포맷으로 잘 변경됐는지 확인했다.

모델 구축

이제 케라스로 첫 번째 오토인코더 네트워크를 설계할 준비가 됐다. 여기에서는 기능적 API를 사용한다. 이번 예제에서는 잠재 공간의 인코딩 차원을 32로 정의한다. 이는 784픽셀의 각 이미지가 32픽셀만 저장 가능한 압축된 차원을 통과한 후 그로부터 출력값을 재구성한다는 의미다.

압축 계수 24.5(= 784/32)는 다소 임의로 선택했지만, 동일한 원칙을 유사한 태스크에 사용할 수 있다.

```
# 인코딩된 표상 크기
# 32 float은 입력이 784 float이라고 가정할 때의 압축 계수 24.5를 나타낸다.
# 32 * 32 혹은 1024 float를 가진다.
encoding_dim = 32

# 입력값 변수
```

```
input_img = Input(shape=(784,))

# 입력 이미지를 인코딩한 표상
encoded = Dense(encoding_dim,
                activation='relu',
                activity_regularizer=regularizers.l1(10e-5)
               )(input_img)

# 입력값의 일부가 손실된 값으로 디코딩 결과를 재구성한다.
decoded = Dense(784, activation='sigmoid')(encoded)

# 이 오토인코더는 입력값과 재생성한 출력값을 매핑한다.
autoencoder = Model(input_img, decoded)
```

다음으로 keras.layers의 입력 플레이스홀더placeholder를 사용해 입력 레이어를 정의하고, 예상하는 평활화된 이미지의 차원을 명시한다. 이전의 MNIST 실험(그리고 간단한 수학)을 통해 이미 알고 있듯 28 × 28픽셀 크기의 이미지를 평활화하면 784픽셀짜리 배열 하나가 만들어지며, 이 배열을 피드포워드 뉴럴 네트워크에 입력할 수 있다.

다음으로 인코딩된 잠재 공간의 차원을 정의한다. 입력 레이어에 연결된 덴스 레이어, 인코딩 차원(앞서 32로 정의)에 해당하는 뉴런 수, ReLU 활성화 함수로 정의한다. 레이어 사이의 연결은 이 레이어를 정의하는 파라미터들 뒤의 괄호 안에 이전 레이어를 지정한 변수를 입력해서 설정한다.

마지막으로 디코더 함수 입력과 동일한 차원(784픽셀)에 시그모이드 활성화 함수를 사용하는 덴스 레이어를 정의한다. 이 레이어는 잠재 공간을 의미하는 인코딩된 차원에 연결되며, 인코딩된 레이어의 활성화 값 위에 그려진 출력값을 재생성한다. 이제 기능적 API의 모델 클래스를 사용해 오토인코더를 초기화할 수 있다. 입력값 플레이스홀더와 디코더 레이어를 인자로 전달한다.

희소성 제약 구현

8장의 초반에 언급했듯 오토인코더를 설계할 때 여러 가지 정규화 방법을 선택할 수 있다. 예를 들면 희소 오토인코더는 단순히 잠재 공간에 희소성 제약을 가해서 오토인코더가 풍부한 표현을 선호하게 만든 것이다. 뉴럴 네트워크의 뉴런은 출력값이 1에 가까우면 활성화되고, 출력값이 0에 가까우면 비활성화된다는 것을 기억하자. 희소성 제약을 추가한다는 것은 잠재 공간의 뉴런들이 대부분의 경우 비활성화 상태로 머무르게 제한하는 것과 같다. 결과적으로 특정 시점에 활성화되는 뉴런의 수가 적기 때문에 활성화되는 뉴런들로 하여금 정보를 가능한 한 효율적으로 잠재 공간에서 출력 공간으로 전달할 수 있다. 다행히도 케라스를 사용하면 이를 매우 손쉽게 구현할 수 있다. 잠재 공간을 의미하는 덴스 레이어를 생성할 때 `activity_ regularizer` 인자를 정의하면 된다. 앞의 코드에서 `keras.regularizers`의 L1 정규화 함수와 0에 매우 가까운 희소성 파라미터(예제의 경우 0.067)를 사용했다. 이제 케라스에서 희소 오토인코더를 구현하는 방법을 알게 됐다. 이후 희소성 제약을 적용하지 않은 오토인코더도 구현할 것이지만, 연습의 목적도 있으므로 두 개의 얕은 오토인코더의 성능을 비교해보고 이러한 모델을 설계할 때 잠재 공간에 희소성 제약을 부여하는 것이 어떤 이점이 있는지 확인해보길 바란다.

모델 컴파일과 시각화

모델을 컴파일한 후 모델 객체에서 `summary()` 메소드를 호출해서 구현한 모델을 시각화할 수 있다. 최적화 함수로는 에이다델타Adadelta를 선택했는데, 이 최적화 함수는 역전파를 수행하는 동안 누적할 기울기의 수를 제한한다. 또 다른 최적화 함수인 에이다그라드Adagrad는 학습률을 단조롭게 감소시킨다. 책의 앞부분에서 언급했지만 여러분이 잊었을 수도 있으니, 사용 가능한 최적화 함수를 확인해보고(http://ruder.io/optimizing-gradient-descent/), 각자의 유스케이스에 적합한 최적화 함수가 어떤 것인지 실험해보기 바란다. 마지막으로 이진 교차 엔트로피를 손실 함수로 선택했다. 여기에서 이 손실 함수는 생성된 출력값에 대해 픽셀별 손실을 적용한다.

```
autoencoder.compile(optimizer='adadelta', loss='binary_crossentropy')
autoencoder.summary()
```

코드를 실행한 결과는 다음과 같다.

```
Layer (type)                 Output Shape              Param #
=================================================================
input_1 (InputLayer)         (None, 784)               0
_________________________________________________________________
dense_1 (Dense)              (None, 32)                25120
_________________________________________________________________
dense_2 (Dense)              (None, 784)               25872
=================================================================
Total params: 50,992
Trainable params: 50,992
Non-trainable params: 0
_________________________________________________________________
```

검증 모델 구현

얕은 오토인코더의 훈련을 시작하고자 필요한 것들을 대부분 구현했다. 하지만 가장 중요한 컴포넌트 하나가 빠졌다. 엄밀히 말해 오토인코더를 훈련시키는 데 반드시 필요한 부분은 아니지만, 구현한 오토인코더가 훈련 데이터의 두드러진 특징을 잘 학습하는지 그렇지 않은지를 시각적으로 검증하려면 필요한 부분이다. 이를 위해 두 개의 추가 네트워크를 구현할 것이다. 걱정하지 않아도 좋다. 이 두 개는 방금 정의한 오토인코더 네트워크에 존재하는 인코더 함수와 디코더 함수의 이미지를 복제한 것일 뿐이다. 즉, 인코더 네트워크와 디코더 네트워크를 각각 하나씩 만든 후 각 네트워크를 오토인코더의 인코더 함수와 디코더 함수의 하이퍼파라미터로 매칭하는 작업이다. 이 두 개의 네트워크는 인코더의 훈련이 완료된 후 예측을 하기 위해서만 사용된다. 인코더 네트워크는 입력 이미지의 압축된 표현을 예측하기 위해 사용되며, 디코더 네트워크는 잠재 공간에 저장된 정보를 디코딩한 버전에 대한 예측을 수행한다.

별도 인코더 네트워크 정의

다음 코드에서 인코더 함수는 오토인코더의 위쪽 절반을 복제한 것임을 알 수 있다. 평활화된 입력 픽셀 값을 압축된 잠재 공간에 매핑한다.

```
''' 별도 인코더 네트워크 '''

# 입력 이미지를 잠재 공간에 매핑하는 모델 정의
encoder_network = Model(input_img, encoded)

# 네트워크 가시화
encoder_network.summary()
```

코드를 실행한 결과는 다음과 같다.

```
Model: "model_2"
_________________________________________________________________
Layer (type)                 Output Shape              Param #
=================================================================
input_1 (InputLayer)         (None, 784)               0
_________________________________________________________________
dense_1 (Dense)              (None, 32)                25120
=================================================================
Total params: 25,120
Trainable params: 25,120
Non-trainable params: 0
_________________________________________________________________
```

별도 디코더 네트워크 정의

마찬가지로 디코더 함수는 오토인코더 뉴럴 네트워크의 아래쪽 절반을 그대로 복제한 것이다. 디코더 함수는 잠재 공간에 저장된 압축된 표상을 입력 이미지를 재구성한 출력값과 매핑한다.

```
'' 별도 디코더 네트워크 '''

# 입력에 대한 인코딩된 표상(32 차원)을 저장하는 플레이스홀더
encoded_input = Input(shape=(encoding_dim,))

# 오토인코더 모델에서 추출한 디코더 레이어
decoder_layer = autoencoder.layers[-1]

# 디코더 모델 정의. 잠재 공간과 출력 레이어 매핑
decoder_network = Model(encoded_input, decoder_layer(encoded_input))

# 네트워크 시각화
decoder_network.summary()
```

코드를 실행한 결과는 다음과 같다.

```
Model: "model_3"
_________________________________________________________________
Layer (type)                 Output Shape              Param #
=================================================================
input_2 (InputLayer)         (None, 32)                0
_________________________________________________________________
dense_2 (Dense)              (None, 784)               25872
=================================================================
Total params: 25,872
Trainable params: 25,872
Non-trainable params: 0
_________________________________________________________________
```

디코더 네트워크를 정의하려면 인코딩 차원과 일치하는 셰이프(즉, 32)의 입력 레이어를 먼저 만들어야 한다. 그 후 앞서 만든 오토인코더의 디코더 레이어를 복제한다. 이때 해당 모델의 마지막 레이어에 해당하는 인덱스를 참조하게 한다. 이제 오토인코더 네트워크 훈련을 시작할 수 있는 모든 컴포넌트를 완성했다!

오토인코더 훈련

앞서 다른 네트워크를 훈련시켰을 때와 마찬가지로 오토인코더 네트워크를 피팅한다. 모델은 50 에폭 동안 256 배치 크기로 훈련을 수행한 후 네트워크 노드의 가중치를 업데이트한다. 그리고 훈련을 수행하는 동안 데이터를 뒤섞는다. 우리가 이미 알다시피 데이터를 뒤섞어서 배치 간의 분산을 줄이고 모델의 일반화 성능을 향상시킨다.

```
autoencoder.fit(x_train, x_train,
                epochs=50,
                batch_size=256,
                shuffle=True,
                validation_data=(x_test, x_test))

--------------------
Train on 60000 samples, validate on 10000 samples
Epoch 1/50
60000/60000 [==============================] - 5s 89us/step - loss: 0.6838 -
val_loss: 0.6704
Epoch 2/50
60000/60000 [==============================] - 5s 76us/step - loss: 0.6601 -
val_loss: 0.6504
Epoch 3/50
60000/60000 [==============================] - 4s 72us/step - loss: 0.6415 -
val_loss: 0.6331
Epoch 4/50
60000/60000 [==============================] - 4s 73us/step - loss: 0.6254 -
val_loss: 0.6182
Epoch 5/50
60000/60000 [==============================] - 4s 73us/step - loss: 0.6114 -
val_loss: 0.6053
Epoch 6/50
60000/60000 [==============================] - 4s 74us/step - loss: 0.5993 -
val_loss: 0.5941
Epoch 7/50
```

마지막으로 테스트 데이터셋을 사용해 검증 데이터를 정의한 후 각 에폭이 종료되는 시점에서 모델이 처음 접하는 데이터를 대상으로 얼마나 잘 동작하는지 비교한다.

일반적인 머신러닝 워크플로우에서는 전체 데이터를 개발 데이터(개발 데이터는 훈련 데이터 및 테스트 데이터로 구성)와 검증 데이터로 분할하고, 개발 데이터를 사용해 모델을 튜닝하고, 검증 데이터를 사용해 튜닝 결과를 테스트한다. 이번 예제와 같이 단순히 보여주기를 목적으로 하는 경우에는 필수적이지 않지만, 이와 같은 양방향 전략은 일반적인 결과를 달성하려는 목적으로 구현하는 경우 매우 효과적이다.

결과 시각화

이제 노력의 결과를 확인할 시간이다. 사용하지 않았던 테스트 데이터셋을 사용해 인코더가 어떤 이미지들을 재생성할 수 있는지 살펴보자. 네트워크에 비슷한(그러나 동일하지 않은) 이미지를 훈련 데이터셋으로 제공해서 모델이 보지 못한 많은 데이터를 대상으로 얼마나 잘 수행하는지 확인한다. 이를 위해 인코더 네트워크가 테스트 데이터셋에 대해 예측하게 한다. 인코더는 입력 이미지를 압축된 표상으로 어떻게 매핑해야 할지 예측할 것이다. 다음으로 디코더 네트워크를 사용해 인코더 네트워크가 생성한 압축된 표상을 어떻게 디코딩해야 할지 예측한다. 이 과정은 다음 코드로 수행한다.

```
# 일부 이미지를 인코딩
encoded_imgs = encoder_network.predict(x_test)
# 인코딩된 이미지를 디코딩
decoded_imgs = decoder_network.predict(encoded_imgs)
```

다음으로 일부 이미지를 재구성하고 재구성을 촉진한 입력과 비교해서 오토인코더가 의상처럼 보이게 하는 핵심적인 요소들을 잘 잡아냈는지 확인한다. 이를 위해 Matplotlib을 사용해 이미지 9개를 플롯하고, 그 아래에 해당 이미지를 재구성한 이미지를 플롯한다.

```
# matplotlib 사용
import matplotlib.pyplot as plt
plt.figure(figsize=(22, 6))
num_imgs = 9

for i in range(num_imgs):
    # 원본 이미지 표시
    ax = plt.subplot(2, num_imgs, i + 1)
    true_img = x_test[i].reshape(28, 28)
    plt.imshow(true_img)

    # 재생성한 이미지 표시
    ax = plt.subplot(2, num_imgs, i + 1 + num_imgs)
    reconstructed_img = decoded_imgs[i].reshape(28, 28)
    plt.imshow(reconstructed_img)

plt.show()
```

코드를 실행한 결과는 다음과 같다.

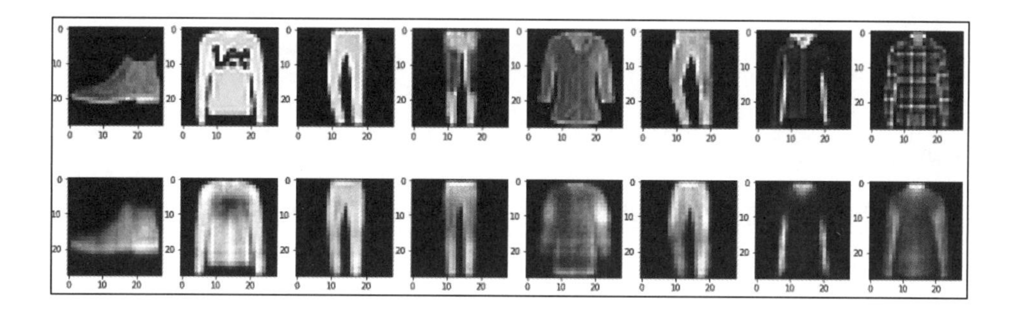

그림에서 볼 수 있듯 얕은 오토인코더는 브랜드 라벨(두 번째 이미지의 'Lee' 태그 같은)을 재생성하지는 않지만, 매우 적은 학습 능력을 갖고 있음에도 불구하고 사람이 입는 옷의 일반적인 아이디어를 명확하게 얻었다. 하지만 이것으로 충분한가? 실제적인 유스케이스, 예를 들면 컴퓨터에 기반을 둔 의상 디자인과 같은 영역에 적용하기에는 부족하다.

심층 오토인코더 설계

다음으로 오토인코더가 얼마나 이미지를 잘 재구성할 수 있는지, 앞에서 본 것과 같은 흐릿한 표상보다 나은 이미지를 생성할 수 있는지 확인해본다. 이는 오토인코더의 입력 레이어와 출력 레이어 사이에 더 많은 히든 레이어를 추가한다는 의미다. 좀 더 흥미로운 실험을 위해 다른 이미지 데이터셋을 사용할 것이다. 원한다면 앞에서 사용한 fashion_mnist 데이터셋에 동일한 방법을 적용해서 확인해도 좋다.

다음 실험에서는 10 종류의 원숭이 종[species] 이미지를 사용하는데, 이 데이터 역시 캐글에서 다운로드할 수 있다. 이 장난기 넘치고 짓궂은 정글의 친구들 그림을 재구성해서 오토인코더가 좀 더 복잡한 재구성 태스크를 얼마나 잘 수행하는지 확인할 것이다. 이 예제에서는 케라스에서 제공하는 이미 전처리된 데이터를 사용하는 편안함을 벗어나 모험을 할 수 있는 기회를 얻을 수 있다. 단조로운 MNIST 예제 이미지들에 비해 크기가 다양하고 해상도가 높은 이미지를 다루는 방법을 학습할 것이기 때문이다. 샘플 이미지는 https://www.kaggle.com/slothkong/10-monkey-species에서 다운로드할 수 있다.

임포트

필요한 라이브러리들을 먼저 임포트한다. numpy, pandas, matplotlib을 포함해 일부 케라스 모델과 레이어 객체를 임포트한다.

```
import cv2
import datetime as dt
import matplotlib.pylab as plt
import numpy as np
import pandas as pd

from keras import models, layers, optimizers
from keras.layers import Input, Dense
```

```
from keras.models import Model
from pathlib import Path
from vis.utils import utils
```

케라스 vis 라이브러리에서 유틸리티 모듈을 임포트했다. vis 라이브러리는 이미지 조작에 적합한 멋진 기능을 제공하며, 이를 이용해 훈련 이미지들을 동일한 차원으로 크기를 조절할 것이다. 이번에 다룰 이미지들은 크기가 모두 다르기 때문이다.

데이터 이해

이 데이터셋을 선택한 이유가 있다. 28 × 28픽셀 크기의 이미지(앞의 예제에서 사용한 옷 이미지) 아이템들과 달리 이 이미지들은 좀 더 풍부하고 복잡한 특징을 갖고 있다. 예를 들면 원숭이들은 몸의 형태는 물론 색깔도 다르다! 데이터셋을 플롯해서 클래스 분포가 어떻게 돼 있는지 확인할 수 있다.

```
cols = ['Label', 'Latin Name', 'Common Name', 'Train Images',
        'Validation Images']
labels = pd.read_csv('<path/to>/monkey_labels.txt', names=cols, skiprows=1)
labels
```

코드를 실행한 결과는 다음과 같다.

	Label	Latin Name	Common Name	Train Images	Validation Images
0	n0	alouatta_palliata\t	mantled_howler	131	26
1	n1	erythrocebus_patas\t	patas_monkey	139	28
2	n2	cacajao_calvus\t	bald_uakari	137	27
3	n3	macaca_fuscata\t	japanese_macaque	152	30
4	n4	cebuella_pygmea\t	pygmy_marmoset	131	26
5	n5	cebus_capucinus\t	white_headed_capuchin	141	28
6	n6	mico_argentatus\t	silvery_marmoset	132	26
7	n7	saimiri_sciureus\t	common_squirrel_monkey	142	28
8	n8	aotus_nigriceps\t	black_headed_night_monkey	133	27
9	n9	trachypithecus_johnii	nilgiri_langur	132	26

10종의 원숭이는 각각 완전히 다른 특성을 갖고 있다. 몸의 크기, 털의 색깔, 얼굴의 형태까지 모두 다르기 때문에 오토인코더에게는 훨씬 어려운 태스크가 될 것이다. 다음 8종의 원숭이 이미지를 보면 각 종 사이에 다른 어떤 특징이 있는지 더 잘 알 수 있다. 원숭이들 모두가 제각각이다.

오토인코더는 데이터에 종속적이므로, 오토인코더를 훈련시켜서 차이가 큰 이미지 클래스를 재구성하는 것은 의심스러운 결과를 초래할 수도 있다. 하지만 이 실험을 통해

서 오토인코더를 활용해 얻을 수 있는 장점과 제한을 더 잘 이해할 수 있을 것이다.

데이터 임포트

먼저 캐글 저장소에서 제공한 다양한 원숭이 종 이미지를 임포트한다. 캐글 데이터를 다운로드하고, 파이썬이 제공하는 운영체제 인터페이스(os 모듈)를 사용해 훈련 데이터 폴더에 접근한다.

```
import os

all_monkeys = []
for image in os.listdir('<path/to>/training/'):
    try:
        monkey = utils.load_img(('<path/to>/training/' + image),
                                target_size=(64, 64))
        all_monkeys.append(monkey)
    except Exception as e:
        pass

print('Recovered data format:', type(all_monkeys))
print('Number of monkey images:', len(all_monkeys))

-----------------------------
Recovered data format: <class 'list'>
Number of monkey images: 1094
```

이미지 변수를 try/except 루프로 둘러쌌음을 알 수 있다. 이는 데이터셋에서 찾은 이미지가 파손됐을 경우를 대비한 것이다. 따라서 utils 모듈의 load_img() 함수로 이미지를 읽어 들이지 못한 경우 해당 이미지 파일을 함께 무시한다. 이 (다소 임의적인) 전략으로 이미지를 선택하면 총 1,097개 이미지 중 1,094개의 이미지만 로드하게 된다.

데이터 전처리

다음으로 픽셀 값 리스트를 NumPy 배열로 변환한다. 배열이 실제로 64 × 64픽셀 크기의 컬러 이미지 1,094개를 갖고 있는지 그 셰이프를 확인한다. 그 후 각 값을 픽셀이 가질 수 있는 최댓값(즉, 255)으로 나눠 0~1 사이의 값으로 표준화한다.

```
# 배열로 변환
all_monkeys = np.asarray(all_monkeys)
print('Shape of array:', all_monkeys.shape)

# 픽셀 값 표준화
all_monkeys = all_monkeys.astype('float32') / 255.

# 배열 평탄화
all_monkeys = all_monkeys.reshape((len(all_monkeys),
                                   np.prod(all_monkeys.shape[1:])))
print('Shape after flattened:', all_monkeys.shape)

------------------------------
Shape of array: (1094, 64, 64, 3)
Shape after flattened: (1094, 12288)
```

마지막으로 4차원 배열을 2차원 배열로 평활화한다. 우리가 사용할 심층 오토인코더는 2차원 백터를 전파하는 피드포워드 뉴럴 네트워크로 구성돼 있기 때문이다. 3장에서와 마찬가지로 각 3차원 이미지(64 × 64 × 3)를 하나의 2차원 벡터(1, 12,288)로 바꾼다.

데이터 파티셔닝

데이터를 전처리해서 표준화된 픽셀 값을 갖는 2차원 텐서를 얻었다. 이를 훈련 세그먼트와 테스트 세그먼트로 분할한다. 결국 오토인코더가 이제까지 보지 못했던 이미지를 보고, 원숭이가 어떻게 보여야 할지 이해한 바를 바탕으로 원숭이 이미지를 재생성하게 해야 하기 때문이다. 이 실험에서 데이터셋이 제공하는 라벨을 사용하지는 않지만, 네트워크는 이미지를 볼 때 라벨을 함께 입력받는다. 여기에서는 이미지 분류가 아닌 이미지 재생성 태스크를 수행하므로, 이미지 자체를 라벨로 입력받는다. 때문에 오토인코더의 경우 입력 변수는 대상 변수와 같다. 다음 코드에서 사이킷-런의 모델 선택 모듈이 제공하는 train_test_split 함수를 사용해 훈련 데이터와 테스트 데이터(80/20 비율로 분할)를 생성한다. x와 y 변수는 태스크 특성에 따라 동일한 데이터 구조로 정의한다.

```
from sklearn.model_selection import train_test_split

x_train, x_test, y_train, y_test = train_test_split(all_monkeys,
                                                    all_monkeys,
                                                    test_size=0.2,
                                                    random_state=42)

plt.imshow(x_train[6].reshape(64, 64, 3))
```

코드를 실행한 결과는 다음과 같다.

훈련 데이터와 테스트 데이터의 셰이프를 확인하면 다음과 같다.

```
x_train.shape, x_test.shape
------------------------------
((875, 12288), (219, 12288))
```

오토인코더 훈련에 사용할 훈련 데이터는 875개, 테스트에 사용할 테스트 데이터는 219개다. 캐글 데이터셋은 훈련 데이터(training 폴더)와 테스트 데이터(validation 폴더)를 별도로 제공하는데, 이는 데이터의 본래 목적이 여러 원숭이 종을 구분하는 것이기 때문이다. 하지만 지금 케이스에서는 분류까지 엄격하게 확인하지 않는다. 단지 심층 인코더가 차이가 많은 데이터셋으로 훈련했을 때 이미지를 얼마나 잘 재생성하는지 보는 것이 목적이기 때문이다. 특정한 원숭이 종의 데이터로만 훈련한 경우 오토인코더가 어떤 성능을 보여주는지도 비교해보길 바란다. 논리적으로 후자의 모델이 입력 이미지를 좀 더 잘 재생성할 것이다.

기능적 API를 사용한 오토인코더 설계

이전 예제에서 했던 것과 마찬가지로 기능적 API를 사용해 심층 오토인코더를 구축한다. 입력 레이어와 덴스 레이어, 향후 네트워크를 초기화할 때 사용할 모델 객체를 임포트한다. 또한 이미지의 입력 차원(64 × 64 × 3 = 12,228), 인코딩 차원(256)을 정의한다. 결과적으로 압축률은 48(= 12,228/256)이 된다. 즉, 각 이미지는 압축 계수 48에 따라 압축돼 잠재 공간에 저장된 후 네트워크에 의해 재구성된다.

```
from keras.layers import Input, Dense
from keras.models import

## 입력 차원
input_dim = 12288

## 잠재 공간 인코딩 차원
encoding_dim = 256
```

압축 계수는 매우 중요하다. 입력을 너무 낮은 차원 공간으로 매핑하면 정보가 너무 많이 손실돼서 재생성 성능이 떨어진다. 이미지의 핵심적인 정보를 잠재 공간에 저장하지 못하게 될 수도 있다. 반면 이미 모델에 학습 능력을 너무 많이 제공하면 과학습을 유발하게 된다. 때문에 사람이 직접 압축 계수를 선택하는 것은 매우 이상할 수 있다. 의심이 된다면 직접 다양한 압축 계수와 정규화 메소드를 선택해서 실험해보는 것도 좋다(잠시 시간을 가져 보라).

모델 구현

입력 레이어를 만들어 2차원 벡터의 원숭이 이미지를 입력받는다. 다음으로 덴스 레이어를 사용해 네트워크의 인코더 파트를 정의한다. 레이어가 깊어지면서 잠재 공간에 이를 때까지 레이어에 포함된 뉴런의 숫자를 점진적으로 줄인다. 여기에서는 잠재 공간에 이를 때까지 레이어의 뉴런 수를 반으로 줄여 나갔다. 그러므로 첫 번째 레이어는 1024개(= 256 × 4)의 뉴런, 두 번째 레이어는 512개(= 256 × 2)의 뉴런, 잠재 공간을 의미하는 세 번째 뉴런은 256개의 뉴런을 가진다. 이는 잠재 공간에 접근할 때까지 레이어별 뉴런의 수를 줄이고, 잠재 공간을 지난 후에 레이어별 뉴런의 숫자를 늘리는 (불완전 오토인코더) 경우에 널리 사용되는 방식이기는 하지만, 반드시 엄격하게 따를 필요는 없다.

```
# 입력 레이어 플레이스홀더
input_layer = Input(shape=(input_dim,))

# 인코딩 레이어 - 이미지를 퍼널해서 저차원 표상으로 변환
encoded = Dense(encoding_dim * 4, activation='relu')(input_layer)
encoded = Dense(encoding_dim * 2, activation='relu')(encoded)

# 잠재 스페이스
encoded = Dense(encoding_dim, activation='relu')(encoded)

# "decoded"는 입력의 손실된 재구성임
decoded = Dense(encoding_dim * 2, activation='relu')(encoded)
decoded = Dense(encoding_dim * 4, activation='relu')(decoded)
decoded = Dense(input_dim, activation='sigmoid')(decoded)
```

```
# 입력을 손실된 재구성과 매핑
autoencoder = Model(input_layer, decoded)

autoencoder.summer()
```

코드를 실행한 결과는 다음과 같다.

```
Layer (type)                 Output Shape              Param #
=================================================================
input_1 (InputLayer)         (None, 12288)             0
_________________________________________________________________
dense_1 (Dense)              (None, 1024)              12583936
_________________________________________________________________
dense_2 (Dense)              (None, 512)               524800
_________________________________________________________________
dense_3 (Dense)              (None, 256)               131328
_________________________________________________________________
dense_4 (Dense)              (None, 512)               131584
_________________________________________________________________
dense_5 (Dense)              (None, 1024)              525312
_________________________________________________________________
dense_6 (Dense)              (None, 12288)             12595200
=================================================================
Total params: 26,492,160
Trainable params: 26,492,160
Non-trainable params: 0
_________________________________________________________________
```

마지막으로 입력 레이어와 디코더 레이어를 모델 객체에 인자로 전달해서 오토인코더를 초기화한다. 다음으로 구현한 모델을 표시한다.

모델 훈련

이제 훈련 세션을 시작할 수 있다. 이번에는 adam 최적화 함수, mse 활성화 함수를 사용해 모델을 컴파일한다. 그 후 모델에서 fit()를 호출하고 적절한 인자를 전달해서 훈련을 시작한다.

```
autoencoder.compile(optimizer='adam', loss='mse')
```

```
autoencoder.fit(x_train, x_train, epochs=100, batch_size=20, verbose=1)
```

코드를 실행한 결과는 다음과 같다.

```
Epoch 1/100
878/878 [==============================] - 23s 26ms/step - loss: 0.0559
Epoch 2/100
878/878 [==============================] - 21s 24ms/step - loss: 0.0473
Epoch 3/100
878/878 [==============================] - 21s 24ms/step - loss: 0.0448
Epoch 4/100
878/878 [==============================] - 21s 24ms/step - loss: 0.0428
Epoch 5/100
878/878 [==============================] - 21s 24ms/step - loss: 0.0401
Epoch 6/100
```

100번째 에폭이 종료되는 시점에 손실값(0.0046)으로 훈련을 마친다. 이전의 얕은 인코더 모델과 다른 손실 함수를 선택했기 때문에 두 모델을 서로 직접 비교할 수는 없다. 실제로 손실 함수를 선택하는 방법에 따라 모델이 최소화하고자 하는 대상의 특성이 달라진다. 서로 다른 두 뉴럴 네트워크 아키텍처(예를 들면 피드포워드 네트워크와 CNN)를 비교하고 싶은 경우에는 다른 요소들을 고려하기 전에 우선 동일한 최적화 함수와 손실 함수를 사용하는 것이 좋다.

결과 시각화

구현한 심층 오토인코더가 한 번도 접해보지 않았던 테스트 데이터셋을 입력해서 얼마만큼의 재생산 능력을 갖는지 확인해보자. 분리된 인코더 네트워크를 사용해 잠재 공간에 테스트 데이터셋 이미지를 어떻게 압축하는지 예측할 수 있다. 디코더는 이 잠재 공간에 대해 디코딩을 호출하고, 인코더가 예측한 잠재 공간에서 원본 이미지를 재구성한다.

```
decoded_imgs = autoencoder.predict(x_test)
# matplotlib 사용(더 이상 묻지 말자)
```

```
import matplotlib.pyplot as plt

n = 6  # 표시할 이미지 수
plt.figure(figsize=(22, 6))
for i in range(n):
    # 원본 이미지 출력
    ax = plt.subplot(2, n, i + 1)
    plt.imshow(x_test[i].reshape(64, 64, 3))  # 테스트 이미지
    plt.gray()
    ax.get_xaxis().set_visible(False)
    ax.get_yaxis().set_visible(False)

    # 재생성한 이미지 출력
    ax = plt.subplot(2, n, i + 1 + n)
    plt.imshow(decoded_imgs[i].reshape(64, 64, 3))
    plt.gray()
    ax.get_xaxis().set_visible(False)
    ax.get_yaxis().set_visible(False)
plt.show()
```

코드를 실행한 결과는 다음과 같다.

이미지 자체는 미적으로는 만족스럽기는 하지만 논쟁의 여지가 있다. 모델이 원숭이를 나타내는 본질은 놓친 것 같다. 재구성된 이미지는 원숭이의 특징이라기보다는 별이 반짝이는 하늘에 더 가까워 보인다. 네트워크가 매우 기본적인 레벨의 일반적인 휴머노이드 형태학을 배우기 시작했다는 것은 알겠지만, 특별히 내세울 만한 것도

아니다. 그렇다면 이를 어떻게 발전시킬 수 있을까? 이 책을 마칠 때쯤 최소한 원숭이처럼 보일 정도로 재구성할 수 있는 모델을 만들 것이다. 이를 위해 이미지를 다루는 데 일가견이 있는 네트워크를 사용한다. 바로 컨볼루셔널 뉴럴 네트워크 아키텍처CNN, Convolutional Neural Network다. 다음 절에서 이 아키텍처를 사용해 심층 컨볼루셔널 오토인코더를 구현한다.

심층 컨볼루셔널 오토인코더

다행히도 심층 컨볼루셔널 오토인코더를 만드는 데는 큰 노력이 필요하지 않다. 하나의 컨볼루셔널 네트워크를 정의하고, 훈련 데이터 배열을 적절한 차원의 셰이프로 변경한 후 태스크에서 어떤 성능을 보이는지 테스트하면 된다. 따라서 일부 컨볼루셔널 레이어, 맥스 풀링 레이어, 업샘플링UpSampling 레이어를 임포트하고 네트워크 구현을 시작한다. 입력 레이어를 정의하고 64 × 64픽셀 크기 컬러 이미지의 셰이프를 제공한다. 다음으로 컨볼루셔널 레이어와 풀링 레이어를 잠재 공간에 이를 때까지 교대로 반복한다. 잠재 공간은 두 번째 MaxPooling2D 레이어다. 반대로 잠재 공간으로부터 시작돼 멀어지는 레이어들은 컨볼루셔널 레이어와 업샘플링 레이어를 교대로 반복해서 구성해야 한다. 업샘플링 레이어는 그 이름에서 알 수 있듯 이전 레이어의 행과 열을 반복해 표상의 차원을 늘리는 레이어다.

```
from keras.layers import Conv2D, MaxPooling2D, UpSampling2D

# 입력 레이어 플레이스홀더
# 'channels_first' 이미지 데이터 포맷 사용 시 적용
input_img = Input(shape=(64, 64, 3))

# 인코더 파트
l1 = Conv2D(32, (3, 3), activation='relu', padding='same')(input_img)
l2 = MaxPooling2D((2, 2), padding='same')(l1)
```

```
l3 = Conv2D(16, (3, 3), activation='relu', padding='same')(l2)

# 잠재 공간. 차원: (None, 32, 32, 16)
encoded = MaxPooling2D((1, 1), padding='same')(l3)

# 디코더 파트
l8 = Conv2D(16, (3, 3), activation='relu', padding='same')(encoded)
l9 = UpSampling2D((2, 2))(l8)
decoded = Conv2D(3, (3, 3), activation='sigmoid', padding='same')(l9)

# 모델 초기화
autoencoder = Model(input_img, decoded)

# 모델 정보 출력
autoencoder.summary()
```

코드를 실행한 결과는 다음과 같다.

```
Layer (type)                 Output Shape              Param #
=================================================================
input_1 (InputLayer)         (None, 64, 64, 3)         0
_________________________________________________________________
conv2d_1 (Conv2D)            (None, 64, 64, 32)        896
_________________________________________________________________
max_pooling2d_1 (MaxPooling2 (None, 32, 32, 32)        0
_________________________________________________________________
conv2d_2 (Conv2D)            (None, 32, 32, 16)        4624
_________________________________________________________________
max_pooling2d_2 (MaxPooling2 (None, 32, 32, 16)        0
_________________________________________________________________
conv2d_3 (Conv2D)            (None, 32, 32, 16)        2320
_________________________________________________________________
up_sampling2d_1 (UpSampling2 (None, 64, 64, 16)        0
_________________________________________________________________
conv2d_4 (Conv2D)            (None, 64, 64, 3)         435
=================================================================
Total params: 8,275
Trainable params: 8,275
Non-trainable params: 0
_________________________________________________________________
```

이 컨볼루셔널 오토인코더는 8개 레이어로 구성된다. 정보는 첫 번째 레이어로 입력되고, 입력으로부터 컨볼루셔널 레이어들은 32개의 특징 맵을 만든다. 이 맵들은 맥스 풀링 레이어로 다운샘플링돼 32 × 32 크기의 23개 특징 맵을 생성한다. 이 맵들은 잠재 레이어로 전달되는데, 이 잠재 레이어는 입력 이미지에 대한 16개의 서로 다른 표상을 각각 32 × 32픽셀에 저장한다. 이 표상들은 뒤의 계속되는 레이어로 전달되고, 컨볼루션과 업샘플링 오퍼레이션을 통해 디코더 레이어까지 전파된다. 입력 레이어와 마찬가지로 디코더 레이어는 64 × 64픽셀 크기 컬러 이미지의 차원과 일치한다. 특정한 컨볼루셔널 레이어를 확인할 때는 (모델 전체를 가시화하지 않고) 케라스 backend 모듈의 int_shape()를 사용할 수 있다.

```
# 레이어 하나의 셰이프 확인
import keras
keras.backend.int_shape(encoded)
-----------------------------
(None, 32, 32, 16)
```

모델 컴파일과 훈련

다음으로 심층 피드포워드 네트워크에서와 동일한 최적화 함수, 손실 함수를 사용해 컴파일하고, 모델 객체에서 fit()를 호출해서 훈련 세션을 초기화한다. 총 50회 에폭 동안만 모델을 훈련시키고 한 번에 20개 이미지 배치로 업데이트를 적용한다는 점에 주의한다. 피드포워드 모델보다 연산이 빠르기 때문에 전방 경사 모델을 훈련할 때 소요됐던 것보다 훨씬 짧은 시간에 모델을 훈련시킬 수 있다. 훈련 시간과 정확성 사이의 트레이드오프가 이 예제에서 어떻게 표현되는지 확인해보자.

```
# 모델 컴파일
autoencoder.compile(optimizer='adam', loss='mse')
# 훈련 세션 초기화
autoencoder.fit(x_train, x_train, epochs=50, batch_size=20,
                shuffle=True, verbose=1)
```

코드를 실행한 결과는 다음과 같다.

```
Epoch 1/50
878/878 [==============================] - 9s 11ms/step - loss: 0.0411
Epoch 2/50
878/878 [==============================] - 9s 11ms/step - loss: 0.0100
Epoch 3/50
878/878 [==============================] - 9s 10ms/step - loss: 0.0070
Epoch 4/50
878/878 [==============================] - 9s 10ms/step - loss: 0.0058
Epoch 5/50
878/878 [==============================] - 9s 11ms/step - loss: 0.0050
Epoch 6/50
```

50번째 에폭이 완료된 시점에 모델의 손실은 (0.0044)에 다다른다. 이 값은 앞서 확인했던 피드포워드 모델보다 훨씬 작은 값이다. 피드포워드 모델은 이 모델보다 더 많은 에폭 수와 큰 배치 크기로 훈련했다. 이제 모델이 한 번도 보지 못했던 이미지들을 얼마나 잘 재구성하는지 그 성능을 확인해보자.

결과 테스트와 시각화

테스트 데이터셋에서 생성된 몇 개 샘플을 플롯해서 그 원본 이미지와 비교하는 간단한 함수를 작성한다. 그다음 코드에서 모델 객체에 `.predict()` 메소드를 사용해 테스트 데이터셋에 대한 모델의 추론 결과를 저장한 변수를 정의한다. 이 메소드 실행 결과 데이터셋에서 입력된 모든 이미지를 디코딩한 결과를 저장한 NumPy 배열 하나가 생성된다. 마지막으로 `compare_outputs()` 함수 테스트 데이터셋과 디코딩한 예측 데이터셋을 전달해서 결과를 시각화한다.

```
def compare_outputs(x_test, decoded_imgs=None, n=10):
    plt.figure(figsize=(22, 5))
    for i in range(n):
        ax = plt.subplot(2, n, i + 1)
        plt.imshow(x_test[i].reshape(64, 64, 3))
```

```
        ax.get_xaxis().set_visible(False)
        ax.get_yaxis().set_visible(False)

        if decoded_imgs is not None:
            ax = plt.subplot(2, n, i + 1 + n)
            plt.imshow(decoded_imgs[i].reshape(64, 64, 3))

            ax.get_xaxis().set_visible(False)
            ax.get_yaxis().set_visible(False)
    plt.show()

decoded_imgs = autoencoder.predict(x_test)
print('Upper row: Input image provided \nBottom row: Decoded output generated')
compare_outputs(x_test, decoded_imgs)
```

코드를 실행한 결과는 다음과 같다.

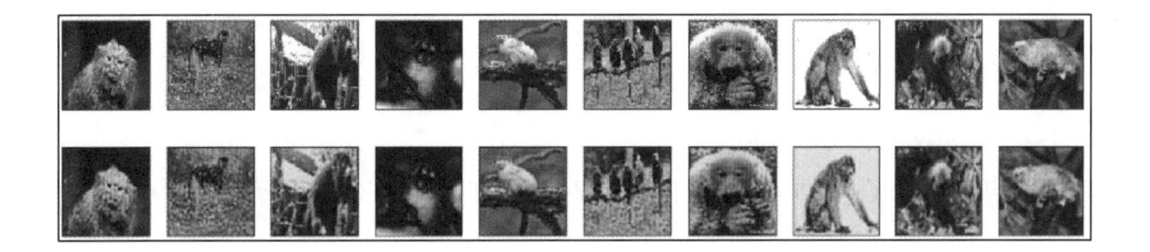

결과에서 보듯 심층 컨볼루셔널 오토인코더는 실제로 테스트 데이터셋에서 이미지를 재구성하는 데 뛰어나다. 몸의 형태와 정확한 컬러 스킴을 학습했을 뿐만 아니라, 카메라 플래시에 의한 적목 현상red-eye까지 담아냈다(네 번째 원본 이미지와 그 인공 도플갱어를 보라). 멋지다! 우리는 이제 원숭이 이미지들을 재구성할 수 있다. 흥분은 금방 사라지므로(위 예제의 결과를 처음 봤다 하더라도), 이 오토인코더를 좀 더 유용한 현실적인 태스크, 예를 들면 이미지 노이즈 제거denoising, 즉 손상된 이미지에서 이미지를 재생성하는 네트워크에 적용해보자.

노이즈 제거 오토인코더

이 절에서도 원숭이 데이터셋을 사용하고, 훈련 이미지는 노이즈 계수를 추가해 수정한다. 노이즈 계수는 근본적으로 원본 이미지의 픽셀 값을 바꿔서 이미지를 구성하는 일부 정보를 삭제하는 것으로, 입력 원본 이미지를 간단하게 재생성하는 것보다는 도전적인 태스크가 될 것이다. 입력 변수들은 노이즈를 가진 이미지가 되며, 훈련이 진행되는 동안 모델에게 보여주는 대상 변수는 노이즈를 가진 이미지의 손상되지 않은 버전이라는 점에 주의한다. 훈련 이미지와 테스트 이미지에 노이즈를 추가하기 위해 간단하게 가우시안Gaussian 노이즈 행렬을 이미지 픽셀에 적용한 후 결과 값을 0에서 1 사이로 클리핑한다.

```
# 노이즈 계수 선택
noise_factor = 0.35

# 노이즈가 있는(손상된) 버전 정의
x_train_noisy = x_train + noise_factor * np.random.normal(loc=0.0, scale=1.0,
        size=x_train.shape)
x_test_noisy = x_test + noise_factor * np.random.normal(loc=0.0, scale=1.0,
        size=x_test.shape)

# 값을 0에서 1 사이로 클립
x_train_noisy = np.clip(x_train_noisy, 0., 1.)
x_test_noisy = np.clip(x_test_noisy, 0., 1.)
```

임의로 선택한 노이즈 계수(0.35)가 실제로 이미지에 어떤 영향을 미치는지, 임의로 데이터를 하나 선택해서 플롯해본다. 예제에서 사용하는 정도의 해상도에 이미지에 노이즈가 섞여 들어가면 사람의 눈으로는 거의 구별할 수 없다. 이미지는 픽셀을 무작위로 늘어놓은 것으로 보인다.

```
# 노이즈 계수 추가 효과
f = plt.figure()
```

```
f.add_subplot(1,2, 1)
plt.imshow(x_test[1])

f.add_subplot(1,2, 2)
plt.imshow(x_test_noisy[1])

plt.show(block=True)
```

코드를 실행한 결과는 다음과 같다.

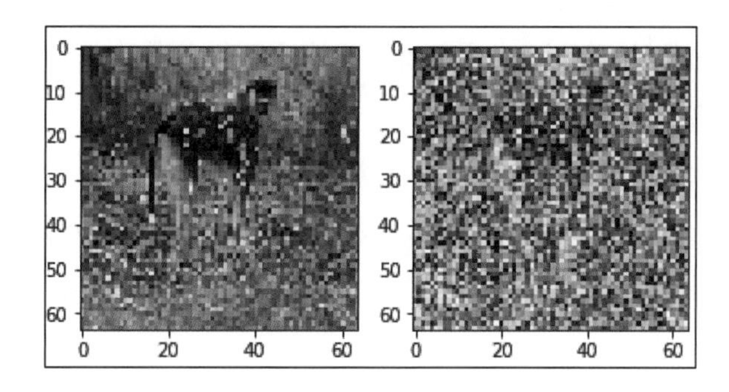

노이즈 제거 네트워크 훈련

동일한 컨볼루셔널 오토인코더 아키텍처를 사용해 이 태스크를 수행한다. 하지만 모델은 처음부터 다시 초기화하고 훈련시킨다. 이번에는 입력 변수로 노이즈가 섞인 이미지를 사용한다.

```
autoencoder.compile(optimizer='adam', loss='mse')
autoencoder.fit(x_train_noisy, x_train, epochs=50, batch_size=20,
                shuffle=True, verbose=1)
```

코드를 실행한 결과는 다음과 같다.

```
Epoch 1/50
878/878 [==============================] - 9s 10ms/step - loss: 0.0402
Epoch 2/50
878/878 [==============================] - 8s 9ms/step - loss: 0.0143
Epoch 3/50
878/878 [==============================] - 8s 9ms/step - loss: 0.0110
Epoch 4/50
878/878 [==============================] - 8s 9ms/step - loss: 0.0094
Epoch 5/50
878/878 [==============================] - 8s 9ms/step - loss: 0.0086
Epoch 6/50
878/878 [==============================] - 8s 9ms/step - loss: 0.0083
```

위에서 보듯 노이즈 제거 인코더를 사용하는 경우에는 직전의 네트워크와 달리 손실이 더 머뭇거리면서 수렴한다. 입력 데이터에서 많은 정보가 제거돼 있으므로, 손상되지 않은 출력값을 생성하고자 네트워크가 적절한 잠재 공간을 학습하는 것이 더 어렵기 때문이다. 때문에 이 네트워크는 압축과 재구성 오퍼레이션을 수행하는 동안 좀 더 많은 창의성을 필요로 한다. 훈련 세션은 50 에폭에서 손실값 0.0126로 종료된다. 이제 테스트 데이터셋에 대해 예측을 수행하고 재구성된 결과를 확인해보자.

결과 시각화

마지막으로 이미지 노이즈 제거 같은 좀 더 도전적인 과제에 대해 모델이 얼마나 더 해당 과제를 잘 수행하는지 테스트할 수 있다. 앞에서 사용한 동일한 헬퍼 함수를 사용해서 네트워크의 출력과 그에 해당하는 테스트 데이터셋의 이미지를 비교한다.

```
def compare_outputs(x_test, decoded_imgs=None, n=10):
    plt.figure(figsize=(22, 5))
    for i in range(n):
        ax = plt.subplot(2, n, i + 1)
        plt.imshow(x_test[i].reshape(64, 64, 3))

        ax.get_xaxis().set_visible(False)
        ax.get_yaxis().set_visible(False)

        if decoded_imgs is not None:
```

```
        ax = plt.subplot(2, n, i + 1 + n)
        plt.imshow(decoded_imgs[i].reshape(64, 64, 3))
        ax.get_xaxis().set_visible(False)
        ax.get_yaxis().set_visible(False)
    plt.show()
decoded_imgs = autoencoder.predict(x_test_noisy)
print('Upper row: Input image provided\n
      Bottom row: Decoded output generated')
compare_outputs(x_test, decoded_imgs)
```

코드를 실행한 결과는 다음과 같다.

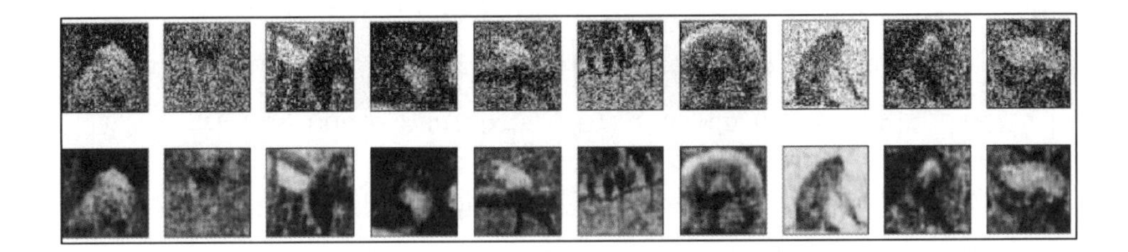

결과를 통해 알 수 있듯 노이즈 계수가 추가됐음에도 네트워크는 그 본분을 훌륭하게 수행했다. 입력된 이미지들의 상당수는 사람의 눈으로 구별하기 어렵다. 매우 적은 학습 능력과 짧은 훈련 시간이라는 조건을 고려할 때 네트워크가 입력 이미지들에 존재하는 일반적인 구조와 구성을 재생성했다는 점은 매우 주목할 만하다.

레이어의 수, 필터, 잠재 공간의 인코딩 차원 등을 변경하면서 좀 더 복잡한 아키텍처로 실험을 해보길 권한다. 8장의 마지막에 실험을 해볼 수 있도록 몇 가지 연습 문제를 소개했다.

요약

8장에서는 오토인코더의 기반 이론에 대한 고차원적인 측면과 오토인코더 모델을 학습시키는 수학적인 기반을 개념화했다. 다양한 형태의 오토인코더 아키텍처(얕은 아키텍처, 심층 아키텍처, 불완전 아키텍처와 과도한 아키텍처 등)를 살펴봤다. 각 모델의 다양한 표현력을 확인했고, 너무 많은 용량을 제공할 경우 과학습되는 경향이 있음을 관찰했다. 또한 몇 가지 정규화 기법을 활용해 과학습 문제를 보상하는 방법(즉, 희소 오토인코더와 수축적 오토인코더 등)도 다뤘다. 마지막으로 얕은 오토인코더, 심층 오토인코더와 컨볼루셔널 네트워크를 포함한 다양한 종류의 오토인코더 네트워크를 학습시키고, 이미지 재구성과 노이즈 제거 태스크를 수행했다. 매우 작은 학습 능력과 짧은 학습 시간에도 불구하고 컨볼루셔널 오토인코더들은 이미지를 재구성하는 태스크에서 다른 어떤 오토인코더들보다 뛰어난 성능을 나타냈다. 또한 손상된 이미지들로부터 입력받은 이미지가 가진 일반적인 형태를 유지하면서 복원된 이미지를 생성했다.

차원 감소^dimensionality reduction^를 활용해 주요한 변동 요소를 시각화하는 것과 같은 다양한 유스케이스까지 살펴보지는 않았지만, 오토인코더는 추천 시스템의 협업 필터링에서 헬스 케어의 미래 환자 예측(심층 환자 예측^Deep Patient^을 참조한다. https://www.nature.com/articles/srep26094)에 이르기까지 다양한 분야에 적용될 수 있다. 8장에서는 의도적으로 가변 오토인코더^VAE, Variational AutoEncoder^는 다루지 않았다. 가변 오토인코더는 모델의 학습에 따라 생성되는 잠재 영역에 대한 특별한 제약을 갖고 있다. 가변 오토인코더는 모델이 입력 데이터를 나타내는 확률 분포를 학습하고, 이로부터 출력을 샘플링한다. 지금까지 다룬 오토인코더들과는 매우 다른 접근 방식이며, 네트워크가 다소 임의적인 함수 기반의 학습을 하는 데 효과적이다. 이 흥미로운 VAE를 8장에서 다루지 않은 이유는 기술적인 측면에서 가변 오토인코더는 생성적^generative^ 모델의 하나이기 때문이다. 그리고 9장에서 생성적 네트워크를 다룬다!

연습 문제

- 심층 오토인코더를 구현하고 fashion MNIST 데이터셋을 사용해 손실값이 어디에 수렴하는지 모니터링하고, 이를 얕은 오토인코더의 결과와 비교해보라.
- 다른 데이터셋으로 학습하는 오토인코더를 구현해보고 다양한 인코딩 차원, 최적화 함수, 손실 함수를 사용해 모델의 성능을 비교해보라.
- 다양한 모델(CNN, 피드포워드 네트워크 등)에서 손실값이 수렴하는 시기와 손실값의 감소가 얼마나 안정적인지 혹은 불규칙한지 비교해보라. 무엇을 알 수 있는가?

09

생성적 네트워크

8장에서는 오토인코딩 뉴럴 네트워크의 세계에 발을 들였다. 오토인코더 모델을 사용해서 주어진 이미지를 대상 이미지에 대해 재구성하는 능력을 가진 파라미터화된 함수들을 확인했다. 사소해보일 수도 있지만, 이와 같은 자기 지도 인코딩 방식은 이론적이고 실질적인 여러 의미를 담고 있다.

실제 머신러닝 관점에서 볼 때 서로 연결돼 있는 고차원 공간의 지점들을 저차원 공간으로 근사화하는 능력(즉, 다양한 학습manifold learning)은 데이터 저장은 물론 메모리 사용의 효율을 높이는 등 여러 장점을 제공한다. 실제 이를 활용해 다양한 종류의 데이터에 대한 이상적인 코딩 스킴을 발견하거나, 주성분 분석PCA, Principal Component Analysis 혹은 다른 정보 추출과 같은 유스케이스에 대해 직접적인 차원 감소를 수행할 수 있다. 예를 들어 유사한 쿼리들을 사용해 특정한 정보를 검색하는 태스크는 저차원에 저장된 일련의 데이터에서 유용한 표현을 학습하므로 크게 증강augment시킬 수 있다. 또한 학습된 표상들을 특징 추출자로 사용해서 새롭게 유입된 데이터를 분류할 수 있다. 이러한 애플리케이션을 활용하면 질의를 할 때 고수준의 추론이 가능한 강력한 데이터베이스를 구성할 수 있다. 이를 변형해서 활용하면 변호사가 현재 케이스와 유사한 판례를 효율적으로 검색하는 데 사용할 수 있는 법률 데이터베이스, 또는 의사가 개별적인 환자들에서 얻을 수 있는 노이즈가 포함된 데이터를 사용해 효율적으로 환자를 진단할 수 있게 하는 의료 시스템을 구성하는 데 도움이 될 수 있다. 연구자들이나 기업들은 이러한 잠재 변수 모델latent variable model을 사용해 다양한 유스케이스(순차 기계 번역에서 고객 리뷰의 복잡한 속성을 분류하는 등)를 해결한다. 생성적 모델을 사용해 다음과 같은 질문에 대한 답을 구해볼 수 있다.

> 특정한 클래스(y)에 속한다고 할 때 이 특징들(x)이 데이터의 인스턴스에 존재할 가능성이 얼마나 되는가?

이는 지도 학습을 통한 학습 태스크를 했을 때 사용할 수 있는 다음의 질문과는 매우 다르다.

> 주어진 특징(x)을 고려할 때 이 인스턴스가 클래스(y)의 부분일 가능성이 얼마나 되는가?

이 뒤바뀐 역할을 좀 더 잘 이해하고자 8장의 말미에서 잠시 소개한 가변 모델링에 관한 아이디어를 살펴본다.

9장에서는 잠재 변수의 개념을 좀 더 깊게 확인한다. 단순히 입력을 출력과 매핑하는 파라미터화된 함수를 학습하는 대신, 뉴럴 네트워크를 사용해 잠재 공간에 대한 확률 분포를 표시하는 함수를 학습한다. 이후 그 확률 분포에서 샘플링을 해서 입력 데이터의 새로운 합성(novel, synthetic) 인스턴스를 생성한다. 이것이 바로 9장에서 깊게 살펴볼 생성적 모델링의 핵심 기반 이론이다.

9장에서 다루는 내용은 다음과 같다.

- 콘텐트 복제와 생성
- 잠재 공간 표현 이해
- 생성적 네트워크 깊이 들여다보기
- 무작위성을 활용한 출력 증강
- 잠재 공간으로부터의 샘플링
- 생성적 적대 네트워크의 종류
- 가변 오토인코더
- 가변 오토인코더의 인코더 모듈 구현
- 가변 오토인코더의 디코더 모듈 구현
- 잠재 공간 시각화
- 잠재 공간 샘플링과 출력 생성
- GAN
- GAN 깊이 살펴보기
- 케라스를 활용한 GAN 설계
- GAN의 생성자 모듈 설계
- GAN의 판별자 모듈 설계
- GAN 종합
- 훈련 함수
- 판별자 라벨 정의
- 배치별 생성자 훈련
- 훈련 세션 실행

콘텐트 복제와 생성

8장에서 구현한 오토인코딩 유스케이스는 이미지 재생성과 노이즈 제거에 한정돼 있었으며, 이는 9장에서 다루려는 주제와 상당한 차이가 있다. 지금까지는 오토인코더에 임의의 매핑 함수를 학습시켜서 주어진 입력을 재구성하게 했다. 9장에서는 모델이 입력을 복제하는 것이 아니라 실제로 새로운 콘텐트 인스턴스를 생성하도록 학습하는 방법을 알아본다. 다시 말하면 뉴럴 네트워크가 실제로 사람이 하는 것처럼 창의적으로 콘텐트를 생성하게 하고자 한다면 어떻게 할 것인가? 가능하기는 할까? 인공지능 영역에서 이 질문에 대한 대답은 "가능하지만, 복잡하다"이다. 좀 더 세부적인 답을 찾아가는 과정에서 우리는 9장에서 다룰 '생성적 네트워크generative network'를 만났다.

심층 볼츠만 머신Deep Boltzman Machine부터 심층 신뢰 네트워크Deep Belief Networks에 이르기까지 생성적 네트워크의 수많은 변형이 존재하지만, 대부분은 적용상의 제한점과 더 효과적인 연산 방법의 출현에 따라 시대의 뒤안길로 사라졌다. 하지만 여전히 그중 일부 네트워크는 존재하지도 않는 얼굴을 만들거나, 써지지 않은 영화 리뷰나 뉴스 기사를 작성하거나, 실제 촬영조차 되지 않은 비디오와 같은 합성 콘텐트를 만들어내는 섬뜩한 능력으로 인해 스포트라이트를 받고 있다. 마치 마법사처럼 보이는 이 기계를 더 잘 이해할 수 있도록 잠재 공간에 관해 좀 더 설명하겠다. 이 모델들이 어떻게 스스로 학습한 표상을 변환해서 새롭게 보이는 대상을 창조하는지 이해할 수 있을 것이다.

잠재 공간 표상 이해

8장에서 잠재 공간이란 입력 데이터의 표상을 저차원 공간으로 압축한 것이라 설명했다. 잠재 공간은 원본 입력을 식별하는 데 필요한 핵심적인 특징들을 포함한다. 이 표현을 더 정확하게 이해하려면 어떤 종류의 데이터가 잠재 공간에 인코딩될 것인지 머릿속에 그려보면 도움이 될 것이다.

우리가 콘텐트를 생성할 때 어떤 과정이 일어나는지 생각해보자. 자, 상상의 동물을 만든다고 하자. 이전에 봤던 동물들의 특징을 샘플링할 것이다. 색상, 다리 개수(두 개 혹은 네 개), 포유류인지 파충류인지, 육상 동물인지 수상 동물인지와 같은 여러 특징을 떠올린다. 즉, 세상을 탐험하면서 그에 대한 잠재 모델을 개발하는 것이다. 새로운 클래스 인스턴스를 상상할 때 우리는 현실에서 학습했던 잠재 변수의 모델을 샘플링한다.

우리는 살아오면서 수없이 많은 동물을 봤다. 그리고 항상 이 풍부한 표상들을 관리 가능한 차원으로 줄인다. 우리는 사자의 모습을 알고 있다. 사자를 나타내는 특징(예를 들면 네 개의 다리, 꼬리, 갈기, 색상 등)에 대한 인코딩된 속성(혹은 잠재 변수)을 갖고 있기 때문이다. 이는 사람이 저차원의 정보를 저장하고, 이를 활용해 세계에 관한 기능적 모델을 만든다는 증거다. 대부분의 사람은 종이 위에 사자의 이미지를 완벽하게 그려내지 못하며, 심지어 나를 포함한 일부 사람은 사자의 발끝도 닮지 않은 생물체를 그리기도 한다. 하지만 우리 모두는 '사자'라는 말을 사용할 때 일반적으로 사자가 어떤 형태인지 즉각적으로 동의할 수 있다.

컨셉 벡터 식별

이 사소한 실험은 기능적 표상을 생성하는 과정에서 잠재 변수 모델이 가진 힘을 보여준다. 우리 뇌가 지속적으로 감각 입력을 끊임없이 다운샘플링해서 현실 세계를 관리 가능한 실질적인 모델로 만든다면 뇌는 12와트 이상의 에너지를 사용하게 될 것이다. 그러므로 잠재 변수 모델을 사용함으로써 입력에 대한 감소된 표상(혹은 속성)을 통해 질의를 한다. 이 속성들은 차례로 다른 표상들과 조합돼 매우 새로운 결과(예를 들어 유니콘unicorn은 말의 얼굴과 몸, 코뿔소나 일각 고래의 뿔을 합친 것)를 생성한다.

이와 유사하게 뉴럴 네트워크들은 학습된 잠재 공간에서 얻은 샘플을 변환해서 새로운 콘텐트를 생성한다. 학습된 잠재 공간에 내재된 컨셉 벡터를 식별하는 방법이 그중 하나인데, 기반이 되는 아이디어는 대단히 단순하다. 우리가 얼굴을 표현하는 잠재 공간에서 얼굴 f를 샘플링한다고 가정해보자. 다음으로 다른 포인트인 $f + c$는 동일한 얼굴에 약간의 변형을 가한 것(예를 들면 기본 얼굴 위에 웃는 표정이나 안경, 수염 등)이다. 이 컨셉 벡터들은 근본적으로 입력 데이터를 다양한 축으로 인코딩한 것으로, 이를 사용해 입력 이미지의 흥미로운 속성들을 대체할 수 있다. 말하자면 잠재 공간을 확인함으로써 벡터들이 입력 데이터에 내재된 콘셉트를 포함하는지 알 수 있다. 이러한 벡터들을 식별했다면 해당 벡터들을 수정해서 입력 데이터의 속성을 변경할 수 있다. 예를 들어 미소 벡터smile vector를 학습했다면 이를 활용해 입력받은 이미지 속의 사람이 미소를 짓도록 변형할 수 있다. 유사하게 젠더 벡터를 사용해 이미지 속의 인물을 여자에서 남자로 변하게 하거나, 혹은 반대의 작업도 할 수 있다. 이제 잠재 공간에서 어떤 종류의 정보를 질의할 수 있고, 이를 변경해 새로운 콘텐트를 생성하는 방법을 알았다. 그럼, 이 여행을 계속해보자.

생성적 네트워크 깊이 들여다보기

그럼, 이제 생성적 네트워크의 핵심 메카닉을 이해하고, 앞서 학습한 네트워크와 어떤 차이가 있는지 알아보자. 지금까지의 태스크에서 우리가 구현한 대부분 네트워크의 목적은 주어진 몇 가지 입력에 대해 결정된 전환deterministic transformation을 통해 특정한 출력을 얻어내는 것이었다. 강화학습(7장)에 와서야 어느 정도의 **확률**stochasticity(무작위성)을 모델링 노력에 더했다. 생성적 네트워크가 기능을 하는 방법을 학습하면서 모델의 학습에 확률을 반영하는 기법을 좀 더 깊이 다룰 것이다. 앞서 언급했듯 생성적 네트워크의 핵심 기반 아이디어는 심층 뉴럴 네트워크를 사용해서 감소시킨 잠재 공간에 대한 변수의 확률 분포를 학습시키는 것이다. 그 후 준무작위적quasi-random으로 잠재 공간을 샘플링하고 전환해서 출력값 y를 생성한다.

이 방법은 8장까지 사용해 왔던 방법과는 완전히 다르다. 오토인코더에서는 단지 임의의 함수를 평가했다. 이 함수는 인코더를 사용해 입력값 x를 압축된 잠재 공간에 매핑했고, 디코더를 사용해 잠재 공간에서 출력값 y를 재구성했다. 생성적 네트워크에서는 대신 입력 데이터 x를 사용해 잠재 변수 모델을 학습시킨다. 다음으로 잠재 공간의 샘플들을 변환시켜 출력값을 생성한다. 멋지지 않은가? 이 개념의 실제적인 동작을 좀 더 깊이 살펴보기에 앞서 창의적인 콘텐트를 생성하는 과정에서 무작위성의 역할을 확인해본다.

통제된 무작위성과 창의성

심층 강화학습 알고리즘에 무작위성 요소를 추가하고자 입실론 그리디 선택 전략[eplison-greedy selection strategy]을 채택했었다. 이 전략은 기본적으로 네트워크가 동일한 행동에 너무 많이 의존하지 않게 함으로써 주어진 환경을 해결하고자 새로운 행동을 선택하게 하는 방법이다. 이 무작위성이 프로세스에 창의성을 더해주며, 이로 인해 네트워크는 과거의 학습 결과에 의존하지 않고 체계적으로 새로운 상태-행동 쌍을 만들 수 있게 된다. 하지만 시스템에 무작위성을 도입해서 얻은 결과에 창의성이라는 이름을 붙이는 것은 사람이 보기에 그저 의인화한 것에 지나지 않을 수 있다. 사람이 창의성을 갖게 한 실질적인 프로세스들은 너무나도 어렵기 때문에 과학자 커뮤니티에서도 잘 이해하지 못하고 있다. 반면에 무작위성과 창의성 사이의 연결 관계는, 특히 인공지능 영역에서 오랫동안 알려져 온 것이다. 1956년 초반, 인공지능 연구자들은 외부에서 봤을 때 기계가 결정론적 한계를 초월하는 것에 흥미를 갖고 있었다. 당시의 대부분 시스템은 규칙에 기반하고 있었기 때문에 창의성과 같은 표현은 고급 생물체에서만 관찰 가능했다. 다트마우스 여름 연구 프로젝트 제안(Dartmouth Summer Research Project Proposal, 1956)은 이러한 믿음에도 불구하고 인공지능의 역사를 형성하는 데 큰 공헌을 했다. 이 연구에서는 인공지능 시스템에서 통제된 무작위성의 역할을 언급했고, 이를 창의적인 콘텐츠 생성과 연관 지었다. 9장에서 설명한 관점과 관련 있는 부분을 연구 결과에서 발췌했다. 가능하면 연구 결과 문서 전체를 읽어보길 권한다.

> "매우 흥미롭고 명백하게 불완전한 추측(예측)이긴 하지만, 창의적인 사고와 상상할 수 없는 불가능한 경쟁 사고의 차이는 무작위성의 주입 여부에 달려있다. 무작위성은 효율적으로 다뤄져야 한다. 다시 말해 학습된 추측이나 예측을 할 때에는 통제된 무작위성을 포함시켜야 한다. 그렇지 않다면 이는 순차적인 사고에 지나지 않을 것이다."
>
> – 존 맥카시(John MacCarthy), 마빈 L 민스키(Marvin L Minsky), 나다니엘 로체스터(Nathaniel Rochester), 클로드 E 쉐넌(Claude E Shannen)

무작위성을 활용한 출력 증강

어느 정도 통제된 무작위성을 네트워크에 주입하는 방법을 수년간 개발했는데, 이 작업은 입력 데이터에 대한 직관을 따라 수행됐다. 생성적 모델이라는 표현을 할 때에는 통제된 준무작위적 변환을 입력 값에 적용해서 입력받은 원본과 유사한 대상을 출력하기를 원하는 것이다.

어떻게 이를 달성할 수 있는지 잠시 생각해보자. 뉴럴 네트워크를 훈련시켜 어떤 입력 변수 값 x를 사용해 모델이 생성한 잠재 공간에서 어떤 출력값 y를 생성하기 원한다. 생성적 네트워크에 변수 z로 정의된 무작위성 엘리먼트를 입력값으로 추가하면 이를 손쉽게 해결할 수 있다. z 값은 어떤 확률 분포(예를 들면 가우시안 분포와 같은)에서 샘플링한 값일 것이며, 입력값과 함께 네트워크로 입력된다. 따라서 이 네트워크는 실제로 $f(x)$가 아닌 $f(x, z)$를 평가한다. z 값을 측정할 수 없는 독립적인 관찰인 경우 이 함수는 확률적으로 보이지만, 현실적으로는 그렇지 않다.

잠재 공간으로부터의 샘플링

좀 더 깊이 살펴보기 위해 잠재 공간으로부터 변수들의 확률 분포에서 일부 샘플 y를 선택한다고 가정해보자. 변수들의 확률 분포는 평균 μ과 분산 $\sigma2$를 따른다.

- **샘플링 오퍼레이션:** $y \sim N(\mu, \sigma2)$

이 분산에서 샘플을 추출하므로, 프로세스가 실행될 때마다 샘플은 바뀐다. 생성된 샘플 y는 분할 파라미터 μ와 $\sigma2$에 대해 미분할 수 없다. 우리가 다루는 대상은 함수가 아닌 샘플링 오퍼레이션이기 때문이다. 그렇다면 어떻게 모델의 오차를 역전파할 수 있을까? 샘플링 프로세스를 재정의해서 이를 해결할 수도 있다. 무작위 변수 z를 변환해서 생성된 출력값 y를 얻을 수 있다.

- **샘플링 방정식:** $y = \mu + \sigma z$

이는 매우 중요한 단계다. 이제 생성된 출력값 y를 샘플링 오퍼레이션 $\mu + \sigma z$에 대해 미분함으로써 역전파 알고리즘을 사용할 수 있기 때문이다. 무엇이 바뀌었는가? 이제 샘플링 오퍼레이션을 결정된 함수로 간주할 수 있다. 이 함수는 확률 분포에서 얻어낸 평균 μ와 표준편차 σ, 우리가 추정하고자 하는 다른 변수들과 전혀 관련 없는 분포를 따르는 무작위 변수 z를 포함한다. 이 메소드를 사용해 동일한 z 값에 의해 재생산된 샘플링 오퍼레이션에서 평균 m이나 표준편차 σ의 변화가 생성된 출력 y에 미치는 영향을 알 수 있다.

확률 분포 학습

샘플링 오퍼레이션을 활용해 역전파를 할 수 있으므로, 이 단계를 좀 더 큰 네트워크의 부분으로 사용할 수 있다. 이 오퍼레이션을 큰 네트워크에 끼워 넣어 앞의 샘플링 오퍼레이션의 파라미터를 이 큰 뉴럴 네트워크의 부분을 사용해 평가하는 함수로 재정의할 수 있다. 더 수학적으로 표현하면 확률 분포의 평균과 표준편차를 뉴럴 네트워크의 파라미터(예를 들면 $\mu = f(x; \theta)$ 및 $\sigma = g(x; \theta)$, 여기에서 세타는 뉴럴 네트워크의 학습 가능한 파라미터를 의미)의 근삿값 함수로 재정의할 수 있다. 다음 정의된 함수를 사용해 출력값 y를 생성한다.

- **샘플링 함수:** $y = \mu + \sigma z$, 여기에서 $\mu = f(x; \theta)$, $\sigma = g(x; \theta)$

출력값 y를 샘플링하는 방법을 알았으므로, 드디어 정의된 손실 함수 $J(y)$를 이 출력값에 대해 미분해서 더 큰 네트워크를 훈련시킬 수 있다. 체인 룰을 사용해 이 프로세스를 중간 레이어에 대해 재정의했음을 기억하라. 위 함수에서 중간 레이어는 파라미터화된 함수(μ와 σ)를 의미한다. 따라서 이 손실 함수의 미분 값을 계산하고, 이 값을 활용해 네트워크의 파라미터를 반복적으로 업데이트할 수 있다. 여기에서 파라미터 자체는 확률 분포 g로 표현한다.

좋다. 이제 어떻게 이 모델이 출력값을 생성할 수 있는지 이론적으로 이해했다. 전체 프로세스를 수행해서 인코더 함수가 생성한 밀도가 높게 인코딩된 변수들의 확률 분포를 추정하고, 데이터를 샘플링할 수 있다. 9장 후반에서 서로 다른 생성적 네트워크들이 서로의 출력값을 벤치마킹하고, 역전파 알고리즘을 사용해 가중치를 업데이트하는지 살펴본다.

생성적 네트워크의 종류

우리는 인코딩된 잠재 공간을 의미하는 확률 분포에서 추출한 샘플을 변환해서 출력을 생성했다. 8장에서 인코딩 함수를 사용해 입력 데이터에서 이러한 잠재 공간을 생성하는 방법을 학습했다. 9장에서는 연속적인 잠재 공간(l)을 학습하는 방법, 그리고 그 잠재 공간에서 샘플을 얻어 새로운 출력값들을 생성하는 방법을 학습한다. 이를 위해서는 미분 가능한 생성자 함수인 $g(l; \theta(g))$를 학습해야 한다. 이 함수는 연속적인 잠재 공간(l)에서 얻은 샘플을 변환해 출력을 형성한다. 이 함수 자체는 뉴럴 네트워크에 의해 근사화된다.

생성적 네트워크에는 가변 오토인코더[VAEs, Variational AutoEncoders]와 생성적 적대 네트워크[GANs, Generative Adversarial Networks]가 포함된다. 다양한 종류의 생성적 네트워크가 존재하지만, 9장에서는 여러 인식 태스크(컴퓨터 비전이나 자연어 생성 등)에서 널리 사용되고 있는 VAE와 GAN만을 다룬다. 8장에서 봤듯이 VAE는 생성적 네트워크와 근사 추론 네트워크[approximate inference network]를 엮어서 구성한 것이 특징이다. 반면에 GAN은 생성자[generator] 네트워크를 판별자[discriminator] 네트워크와 엮었다. 판별자 네트워크는 실제 훈련 데이터 샘플과 생성자 네트워크의 출력값을 입력받아 실제 이미지와 생성된 이미지를 구분하는 태스크를 수행한다. 생성자 네트워크를 속인 것으로 판단하면 GAN의 훈련이 완료된 것으로 간주한다. VAE와 GAN은 완전히 다른 방법으로 잠재 공간을 학습한다. 이로 인해 이 두 모델을 적용하는 유스케이스도 상이하다. VAE는 잘 구조화된, 다시 말해 입력 데이터 구성상의 중요한 차이를 인코딩할 수 있는(MNIST 데이터셋으로 확인할 수 있다) 환경에서의 학습은 뛰어나지만, 충분히 구조화되지 않은 환경에서의 학습은 잘 하지 못한다. 반면 GAN은 구조화되지 않은 불연속적인 잠재 공간에서 얻은 샘플을 사용해서 현실적인 콘텐트를 생성하는 데 좀 더 뛰어나다. 9장의 후반에서 그러한 특성을 살펴본다.

가변 오토인코더

생성적 네트워크의 전체적인 동작을 이해했으므로, 생성적 네트워크 모델 중 하나를 자세히 살펴본다. 생성적 모델 중 하나인 VAE는 2013년에 킹마[Kingma]와 웰링[Welling], 2014년에 리즌데[Rezende], 모하메드[Mohamed], 비에스트라[Wierstra]가 제안했다. 이 모델은 8장에서 학습했던 오토인코더와 매우 유사하지만 약간의 조작(실질적으로는 꽤 많은 조작)이 가미된 것이다. 먼저 학습된 잠재 공간은 구조적으로 연속적이다. 그래서 어떤 차이가 발생하는가? 우리는 이 잠재 공간에서 샘플을 취해 출력값을 생성할 것이다. 하지만 이산적인discrete 잠재 공간에서 샘플링을 하는 경우에는 문제가 발생한다. 잠재 공간이 이산적이라는 것은 잠재 공간에 불연속성이 존재한다는 것으로, 이 영역에서 무작위로 샘플링을 하면 출력은 좀 더 비현실적이 된다. 반면 연속적인 잠재 공간을 학습하면 모델은 한 분류에서 다른 분류로 확률적인 방식을 통해 전환된다. 또한 학습한 잠재 공간이 연속적이기 때문에 입력 데이터에 존재하는 변동을 다양한 축을 사용해 의미 있는 방법으로 인코딩하는 컨셉 벡터를 식별해서 조작할 수 있다. VAE가 어떻게 학습해서 연속적인 잠재 공간을 모델링하는지 궁금할 것이다. 이제 분명하게 확인해보자.

앞에서는 잠재 공간에서 샘플링 프로세스를 재정의하고, 이를 통해 샘플링 프로세스를 좀 더 큰 네트워크에 끼워 넣어서 확률 분포를 평가하는 방법을 확인했다. 이 과정에서 파라미터화된 함수(즉, 뉴럴 네트워크의 일부)를 이용해 잠재 공간을 분해해서 잠재 공간에서 변수들의 평균(μ)과 표준편차(σ)를 평가했다.

가변 오토인코더에서의 인코더 함수는 정확하게 같은 일을 수행한다. 그 결과 모델은 연속적인 잠재 공간에 대한 변수의 통계적 분포를 학습한다. 이 프로세스에 따라 잠재된 공간이 확률 분포를 인코딩하므로, 입력 이미지는 확률론적인 방식으로 생성됐다고 가정할 수 있다. 따라서 학습한 평균과 표준편차 파라미터를 사용해 해당 분포에서 무작위로 샘플을 추출해 원본과 동일한 차원의 데이터로 디코딩할 수 있다. 다음 그림을 보면 가변 오토인코더에서의 워크플로우를 더 잘 이해할 수 있을 것이다.

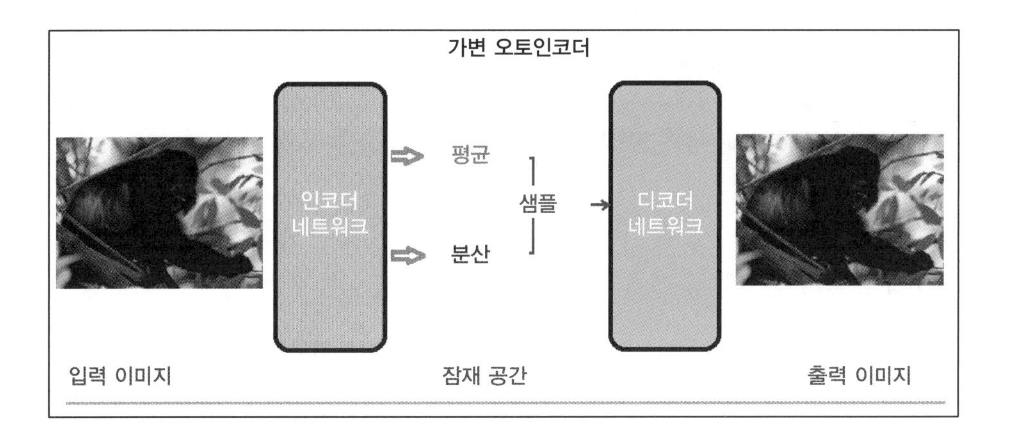

이 프로세스를 통해 가장 먼저 연속적인 잠재 공간을 학습하고, 학습한 잠재 공간에서 샘플을 추출하고, 그럴 듯한 출력값을 생성한다. 아직 껄끄러운 부분이 남아 있는가? 아마도 다음 예제를 통해 이를 좀 더 확실하게 알 수 있을 것이다. 케라스로 가변 오토인코더를 만든 후 모델을 구현하면서 이론적인 부분과 구현에 관한 부분을 다뤄본다.

케라스를 활용한 VAE 설계

모두가 손쉽게 사용할 수 있는 잘 알려진 데이터셋인 MNIST 데이터셋을 다시 사용한다. 손글씨 숫자가 가진 시각적인 특징들은 VAE를 사용해 실험하기에 매우 적합하며, 이 모델들이 어떻게 동작하는지 좀 더 잘 이해하게 될 것이다. 먼저 필요한 라이브러리들을 임포트한다.

```
import numpy as np
import matplotlib.pyplot as plt

from keras.layers import Input, Dense, Lambda, Layer
from keras.models import Model
from keras import backend as K
```

```
from keras import regularizers
from keras import metrics
from keras.datasets import mnist
```

데이터 로딩과 전처리

다음으로 3장에서와 같이 데이터를 로드한다. 이어서 네트워크를 설계할 때 재사용할 몇 가지 변수를 정의한다. 변수로는 이미지의 원래 차원(784 픽셀)을 정의하는 데 사용할 이미지 크기 `image_size`를 정의했다. 인코딩 차원 `latent_dim`은 2를 선택해 잠재 공간을 표현하고, 중간 차원 `intermediate_dim`은 256으로 정의한다. 여기에서 정의한 변수들은 VAE의 덴스 레이어의 레이어별 뉴런 수를 정의할 때 사용한다.

```
image_size = x_train.shape[1]
original_dim = image_size * image_size
latent_dim = 2
intermediate_dim = 256
epochs = 50
epsilon_std = 1.0

# 훈련 배열 전처리
x_train = np.reshape(x_train, [-1, original_dim])
x_test = np.reshape(x_test, [-1, original_dim])
x_train = x_train.astype('float32') / 255.
x_test = x_test.astype('float32') / 255.
```

다음으로 이미지를 2차원 벡터(이미지당 784차원)로 평활화한 후 마지막으로 2차원 벡터의 픽셀 값을 0에서 1 사이의 값으로 표준화한다.

VAE의 인코딩 모듈 구현

다음으로 VAE의 인코딩 모듈을 구현한다. 이 부분은 8장에서 구현했던 얕은 인코더와 거의 동일하다. 다만 VAE의 인코딩 모듈은 두 개의 레이어로 구분돼 있다. 한 레이어는 평균값을 추정하고, 다른 레이어는 잠재 공간에 대한 분산을 평가한다.

```
# 인코더 모듈
input_layer = Input(shape=(original_dim,))
intermediate_layer = Dense(intermediate_dim,
                           activation='relu',
                           name='Intermediate_layer')(input_layer)
z_mean = Dense(latent_dim,
               name='z_mean')(intermediate_layer)
z_log_var = Dense(latent_dim,
                  name='z_log_var')(intermediate_layer)
```

레이어를 정의할 때 name 인자를 추가해서 모델을 좀 더 직관적으로 시각화할 수 있다. 모델을 초기화하고 요약해서 지금까지 구현한 네트워크를 확인할 수 있다.

```
encoder_module = Model(input_layer, (z_mean, z_log_var))
encoder_module.summary()
```

코드를 실행한 결과는 다음과 같다.

```
Model: "model_1"
__________________________________________________________________________________________________
Layer (type)                    Output Shape         Param #     Connected to
==================================================================================================
input_4 (InputLayer)            (None, 784)          0
__________________________________________________________________________________________________
Intermediate_layer (Dense)      (None, 256)          200960      input_4[0][0]
__________________________________________________________________________________________________
z_mean (Dense)                  (None, 2)            514         Intermediate_layer[0][0]
__________________________________________________________________________________________________
z_log_var (Dense)               (None, 2)            514         Intermediate_layer[0][0]
==================================================================================================
Total params: 201,988
Trainable params: 201,988
Non-trainable params: 0
__________________________________________________________________________________________________
```

중간 레이어의 출력이 평균 평가 레이어 z_mean과 분산 평가 레이어 z_log_var(두 레이어 모두 네트워크에 의해 인코딩된 잠재 공간을 의미한다)와 연결돼 있는 방식에 주목한다. 분리된 레이어들은 9장 초반에서 설명한 것처럼 잠재 공간에 대한 변수의 확률 분포를 함께 평가한다.

이제 VAE의 중간 레이어에서 학습한 확률 분포를 얻었다. 다음으로 이 확률 분포에서 무작위로 샘플을 추출해 출력값을 생성해야 한다. 앞서 살펴봤던 샘플링 방정식을 사용한다.

잠재 공간 샘플링

이 프로세스의 기반 아이디어는 매우 간단하다. 잠재 공간에서 학습한 평균 z_mean과 분산 z_log_var를 사용해 방정식의 샘플 *z*를 정의한다. 공식은 다음과 같다.

$$z = z\_mean + exp(z\_log\_var) \times epsilon$$

위 방정식에서 입실론[epsilon]은 매우 작은 값을 가진 무작위 텐서로, 매 차례 질의된 샘플에 약간의 무작위성을 주입한다. 매우 작은 값들로 이뤄진 텐서이기 때문에 디코딩된 이미지들은 입력 이미지와 적당히 비슷해 보일 것이다.

다음 샘플링 함수는 인코더 네트워크가 학습한 값들(즉, 평균과 분산)을 선택하고, 해당 잠재 공간에 매칭되는 작은 값의 텐서를 정의하고, 그 후 위에서 정의한 샘플링 방정식을 사용해 확률 분포에서 하나의 샘플을 추출해 반환한다.

```
# 샘플링 함수 정의
def sampling(args):
    z_mean, z_log_var = args
    epsilon = K.random_normal(shape=(K.shape(z_mean)[0], latent_dim),
                              mean=0.,
                              stddev=epsilon_std)
```

```
    return z_mean + K.exp(z_log_var / 2) * epsilon
z = Lambda(sampling, output_shape=(latent_dim,))([z_mean, z_log_var])
```

케라스에서는 모든 오퍼레이션이 레이어에 중첩돼야 하므로 커스텀 람다Lambda 레이어를 사용해 샘플링 함수를 정의된 출력 셰이프와 함께 중첩한다. z로 정의된 이 레이어는 학습된 잠재 공간에서 샘플을 생성하는 역할을 한다.

디코더 모듈 구현

잠재 공간에서 샘플을 추출하는 메커니즘을 구현했으므로 이제 이 샘플을 출력 공간에 매핑하는 디코더 모듈을 구현해서 입력 데이터의 새로운 인스턴스를 생성할 수 있다. 인코더는 인코딩된 표상에 다다를 때까지 레이어의 차원을 줄여가면서 데이터를 퍼널funnel시키지만, 디코더는 잠재 공간에서 샘플링한 표상을 점진적으로 확대하면서 원본 이미지 차원에 맞춰 매핑한다는 점을 기억한다.

```
# 디코더 모듈
decoder_h = Dense(intermediate_dim, activation='relu')
decoder_mean = Dense(original_dim, activation='sigmoid')
h_decoded = decoder_h(z)
x_decoded_mean = decoder_mean(h_decoded)
```

커스텀 가변 레이어 정의

네트워크의 인코더 모듈과 디코더 모듈을 구현했으므로 이제 VAE를 훈련시키기 전에 구현해야 할 것이 한 가지만 남았다. 이 부분은 네트워크가 손실을 계산하는 방법, 네트워크를 업데이트해서 좀 더 현실적인 출력을 생성하는 방법과 관계가 있으므로 대단히 중요하다. 약간 의아할 수 있다. 생성한 결과와 무엇을 비교하는가? 모델이 생성한 결과를 비교할 대상 표상이 없다면 모델의 오차를 어떻게 계산할 수 있는가? 대답은 매우 간단하다. 여기에서는 2개의 구분된 손실 함수를 사용한다. 각 함수는 모델이 생성한 이미지에 대해 다른 관점에서 모델의 성능을 추적한다. 첫 번째 손실 함수는 재구성 손실reconstruction loss이라고 불리며, 생성한 이미지와 입력된 이미지가 매칭되는 것만을 보장한다. 두 번째 손실 함수는 정규화 손실regularization loss이라 불리며, 단순히 입력을 복사해서 모델이 훈련 데이터에 과학습하지 않게 함으로써 입력에 대해 이상적으로 구성된 잠재 공간을 학습하게 한다. 안타깝게도 케라스에서는 이 손실 함수를 제공하지 않으므로, 운영을 하려면 약간의 기술적 주의가 필요하다.

커스텀 가변 레이어 클래스를 구현해 앞의 두 손실 함수를 동작시킨다. 이는 실제로 네트워크의 마지막 레이어며, 서로 다른 두 손실 지표 연산을 수행하고 그 평균값을 사용해 네트워크의 파라미터에 대한 손실의 기울기를 계산한다.

```
# 커스텀 가변 손실 레이어
class CustomVariationalLayer(Layer):
    def __init__(self, **kwargs):
        self.is_placeholder = True
        super(CustomVariationalLayer, self).__init__(**kwargs)

    def vae_loss(self, x, x_decoded_mean):
        xent_loss = original_dim * \
                metrics.binary_crossentropy(x, x_decoded_mean)
        kl_loss = -0.5 * K.sum(1 + z_log_var
                            - K.square(z_mean)
                            - K.exp(z_log_var),
                            axis=-1)
        return K.meam(xent_loss + kl_loss)

    def call(self, inputs):
        x = inputs[0]
        x_decoded_mean = inputs[1]
```

```
        loss = self.vae_loss(x, x_decoded_mean)
        self.add_loss(loss, inputs=inputs)
        return x
```

커스텀 레이어는 3개의 함수를 포함한다. 첫 번째 함수는 초기화 함수다. 두 번째 함수는 두 손실값을 계산한다. 이진 교차 엔트로피 지표를 사용해 재구성 손실을 계산하고, 쿨백-라이블러KL, Kullback-Leibler 확산 공식divergence formula을 사용해 정규화 손실을 계산한다. KL 확산 공식을 사용하면 샘플링한 잠재 공간 *z*에 대해 생성된 출력의 상대적인 엔트로피를 구할 수 있다. 이를 사용해 반복적으로 출력값의 확률 분포와 잠재 공간의 확률 분포 차이를 평가할 수 있다. vae_loss 함수는 이후 손실값을 조합(계산된 두 지표의 평균 값)한 값을 반환한다.

마지막으로 call 함수는 케라스에 내장된 add_loss 레이어 메소드를 사용해 커스텀 레이어를 구현한다. 이를 통해 네트워크의 마지막 레이어를 손실 레이어로 정의하며, 임의로 정의한 loss 함수를 사용해 손실값을 생성해서 역전파를 수행한다.

모델 컴파일과 확인

앞서 구현한 커스텀 가변 레이어 클래스를 사용해 네트워크의 마지막 레이어 *y*를 정의한다.

```
y = CustomVariationalLayer()([input_layer, x_decoded_mean])
```

이제 모델을 컴파일하고 학습시킬 모든 준비를 마쳤다. 먼저 기능적 API의 Model 객체를 사용해 모델을 생성한다. 이때 인코더 모듈에서 생성한 입력 레이어와 방금 전에 정의한 마지막 커스텀 손실 레이어를 입력한다. 그 후 일반적인 compile 구문을 사용해 네트워크를 초기화한다. 최적화 함수로는 rmsporp를 사용한다. 여기에서는 커스텀 손실 함수를 사용하므로 compile 구문에서 실제로는 아무런 손실 지표를 사용하지 않는다. 이후 vae 모델 객체에서 .summary()를 호출해 구현한 모델을 가시화할 수 있다.

```
vae = Model(input_layer, y)
vae.compile(optimizer='rmsprop', loss=None)
vae.summary()
```

코드를 실행한 결과는 다음과 같다.

```
Model: "model_2"
__________________________________________________________________________________________________
Layer (type)                    Output Shape         Param #     Connected to
==================================================================================================
input_4 (InputLayer)            (None, 784)          0
__________________________________________________________________________________________________
Intermediate_layer (Dense)      (None, 256)          200960      input_4[0][0]
__________________________________________________________________________________________________
z_mean (Dense)                  (None, 2)            514         Intermediate_layer[0][0]
__________________________________________________________________________________________________
z_log_var (Dense)               (None, 2)            514         Intermediate_layer[0][0]
__________________________________________________________________________________________________
lambda_2 (Lambda)               (None, 2)            0           z_mean[0][0]
                                                                 z_log_var[0][0]
__________________________________________________________________________________________________
dense_1 (Dense)                 (None, 256)          768         lambda_2[0][0]
__________________________________________________________________________________________________
dense_2 (Dense)                 (None, 784)          201488      dense_1[0][0]
__________________________________________________________________________________________________
custom_variational_layer_3 (Cus [(None, 784), (None, 0           input_4[0][0]
                                                                 dense_2[0][0]
==================================================================================================
Total params: 404,244
Trainable params: 404,244
Non-trainable params: 0
__________________________________________________________________________________________________
```

이 아키텍처는 입력 이미지를 받아들여 구분된 두 개의 인코딩된 표상인 z_mean, z_log_var로 퍼널시킨다(즉, 잠재 공간에 대한 학습된 평균과 분산). 이 확률 분포는 추가된 람다 레이어를 사용해 샘플링돼서 잠재 공간의 한 지점을 생성한다. 이 지점은 덴스 레이어(dense_1, dense_2)에 의해 디코딩된 후 마지막 커스텀 손실 레이어에서 손실을 계산한다. 모든 요소의 구현을 마쳤다.

훈련 세션 초기화

이제 실질적으로 네트워크를 훈련시킬 시간이다. 여기에서의 초기화 단계에서는 대상 변수(즉, y_train)를 명시할 필요가 없다는 점을 제외하면 특별히 새로운 내용은 없다. 일반적으로 손실 지표를 계산하고자 대상 변수를 사용하지만, 이 예제에서는 마지막 커스텀 레이어에서 손실을 계산하기 때문이다. 또한 훈련 과정에서 표시되는 손실값이 이전에 구현한 네트워크들에 비해 매우 큰 것을 알 수 있다. 이 모델에서 손실을 계산한 방법에 따른 결과이므로, 크게 놀라지 않아도 된다.

```
# 모델 훈련
vae.fit(x_train,
        shuffle=True,
        epochs=epochs,
        batch_size=100,
        validation_data=(x_test, None))
```

코드를 실행한 결과는 다음과 같다.

```
Train on 60000 samples, validate on 10000 samples
Epoch 1/50
60000/60000 [==============================] - 11s 178us/step - loss: 190.7165 - val_loss: 173.2377
Epoch 2/50
60000/60000 [==============================] - 9s 157us/step - loss: 170.7574 - val_loss: 167.9955
Epoch 3/50
60000/60000 [==============================] - 9s 154us/step - loss: 166.6104 - val_loss: 165.0792
Epoch 4/50
60000/60000 [==============================] - 9s 158us/step - loss: 164.0404 - val_loss: 162.9874
Epoch 5/50
60000/60000 [==============================] - 9s 158us/step - loss: 162.5897 - val_loss: 162.2902
Epoch 6/50
```

이 모델은 50 에폭 동안 훈련하며, 훈련을 마친 시점에서 검증 손실값 151.71, 훈련 손실값 149.39를 얻는다. 멋지게 보이는 손글씨 숫자를 생성하기 전에 먼저 모델이 학습한 잠재 공간을 시각화해보자.

잠재 공간 시각화

잠재 공간은 2차원이므로 표상들을 2차원 매니폴드manifold로 간단하게 표현할 수 있다. 2차원 매니폴드에서는 각 숫자 클래스의 인코딩된 인스턴스들과 다른 인스턴스들의 근접도proximity를 시각화한다. 이를 통해 앞서 언급한 연속적인 잠재 공간을 조사함으로써 네트워크가 10개의 숫자 클래스(0~9)의 서로 다른 특징들을 각각에 대해 어떻게 관련지었는지 확인할 수 있다. 이를 위해 VAE의 인코딩 모듈(이제 주어진 데이터로부터 압축된 잠재 공간을 생성하기 위해 사용되는)을 재방문한다. 따라서 인코더 모듈을 사용해 테스트 데이터셋에 대한 예측을 수행하고, 이 이미지를 잠재 공간으로 인코딩한다. 마지막으로 Matplotlib을 사용해 잠재적 표상들을 산포도로 표시한다. 산포도의 각 포인트는 테스트 데이터셋의 인코딩된 인스턴스다. 색상은 각각의 숫자 클래스를 의미한다.

```
# 잠재 공간을 2차원으로 가시화
x_test_encoded = encoder_network.predict(x_test, batch_size=256)
plt.figure(figsize=(8, 8))
plt.scatter(x_test_encoded[:, 0],
            x_test_encoded[:, 1],
            c=y_test,
            cmap='Paired')
plt.colorbar()
plt.show()
```

코드를 실행한 결과는 다음과 같다.

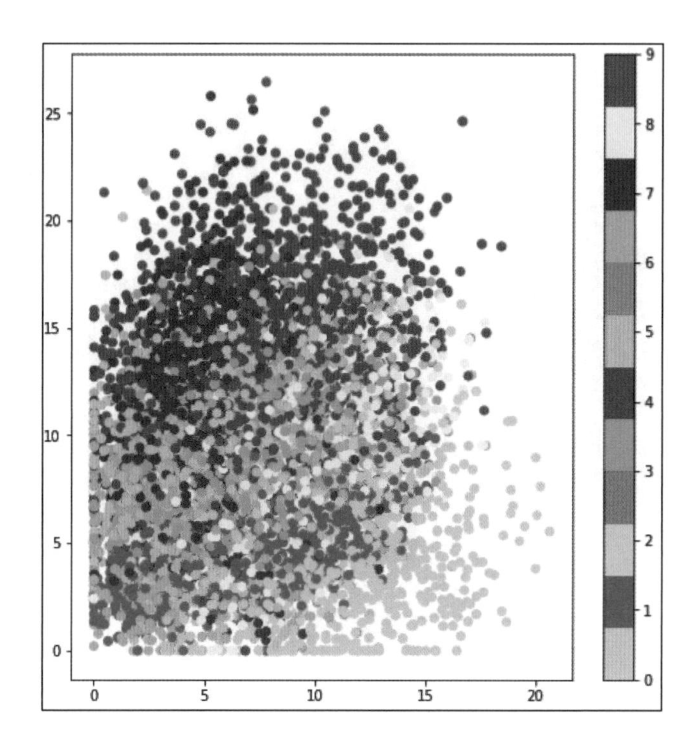

서로 다른 숫자 클래스들 사이에 불연속성(혹은 갭)이 거의 없다는 점에 주목한다. 그 결과 이 인코딩된 표상에서 추출한 샘플에서 의미 있는 숫자를 생성할 수 있다. 8장에서 구현했던 오토인코더의 케이스처럼 학습된 잠재 공간이 이산적인 경우에는 이러한 의미 있는 결과를 생성하지 못할 것이다. 다음 그림과 같이 VAE가 학습한 잠재 공간과 비교해 볼 때 이 모델들의 잠재 공간은 매우 다르게 보인다.

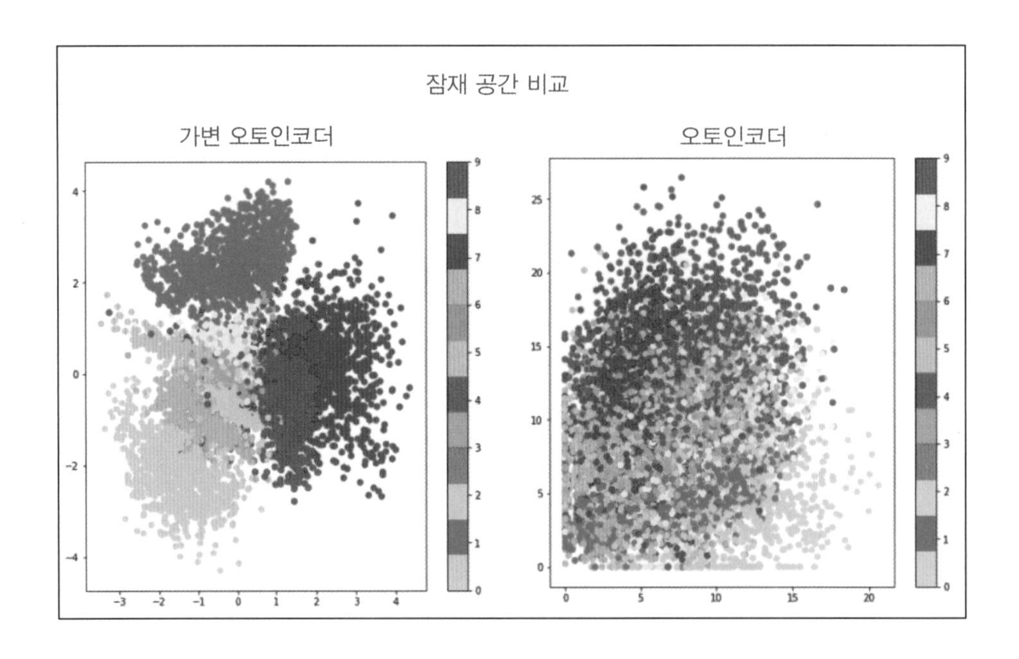

잠재 공간 샘플링과 출력 생성

드디어 VAE를 사용해 새로운 손글씨 숫자를 만들 수 있다. 이를 위해 VAE의 디코더 부분(손실 레이어는 자연히 제외)을 수정한다. 이를 사용해서 잠재 공간에서 얻은 샘플들을 디코딩하고, 누구의 손으로도 쓰이지 않은 손글씨 숫자들을 생성할 것이다.

```
# 학습한 분산에서 샘플을 생성하는 생성자 네트워크
decoder_input = Input(shape=(latent_dim,))
_h_decoded = decoder_h(decoder_input)
_x_decoded_mean = decoder_mean(_h_decoded)
generator = Model(decoder_input, _x_decoded_mean)
```

다음으로 각 28픽셀 크기의 숫자를 표시할 15 × 15 크기의 그리드를 만든다. 이를 위해 생성할 전체 출력의 차수와 같은 행렬을 0으로 초기화한다. 다음으로 사이파이

SciPy의 ppf 함수를 이용해 선형적으로 위치한 좌표들을 전환해서 잠재 변수 z의 그리드 값을 얻는다. 이후 이 그리드를 반복해서 z 값의 샘플을 획득한다. 이제 생성자 네트워크에 샘플 값을 입력하고, 잠재 표상 값을 디코딩하고, 출력값을 올바른 포맷에 맞게 셰이프를 변경하면 다음과 같은 결과를 확인할 수 있다.

```
from scipy.stats import norm

# 숫자의 2D 매니폴드 표시
n = 15     # 15 x 15 figure 크기
digit_size = 28
figure = np.zeros((digit_size * n, digit_size * n))

# 단위 면적 공간에 선형적으로 위치한 좌표들은
# 가우시안 역CDF(ppf)를 통해 변환돼 잠재 변수 z의 값을 생성한다.
# 이전 잠재 공간이 가우시안 분포를 따르기 때문이다.
grid_x = norm.ppf(np.linspace(0.05, 0.95, n))
grid_y = norm.ppf(np.linspace(0.05, 0.95, n))

for i, yi in enumerate(grid_x):
    for j, xi in enumerate(grid_y):
        z_sample = np.array([[xi, yi]])
        x_decoded = generator.predict(z_sample)
        digit = x_decoded[0].reshape(digit_size, digit_size)
        figure[i * digit_size: (i + 1) * digit_size,
               j * digit_size: (j + 1) * digit_size] = digit

plt.figure(figsize=(10, 10))
plt.imshow(figure, cmap='binary')
plt.show()
```

코드를 실행한 결과는 다음과 같다.

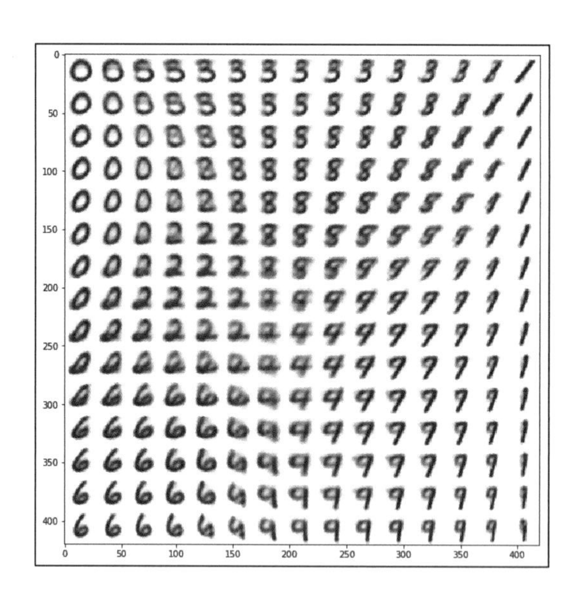

이 그리드는 연속적인 공간에서 샘플링을 함으로써 글자 그대로 입력 데이터의 변화의 근간에 놓인 요소들을 시각화한 것이다. x 좌표와 y 좌표를 따라 움직이면서 보면 숫자들은 다른 숫자들로 바뀐다. 예를 들어 이미지의 중심에서 이동하는 경우를 보자. 오른쪽으로 움직이면 8이 1로 바뀌며, 왼쪽으로 움직이면 8이 0으로 바뀐다. 비슷하게 오른쪽 위 대각선으로 움직이면 8이 5로 바뀌었다가 결과적으로 1이 된다. 각각의 축은 입력된 이미지가 가진 특정한 속성을 나타내는 것으로 생각할 수 있다. 이 속성들은 주어진 축의 방향으로 이동할수록 강해지며, 결과적으로 한 숫자를 다른 숫자 클래스로 바꾼다.

VAE 결론

MNIST 데이터셋을 활용한 실험에서 보듯이 VAE는 잘 구성된 연속적인 잠재 공간을 학습하는 데 뛰어나며, 잠재 공간에서 샘플을 추출해 출력값을 디코딩한다. 이 모델들은 이미지 편집이나 한 이미지를 다른 이미지로 환상적으로 변환하는 작업 등에 뛰어나다. 일부 기업은 이미 VAE에 기반을 둔 모델을 사용해 고객이 자신의 스마트폰을 통해 보석이나, 선글라스 및 다른 의류와 같은 패션 아이템들을 경험하게 하는 비즈니스를 시작했다! 이는 VAE가 앞서 언급한 것처럼 컨셉 벡터를 학습하고 편집하는 데 뛰어난 특징을 갖고 있기 때문이다. 예를 들어 1과 0 사이 중간 어딘가에 위치한 새로운 샘플을 생성하고 싶다면 잠재 공간에서 1과 0의 평균 벡터의 차이를 계산하고, 원본에 그 차이의 절반을 더한 후 디코딩하면 된다. 결과적으로 앞의 스크린샷에서 봤던 것과 같이 6을 생성할 것이다. 동일한 컨셉을 사람의 얼굴을 학습한(예를 들면 유명 인사들의 얼굴(CelebFaces) 데이터셋을 사용한) VAE에 적용하면 다른 유명 인사 두 명의 얼굴을 샘플링한 후 두 얼굴을 합성해서 새로운 얼굴을 만들어낼 수 있다. 비슷하게 얼굴에 콧수염과 같은 특별한 특징을 생성하고 싶다면 콧수염이 있는 사람의 얼굴과 콧수염이 없는 사람의 얼굴을 선택하면 된다. 그 후 인코딩 함수를 사용해 각 얼굴의 인코딩된 벡터를 추출하고, 이 두 벡터의 차이를 저장한다. 이제 저장된 콧수염 벡터를 새로운 이미지의 인코딩된 공간에 추가하고 디코딩하면 어떤 이미지에든 수염을 추가할 수 있다.

VAE를 사용하면 즐기기 위한 목적으로 실시간 피드의 얼굴을 바꾸는 작업이나 새로운 특징을 추가하는 멋진 유스케이스를 만들 수 있다. 이 네트워크들은 현실적인 형태로 이미지를 수정하고, 어디에도 존재하지 않던 이미지를 생산하는 능력을 갖고 있다. 자연스럽게 여러분이 이 기술들을 덜 즐거운 목적으로 사용했을 때 어떤 결과가 나올지 궁금할 것이다. 이 모델을 잘못 사용해 사람이나 상황을 잘못 표현하는 경우에는 심각한 결과를 초래할 수도 있다. 하지만 사람을 속이도록 뉴럴 네트워크를 학습시킬 수 있는 만큼 위조를 구분하는 데 도움을 얻을 수 있도록 뉴럴 네트워크를 학습시킬 수도 있다. 9장에서 다음으로 다룰 주제는 생성적 적대 네트워크GAN, Generative Adversarial Networks다.

생성적 적대 네트워크

다른 유사한 모델들과 비교해볼 때 GAN의 기본 아이디어는 훨씬 이해하기 쉽다. 기본적으로 여러 뉴럴 네트워크를 사용해서 좀 더 정교한 게임을 플레이하는 것이다. 영화 <캐치 미 이프 유 캔Catch me if you can>과 같이 말이다. 이 영화를 잘 모르는 독자에게는 이후의 은유에 대해 미리 사과드린다.

GAN은 두 배우가 존재하는 하나의 시스템으로 간주할 수 있다. 한쪽에는 디카프리오와 같은 네트워크가 모네Monet나 달리Dali의 작품과 비슷한 것들을 재생산해서 의심할 여지가 없는 미술상에게 보낸다. 다른 한쪽에는 톰 행크스와 같은 빈틈없는 네트워크가 이 그림들을 낚아채서 위조 여부를 식별한다. 시간이 지남에 따라 각 배우 모두는 자신들의 일을 더욱 잘하게 되며, 사기꾼은 더욱 현실적인 위조품을 만들고, 형사는 위조품에 대한 더욱 날카로운 시각을 갖게 된다. 유사성의 변화는 이러한 아키텍처의 기반 아이디어를 설명하는 데 매우 효과적이다.

GAN은 생성자generator(생성 장치)와 판별자discriminator(판별 장치)의 두 부분으로 구성된다. 각 부분은 분리된 뉴럴 네트워크로 간주할 수 있으며, 이들은 모델이 훈련을 하는 동안 각자의 결과물을 서로 확인한다. 생성자 네트워크는 잠재 공간에서 무작위 벡터를 샘플링해서 가짜 데이터 포인트를 생성한다. 그러면 판별자는 이 생성된 데이터 포인트와 실제 데이터 포인트를 받아 어떤 데이터 포인트가 진짜인지, 어떤 데이터 포인트가 가짜인지 판별한다(그래서 이 네트워크를 판별자라 부른다). 네트워크가 학습을 진행함에 따라 생성자와 판별자 모두는 각각 합성한 데이터를 생성하고, 합성된 데이터를 식별하는 데 점점 능숙해진다.

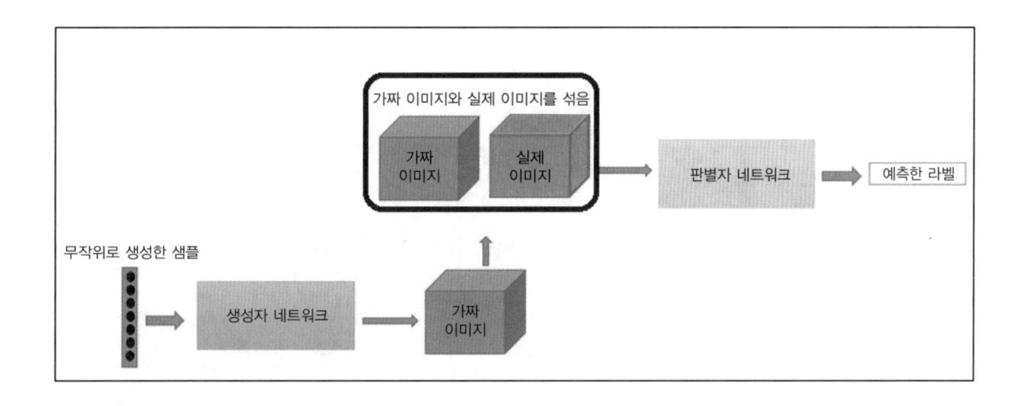

GAN을 활용한 유틸리티와 실제 응용

GAN 아키텍처는 2014년 굿펠로우Goodfellow와 동료들이 소개했으며, 여러 분야에 걸친 연구자들에 의해 인기를 얻었다. GAN은 실제 이미지와 거의 구분할 수 없을 정도의 합성 이미지를 생성하면서 유명해졌다. 이 책에서는 그러한 방법에서 파생될 수 있는 조금 재미있고 일상적인 응용을 알아봤지만, 좀 더 복잡한 것들도 있다. 예를 들어 GAN은 대부분 텍스처 삽입이나 이미지 조작과 같은 컴퓨터 비전 태스크에 주로 사용됐지만, 학문적 분야에서도 인기를 얻으면서 점점 더 많은 연구 방법론이 나타나고 있다. 최근에는 의료 이미지 합성이나 심지어 입자 물리학particle physics과 천체 물리학astrophysics에서도 GAN이 사용되기도 한다. 합성 이미지를 생성하는 동일한 방법을 사용해 노이즈를 제거한 머나먼 은하계의 이미지를 재생성하거나, 고에너지 입자의 충돌로 생겨나는 현실적인 방사능 패턴을 시뮬레이션할 수도 있다. GAN의 실질적인 유용성은 데이터에 내재하는 통계적인 분포를 학습할 수 있는 능력에 있으며, 이를 통해 GAN은 원래 입력을 합성한 인스턴스를 생성할 수 있다. 이는 특별히 연구자들이 데이터를 수집하는 경우에 유용하다. 연구를 위해 실제 데이터를 수집하는 것은 엄청나게 비용이 많이 들거나 물리적으로 불가능할 수 있다. 게다가 GAN의 유용성은 컴퓨터 비전이라는 도메인에 국한되지 않는다. GAN과 같은 네트워크의 변형을 사용해 자연어 데이터(일부 상황을 설명하는 문장과 같은)에서 세부적인 이미지를 생성할 수도 있다.

출처: https://arxiv.org/pdf/1612.03242v1.pdf

이러한 유스케이스들을 참고해서 창의적이면서 실질적인 태스크를 수행하는 데 GAN을 사용하는 아이디어를 얻을 수 있다. 그러나 이 모든 아키텍처가 다루기 재미있거나 게임 같지만은 않다. GAN을 학습시키기는 매우 어렵기 때문에 GAN을 깊이 연구하는 사람들은 이 과정을 과학이라기보다는 예술이라고 부른다.

이 주제에 관해서는 다음 논문들을 참조해보는 것도 좋다.

- **굿펠로우와 동료들의 논문 원본:** http://papers.nips.cc/paper/5423-generative-adversarial-nets
- **천체 물리학에서의 GAN:** https://academic.oup.com/mnrasl/article/467/1/L110/2931732
- **입자 물리학에서의 GAN:** https://link.springer.com/article/10.1007/s41781-017-0004-6
- **텍스트에서 세부적인 이미지 생성:** http://openaccess.thecvf.com/content_cvpr_2018/html/Xu_AttnGAN_Fine-Grained_Text_CVPR_2018_paper.html

GAN 깊이 살펴보기

이제 GAN을 구성하는 다른 부분들이 어떻게 협동해서 합성 데이터를 생성하는지 알아본다. 먼저 파라미터화된 함수 *G*(뉴럴 네트워크를 사용해 근삿값을 구하는)를 생각해보자. 함수 *G*는 생성자며, 잠재 확률 분포에서 입력 벡터 *z*를 샘플링하고, 이를 합성 이미지로 전환한다. 판별자 *D*는 생성자가 만들어낸 이미지를 입력받아 실제 이미지와 섞어서 실제 이미지와 위조된 이미지를 판별한다. 그러므로 판별자 네트워크는 단순한 이진 분류기이며, 시그모이드 활성화 함수와 비슷하게 동작한다. 이상적으로 판별자가 실제 이미지를 봤을 때는 높은 값을 출력하고, 생성된 가짜 이미지를 봤을 때는 낮은 값을 내기 원한다. 반대로 생성자 네트워크는 판별자가 네트워크를 속임으로써 거짓 이미지를 입력받은 경우에도 높은 값을 출력하도록 시도한다. 이 컨셉에서 GAN을 훈련시키는 수학 공식을 얻을 수 있는데, 이는 기본적으로 두 뉴럴 네트워크 *D*, *G* 사이의 전투를 의미하며, 이 둘은 서로 싸워 이기려고 한다.

$$\min_G \max_D V(D, G)$$

$$V(D, G) = \mathbb{E}_{x \sim p_{data}(x)}[\log D(x)] + \mathbb{E}_{z \sim p_z(z)}[\log(1 - D(G(z)))]$$

이 공식에서 첫 번째 항은 실제 분포에서의 데이터 포인트 *x*와 관련된 엔트로피를 나타내며, 판별자에게 제공된다. 판별자의 목표는 실제 이미지를 올바르게 식별해서 이 값을 1로 만드는 것이다. 또한 공식의 두 번째 항은 무작위로 샘플링된 포인트와 관련된 엔트로피를 의미하면 생성자 *G*(*z*)에 의해 합성 이미지로 변환돼 판별자 *D*(*G*(*z*))로 전달된다. 판별자는 이러한 상황을 전혀 원하지 않으므로 가짜 데이터 포인트(즉, 두 번째 항)의 로그 확률을 최대화해서 0으로 만들 방법을 찾는다. 결과적으로 판별자는 전체 *V* 함수 값을 최대화하려고 시도한다. 반면 생성자 함수는 완전히 반대의 일을 한다. 생성자의 목표는 첫 번째 항을 최소화하고 두 번째 항을 최대화해서 실제와 거짓을 구분하지 못하게 하려는 것이다. 그럼 이제 경찰과 도둑의 힘겨운 싸움을 시작해보자.

GAN 최적화의 문제점

흥미롭게도 두 네트워크가 번갈아가며 자신의 지표를 최적화하기 때문에 GAN의 손실 범위는 매우 역동적이다. 이 책에서 살펴본 다른 예제들(즉, 초평면이 동일하게 유지되기 때문에 모델 오차를 역전파시키면서 기울기를 따라 내려가 더 이상적인 파라미터로 수렴하는)과는 전혀 다르다. 하지만 두 네트워크가 모두 자신의 파라미터를 최적화하기 때문에 초평면을 따라 한 걸음씩 내려갈 때마다 평면이 조금씩 변경되며, 이는 두 최적화 제약 조건이 평형에 이를 때까지 계속된다. 이 평형을 달성하기는 쉽지 않으며, 수많은 주의와 노력이 요구된다. GAN의 경우에는 레이어 가중치 초기화가 매우 중요하기 때문에 ReLU나 시그모이드 활성화 함수 대신 Leaky Relu와 tanh를 사용하고, 배치 표준화와 드롭아웃 레이어를 구현하는 등의 작업을 수행한다. 그러나 이는 평형을 이루는 GAN의 능력을 향상시키고자 고려해야 할 수많은 사항 중 일부에 지나지 않는다. 코드를 작성해서 실제로 이 멋진 아키텍처의 인스턴스를 구현해보면 더 친숙해질 수 있을 것이다.

이 주제와 관련된 더 많은 정보는 다음을 참조한다.

- **GAN을 훈련시키기 위한 향상된 기법:** https://arxiv.org/pdf/1606.03498.pdf
- **실제 같은 사진 이미지 생성:** http://openaccess.thecvf.com/content_cvpr_2017/html/Ledig_Photo-Realistic_Single_Image_CVPR_2017_paper.html

케라스를 활용한 GAN 설계

스스로를 대규모 자동차 제조사의 연구 팀 일부라고 가정해보자. 상사가 여러분에게 합성된 자동차 디자인을 만들어서 디자인 팀을 고무시키기 원한다고 생각해보자. GAN에 관한 수많은 광고를 들었기 때문에 GAN이 정말로 쓸모 있는지 조사하기로 한다. 가장 먼저 PoC를 하고자 했으며, 신속하게 저해상도의 자동차 이미지를 사용해 케라스를 통한 기본적인 GAN이 최소한 일반적인 자동차의 형태를 재생성할 수 있는지 확인해보기로 했다. 이러한 일이 가능하다면 매니저를 설득해서 일부 오피스용 Titan x GPU에 투자해서 고해상도 데이터를 얻고, 좀 더 복잡한 아키텍처를 개발하게 할 수 있을 것이다. 그러려면 PoC 구현이 우선이다. 가장 먼저 몇 가지 자동차 이미지가 필요하다. 고전적이고도 뛰어난 CIFAR-10 데이터셋을 사용하며, 상업적인 자동차 분류로 그 범위를 제한한다. 다음 코드와 같이 몇 가지 필요한 라이브러리를 로드해서 구현을 시작한다.

```
import numpy as np
from tqdm import tqdm
from pathlib import Path

import keras
import keras.backend as K
from keras.initializers import RandomNormal

from keras.layers import Input, Dense, Activation, LeakyReLU, BatchNormalization,
        Dropout
from keras.layers import Conv2D, Conv2DTranspose, Reshape, Flatten

from keras.models import Model

from keras.optimizers import Adam

from sklearn.model_selection import train_test_split
import matplotlib.pyplot as plt
%matplotlib inline
```

데이터 준비

케라스를 통해 데이터를 로드하고, 자동차 이미지들(index = 1)을 선택한다. 그 후 훈련 배열과 테스트 배열의 셰이프를 확인한다. 5,000개의 훈련 이미지와 10,000개의 테스트 이미지가 존재함을 확인할 수 있다.

```
# 데이터 로드
(x_train, y_train), (x_test, y_test) = cifar10.load_data()

# 자동차 분류 선택
x_train = x_train[y_train.flatten() == 1]

# 셰이프 확인
x_train.shape, x_test.shape
-----------------------------
((5000, 32, 32, 3), (10000, 32, 32, 3))
```

인스턴스 시각화

Matplotlib를 사용해 데이터셋의 실제 이미지를 확인할 수 있다. 잠시 후 몇 개의 가짜 이미지를 만들어낼 것이니, 이 코드를 실행한 결과에서 본 이미지를 잘 기억하자.

```
# 데이터 플롯
plt.figure(figsize=(5, 4))
for i in range(20):
    plt.subplot(4, 5, i + 1)
    plt.imshow(x_train[i].reshape(32, 32, 3), cmap='gray')
    plt.xticks([])
    plt.yticks([])
plt.tight_layout()
plt.show()
```

코드를 실행한 결과는 다음과 같다.

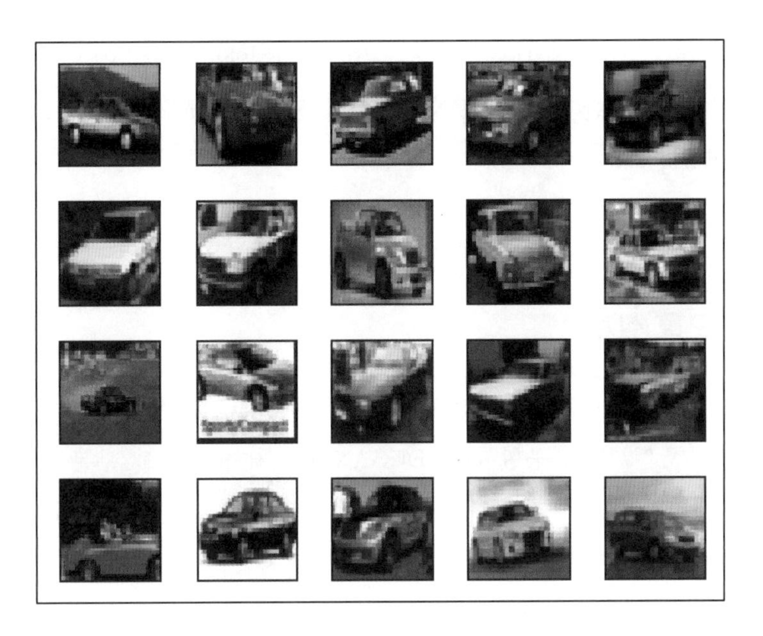

데이터 전처리

다음으로 픽셀 값을 표준화한다. 다만 이전 예제들과 달리 이번에는 픽셀 값을 -1과 1 사이의 값(0과 1 사이의 값 대신)으로 표준화한다. 이는 생성자 네트워크의 활성화 함수로 tanh를 사용할 것이기 때문이다. 이 활성화 함수는 -1에서 1 사이의 출력값을 내기 때문에 데이터를 비슷한 방식으로 표준화함으로써 학습 과정을 좀 더 부드럽게 진행할 수 있다.

```
def preprocess(x):
    return (x / 255) * 2 - 1

def deprocess(x):
    return np.uint8((x + 1) / 2 * 255)

X_train_real = preprocess(x_train)
X_test_real = preprocess(x_test)
```

다른 표준화 전략을 선택해 네트워크를 훈련하는 과정에서의 학습에 어떤 영향을 미치는지 확인해보길 권한다. 이제 GAN 아키텍처 구현을 시작하고자 필요한 모든 컴포넌트를 확인했다.

생성자 모듈 설계

이제부터가 재미있는 부분이다. 심층 컨볼루셔널 생성적 적대 네트워크DCGAN, Deep Convolutional Generative Adversarial Network를 구현한다. DCGAN에서 처음 구현할 부분은 생성자 네트워크다. 생성자 네트워크는 근본적으로 잠재 공간을 의미하는 정규 확률 분포에서 추출한 샘플을 변환함으로써 현실적인 자동차 이미지를 재생성하는 방법을 학습한다.

기능적 API를 사용해 모델을 정의하고, 3개의 인자를 가진 함수에 대입한다. 첫 번째 인자인 latent_dim은 정규 분포에서 무작위로 추출된 입력 데이터의 차원을 의미한다. 다음 인자인 leaky_alpha는 LeakyRelu 활성화 함수에 제공되는 알파 파라미터를 의미한다. 마지막 인자인 init_stddev는 네트워크의 무작위 가중치를 초기화하는 표준편차를 의미하며, 레이어를 생성할 때 kernel_initializer 인자를 정의하는 데 사용된다.

```
from keras.layers import Conv2D, MaxPooling2D, UpSampling2D

# 입력 플레이스홀더
def gen(latent_dim, leaky_alpha, init_stddev):
    # 'channels_first' 이미지 데이터 포맷 사용 시 적용
    input_img = Input(shape=(latent_dim,))

    # 인코더 파트
    x = Dense(32 * 32 * 3)(input_img)
    x = Reshape((4, 4, 192))(x)
```

```
    x = BatchNormalization(momentum=0.8)(x)
    x = LeakyReLU(alpha=leaky_alpha)(x)

    x = Conv2DTranspose(256,
                        kernel_size=5,
                        strides=2,
                        padding='same',
                        kernel_initializer=RandomNormal(stddev=init_stddev)
                       )(x)

    x = BatchNormalization(momentum=0.8)(x)
    x = LeakyReLU(alpha=leaky_alpha)(x)

    x = Conv2DTranspose(128,
                        kernel_size=5,
                        strides=2,
                        padding='same',
                        kernel_initializer=RandomNormal(stddev=init_stddev)
                       )(x)

    x = BatchNormalization(momentum=0.8)(x)
    x = LeakyReLU(alpha=leaky_alpha)(x)

    x = Conv2DTranspose(3,
                        kernel_size=5,
                        strides=2, padding='same',
                        kernel_initializer=RandomNormal(stddev=init_stddev),
                        activation='tanh'
                       )(x)

    generator = Model(input_img, x)
    generator.summary()
    return generator
```

이 모델을 설계할 때 몇 가지 고려해야 할 사항에 주의한다. 예를 들어 LeakyReLU 활성화 함수는 ReLU와 비교해 출력에 대한 희소성 제약을 완화하고자 끝에서 두 번째 레이어에 적용됐다. 또한 ReLU가 모든 음수를 0으로 변환하는 반면 LeakyReLU는 다소 작은 음의 기울기 값을 허용한다. 경사 희소성gradient sparsity은 일반적으로 뉴럴 네트워크를 훈련할 때 필요한 속성으로 고려되지만, GAN에는 해당하지 않는다. DCGAN에서 맥스 풀링 오퍼레이션을 사용하지 않는 것도 같은 이유인데, 다운샘플링 오퍼레이션이 희박한 표현을 만들어내기 때문이다. 대신 Conv2D 전치 레이어에 스트라이드 컨볼루션을 사용해서 필요한 다운샘플링을 진행한다. 또한 배치 표준화 레이어를 구현(평균과 분산을 0.8로 이동시킴)하는데, 이는 생성된 이미지의 품질을 눈에 띄게 향상시킨다. 또한 각 컨볼루셔널 레이어에서 컨볼루셔널 커널의 크기는 스트라이드의 크기로 나눠떨어짐을 알 수 있다. 컨볼루셔널 커널이 각 영역을 동일한 횟수로 샘플링하기 때문에 생성되는 이미지의 품질을 높이고, 영역 사이의 차이를 줄인다. 네트워크의 마지막 레이어에는 `tanh` 활성화 함수를 적용하는데, 이 활성화 함수는 GAN 아키텍처에서 지속적으로 더 나은 결과를 생성함을 보여줬다. 다음 코드로 GAN의 전체 생성자 모듈을 확인할 수 있다.

```
u = gen(20,0.01,0.02)
```

코드를 실행한 결과는 다음과 같다. 이 모듈은 32 × 32 × 3의 합성된 자동차 이미지를 생성하고, 이 이미지를 활용해 판별자 모듈을 속이려고 시도한다.

```
Model: "model_1"
_________________________________________________________________
Layer (type)                 Output Shape              Param #
=================================================================
input_1 (InputLayer)         (None, 20)                0
_________________________________________________________________
dense_1 (Dense)              (None, 3072)              64512
_________________________________________________________________
reshape_1 (Reshape)          (None, 4, 4, 192)         0
_________________________________________________________________
batch_normalization_1 (Batch (None, 4, 4, 192)         768
_________________________________________________________________
leaky_re_lu_1 (LeakyReLU)    (None, 4, 4, 192)         0
_________________________________________________________________
conv2d_transpose_1 (Conv2DTr (None, 8, 8, 256)         1229056
_________________________________________________________________
batch_normalization_2 (Batch (None, 8, 8, 256)         1024
_________________________________________________________________
leaky_re_lu_2 (LeakyReLU)    (None, 8, 8, 256)         0
_________________________________________________________________
conv2d_transpose_2 (Conv2DTr (None, 16, 16, 128)       819328
_________________________________________________________________
batch_normalization_3 (Batch (None, 16, 16, 128)       512
_________________________________________________________________
leaky_re_lu_3 (LeakyReLU)    (None, 16, 16, 128)       0
_________________________________________________________________
conv2d_transpose_3 (Conv2DTr (None, 32, 32, 3)         9603
=================================================================
Total params: 2,124,803
Trainable params: 2,123,651
Non-trainable params: 1,152
_________________________________________________________________
```

판별자 모듈 설계

다음으로 판별자 모듈을 설계한다. 이 모듈은 방금 전에 설계한 생성자 모듈이 제공한 합성 이미지들 속에서 진짜 이미지를 구별해낸다. 기본적인 콘셉트는 생성자 모듈의 그것과 유사하지만, 몇 가지 핵심적인 차이가 있다. 판별자 네트워크는 32 × 32 × 3차원의 이미지를 입력받으며, 다양한 형태로 이를 변환시키면서 깊은 레이어를 통해 전파시킨 후 하나의 뉴런과 시그모이드 활성화 함수를 사용하는 마지막 덴스 분류 레이어를 통과시킨다. 판별자 네트워크의 역할은 실제 이미지와 거짓 이미지를 구별하는 것이기 때문에 마지막 레이어에는 하나의 뉴런만이 존재한다. `sigmoid` 함수는

0과 1 사이의 확률 값을 출력하며, 이는 네트워크에 입력된 이미지가 얼마나 가짜인지 (혹은 진짜인지)를 의미한다. 마지막 덴스 분류 레이어 앞에 드롭아웃 레이어를 포함시켜 강성robustness과 일반화 능력generalizability을 확보한다.

```
def disc(leaky_alpha, init_stddev):
    disc_input = Input(shape=(32, 32, 3))

    x = Conv2D(64,
               kernel_size=5,
               strides=2,
               padding='same',
               kernel_initializer=RandomNormal(stddev=init_stddev)
              )(disc_input)
    x = LeakyReLU(alpha=leaky_alpha)(x)
    x = Conv2D(128,
               kernel_size=5,
               strides=2,
               padding='same',
               kernel_initializer=RandomNormal(stddev=init_stddev)
              )(x)

    x = BatchNormalization(momentum=0.8)(x)
    x = LeakyReLU(alpha=leaky_alpha)(x)
    x = Conv2D(256,
               kernel_size=5,
               strides=2,
               padding='same',
               kernel_initializer=RandomNormal(stddev=init_stddev)
              )(x)
    x = BatchNormalization(momentum=0.8)(x)
    x = LeakyReLU(alpha=leaky_alpha)(x)
    x = Flatten()(x)
    x = Dropout(0.2)(x)
    x = Dense(1, activation='sigmoid')(x)
    discriminator = Model(disc_input, x)
```

```
    discriminator.summary()
    return discriminator
```

모델 하이퍼파라미터를 가능한 한 많이 바꿔가면서 실험을 통해 서로 다른 하이퍼파라미터들이 GAN 모델의 학습과 GAN 모델이 생성하는 출력에 어떤 영향을 미치는지 확인해보길 권한다.

GAN 합치기

다음으로 생성자, 판별자 모듈을 다음 함수로 엮는다. 인자로는 생성자 모듈에서 사용할 잠재 샘플 크기를 넘겨준다. 생성자 네트워크는 잠재 샘플을 변환해 합성 이미지를 생성한다. 또한 생성자 네트워크, 판별자 네트워크에서 사용할 학습률과 감쇠율decay rate을 인자로 받는다. 마지막 인자 2개는 LeakyReLU 활성화 함수에서 사용할 알파 값과 네트워크 가중치를 무작위로 초기화할 때 사용할 표준편차 값이다.

```
from keras.models import Sequential

def make_DCGAN(sample_size,
               g_learning_rate,
               g_beta_1,
               d_learning_rate,
               d_beta_1,
               leaky_alpha,
               init_std):
    # 초기화
    K.clear_session()

    # 생성자
    generator = gen(sample_size, leaky_alpha, init_std)

    # 판별자
```

```
    discriminator = disc(leaky_alpha, init_std)
    discriminator_optimizer = Adam(lr=d_learning_rate,
                                   beta_1=d_beta_1)
    # keras.optimizers.RMSprop(lr=d_learning_rate,
    #                          clipvalue=1.0,
    #                          decay=1e-8)
    discriminator.compile(optimizer=discriminator_optimizer,
                          loss='binary_crossentropy')

    # GAN
    gan = Sequential([generator, discriminator])
    gan_optimizer = Adam(lr=g_learning_rate,
                         beta_1=g_beta_1)
    # keras.optimizers.RMSprop(lr=g_learning_rate,
    #                          clipvalue=1.0,
    #                          decay=1e-8)
    gan.compile(optimizer=gan_optimizer,
                loss='binary_crossentropy')

    return generator, discriminator, gan
```

임포트한 백엔드 객체인 K에서 .clear_session() 메소드를 호출해 이전 케라스 세션을 모두 종료시킨다. 다음으로 앞서 설계한 두 함수를 호출하고 각각의 인자를 전달해서 생성자와 판별자 네트워크를 정의한다. 판별자 네트워크는 컴파일을 하지만 생성자 네트워크는 컴파일을 하지 않음에 주의한다.

모든 함수는 다양한 모델 하이퍼파라미터를 인자로 사용해서 빠르게 실험을 할 수 있도록 설계했다.

마지막으로 판별자 네트워크를 이진 교차 엔트로피 손실 함수로 컴파일한 후 두 네트워크(생성자, 판별자)를 하나로 합쳤다. 순차적 API를 사용해서 두 개의 밀집 모델을 손쉽게 병합할 수 있다. 다음으로 GAN 전체를 컴파일한다. 손실 함수와 최적화 함수는 동일하지만, 학습률은 다르다. 이 예제에서는 Adam 최적화 함수를 사용했으며, GAN의 학습률은 0.0001, 판별자 네트워크의 학습률은 0.001을 사용했다.

훈련용 헬퍼 함수

다음으로 훈련 프로세스에서 사용할 몇 가지 헬퍼 함수를 정의한다. 첫 번째 함수 make_latent_samples()는 표준 정규 분포에서 잠재 변수의 샘플을 만든다. 다음 함수 make_trainable()은 판별자 네트워크와 생성자 네트워크를 차례로 훈련시킨다. 다시 말해 이 함수는 한 모듈(판별자 혹은 생성자)의 레이어 가중치를 고정시킨 상태로 다른 모듈을 훈련시킨다. 이 함수의 인자인 trainable은 불리언 값(True 혹은 False)이다. 마지막 함수 make_labels()는 판별자 모듈을 훈련하기 위한 라벨들을 반환한다. 이 라벨들은 이진 값으로 1은 실제 이미지, 0은 가짜 이미지를 의미한다.

```
def make_latent_samples(n_samples, sample_size):
    # return np.random.uniform(-1,
    #                          1,
    #                          size=(n_samples, sample_size)
    #                         )
    return np.random.normal(loc=0,
                            scale=1,
                            size=(n_samples, sample_size)
                           )

def make_trainable(model, trainable):
    for layer in model.layers:
        layer.trainable = trainable

def make_labels(size):
    return np.ones([size, 1]), np.zeros([size, 1])
```

출력 표시용 헬퍼 함수

다음 두 헬퍼 함수는 훈련 세션 종료 후 손실, 매 에폭 종료 후 이미지를 출력함으로써 네트워크가 어떻게 일하고 있는지 시각적으로 평가할 수 있다. 손실 평면은 동적으로 변화하기 때문에 손실값 자체에는 큰 의미가 없다. 생성자 네트워크의 경우 대부분 해당 출력은 사람이 직접 눈으로 검사해야 한다. 그렇기 때문에 훈련이 진행되는 동안 모델의 성능을 시각적으로 조사할 수 있어야 한다.

```
def show_results(losses):
    labels = ['Classifier', 'Discriminator', 'Generator']
    losses = np.array(losses)

    fig, ax = plt.subplots()
    plt.plot(losses.T[0], label='Discriminator Net')
    plt.plot(losses.T[1], label='Generator Net')
    plt.title("Losses during training")
    plt.legend()
    plt.show()

def show_images(generated_images):
    n_images = len(generated_images)
    rows = 4
    cols = n_images // rows

    plt.figure(figsize=(cols, rows))
    for i in range(n_images):
        img = deprocess(generated_images[i])
        plt.subplot(rows, cols, i + 1)
        plt.imshow(img, cmap='gray')
        plt.xticks([])
        plt.yticks([])
    plt.tight_layout()
    plt.show()
```

첫 번째 함수 show_results()는 훈련 세션 동안 판별자와 생성자 네트워크의 손실값 리스트를 받아 전치시켜 각 에폭에 맞게 플롯한다. 두 번째 함수 show_images()는 매 에폭이 종료된 후 생성된 이미지의 그리드를 출력한다.

훈련 함수

다음 훈련 함수는 크기가 매우 크지만, 다시 살펴보면 매우 직관적이다. 기본적으로 앞서 구현한 모든 것을 조합한 함수다.

```
def train(
    g_learning_rate,      # 생성자 학습률
    g_beta_1,             # Adam 최적화 함수 첫 번째 평가 후 감쇠율
    d_learning_rate,      # 판별자 학습률
    d_beta_1,             # Adam 최적화 함수 첫 번째 평가 후 감쇠율
    leaky_alpha,
    init_std,
    smooth=0.1,           # 라벨 평활화
    sample_size=100,      # 잠재 공간 샘플 크기(예. 무작위 100개)
    epochs=200,
    batch_size=128,       # 학습 배치 크기
    eval_size=16):        # 평가 크기

    # 배치 크기와 테스트 크기용 라벨
    y_train_real, y_train_fake = make_labels(batch_size)
    y_eval_real,  y_eval_fake   = make_labels(eval_size)

    # GAN, 생성자와 판별자 생성
    generator, discriminator, gan = make_DCGAN(
        sample_size,
        g_learning_rate,
        g_beta_1,
        d_learning_rate,
        d_beta_1,
```

```
        leaky_alpha,
        init_std)

    losses = []
    for epoch_indx in range(epochs):
        for i in tqdm(range(len(X_train_real)//batch_size)):
            # 실제 이미지
            X_batch_real = X_train_real[i*batch_size:(i+1)*batch_size]

            # 잠재 샘플과 생성된 이미지
            latent_samples = make_latent_samples(batch_size, sample_size)
            X_batch_fake = generator.predict_on_batch(latent_samples)

            # 실제 이미지와 가짜 이미지 판별을 위해 판별자 훈련
            make_trainable(discriminator, True)
            discriminator.train_on_batch(X_batch_real, y_train_real * (1 - smooth))
            discriminator.train_on_batch(X_batch_fake, y_train_fake)

            # GAN을 통해 생성자 훈련
            make_trainable(discriminator, False)
            gan.train_on_batch(latent_samples, y_train_real)

        # 평가
        X_eval_real = X_test_real[np.random.choice(len(X_test_real), eval_size,
                replace=False)]

        latent_samples = make_latent_samples(eval_size, sample_size)
        X_eval_fake = generator.predict_on_batch(latent_samples)

        d_loss  = discriminator.test_on_batch(X_eval_real, y_eval_real)
        d_loss += discriminator.test_on_batch(X_eval_fake, y_eval_fake)

        # 가짜 이미지가 실제처럼 보이게 해야 한다!
        g_loss  = gan.test_on_batch(latent_samples, y_eval_real)

        losses.append((d_loss, g_loss))

        print("At epoch:{:>3}/{},\nDiscriminator Loss:{:>7.4f} \nGenerator
                Loss:{:>7.4f}".format(
            epoch_indx+1, epochs, d_loss, g_loss))

        if (epoch_indx+1)%1==0:
```

```
        show_images(X_eval_fake)

    show_results(losses)
    return generator
```

훈련 함수 인자

훈련 함수가 받는 대부분의 인자에 익숙할 것이다. 처음 4개 인자는 각각 생성자 네트워크와 판별자 네트워크의 학습률과 감쇠율을 의미한다. 유사하게 leaky_alpha 인자는 두 네트워크에서 사용하는 LeakyReLU 활성화 함수를 위해 구현한 음수 기울기 계수 negative slope coefficient다. 그런 다음 smooth 인자는 굿펠로우 등이 2016년에 제안한 일방적 라벨 평활화 one-sided label smoothing를 의미한다. 이 아이디어는 기본적으로 판별자 모듈에 대한 실제 타겟 값(1)을 0.9와 같은 평활화된 값으로 바꾸는 것으로, 뉴럴 네트워크의 민감성을 줄여 대립적인 예에서 실패하지 않게 한다.

```
def train(
    g_learning_rate,      # 생성자 학습률
    g_beta_1,             # Adam 최적화 함수 첫 번째 평가 후 감쇠율
    d_learning_rate,      # 판별자 학습률
    d_beta_1,             # Adam 최적화 함수 첫 번째 평가 후 감쇠율
    leaky_alpha,
    init_std,
    smooth=0.1,           # 라벨 평활화
    sample_size=100,      # 잠재 공간 샘플 크기(예, 무작위 100개)
    epochs=200,
    batch_size=128,       # 학습 배치 크기
    eval_size=16):        # 평가 크기
```

그 이후 4개의 인자를 더 입력받는다. 그중 첫 번째 인자 sample_size는 잠재 공간에서 추출할 샘플의 크기를 의미한다. 다음 인자 epoch, batch_size는 훈련 에폭 수와

가중치 업데이트를 수행할 배치 크기를 의미한다. 마지막 인자 eval_size는 매 훈련 에폭 이후 평가할 생성된 이미지의 수를 의미한다.

판별자 라벨 정의

다음으로 make_label() 함수를 호출하고 적절한 배치 차원을 사용해 훈련과 평가 이미지에서 사용할 라벨 배열을 정의한다. 이 함수는 각 훈련과 평가 이미지 인스턴스별로 1과 0을 가진 배열을 반환한다.

```
# 배치 크기와 테스트 크기 라벨
y_train_real, y_train_fake = make_labels(batch_size)
y_eval_real, y_eval_fake = make_labels(eval_size)
```

GAN 초기화

앞서 정의한 make_DCGAN() 함수를 적절한 인자를 넣어 실행해서 GAN 네트워크를 초기화한다.

```
# GAN, 생성자와 판별자 생성
generator, discriminator, gan = make_DCGAN(
    sample_size,
    g_learning_rate,
    g_beta_1,
    d_learning_rate,
    d_beta_1,
    leaky_alpha,
    init_std)
```

배치별 판별자 훈련

훈련 중 각 네트워크의 손실값을 수집할 배열을 정의한다. 네트워크를 훈련시키는 경우 실제로는 .train_on_batch() 메소드를 사용한다. 이를 사용해 선택적으로 훈련 프로세스를 조작할 수 있다. 실질적으로는 이중 for 루프로 구현한다.

```
losses = []
for epoch_indx in range(epochs):
    for i in tqdm(range(len(X_train_real) // batch_size)):
        # 실제 이미지
        X_batch_real = X_train_real[i * batch_size:(i + 1) * batch_size]

        # 잠재 샘플과 생성된 이미지
        latent_samples = make_latent_samples(batch_size, sample_size)
        X_batch_fake = generator.predict_on_batch(latent_samples)

        # 실제 이미지와 가짜 이미지 판별을 위해 판별자 훈련
        make_trainable(discriminator, True)
        discriminator.train_on_batch(X_batch_real,
                                     y_train_real * (1 - smooth))
        discriminator.train_on_batch(X_batch_fake,
                                     y_train_fake)
```

매 에폭의 각 배치에서 주어진 데이터 배치를 사용해 판별자 네트워크를 먼저 훈련시킨 후 생성자 네트워크를 훈련시킨다. 실제 훈련 이미지의 첫 번째 배치를 취하고, 표준 분포에서 잠재 변수의 배치 하나를 샘플링한다. 그 후 생성자 모듈을 사용해 잠재 샘플에 대한 예측을 수행하고, 자동차의 합성 이미지를 생성한다.

그런 다음 make_trainable() 함수를 사용해 이 두 배치(즉, 실제 이미지와 생성된 이미지)에 대해 판별자 네트워크를 학습시킨다. 이 시점에서 판별자는 실제 이미지와 가짜 이미지를 학습해서 구분할 수 있게 된다.

배치별 생성자 훈련

판별자 레이어를 고정하고 make_trainable() 함수를 사용해 네트워크의 나머지 부분만을 학습시킨다. 이제 생성자가 실제와 같은 이미지를 생성해서 판별자를 이겨야 한다.

```
# GAN을 통해 생성자 훈련
make_trainable(discriminator, False)
gan.train_on_batch(latent_samples, y_train_real)
```

에폭별 결과 평가

이제 '중첩돼 있는' 루프를 빠져나와 매 에폭 종료 후의 몇 가지 행동을 수행한다. 무작위로 실제 이미지와 잠재 변수를 샘플링한 후 몇 개의 가짜 이미지를 만들어 플롯한다. .test_on_batch() 메소드를 사용해 판별자와 GAN의 손실값을 얻고, 손실 리스트에 그 값들을 추가했다. 매 에폭 종료 후 판별자와 생성자의 손실을 표시하고 16개의 이미지 샘플을 플롯한다. 이제 이 함수를 호출하기만 하면 된다.

```
    # 평가
    X_eval_real = X_test_real[np.random.choice(len(X_test_real),
                                               eval_size,
                                               replace=False)]

    latent_samples = make_latent_samples(eval_size, sample_size)
    X_eval_fake = generator.predict_on_batch(latent_samples)

    d_loss = discriminator.test_on_batch(X_eval_real,
                                         y_eval_real)
    d_loss += discriminator.test_on_batch(X_eval_fake,
                                          y_eval_fake)
    # 가짜 이미지가 실제처럼 보이게 해야 한다!
```

```
    g_loss = gan.test_on_batch(latent_samples, y_eval_real)

    losses.append((d_loss, g_loss))
    print("At epoch:{:>3}/{},\nDiscriminator Loss:{:>7.4f} \nGenerator
          Loss:{:>7.4f}".format(epoch_indx + 1, epochs, d_loss, g_loss))

    if (epoch_indx + 1) % 1 == 0:
        show_images(X_eval_fake)

show_results(losses)
return generator
```

더 많은 자세한 정보는 다음을 참조한다.

- **GAN을 학습시키기 위한 개선된 기법**Improved techniques for training GANs: https://arxiv.org/pdf/1606.03498.pdf

훈련 세션 실행

이제 각 인자를 전달해 훈련 세션을 시작할 수 있다. `tdqm` 모듈이 매 에폭마다 처리된 배치의 수를 의미하는 진척 막대를 표시하는 것을 알 수 있다. 각 에폭이 종료되면 4 × 4의 그리드(다음 스크린샷 참고)에 GAN 네트워크가 생성한 샘플이 표시된다. 이제 케라스를 활용해 GAN 네트워크를 어떻게 구현하는지 알았다. 참고로 GPU를 사용하는 로컬 머신에서 코드를 실행하는 경우 CUDA 설정에 `tensorflow-gpu`를 추가하면 도움이 된다. 시간과 자원의 한계상 예제에서는 200 에폭 동안 훈련을 수행하지만, 실제로는 수천 에폭 동안 훈련을 하는 경우도 많다. 이상적으로 두 네트워크(생성자와 판별자)가 오랜 시간 경쟁할수록 결과 또한 향상된다. 하지만 늘 그렇지는 않으므로, 손실값을 주의 깊게 모니터링해야 한다.

```
train(g_learning_rate=0.0001,
      g_beta_1=0.5,
      d_learning_rate=0.001,
      d_beta_1=0.5,
      leaky_alpha=0.2,
      init_std=0.02)
```

코드를 실행한 결과는 다음과 같다.

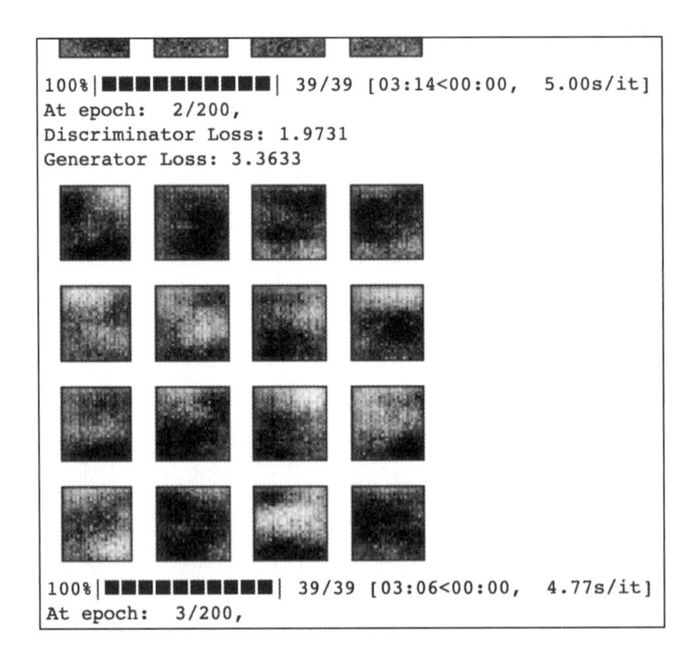

훈련 진행 중 테스트 손실 해석

다음 그림에서 볼 수 있듯 테스트 데이터셋에 대한 손실값은 매우 불안정한 비율로 변한다. 다른 최적화 함수를 사용하면 좀 더 부드러운 혹은 좀 더 거친 손실 곡선을 볼 수 있을 것인데, 이에 관해서는 직접 다양한 손실 함수(예를 들면 RMSProp은 시작하기 가장 좋은 함수다)를 활용해 이 가정을 실험해보길 바란다. 표시된 손실은 그리 직관적이지는 않지만, 에폭별로 생성된 이미지를 보면 좀 더 의미 있는 실험 결과를 확인할 수 있다.

에폭별 결과 시각화

다음 그림은 생성된 이미지의 16 × 16 그리드 8개를 훈련 세션별로 표시했다. 이미지 자체의 크기는 매우 작지만, 훈련 세션의 후반으로 갈수록 차량의 형태를 닮아가는 것을 확인할 수 있다.

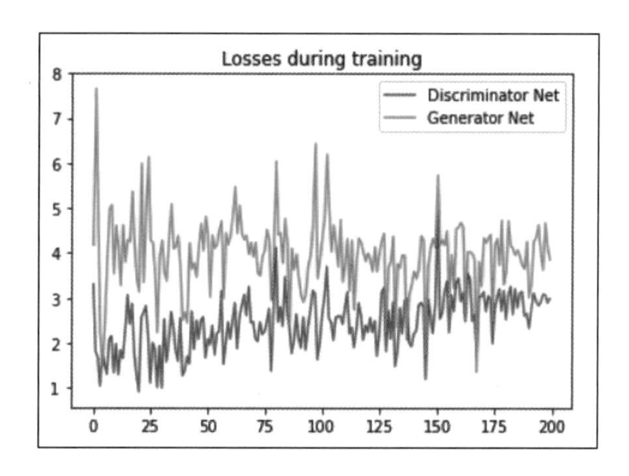

그림에서 볼 수 있듯 GAN은 실제와 같은 자동차 이미지를 점점 잘 생성하게 되며, 판별자를 더 잘 속이게 된다. 훈련의 최종 단계에 이르면 사람의 눈으로도 잠깐 보는 것만으로는 진짜와 가짜 이미지를 구분할 수 없을 정도가 된다. 게다가 이러한 결과를 얻기 위한 구현도 상대적으로 간단하고 직선적이다. 생성자 네트워크가 진짜 이미지를 단 한 장도 보지 않고 이러한 결과를 만들어냈다는 사실을 고려할 때 이는 매우 괄목할 만한 결과다. GAN은 무작위 확률 분포에서 샘플을 추출하고, 판별자의 피드백만을 사용해 스스로의 결과를 개선해냈음을 기억하라. 우리가 봤듯 DGGAN 훈련 프로세스에는 세부적인 주제, 특정한 모델의 제약 조건과 하이퍼파라미터 선택 등에 대한 많은 주의가 필요하다. 이에 대해 좀 더 흥미가 있으면 다음 논문에서 GAN을 최적화하고 세밀하게 튜닝하는 방법을 찾을 수 있다.

- **GAN 오리지널 논문**: http://papers.nips.cc/paper/5423-generative-adversarial-nets
- **DCGAN을 활용한 비지도 표상 학습** Unsupervised representation learning with DCGAN: https://arxiv.org/abs/1511.06434
- **사진처럼 현실적인 초고해상도 GAN** Photo-realistic super resolution GAN: http://openaccess.thecvf.com/content_cvpr_2017/papers/Ledig_Photo-Realistic_Single_Image_CVPR_2017_paper.pdf

GAN 결론

이 절에서는 특정한 종류의 GAN(즉, DCGAN)을 구현해 특정한 유스케이스(이미지 생성)를 다뤘다. 그러나 두 네트워크를 병렬로 사용해 서로를 체크하게 하는 아이디어는 다양한 네트워크와 다양한 유스케이스에 활용할 수 있다. 예를 들어 합성 시계열 데이터를 생성하고자 한다면 이 절에서 학습한 동일한 컨셉을 순환 뉴럴 네트워크에 적용해 생성적 적대 네트워크를 설계할 수 있다. 이에 대해 연구 커뮤니티에서는 다양한 시도를 했으며, 매우 성공적인 결과를 거뒀다. 예를 들면 스웨덴의 모 연구 그룹은 생성적 적대 네트워크 기반의 순환 뉴럴 네트워크를 사용해 클래식 음악을 합성해내기도 했다! GAN과 관련된 눈에 띄는 다른 아이디어들은 주의 모델attention model(유감스럽게도 이 책에서는 다루지 못했다)을 사용해 네트워크의 인지 방향으로 조정하고, 이미지의 좀 더 세부적인 영역을 직접 다루게 하는 것을 포함한다. 실제로 이 절에서 다룬 근본적인 이론들은 다른 많은 영역에도 적용할 수 있으며, 다양한 종류의 네트워크를 이용해 더 복잡한 문제들을 해결할 수 있다. 핵심 아이디어는 동일하다. 두 개의 다른 근삿값 함수를 사용해서 각 함수가 다른 함수를 이기게 하는 것이다. 다음으로 다양한 GAN 기반의 아키텍처와 각 응용에 대해 좀 더 흥미를 가졌을 독자를 위해 몇 개의 링크를 남긴다. 또한 구글과 조지아 공과대학교Georgia Tech University에서 개발한 매우 흥미로운 도구들도 포함돼 있는데, 이를 사용해 다양한 데이터 분류와 샘플링 고려 사항들을 활용한 GAN 훈련 프로세스 전체를 시각화할 수 있다!

더 많은 정보는 다음 링크를 참조한다.

- **Music with C-RNN_GAN:** http://mogren.one/publications/2016/c-rnn-gan/mogren2016crnngan.pdf
- **Self-attention GANs:** https://arxiv.org/abs/1805.08318
- **생성적 네트워크에 관한 OpenAI의 블로그:** https://openai.com/blog/generative-models/
- **GAN Lab:** https://poloclub.github.io/ganlab/?fbclid=IwAR0JrixZYr1Ah3c08YjC6q34X0e38J7_mPdHaSpUsrRSsi0v97Y1DNQR6eU

요약

9장에서는 체계적인 방법으로 무작위성을 활용해 뉴럴 네트워크를 증강해서 사람이 '창의적creative'이라고 여길만한 대상을 출력하게 만들었다. VAEVariable Autoencoder, 가변 오토인코더에서는 뉴럴 네트워크를 활용한 파라미터화된 함수 근삿값function approximation을 사용해 연속적인 잠재 공간에 대한 확률 분포를 학습하는 방법을 배웠다. 이후 그러한 분포에서 무작위로 샘플을 추출하고 원래 데이터의 합성 개체를 생성하는지 학습했다. 9장의 후반부에서는 동일한 태스크에 대해 두 네트워크를 대립적으로 훈련시키는 방법을 학습했다.

GAN을 훈련시키는 방법은 잠재 공간을 학습하는 데 있어 VAE와 다른 전략을 취한다. GAN이 합성 이미지 생성에 있어 핵심적인 장점을 가진 반면 단점도 있다. GAN은 학습시키기가 매우 어려우며, VAE와 달리 구조화되지 않은 불연속적 잠재 공간에서 이미지를 생성하기 때문에 컨셉 벡터를 추출할 목적으로 GAN을 사용하는 것은 매우 어렵다. 생성적 네트워크의 사용을 결정할 때 고려해야 할 다른 사항도 많다. 생성적 모델링 분야는 지속적으로 확장되고 있다. 9장에서는 근본적인 개념 몇 가지만을 다뤘으나, 새로운 아이디어와 기술이 매우 빠르게 나타나고 있기 때문에 이러한 모델의 출현을 지켜보는 것만으로도 매우 흥미롭다.

4부

앞으로의 길

4부에서는 딥러닝과 인공지능의 미래를 과학적으로 추측하고자 검토된 최신 연구와 개발 결과들을 어떻게 사용할지 설명한다.

우리는 프로그래머와 과학자의 입장에서 미래에 어떻게 개발될 것인지, 잠재적으로 새롭고 아직 다뤄지지 않은 연구 분야와 비즈니스 개발 분야를 함께 살펴본다. 생성적 모델과 오토인코더에서 얻은 아이디어는 임의의 인공 이미지를 생성하는 데 사용할 수 있으며, vid2vid, deep fakes, deep voice와 같은 주제도 살펴본다.

4부에서 다루는 내용은 다음과 같다.

- 10장. 현재와 미래 개발에 관한 고찰

10

현재와 미래 개발에 관한 고찰

이 책을 통해 인공지능의 영역을 가득 채운, 그중에서도 현재 가장 지배적인 흥미로운 인공 뉴럴 네트워크ANNs, Artificial Neural Networks에 대한 흥미로운 아이디어들을 함께 탐구했다. 그 과정에서 뉴럴 모델의 동작을 자세히 들여다 볼 수 있는 기회를 얻었다. 피드포워드 네트워크, 컨볼루셔널 네트워크, 순환 네트워크를 비롯해 장단기 기억LSTM, Long Short-Term Memory 네트워크를 다뤘다. 이어서 자기 지도 학습 방법인 심층 Q-네트워크를 활용한 강화학습RL, Reinforcement Learning과 오토인코더autoencoder를 살펴봤으며, 마지막으로 생성적 모델generative models의 근간을 이루는 직관에 관해서도 탐험한 후 여행을 마쳤다.

10장에서는 다루는 내용은 다음과 같다.

- 전이 학습을 활용한 표상 공유
- 케라스에서의 전이 학습

- 실험에서의 결론
- 현 뉴럴 네트워크의 한계
- 희소 표상 학습
- 하이퍼파라미터 튜닝
- 자동 최적화와 진화 알고리즘
- 다중 네트워크 예측과 앙상블 모델
- 인공지능과 뉴럴 네트워크의 미래
- 앞으로의 길
- 전통적인 컴퓨팅에서의 문제
- 양자 컴퓨팅의 등장
- 양자 뉴럴 네트워크
- 기술과 사회

전이 학습을 활용한 표상 공유

아직 즐겁게 논의하지 못했던 강력한 하나의 패러다임은 전이 학습Transfer learning이다. 이 책의 학습 과정에서 뉴럴 네트워크를 사용해 모델에 입력된 데이터에서 강력하고 정확한 표현을 끌어내는 다양한 방법과 기법을 확인했다.

이 학습된 표상들을 다른 네트워크로 전이하고 싶은 경우에는 어떻게 할 수 있을까? 사전에 필요한 다량의 학습 데이터를 확보하기 어려운 태스크를 처리할 때 이는 매우 유용하다. 전이 학습은 유사한 통계적 특징을 공유할 수 있는 학습 태스크들 사이의 공통점을 활용하는 방법이다. 다음의 경우를 생각해보자. 방사선 전문가이고 컨볼루셔널 뉴럴 네트워크CNN, Convolutional Neural Network로 흉부 엑스레이 사진을 사용해 다양한 폐질환을 분류하고자 한다. 문제는 손에 든 라벨이 붙은 흉부 엑스레이 사진이 100여장밖에 되지 않는다는 것이다. 데이터셋을 증가시키고자 아무런 의심도 갖지 않은 환자의 흉부 엑스레이 사진을 요청할 수는 없으므로, 창의적인 방법을 생각해야 한다. 어쩌면 같은 증상의 다른 사진(예를 들면 MRI 사진이나 CT 사진 등)을 갖고 있거나, 몸의 다른 부위 엑스레이 사진을 갖고 있을 수도 있다. 그렇다면 이들을 사용하면 되지 않겠는가?

CNN의 초반 레이어들은 동일한 저수준의 특징들(예를 들면 모서리, 선 조각, 곡선 등)을 학습한다. 다른 태스크에서 학습한 이 특징들을 세세하게 튜닝한 후 새로운 학습 태스크에 맞춰 재사용할 수는 없는가? 많은 경우 전이 학습은 네트워크를 처음부터 학습시키는 것에 비해 상당한 시간을 절약하게 해주며, 여러분의 딥러닝 레파토리에 포함시켜야 할 매우 유용한 도구다. 그런 의미에서 마지막 실습 예제를 하나 살펴보자. 케라스를 활용해 간단한 전이 학습 워크플로우를 구현해본다.

케라스에서의 전이 학습

이 절에서는 케라스에서의 매우 간단한 전이 학습 방법을 살펴본다. 아이디어는 매우 간단하다. 거의 모든 이미지가 공통적으로 갖고 있는 저수준의 특징을 반복적으로 학습하는 데 왜 소중한 연산 자원을 낭비해야 하는가?

유명한 'CIFAR10' 데이터셋을 사용해 구현 내용을 기술한다. 처리해야 할 태스크는 데이터셋의 10개 이미지 분류 중 하나에 관련된 이미지를 분류하는 것이다. 그러나 미리 학습된 네트워크의 레이어를 사용하고, 이를 우리가 구현할 네트워크에 추가함으로써 학습 경험을 증가시킬 것이다. 이를 위해 대단히 비싼 GPU[Graphics Processing Units]에서 수백 시간 동안 훈련시킨 매우 깊은 CNN을 임포트한 후 우리가 해결해야 할 태스크에 맞게 다듬을 것이다. 여기에서는 4장에서 사용했던 VGG net 모델을 사용한다. 이 네트워크는 뉴럴 네트워크가 표범을 어떻게 보는지 시각화할 때 사용했다.

이번 예제에서는 VGG net 모델을 열고, 그 중간 레이어들을 골라내 우리가 구현한 모델에 삽입한다. 이러한 방법으로 새로운 태스크에 VGG net이 학습한 내용을 전이할 것이다. 먼저 필요한 요소들을 임포트한다.

```
import numpy as np
import matplotlib.pyplot as plt
% matplotlib inline

from keras import applications
from keras import optimizers
from keras.models import Sequential, Model
from keras.layers import Dropout, Flatten, Dense, GlobalAveragePooling2D
from keras import backend as k
from keras.datasets import cifar10
from keras import utils
```

미리 학습된 모델 로딩

이미지 차원을 정의한 후 VGG16 모델과 ImageNet 분류 태스크(ILSVRC)에서 얻은 훈련 가중치를 함께 로드한다. 단, 입력 레이어는 제외한다. 우리가 네트워크를 학습시킬 때 사용할 이미지의 차원과 VGG16 모델이 원래 학습시켰을 때 사용했던 이미지의 차원이 다르기 때문이다. 다음 코드 블록에서 우리가 로딩한 모델 객체를 요약해서 표시할 수 있다.

```
img_width, img_height = 32, 32
model = applications.VGG19(weights="imagenet",
                           include_top=False,
                           input_shape=(img_width, img_height, 3))
model.summary()
```

코드를 실행한 결과는 다음과 같다.

```
Model: "vgg19"
_________________________________________________________________
Layer (type)                 Output Shape              Param #
=================================================================
input_2 (InputLayer)         (None, 32, 32, 3)         0
_________________________________________________________________
block1_conv1 (Conv2D)        (None, 32, 32, 64)        1792
_________________________________________________________________
block1_conv2 (Conv2D)        (None, 32, 32, 64)        36928
_________________________________________________________________
block1_pool (MaxPooling2D)   (None, 16, 16, 64)        0
_________________________________________________________________
block2_conv1 (Conv2D)        (None, 16, 16, 128)       73856
_________________________________________________________________
block2_conv2 (Conv2D)        (None, 16, 16, 128)       147584
_________________________________________________________________
block2_pool (MaxPooling2D)   (None, 8, 8, 128)         0
_________________________________________________________________
block3_conv1 (Conv2D)        (None, 8, 8, 256)         295168
_________________________________________________________________
block3_conv2 (Conv2D)        (None, 8, 8, 256)         590080
_________________________________________________________________
block3_conv3 (Conv2D)        (None, 8, 8, 256)         590080
_________________________________________________________________
block3_conv4 (Conv2D)        (None, 8, 8, 256)         590080
_________________________________________________________________
block3_pool (MaxPooling2D)   (None, 4, 4, 256)         0
_________________________________________________________________
block4_conv1 (Conv2D)        (None, 4, 4, 512)         1180160
_________________________________________________________________
block4_conv2 (Conv2D)        (None, 4, 4, 512)         2359808
_________________________________________________________________
block4_conv3 (Conv2D)        (None, 4, 4, 512)         2359808
_________________________________________________________________
block4_conv4 (Conv2D)        (None, 4, 4, 512)         2359808
_________________________________________________________________
block4_pool (MaxPooling2D)   (None, 2, 2, 512)         0
_________________________________________________________________
block5_conv1 (Conv2D)        (None, 2, 2, 512)         2359808
_________________________________________________________________
block5_conv2 (Conv2D)        (None, 2, 2, 512)         2359808
_________________________________________________________________
block5_conv3 (Conv2D)        (None, 2, 2, 512)         2359808
_________________________________________________________________
block5_conv4 (Conv2D)        (None, 2, 2, 512)         2359808
_________________________________________________________________
block5_pool (MaxPooling2D)   (None, 1, 1, 512)         0
=================================================================
Total params: 20,024,384
Trainable params: 20,024,384
Non-trainable params: 0
_________________________________________________________________
```

이 모델은 대단히 크다. 실제 이 모델은 학습 가능한 파라미터를 약 2천만 개나 갖고 있다!

모델의 중간 레이어 획득

케라스가 제공하는 레고Lego와 같은 모듈 방식 인터페이스 덕분에 앞서 언급한 모델을 분리해서 그 일부를 다른 네트워크에 재사용하는 것과 같은 멋진 작업을 할 수 있다. 기능적 API를 사용해 손쉽게 다음 단계를 수행할 수 있다.

```
model2 = Model(inputs=model.input,
               outputs=model.get_layer('block3_pool').output)
model2.summary()
```

코드를 실행한 결과는 다음과 같다.

```
Model: "model_1"
_________________________________________________________________
Layer (type)                 Output Shape              Param #
=================================================================
input_2 (InputLayer)         (None, 32, 32, 3)         0
_________________________________________________________________
block1_conv1 (Conv2D)        (None, 32, 32, 64)        1792
_________________________________________________________________
block1_conv2 (Conv2D)        (None, 32, 32, 64)        36928
_________________________________________________________________
block1_pool (MaxPooling2D)   (None, 16, 16, 64)        0
_________________________________________________________________
block2_conv1 (Conv2D)        (None, 16, 16, 128)       73856
_________________________________________________________________
block2_conv2 (Conv2D)        (None, 16, 16, 128)       147584
_________________________________________________________________
block2_pool (MaxPooling2D)   (None, 8, 8, 128)         0
_________________________________________________________________
block3_conv1 (Conv2D)        (None, 8, 8, 256)         295168
_________________________________________________________________
block3_conv2 (Conv2D)        (None, 8, 8, 256)         590080
_________________________________________________________________
block3_conv3 (Conv2D)        (None, 8, 8, 256)         590080
_________________________________________________________________
block3_conv4 (Conv2D)        (None, 8, 8, 256)         590080
_________________________________________________________________
block3_pool (MaxPooling2D)   (None, 4, 4, 256)         0
=================================================================
Total params: 2,325,568
Trainable params: 2,325,568
Non-trainable params: 0
_________________________________________________________________
```

기능적 API를 사용해 모델 객체를 초기화하고 VGG net의 앞쪽 12개 레이어를 전달한 것이 작업의 전부다. VGG 모델 객체에 `.get_layers()` 메소드를 사용해 레이어 이름을 전달하는 것만으로 이 작업을 할 수 있다. 각 레이어의 이름은 해당 모델 객체에 `.summary()` 메소드를 사용해 확인할 수 있다.

모델에 레이어 추가

앞에서 미리 훈련시킨 VGG net에서 중간 레이어를 추출했다. 이제 추출된 중간 레이어에 다른 레이어들을 추가로 연결할 수 있다. 이는 미리 훈련된 레이어가 학습한 표상을 사용해서 그 위에 다른 학습 태스크에서 얻은 지식을 활용해 분류 태스크의 성능을 증강시키는 아이디어에 기반을 둔 것이다.

```
# 커스텀 레이어 추가
num_classes = 10

x = model2.output
x = Flatten()(x)
x = Dense(1024, activation="relu")(x)
x = Dropout(0.5)(x)
x = Dense(1024, activation="relu")(x)
predictions = Dense(num_classes, activation="softmax")(x)
```

기능적 API 구문을 활용해서 간단한 피드포워드 네트워크를 생성한 후 모델에 더 많은 레이어를 추가한다. 이 네트워크는 선택된 VGG net의 출력을 입력으로 받아 이를 2D 배열로 평활화한 1,024개의 뉴런을 가진 덴스 레이어로 피드포워드시킨다. 이 레이어는 강력한 드롭아웃 레이어로 연결되며, 레이어의 값 중 절반을 훈련 과정에서 무시한다.

다음으로 마지막 출력 레이어에 이르기 전에 1,024개의 뉴런으로 구성된 또 다른 완전 결합 레이어를 연결한다. 출력 레이어는 10개의 뉴런으로 구성돼 있으며, 이는 우리가 사용하는 학습 데이터의 클래스 수와 일치한다. 또한 소프트맥스 활성화 함수를 사용해서 네트워크의 관찰에 대해 10개의 확률 점수를 출력한다.

네트워크에 추가할 레이어를 정의했으므로, 기능적 API 구문으로 두 개의 모델을 결합한다.

```
model_final = Model(input=model.input,
                    output=predictions)
model_final.summary()
```

코드를 실행한 결과는 다음과 같다.

```
Model: "model_2"
_________________________________________________________________
Layer (type)                 Output Shape              Param #
=================================================================
input_1 (InputLayer)         (None, 32, 32, 3)         0
_________________________________________________________________
block1_conv1 (Conv2D)        (None, 32, 32, 64)        1792
_________________________________________________________________
block1_conv2 (Conv2D)        (None, 32, 32, 64)        36928
_________________________________________________________________
block1_pool (MaxPooling2D)   (None, 16, 16, 64)        0
_________________________________________________________________
block2_conv1 (Conv2D)        (None, 16, 16, 128)       73856
_________________________________________________________________
block2_conv2 (Conv2D)        (None, 16, 16, 128)       147584
_________________________________________________________________
block2_pool (MaxPooling2D)   (None, 8, 8, 128)         0
_________________________________________________________________
block3_conv1 (Conv2D)        (None, 8, 8, 256)         295168
_________________________________________________________________
block3_conv2 (Conv2D)        (None, 8, 8, 256)         590080
_________________________________________________________________
block3_conv3 (Conv2D)        (None, 8, 8, 256)         590080
_________________________________________________________________
block3_conv4 (Conv2D)        (None, 8, 8, 256)         590080
_________________________________________________________________
block3_pool (MaxPooling2D)   (None, 4, 4, 256)         0
_________________________________________________________________
flatten_1 (Flatten)          (None, 4096)              0
_________________________________________________________________
dense_1 (Dense)              (None, 1024)              4195328
_________________________________________________________________
dropout_1 (Dropout)          (None, 1024)              0
_________________________________________________________________
dense_2 (Dense)              (None, 1024)              1049600
_________________________________________________________________
dense_3 (Dense)              (None, 10)                10250
=================================================================
Total params: 7,580,746
Trainable params: 7,580,746
Non-trainable params: 0
_________________________________________________________________
```

여기에서는 VGG 모델의 가중치를 고정시키고, 대단히 비싼 GPU를 사용해 미리 진행한 훈련 세션에서 인코딩된 표상을 활용하는 이점을 얻는다는 점이 대단히 중요하다.

다음으로 앞쪽 레이어 4개의 가중치를 고정시키고, 나머지 레이어의 가중치는 새로운 학습 태스크 진행 과정에서 재훈련시킨다.

```
# 재훈련하지 않을 레이어 고정
for layer in model.layers[:4]:
    layer.trainable = False
```

모델 전체의 레이어를 고정하고 해당 모델의 가장 마지막 레이어의 가중치만을 다시 초기화하는 방법을 사용할 수도 있다. 고정시키는 레이어 수를 바꿔가면서 손실이 수렴하는 모습을 시각화해서 네트워크 학습 경험이 어떤 영향을 받는지 확인해보길 권한다.

학습 태스크가 달라지면 자연히 접근 방식도 변경해야 한다. 접근 방식은 다양한 요소(예를 들면 태스크 사이의 유사성이나 훈련 데이터의 유사성 등)에 따라 달라진다.

학습 대상 태스크에서 활용할 수 있는 데이터의 수가 적은 경우에는 일반적으로 마지막 레이어의 가중치만을 재초기화한다. 반대로 대상 태스크에서 활용할 수 있는 데이터의 숫자가 많은 경우에는 훈련을 하는 동안 네트워크 전체의 가중치를 재초기화해도 무방하다. 이 경우 미리 훈련된 모델을 사용하기만 할뿐 대상 유스케이스에 대해 네트워크를 완전히 새롭게 구현하는 것과 같다. 해답은 언제나 실험을 통해서 얻어야 한다.

데이터 로딩과 전처리

다음으로 앞에서의 과정과 동일하게 CIFAR10 이미지를 전처리한 후 라벨을 벡터화한다. 특별히 설명할 내용은 없다.

```
# 데이터 로딩과 전처리
(x_train, y_train), (x_test, y_test) = cifar10.load_data()

x_train = x_train.astype('float32')
x_test = x_test.astype('float32')
x_train /= 255
x_test /= 255

y_train = utils.to_categorical(y_train, num_classes)
y_test = utils.to_categorical(y_test, num_classes)
```

첫 번째 코드 블록에서 이미지를 로딩했다. 두 번째 블록에서 픽셀 값을 0에서 1 사이의 소수 값으로 변환했다. 마지막 블록에서는 라벨을 원핫 인코딩했다. 이제 네트워크를 컴파일하고 훈련시킬 수 있다.

네트워크 훈련

다음으로 모델을 컴파일한다. 분류 교차 엔트로피 손실 함수와 Adam 최적화 함수를 사용한다. 이후 훈련 세션을 시작할 수 있다.

```
# 모델 컴파일
model_final.compile(loss="categorical_crossentropy",
                    optimizer=optimizers.SGD(lr=0.0001, momentum=0.9),
                    metrics=["accuracy"])

# 모델 훈련
batch_size = 128
epochs = 10
model_final.fit(x_train,
                y_train,
                batch_size=batch_size,
                epochs=epochs,
                validation_data=(x_test, y_test))
```

코드를 실행한 결과는 다음과 같다.

```
Train on 50000 samples, validate on 10000 samples
Epoch 1/10
50000/50000 [==============================] - 28s 559us/step - loss: 0.7056 - acc: 0.7549 - val_loss: 0.6709 - val_acc: 0.7676
Epoch 2/10
50000/50000 [==============================] - 28s 557us/step - loss: 0.6923 - acc: 0.7605 - val_loss: 0.6538 - val_acc: 0.7754
Epoch 3/10
50000/50000 [==============================] - 28s 556us/step - loss: 0.6728 - acc: 0.7666 - val_loss: 0.6419 - val_acc: 0.7767
Epoch 4/10
50000/50000 [==============================] - 28s 556us/step - loss: 0.6638 - acc: 0.7697 - val_loss: 0.6291 - val_acc: 0.7819
Epoch 5/10
50000/50000 [==============================] - 28s 558us/step - loss: 0.6465 - acc: 0.7755 - val_loss: 0.6459 - val_acc: 0.7744
Epoch 6/10
50000/50000 [==============================] - 28s 557us/step - loss: 0.6370 - acc: 0.7811 - val_loss: 0.6247 - val_acc: 0.7836
Epoch 7/10
50000/50000 [==============================] - 28s 558us/step - loss: 0.6280 - acc: 0.7811 - val_loss: 0.6192 - val_acc: 0.7870
```

모델은 10 에폭 동안 128 이미지 배치를 사용해 훈련된다. 검증 정확도[validation accuracy]는 약 85%이며, 최초부터 학습시킨 동일 모델에 비해 훨씬 나은 수치를 보인다. 모델을 훈련시키기 전에 예제에서 고정시킨 레이어들을 모두 고정시키지 않은 상태에서 훈련시켜 이를 확인해볼 수 있다. 이제 케라스를 활용해 전이 학습 워크플로우를 구현했고, 뉴럴 네트워크를 다시 사용해서 미리 훈련된 모델이나 세세한 튜닝이 요구되는 유스케이스에 적용할 수 있게 됐다.

연습문제

1. 미리 학습된 VGG net에서 더 많은 블록을 추출해 다양한 깊이의 모델을 사용해 실험해보라. 정확성이 모델의 깊이가 깊을수록 눈에 띄게 개선되는가? 다양하게 레이어를 선택해 실험해보라.
2. 훈련 가능한 레이어의 수를 변경해보라. 이 변경은 손실이 수렴하는 데 어떤 영향을 미치는가?
3. `keras.applications`에서 제공하는 10개의 미리 학습된 모델 중 다른 모델을 선택해서 전이 학습을 사용해 분류기를 구현해보라.
4. 전이 학습에 관한 앤드류 응[Andrew Ng]의 강의 https://www.youtube.com/watch?v=yofjFQddwHE를 들어보라.

실험의 결론

다양한 뉴럴 네트워크의 아키텍처에 관한 실험과 탐험에 마침표를 찍겠다. 물론 논의와 발견의 대상은 더욱 많다. 우리가 함께하는 여행은 여기에서 끝나지만, 여행은 이제 막 시작됐을 뿐이다! 우리가 탐험할 수 있는 수없이 많은 유스케이스, 아키텍처 변종, 세부적인 구현이 존재하지만, 그 길을 걷는 것은 처음 계획에서 벗어난 것이다. 우리는 뉴럴 네트워크가 실제로 무엇을 하는지, 어떻게 동작하는지, 어떤 상황에서 이를 활용해야 할지에 관해 깊이 이해함을 목표로 했다. 또한 이 네트워크의 내부에서 무슨 일이 일어나는지, 이 네트워크들이 왜 그렇게 동작하는지에 대한 통찰력을 기르고자 했다. 책의 남은 부분에서 이러한 통찰력을 좀 더 견고하게 만들고, 표상 학습의 근간이 되는 아이디어와 더 나은 연결고리를 만들고, 뉴럴 네트워크를 활용해 해결할 수 있는 미래의 유스케이스에 이 개념들을 더 잘 적용할 수 있게 할 것이다. 마지막으로 ANN 분야의 최신 개발 결과물들을 살펴보고, 이들을 활용해 어떠한 비즈니스와 기관들이 만들어졌는가도 확인할 것이다. 또한 미래로 한 발짝 다가가 미래의 개발이 과학과 경제, 사회 전반, 즉 빅데이터, 양자 컴퓨팅과 같은 잠재적인 기술 혁신에 어떤 영향을 미칠지도 추측해볼 것이다.

표상 학습

1장에서 표상에 관한 주제와 표상이 학습 태스크에 미치는 영향을 언급했다. 또한 실제 손으로 예제들을 실행해봤으므로 그 논의를 좀 더 깊이 이어나갈 수 있다.

이제 우리는 모두 머신러닝 알고리즘(뉴럴 네트워크와 같은 딥러닝 알고리즘 포함)의 성공은 모델이 보는 데이터를 표현하는 방법과 직접적인 관련이 있음을 알고 있다. 여기에서 다뤄야 할 것은 무엇인가?

책 초반에서 표상의 중요성과 그에 따른 정보 처리의 영향을 설명하기 위한 간단한 예를 들었다. 우리는 로마 숫자를 이용해 긴 나눗셈과 같은 수학적 연산을 수행하고, 최적화되지 않은 표상을 사용해 그러한 태스크를 수행함에 있어서의 어려움을 기술했다. 실제로 정보를 표현하는 방법은 그 정보의 처리 방법과 정보에 대해 수행할 수 있는 오퍼레이션의 종류, 정보에서 이끌어낼 수 있는 이해의 종류 등에 직접적인 영향을 미친다.

DNA와 기술

또 다른 예의 하나로 DNA 분자를 생각해보자. 디옥시리보핵산DNA, Deoxyribonucleic Acid은 이중 나선 구조double helix formation라고 불리는, 마치 체인처럼 뒤얽힌 두 가닥으로 구성된 분자다. 이 분자는 좀 더 간단한 단위체simpler monomeric unit(혹은 뉴클레오이드nucleoid)로 잘라낼 수 있으며, 이는 4개의 질소 기반nitrogen-based의 구성 요소(아데닌Adenine(A), 구아닌Guanine(G), 티민Thymine(T), 시토신Cytosin(C)) 두 개로 구성된 기본 쌍을 형성한다.

많은 사람이 궁금할 수도 있다. "대체 DNA가 우리가 다루는 주제와 무슨 관련이 있는가?" 이 분자 구조는 이 행성에 살고 있는 모든 생명체에 관한 청사진을 가진 것으로 알려져 있다. 이 분자는 세포가 분열돼 더욱 복잡한 구조로 바뀌어, 결국 우리가 사는 행성의 식물군과 동물군의 선호도와 행동에 이르는 모든 것을 관장한다.

말할 필요도 없이 정보를 표현하는 사분면 시스템은 명령어들을 인코딩하고 복제해서 우리 주변의 모든 생명을 생산하는 방법을 찾아냈다! 사람이 고안해낸 그 어떤 표현 형식도 우리가 아는 생명의 원대한 영역에 근접하지 못했다. 사실 우리는 여전히 즐거움을 목적으로 현실적으로 몰입할 수 있는 게임 환경을 시뮬레이션하고자 애쓰고 있을 뿐이다. 흥미롭게도 DNA 분자 자체는 우리가 사용하는 이진 시스템을 사용해 1.5기가바이트의 정보로 표시할 수 있다고 많은 사람이 추정했다. 생각해보라. 1.5기가바이트의 데이터, 혹은 블루레이Blu-ray 디스크 한 장 분량의 데이터에 생명 자체에 대한 모든 명령어를 저장할 수 있다. 하지만 우리가 할 수 있는 일은 그뿐이다. 우리는 블루레이 디스크로 하여금 끊임없이 스스로를 복제해서 매일 우리가 접하는 복잡성을 생성해내도록 지시할 수 없다. 하드웨어에 관한 고려 사항은 제외하더라도 우리가 생명의 작용을 이러한 방식으로 복제할 수 없는 이유는 데이터 자체에 관한 표상 때문이다. 따라서 우리가 데이터를 표현하는 방식은 해당 데이터에 수행할 수 있는 변환의 종류에 큰 영향을 미치며, 결과적으로 훨씬 복잡한 정보 처리 시스템을 야기한다.

현재 뉴럴 네트워크의 한계

유사하게 머신러닝에서는 데이터의 표상을 달리해서 해당 데이터에 존재하는 변동을 설명하는 요소를 다양하게 잡아낼 수 있다. 우리가 살펴본 뉴럴 네트워크들은 입력 데이터에서 효율적인 표상을 유도해서 해당 표상을 모든 종류의 학습 태스크에 활용하는 데 뛰어났다. 그러나 이 입력값들 자체는 세심한 전처리 작업, 즉 가공하지 않은 원시 데이터를 네트워크에서 잘 사용할 수 있는 형태로 가공하는 작업을 거쳐야만 한다.

현재 뉴럴 네트워크의 결점은 이들이 주어진 데이터에서 유용한 표상을 학습함에 있어서 이와 같은 전처리 및 특징 엔지니어링preprocessing and feature-engineering과 같은 사항에 크게 의존한다는 점에 기인한다. 네트워크 스스로는 가공되지 않은 입력값에서 데이터를 구별할 수 있는 요소들을 추출하고 분류하지 못한다. 대부분의 경우 모든 뉴럴 네트워크의 이면에는 인간이 존재한다.

이러한 결점을 극복하려면 사람의 독창성, 도메인 지식, 호기심이 요구된다. 하지만 언젠가는 결국 인간의 개입이 최소화되는 시스템을 고안해내고(예를 들면 특징 엔지니어링의 형태 등) 세상에 존재하는 가공되지 않은 데이터를 실제로 이해하게 될 것이다. 이러한 시스템을 설계하는 것이 인공지능 영역의 원대한 목표며, 여러분이 이 발걸음을 도울 수 있기를 희망한다.

그러나 우선 가공되지 않은 데이터(원시 데이터)에서 더 나은 표상을 설계하는 데 도움이 되는 몇 가지 유용한 개념을 살펴본다. 이를 활용해 인공적인 친구들이 좀 더 나은 학습을 할 수 있는 경험을 설계할 수 있을 것이다.

기계를 위한 표상 엔지니어링

표상 학습의 주제는 바로 이것이다. 이런 질문을 던지게 될 것이다. "어떻게 기계가 데이터에서 유용한 정보를 더 쉽게 추출하게 만들 수 있는가?" 이 개념은 "세상에는 어떤 일반화할 수 있는 가정들이 존재하며, 이를 적용해 사용 가능한 원시 데이터를 더 잘 해석하고 조합할 수 있다"는 아이디어와 본질적으로 연결된다. 일반화된 이 가정은 실험적 기술들과 조합돼 우리로 하여금 좋은 표상을 설계하고, 그렇지 않은 표상은 무시하게 한다. 또한 이러한 가정들은 뉴럴 네트워크와 같은 학습 알고리즘을 위한 워크플로우 전처리를 설계하는 경우에도 실험 설계의 원칙으로 작용한다.

좋은 표상의 요건

직관적으로 좋은 표상이란, 무언가의 발생을 야기하는 변화의 주요한 요인을 구분할 수 있게 하는 것이어야 한다. 따라서 기계가 이 변화의 요인을 더 쉽게 발견할 수 있도록 분석 워크플로우를 강화하는 것이 한 가지 접근 방법일 수 있다.

연구자들은 수십 년 동안 우리가 정확하게 딥러닝 분야에서 이러한 일을 하고자 적용할 수 있는 일련의 휴리스틱한 가정을 축적해 왔다. 이제 이 휴리스틱(혹은 일반화 전략)의 일부를 재생산해서 심층 뉴럴 네트워크의 학습 경험을 강화할 것이다.

표상 학습과 관련된 모든 고려 사항에 대한 전체적인 기술적 리뷰에 관심이 있다면 딥러닝의 일부 선구자가 작성한 다음 논문을 참조한다.

표상 학습: 리뷰와 새로운 관점(Representation Learning: A Review and New Perspectives) {벤지오(Y Bengio), 아론 코어빌(Aaron Courville), 파스칼 빈센트(Pascal Vincent), 2016): https://arxiv.org/pdf/1206.5538.pdf

전처리와 데이터 취득

뉴럴 네트워크의 식성은 꽤나 까다롭다. 뉴럴 네트워크에 데이터를 입력하기 전에 벡터화vectorization와 표준화normalization라는 두 가지 주요한 오퍼레이션을 수행해야 한다.

벡터화

벡터화는 데이터의 모든 입력과 대상 변수가 부동소수점 값floating-point(보스턴 주택 가격 예측Boston Housing Price Regression과 같은 특별한 경우에는 예외적으로 정수 값)을 포함하는 텐서 형태여야 함을 의미한다. 앞의 예제에서는 인덱스 값을 사용한 0 행렬(감정 분류 예제) 혹은 원핫 인코딩 등의 방식을 통해 벡터화를 수행했다.

표준화

벡터화와 함께 입력 데이터에 대한 표준화를 고려해야 한다. 표준화는 대부분의 머신러닝 워크플로우에서 좀 더 표준적인 관행으로 입력 변수를 매우 작은 균질한 범위의 값으로 변환하는 작업으로 구성된다. 이미지 처리와 같은 태스크에서는 픽셀 값을 0에서 1 사이의 값으로 표준화했다. 입력 변수의 스케일이 다른 경우(보스턴 주택 가격 예제의 경우)에는 특징마다 독립적으로 표준화하는 전략을 구현했다. 표준화 과정을 거치지 않으면 전체 최솟값에 수렴하지 않는 방향으로 기울기가 업데이트되므로 네트워크의 학습을 좀 더 어렵게 만들 수 있다. 일반적으로 각 특징별로 표준 값 0, 표준편차 값 1을 따르도록 표준화하는 방법이 가장 좋다.

데이터 평활성

국지적으로 평활하게 분포된 데이터를 다룰 때 뉴럴 네트워크는 좀 더 수월하게 예측을 수행한다. 이것이 무슨 의미인가? 간단히 말해 하나의 입력값 x가 출력값 y를 생성한다면 이 입력에 가까운 지점은 y에 비례적으로 가까운 출력을 생성할 것이다. 이것이 평활성의 속성이며, 뉴럴 네트워크의 학습 아키텍처를 강화하고, 네트워크는 이러한 데이터에서 더 나은 표상들을 잡아낸다. 유감스럽게도 데이터가 평활하게 분포됐다고 해서 뉴럴 네트워크가 좋은 표상을 학습할 수 있는 것은 아니다. 차원의 저주 문제도 특징 선택이나 차원 감소 등을 통해 해결해야 한다.

LSTM의 주가 예측 예제에서와 같이 평활화 계수 등을 데이터에 추가하면 학습 프로세스를 크게 개선할 수 있다.

희소 표상 학습

네트워크를 훈련시켜 개와 고양이 이미지를 분류한다고 가정해보자. 훈련이 진행되는 과정에서 중간 레이어들은 입력값(고양이의 귀나 개의 눈 등)에서 다양한 표상이나 특징을 학습하고, 이들을 확률적으로 조합해 출력 클래스의 존재(즉, 고양이의 이미지인지 개의 이미지인지)를 식별할 것이다.

그렇지만 개별 이미지에 대한 추론을 수행할 때 이 특정 이미지가 개인지 판단하고자 고양이의 귀를 식별하는 데 사용되는 특징이 필요한가? 많은 경우 대답은 "아니오"일 것이다. 대부분의 경우 네트워크가 훈련 과정에서 학습하는 특징의 대부분은 실질적으로는 각각의 예측과 관계가 없다고 가정할 수 있다. 그러므로 네트워크로 하여금 각 입력에 대해 희소한 표상, 즉 대부분의 개체가 0인(관련된 특징의 존재 혹은 부재를 의미하는) 텐서 표상을 학습하게 해야 한다.

딥러닝에서 희소성은 학습된 표상에 대해 매우 필요한 속성이다. 희소성이 있으므로 인해 적은 수의 뉴런으로 하나의 현상을 표현할 수 있고(따라서 네트워크의 효율성을 향상시킨다), 데이터 자체에 내재돼 있는 변동의 주요 요소를 더 잘 풀어낼 수 있다.

직관적으로 희소성은 네트워크로 하여금 입력값에서의 작은 변화에 영향을 받지 않고, 데이터 내의 학습된 특성을 인식하게 한다. 구현의 측면에서 희소성은 개별 입력을 표현함에 있어 대부분의 학습된 특징의 값을 0으로 강제한다. 희소 표상은 원핫 인코딩, 활성 함수에 의한 비선형 변환, 입력값별 중간 레이어에서의 변경에 대한 제재 등을 통해 학습할 수 있다.

하이퍼파라미터 튜닝

일반적으로 모델 아키텍처가 깊을수록 표상 능력이 높다고 가정하며, 이를 활용해 결과적으로 예측 태스크의 추상적인 표상을 계층적으로 조직할 수 있다.

그러나 깊은 아키텍처는 과적합에 빠지기 쉽기 때문에 학습시키기 어려우며, 정규화(3장에서 다룬 정규화 전략에서 확인한 바와 같이)와 같은 측면에 세심한 주의를 기울여야 한다. 얼마나 많은 레이어를 적절한 수의 뉴런과 적절한 정규화 전략을 사용해 초기화해야 할지 어떻게 정확하게 평가할 수 있는가? 올바른 아키텍처를 설계하는 데는 수많은 복잡성이 따르며, 이로 인해 문제를 해결하고자 다양한 모델 하이퍼파라미터를 변경해가며 적합한 네트워크 스펙을 찾는 데는 대단히 많은 시간이 필요하다.

드롭아웃이나 배치 표준화와 같은 기법을 사용해 좀 더 강성을 가진 아키텍처를 설계하는 일반적인 방법을 살펴봤지만, 이처럼 귀찮은 프로세스를 완전하게 자동화할 수 있는 방법이 없을지 궁금할 것이다. 이 프로세스 자체에 딥러닝을 적용하고 싶은 유혹에 빠질 것 같기도 하다. 이 프로세스 자체에는 별도의 제약 사항이 적용된 최적화 문제가 없다(지금까지 경사 하강법을 사용해 우리가 해결하려고 했던 연속적인 최적화 문제와 정반대다).

자동 최적화와 진화 알고리즘

다행히도 일부 도구를 활용해 이러한 파라미터 최적화를 자동화할 수 있다. 탈로스[Talos](https://github.com/autonomio/talos)는 케라스 라이브러리를 사용해 구현된 도구 중 하나로, 깃허브에서 오픈소스로 이용할 수 있다. 탈로스를 사용해 일련의 하이퍼파라미터(레이어의 수, 레이어당 뉴런 수, 활성화 함수 등)를 미리 정의하면 탈로스가 자동으로 해당 케라스 모델들을 훈련하고 비교해서 어떤 모델이 더 나은 성능을 발휘하는지 평가한다.

하이페라스[Hyperas](https://github.com/maxpumperla/hyperas)나 오토_ML[auto_ML](https://auto-ml.readthedocs.io/en/latest/)과 같은 솔루션들도 유사한 기능을 제공하며, 개발 시간을 현저히 줄이면서 문제 해결을 위한 최선의 하이퍼파라미터 조합을 찾게 한다. 실제로 이러한 도구들을 활용해 여러분만의 포괄적인 알고리즘을 만들어 하이퍼파라미터를 선택하고, 네트워크를 훈련시키고 평가하고, 아키텍처 중에서 최선의 것을 선택하고, 선택한 네트워크에 대해 무작위로 하이퍼파라미터를 뒤섞고, 모든 네트워크를 다시 훈련시키고 평가하는 작업을 반복할 수 있다. 결국 이러한 알고리즘은 점점 복잡한 아키텍처를 생성함으로써 주어진 문제를 해결하게 될 것이다. 마치 자연에서의 진화가 그렇듯 말이다. 이러한 방법들에 관한 세부적인 개요는 이 책의 범위를 뛰어넘지만, 그러한 접근 방식에 대한 간단한 구현을 조금이나마 소개하겠다. 이는 네트워크 파라미터들을 진화시킴으로써 이상적인 설정 값을 찾아내는 것이다.

참고 문헌

- **진화적 알고리즘과 뉴럴 네트워크**[Evolutionary algorithms and neural networks]: http://www.weiss-gerhard.info/publications/C22.pdf
- **진화적 뉴럴 네트워크 구현**[Implementation of evolutionary neural networks]: https://blog.coast.ai/lets-evolve-a-neural-network-with-a-genetic-algorithm-code-included-8809bece164

다중 네트워크 예측과 앙상블 모델

최고의 뉴럴 네트워크를 확보하기 위한 또 다른 방법으로 앙상블 모델ensemble model을 사용할 수 있다. 앙상블 모델의 기반이 되는 아이디어는 매우 간단하다. "여러 네트워크를 사용할 수 있는데 왜 굳이 하나의 네트워크만을 사용해야 하는가?" 달리 말하자면 "왜 주어진 입력 데이터의 특정한 표상별로 각각 다른 뉴럴 네트워크를 설계하면 안 되는가?"라는 질문을 바탕으로 한다. 여러 뉴럴 네트워크를 설계한 후 각 네트워크에서 얻은 예측의 평균을 구하면 단일 네트워크를 이용했을 때보다 훨씬 일반화되고 인색한parsimonious 예측값을 얻을 수 있다.

또한 각 네트워크가 태스크에서 달성한 테스트 정확성에 대한 예측에 따라 네트워크에 가중치를 부여할 수도 있다. 그런 다음 각 네트워크에서 가중치를 반영한 예측값 평균(각 네트워크의 정확성에 따른 가중치)을 취득하면 좀 더 총체적인 예측값을 얻을 수 있다.

즉, 데이터를 다양한 시각에서 바라보는 것이다. 각 네트워크는 고유한 설계에 따라 각기 다른 변화의 요소들을 중요하게 여길 것이며, 아마도 다른 네트워크가 중요하게 생각하는 부분은 무시할 수도 있다. 이 방법은 매우 직선적이고 간단하게 구현할 수 있다. 각 네트워크가 어떤 종류의 표상을 잡아낼 것인지에 대한 직관에 따라 분리된 네트워크를 설계하기만 하면 된다. 그 후 각 네트워크의 예측값에 적절한 가중치를 부여하고 그 결과를 평균한다.

인공지능과 뉴럴 네트워크의 미래

이 책을 통해 인공지능의 특정한 영역 중 하나인 머신러닝, 그중에서도 딥러닝이라고 부르는 영역을 깊이 살펴봤다. 기계 지능은 연결적 접근 방식을 취하며, 분산된 표상에 대한 예측 능력을 조합하고, 순차적으로 심층 뉴럴 네트워크가 이를 학습한다.

GPU의 출현, 가속화 컴퓨팅, 빅데이터 활용도 증가에 따라 심층 뉴럴 네트워크가 두각을 나타내게 됐고, 머신러닝이 다시금 인기를 얻은 10년 동안 이러한 아키텍처의 후면에 숨겨진 직관과 구현을 개선하기 위한 많은 노력이 투입됐다(Hinton et al., 2018). 그럼에도 불구하고 딥러닝을 적절하게 적용할 수 없는 복잡한 문제가 여전히 존재한다.

전역 벡터 접근법

때로는 주어진 입력값들에 대해 순차적인 수학적 변환 과정을 거치는 과정이 특정한 출력값들로 효과적으로 매핑하는 함수를 학습하는 데 충분하지 않을 수 있다. 특히 자연어 처리 분야에서는 그러한 경우가 이미 많다. 우리가 책에서 다룬 자연어 처리의 경우에는 간단한 단어 벡터화로 그 범위를 제한했는데, 이는 사람의 언어에 존재하는 복잡한 의존성에 관한 이해를 필요로 하는 일부의 유스케이스에만 적용될 수 있다.

대신 실제로는 단어에 기호적 속성을 부여하고, 이 속성들에 값을 할당해서 각 단어를 비교하는 방법을 많이 사용한다. 이 기법의 근간이 되는 아이디어를 전역 벡터GloVe, Global Vectors라고 부르며, 텍스트 전처리 벡터화 기법으로 사용된다. 이 과정을 거친 데이터는 뉴럴 네트워크로 입력된다. 이러한 접근법은 미래에 딥러닝의 활용 방법이 얼마나 진화할 것인지를 시사한다. 이 워크플로우에서는 분산된 표상은 물론 기호적 표상의 원칙들을 모두 사용해서 복잡한 문제(예를 들면 기계 질의-응답을 포함한 논리적인 추리 등)를 발견하고, 이해하며, 해결하는 것을 설명한다.

분산된 표상

미래에는 인공지능의 다양한 규칙과 딥러닝을 통해 얻은 분산된 표상의 능력을 조합해서 획득한 원칙들을 사용해 실제로 일반적 지능을 가진 시스템을 설계하게 될 것이다. 이러한 시스템들은 복잡한 문제들을 다룰 수 있는 개선된 능력을 갖고 있으며, 자율적인 방식으로 학습 태스크를 실행한다. 예를 들면 과학적인 방법론을 따르는 연구를 수행하고, 자동으로 사람이 사용할 수 있는 지식을 발견할 수도 있다. 즉, 딥러닝은 이제 인공지능의 다른 하위 영역들의 보완을 통해 매우 강력한 컴퓨팅 시스템으로 개발될 것이다.

하드웨어 문제

그러나 인공지능이 그러한 단계에 이르려면 반드시 개선돼야 할 문제가 있다. 딥러닝은 데이터를 고차원적으로 표현하고 처리하는 기술을 학습했을 뿐만 아니라 하드웨어 성능이 급격하게 발전했기 때문에 인기를 얻게 됐다. 수십 년 전이라면 수백만 달러가 소요됐을 프로세스 파워를 글자 그대로 단 수천 달러에 사용할 수 있다. 비슷하게 실질적으로 인류의 손에 들린 거대한 문제들을 해결할 수 있을 만큼 직관적이고 논리적으로 강력한 시스템을 만들고자 인류는 여전히 다른 하드웨어 문제들을 극복해야만 한다.

많은 사람이 이런 거대한 도약을 양자 컴퓨팅의 형태로 실현할 수 있을 것이라고 추측했다. 양자 컴퓨팅에 관해 다루는 것은 이 책의 범위(그리고 필자의 전문 영역)를 약간 넘어서지만, 유망한 전망을 가진 새로운 컴퓨팅 패러다임으로 뉴럴 네트워크를 임포트할 때의 이점과 복잡성을 짧게나마 설명하는 것이 좋겠다.

앞으로의 길

앞에서는 우리가 얼마나 많은 발전을 거뒀는지 향수를 느끼며 뒤돌아 볼만한 프로세스 파워의 진보에 관해 이야기했다. 그러나 앞으로 우리가 얼마나 더 멀리 가야 하는지 깨닫는 순간, 과거에 대한 향수는 다시금 사라질 것이다.

앞에서 살펴봤듯 지금까지 구현해 온 시스템의 연산 능력이란 사람이 가진 뇌의 털끝에도 미치지 못했다. 우리가 고안한(적어도 이 책 안에서) 뉴럴 네트워크를 구성하는 뉴런의 수는 백만 개(바퀴벌레 한 마리의 뉴런 수와 같다)에서 천만 개(열대어 성체 한 마리의 뉴런 수와 같다) 정도다.

사람의 마음과 견줄 수 있을 정도로 네트워크를 훈련시키는 데 필요한 뉴런의 숫자는 적어도 이 책을 쓴 날짜 기준으로 인간 공학human engineering의 범위를 벗어난다. 단순 비교를 하더라도 우리가 현재 가진 컴퓨팅 능력을 한참이나 뛰어 넘는다. 게다가 이 비교는 각 학습 시스템(인공적 vs. 생리학적)에서 뉴런의 형태와 기능이 완전히 다르다는 세부적인 사항들을 무시했다는 점도 알아둬야 한다.

생리학적 뉴런은 인공 뉴런과는 매우 다른 방식으로 동작하며, 분자 화학molecular chemistry과 같은 양자 시스템의 영향을 받는다. 생리학적 뉴런에서의 정보 처리와 저장 기능의 정확한 특성은 근대 신경 과학에서조차 완벽하게 이해하지 못하고 있다. 대체 완전히 이해하지 못하는 것을 어떻게 시뮬레이션할 수 있는가? 이 딜레마를 극복하는 한 가지 방법이 바로 더욱 강력한 컴퓨터, 즉 특정한 분야에 더욱 적합한 방법으로 정보를 표현하고 변환하는 능력을 가진 시스템을 만들어내는 것이다. 이렇게 해서 양자 컴퓨팅에 관심을 기울이게 된다.

전통적인 컴퓨팅에서의 문제

간단히 설명하면 양자 역학은 매우 작고, 고립되고, 차가운 것들에 관한 연구를 다루는 분야다. 곧바로 매력적인 그림이 머릿속에 그려지지는 않겠지만, 현재 우리 앞에 놓인 문제들을 생각해보자. 무어의 법칙Moore's law에서 예견된 것과 같이 칩 하나에 집적되는 트랜지스터의 수는 기하급수적으로 증가했지만, 이미 그 증가 속도가 둔화되고 있다.

이 사실이 중요한 이유는 무엇인가? 우리가 실제로 계산을 할 수 있게 만들어주는 것이 바로 이 트랜지스터이기 때문이다. 간단한 데이터 저장에서부터 뉴럴 네트워크의 복잡한 수학 계산에 이르기까지 전통적인 컴퓨터에서 모든 데이터 표상은 근본적으로 이 반도체 장비들에 의해 이뤄진다. 이 반도체들을 사용해 전기적인 시그널을 증폭시키고 바꿔서 충전된 전자를 나타내거나(1) 혹은 부재를 나타내는(0) 논리 게이트를 생성한다. 이 스위치들을 조작해 정보의 단위가 되는 이진 수(혹은 비트bit)를 만든다. 이 이진 시스템은 근본적으로 모든 디지털 인코딩의 근간을 형성하고, 트랜지스터의 물리적인 속성을 사용해 정보를 저장하고 처리한다. 이것이 정보를 표현하고 처리하는 기계의 언어다.

최초의 완전한 디지털 컴퓨터이자 프로그램 가능한 컴퓨터(Z3, 1938)에서부터 최신의 슈퍼컴퓨터(IBM Summit, 2018)에 이르기까지 이러한 표상을 위한 기본 언어는 변하지 않았다. 모든 의도와 목적을 달성하는 와중에도 기계의 공용어는 백여 년 동안 이진 시스템에 머물러 왔다.

그러나 앞서 이야기했듯 다른 표상을 사용하면 다른 오퍼레이션을 수행할 수 있다. 그러므로 이제는 데이터를 표현하는 근본적인 방법을 다듬어야 할 때가 된 것일 수도 있다. 트랜지스터의 크기를 줄이는 데는 한계가 있기 때문에 시간이 걸리더라도 분명히 고전적인 컴퓨팅의 한계에 다다를 것이다. 따라서 매우 작고 기괴한 양자 역학의 세계에서 해결책을 찾아보는 것이 적합할 수도 있다.

양자 컴퓨팅의 등장

고전적인 컴퓨터가 이진 표상을 사용해 정보를 비트로 인코딩하는 것에 비해 양자 컴퓨터는 물리 법칙을 이용해 정보를 큐비트Q-Bits로 인코딩한다. 이러한 시스템을 설계하는 데는 여러 가지 방식이 있다. 예를 들면 마이크로파 펄스를 사용해 전자의 회전 모멘텀을 바꿔서 정보를 표현하거나 저장할 수도 있다.

양자 중첩

알려진 바와 같이 양자 현상을 활용해 고전적인 컴퓨팅에서는 할 수 없었던 동작을 표현할 수 있다. 양자 중첩quantum superposition과 같은 오퍼레이션에서는 두 개의 서로 다른 양자의 상태가 합쳐져 그 자체로 유효한 세 번째 상태를 만들 수 있다. 따라서 큐비트는 고전적인 컴퓨팅과 달리 3개의 상태 0, 1, 1/0을 표현할 수 있는데, 여기에서 세 번째 상태는 양자 중첩의 속성을 통해서만 만들어낼 수 있다.

결과적으로 자연스럽게 더 많은 정보를 표현할 수 있으며, 좀 더 복잡성이 높은 클래스(예를 들면 지능을 시뮬레이션하는 것과 같은)의 문제들을 해결할 수 있는 기회를 열어줄 것이다.

큐비트와 전통적인 컴퓨터의 비트

다른 양자 속성을 통해서도 큐비트와 고전적인 비트를 구분할 수 있다. 예를 들어 두 개의 큐비트는 얽혀진 상태로 진입할 수 있는데, 이 상태에서는 각 큐비트에서 전자들의 회전이 계속 반대 방향이 되도록 설정된다.

이것이 중요한 이유는 무엇인가? 이 두 큐비트는 수십 억 마일을 떨어져 위치할 수 있으며, 그러는 동안에도 서로의 관계를 분명하게 유지한다. 물리 법칙에 의해 큐비트의 거리에 관계없이 각 전자의 회전은 언제나 반대 방향임을 알 수 있다.

얽혀진 상태는 매우 흥미로운데, 전통적인 오퍼레이션으로는 특정한 값을 갖지 않으면서도 서로 반대 값을 유지하는 상태를 표현할 수 없기 때문이다. 바로 이 개념이 큐비트가 가져온 기하급수적인 컴퓨팅 파워에서 커뮤니케이션과 암호화와 같은 영역에 혁명을 일으킬 잠재력을 가진 이유다. 양자 컴퓨터에서 활용하는 큐비트가 더 많아질수록, 고전적이지 않은 오퍼레이션들을 더 많이 사용해서 데이터를 표현하고 처리하게 될 것이다. 근본적으로 이것이 양자 컴퓨팅의 이면에 놓인 핵심적인 개념이다.

양자 뉴럴 네트워크

여러분 중 많은 사람이 이 모든 것을 멋지다고 생각할 것이다. 하지만 이미 수십여 년 전부터 양자 컴퓨터를 사용할 수 있었다. 양자 컴퓨터 위에 뉴럴 네트워크를 설계하는 것은 두말할 필요도 없다. 건전한 비판은 늘 좋은 것이지만, 그와 같은 시스템에 생명을 부여하고자 촌각을 다투면서 노력하는 동시대의 연구자, 과학자, 사업체들의 노력에 어떠한 합당한 영향도 미치지 않는다. 지금 이 순간 전 세계에서 인터넷에 연결할 수 있는 모든 사람은 다음 링크(IBM 제공)를 통해 양자 컴퓨터에 자유롭게 접속할 수 있다는 것을 알면 놀랄 것이다.

https://quantum-computing.ibm.com/composer

실제로 프란체스코 타키노Francesco Tacchino 및 그의 동료들과 같은 연구자들은 IBM의 양자 컴퓨터를 이용해 이미 양자 뉴럴 네트워크를 구현해서 분류 태스크를 수행했다. 2장에서 봤던 것과 같은 퍼셉트론과 유사한 방식이기는 하지만, 양자 역학 법칙을 활용해 세계 최초의 양자 퍼셉트론을 구현했다. 이들은 IBM이 개발한 Q-5 테너라이프Tenelife 초전도 양자 프로세서superconducting quantum processor를 사용했다. 이 프로세서는 최대 5개의 큐비트를 조작해 분류기를 학습시켜서 선 조각과 같은 간단한 패턴을 분류할 수 있다.

사소하게 들릴지도 모르지만, 이 작업에 담긴 의미는 매우 중요하다. 이들은 양자 컴퓨터가 자신이 처리할 수 있는 차원의 숫자를 기하급수적으로 증가시키는 방법을 결정적으로 보여줬다. 고전적인 퍼셉트론이 n차원의 입력값을 처리할 수 있는 반면, 이들이 구현한 양자 퍼셉트론은 2N차원을 처리할 수 있었다! 이들이 구현한 결과는 미래의 연구자들이 좀 더 복잡한 아키텍처를 구현할 수 있는 길을 터줬다.

양자 뉴럴 네트워크의 영역은 여전히 걸음마 단계에 있다. 양자 컴퓨터 자체에 많은 개선이 이뤄져야 하기 때문이다. 그러나 현재 뉴럴 네트워크를 양자 컴퓨팅 세계로 임포트하는 여러 영역에서 활발한 연구가 진행되고 있으며, 여기에는 연결된 레이어들을 직접적으로 확장하는 것에서부터 손실 평면을 좀 더 잘 항해하는 양자 최적화 알고리즘까지 다양하다.

어떤 이들은 심지어 터널링tunneling과 같은 양자 현상이 글자 그대로 손실 평면을 따라 최적의 네트워크 가중치에 극단적으로 빠르게 터널링하는 것으로 이용할 수 있을 것이라 추측하기도 한다. 이는 실제로 머신러닝과 인공지능의 새로운 여명이 밝았음을 시사한다. 이러한 시스템들이 완전하게 시도되고 테스트되면 우리는 정말 복잡한 패턴들을 새로운 방식으로, 우리가 지금 상상할 수 있는 모든 것을 뛰어 넘는 형태로 표현할 수 있을지도 모른다.

더 읽을거리

- **양자 뉴럴 네트워크 논문:** https://arxiv.org/pdf/1811.02266.pdf
- **구글의 QNN 논문:** https://arxiv.org/pdf/1802.06002.pdf
- **구글 Quantum AI 블로그:** https://ai.googleblog.com/2018/12/exploring-quantum-neural-networks.htmlv
- **양자 최적화 알고리즘:** https://ieeexplore.ieee.org/abstract/document/6507335

기술과 사회

현재 우리는 매우 흥미로운 시대의 교차점에 서있다. 오늘날 논의되는 것들이 인류의 미래를 정의하고, 세상을 인식하고 교류하는 방법을 바꿀 것이다. 자동화, 인지 기술, 인공지능, 그리고 양자 컴퓨팅은 파괴적인 기술로 넘실대는 바다의 일부일 뿐이며, 끊임없이 기업들로 하여금 자신의 가치 사슬을 재평가하고, 그들이 세상에 영향을 미치는 방법을 발전시킬 것이다.

어쩌면 사람은 좀 더 효율적으로 일하게 되고, 시간을 더 잘 사용하고, 자신의 스킬을 고유한 형태로 보완할 수 있는 활동들에 전념함으로써 자신이 속한 사회에 최적의 가치를 전하게 될 수도 있다. 혹은 어쩌면 디스토피아적인 미래, 즉 그러한 기술들이 대중을 통제하고, 인간의 행동을 관찰하고 통제하며, 자유를 제한하는 상황이 도래할지도 모른다. 기술 자체는 지금까지 인간이 만들어온 다른 도구들과 유사한 반면, 우리가 이 도구를 사용하기로 선택한 방법은 관련된 모든 이해당사자에게 큰 반향을 일으킬 것이다. 궁극적으로 선택은 당신의 몫이다. 다행히도 우리는 이 새로운 시대의 시작에 서있기 때문에 아직은 이러한 과정을 지속 가능하며, 포괄적인 방향으로 이끌어갈 수 있다.

글로벌 기업과 조직들은 더 늦기 전에 그러한 기술의 과실을 얻어내서 적용하고자 노력 중이며, 투명성은 물론 법률과 윤리에 이르기까지 모든 범위에 이르는 고려 사항들을 이끌고 있다. 아직 인공지능의 초기 단계라는 사실에도 불구하고 이러한 딜레마는 표면적이다. 근본적으로 이 책에서 우리가 탐험한 모든 방법과 기술은 좁은 의미에서의 인공지능 기술이다. 이 기술들은 특정한 워크플로우의 작은 컴포넌트를 해결할 수 있는 시스템들로, 특정한 컴퓨터 비전 태스크를 처리하거나 특정한 형태의 자연어 질문에 대답할 수 있다. 이는 인공지능에 관한 아이디어와는 문자적인 의미에서 큰 차이가 있다. 인공지능이란 자율적으로 자신에게 충분한 방법으로 학습하는 지능을 말하며, 이 과정에서 해당 학습 알고리즘을 직접 조작하는 외부의 힘을 필요로 하지 않는다. 인공지능은 아이가 어른으로 성장하는 여행을 하듯 스스로 성장하고 진화한다. 그 속도는 다를지라도 말이다.

미래에 대한 고찰

갓 태어난 아기를 생각해보자. 아기는 가장 처음에는 스스로 숨을 쉬지도 못하며, 의사가 가볍게 엉덩이를 때려야만 비로소 숨을 쉬게 된다. 출생 후 몇 달 동안 아이는 눈에 띌만한 아무런 행동도 하지 않고, 스스로 움직이지도 못하며, 생각도 하지 못한다. 그러나 아이는 천천히 자신을 둘러싸고 있는 세계의 모델을 내부적으로 개발한다. 점점 자신이 보는 모든 빛과 자신이 듣는 모든 소리의 불협화음을 구분한다. 이내 아이는 다정한 얼굴로 가장하고, 주위를 맴도는 맛있는 물체들과 같은 움직임을 인식하기 시작한다. 시간이 좀 더 지나면 주변의 관찰을 통해 아이는 성숙되지 않은 내부의 물리 엔진을 개발한다. 그리고 이러한 표상들을 활용해 가기 시작하고, 뒤뚱거리고, 이내 걸으면서 점차적으로 내부의 물리 엔진을 개선함으로써 좀 더 복잡한 모델들을 표현해낸다. 그리고 머지않아 공중제비를 넘고, 멋진 시를 쓰고, 수학, 역사, 심리학이나 인공지능 과학과 같은 것들을 탐구한다.

어느 누구도 CNN을 사용해 아이가 더 잘 보게 하거나, LSTM 아키텍처의 크기를 늘려서 아이가 시를 더 잘 쓰게 하지 않았음을 기억하라. 사람은 외부의 아무런 도움 없이도 주위의 사물을 관찰하고, 이야기를 듣고, 실행을 통해 학습한다. 아이가 어른으로 성장하는 과정 속에서 수많은 일이 일어나는(그 대부분이 이 책의 범위를 뛰어 넘는다), 이 예제는 우리가 실제로 사람의 지능에 견줄 수 있는 무엇인가를 만드는 데에서 여전히 얼마나 멀리 떨어져 있는지를 알게 한다.

아이는 자동차를 운전하는 방법을 배울 수도 있고, 아주 조금의 도움만 받으면 세계의 기아 문제나, 행성 간 우주여행과 같은 복잡한 문제를 해결할 수도 있다. 이것이 진정한 지적 유기체다. 우리가 이 책에서 다룬 인공 유기체들은 아직 앞에서 설명한 지능의 형태와는 비교도 할 수 없는 수준이다. 간단히 인공 유기체를 적용할 수 있는 좁은 영역만 봐도 그렇다. 그러나 이 인공 유기체들은 퍼즐의 조각으로 주로 특정한 인지 영역에 적용할 수 있는 정보 처리 방법이다. 언젠가 이 협소한 기술들이 하나의 전체적인 시스템으로 통합돼 그러한 기술을 함께 통합하고, 시스템 내의 컴포넌트들보다 훨씬 더 큰 무언가를 만들어낼 것이다. 실제로 이 책에서 본 것처럼 이미 이러한 일이 일어나고 있다. 예를 들어 우리는 컨볼루셔널 아키텍처를 LSTM과 같은 다른 뉴럴 네트워크 아키텍처와 병합함으로써 게임에서의 올바른 움직임을 만들어내는 것과 같은 임시 컴포넌트를 포함한 복잡한 시각 정보를 처리하는 방법을 살펴봤다.

하지만 여전히 질문이 남는다. 과연 이러한 아키텍처들이 정말로 지능을 가질 수 있을까? 이는 오늘의 철학자들에게 던지는 질문이기도 하지만, 동시에 내일의 과학자들에게 던지는 질문이기도 하다. 이러한 시스템들이 진화하고 인간만이 다룰 수 있다고 생각되던 영역을 점점 정복함에 따라 우리는 결국 기계와 인류에 대해 이러한 존재론적인 질문에 맞닥뜨리게 될 것이다. 기계와 인간은 그렇게 다른가? 인간은 단지 생물적으로 산술 연산을 수행하는 매우 복잡한 컴퓨터에 다름 아니지 않을까? 혹은 계산보다는 지성이나 의식에 뭔가 다른 것이 더 있는가? 유감스럽게도 우리는 모든 답을 갖고 있지 않다. 그러나 이러한 질문들이 인류의 앞에 놓인 여행을 좀 더 흥미롭게 해줄 것이다.

요약

10장에서는 이 책에서 학습한 내용을 되돌아보고 기존 기술들을 개선할 수 있는 방법들을 살펴봤다. 그리고 딥러닝의 미래를 살펴보면서 양자 컴퓨팅에 대한 통찰력을 얻었다.

이 여행이 많은 도움이 됐기를 바란다. 여기까지 함께한 여러분께 감사드리며, 앞으로의 길에 행운이 함께하길 기원한다.

| 찾아보기 |

숫자

ㄱ

ㄴ

ㄷ

ㄹ

ㅁ

ㅇ

B

C

D

E

F

G

H

I

K

L

M

N

O

P

Q

R

S

T

U

V

W

케라스로 배우는 신경망 설계와 구현

CNN, RNN, GAN, LSTM 다양한 신경망 모델 설계와 구현

발 행 | 2020년 2월 21일

지은이 | 닐로이 푸르카이트
옮긴이 | 김 연 수

펴낸이 | 권 성 준
편집장 | 황 영 주
편 집 | 조 유 나
디자인 | 박 주 란

에이콘출판주식회사
서울특별시 양천구 국회대로 287 (목동)
전화 02-2653-7600, 팩스 02-2653-0433
www.acornpub.co.kr / editor@acornpub.co.kr

ISBN 979-11-6175-378-2
http://www.acornpub.co.kr/book/neural-networks-keras

이 도서의 국립중앙도서관 출판시도서목록(CIP)은 서지정보유통지원시스템 홈페이지(http://seoji.nl.go.kr)와
국가자료공동목록시스템(http://www.nl.go.kr/kolisnet)에서 이용하실 수 있습니다.(CIP제어번호: CIP2020006172)

책값은 뒤표지에 있습니다.